国家出版基金项目
NATIONAL PUBLICATION FOUNDATION
国家出版基金资助项目：中国社会主义司法制度构建
2011计划司法文明协同创新中心研究成果
国家社会科学基金重大项目：建设公正、高效、权威的社会主义司法制度研究
最终成果之二
课题首席专家：卞建林教授

中国司法体制改革研究

谭世贵　等/著

中国人民公安大学出版社
·北　京·

图书在版编目（CIP）数据

中国司法体制改革研究/谭世贵等著．—北京：中国人民公安大学出版社，2013.11

（中国社会主义司法制度构建/卞建林主编）

ISBN 978－7－5653－1521－3

Ⅰ.①中…　Ⅱ.①谭…　Ⅲ.①司法制度—体制改革—研究—中国　Ⅳ.①D926

中国版本图书馆 CIP 数据核字（2013）第 247443 号

中国司法体制改革研究

谭世贵　等/著

出版发行：中国人民公安大学出版社
地　　址：北京市西城区木樨地南里
邮政编码：100038
经　　销：新华书店
印　　刷：北京兴华昌盛印刷有限公司

版　　次：2013 年 11 月第 1 版
印　　次：2013 年 11 月第 1 次
印　　张：23.5
开　　本：787 毫米×1092 毫米　1/16
字　　数：499 千字

书　　号：ISBN 978－7－5653－1521－3
定　　价：96.00 元

网　　址：www.cppsup.com.cn　　www.porclub.com.cn
电子邮箱：zbs@cppsup.com　　zbs@cppsu.edu.cn

营销中心电话：010－83903254
读者服务部电话（门市）：010－83903257
警官读者俱乐部电话（网购、邮购）：010－83903253
法律图书分社电话：010－83905745

总　序

新中国成立特别是改革开放以来，我国坚持从国情出发，在承继传统法律文化成果、借鉴人类法治文明的基础上，探索建立并不断完善中国特色社会主义司法制度。2012 年，随着新《刑事诉讼法》、《民事诉讼法》的相继出台，新一轮司法改革的任务已基本完成，改革成果陆续显现，中国司法正步入一个新的发展时期。这些立法修改与司法改革举措充分展示了我国民主法制建设所取得的巨大成就，顺应了我国经济社会发展的新形势和人民群众的新期待，对司法实践中迫切需要解决的问题作出了积极回应，使我国司法制度和诉讼程序在立法与司法层面迈上了一个新的台阶。建设公正、高效、权威的社会主义司法制度，是党的十七大对我国司法制度建设提出的总体要求和基本目标。努力使司法公正成为“看得见的公正”、司法高效成为“能感受的高效”、司法权威成为“被认同的权威”，从而真正彰显中国特色社会主义司法制度的优越性，促进经济社会发展，保障人民群众利益，是全体当代法律人为之奋斗的共同目标。

一、全面推进依法治国、加快建设社会主义法治国家

当今世界，各国的历史经验表明，国家发展的方式与路径是多元的，但治理国家的基本方略却只有一种，那就是法治。法治反映了人类管理自身能力的进步，其地位和作用是道德、政策、宗教等其他社会规范所不能替代的。法治全面体现了现代政治文明的理念，是迄今为止人类所发现的最为理想、最为优越的社会管理方式。法治是理性的秩序，通过对权力的规制，使权力的运行摆脱了野蛮、任性的状态；法治是有序的制度，通过规定权利和义务的方式，为人们提供了一个普遍遵从的行为准则；法治是和谐的管理，解决纠纷、化解矛盾、处理案件主要依靠说理和协商，服从法庭和程序，强权只是作为最后的手段而被保留。法治是人类社会管理的基本经验，是政治文明的重要成果。在我们这样一个 13 亿多人口的大国，要实现政治清明、社会公平、民心稳定、长治久安，最根本的还是要靠法治。法治建设推进得越持久、越深入，其成效就会越显现、越突出。唯有依法治国才能保持庞大国家的有效治理，进而从根本上解决中国社会的诸多复杂问题，使人民得以幸福生活，使国家得以长治久安。

改革开放30余年的历史经验表明，坚持依法治国的方略是使未来中国走向强盛、实现民族伟大复兴的必由之路。

正是基于这一原因，从党的十五大把“依法治国，建设社会主义法治国家”确立为治国的基本方略，到党的十八大作出“全面推进依法治国”的重大决策，党和国家在法治道路上的探索持之以恒，卓有成效。党的十七大报告指出，坚持依法治国基本方略，树立社会主义法治理念，实现国家各项工作法治化。依法治国是社会主义民主政治的基本要求，坚持科学立法，民主立法，完善社会主义法律体系，加强宪法和法律的实施，维护社会主义法制的统一、尊严、权威。党的十八大报告根据“到2020年全面建成小康社会”的新形势和新要求，进一步强调依法治国是党领导人民治理国家的基本方略，法治是治国理政的基本方式，要更加注重发挥法治在国家治理和社会管理中的重要作用，全面推进依法治国，加快建设社会主义法治国家。同时，明确宣布2020年国家法治建设的目标是：依法治国基本方略全面落实，法治政府基本建成，司法公信力不断提高，公民的各项权利得到切实保障。指出“要推进科学立法、严格执法、公正司法、全民守法，坚持法律面前人人平等，保证有法必依、执法必严、违法必究”。新的领导集体继往开来，与时俱进。习近平总书记在纪念现行《宪法》公布实施30周年大会上强调，依法治国，首先是依宪治国，依法行政，关键是依宪行政，要“坚持依法治国、依法执政、依法行政共同推进，坚持法治国家、法治政府、法治社会一体建设”。这些重要论述，丰富和发展了法治国家建设的内涵，对于依法治国的目标、要求、路径和时间表作了更加明晰的表述，具有非常重要的理论价值和指导意义。

二、努力建设公正、高效、权威的社会主义司法制度

全面推进依法治国，加快建设社会主义法治国家的一项重要内容，就是要不断改革和完善具有中国特色的社会主义司法制度。党的十七大报告为我国司法制度的建设指明方向，确定目标，就是要“建设公正、高效、权威的社会主义司法制度”。随着司法改革的不断深化和诉讼法律的成功修改，我国司法制度正渐渐显现出“看得见的公正”、“能感受的高效”、“被认同的权威”的制度特色和改革成果。

（一）以“看得见”的方式实现司法公正

英国著名法官休厄特曾言：“正义不仅应当得到实现，而且应当以人们能够看得见的方式得到实现。”让老百姓“看得见的公正”才是真正的公正。近年来，随着人民群众法律意识、维权意识显著增强，对司法公正的要求越来越高。一些重大且具有社会影响的案件如果在程序上存在问题或稍有瑕疵就容易受到社会的质疑，甚至引发舆论诟病；一些案件因程序不规范、不公正而损害司法

公信力甚至引起当事人的上访。因此，司法人员应当转变传统的司法观念，强化程序公正、过程公正的意识，着力解决人民群众反映的突出问题，以“看得见”的方式实现公正，切实让人民群众从每一起案件中感受到司法的公正。

“看得见的公正”包含三个方面：“看得见的公正程序”、“看得见的说理裁判”和“看得见的司法形象”。要实现“看得见的公正程序”，就需要司法机关严格遵照法定程序办案，坚持以事实为根据、以法律为准绳，坚持依法独立公正地行使职权，切实纠正重实体轻程序、重结果轻过程的传统观念和错误做法。对一切违反法定程序的诉讼行为要严格禁止，对权利遭受违法办案行为侵害的诉讼参与人要及时救济，对严重违反法定程序收集的证据要坚决排除。要实现“看得见的说理裁判”，就要求司法机关高度重视释法说理，夯实司法公正“看得见”的载体。司法人员在对案件作出处理后，应当采取适当方式做好对当事人的答疑说服工作，认真讲解相关证据的取舍、事实的认定和法律的适用。判决要说理，裁判文书要公开，要注重情、理、法的有机结合，增强司法办案的人文关怀和社会效果，尤其对于影响性案件、涉诉信访案件以及社会关注度较高的案件。要实现“看得见的司法形象”，就要求司法机关不断加强形象建设，凸显司法行为的公开透明。司法人员在司法活动中的形象作风、言谈举止甚至工作外的一举一动都影响着人们对司法的评判。要改进司法作风，强化为人民服务的宗旨意识，树立司法机关严格执法、公正司法、热情服务的良好形象。并且，要注重司法形象，在司法活动中注重职业礼仪，语言规范文明、态度耐心细致，展现司法人员良好的外在形象。要规范司法行为，严格遵守职业道德操守，廉洁自律。

（二）以“能感受”的方式实现司法高效

近年来，随着依法治国的推进和民众维权意识的增强，我国迎来了诉讼爆炸的时代，“案积如山，案多人少”日益成为我国司法机关面临的一个突出问题，如何合理节约司法成本、有效提高司法效率已经成为司法改革的重要内容。

实现“能感受的高效”应以实现“看得见的公正”为前提，不能突破司法公正的底线，不能只顾当前的个案效率，而忽视长远的整体效率。“能感受的高效”应当是司法个案的高效和社会整体效益的统一。实现“能感受的高效”不仅要算“人均结案”、“案均成本”的“经济账”，而且要算程序的功效是否得到充分发挥、司法资源是否得到充分利用、司法运作的公众印象是否良好的“法治账”。为此，实现“能感受的高效”既需要司法机关内部资源的优化，又需要外部社会力量的整合。因此，我们应从动态的、相对的、不断发展变化的，而非静止的、绝对的、一成不变的角度来实现“能感受的高效”。

实现“能感受的高效”，必须遵循司法工作的规律。遵循司法运作内在规律才能如庖丁解牛一般合理分配司法资源，区分案件的不同类型和复杂程度，针对不同案件投入不同的司法资源，以便有效节约司法成本。通过不断改革司法工作机制，从整体上加强司法机关内部和外部工作的相互配合和衔接机制，避免不必要的拖延和低效率。实现“能感受的高效”，必须建立科学的司法效率评估机制。一套科学的评价标准和评价体系不仅能够全面客观地反映司法机关的办案质量和效率状况，而且还能通过规范司法人员的各项行为，激发其工作积极性。实现“能感受的高效”，必须强化司法的信息化水平。科技是第一生产力，运用现代科技是实现司法高效的重要手段。这就要求司法机关以信息化建设作为推进司法各项工作的切入点，在实践中会用、善用、巧用现代科技手段。

（三）以“被认同”的方式实现司法权威

惩罚犯罪、化解纠纷是司法最基本的功能。而司法能否发挥其应有的作用和功能，使其价值最大化，很大程度上取决于司法的权威性如何，司法是否具有公信力。近年来，随着社会转型期的各类矛盾纠纷不断凸显，疑难复杂案件日益增多，矛盾化解难度逐渐加大，司法机关的工作面临着巨大挑战，其中司法权威不足的问题日益突出，已经成为影响公正、高效目标实现的重要因素。加强司法公信力建设，显得更加重要和紧迫。而强化司法权威是一个系统工程，既需要深化司法体制改革，优化司法职权配置，也需要加强司法机关与司法人员的自身建设，切实提高司法能力，还需要诉讼当事人、参与人和社会各界的理解、支持和认同。

实现“被认同的权威”，司法人员要做法律适用的释明者。理解才能产生信任感，没有什么比不知道为什么更让人难以接受的了。法律释明包括诉前的风险告知，诉中的辨法析理，诉后的裁判文书讲解及对当事人诉后行为的指导。司法之门是为公众平等敞开的，不能由于双方在诉讼能力上的不平等，使法庭成为强势一方玩弄诉讼技巧的竞技场，也不能由于普通民众法律知识的欠缺，使司法晦涩难懂，疏离于大众，两者都不利于司法权威在公众心中生根发芽。实现“被认同的权威”，司法人员要做公正、高效的践行者。以实体正义为终极价值，以程序正义为诉讼保障，通过具体案件的处理实现司法化解矛盾、定分止争的作用。在诉讼中，司法人员必须严格以事实为根据，以法律为准绳，依据证据认定案件事实，在查清事实的前提下适用法律，只有实体最终公正的裁判，才能赢得社会最广泛的认同和最持久的生命力。同时，要努力提高司法效率，避免案件久拖不决。迟来的正义非正义，诉讼久拖不决、案结事不了本身就是对司法公信力的严重损伤。实现“被认同的权威”，司法人员要做职业操守的卫道者。信誉与声誉是司法权威的基础，司法人员的良好形象和得当举止同样是提高司法公信力的重要方面。必须常抓不懈地加强司法人员的思想道德教育，加强司法人员法律素养建设，加强司法文化建设，培养刚正不阿、淡泊名利、无私奉献、忠于职守的司法职业队伍，以队伍的纯洁性保证司法的信誉与声誉，以换得公众认同。司法，因公众认同而权威。

三、加强公正、高效、权威的社会主义司法制度理论研究

公正、高效、权威是永恒的司法价值追求，建立公正、高效、权威的社会主义司法制度既是司法改革的总体目标，也是法学理论研究的重要内容。在司法制度理论研究方面，目前的学术研究主要集中于以下研究方向或重点：一是有关司法制度的基础理论研究，主要探讨司法的内涵与属性，明确司法内在的、特有的、具有普遍意义和必然性的司法规律，为我国司法制度的改革完善提供理论指导，明确发展方向和目标。二是有关司法体制工作机制方面的研究，主要探讨司法体制的现状与问题，司法职权的合理配置，司法权的行使与规制，为司法体制机制改革提出设想，制订方案，采取措施。三是有关外国、国际司法制度的比较研究，主要探讨具有代表性的一些国家的司法制度和诉讼程序，总结成功经验，吸取失败教训，分析外国和国际司法制度发展动向和趋势，以为我国司法制度建设提供借鉴和帮助。四是有关司法制度改革措施的实证性研究，即深入司法实际，了解司法运作的真实情况，查找司法实践中的突出问题，分析原因，寻求对策，并追踪司法改革措施的贯彻落实情况。

应当说，我国理论界对于构建公正、高效、权威的社会主义司法制度的研究成果比较丰硕，路径比较多元，并且许多理论研究成果已经对立法和司法产生积极的推动和促进作用。但是，相对于建立公正、高效、权威的社会主义司法制度的总体目标和满足司法改革的迫切需要而言，理论研究还相对薄弱，总体有待加强。

为此，作为教育部人文社会科学重点研究基地的中国政法大学诉讼法学研究院，根据党的十七大作出的“深化司法体制改革”的战略部署，以促进司法公正、提升司法效率、强化司法权威为研究重点，成功申请了2007年国家社科基金重大招标项目“建设公正、高效、权威的社会主义司法制度研究”（项目批准号：07& ZD032），以卞建林教授为首席专家，汇集我国从事司法制度和诉讼程序理论研究和司法实务工作的专家学者，组成课题攻关团队，共同承担这一宏大课题的研究任务。总课题下分司法制度基础理论研究、司法体制改革研究、刑事司法制度研究、民事司法制度研究、行政审判制度研究和新型司法制度研究等子课题。全体课题组成员对完成课题高度重视，认真负责，殚精竭虑，历经多年的调研、讨论，发表了诸多阶段性成果，并最终形成由六本著作构成的“建设公正、高效、权威的社会主义司法制度研究”的系列成果，分别是《中国司法制度基础理论研究》、《中国司法体制改革研究》、《公正高效权威视野下的刑事司法制度研究》、《公正高效权威视野下的民事司法制度研究》、《公正高效权威视野下的行政司法制度研究》、《公正高效权威视野下的新型司法制度构建》。在课题研究过程中，时值《刑事诉讼法》、《民事诉讼法》修改，党的十

八大召开并对依法治国提出新要求，作出新部署。课题组适时跟进时代进程，对研究内容与研究成果进行了多次修改和调整。特别令课题组感到欣慰的是，随着《刑事诉讼法》和《民事诉讼法》的成功修改，本课题的许多研究成果已被吸收到立法修改和相关司法解释之中，成功实行成果转化，产生了积极的社会效应。诚然，全面推进依法治国，建设公正、高效、权威的司法制度，特别是建设完善具有中国特色的社会主义司法制度是一项宏大的课题和艰巨的任务，尽管作为一项课题，我们的研究暂告一段落，但显然这项任务还远未完成，需要参加本课题研究的同志继续努力，深化研究，产出更多更好的成果，同时呼唤更多的同行专家学者一起加强司法制度理论研究，为建设我国公正、高效、权威的社会主义司法制度而共同奋斗！

课题首席专家：卞建林
2013 年 7 月 10 日

目　录

绪　论

何谓“司法体制”？目前无论是理论界还是决策层，都还没有公认的定义，对于它的具体内涵和范围，亦争论很大，尚无定论。本课题专门研究与探讨中国司法体制改革问题，因而有必要梳理司法体制这一概念的来龙去脉，分析和界定司法体制的内涵与范围，以将研究界定在特定的范围之内，保证笔者对这一问题的研究符合概念准确、内涵清晰、范围合理的学术规则和要求，能够对改革实践发挥科学有效的指导作用。

一、司法体制概念的提出

（一）执政党文件中“司法体制”的诞生与演进

在我国，“司法体制”一词是近十几年才出现的，它在司法改革的大潮中应运而生，而且经历了一个较长时间的孕育过程。

1989 年 4 月《行政诉讼法》的制定标志着我国刑事司法、民事司法、行政司法三大司法体系的全面确立，但当时的司法体系却面临着诸多挑战与困境：诉讼案件迅速增多，法官的数量和素质均难以适应这种需要；在刑事诉讼中，法官的庭前审查导致先入为主、审判不公；“关系案、人情案、金钱案”时有发生，执行难问题开始出现；等等。为应对挑战，摆脱困境，各级法院相继实施了旨在促进审判公正和提高审判效率的审判方式改革；最高国家权力机关先后制定了《民事诉讼法》（1991 年）、《法官法》、《检察官法》（1995 年），修订了《刑事诉讼法》（1996 年），对民事司法制度、刑事司法制度进行了较大的修改和完善，进一步健全了法官制度、检察官制度，较好地促进了司法的公正与廉洁，提高了司法效率。

1997 年 9 月，党的十五大报告明确提出：“推进司法改革，从制度上保障司法机关依法独立公正地行使审判权和检察权，建立冤案、错案责任追究制度。”为落实党中央的战略部署，1999 年 10 月和 2000 年 1 月，最高人民法院和最高人民检察院先后出台了《人民法院五年改革纲要》和《检察改革三年实施意见》。由此，司法改革迅速在全国各级司法机关中展开，但仍未触及“司法体制”的改革。

2002 年 11 月，党的十六大报告明确提出：“推进司法体制改革，社会主义司法制度必须保障在全社会实现公平与正义。”其具体要求是，“按照公正司法和严格执法的要求，完善司法机关的机构设置、职权划分和管理制度，进一步健全权责明确、相互配合、相互制约、高效运行的司法体制。从制度上保证审判机关和检察机关依法独立公正地行使审判权和检察权。完善诉讼程序，保障公民和法人的合法权益。切实解决执行难问题。改革司法机关的工作机制和人财物管理体制，逐步实现司法审判和检察同司法行政事务相分离。加强对司法工作的监督，惩治司法领域中的腐败。建设一支政治坚定、业务精通、作风优良、执法公正的司法队伍”。由此，“司法体制”一词正式见诸执政党的文件，我国的司法改革开始步入“司法体制改革”的深水区。

为了落实党的十六大关于“推进司法体制改革”的战略部署，2003 年 4 月，中央政法委员会向中央提出了《关于进一步推进司法体制改革的建议的请示》。同年 5 月，中央听取了上述建议，对司法体制改革的指导思想、原则、目标、重点及工作方法作了重要指示，并决定在中央直接领导下，成立由中央政法委员会、全国人大内务司法委员会、政法各部门、国务院法制办及中央编制办的负责人组成的中央司法体制改革领导小组，全面领导司法体制改革工作。① 中央司法体制改革领导小组办公室设在中央政法委员会，负责司法体制改革的具体组织与协调工作。经过深入调研、充分论证和广泛听取各方意见，小组于2004 年年底形成了《中央司法体制改革领导小组关于司法体制和工作机制改革的初步意见》，提出了改革和完善诉讼制度，改革和完善诉讼收费制度，改革和完善检察监督体制，改革劳动教养制度，改革和完善监狱与刑罚执行制度，改革司法鉴定体制，改革和完善律师制度，改革和完善司法干部管理体制，改革有关部门、企业管理“公、检、法”体制等十个方面三十五项改革任务。② 在该文件经中央批准下发后，最高人民法院、最高人民检察院、公安部、司法部相继成立了本部门的司法改革领导小组，并分别出台了《人民法院第二个五年改革纲要（2004—2008）》、《最高人民检察院关于进一步深化检察改革的三年实施意见》、《公安部关于落实〈中央司法体制改革领导小组关于司法体制和工作机制改革的初步意见〉的分工方案》，对落实中央司法改革任务的具体措施和步骤作出安排部署。值得一提的是，2001 年，全国人大常委会修订《法官法》、《检察官法》和《律师法》，提高了法官、检察官的任职条件和取得律师资格的条件，并建立起统一的国家司法考试制度；2004 年和 2005 年，全国人大常委会分别通过《关于完善人民陪审员制度的决定》和《关于司法鉴定管理问题的决定》，对我国人民陪审员制度、司法鉴定制度进行了重大改革，进一步完善了该两项制度。由此可见，在这一阶段，通过改革和立法，我国的各项司法制度（体制）均得到了

---

① 沈德咏主编：《中国特色社会主义司法制度论纲》，人民法院出版社 2009 年版，第 136 页。

② 中央司法体制改革领导小组办公室：《坚持和完善中国特色社会主义司法制度的伟大实践——党的十六大以来司法体制机制改革取得明显成效》，载《人民日报》2007 年 9 月 23 日，第 1 版。

不同程度的完善和发展。

2007年10月，党的十七大报告提出："深化司法体制改革，优化司法职权配置，规范司法行为，建设公正高效权威的社会主义司法制度，保证审判机关、检察机关依法独立公正地行使审判权、检察权。"这标志着我国的司法改革在向纵深发展，反映了最高决策层对司法体制改革的坚定决心，亦表明我国的司法改革进入了攻坚阶段。按照党的十七大的总体要求，在中央领导下，中央司法体制改革领导小组组织中央和国家机关有关部门进行了深入的调研与论证，广泛听取党内外意见，提出了《中央政法委员会关于深化司法体制和工作机制改革若干问题的意见》。2008年12月，中共中央转发了该意见。该意见围绕优化司法职权配置、落实宽严相济刑事政策、加强政法队伍建设、加强政法经费保障四个方面，提出了六十项改革任务，其中包括：加强对刑事、民事和行政诉讼的法律监督，进一步明确监督的范围、程序和措施；改革现行民事行政案件执行体制，切实解决判决、裁定"执行难"的问题；改革和完善看守所管理与监督机制，切实防止发生刑讯逼供和超期羁押现象；优化侦查权的配置，切实加强对侦查活动的制约监督；规范司法机关上下级之间的关系，切实防止和克服司法行政化倾向；从立法上完善对司法权的保障制度，切实维护社会主义法制的严肃性；完善快速办理轻微刑事案件的工作机制、适应未成年人案件实际特点的办案机制，建立刑事和解、暂缓起诉、前科消灭等符合宽严相济刑事政策要求的制度；建立刑事被害人救助制度，明确救助的原则、对象、申请条件、发放主体、救助标准和具体工作制度；完善刑罚执行制度，逐步扩大减刑、假释的覆盖面；积极推行社区矫正试点，进一步明确范围，严格职责，建立完善相关制度，确保社区矫正与刑罚执行、安置帮教等工作有机衔接；改革和完善法律院校招生分配制度，培养造就政治业务素质高、实战能力强的复合型法律应用人才，从根本上规范政法机关的进人机制；建立符合政法干警职业特点的在职培训制度；建立区别于一般公务员的政法干警职务序列和职数比例，完善司法人员职业保障制度；进一步落实"收支两条线"的规定，实现政法经费由财政全额负担，建立分项目、分区域、分部门的分类保障政策，规范基础设施建设的经费保障，改革和完善政法经费管理制度；等等。①

2012年11月，党的十八大报告提出："进一步深化司法体制改革，坚持和完善中国特色社会主义司法制度，确保审判机关、检察机关依法独立公正行使审判权、检察权。"

由上可见，我国的司法改革经历了"司法改革"—"司法体制改革"—"深化司法体制改革"三个阶段。"司法体制"一词在司法改革中被创造出来并成为"关键词"和"流行语"并非偶然，而是有着历史必然性，标志着我国的司法改革由"外围"转入"内围"，已触及司法制度与司法体系的深层问题，预示着中国司法制

① 参见沈德咏主编：《中国特色社会主义司法制度论纲》，人民法院出版社2009年版，第166～170页。

度在“司法体制”改革中将发生深刻的变化，翻开崭新的一页。

（二）中央司法机关文件中“司法体制”的出现与使用

我国的中央司法机关包括最高人民法院和最高人民检察院。在我国进行得如火如荼的司法改革中，最高人民法院和最高人民检察院居于重要地位，起着举足轻重的作用，它们对上负责落实党和国家有关司法改革的方针、政策及重大部署；对下负责领导本系统的司法改革工作，主要表现为制订本系统的司法改革纲要或改革方案，指导、监督地方司法机关进行司法改革工作。自 1997 年 9 月党的十五大提出“推进司法改革”以来，最高人民法院先后出台了三个“人民法院五年改革纲要”，最高人民检察院先后出台了两个“检察改革三年实施意见”，其中多次出现或使用了“司法体制”或“司法体制改革”。

1999 年 10 月最高人民法院印发《人民法院五年改革纲要》，对 1999 年至 2003 年的法院改革进行了规划和部署。该纲要将法院改革的总体目标确定为：紧密围绕社会主义市场经济的发展和建立社会主义法治国家的需要，依据宪法和法律规定的基本原则，健全人民法院的组织体系；进一步完善独立、公正、公开、高效、廉洁，运行良好的审判工作机制；在科学的法官管理制度下，造就一支高素质的法官队伍；建立保障人民法院充分履行审判职能的经费管理体制；真正建立起具有中国特色的社会主义司法制度。为此，该纲要从维护国家法制统一、实现司法公正的要求出发，积极探索人民法院组织体系改革、法院干部和法官管理体制的改革、法院经费管理体制的改革；经过试点，在条件成熟时，在全国建立起对各级人民法院执行机构统一领导，监督、配合得力，运转高效的执行工作体制；等等。虽然这些改革已含有司法体制改革的内容或成分，但在司法改革的初期，却没能提出明确的“司法体制”概念和“司法体制改革”的措施或方案。

2000 年 2 月最高人民检察院印发《检察改革三年实施意见》，对 2000 年至 2002 年的检察改革作出了部署。该实施意见要求通过大力推进检察改革，加强检察工作，繁荣检察事业，强化监督职能，完善检察体制，在建设有中国特色的社会主义检察制度方面迈出重要步伐。进而提出，要在三年内实现六项改革目标：改革检察业务工作机制，强化法律监督的职能和作用；改革检察机关的机构等组织体系，加强上级检察机关对下级检察机关的领导；改革检察官办案机制，全面建立主诉、主办检察官办案责任制；改革检察机关干部人事制度，调整人员结构，提高人员素质，实行检察官、书记员、司法警察、司法行政人员的分类管理，建立充满生机与活力的用人机制；改革检察机关内、外部监督制约机制，保证公正、廉洁和高效；改革检察机关经费管理机制，实行科技强检，为检察机关依法履行检察职能提供物质保障。应当说，该实施意见虽然没有使用“司法体制”的概念，但提出了与之相关的“检察体制”的概念，而且在改革目标中涉及了检察机关领导体制的改革问题，应当说具有一定的前瞻性。当然，该实施意见涉及的主要是检察工作机制方面的改革，与检察体制改革尚有较大的差距。

2005 年 10 月最高人民法院印发《人民法院第二个五年改革纲要（2004—

2008)》，对2004年至2008年的法院改革进行了统一部署。该纲要是在党的十六大提出“推进司法体制改革”的背景下制定的，因而在多个地方使用了“司法体制”一词，并涉及了较多的“司法体制改革”的内容。例如，该纲要在前言中指出：“目前，相对滞后的司法体制和工作机制已经不能适应人民群众对司法公平正义日益增长的需求，人民法院的司法改革既面临着不可多得的历史机遇，又面临着多方面的严峻挑战，而这些挑战为司法体制改革提出了更高的要求。”又如，在该纲要确定的2004年至2008年人民法院司法改革的八项基本任务中，涉及司法体制改革的就有五项，包括：改革和完善执行体制和工作机制；改革和完善审判组织和审判机构；改革和完善司法审判管理和司法政务管理制度；改革和完善司法人事管理制度；不断推进人民法院体制和工作机制改革，建立符合社会主义法治国家要求的现代司法制度。可见，体制改革在人民法院的司法改革中开始受到重视，处于重要地位。

2006年4月最高人民检察院印发《最高人民检察院关于进一步深化检察改革的三年实施意见》，将今后三年检察改革的总体目标确定为：“通过不断深化改革，重点解决当前制约检察工作发展的体制性、机制性问题，努力做到检察体制更加合理，检察工作机制更加完善，检察工作保障更加有力，检察人员素质进一步提高，全面增强检察机关法律监督能力，发展完善中国特色社会主义检察制度。”在确定的检察改革的主要任务中，涉及体制改革的内容有：完善检察机关组织体系，改革有关部门、企业管理检察院的体制；改革和完善检察干部管理体制，建设高素质、专业化检察队伍（其中包括：落实宪法和法律规定的上下级人民检察院的领导体制，采取措施加大上级人民检察院对下级人民检察院领导班子的协管力度，探索实行上级人民检察院对下级人民检察院检察长人选的提名制度）；改革和完善检察机关经费保障体制，切实解决基层人民检察院经费困难问题。这表明，检察体制改革被列入了检察机关司法改革的重要日程，开始进入全面实施阶段。

2009年3月最高人民法院印发《人民法院第三个五年改革纲要（2009—2013)》，对2009年至2013年的法院改革进行了全面部署。该纲要第一部分确定了深化人民法院司法体制和工作机制改革的指导思想、目标及原则。第二部分确定了2009年至2013年人民法院司法改革的主要任务，其中包括诸多涉及体制改革方面的内容，如以审判和执行工作为中心，优化审判业务部门之间、综合管理部门之间、审判业务部门与综合管理部门之间、上下级法院之间的职权配置，形成更加合理的职权结构和组织体系；建立健全符合知识产权案件特点的审判体制和工作机制，在直辖市和知识产权案件较多的大中城市，探索设置统一受理知识产权案件的综合审判庭；推进行政诉讼法的修改进程，促进行政诉讼审判体制和管辖制度的改革和完善；改革和完善民事、行政案件的执行体制；改革和完善上下级人民法院之间的关系；完善法官招录培养体制；改革和完善人民法院经费保障体制。第三部分提出了深化人民法院司法体制和工作机制改革的工作要求。应当说，司法体制改革在人民法院的第三个五年改革纲要中得到了全面体现和具体落实。

（三）法学研究中对“司法体制”的关注及主要成果

理论是行动的先导。总的来说，法学研究中对“司法体制”的关注与探讨要早于司法体制改革的实践，而且关注度越来越高，相关的研究成果也较为丰硕。

中国社会科学院法学研究所徐益初研究员比较早地探讨了司法体制改革问题。他在《论司法公正与司法体制改革》一文中指出：“实现司法公正，需要从思想上、制度上解决一系列问题。必须解放思想，转变观念；确立必要的原则、程序、制度；极大提高司法人员的素质；等等。其中，完善司法体制亦是十分重要的一环。”为了实现司法公正，他认为应当着重从“坚持司法独立”、“强化司法机关的制约与监督”、“理顺司法机关的领导体制”三个方面加以解决。① 无疑这三个方面都涉及司法体制的改革问题。徐益初研究员对司法体制的深入研究还反映在《中国特色社会主义法制通论》一书中。在该书第三章“司法体制论”中，他比较全面地研究了“新中国司法体制的构成及其特点”，“建立适应市场经济的司法体制”，“坚持司法独立原则，完善审判、检察制度”，“改革与强化司法监督和制约机制”四个问题，并对我国的司法体制改革提出了自己的见解。②

中国人民公安大学法律系崔敏教授也较早地提出了实施司法体制改革的建议。在1998年11月初于海南省海口市召开的中国法学会诉讼法学研究会年会上，崔敏教授提交了《关于司法改革的若干构想》的论文。在该论文的第五部分，他提出“创造条件逐步实施司法体制改革”的构想，具体包括：改变“以块为主”的领导体制，保证国家法制和政令的统一实施；改善党对司法工作的领导，废除政法委员会协调办案制度；改变检、法并列的体制，确立以审判为中心的诉讼格局；坚持和完善司法官员的选任资格，建立一支高素质的司法队伍；提高司法人员的待遇，同时禁止获取任何“灰色收入”，从根本上遏制司法腐败。③ 应当说，在当时的情况下，他关于司法体制改革的一些设想是富有创新意义的。

在1999年5月初由中国社会科学院邓小平理论研究中心和法学研究所共同举办的“依法治国与司法改革”学术研讨会上，一些专家、学者对司法体制改革问题进行了交流与探讨。其中，中国社会科学院法学研究所副研究员胡云腾博士分析了司法体制和司法实践中存在的问题，提出了改革的思路和建议；重庆社会科学院院长俞荣根教授从“关于实行司法机关垂直领导体制”、“关于完善司法解释制度”、“关于深化司法机关内部体制改革”三个方面提出了改革司法体制的构想；中国社会科学院法学研究所助理研究员刘仁文对司法体制改革的范围、目标与原则进行了比较

---

① 详见徐益初：《论司法公正与司法体制改革》，载陈光中、江伟主编：《诉讼法论丛》（第1卷），法律出版社1998年版，第61~84页。

② 详见李步云主编：《中国特色社会主义法制通论》，社会科学文献出版社1999年版，第96~163页。

③ 详见陈光中主编：《司法公正与司法改革——诉讼法理论与实践（1998年卷）》，中国民主法制出版社1999年版，第61~67页。

深入的研究；最高人民法院原副院长王怀安则对法院体制改革作了比较细致的探讨。在一个研讨会上比较集中地研究司法体制改革问题，这在当时是不多见的。

最高人民法院前院长肖扬主编的《当代司法体制》（中国政法大学出版社 1998 年版）一书是国内最早研究司法体制的著作之一。在该书的绪论中，作者指出，司法体制是国家法律制度的重要组成部分，国家法律的有效实施，有赖于完备的司法体制。综观各国和我国台湾地区、香港、澳门地区的司法体制，尽管在具体做法上有不少差异，但也存在规律性，呈现出共同的发展趋势。概括起来，主要表现为以下几个方面：一是法官制度完备而健全；二是检察机关的职能呈扩大趋势；三是司法行政机关职权十分广泛；四是司法考试严格而系统。① 以现在的观点来看，该书作者对当代各国和有关地区司法体制及其发展变化趋势的上述概括并不十分全面、准确，但却反映了我们对司法体制的认识是一个由浅入深的过程。

最高人民法院研究室前主任、国家法官学院周道鸾教授主编的《外国法院组织与法官制度》（人民法院出版社 2000 年版）是研究外国法院体制的经典之作，同时也对我国的法院体制改革提出了真知灼见。该书对美国、墨西哥、巴西、德国、法国、英国、日本等十个国家的法院组织体系和司法制度以及各国的法官制度进行了比较系统而深入的研究，对我国的司法体制改革具有重要的借鉴意义。特别是，该书在前言中认为，法院改革最根本、最要害的，还是法院体制改革，也就是所谓的深层次改革的问题，主要包括：法院设置问题；法官管理体制改革问题；法院经费管理体制问题。这对我国的法院体制改革具有积极的指导意义。

中国政法大学郭成伟、宋英辉两位教授主编的《当代司法体制研究》一书以独特的视角，对司法体制作了比较全面而深入的研究。在该书的绪论部分，作者对司法体制作了明确的界定，即司法体制指各级审判机关、各级检察机关、各级司法行政机关的组成，人员的考试、培训与任免以及各个司法机构的职能与物质上的保障制度等。② 同时认为，在司法体制中，四个要素是不可或缺的，即司法权；有关司法权和司法活动的观念、价值取向等精神方面的特性；组织体系；司法官个人。任何司法体制都是由这些要素构成的。③ 由此，作者构筑了包括法院体制、检察体制、司法部体制、律师体制、公证体制、治安管理体制、监狱体制在内的当代司法体制的基本框架，并对中外司法体制进行了全面考察与比较。例如，关于法院体制，作者具体考察和比较了法院的沿革、法院的职权、法院的种类及组织体系、法院的审判组织、法院的司法行政、法官的选任、法官的保障、法官的培训、法官的回避、法官的管理、法官的职数十一个方面的问题；关于检察体制，作者具体考察和比较了检察机关的产生与沿革、检察机关的性质、检察机关的职权、检察机关的组织体系、检察机关的领导体制、检察机关的机构设置、检察官的选任、检察官的保障、

① 参见肖扬主编：《当代司法体制》，中国政法大学出版社 1998 年版，第 1 ~ 16 页。
② 郭成伟、宋英辉主编：《当代司法体制研究》，中国政法大学出版社 2002 年版，第 1 页。
③ 郭成伟、宋英辉主编：《当代司法体制研究》，中国政法大学出版社 2002 年版，第 23 页。

检察官的培训九个方面的问题。当然，该书未将侦查体制归入司法体制，而是将律师体制、公证体制、治安管理体制作为司法体制的组成部分的做法，是值得商榷的。

清华大学法学院张建伟教授从刑事司法视角对司法体制问题作了比较系统的探索。他在《刑事司法体制原理》（中国人民公安大学出版社 2002 年版）一书中，对刑事司法权及其属性、检察权的性质归属、现代刑事司法体制的概念基础、刑事司法体制与司法公正的关系、中国司法体制的演变与模式选择、法官独立体制、检察机关的一体化体制、刑事司法体制的官僚制化、刑事司法体制内的个人——法官、保障刑事司法体制良性运作的诉讼机制等诸多问题进行了阐述、论证与思考，对于我国刑事司法体制的改革与完善具有重要的参考价值。

由本书课题组编著的《外国司法体制若干问题概述》（法律出版社 2005 年版）一书在前言中指出，狭义的“司法体制”一般仅指审判体制，有时也包括检察体制；广义的“司法体制”除审判体制或者检察体制之外，还包括警察体制、司法行政体制和执行体制，而在现实生活中，当人们谈到司法体制时，多是从广义的角度来理解的。在此基础上，本书课题组将该书的结构分为七章，即第一章，外国司法权及相关权力的配置与相互制约；第二章，法院体制与审判权的独立行使；第三章，检察体制与公诉权的行使；第四章，警察体制与侦查权的配置；第五章，司法行政体制与司法权同司法行政事务相分离原则；第六章，执行权与执行体制；第七章，法律职业化。应当说，本书课题组对司法体制内涵和外延的认识与理解，是迄今为止学术界中对司法体制最为清晰的界定，反映了课题组对司法体制认识的不断深化和日趋成熟。

北京大成律师事务所高级合伙人肖金泉、黄启力两位律师合著的《中国司法体制改革备要》（中国人民公安大学出版社 2009 年版）是我国第一本研究中国司法体制改革的著作。作者对司法体制改革的必要性作了深入阐述，对审判体制改革、法官制度改革、执行体制改革、司法专员制度改革进行了比较缜密的研究，大胆地提出了诸多富有建设性的改革建议，并对司法体制改革的框架方案进行了设计。客观地讲，作者的一些改革建议较多地移植了西方的司法体制，不完全符合我国的实际情况，也不符合循序渐进的改革原则，因而将难以获得决策层的采纳，但其许多颇具新意的构想对司法体制改革研究仍不失启发作用。

二、司法体制的概念与内涵

何谓司法体制？目前法学界尚无公认的概念，可谓仁者见仁，智者见智。

徐益初研究员认为，司法体制，是指行使司法权的机关以及相关组织的结构体系、相互关系及其权限划分的制度。有狭义说和广义说。狭义说认为，司法体制仅指国家司法机关的结构及其权限，即限于侦查、检察、审判、司法行政机关。广义说认为，除国家机关外，司法体制还指经法律授权的专门组织，即包括律师、公证、仲裁、调解等组织。[①]

熊先觉教授认为，司法体制主要指国家设置哪些司法机关以及它们之间的职权划分和相互关系。我国的人民司法体制是：审判机关是人民法院，行使审判权，但目前的法院司法行政由法院自行管理；检察机关是人民检察院，行使检察权，目前也是自行管理检察行政；侦查机关是公安机关和国家安全机关，依法对刑事案件行使侦查权，公安机关、国家安全机关的行政事务一直是自行管理的；司法行政机关依法管理司法行政事宜，但目前的职权范围只限于：监狱受司法行政机关的领导和管理，律师、公证、人民调解和仲裁等专门组织受司法行政机关的指导。这些国家机关和法律授权的社会组织构成了一套完整的人民司法制度体制。[②]

刘仁文先生认为，在探讨我国的司法体制改革时，不宜只限于检、法两家甚至只限于法院体制的改革，也不宜只限于公、检、法三家或公、检、法、司四家，而应从更广义上着眼，即凡与司法活动有关或对司法活动有影响的都属探讨之列。只有树立这样的“大司法”观，才能对影响司法活动的诸多机构和因素作出全面、系统的评价，并最终确立起科学的司法体制及与此体制相配套的外部机制。[③]

笔者认为，上述概念及其确定的司法体制的范围都有一定的合理性，但也有偏颇之处，不够科学和周延。首先，司法体制的狭义说认为，司法体制仅指国家司法机关的结构及其权限。而在我国，国家司法机关通常仅指行使司法权力的国家机关，包括行使侦查权的公安机关（含国家安全机关，下同）、行使检察权的人民检察院和行使审判权的人民法院，而不包括司法行政机关。狭义说将不享有诉讼案件处理权、不进行司法活动的司法行政机关也作为司法机关，显然有失妥当。其次，按照党的十六大关于“完善司法机关的机构设置、职权划分和管理制度，进一步健全权责明确、相互配合、相互制约、高效运行的司法体制”的要求，我国所进行的司法体制改革显然只限于司法机关的范畴，而不包括律师、公证、仲裁、人民调解等组织的改革（当然这些组织也存在改革的问题，但不应属于司法体制改革的范畴）。因此，这些组织的设立、权力（权利）和管理等就不属于司法体制的范畴。再次，“树立‘大司法’观，以对影响司法活动的诸多机构和因素作出全面、系统的评价，并最终确立起科学的司法体制及与此体制相配套的外部机制”的观点，只是提出了确立“科学的司法体制”的改革目标。而“科学的司法体制”，如果不限于公、检、法三家或公、检、法、司四家，那么其范围到底有多大？如果超出了这三家或四家，是否还属于“科学的司法体制”，这是值得商榷的。

所谓体制，是指国家、国家机关、企业、事业单位等的组织制度。[④] 据此，顾

---

① 详见李步云主编：《中国特色社会主义法制通论》，社会科学文献出版社 1999 年版，第 96 页。

② 熊先觉、刘运宏著：《中国司法制度学》，法律出版社 2007 年版，第 29 页。

③ 信春鹰、李林主编：《依法治国与司法改革》，中国法制出版社 1999 年版，第 44 页。

④ 中国社会科学院语言研究所词典编辑室编：《现代汉语词典》，商务印书馆 2012 年版，第 1281 页。

名思义，司法体制就是指司法机关的组织制度。具体地说，是指司法机关的设置、领导或监督体制、职权划分和管理制度。对于这一概念，笔者认为可从以下几个方面理解：

第一，在主体上，司法机关不仅是指审判机关、检察机关，而且应当包括公安机关（含国家安全机关，下同）。我国法律没有对司法机关的范围作出明确界定，但《宪法》在第三章“国家机构”中用专门一节（即第七节）对“人民法院和人民检察院”作出规定，而且在第126条和第131条规定，人民法院、人民检察院依照法律规定独立行使审判权、检察权，不受行政机关、社会团体和个人的干涉；《刑事诉讼法》第17条规定，根据中华人民共和国缔结或者参加的国际条约，或者按照互惠原则，我国司法机关和外国司法机关可以相互请求刑事司法协助。而且，党的十五大、十六大和十七大报告均要求，推进或深化司法改革（或司法体制改革），从制度上保障司法机关依法独立公正地行使审判权、检察权。这些规定和文件表明，我国的司法机关首先包括审判机关和检察机关。

在我国，如果单从机构设置上看，毫无疑问，公安机关属于国家行政机关的范畴。这是因为，公安机关是我国各级人民政府的组成部门，在国家机构序列中属于行政系统；而且，公安机关的内设机构不仅包括刑事侦查部门，还有经济文化保卫部门、警卫部门、治安管理部门、出入境管理部门、消防部门、交通管理部门、边防保卫部门以及户政部门等，其最主要的也是和人民群众最密切相关的职能部门是负责维护地方社会治安的部门。从哲学意义上说，决定事物性质的只能是事物的主要矛盾，由是观之，公安机关自然是行政机关而非司法机关。① 但是，任何事物都不是绝对的，公安机关的性质也不例外。众所周知，在我国，按照《刑事诉讼法》的规定，大多数刑事案件由公安机关负责立案侦查，而立案侦查是刑事司法活动的重要内容和必经程序，离开了公安机关的立案侦查，公诉案件的起诉和审判就无从进行。从这一意义上讲，公安机关无疑应当成为我国的刑事司法机关，其具有司法机关的部分属性，因而应当纳入侦查体制的范围。

第二，在种类上，司法体制不仅应当包括审判体制、检察体制、侦查体制，而且应当包括执行体制、司法行政事务管理体制。从上述第一点的分析中不难看出，我国的司法体制既包括审判体制（具体还可以分为刑事审判体制、民事审判体制和行政审判体制）和检察体制，也包括侦查体制。这里需要讨论的是，我国的司法体制是否应当包括执行体制（特别是法院的执行体制）和司法行政事务管理体制。

笔者认为，解决这一问题应当从界定执行权的性质入手。对于执行权（特别是民事执行权）的性质，无论是在国外还是在国内，均有较大的争论。例如，在日

---

① 陈光中、崔洁：《司法、司法机关的中国式解读》，载《中国法学》2008年第2期，第83～84页。

本，学者们对执行权的性质定位便有司法权说和行政权说两种不同的观点。[①] 在我国，理论界与实务界对执行权的性质定位则有司法权说、行政权说和独立权说三种不同的观点。[②] 但比较起来，执行权应定位为司法权属主流观点。“现代国家之司法制度，于民事程序方面分为审判程序与强制程序。私权之纠纷，如不能由当事人以自治方法解决者，仅得诉请法院以审判方式强制解决。经解决之私权纠纷，若债务人不为履行者，自有强制其履行之必要，否则债权人之私权无法实现或确保。”[③]“从这个角度来看，执行行为不过是审判行为的保障措施。如果我们换个角度，从司法权设置的最终目的来看，也可以说审判行为只不过是取得执行依据的手段。如果有可能，当事人宁愿越过复杂的审判程序而直接申请执行。只不过由于审判程序确定执行依据的过程是如此的重要，当事人和国家才不得不对其投入大量的精力和财力，它才成了现代司法制度的核心。执行行为成了审判行为的当然的、不可或缺的附属物。总之，我们不能说，司法行为到了给出当事人‘一个说法’的阶段就终止，它必然包括审判行为和执行行为两个部分。”[④] 而且，从历史的观点来看，自国家司法权产生以来，它经历了从审判到审判和检察分立，再到审判、检察和执行分立的不断扩展的过程，呈现出一种开放性的结构。正如童兆洪博士所指出的那样：“只要某种国家权力制度的设置，其职能是为了社会秩序的矫正或服务于该职能，并具有司法权所独特的不可诉性，那么，无论这种矫正社会秩序的国家权力如检察权与审判权在表面特征上有何种差异，其实质上仍具有司法权的功能，可纳入司法权。”[⑤]

在我国，根据法律规定，人民法院除负责审判刑事、民事和行政案件外，还负责民事、行政裁判和部分刑事裁判的执行工作。由此，审判与执行是人民法院的两项基本职能。由于实际存在的“执行难”问题，在某些时候，执行还被作为各级人民法院的重点工作，受到高度重视，甚至由执政党的最高机构发文部署解决“执行难”问题。党的十六大报告亦在“推进司法体制改革”的任务中专门提出“切实解决执行难问题”。在最高人民法院制定的三个“人民法院五年改革纲要”中，均提出了要改革执行体制的任务和措施。由此可见，司法体制应当包括法院的执行体制。

司法行政事务，是指司法机关的一切行政事务，主要包括司法机关的机构设置、人员选拔培训、经费预算与管理、物资保障和行政人员的管理等。各国对法院行政

---

① 参见王亚新著：《社会变革中的民事诉讼》，中国法制出版社 2001 年版，第 146 页；［日］中村英郎著：《新民事诉讼法讲义》，陈刚等译，法律出版社 2001 年版，第 29 页；［日］竹下守夫著：《日本民事执行法理论与实务研究》，刘荣军等译，重庆大学出版社 1994 年版，第 14、第 30 页。

② 参见童兆洪著：《民事执行权研究》，法律出版社 2004 年版，第 49～57 页。

③ 陈荣宗著：《强制执行法》，台湾三民书局 1999 年版，第 1 页。

④ 江伟、赵秀举：《论执行行为的性质与执行机构的设置》，载陈光中主编：《依法治国，司法公正——诉讼法理论与实践（1999 年卷）》，上海社会科学院出版社 2000 年版，第 534 页。

⑤ 童兆洪著：《民事执行权研究》，法律出版社 2004 年版，第 62 页。

事务的管理，主要有以下三种模式：一是法院的司法行政事务由政府的司法部主管，如法国、德国等；二是法院的司法行政事务由独立的司法委员会管理，如南欧的西班牙、葡萄牙和南美的智利等；三是法院的司法行政事务由法院自己管理，如美国、日本等。而我国法院、检察院的行政事务分别由人民代表大会、人民政府和法院或检察院进行管理，司法行政机关并不涉及（我国司法行政机关的职能包括管理监狱、劳动教养工作，指导和监督律师、公证、司法鉴定、人民调解工作，负责法制宣传和组织法学研究工作）。笔者认为，各级人民代表大会及其常务委员会对本级法院、检察院领导成员和法官、检察官的选举或任免以及各级人民政府及其财政部门对司法经费的预算与管理，不宜列入司法体制的范围，以使司法体制区别于人大的监督体制与政府的财政体制。因此，列入我国司法体制范围的司法行政事务，应仅限于审判机关、检察机关自身的行政事务，即法院、检察院对本院行政事务的管理（包括法官、检察官的选拔、培训、考核、奖惩，经费收支的管理，物资装备和设施管理，统计、档案、信息、技术等方面的管理，以及行政人员的管理等）。上述管理活动虽然本身不属于审判、检察或执行等司法业务，但却是这些司法业务得以顺利开展和具体实施所必须进行的工作，离开了这些人、财、物的管理活动，司法业务的开展和实施便无从谈起或无法进行。由此，审判机关、检察机关的司法行政事务管理体制应当属于司法体制不可分割的重要组成部分。

第三，在内容上，司法体制包括司法机关的设置、领导或监督体制、职权划分和管理制度几个方面。综观世界各国宪法关于司法体制的规定，基本都包括这几个方面的内容。例如，1789 年 3 月制订，现在仍然有效的《美国宪法》第 3 条规定了美国司法权的归属、司法权的适用范围、最高法院和下级法院的设置及权限、法官的任职及保障。1958 年的《法国宪法》第八章、第九章规定了司法机关独立的保障、高级法院的设置及其职权。1946 年的《日本国宪法》第六章规定了司法权的归属、最高法院及下级法院的设置、最高法院的权限、法官的任命、法官独立、法官的保障等。1993 年的《俄罗斯联邦宪法》第七章规定了审判权的归属、法官的任职条件、法官职务保障、法官的权力、法官独立、法院经费的来源及保障、宪法法院的组成和权限、最高法院和最高仲裁法院的性质与管辖范围、法官的任命等。

司法体制作为司法机关的组织制度，必然反映在司法机关的设置、领导或监督体制、司法机关之间的职权划分以及司法机关的管理制度上。在我国，具体地说，司法机关的设置应当包括审判机关、检察机关、公安机关等司法机关的设置以及司法机关内部机构的设置；司法机关的领导或监督体制应当包括司法机关与其他国家机关的相互关系、司法机关之间的关系以及上下级司法机关之间的关系，这些关系主要体现为领导与被领导或监督与被监督的关系；司法机关之间的职权划分应当包括司法机关的管辖范围和具体权限；司法机关的管理制度应当包括司法机关的业务、人事、经费和装备等各项管理制度。

第四，在种属关系上，司法体制是我国政治体制的重要组成部分。体制属于上层建筑最重要的组成部分，是一国经济基础的必然反映，也必须与该国的经济基础相适应。我国建立以生产资料的社会主义公有制为主体、个体经济和私营经济并存的经济基础，同时实现社会主义市场经济，以市场作为配置资源的基本方式和手段。与此相适应，我国逐步建立与完善经济体制、政治体制、文化体制和军事体制。其中，我国的政治体制包括政党制度、人民代表大会制度、选举制度、行政制度、自治制度、公务员制度、司法制度、监督制度、廉政制度等。[①] 从中可见，司法体制是我国政治体制的重要组成部分。当然，它不是孤立的，而是与其他政治体制，如政党制度、人民代表大会制度、选举制度等有着十分密切的联系的。

三、司法体制与相关概念辨析

（一）司法体制与司法制度

有学者认为，司法制度是国家司法机关和法律授权的社会组织适用法律处理诉讼案件和非诉讼案件的制度。它是国家司法机关与法律授权的社会组织的性质任务、组织体系、活动原则及工作制度的总称，包括审判制度、检察制度、侦查制度、监狱制度、律师制度、调解制度、仲裁制度和公证制度，等等。[②] 还有学者认为，司法制度是国家统治阶级为了维护其统治秩序，保证法律的贯彻执行而制定的制度，其内容广泛，主要包括：司法机关的性质和任务、司法组织体系和职权、司法组织与活动原则、证据制度和司法工作制度，以及司法行政各项工作制度等。[③] 比较上述两个概念，可以看出它们有很多的区别：前者论及的主体不仅包括国家司法机关，而且包括法律授权的社会组织，而后者只限于司法机关；前者具体指出了司法主体的司法活动对象，即诉讼案件和非诉讼案件，而后者没有指出司法机关的司法活动对象；前者划分了各项具体的司法制度，如审判制度、检察制度、侦查制度等，而后者没有做这样的划分；后者涉及证据制度和司法行政各项工作制度，而前者没有涉及。由此可见，两个概念都有不足和缺陷。

笔者认为，司法制度有狭义和广义之分。狭义的司法制度，在实行三权分立的国家是指审判制度，在我国则是指审判制度和检察制度。但一国仅有审判制度或检察制度，显然不足以保证司法机关充分、及时、有效地行使审判权或检察权，亦不能保证司法职能的切实实现。为此，各国在设立审判制度或检察制度的同时，又建立了一系列司法辅助制度，以对司法权的行使起到辅助、促进或保障的作用。故而对司法制度一般应从广义上来理解，而不应限于狭义的范围。据此，所谓司法制度，是指有关司法机关和其他司法机构或组织的性质、任务、组织体系、权利义务、活动原则以及工作制度等方面规范的总称。其中，司法机关应是指审判机关和检察机

---

① 参见俞可平著：《当代各国政治体制——中国》，兰州大学出版社 1998 年版，目录第 1～4 页。

② 参见熊先觉著：《司法制度与司法改革》，中国法制出版社 2003 年版，第 5 页。

③ 吴磊主编：《中国司法制度》，中国人民大学出版社 1997 年版，第 1 页。

关，而其他司法机构或组织则应包括：侦查机构、监狱机构、仲裁机构、法律援助机构以及司法鉴定组织、律师组织、公证组织、人民调解组织等。相应地，司法制度除审判制度和检察制度外，还应包括侦查制度、监狱制度、执行制度、仲裁制度、法律援助制度、司法鉴定制度、律师制度、公证制度、人民调解制度等。

司法体制与司法制度之间的关系，应当是一种种属的关系，即司法制度是种概念，而司法体制是属概念，司法体制包含在司法制度之内，是司法制度的一个组成部分，当然是核心的也是最重要的组成部分。另外，除司法体制以外，司法制度还包括司法机关和司法组织的活动原则、工作制度及程序等内容，因而司法制度的范围比司法体制要宽泛得多。党的十七大报告指出，深化司法体制改革，优化司法职权配置，规范司法行为，建设公正、高效、权威的社会主义司法制度。由此也可以看出，司法体制改革只是司法改革的一个方面，要实现“建设公正、高效、权威的社会主义司法制度”的目的，除了深化司法体制改革外，还必须进行其他方面的改革（如司法工作制度的改革、司法工作机制的改革、证据制度的改革、诉讼程序的改革等）。

根据本绪论第二部分关于司法体制概念与内涵的理解以及上述关于司法体制与司法制度的辨析，笔者认为，《中央司法体制改革领导小组关于司法体制和工作机制改革的初步意见》和《中央政法委员会关于深化司法体制和工作机制改革若干问题的意见》涉及的司法体制，明显失之过宽。其中，有关劳动教养制度的改革（该制度有可能改为违法行为教育矫治制度）、司法鉴定体制的改革、律师制度的改革与完善、刑事诉讼证据制度的改革与完善、刑事被害人救助制度的建立、法律院校招生分配制度的改革与完善等，均应属于司法制度改革的范畴，不宜划入司法体制改革的范围。

（二）司法体制与司法程序

司法程序，是指司法机关办理各类诉讼案件所应当遵守的方式和步骤。按照案件类型的不同，司法程序分为刑事司法程序、民事司法程序和行政司法程序三种。其中，刑事司法程序是司法机关在办理刑事案件过程中应当遵守的程序，包括立案、侦查、起诉、审判和执行程序，审判程序又分为一审程序、二审程序、死刑复核程序和审判监督程序。民事司法程序、行政司法程序是人民法院在办理民事案件、行政案件过程中应当遵守的程序，包括一审程序、二审程序、审判监督程序和执行程序。当然，两种司法程序的许多具体程序又有不同，如民事司法程序中有特别程序（即人民法院审判选民资格案件、宣告失踪和宣告死亡案件、认定公民无民事行为能力和限制民事行为能力案件、认定财产无主案件所应当遵守的程序）、督促程序（即支付令程序）、公示催告程序、企业法人破产还债程序，而行政司法程序则没有这些程序。

司法体制与司法程序都是司法制度的重要内容，同时也都是国家司法活动得以顺利进行的基础与保障，但两者又有着明显的区别：第一，内容不同。司法体制是有关司法机关的设置、领导或监督体制、职权划分和管理制度的规范的总称，而司法程序是司法机关进行司法活动所应当遵守的方式和步骤的总称。第二，归属不同。司法体制属于组织法的范围，而司法程序属于程序法（诉讼法）的范围。第三，规制的对象不同。司法体制规制的对象是司法机关、司法人员以及与其有关的其他国家机关和国家工作人员（如有权任免法官、检察官的国家权力机关，为司法机关提供经费保障的行政机关等），而司法（诉讼）程序，不仅司法机关和司法人员要严格遵守，而且诉讼参与人（包括当事人和证人、鉴定人、辩护人、诉讼代理人等）也必须严格遵守，但有权任免法官、检察官的国家权力机关和为司法机关提供经费保障的行政机关却无须遵守司法（诉讼）程序。

（三）司法体制与司法工作机制

司法工作机制，这是一个最近几年才出现的概念。机制，原指机器的构造和工作原理，如计算机的机制；也指机体的构造、功能和相互关系，如动脉硬化的机制。① 引申到社会层面，其应当是指某个事物的构造、功能和相互关系，而司法工作机制，则可以指某项司法工作的结构、功能和相互关系，也可以指某项司法工作的结构、原理或规则。2004 年颁布的《中央司法体制改革领导小组关于司法体制和工作机制改革的初步意见》（中发〔2004〕21 号文件）第一次使用了“司法工作机制”这一概念。该文件下发后，最高人民法院、最高人民检察院先后出台了《人民法院第二个五年改革纲要（2004—2008）》、《关于进一步深化检察改革的三年实施意见》，对法院、检察院体制和工作机制改革进行了全面部署，其中便大量使用了“工作机制”或“机制”的概念。2008 年 12 月中共中央办公厅转发提出了《中央政法委员会关于深化司法体制和工作机制改革若干问题的意见》。该文件围绕优化司法职权配置、落实宽严相济刑事政策、加强政法队伍建设、加强政法经费保障四个方面，提出了六十项改革任务，其中包括：改革办理职务犯罪案件监督制约机制，切实加强对办理这类案件过程的监督；改革和完善看守所管理与监督机制，切实防止发生刑讯逼供和超期羁押现象；完善快速办理轻微刑事案件的工作机制、适应未成年人案件实际特点的办案机制，建立刑事和解、暂缓起诉、前科消灭等符合宽严相济刑事政策要求的制度；建立执行宽严相济刑事政策的监督机制和执法绩效考评机制；等等。

由上可见，司法体制和司法工作机制都属于司法制度的重要组成部分，而且两者密切相关，后者有时包含在前者之内，但它们毕竟是两个不同的概念，有着明显的区别：第一，层次不同。按照层次来区分，司法制度是第一层次的概念，司法体制便是第二层次的概念，而司法工作机制则是第三层次的概念，具有包容与被包容的关系。第二，范围大小不同。司法体制的范围较小，只涉及司法机关的设置、领导或监督体制、职权划分和管理制度；而司法工作机制的范围较大，不仅可以是司法体制所包含的具项制度或措施（如对司法机关的某项监督机制或绩效考评机制），

① 中国社会科学院语言研究所词典编辑室编：《现代汉语词典》，商务印书馆 2012 年版，第 597 页。

而且可以是司法工作制度、司法程序所包含的某项具体制度或程序（如司法机关办理轻微刑事案件或未成年人案件的工作机制）。第三，是否直接体现为制度实施不同。总的来说，司法体制是一种处于静态的制度形式，即司法机关的组织体系或组织架构，其本身不涉及实施问题；而司法工作机制则与“工作”密切相关，是一种处于动态的制度形式，其本身就是某项司法制度的实施或运作。第四，改革是否需要修改法律不同。一般地说，由于司法体制事关司法主体的机构设置和权力来源的合法性，因而对其进行改革必须通过修改法律的方式进行，即必须先修改法律才能对司法体制进行改革与调整；司法工作机制往往只涉及司法体制或某项司法制度运行中的某个环节或工作方法、方式问题，因而通常不需要通过修改法律的方式进行，而由中央或地方司法机关以文件的方式制订、下发改革方案甚至以通知的方式下发，进行改革部署即可。

四、中外司法体制的差异分析

资产阶级在革命取得胜利后，普遍按照孟德斯鸠等启蒙思想家的“三权分立”学说，建立起立法、行政、司法“三权分立、相互制衡”的国家体制，即由国会行使立法权、总统（内阁）行使行政权、法院行使司法权，并且三种权力相互制约，以达到国家权力的平衡。其中，检察机关均隶属于行政系统，它行使的侦查权、公诉权均属于行政权的范畴。由是，资本主义国家的司法体制专指法院体制或审判体制，而不包括检察体制。

但随着社会的发展，资本主义这种单一的司法体制在一些国家发生了变化，当然这种变化首先缘于对检察机关的认识的变化。例如，德国刑事诉讼法学者克劳思·罗科信认为，检察机关的地位虽然不同于法院，但是它和法院在刑事司法的功能分配上关系紧密，而且以法律价值为依据，所以不是单纯的行政机关，“是一阶级组织的司法单位”，“是以既不属于行政体系，亦不属于第三种权力的体系，而为介于二者之间的独立的司法机构”。[①] 法国刑事诉讼法学者卡斯东·斯特法尼也认为，法律将预审职能以及追诉职能赋予了司法机关——检察院——的司法官，而不是赋予警察机关；同时，“法律授权进行公诉的司法官并不是真正的法官，而是检察院的成员，我们有时也称这些司法官为‘立席司法官’，与‘坐席司法官’相对应。之所以称他们为‘立席司法官’，是因为他们在法庭庭审时要站起来提出他们的诉讼要求与意见”。[②] 与此相适应，一些资本主义国家将检察机关确定为司法机关，或将检察权纳入司法权的范围。《意大利宪法》第102条规定：“司法职能由关

① ［德］克劳思·罗科信著：《刑事诉讼法》（第24版），吴丽琪译，法律出版社2003年版，第65～66页。

② ［法］卡斯东·斯特法尼等著：《法国刑事诉讼法精义》，罗结珍译，中国政法大学出版社1998年版，第57、第110页。

于司法体制的法律规范所创设和规范的普通司法官行使。”而意大利的司法官包括法官和检察官，意大利的司法机关包括检察院和法院，实行审检合署制。[①] 此外，从其第107条第4款关于“检察官享有法院组织法规则为其所规定的各种保障”的规定中也可以看出，意大利的司法官包括检察官。《西班牙宪法》在第六章“司法权”中规定了检察部门的任务、行使职权的原则、检察部门的组织章程以及国家总检察官的任命（第124条第1~4款），并将检察官不得兼任的职务与法官、大法官作了完全相同的规定（第127条第1款）。《墨西哥合众国宪法》在第四章“司法权”中明确规定了联邦总检察院的设立、职权以及共和国总检察长的地位和权力，其中第102条第1款规定担任总检察长必须具备担任最高法院法官所需的资格。

苏联和东欧各社会主义国家解体后，虽然其社会性质发生了根本的变化，但是部分国家的司法体制基本上还维持原状。1993年12月颁布的《俄罗斯联邦宪法》在第七章“司法权”中，除对法官的条件、法官独立原则、法庭审判的原则、法院的经费保障、俄罗斯宪法法院的组成和职权、俄罗斯联邦最高法院与俄罗斯联邦最高仲裁法院的地位和职权、联邦法官的任命等作出明确规定外，还专门对俄罗斯联邦检察院的组成、领导体制、联邦总检察长和其他各级检察长的任命作了具体规定。1991年11月颁布的《罗马尼亚宪法》在第六章“司法机关”中以专门一节（即第二节）对检察机关的作用、检察官的工作原则、检察官的任职等问题作了规定，而且还在该章第三节“最高司法委员会”中对检察官和法官的任命程序作了相同的规定。

需要特别提及的是，1991年7月颁布的《保加利亚共和国宪法》在第六章“司法机关”中，除对检察机关的结构、总检察长的职责和检察院的职权作出具体规定外，还在第128条明确规定：“侦查机关属于司法机关的系统，它们对刑事案件进行预先审理。”另外，该章第129条第1项还规定，法官、检察官和侦查员均由最高司法委员会任命、晋升、降职、调动和免职。这说明，在保加利亚，其司法体制不仅包括审判体制和检察体制，而且包括侦查体制；司法官不仅包括法官和检察官，而且包括侦查员。

由上可见，我国的司法体制既有别于多数资本主义国家只限于法院体制的司法体制，也不同于意大利、西班牙、墨西哥和俄罗斯、罗马尼亚等少数国家仅将审判体制和检察体制包括在内的司法体制，而与保加利亚司法体制的范围基本相同。略有不同的是，我国的司法体制除包含审判体制、检察体制和侦查体制外，还包括法院执行体制。故我国的司法体制的范围比任何其他国家都要大，这体现了明显的中国特色。

---

① 陈光中、崔洁：《司法、司法机关的中国式解读》，载《中国法学》2008年第2期，第82页。

第一章 中国司法体制的历史、现状与问题

从历史的角度看，要对中国司法体制进行深入而系统的研究，就需要考察中国司法体制的历史发展、现实状况和存在的主要问题，透过历史知晓现在，透过现状展望未来，透过问题把握改革的必要性和紧迫性，从而对司法体制改革涉及的诸多问题有一个宏观的了解和清晰的认识，进而为各项司法体制改革奠定基础，确定原则和找准方向。无论是司法体制改革研究还是司法体制改革实践，如果脱离历史甚或割断历史，脱离现实甚或置现实于不顾，照搬外国的做法而不从我国的实际出发，对我国司法体制存在的问题视而不见，以致各项改革建议或改革措施不能做到对症下药，那么就不可能达到预期的目标或取得成功。

一、中国司法体制的历史发展

1949 年，中华人民共和国宣告成立，标志着中国进入了一个新的历史时期，即社会主义建设时期。1949 年 4 月 21 日制定的《中国人民政治协商会议共同纲领》第 17 条规定：“废除国民党反动政府一切压迫人民的法律、法令和司法制度，制定保护人民的法律、法令，建立人民司法制度。”由此，新中国的司法体制进入了一个历经曲折和不断发展的历史过程。

（一）审判体制的历史发展

1949 年 9 月 27 日中国人民政治协商会议第一届全体会议通过的《中央人民政府组织法》第 26 条规定：“最高人民法院为全国最高审判机关，并负责领导和监督全国各级审判机关的审判工作。”1949 年 10 月 1 日，中央人民政府召开第一次会议，决定任命沈钧儒为最高人民法院院长（在其后的历次会议上又先后任命了最高人民法院副院长和委员）。由此，我国的最高审判机关开始着手建立。

1949 年 12 月中央人民政府委员会批准的《中央人民政府最高人民法院试行组织条例》规定，最高人民法院设院长一人，副院长二人至三人，委员十三人至二十一人，由中央人民政府委员会任命之；最高人民法院设民事审判庭、刑事审判庭及行政审判庭，于必要时，并得设其他专门审判庭，庭设庭长一人，副庭长二人；最

高人民法院于必要时，得呈请中央人民政府委员会设立分院或分庭，并得呈请变更或撤销之。

1950 年 7 月 20 日政务院公布施行的《人民法庭组织通则》规定，人民法庭有权逮捕、拘禁并判决被告死刑、徒刑、没收财产、劳役、当众悔过或宣告无罪，但是判处死刑、没收财产及五年以上徒刑的案件，批准权属于省人民政府（或者由它特令指定的专员公署）；不足五年的徒刑以及宣告无罪的判决，则由县人民政府批准。可见此时实行的是审判从属于行政的体制。1951 年 9 月 3 日中央人民政府委员会第十二次会议通过的《人民法院暂行组织条例》明确规定，人民法院的组织体系为县级人民法院、省级人民法院和最高人民法院三级；实行三级两审终审制，特殊情况下实行三审或一审终审。同时规定，地方各级人民法院实行"双重领导"的体制，即"下级人民法院的审判工作受上级人民法院的领导和监督；其司法行政由上级司法部领导。各级人民法院（包括最高人民法院分院、分庭）为同级人民政府的组成部分，受同级人民政府委员会的领导和监督"（第 10 条）。此外，各级人民法院均设审判委员会，主要是处理重大或疑难的案件，并在政策上和审判原则上进行指导。

随着上述《中央人民政府最高人民法院试行组织条例》、《人民法庭组织通则》和《人民法院暂行组织条例》的颁布实施，各级人民法院陆续建立起来。到 1952 年 4 月，最高人民法院东北、西北、华北、中南、西南、华东六个分院先后在沈阳、西安、北京、武汉、重庆、上海建立。1953 年，根据第二届全国司法会议的精神，全国共建立了十一个铁路运输法院和水上运输法院。

第一届全国人民代表大会第一次会议于 1954 年 9 月 20 日通过了我国第一部《宪法》，于 9 月 21 日通过了第一部《人民法院组织法》。《宪法》确立了人民代表大会和"一府两院"体制。随着这一新的国家体制的确立，我国的审判体制发生了三个方面的重大变化：第一，人民法院的组织体系由原来的三级改为四级，即"中华人民共和国的审判权由下列人民法院行使：（一）地方各级人民法院；（二）专门人民法院；（三）最高人民法院。地方各级人民法院分为：基层人民法院、中级人民法院、高级人民法院"（1954 年《人民法院组织法》第 1 条）。"由于各大行政区于 1954 年底撤销，最高人民法院在各大行政区的分院也相应撤销。"① 而在基层人民法院，则可以根据需要设立人民法庭。根据 1954 年《人民法院组织法》第 17 条的规定，人民法庭是基层人民法院的组成部分，它的判决和裁定就是基层人民法院的判决和裁定。第 26 条规定，专门人民法院包括军事法院、铁路运输法院和水上运输法院。第二，人民法院从原来隶属于政府系统变为与政府平行，成为独立的国家机关。根据 1954 年《宪法》的规定，国务院、最高人民法院、最高人民检察院均对全国人民代表大会负责并报告工作，在全国人民代表大会闭会期间，均对全国人民代表大会常务委员会负责并报告工作；地方各级人民政府、地方各级人民法院和

① 张晋藩主编：《中国司法制度史》，人民法院出版社 2004 年版，第 615 页。

地方各级人民检察院均对本级人民代表大会负责并报告工作。由此，人民法院、人民检察院具有与同级人民政府同等的地位，而不再是政府的组成部分，也不再受同级人民政府委员会的领导与监督，人民法院、人民检察院均作为一个独立的系统存在，只是向同级人民代表大会负责并报告工作。第三，上下级人民法院之间的关系由原来的领导与被领导的关系改变为监督与被监督的关系，即“最高人民法院监督地方各级人民法院和专门人民法院的审判工作，上级人民法院监督下级人民法院的审判工作”（1954 年《宪法》第 79 条）。应当说，上述审判体制的变化是和《宪法》、《人民法院组织法》关于“人民法院独立进行审判，只服从法律”的规定相适应的，因为只有实行这样的体制，才能有效保证审判独立。

1957 年 6 月至 1958 年 8 月的“反右”斗争使刚刚建立起来的审判体制受到较大的破坏。1957 年 8 月 9 日，国务院作出《关于撤销铁路、水上运输法院的决定》，将已经建立的十九个铁路、水上运输法院和三十一个派出法庭予以撤销。同时决定，运输法院撤销后，运输方面的刑事案件，由运输系统的管理局、分局所在地的中级人民法院处理。① 1966 年 5 月，开始了长达十年的“文化大革命”。这一时期由于人民法院被实行“军管”，因而审判体制受到严重破坏，造成了大量的冤假错案。

1976 年粉碎“四人帮”后，国家采取一系列重要措施，拨乱反正，大力加强社会主义法制建设，使包括审判体制在内的司法体制得到迅速恢复和全面发展。1979 年 7 月 1 日五届全国人大第二次会议通过的《人民法院组织法》对我国人民法院的性质、设置、任务、审判原则和制度、人民法院的组织、职权以及审判人员和其他人员等作了具体的规定。与 1954 年《人民法院组织法》相比，1979 年《人民法院组织法》在审判体制方面的变动主要表现在以下几个方面：第一，明确规定了人民法院的性质。该法第 1 条规定：“中华人民共和国人民法院是国家的审判机关。”第二，规定了专门人民法院的设置。该法第 2 条增加的第 3 款规定：“专门人民法院包括：军事法院、铁路运输法院、水上运输法院、森林法院、其他专门法院。”第三，增加了各级审判委员会“实行民主集中制”的规定，从而有利于审判机关发扬司法民主，实现审判公正。第四，删去了 1954 年《人民法院组织法》第 12 条第 3 款关于“最高人民检察院对各级人民法院已经发生法律效力的判决和裁定，上级人民检察院对下级人民法院已经发生法律效力的判决和裁定，如果发现确有错误，有权按照审判监督程序提出抗议”的规定，因为该条款确定的是检察机关的职权，应当由《人民检察院组织法》予以规定，而不宜由《人民法院组织法》作出规定。

1982 年 12 月 4 日，第五届全国人大第五次会议通过的《宪法》即现行《宪法》，在第三章第七节对人民法院和人民检察院作了专门的规定，其中在审判体制方面有两个重要的变动：一是恢复了人民法院依法独立行使审判权的原则。1982 年

---

① 张晋藩主编：《中国司法制度史》，人民法院出版社 2004 年版，第 623 页。

《宪法》第126条规定："人民法院依照法律规定独立行使审判权，不受行政机关、社会团体和个人的干涉。"显然，这一审判独立原则与1954年《宪法》和1979年《人民法院组织法》规定的"人民法院独立进行审判，只服从法律"是大不相同的。前者强调依法独立审判，从反面突出审判权不受行政机关、社会团体和个人的干涉；后者强调独立进行审判，从正面突出审判权只服从法律。① 二是确立了公、检、法三机关在刑事诉讼中的相互关系。1982年《宪法》第135条规定："人民法院、人民检察院和公安机关办理刑事案件，应当分工负责，互相配合，互相制约，以保证准确有效地执行法律。"这在我国《宪法》中第一次确立了公、检、法三机关在刑事诉讼中的相互关系，从而对三机关的关系进行了具有中国特色的定位，并一直沿用至今。

1983年9月2日，第六届全国人大常委会第二次会议通过关于修改1979年《人民法院组织法》的决定，对有关审判体制的规定作了如下修改：一是删去该法第2条第3款关于"专门人民法院包括：军事法院、铁路运输法院、水上运输法院、森林法院、其他专门法院"的规定；二是根据1982年《宪法》第126条的规定，将该法第4条关于"人民法院独立进行审判，只服从法律"的规定修改为："人民法院依照法律规定独立行使审判权，不受行政机关、社会团体和个人的干涉。"三是删去该法第9条关于"人民法院审判第一审案件实行人民陪审员陪审的制度，但是简单的民事案件、轻微的刑事案件和法律另有规定的案件除外"的规定，并将该法第10条第2款关于"人民法院审判第一审案件，由审判员和人民陪审员组成合议庭进行"的规定修改为："人民法院审判第一审案件，由审判员组成合议庭或者由审判员和人民陪审员组成合议庭进行。"由此，人民陪审员制度在我国曾有近二十年的衰落，直至2004年全国人大常委会通过《关于完善人民陪审员制度的决定》时才得到全面恢复。

1984年11月，第六届全国人大常委会第八次会议决定在上海、天津、广州、大连、厦门等沿海港口城市设立海事法院，使我国的专门审判机关更加广泛（包括军事法院、铁路运输法院、海事法院）。此外，在建立和发展社会主义市场经济的过程中，我国各级人民法院还逐步完善了内部审判机构的设置，先后设置了房地产审判庭、经济审判庭、知识产权审判庭、立案庭、审判监督庭等专业审判庭，使审判工作不断走向专业化。特别是1989年随着《行政诉讼法》的颁布实施，各级法院普遍设置了行政审判庭，从而建立起行政审判体制。

（二）检察体制的历史发展

1949年9月27日中国人民政治协商会议第一次全体会议通过的《中央人民政府组织法》规定，最高人民检察署为国家的最高检察机关，"对政府机关、公务人员和全国国民之严格遵守法律，负最高的检察责任"。1949年10月1日，中央人民

① 沈德咏主编：《中国特色社会主义司法制度论纲》，人民法院出版社2009年版，第119页。

政府委员会召开第一次会议，决定任命罗荣桓为最高人民检察署检察长（在其后的历次会议上又先后任命了最高人民检察署副检察长和检察委员）。由此，我国的最高检察机关开始着手建立。

1949 年 12 月中央人民政府委员会通过的《最高人民检察署试行组织条例》规定，最高人民检察署直接行使并领导下级人民检察署行使检察全国各级政府机关及公务人员和全国国民是否严格遵守人民政协共同纲领及人民政府的方针与法律、法令，对各级司法机关之违法判决提出抗议，对刑事案件实行侦查和提起公诉等职权。同时规定，最高人民检察署受中央人民政府之直辖；全国各级检察署均独立行使职权，不受地方机关干涉，只服从最高人民检察署之指挥；最高人民检察署设检察委员会议，由检察长、副检察长、秘书长与委员组成，以检察长为主席，如检察委员会议不一致时，取决于检察长。这表明，检察机关实行“垂直领导”体制并在内部实行检察长负责制。

1951 年 9 月 3 日，中央人民政府委员会根据该组织条例的试行情况，正式通过并于次日颁布《最高人民检察署暂行组织条例》和《各级地方人民检察署组织通则》。按其规定，人民检察署的设置与人民法院基本一致，即分为：最高人民检察署以及设置在各大行政区的分署、省级人民检察署以及设置在各个行政专区的分署、县（市）级人民检察署；人民检察署是国家的法律监督机关，对政府机关、公务人员和全国国民是否严格遵守法律、法令负检察责任；各级人民检察署设检察委员会，决议有关检察工作的方针政策及其他重要事项，委员会意见不一致时，由检察长决定；将原来的“垂直领导”体制改为“双重领导”体制，即“各级地方人民检察署受上级人民检察署的领导，同时又为同级人民政府的组成部分，受同级人民政府委员会之领导”。

随着上述《最高人民检察署试行组织条例》、《最高人民检察署暂行组织条例》和《各级地方人民检察署组织通则》的颁布实施，地方各级检察署陆续建立起来。到 1953 年年底，全国六大行政区均设立了最高人民检察署分署，三十个省级人民检察署全面建成，专区和省辖市建立了一百九十六个人民检察署，县（市、区）建立了六百四十三个人民检察署；全国共有检察干部五千余人。① 至此，新中国的检察体制得以全面建立。

1954 年《宪法》确立了人民代表大会这一根本政治制度。同时，《人民检察院组织法》对我国检察机关的设置、领导体制、职权以及行使职权的程序、人员任免作了比较明确的规定。其中，在检察体制方面发生了以下几个重大的变动：第一，将人民检察署改称为人民检察院，并将人民检察院、人民法院和人民政府并列，赋予三者同等的法律地位，均由同级人民代表大会产生，对它负责，受它监督，从而建立起“一府两院”的崭新体制。第二，规定设立最高人民检察院、地方各级人民检察院和专门人民检察院。其中，地方各级人民检察院分为省（自治区、直辖市）

---

① 龙宗智著：《检察制度教程》，法律出版社 2002 年版，第 73 页。

人民检察院、自治州人民检察院、县（市、自治县）人民检察院。省、自治区、直辖市人民检察院按照需要可以设立分院，直辖市和设区的市人民检察院按照需要可以设立市辖区人民检察院。随着各大行政区的撤销，原来设置的最高人民检察署各大行政区分署亦相应撤销。第三，规定各级人民检察院设立检察委员会，检察委员会在检察长的领导下，处理有关检察工作的重大问题。第四，实行“检察独立”，并恢复实行“垂直领导”体制，即地方各级人民检察院独立行使职权，不受地方国家机关的干涉；地方各级人民检察院和专门人民检察院在上级人民检察院的领导下，并且一律在最高人民检察院的统一领导下进行工作。应当说，建立人民代表大会制度之下的“一府两院”体制，符合我国的国情和发展需要，具有显著的中国特色；但检察机关实行“垂直领导”体制，“是效仿和借鉴了当时苏联的由联邦总检察长自上而下垂直领导的做法，要保证中央对地方法制的监督，防止地方分裂”,① 并不切合我国的实际，特别是与党的领导存在较大的矛盾，因而难以长期实行下去。就在1957年“反右”以后，毛泽东听取了地方党政官员对检察院、法院独立行使职权不利于党的领导的意见，决定由地方党政机关领导地方检察院和法院的工作，取消法律监督与独立审判。② 由此，检察机关的“垂直领导”体制实际上变成了“地方领导”体制，《宪法》的有关规定已名存实亡。

1966年5月开始的“文化大革命”使我国的检察体制受到严重摧残。“文化大革命”初期，检察院和法院、公安局一样被“砸烂”，实行“军管”；1969年，各级检察机关被宣布撤销；1975年1月第四届全国人大第一次会议通过的《宪法》更是确认了检察机关被“砸烂”的事实，明确规定：“检察机关的职权由各级公安机关行使。”由此，我国的检察体制经历了从严重破坏到一度中断的严酷时期。

1976年粉碎“四人帮”后，国家采取一系列重要措施，使包括审判体制在内的司法体制得到迅速恢复和全面发展。1978年3月5日，鉴于同各种违法乱纪行为作斗争的极大重要性，第五届全国人大第一次会议通过的《宪法》确定重建国家检察机关，该法第43条明确规定：“最高人民检察院对于国务院所属各部门、地方各级国家机关、国家机关工作人员和公民是否遵守宪法和法律，行使检察权。地方各级人民检察院和专门人民检察院，依照法律规定的范围行使检察权。人民检察院的组织由法律规定。”1979年7月1日第五届全国人大第二次会议通过的《人民检察院组织法》，对我国检察机关的性质、设置、职权、行使职权的程序以及检察机关的机构设置和人员的任免等作了具体的规定。与1954年《人民检察院组织法》相比，1979年《人民检察院组织法》在检察体制方面的变动主要表现在以下几个方面：第一，明确规定了检察机关的性质。该法第1条规定：“中华人民共和国人民检察院是国家的法律监督机关。”第二，确立了检察机关的“双重领导”体制，即放弃了1954年《人民检察院组织法》规定的“垂直领导”体制，确立了各级人民检察院

① 张智辉主编：《中国检察》（第17卷），中国检察出版社2008年版，第12页。

② 《中华人民共和国法制大事记》，载《人民检察》1958年第2期，第58页。

对同级国家权力机关负责并报告工作以及地方各级人民检察院受最高人民检察院和上级人民检察院领导的“双重领导”体制。第三，进一步理顺了检察长与检察委员会的关系。将1954年《人民检察院组织法》第2条中关于“检察委员会在检察长领导下，处理有关检察工作的重大问题”的规定修改为：“检察委员会实行民主集中制，在检察长的主持下，讨论决定重大案件和其他重大问题。如果检察长在重大问题上不同意多数人的决定，可以报请本级人民代表大会常务委员会决定。”据此，检察长在检察委员会中不再起领导作用，而只是“主持者”；检察委员会的权力由“处理有关检察工作的重大问题”扩大到“讨论决定重大案件和其他重大问题”；检察委员会实行民主集中制即少数服从多数的原则，对于提交检察委员会讨论决定的重大案件和其他重大问题，检察长无最后决定权。第四，确立了人民检察院依法独立行使职权的原则。该法第9条规定：“人民检察院依照法律规定独立行使检察权，不受其他行政机关、团体和个人的干涉。”这与1954年《人民检察院组织法》第6条第1款关于“地方各级人民检察院独立行使职权，不受地方国家机关的干涉”的规定有着明显的区别。前者规定人民检察院依法独立行使职权，强调的是不受行政机关、社会团体和个人的干涉；后者规定人民检察院独立行使职权，强调的是不受地方国家机关的干涉。由此，前者着重于检察权独立于行政权，检察机关独立于行政机关；而后者着重于检察权独立于地方权力，检察机关独立于地方国家机关。第五，取消了检察机关的“一般监督权”，即在人民检察院的职权方面，删除了1954年《人民检察院组织法》第3条、第4条关于“最高人民检察院对于国务院所属各部门、地方各级国家机关、国家机关工作人员和公民是否遵守法律，行使检察权”和地方各级人民检察院“对于地方国家机关的决议、命令和措施是否合法，国家机关工作人员和公民是否遵守法律，实行监督；”“对于有关国家和人民利益的重要民事案件有权提起诉讼或者参加诉讼”的规定。

1982年《宪法》关于检察体制方面的规定基本沿用了1979年《人民检察院组织法》的有关规定，唯一的创新与发展是确立了公、检、法三机关在刑事诉讼中的相互关系，即在第135条规定：“人民法院、人民检察院和公安机关办理刑事案件，应当分工负责，互相配合，互相制约，以保证准确有效地执行法律。”对此，在前面的审判体制中已经论及，不再赘述。

1983年9月2日，第六届全国人大常委会第二次会议通过关于修改1979年《人民检察院组织法》的决定，对有关检察体制的规定作了如下修改：一是删去该法第2条第4款关于“专门人民检察院包括：军事检察院、铁路运输检察院、水上运输检察院、其他专门检察院”的规定。二是将该法第20条关于“最高人民检察院设置刑事、法纪、监所、经济等检察厅，并且可以按照需要，设立其他业务机构。地方各级人民检察院和专门人民检察院可以设置相应的业务机构”的规定修改为：“最高人民检察院根据需要，设立若干检察厅和其他业务机构。地方各级人民检察院可以分别设立相应的检察处、科和其他业务机构。”这一修改，显然有利于满足检察机构根据形势发展和检察工作的实际需要，设立相应的业务机构。例如，随着贪污贿赂犯罪和侵权渎职犯罪的大量发生，原来设置的经济检察机构和法纪检察机构已不适应查处这两类案件的需要，因而我国各级检察机关依据该条规定，于20世纪90年代相继设立了专门的反贪污贿赂工作机构和反侵权渎职工作机构，取得了良好的社会效果。三是删去了1979年《人民检察院组织法》第22条第2款和第23条关于地方各级人民检察院副检察长和检察委员会委员的任免，须报上一级人民检察院检察长提请本级人民代表大会常务委员会批准的规定，从而与1982年《宪法》关于地方各级人民检察院检察长的任免须报上一级人民检察院检察长提请本级人民代表大会常务委员会批准的规定相一致，切实保障检察长对检察院工作的统一领导。

（三）侦查体制的历史发展

1949年新中国成立后，根据《中央人民政府组织法》的规定，政务院下设公安部，主管刑事案件的侦查工作。同年11月1日，中央人民政府公安部正式成立，“标志着新中国的公安保卫工作开始由党的形式（社会部）转变为政权的形式，全国统一的人民公安机关和人民公安武装开始组建”。[①] 当时，东北、华北、华东、中南、西南、西北六大行政区设公安部，各省、自治区设公安厅，直辖市设公安局，专区设公安处，县设公安局，城区设公安分局，区设公安助理员，乡设公安员。县公安局和城区公安分局下设派出所。1954年，中央人民政府公安部改称为中华人民共和国公安部，随着各大行政区的撤销，其公安部的职能分别划归国家公安部以及省、自治区公安厅和直辖市公安局。与此同时，各级公安机关设置了相应的刑事案件侦查机构。

20世纪70年代末，公安机关的刑事侦查工作正式脱离治安管理部门，开始了独立化、现代化、正规化发展的新时期。1980年，政侦与国安分离、刑侦与治安分离；1995年，政侦与国安分离，刑侦与经侦、禁毒分离；1997年，国内安保与国安分离、刑侦由“二侦”分解为“九侦”，刑侦多元化分散型体制因此确立。[②] 根据《公安部刑事案件管辖分工规定》，公安机关的国内安保、经侦、刑侦、禁毒、治安管理、交通管理、边防管理、消防管理等部门均享有部分刑事案件的侦查权。1997年6月，公安部开始推行“侦审一体化”办案模式，即取消预审机构，由刑侦人员独立完成侦查任务，从而实现了侦查、预审、移送起诉一体化。2003年，公安部成立证券犯罪侦查局，并设置派驻北京、大连、上海、武汉、成都和深圳六地的直属分局。这是首次在各省公安厅、市公安局之外设置公安部业务局的直属机构。证券犯罪侦查机构实行垂直领导体制，分局人事、财务及业务均由公安部证券犯罪侦查局管辖。1984年9月，为加强国际警务交流与合作，中国加入国际刑警组织，中国

① 许新源：《我国公安机关和人民警察组织机构发展50年回顾》，载《中国人民公安大学学报》1999年第4期，第91页。

② 参见邹明理：《论我国侦查体制建设的重点及其措施》，载《山东警察学院学报》2005年第1期，第53页。

侦查体制开始具有国际化特征。

专门公安机关侦查体制也经历了一个逐步发展的过程。1950 年，铁道部公安局建立。1951 年，东北森工总局公安处和长江航管公安处建立。1953 年，交通保卫局建立，统一领导全国铁道、公路、航运、邮电系统的公安保卫工作；同年，文化保卫局建立。1975 年 1 月，交通部公安局和铁道部公安局设立。1981 年，国家民航总局由空军建制改为国务院直属局，民航总局公安局成立。1984 年，林业部公安局建立。1998 年，海关总署设“走私犯罪侦查总局”，地方海关设“走私犯罪侦查局”，专门负责对走私犯罪案件的侦查工作。2002 年，海关走私犯罪侦查机关更名为海关缉私局，缉私警察在原有的刑事侦查职能基础上增加了行政执法职能。专门公安机关实行双重领导体制：铁道部、交通部、民航总局、国家林业局的公安局和海关总署缉私局列入公安部序列，接受主管部门和公安部双重领导；地方各级专门公安机关也接受行业主管部门和上级公安机关的双重领导。

1983 年 6 月，第六届全国人大第一次会议决定组建国家安全机关。1983 年 9 月，第六届全国人大常委会第二次会议通过的《关于国家安全机关行使公安机关的侦查、拘留、预审和执行逮捕的职权的决定》规定：“国家安全机关，承担原由公安机关主管的间谍、特务案件的侦查工作，是国家公安机关的性质，因而国家安全机关可以行使宪法和法律规定的公安机关的侦查、拘留、预审和执行逮捕的职权。”1993 年颁行的《国家安全法》再次明确规定，国家安全机关有权依法行使侦查、拘留、预审和执行逮捕以及法律规定的其他职权。

新中国成立初期，中央组建了公安部武装力量保卫局，专门负责军队内部的安全保卫工作。1950 年 4 月，武装力量保卫局开始接受总政治部和公安部的双重领导，成为总政治部负责全军保卫工作的职能部门。1965 年，武装力量保卫局列入军队编制序列，进入由总政治部垂直领导的军队保卫部门体系。其中，总政治部设保卫部领导全军保卫工作，各大军区、海军舰队、空军、集团军、师、旅、团分别设保卫部、处、科、股，承担军队内部发生的刑事案件的侦查任务。1996 年 3 月，第八届全国人大第四次会议通过《关于修改〈中华人民共和国刑事诉讼法〉的决定》，在原《刑事诉讼法》第四编后增加附则，规定“军队保卫部门对军队内部发生的刑事案件行使侦查权……军队保卫部门……办理刑事案件，适用本法的有关规定”。据此，军队保卫部门具有了侦查主体的地位。

（四）执行体制的历史发展

我国的执行体制包括三部分，一是刑事执行体制，二是民事执行体制，三是行政执行体制。由于性质和内容不同，因而其历史发展情况也不相同。

新中国成立初期，刑罚执行机关称为监所，一般分为监狱、看守所和劳动改造队，是人民法院的组成部分，属于法院和司法行政部门领导与管理。为了配合大规模的组织罪犯劳动改造工作，1951 年 11 月 30 日，中央司法部、公安部发布了《关于监狱、看守所和劳动改造队移转归公安部门领导的指示》，将监狱、看守所和劳动改造队移交给公安部门领导和管理。1954 年《劳动改造条例》颁布，将劳改机关规定为看守所、监狱、劳动改造管教队、少年犯管教所四个具体的执行机关；实行公安部设立劳动改造工作管理局和省（市）设立劳动改造工作管理局的两级管理体制。1979年颁布的我国第一部《刑事诉讼法》规定，判处死刑、罚金、没收财产和附带民事诉讼的判决、裁定由人民法院执行，判处死刑缓期二年执行、无期徒刑、有期徒刑或者拘役的判决、裁定由公安机关所属的监狱或者其他劳动改造场所执行。1983年，由于行政机构改革，国务院决定将劳动改造机关由公安部成建制地划归司法部领导和管理。1994年颁布的《监狱法》除将劳动改造机关统一定名为监狱外，还明确规定监狱是国家的刑罚执行机关，国务院司法行政部门主管全国的监狱工作。1996年修正后的《刑事诉讼法》对于刑事判决、裁定的执行机关仍维持原刑事诉讼法的规定，只是在第213条第2款增加规定："对于被判处有期徒刑的罪犯，在被交付执行刑罚前，剩余刑期在一年以下的，由看守所代为执行。对于被判处拘役的罪犯，由公安机关执行。"

我国民事判决和裁定从新中国成立到现在，一直由人民法院自己执行。新中国成立初期，人民法院按照解放区人民司法机关的传统做法，设置专门的执行机构负责民事裁判的执行工作。但1954年颁布的《人民法院组织法》没有对人民法院可以设置执行机构作出规定，因此，人民法院原有的执行机构相继被撤销。20世纪50年代后期，我国民事案件逐年减少，而且绝大多数民事案件又是以调解方式结案的，人民法院的执行任务不重，因此，各地人民法院逐步建立起审执合一的体制，即凡属民事案件，谁审判就由谁负责执行。[①] 党的十一届三中全会以后，随着我国经济的迅速发展，民事、经济纠纷案件大幅度增加，特别是民事债务纠纷案件和经济合同纠纷案件的数量迅猛上升，人民法院的审判和执行任务日益繁重，审执合一的体制越来越不适应执行工作的要求，民事裁判执行难的问题逐渐突出和严重。1982年颁布的《民事诉讼法（试行）》对民事裁判的执行程序作了具体规定。为贯彻落实法定的执行程序、保护当事人的合法权益、维护人民法院裁判的权威性，少数人民法院从1983年开始建立执行机构（执行庭或执行组），实行审执分立，即分别设立审判机构和执行机构，由它们各自负责审判工作和执行工作。到20世纪80年代末，全国各地人民法院普遍建立起执行机构，实行审执分立体制，从而有力地加强了案件审结后的执行工作。到1989年初，全国法院未结执行案件占应执行案件的比例由1987年的36%下降到15.3%。[②]

我国行政判决和裁定的执行，根据1989年颁布的《行政诉讼法》的规定，亦由人民法院自己执行。实际上行政裁判和民事裁判一样，都由人民法院的执行机构负责执行。

---

① 何兰阶、鲁明健主编：《当代中国的审判工作》（下），当代中国出版社1993年版，第297页。

② 何兰阶、鲁明健主编：《当代中国的审判工作》（下），当代中国出版社1993年版，第297页。

（五）司法行政事务管理体制的历史发展

1949年新中国成立之初，根据《中央人民政府组织法》的规定，政务院下设司法部，主管全国的司法行政工作。地方的各级司法行政机关的设置，除了在各大行政区设立司法部以外，各省、县（市）的司法行政工作则由各地的人民法院司法行政处管理。①

1949年12月颁布的《中央人民政府司法部试行组织条例》规定，中央人民政府司法部直接受政务院领导，并受政务院政治法律委员会的指导，主管全国的司法行政工作。其工作职责有十五项，其中涉及法院、检察院司法行政事务的有以下八项：（1）商同最高人民法院、最高人民检察署和地方各大行政区的人民政府或省（市）人民政府，办理地方审判、检察机关的设置、废止或合并，以及其管辖区域的划分和变更等事项；（2）司法干部的教育训练事项；（3）司法干部的登记、分配、任免事项；（4）全国诉讼案件的种类、数量以及其社会原因等司法统计事项；（5）犯人改造机构的设置、废止、合并以及政策指导和监督等事项；（6）司法经费的厘定等事项；（7）各个地方司法机关司法行政事项以及有关不相适宜的法令、决定等的撤销和纠正事项；（8）各个地方司法行政机关的积案的调查事项。由此可见，当时各级人民法院的司法行政工作主要是由司法行政部门进行管理的，人民法院、人民检察署只负责审判工作，而不负责司法行政事务的管理工作。

1954年《宪法》颁布以后，中央人民政府司法部改称为中华人民共和国司法部，各个大行政区的司法部随着大行政区的撤销而撤销。各个省、自治区、直辖市设立司法厅、局，专署设立司法处、司法科，县、市、自治县设司法局，负责管理劳动改造、律师、公证、人民调解工作。同年颁行的《人民法院组织法》第14条第3款规定："各级人民法院的司法行政工作由司法行政机构管理。"在该法中，有三个条文涉及司法行政机关对人民法院司法行政工作的具体管理权限。其中，第34条第2款规定："地方各级人民法院助理审判员由上一级司法行政机关任免。最高人民法院助理审判员由司法部任免。"第35条第2款规定："各级人民法院人民陪审员的名额、任期和产生办法由司法部另行规定。"第40条规定："各级人民法院的人员编制和办公机构由司法部另行规定。"但与法院的司法行政工作由司法行政机关进行管理的体制不同，检察机关的司法行政工作则由人民检察院自己管理。1954年颁行的《人民检察院组织法》第22条规定："各级人民检察院的人员编制和办公机构由最高人民检察院另行规定。"

由于"反右"斗争的扩大化，法律虚无主义开始盛行，人民法院、人民检察院受到影响或冲击，司法行政机关甚至遭到撤销。1959年4月28日，国务院向第二届全国人大第一次会议提出撤销司法部的议案。该议案认为，虽然司法部在司法改革、设置人民法院、培养人民法院干部等方面做了许多工作，但是由于司法改革已经基本完成、各级人民法院已经健全、人民法院的干部已经充实和加强，司法部已

① 张晋藩主编：《中国司法制度史》，人民法院出版社2004年版，第617页。

无单独设立之必要。撤销司法部以后，原来由司法部所主管的工作，由最高人民法院管理。第二届全国人大第一次会议根据国务院的上述提议，作出了撤销司法部的决议。随着司法部的撤销，各省、自治区、直辖市的司法厅（局）也随之被撤销。司法行政工作由人民法院兼管，从中央到地方，实行司法审判与司法行政合一制。①

改革开放初期，人民法院的司法行政工作仍然由司法行政机关进行管理。1979年9月13日，第五届全国人大常委会第十一次会议通过设立司法部的决定。同年10月，中共中央、国务院发出《关于迅速建立地方司法行政机构的通知》，继而自上而下地开始建立各级司法行政机关。重建后的司法行政机关除负责律师、公证、人民调解、法制宣传等的管理工作外，还负责人民法院司法行政工作的管理工作。对此，1979年7月1日第五届全国人大第二次会议通过的《人民法院组织法》仍然保留了1954年《人民法院组织法》的有关规定，包括各级人民法院的司法行政工作由司法行政机关管理；各级人民法院按照需要可以设助理审判员，由司法行政机关任免；各级人民法院的设置、人员编制和办公机构由司法行政机关另行规定；等等。1983年9月2日，第六届全国人大常委会第二次会议通过了关于《修改人民法院组织法的决定》，删除了各级人民法院的司法行政工作由司法行政机关管理等规定。由此，人民法院的司法行政工作管理体制发生了重大变动，即人民法院的司法行政工作不再由司法行政机关进行管理，而是由人民法院自己负责管理。

二、中国司法体制的改革与现状

我国的司法体制随着1979年《人民法院组织法》、《人民检察院组织法》的制定以及1983年该两部法律的修改和1982年《宪法》的制定而被基本固定下来。但进入20世纪80年代末期以来，随着我国社会由计划经济向市场经济的转变以及民主法制的不断发展与完善，党和国家以及各级司法机关对包括司法体制在内的司法制度进行了大刀阔斧的改革，使我国的司法制度逐步完善，司法体制不断健全，具有中国特色的社会主义司法体制逐步形成。总体上看，我国的司法改革可以分为起步、全面展开和攻坚三个阶段。

第一个阶段为改革的起步阶段（1989—1996）。1989年4月《行政诉讼法》的制定标志着我国刑事司法、民事司法、行政司法三大司法体系的全面确立，但原有的司法体系却面临着诸多的挑战与困境：诉讼案件迅速增多，法官的数量和素质均难以适应这种需要；律师的数量不足，职业道德滑坡；在刑事诉讼中，法官的庭前审查导致先入为主、审判不公；“关系案、人情案、金钱案”时有发生，执行难问题开始出现；等等。为应对挑战，摆脱困境，各级法院先后实施了旨在促进审判公正和提高审判效率的审判方式改革。最高国家权力机关先后制定了《民事诉讼法》

---

① 参见张晋藩主编：《中国司法制度史》，人民法院出版社2004年版，第624~625页。

(1991年)、《法官法》、《检察官法》(1995年),修订了《刑事诉讼法》(1996年),对民事司法制度、刑事司法制度进行了较大的修改和完善,进一步健全了法官、检察官制度,较好地促进了司法的公正与廉洁。

第二个阶段为改革的全面展开阶段(1997—2006)。1997年9月,党的十五大报告明确提出:“推进司法改革,从制度上保障司法机关依法独立公正地行使审判权和检察权,建立冤案、错案责任追究制度。”为落实党中央的战略部署,1999年10月和2000年1月,最高人民法院和最高人民检察院先后出台了《人民法院五年改革纲要》和《检察改革三年实施意见》,从而使我国的司法改革迅速在全国各级司法机关中展开。2002年11月,党的十六大报告进一步提出推进司法改革的目标与任务,要求“推进司法体制改革”,即“按照公正司法和严格执法的要求,完善司法机关的机构设置、职权划分和管理制度,进一步健全权责明确、相互配合、相互制约、高效运行的司法体制。从制度上保证审判机关和检察机关依法独立公正地行使审判权和检察权。完善诉讼程序,保障公民和法人的合法权益。切实解决执行难问题。改革司法机关的工作机制和人财物管理体制,逐步实现司法审判和检察同司法行政事务相分离。加强对司法工作的监督,惩治司法领域中的腐败。建设一支政治坚定、业务精通、作风优良、执法公正的司法队伍”。这是党中央在21世纪对司法改革作出的全面部署和明确要求,表明作为政治体制改革组成部分的司法改革的改革思路更加清晰,一场声势浩大的司法改革在中国大地上全面展开了。2003年4月,中央政法委员会向中央提出了《关于进一步推进司法体制改革的建议的请示》。同年5月,中央听取了上述建议,对司法体制改革的指导思想、原则、目标、重点及工作方法作了重要指示,并决定在中央直接领导下,成立由中央政法委员会、全国人大内务司法委员会、政法各部门、国务院法制办及中央编制办的负责人组成的中央司法体制改革领导小组,全面领导司法体制改革工作。① 中央司法体制改革领导小组办公室设在中央政法委员会,负责司法体制改革的具体组织与协调工作。经过深入调研、充分论证和广泛听取各方意见,小组于2004年年底形成了《中央司法体制改革领导小组关于司法体制和工作机制改革的初步意见》,提出了改革和完善诉讼制度,改革和完善诉讼收费制度,改革和完善检察监督体制,改革劳动教养制度,改革和完善监狱与刑罚执行制度,改革司法鉴定体制,改革和完善律师制度,改革和完善司法干部管理体制,改革有关部门、企业管理“公、检、法”体制等十个方面三十五项改革任务。② 在该文件经中央批准下发后,最高人民法院、最高人民检察院、公安部、司法部相继成立了本部门的司法改革领导小组,并分别出台了《人民法院第二个五年改革纲要(2004—2008)》、《最高人民检察院关于进一步深化

---

① 沈德咏主编:《中国特色社会主义司法制度论纲》,人民法院出版社2009年版,第136页。

② 中央司法体制改革领导小组办公室:《坚持和完善中国特色社会主义司法制度的伟大实践——党的十六大以来司法体制机制改革取得明显成效》,载《人民日报》2007年9月23日,第1版。

检察改革的三年实施意见》、《公安部关于落实〈中央司法体制改革领导小组关于司法体制和工作机制改革的初步意见〉的分工方案》，对落实中央司法改革任务的具体措施和步骤作出安排部署。值得一提的是，2001年，全国人大常委会修订《法官法》、《检察官法》和《律师法》，提高了法官、检察官的任职条件和取得律师资格的条件，并建立起统一的国家司法考试制度；2004年和2005年，全国人大常委会分别通过《关于完善人民陪审员制度的决定》和《关于司法鉴定管理问题的决定》，对我国人民陪审员制度、司法鉴定制度进行了重大改革，进一步完善了该两项制度；2005年，全国人大常委会通过《公证法》，极大地完善了我国的公证制度。由此可见，在这一阶段，通过改革和立法，我国的各项司法制度均得到了不同程度的完善和发展。

第三个阶段为改革的攻坚阶段（2007年至今）。2007年10月，党的十七大报告提出："深化司法体制改革，优化司法职权配置，规范司法行为，建设公正高效权威的社会主义司法制度，保证审判机关、检察机关依法独立公正地行使审判权、检察权。"这标志着我国的司法改革在向纵深发展，反映了最高决策层对司法体制改革的坚定决心，亦表明我国的司法改革进入了攻坚阶段。按照党的十七大的总体要求，在中央领导下，中央司法体制改革领导小组组织中央和国家机关有关部门进行了深入的调研与论证，广泛听取党内外意见，提出了《中央政法委员会关于深化司法体制和工作机制改革若干问题的意见》。2008年12月，中共中央转发了该意见。该意见围绕优化司法职权配置、落实宽严相济刑事政策、加强政法队伍建设、加强政法经费保障四个方面，提出了六十项改革任务，其中包括：加强对刑事、民事和行政诉讼的法律监督，进一步明确监督的范围、程序和措施；改革现行民事行政案件执行体制，切实解决判决、裁定"执行难"的问题；改革和完善看守所管理与监督机制，切实防止发生刑讯逼供和超期羁押现象；优化侦查权的配置，切实加强对侦查活动的制约监督；规范司法机关上下级之间的关系，切实防止和克服司法行政化倾向；从立法上完善对司法权的保障制度，切实维护社会主义法制的严肃性；改革劳动教养制度，切实解决对办理这类治安违法案件监督制约不够的问题；完善快速办理轻微刑事案件的工作机制、适应未成年人案件实际特点的办案机制，建立刑事和解、暂缓起诉、前科消灭等符合宽严相济刑事政策要求的制度；建立刑事被害人救助制度，明确救助的原则、对象、申请条件、发放主体、救助标准和具体工作制度；完善刑罚执行制度，逐步扩大减刑、假释的覆盖面；积极推行社区矫正试点，进一步明确范围，严格职责，建立完善相关制度，确保社区矫正与刑罚执行、安置帮教等工作有机衔接；改革和完善法律院校招生分配制度，培养造就政治业务素质高、实战能力强的复合型法律应用人才，从根本上规范政法机关的进人机制；建立符合政法干警职业特点的在职培训制度；建立区别于一般公务员的政法干警职务序列和职数比例，完善司法人员职业保障制度；改革和完善律师管理制度，真正把律师作为社会主义法律工作者来管理；进一步落实"收支两条线"的规定，实现政法经费由财政全额负担，建立分项目、分区域、分部门的分类保障政策，规范基础设施建设的经费保障，改革和完善政法经费管理制度；等等。[①] 可以预见，上述司法改革任务是极其艰巨的，但一旦全面完成，公正高效权威的社会主义司法制度必将展现在世人的面前。

经过六十余年的发展与积淀，我国司法体制的框架已经构建起来。根据《宪法》、《人民法院组织法》、《人民检察院组织法》、《法官法》、《检察官法》等有关法律、法规的规定和近十几年来司法改革的成功实践，我们可以将我国司法体制的现状描述如下：

（一）审判体制

我国审判体制的基本框架是：第一，性质与地位。人民法院是国家的审判机关，与人民政府、人民检察院构成"一府两院"体制。第二，组织体系。人民法院的组织体系分为基层人民法院、中级人民法院、高级人民法院、最高人民法院四级，其中基层人民法院可以根据需要设置若干人民法庭。在普通法院之外，我国还设置了军事法院、铁路运输法院、海事法院等专门人民法院。第三，内部机构设置。各级人民法院设立立案庭、刑事审判庭、民事审判庭、行政审判庭、审判监督庭等审判机构，分别负责各类案件的立案以及刑事、民事、行政案件和再审案件的审判工作。第四，"领导"体制。最高人民法院对全国人民代表大会及其常务委员会负责并报告工作；地方各级人民法院对本级人民代表大会及其常务委员会负责并报告工作；同时，下级人民法院的审判工作受上级人民法院监督。第五，审判决策体制。实行法官个人负责与集体领导相结合的制度，即既实行独任庭、合议庭独立审判案件，也实行院长庭长审批案件、审判委员会讨论决定和案件请示制度。第六，审判独立。人民法院依照法律规定独立行使审判权，不受行政机关、社会团体和个人的干涉。第七，人事任免。各级人民法院院长由本级人民代表大会选举或罢免，副院长、审判委员会委员、庭长、副庭长和审判员由院长提请本级人民代表大会常务委员会任免。第八，财政体制。人民法院的人员经费、办案经费、基建经费、装备购置经费等均由本级财政负责；但中西部地区的法院，其办案经费不足的部分和聘用人员的工资等，由中央实行转移支付。

（二）检察体制

我国检察体制的基本框架是：第一，性质与地位。人民检察院是国家的法律监督机关，与人民政府、人民法院构成"一府两院"体制。第二，组织体系。人民检察院的组织体系分为最高人民检察院、地方各级人民检察院和专门人民检察院。其中，地方各级人民检察院又分为省、自治区、直辖市人民检察院；省、自治区、直辖市人民检察院分院；县、市、自治县和市辖区人民检察院。专门人民检察院包括军事检察院、铁路运输检察院。第三，内部机构设置。各级人民检察院设立反贪污

① 参见沈德咏主编：《中国特色社会主义司法制度论纲》，人民法院出版社2009年版，第166～170页。

贿赂、反侵权渎职、侦查监督、公诉、民事行政检察、监所检察、职务犯罪预防的工作机构，分别负责国家公职人员贪污贿赂、侵权渎职犯罪案件的立案侦查，对公诉案件进行审查起诉，对公安机关等侦查机关的侦查工作、人民法院的审判工作（包括对确有错误的生效民事行政裁判提起抗诉）、监狱和看守所的工作进行监督，以及职务犯罪的预防工作。第四，领导体制。检察机关实行“双重领导”体制，即最高人民检察院对全国人民代表大会及其常务委员会负责并报告工作；地方各级人民检察院对本级人民代表大会及其常务委员会负责并报告工作；最高人民检察院领导地方各级人民检察院和专门人民检察院的工作，上级人民检察院领导下级人民检察院的工作。第五，检察决策体制。实行检察长负责与集体领导相结合的制度，即检察机关立案、审查批捕、审查起诉、提出抗诉等由检察长决定，重大案件由检察委员会讨论决定。第六，检察独立。人民法院依照法律规定独立行使检察权，不受行政机关、社会团体和个人的干涉。第七，人事任免。各级人民检察院检察长由本级人民代表大会选举或罢免，并须报上一级人民检察院检察长提请本级人民代表大会常务委员会批准；副检察长、检察委员会委员和检察员由检察长提请本级人民代表大会常务委员会任免。第八，财政体制。检察机关的人员经费、办案经费、基建经费、装备购置经费等均由本级财政负责；但中西部地区的检察院，其办案经费不足的部分和聘用人员的工资等，由中央财政实行转移支付。

（三）侦查体制

我国的侦查体制具有分散性的显著特征。根据《刑事诉讼法》的规定，我国的侦查机关包括：（1）公安机关。公安机关是我国的治安保卫机关，属于国家行政机关系统，是具有武装性质的国家治安行政力量和刑事司法力量，是掌管社会治安和国内安全保卫工作的专门机关。公安机关是各级人民政府的组成部分，其组织体系是：国务院设公安部；省、自治区、直辖市设公安厅（局）；地区设公安处，省、自治区辖市设公安局；县、自治县、县级市设公安局，市辖区设公安分局；城市街道和乡、镇设公安派出所。派出所不属于一级公安机关，而是基层公安机关的派出机构。此外，在铁路、航运、民航、林业、农垦等系统设公安局或公安处，负责本系统的治安保卫工作，行使法律规定的与公安机关相应的侦查、保卫职权。公安机关实行双重领导体制：一方面，由于公安机关是各级人民政府的职能部门，因此受各级人民政府领导；另一方面，由于行政工作条块结合的特点，因此下级公安机关又受上级公安机关领导，并且地方各级公安机关受国家公安部统一领导。在刑事诉讼中，公安机关是行使侦查权的主要机关，各级公安机关均设有刑事侦查机构［其中公安部设刑事侦查总局，省、自治区、直辖市公安厅（局）设刑事侦查总队，地区、自治州、省辖市公安局（处）设刑事侦查支队，县、市、自治县、市辖区公安局（分局）设刑事侦查大队］，负责危害公共安全、侵犯公民人身权利、侵犯财产等刑事案件的立案侦查。同时，各级公安机关的国内安保、经侦、禁毒、治安管理、交通管理、边防管理、消防管理等部门亦在其管辖事务的范围内拥有刑事案件的侦查权。（2）检察机关。各级检察机关均设有反贪污贿赂、反侵权渎职工作机构，负责对国家公职人员贪污贿赂、侵犯公民民主权利、渎职等犯罪案件的立案侦查。需要说明的是，检察机关的侦查体制也属于检察体制的组成部分，因此为方便研究，笔者将该部分划入检察体制，在侦查体制的研究中一般不再涉及检察机关的侦查体制问题。（3）国家安全机关。我国国家安全机关成立于1983年，在公安机关国家安全保卫部门的基础上组建而成，其组织体系是：国务院设国家安全部；省、自治区、直辖市设国家安全厅（局）；省、自治区、直辖市以下，根据需要设立国家安全机构和人员。国家安全机关是各级人民政府的职能部门，因此受本级人民政府领导，同时下级国家安全机关受上级国家安全机关领导，地方各级国家安全机关受国家安全部统一领导。国家安全机关负责对危害国家安全的犯罪案件的立案侦查。（4）海关缉私局。我国于1998年建立海关走私犯罪侦查局；2002年，海关走私犯罪侦查局更名为海关缉私局，专门负责打击走私的行政执法和走私犯罪案件的立案侦查。（5）军队保卫部门。各级军队保卫部门均设有刑事侦查机构，负责对军队内部发生的刑事案件进行立案侦查。（6）监狱。在我国，监狱的设置由省、自治区、直辖市司法行政部门提出申请，国务院司法行政部门批准。监狱设监狱长一人、副监狱长若干人，并根据实际需要设置必要的工作机构和配备其他监狱管理人员；监狱的管理人员是人民警察。监狱受所在地的省、自治区、直辖市司法行政部门及其下设的监狱管理局领导，国务院司法行政部门及其下设的监狱管理局统一领导全国的监狱工作。全国各地的监狱均设有狱侦科，负责对罪犯在监狱内犯罪的案件进行立案侦查。

（四）执行体制

随着我国《刑事诉讼法》、《民事诉讼法》和《行政诉讼法》以及《监狱法》、《仲裁法》、《行政复议法》的颁布和实施，我国的执行体制逐步建立起来，并不断健全和完善。

首先，执行机关及其职能。执行机关是执行的主体，是行使国家执行权的机关。根据执行对象的不同，我国的执行机关分别为：（1）人民法院。负责判处死刑、罚金、没收财产、附带民事诉讼判决和裁定的执行；负责民事、经济、海事、海商案件判决和裁定的执行；负责仲裁裁决的执行；负责公证机关赋予强制执行效力的公证文书的执行；负责行政判决、裁定以及行政机关部分行政决定（含行政复议决定）的执行。行政机关对于自己作出的行政决定，既可以依法强制执行，也可以申请人民法院强制执行。（2）公安机关。负责判处管制、拘役、少部分有期徒刑、剥夺政治权利判决和裁定的执行。（3）监狱。负责判处死刑缓期二年执行、无期徒刑、大部分有期徒刑判决和裁定的执行。

其次，执行机构的设置。各级人民法院设执行局，负责民事、行政裁判和刑事裁判中有关财产部分的执行工作；公安机关由治安部门负责其管辖部分刑事裁判的执行工作；监狱是国家的刑罚执行机关，各监狱一般设监区、分监区对罪犯进行教育工作。

再次，执行机关的领导体制。人民法院对于裁判的执行工作，实行垂直领导体制，即最高人民法院领导地方各级人民法院的执行工作，上级人民法院领导下级人民法院的执行工作。公安机关对于刑事裁判的执行工作，实行双重领导体制，即地方各级公安机关的执行工作，既受其所属人民政府的领导，也受上级公安机关的领导。监狱作为国家刑罚执行机关，受省、自治区、直辖市司法行政主管部门及其所属的监狱管理局的领导，并受国家司法行政主管部门及其所属的监狱管理总局的统一领导。

（五）司法行政事务管理体制

人民法院、人民检察院的司法行政事务由法院、检察院自己进行管理，包括人员管理、财务管理、装备管理、设施管理以及统计、档案、信息管理等。为此，各级人民法院、人民检察院一般都设置政治部（处）或组织人事处（科）进行人员管理，设置司法行政装备管理局或计划财务装备局（处、科）进行财务、装备和设施管理，由办公厅（室）进行统计、档案、信息管理，或者设置信息化办公室进行信息管理。同时，最高司法机关对本系统的司法行政事务、上级司法机关对下级司法机关的司法行政事务进行统一管理。

三、中国司法体制存在的主要问题

历经二十余年的司法改革，我国的司法体制有了长足的发展并逐步完善。但是，对照建立公正、高效、权威的社会主义司法制度的目标与要求，我国的司法体制仍存在诸多问题和弊端。经过梳理和分析，笔者认为，当前中国司法体制存在的主要问题和弊端可以概括为以下六个方面：

（一）司法权力地方化

司法权力具有中央性或称国家性，这是世界上大多数国家的惯例或普遍做法。司法机关作为适用法律、解决纠纷的国家机关，其根本职能是维护国家法制的统一与尊严。而要达到这一目的，就必须使司法权力成为一种中央性或称国家性的权力。为此，大多数国家对司法组织法和诉讼程序法的制订、司法机关的设置、司法官的任命、司法经费的保障等方面均由中央或国家加以规定或作出决定。这无论是在单一制国家还是在联邦制国家都不例外。例如，日本宪法和法律规定，一切司法权属于最高法院及由法律规定设置的下级法院；最高法院院长由内阁提名，由天皇任命；最高法院法官由内阁任命，由天皇认证；高等法院、地方法院、家庭法院及简易法院的法官，由内阁按照最高法院提出的名单任命。美国宪法和法律规定，合众国的司法权，属于最高法院和国会不时规定与设立的下级法院；联邦法院（包括联邦最高法院、联邦巡回上诉法院和联邦地区法院）的法官，均由总统提名，由参议院批准，由总统任命。加拿大《1876 年宪法法案》规定，总督任命各省高等法院、地区法院和县法院的法官。《俄罗斯联邦宪法》规定，俄罗斯联邦的司法体系由《俄罗斯联邦宪法》和法律确定；法院的经费只能来自联邦预算，应能保障按照联邦法律充分而独立地进行审判；俄罗斯联邦宪法法院、俄罗斯联邦最高法院和俄罗斯联邦最高仲裁法院的法官由联邦委员会根据俄罗斯联邦总统的提名任命，其他联邦法院的法官由俄罗斯联邦总统根据联邦法律所规定的程序任命。

为了保障司法权力的中央性和国家性，我国《宪法》规定，国家设立最高人民法院、地方各级人民法院和军事法院等专门人民法院，最高人民法院监督地方各级人民法院和专门人民法院的审判工作，上级人民法院监督下级人民法院的审判工作；设立最高人民检察院、地方各级人民检察院和军事检察院等专门人民检察院，最高人民检察院领导地方各级人民检察院和专门人民检察院的工作，上级人民检察院领导下级人民检察院的工作。《立法法》规定，人民法院和人民检察院的产生、组织与职权以及诉讼制度，只能制定法律。这表明，地方性法规中不得涉及人民法院和人民检察院的产生、组织与职权以及诉讼制度的事项。由此可见，我国《宪法》、《立法法》、《人民法院组织法》、《人民检察院组织法》以及三大诉讼法在宏观上保障着我国司法权力的中央性和国家性。但是，如果我们仔细检视具体的条文以及其在司法实践中的实施情况，则会发现《宪法》和上述法律并不能保障司法权力的中央性和国家性。

第一，《宪法》规定，审判机关、检察机关都由人民代表大会产生，对它负责，受它监督；地方各级人民法院、地方各级人民检察院对产生它的国家权力机关负责。《人民法院组织法》、《人民检察院组织法》规定，地方各级人民法院、地方各级人民检察院对本级人民代表大会及其常务委员会负责并报告工作。在实践中，这种“负责”具体表现为地方各级人民法院院长、地方各级人民检察院检察长在本级人民代表大会每年召开的人大会议上作年度工作报告，以及在本级人民代表大会常务委员会会议上作专题工作报告。无论是年度工作报告还是专题工作报告，人大代表或人大常委会委员都要进行分组审议，然后在全体会议上作出相应的决议（通常采用举手或按表决器的方式进行表决，决定是否通过该年度工作报告或专题工作报告)。虽然在实际中表决不通过的情况极其罕见,[①] 但这一机制对地方各级人民法院和地方各级人民检察院仍有着巨大的压力。为保证其工作报告在人大会议或人大常委会会议上获得通过（有的是希望获得高票通过），一些地方的法院、检察院除认真准备工作报告稿外，还通过走访人大代表、召开座谈会、邀请人大代表到本院视察或检查工作等方式与人大代表搞好关系，争取他们的支持。由此，一些地方的法院、检察院在具体的办案中就会受到人大代表或人大常委会委员的某些不正当干涉或者自觉、不自觉地屈服于他们的压力（在人大代表为企业负责人而该企业涉案时这种情况尤其明显)。而当法院、检察院不得不讨好甚至屈服于本级人大代表或人大常委会委员时，其行使的司法权无疑已经打上了地方性的烙印，失去了国家性权力的光环。

第二，《人民法院组织法》和《法官法》规定，地方各级人民法院院长由地方各级人民代表大会选举和罢免，副院长、审判委员会委员、庭长、副庭长和审判员由本院院长提请本级人民代表大会常务委员会任免；在省、自治区内按地区设立的和在直辖市内设立的中级人民法院院长，由省、自治区、直辖市人民代表大会常务委员会根据主任会议的提名决定任免，副院长、审判委员会委员、庭长、副庭长和审判员，由高级人民法院院长提请省、自治区、直辖市的人民代表大会常务委员会任免；在民族自治地方设立的地方各级人民法院院长，由民族自治地方各级人民代表大会选举和罢免，副院长、审判委员会委员、庭长、副庭长和审判员由本院院长

① 迄今为止，根据媒体的报道，全国各级人民法院的历年工作报告中经本级人大会议表决未通过的仅有两例：一是在2001年2月14日闭幕的辽宁省沈阳市第十二届人大第四次会议上，当进行到对市中级人民法院工作报告决议表决时，电子屏幕上的投票结果让人大吃一惊：人大代表应到会509人，实到474人，赞成218人，反对162人，弃权82人，未按表决器9人。赞成票没有过半，市中级人民法院工作报告未获得人大代表通过。未通过的直接原因是，该中级人民法院的原副院长焦玫瑰和梁福全因涉嫌严重违法违纪被纪委立案审查。而在人大会议开幕当天，该中级人民法院原院长贾永祥也被纪委找去核实问题（参见姜敏：《从否决到赞成，沈阳人大两次审议法院工作报告》，载 http://news. sina. com. cn/c/2001 - 08 - 10/325201. html，2009年12月26日访问)。二是2007年1月24日，在湖南省衡阳市第十二届人大第五次会议上，衡阳市中级人民法院工作报告没有获得通过，举手赞成该报告的代表只有174人，远不足应到代表511人的半数。2天后，衡阳市中级人民法院开始面向社会“开门整顿”，除公开有奖征集举报线索外，有关方面还巡查酒楼、茶馆124家，巡查法庭10个，审查案件196件，查阅诉讼收费票据197份，共收集、查访到法官违法违纪线索12条，部分法官被清除出审判机关。3个月后，衡阳市中级人民法院的“开门整顿”被人大代表评价为“态度端正，认识到位，措施过硬，效果明显”。2007年4月29日下午，衡阳市第十二届人民代表大会临时会议只用了15分钟，就以举手表决的方式，全票通过衡阳市中级人民法院工作报告。但具有讽刺意味的是，2008年6月衡阳市中级人民法院原院长罗安荣、原副院长欧福成与常宁市人民法院原院长刘江因涉嫌受贿罪，被检察机关立案侦查。2010年4月20日，罗安荣和其妻子唐中梅（衡阳市公安局法制办原副主任）、儿子罗贝尔（衡阳市人民检察院原干部）被湖南省怀化市中级人民法院一审以受贿罪、巨额财产来源不明罪，分别被判处有期徒刑12、5年、3年（参见刘希平、阮占江：《衡阳中院原院长一家3口落马　始于中院报告被人大否决》，载《法制日报》2010年4月29日)。

提请本级人民代表大会常务委员会任免。《人民检察院组织法》和《检察官法》规定，地方各级人民检察院检察长由地方各级人民代表大会选举和罢免，副检察长、检察委员会委员和检察员由本院检察长提请本级人民代表大会常务委员会任免；在省、自治区内按地区设立的和在省辖市内设立的人民检察院分院检察长、副检察长、检察委员会委员和检察员由省、自治区、直辖市人民检察院检察长提请本级人民代表大会常务委员会任免。据此，地方各级人民法院和地方各级人民检察院的所有审判、检察人员均由本级人民代表大会或其常务委员会选举或任命和罢免（仅地方各级人民检察院检察长的任免，须报上一级人民检察院检察长提请该级人民代表大会常务委员会批准）。而根据党管干部的原则，地方各级人民法院和地方各级人民检察院的领导成员（包括院长、副院长、审判委员会专职委员和检察长、副检察长、检察委员会专职委员）在由本级人大或其常务委员会选举或任命之前，必须由本级地方党委讨论同意。[①] 因此，在人事任免上，地方各级人民法院和地方各级人民检察院不仅受本级人大的制约和监督，而且直接受本级地方党委的领导（因为人事权是领导权的主要内容之一），这也体现了司法权的地方化性质。

第三，在我国，地方各级人民法院和地方各级人民检察院作为地方国家机关，其经费来自本级政府，由政府财政全额拨款，而且实行“收支两条线”原则。在每个财政年度，地方各级人民法院、人民检察院须编制本院的年度经费预算（包括人员工资、各类津贴、办公经费、办案经费、装备经费等），然后报本级人民政府财政部门汇总和审核，经本级人民政府综合平衡后，提请本级人民代表大会审议，人大会议通过后由财政部门按月或按项目拨付。另外，对于法院、检察院建设办公大楼的经费，通常由其向本级政府提出专项申请或争取国债资金；在有的地方，还需要法院、检察院自筹一部分。为了获得所需要的经费，地方各级人民法院、人民检察院的主要负责人和主管财务的院领导不仅每年必须花相当的时间和精力与政府及其财政部门打交道甚至进行必要的公关活动，而且还需要在涉及政府或其有关部门的案件（特别是行政、经济案件）中与政府及其财政部门进行磋商、交易，以换取更多的财政拨款。在这样的情况下，指望地方各级人民法院、人民检察院在行使司法权的过程中能够摆脱地方保护主义是不现实的。换言之，司法经费保障的地方化不可避免地造成了司法权的地方化。应当承认，近年来国家采取中央转移支付的办法，较好地解决中西部地区审判机关、检察机关办案经费严重不足的问题，但这对

---

① 近几年来，随着司法体制改革的不断推进，地方各级法院院长、检察院检察长的提名机制发生了一些变化，即地方各级法院院长、检察院检察长已改由上一级法院或检察院党组向该级地方党委提出推荐人选，该级地方党委经讨论同意后即发文任命为法院或检察院党组书记，然后作为法院院长或检察院检察长的提名人选，提请本级人民代表大会选举，或提请人大常委会任命为法院副院长、代院长或副检察长、代检察长。作为这种提名机制变化的一个特别例子，经中央同意，2008 年 2 月，我国进行了新中国成立以来最大规模的省级司法高官的异地交流轮岗活动，共有 26 名省级法院院长、检察院检察长人选由中央直接提名，然后由相关省、自治区、直辖市人大进行选举。当然，这可以看做破除司法地方化的一次重要举措。

中西部地区审判机关、检察机关经费仅起到补充作用，中西部地区司法经费的主要部分（特别是人员经费、办公经费、装备经费、基建经费等）仍来自地方政府，因而由此造成的司法地方化问题并没有得到根本解决。

（二）人员管理行政化

十几年来，全国审判、检察系统对审判、检察干部管理体制进行了较大的改革，如对人民法院、人民检察院的工作人员实行分类管理，分别进行了选任审判长、主诉（主办）检察官的改革工作，取得了一定的成效。但总的来看，人民法院、人民检察院仍然存在比较严重的人员管理行政化问题。具体表现在：

第一，将法官、检察官纳入公务员法的管理范围，不符合法官、检察官的职业特点。2005 年 4 月制定的《公务员法》第 2 条规定："本法所称公务员，是指依法履行公职、纳入国家行政编制、由国家财政负担工资福利的工作人员。"据此，法官、检察官被纳入《公务员法》的管理范围。虽然该法第 3 条第 2 款规定"法律对……法官、检察官等的义务、权利和管理另有规定的，从其规定"，但由于我国《法官法》、《检察官法》制定于 1995 年，条文规定比较简单，因而有关法官、检察官选任与管理的事项在实践中有的被按照《公务员法》的规定执行。例如，地方各级人民法院和地方各级人民检察院公开招考初任法官、检察官通常由省、自治区、直辖市人事劳动和社会保障部门与省、自治区、直辖市高级人民法院或人民检察院联合进行，报考者除需要通过国家司法考试外，还必须参加上述机关组织的公务员考试，然后按考试（包括笔试和面试）成绩，择优录取。其中笔试科目中，报考初任法官、检察官的考生与报考行政机关公务员的考生一样，一般都有"行政职业能力测试"和"申论"两科。这表明，现行的初任法官、检察官招聘考试不符合法官、检察官的职业特点，科学的做法应当是用"法律职业能力测试"取代"行政职业能力测试"。

第二，对法官、检察官特别是法院、检察院的领导成员仍套用行政级别，按行政职务的级别给予待遇、进行管理。新中国成立以来，我国一直沿用"国家干部"的概念，形成了以行政级别为中心的干部管理体制，从中央到地方，从上层到基层，我国的行政干部依次为总理副总理、部长副部长、厅长（局长）副厅长（副局长）、处长副处长、科长副科长、科员。与此相对应，我国的审判机关和检察机关就有了副总理级院长检察长、部级副部级（副省级）院长检察长、厅级副厅级院长检察长、副处（县）级院长检察长以及厅（局）级副厅（副局）级审判员检察员、处级副处级审判员检察员、科级副科级审判员检察员、科员级审判员检察员，等等。虽然 1995 年制定的《法官法》、《检察官法》已将法官和检察官的级别分为十二级，并将最高人民法院院长和最高人民检察院检察长分别确定为首席大法官、首席大检察官，二至十二级法官、检察官分别确定为大法官大检察官、高级法官高级检察官、法官检察官，但在实际任命上仍标明行政级别，因此行政级别便成为法官、检察官特别是法院、检察院的领导成员地位、权力的象征和待遇的体现，也就成了他们孜孜以求的目标。在实践中，行政机关的官员调往法院、检察院任职或法院、检察院的领导调往行政机关任职，都必须与其原有的行政级别相同，而大学教授、高级律师被选任为法官、检察官或被选任到法院、检察院任职，最多只能担任处级职务，一般不可能直接担任厅（局）级职务。这种人事管理体制，既不符合法官、检察官的职业特点和司法工作规律，也使得法院、检察院难以吸引优秀的社会法律人才（如法学教授、研究员、律师、公证员等），长此以往将不利于法律职业共同体的构建，有害于司法公正的实现、司法效率的提高和司法权威的确立。

第三，现行的法官、检察官等级制度具有比较严重的官僚化问题，亦未能摆脱行政化的窠臼。下面以法官等级为例进行说明。《法官法》第18条规定："法官的级别分为十二级。最高人民法院院长为首席大法官，二至十二级法官分为大法官、高级法官、法官。"这一划分主要参考了我国法官现行的职务类别和原来的等级确定状况，同时也与公务员的行政等级划分基本对应。根据《法官法》第18条和中组部、人事部和最高人民法院于1997年12月12日联合下发的《法官等级暂行规定》第5条的规定，我国法官划分为四等十二级：（1）首席大法官。首席大法官只有一人，即最高人民法院院长。最高人民法院院长经全国人民代表大会选举产生后，就成为首席大法官。因此，首席大法官是法定的，不需要再通过任何批准或者授予程序。（2）大法官。大法官共包括两级，即一级大法官和二级大法官。（3）高级法官。高级法官一共划分为四级。（4）法官。法官共包括五级。这里所说的"法官"，是指法官等级中的法官称谓，而不是广义上的法官。由此可见，我国法官的等级分为首席大法官、大法官、高级法官和法官四等，合起来共是十二级。为了贯彻实施《法官法》规定的法官等级制度，《法官等级暂行规定》对法官等级的编制、法官等级的评定、法官等级的晋升、法官等级的降低和取消等作了具体的规定。其中，《法官等级暂行规定》第4条、第8条规定，法官等级"根据法官的职务编制"，"按照法官职务编制等级评定"；第16条、第17条规定，法官由于"职务提升"或"被调任下级职务后"，其等级"低于新任职务编制等级的"或者"高于新任职务编制等级的最高等级的"，应当"晋升至新任职务编制等级的最低等级"或者"降低至新任职务编制等级的最高等级"。笔者认为，上述规定抹杀了《法官法》第19条和《法官等级暂行规定》第9条规定的按照"法官所任职务、德才表现、业务水平、审判工作实绩和工作年限"等考量因素对法官等级确定的依据意义。不仅如此，在上述等级评定考量的因素中，"法官所任职务"置于首位，"业务水平"和"审判工作实绩"置于"德才表现"和"工作年限"之间，排位之先后顺序，往往意味着受重视之程度。而最高人民法院《评定法官等级实施办法》完全抛弃了与专业水平相关联的诸多要件，将考量因素直接"简化"为"行政职级及任职期限"和"工作年限"两个要件。由此可见，法官等级与法官的行政职务或身份有着密切的联系，甚至成了行政职务或身份的另一种表现形式，这是否意味着等级低的法官要受等级高的法官的领导或影响？显然，目前我国这种法官等级的评定办法带有较为浓厚的行政化色彩，它与平等无缘，更与独立绝缘，是行政职级和职务的简单替代，与原来的行政级别相比，不过是换了块招牌。[①]

第四，法官、检察官的工资福利与公务员基本相同，不符合司法职业的特殊要求。《法官法》、《检察官法》规定，法官、检察官的工资制度和工资标准，根据审判、检察工作的特点，由国家规定。法官、检察官实行定期增资制度，经考核确定为优秀称职的，可以按照规定晋升工资；有特殊贡献的，可以按照规定提前晋升工资。法官、检察官享受国家规定的审判或检察津贴、地区津贴、其他津贴以及保险和福利待遇。但遗憾的是，自1995年《法官法》、《检察官法》颁布至今，国家一直未对法官、检察官的工资制度和工资标准作出专门规定，而与公务员的工资制度和工资标准完全相同，即法官、检察官完全按照行政级别享受工资待遇。另外，虽然法官、检察官还按照其等级享受津贴，但数额较少，平均只有二三百元。[②] 这不仅与国外司法官的工资水平有较大的差距，而且在东、中、西部地区之间，法官、检察官的工资状况也有很大的差距。这种状况的存在使得法院、检察院特别是中西部地区的法院、检察院既难以留住现有的人才和吸引优秀法律人才，同时也是导致司法腐败不断滋生蔓延的一个重要原因。

第五，法官、检察官的奖惩与公务员的奖惩完全相同，亦不符合司法工作的特殊要求。我国《法官法》、《检察官法》规定，奖励分为嘉奖，记三等功、二等功、一等功，授予荣誉称号；处分分为警告、记过、记大过、降级、撤职、开除，受撤职处分的，同时降低工资和等级。这和《公务员法》第50条、第56条规定的奖惩种类完全相同，难以体现法官审判工作的内在要求，无法实现对法官、检察官的有效奖惩。其中，在法官的惩戒处分方面，应当指出的是，法官的惩戒事由同其职务密切相关，为此，惩戒措施应着重体现对法官行使审判权的限制或剥夺。如果一位法官因失职受到严重的处分而仍然在审理案件，当事人自然会心存疑虑，法律的权威性也自然会大打折扣。然而，警告、记过、记大过、降级等惩戒措施无法体现出对法官审判权的实体限制，只有这些惩戒措施的适用对法官具有很强的威慑作用时，才能促使其在今后的审判工作中不敢徇私舞弊。而且，有着违法失职“前科”的法官继续办案将很难取得当事人的信任，当事人服判息讼的可能性也将大为降低，从而引发不必要的上诉或申诉，这不仅会增加当事人的诉讼成本，也会增加司法机关的工作负担。

（三）领导体制多元化

司法体制中的领导体制，应当是指司法机关与外部机构之间以及司法机关系统

---

① 周伟：《法官等级制度反思》，载《山东审判》2005年第2期，第83~86页。

② 2007年7月31日，国家人事部、财政部联合发出《关于实行法官审判津贴的通知》，决定从当年7月1日起对各级法院在职法官实行法官审判津贴。法官审判津贴按法官等级执行相应的津贴标准，纳入工资统发范围，按月发放。各等级每月的法官审判津贴标准为：首席大法官340元，一级大法官318元，二级大法官298元，一级高级法官278元，二级高级法官262元，三级高级法官246元，四级高级法官233元，一级法官220元，二级法官210元，三级法官200元，四级法官190元，五级法官180元。

上下级之间的一种领导与被领导的关系。归纳起来，我国的司法领导体制具有显著的多元化特征：

第一，执政党对司法机关的领导。在我国，中国共产党是执政党，对国家与社会进行全面的领导。党的领导已经写入《宪法》，成为全国人民的基本行动准则。党对司法机关的领导分为三个层次：一是中央和县级以上各级地方党委对司法机关的宏观领导；二是中央和县级以上各级地方党委设立政法委员会，对司法机关进行直接领导；三是各人民法院、人民检察院设立党组，对本院的工作进行领导，讨论决定审判、检察业务以外的重大问题。

第二，国家权力机关对司法机关的领导。《宪法》规定，审判机关、检察机关都由人民代表大会产生，对它负责，受它监督；最高人民法院、最高人民检察院对全国人民代表大会及其常务委员会负责并报告工作，地方各级人民法院、地方各级人民检察院对本级人民代表大会及其常务委员会负责并报告工作。由此，决定了在国家层面上，司法机关必须接受本级国家权力机关的领导。换言之，司法机关与本级国家权力机关的关系是领导与被领导的关系。需要指出的是，我国上下级国家权力机关之间不具有隶属关系，因此司法机关与上一级国家权力机关之间不属于领导与被领导的关系。

第三，最高司法机关对地方各级司法机关、上级司法机关对下级司法机关的领导或监督。具体分为以下几种情况：（1）最高人民检察院领导地方各级人民检察院和专门人民检察院的工作，上级人民检察院领导下级人民检察院的工作。这无疑是一种领导与被领导的关系。（2）最高人民法院监督地方各级人民法院和专门人民法院的审判工作，上级人民法院监督下级人民法院的审判工作。据此，上下级人民法院之间在审判工作中是一种审级监督关系，即上级人民法院通过第二审程序、审判监督程序或死刑复核程序监督下级人民法院的审判工作。但在实践中也有例外。长期以来，人民法院审判案件实行案件请示制度，即对于重大疑难案件，下级人民法院可以向上级人民法院请示，然后根据上级人民法院的答复意见作出判决。这实际上已经将上下级人民法院之间的审级监督关系变成了行政领导关系。（3）最高人民法院领导地方各级人民法院和专门人民法院的执行工作，上级人民法院领导下级人民法院的执行工作。在司法改革中，为了有效地解决“执行难”的问题，最高人民法院成立了执行办公室，负责领导与协调全国法院判决、裁定的执行工作，组织建立与实施执行联动机制；在地方各级人民法院则建立执行局，并由省（自治区、直辖市）高级人民法院对全省（自治区、直辖市）的执行工作实行统一领导。

由上可见，我国的司法领导体制存在较为明显的多元化问题，不利于实现司法的统一、公正、高效和权威。

（四）侦查机构分散化

1979 年颁布的我国第一部《刑事诉讼法》将贪污贿赂案件和渎职侵权案件的侦查权赋予人民检察院；1983 年我国设立国家安全机关，并规定由其专门负责间谍、特务案件的侦查工作；1998 年我国在各级海关设立走私犯罪侦查局（2002 年更名为海关缉私局)，职司走私犯罪案件的侦查工作。至此，我国建立起检察和行政两大侦查系统，而行政系统的侦查权又分属公安机关、国家安全机关和海关缉私局三个部门。而且，上述侦查机关从中央到地方均按四级或三级设立，具有明显的分散性。

根据《公安部刑事案件管辖分工规定》，公安机关管辖刑事案件的部门主要是国安、经侦、刑侦和禁毒部门，治安、边防、消防和交通管理部门管辖与其行政管理职责相关的部分刑事案件。于是，公安机关的侦查权被人为地分割成若干部门所“把持”的专属权。由于将部分刑事案件的侦查权赋予了相关行政主管部门，使得具体行政行为与刑事侦查行为之间的界限不清，从而为有关行政部门故意模糊两种性质不同的权力，利用刑事侦查行为的不可诉性肆意扩张其行政权提供了便利条件。而且，多头侦查还会造成侦查机构重复设置、侦查资源严重浪费、侦查效率难以提高，侦查质量也无法保证。面对组织化、集团化、高智商化以及涉案类型较多、流窜地域较广的综合型犯罪新趋势，现行警力分散型配置模式显得力不从心。检察机关也存在类似情形。目前，检察机关一般内设反贪污贿赂部门和反渎职侵权部门，分别负责侦查贪污贿赂案件和渎职侵权案件。这两类犯罪在本质上都属于滥用和亵渎国家权力的行为，往往彼此交织在一起。而且职务犯罪嫌疑人往往同时涉嫌上述两类犯罪，其社会危害性也通常表现为两种犯罪行为共同作用的结果。但是，在实践中，职务犯罪案件在立案时就被人为地定性为贪污贿赂案件或者渎职侵权案件，以致在侦查中难以全面查明案情，甚而致使真正的罪犯逃脱应有的惩罚。另外，这种体制亦可能使两个部门互相推脱“无利可图”的案件，而互相争夺“有利可图”的案件。这很容易导致侦查部门之间的内耗和摩擦，从而使检察机关难以形成打击职务犯罪的合力。

(五) 司法决策集权化

我国司法决策的集权化主要表现在司法机关在办案过程中实行院长、庭长审批案件制度，检察长负责制以及审判委员会、检察委员会讨论决定制度上。

按照我国三大诉讼法的规定，人民法院审判案件的基本组织形式是合议庭和独任庭，即由审判员或审判员与人民陪审员组成合议庭进行审判，而适用简易程序的刑事、民事案件可以由审判员一人独任审判；人民检察院审查逮捕、审查起诉和出庭公诉由检察员一人至数人进行。我国《法官法》规定，法官依法审判案件不受行政机关、社会团体和个人的干涉；《检察官法》亦规定，检察官依法履行检察职责不受行政机关、社会团体和个人的干涉。在此意义上，我国的法官、检察官享有独立办案的权利，与许多西方国家的法官独立、检察官独立没有太大的区别。但是，我国的法官、检察官在办案过程中，又受到其所在业务部门负责人，所在法院、检察院领导和审判委员会、检察委员会的领导与制约，因而实际上，法官、检察官并无绝对独立的审判、检察决策权。由是观之，我国的司法决策具有明显的集权化特征：

首先，我国法院实行院长、庭长审批案件制度。新中国成立以来，我国法院一直实行院长、庭长审批案件制度，合议庭和独任庭审理的案件，在开庭审理后都必须写出审理报告，提出处理意见，连同拟写的判决书和全部案件材料逐级报请院长（或主管副院长）、庭长（副庭长）审查批准，院长、庭长有不同意见的，可以直接改变合议庭或独任审判员的处理意见，然后签发判决书、裁定书。随着审判方式改革的发展，这一制度越来越受到法学界的诟病。为此，最高人民法院在2002年8月12日发布的《关于人民法院合议庭工作的若干规定》中将“审批”改为“审核”，即“院长、庭长可以对合议庭的评议意见和制作的裁判文书进行审核，但是不得改变合议庭的评议结论。院长、庭长在审核合议庭的评议意见和裁判文书过程中，对评议结论有异议的，可以建议合议庭复议，同时应当对要求复议的问题及理由提出书面意见。合议庭复议后，庭长仍有异议的，可以将案件提请院长审核，院长可以提交审判委员会讨论决定”（第16条、第17条）。众所周知，在法院和审判业务庭中，院长和庭长是行政领导，握有审判员的升迁及奖惩等权力，对于院长和庭长的复议意见，合议庭少有不服从的，因此将“审批”改为“审核”并没有太大的变化，两者无实质上的差异。而且，院长主持法院的全面工作，并无太多的时间和精力审批案件，因此实际上，在各个法院，审批案件是由各主管副院长进行的。[①]

其次，我国检察机关办案实行“个人承办、集体讨论、检察长决定”的制度。其具体含义是指，人民检察院受理公安机关提请审查逮捕、审查起诉的案件或当事人申请再审抗诉的案件后，由检察长或相应业务机构负责人指定一名检察官负责审查，该检察官进行审查并提出审查意见后，由其所在的业务机构召开厅、处或科务会进行讨论，然后报请检察长作出决定。对此，1996年修订的《刑事诉讼法》第67条明确规定：“人民检察院审查批准逮捕犯罪嫌疑人由检察长决定……”2000年，最高人民检察院决定在十个大城市和两个省进行主诉检察官办案责任制的试点，后逐步在全国范围内实行。“以设立主诉检察官制度为突破口，实现我国检察官的‘司法官化’，是检察制度改革的一项重要和必要的举措。”[②] 主诉检察官制度对沿袭多年的“个人承办、集体讨论、检察长决定”的办案制度作了重大改革：（1）审查起诉和出庭公诉工作中有关事项的决定权（其中最主要的是对案件提起公诉的决定权），由检察长赋予主诉检察官独立行使；（2）集体讨论不再是作出决定的前置程

---

① 例如，根据海口市某区人民法院2010年10月印发的《关于规范裁判文书审批及签发权限的管理规定（试行）》，独任审理的刑事案件，由独任法官签发；不予受理的裁定、公示催告案件、合议庭意见一致的案件，由合议庭审判长审批和签发；独任审理的民商事、行政案件，判决书、调解书及驳回起诉的裁定书由庭长审批和签发；对于诉前保全裁定、申诉复查案件、合议庭意见不一致的案件、发回重审的案件、职务犯罪案件、拟适用缓刑的案件、再审案件、执行异议裁定等，均由庭长审核后交主管副院长审批和签发；庭长承办的各类案件由主管副院长审批和签发。据了解，近两年来，由院长、庭长审批的案件占到该院办理的案件（包括执行案件）总数的40%左右。

② 龙宗智：《试论检察官的定位——兼评主诉检察官制度》，载《人民检察》1999年第7期，第7页。

序；（3）审查与决定一体化，明确主诉检察官作为办案责任人的身份；（4）主诉检察官独立行使办案职权，享有主诉检察官岗位津贴，同时承担办案责任，包括错案赔偿的责任，贯彻了责、权、利相统一的原则。① 但实际上，该制度推行以来，由于在检察官之上多了主诉检察官这一环节，而集体讨论、检察长决定这两个环节也并未取消，加之主诉检察官没有任何物质待遇，因而诉讼效率反倒有所下降。

最后，我国法院、检察院实行审判委员会、检察委员会制度。审判委员会是我国各级人民法院的最高审判组织，按照《人民法院组织法》第10条的规定，其任务是“总结审判经验，讨论重大的或者疑难的案件和其他有关审判工作的问题”。而1996年修订的《刑事诉讼法》则扩大了审判委员会讨论案件的范围，规定“对于疑难、复杂、重大的案件，合议庭认为难以作出决定的，由合议庭提请院长决定提交审判委员会讨论决定”（第149条）。1998年9月最高人民法院公布的《关于执行〈中华人民共和国刑事诉讼法〉若干问题的解释》第114条规定：“对下列疑难、复杂、重大的案件，合议庭认为难以作出决定的，可以提请院长决定提交审判委员会讨论决定：（一）拟判处死刑的；（二）合议庭成员意见有重大分歧的；（三）人民检察院抗诉的；（四）在社会上有重大影响的；（五）其他需要由审判委员会讨论决定的……独任审判的案件，开庭审理后，独任审判员认为有必要的，也可以提请院长决定提交审判委员会讨论决定。”最高人民法院《关于人民法院合议庭工作的若干规定》第12条则规定：“对于下列案件，合议庭应当提请院长决定提交审判委员会讨论决定：（一）拟判处死刑的；（二）疑难、复杂、重大或者新类型的案件，合议庭认为有必要提交审判委员会讨论决定的；（三）合议庭在适用法律方面有重大意见分歧的；（四）合议庭认为需要提请审判委员会讨论决定的其他案件，或者本院审判委员会确定的应当由审判委员会讨论决定的案件。”这无疑大大超出了《人民法院组织法》和《刑事诉讼法》规定的范围。② 实际上，许多法院将审判委员会作为推卸个人责任或排除外部干扰的挡箭牌，将上述规定范围以外的许多案件

---

① 吴汝信：《主诉检察官制度前瞻》，载《检察日报》1999年11月17日，第7版。

② 针对审判委员会的运作，长沙市中级人民法院进行了一次专题调查。结果显示，该院审委会存在三大问题：人员结构专业化程度不高——“来自不同部门的审委会委员，不可能对各类案件都具有丰富的经验”；人员构成不尽合理——“院领导所占比例最大，审委会带有浓厚的行政化色彩，在一定程度上淡化了专业化”；审委会讨论案件的比例过高、效率不高、“2009年讨论案件175件，占全院结案数的比例为1.4%。由于案情复杂，法律关系层层累积，案件的社会关注度高，往往一件案子的讨论要占去一次审委会的绝大部分时间”。参见肖世峰：《审判委员会改革，渐开“神秘”之窗》，载 http://www.chinadaily.com.cn/dfpd/hunan/2010－09－11/content_851256.html，2010年12月10日访问。另据调查，重庆市某中级人民法院2008年办结各类案件4901件，审判委员会开会37次，讨论决定案件136件，约占总数的2.78%；2009年办结各类案件5147件，审判委员会开会46次，讨论决定案件207件，约占总数的4.02%；2010年办结各类案件5316件，审判委员会开会48次，讨论决定案件248件，约占总数的4.67%。据了解，该院审判委员会讨论决定案件比例上升的原因是，该院规定自2009年起，凡是拟对经下级法院审判委员会讨论决定的案件进行改判的，均须提交审判委员会讨论决定。

也交由审判委员会讨论决定，从而使审判委员会变成了一个常态化的审判组织。

检察委员会是我国各级人民检察院的最高决策机构，按照《人民检察院组织法》第3条的规定，其任务是“讨论决定重大案件和其他重大问题”。根据最高人民检察院2008年2月发布的《人民检察院检察委员会组织条例》第4条的规定，检察委员会的职责共有八项，其中包括审议、决定重大、疑难、复杂案件；审议、决定下一级人民检察院提请复议的案件或者事项。根据1998年12月最高人民检察院发布的《人民检察院刑事诉讼规则》的规定，下列案件或事项必须提交检察委员会讨论决定：（1）报请并由省级人民检察院决定立案侦查的案件；（2）重大案件的审查逮捕；（3）作出证据不足不起诉、酌定不起诉决定的；（4）对被不起诉人对人民检察院的酌定不起诉决定提出申诉，经审查认为应当撤销不起诉决定提请公诉的；（5）对于重大或者疑难、复杂的案件，公安机关应当立案侦查而不立案侦查，需要通知其立案的；（6）对于案情疑难或者重大复杂的一审案件需要作出抗诉决定的；（7）对人民法院已经发生法律效力的判决、裁定需要提出抗诉的。但下列案件或事项可以由检察长决定，也可以提交检察委员会讨论决定：（1）需要对被拘传的犯罪嫌疑人变更强制措施的；（2）上一级人民检察院对公安机关提请复核的不批准逮捕的案件；（3）本院侦查部门移送审查逮捕的案件；（4）侦查过程中作出撤销案件处理的；（5）对审查起诉的案件作出提起公诉或不起诉决定的；（6）公安机关认为不起诉决定有错误要求复议的；（7）上一级人民检察院对公安机关提请复核的不起诉的案件；（8）提起公诉后又决定变更、追加或者撤回起诉的。由此可见，最高人民检察院的上述条例、规则规定的由检察委员会讨论决定的案件或事项也远远超出了《人民检察院组织法》规定的范围，[①] 使得检察机关的决策亦具有集权化的表征。

笔者认为，司法决策的集权化不符合马克思关于“法官除了法律之外就没有别的上司”的论述，而且与行政权力的运作机制（即首长负责制和委员会制）同质化，是有悖于司法活动规律的。

（六）司法经费来源多样化

经过长期的发展和近几年的改革，我国司法机关的经费来源呈现出多样化的特征与问题：

第一，司法经费主要来源于本级财政。我国实行“分灶吃饭”的财政管理体制，即原则上中央国家机关的经费开支由中央财政负担，地方各级国家机关的经费开支由本级财政负担。相应地，我国最高人民法院、最高人民检察院的经费由中央财政负担，而由于中央财政比较充裕，因此中央司法机关的经费有充分的保障，不

---

① 据调查，安徽省某市人民检察院2008年立案侦查、审查批捕、审查起诉、提起抗诉的案件共133件，经检察委员会讨论决定的20件，占总数的15.04%；2009年立案侦查、审查批捕、审查起诉、提起抗诉的案件共130件，经检察委员会讨论决定的17件，占总数的13.08%；2010年立案侦查、审查批捕、审查起诉、提起抗诉的案件共150件，经检察委员会讨论决定的15件，占总数的10%。由此可见，检察委员会讨论决定的案件比例虽有所下降，但仍占有一定比例。

会发生经费拮据的问题；地方各级司法机关的经费由地方本级财政负担，而各地经济发展极不平衡，东部地区普遍比较富裕，而中西部地区特别是西部地区经济不发达，财政状况欠佳，因此东部地区的司法经费一般能够满足司法工作的需要，而中西部地区特别是西部地区的司法经费往往入不敷出，缺口较大。

第二，中央财政转移支付。近年来，在我国地方特别是中西部地区司法机关经费普遍不足的情况下，中央逐步加大了财政转移支付的力度，部分地区司法机关的财政体制已由原来的三级财政变为二级财政（即由原来的省、市、县三级变为现在的省、市二级），从而极大地促进了地方司法机关财政状况的好转。① 但笔者认为，这种地方司法机关的办案经费由中央财政转移支付的做法，缺乏常态化的制度保障，应当逐步过渡到地方司法机关的全部经费均由省级财政统一支付，并在条件成熟时过渡到由中央财政统一支付，以确保司法机关独立行使职权拥有充裕的经费保障。

第三，诉讼费收入或罚没财物的返还部分。据调查了解，各地对于诉讼费收入或罚没财物，大致有三种做法：一是实行“收支两条线”，法院、检察院的诉讼费收入或罚没财物全部上缴当地财政；二是基层法院和检察院、中级法院和同级检察院的诉讼费收入或罚没财物全部上缴财政，然后财政部门按一定比例返还上缴的法院或检察院（一般按60% ~70%，经济欠发达地区返还的比例更高些）；三是确定一个基数，超过基数部分按一定比例（如80%）返还。笔者认为，第二、第三种做法不仅违反了“收支两条线”的管理规定，而且如此高的返还比例，显然难以遏制一些地方司法机关的创收冲动，不利于司法机关的廉政建设和维护司法的廉洁性，应当予以纠正。

① 例如，重庆市某中级人民法院有干警160多人，2009年至2010年共获经费3250万元（其中市财政每年拨款2000万元，中央转移支付1250万元），中央转移支付占到经费总额的38.46%。

第二章
域外司法体制建立和改革的考察与启示

在世界各国，因政治、经济、文化、传统和自然环境等因素的差异，形成了各具特色的司法体制。考察不同国家的司法体制，将能给中国司法体制的改革带来有益的启示。为此，本章拟对英国、美国、德国、法国、日本等国司法体制的建立、发展和改革进行具体考察，分析其背景和条件，并得出有关启示。

一、域外司法体制的建立与发展

（一）英国司法体制的建立与发展

英国堪称人类司法文明史上的先进代表，其司法体制的建立和发展，对世界其他国家和地区有着很大的影响。

英国包括英格兰、威尔士、苏格兰和北爱尔兰四个地区。由于历史传统的演变和司法实践的差异，英国的四个地区拥有三个不同的法域，相应的司法体制也各有差异。以下论述的英国司法体制仅限于英格兰和威尔士的司法体制。

1. 审判体制

英国的司法体制起源于盎格鲁－撒克逊时期。1066 年诺曼征服前，司法权与行政权合一，封建小国的贤人会议、百户法院、郡法院、领主（或庄园）法院是司法权的行使者，诉讼程序和审判方式是日耳曼式的神明裁判、决斗诉讼和宣誓法。[①]郡法院是英国早期最主要的地方政府机构，其主要功能是司法审判，审判的依据是案发当地的习惯。14 世纪以后，由治安法官组成的季审法院逐步控制了地方刑事司法权和行政管理权。由于季审法院每季只开一次庭，且程序要求严格，无法应付突发事件，因而，议会于 1542 年通过法规，允许治安法官在两次季审法院之间召开非正式的特别法庭。这种特别法庭就是后来小治安法庭的前身。

诺曼征服后，在强化中央集权、整顿国家秩序的过程中，分散的司法权得到整合，并建立了较为完善的中央司法机构，包括普通诉讼法院、财政法院和王座法院。

---

① 参见程汉大、李培锋著：《英国司法制度史》，清华大学出版社 2007 年版，第 1 ~ 19 页。

在12世纪英国政府专业化和职业化的发展过程中，为满足当事人随时投诉的需要，国王设立了普通诉讼法院作为中央专职法院，其司法管辖的范围是普通人之间的民事诉讼，并成为中世纪英国司法权限最广泛也是最繁忙、最重要的中央法院。在普通诉讼法院产生的同时，财政法院作为另一个专职中央法院于1236年至1237年从中央财务署中独立出来，专门审理政府与纳税人、债权人及债务人、国王与政府财政管理人员之间的财务纠纷案件。而王座法院可以溯源到13世纪约翰国王统治时期，到亨利三世时的1268年王座法院正式建立起来，但仍保持着与国王政府的密切关系，并在全国法院体系中享有最高的地位，有权审理个人自诉案件、与国王利益有直接关系或国王希望由他来审理的任何案件，并拥有对全国其他法院普遍的监控权和纠错权。这样，一套覆盖全国的系统完备的中央普通法法院组织在英国最终得以建立。[①] 为扩大中央司法权，上述中央法院在全国巡回办案，在当地习惯法的基础上裁判案件，在巡回办案中又在全国范围内反复适用先前的判决，进而形成判例法。进入13世纪以后，起源于亨利二世时的陪审制和巡回审判制渐趋完善，法官也渐趋专业化和职业化，职业律师群体也已产生，法律职业教育制度基本形成。

进入14世纪以后，英国普通法开始出现僵化趋势，导致普通法对某些正当利益无法提供保护，当事人只能寻求普通法之外的法律救济。这样，衡平法和衡平法院就应运而生，从而形成了英国的二元法院体制和法律结构体系。在衡平法院的早期，其管辖范围比较模糊，凡是个人合法权利受到侵害而在普通法法院又无法得到公正解决的特殊民事、刑事案件均可受理，而到都铎王朝时期，衡平法院的管辖权仅限于特殊的民事案件。在审判程序上，衡平法院不像普通法法院那样被动裁判，而是积极依职权介入诉讼，审判方法灵活，判案标准抽象模糊。

治安法院是中世纪英国重要的地方法院，起源于小治安法庭，由业余的治安法官或专业的治安法官组成。治安法院对刑事案件享有初审权，主要有两种形式，一种是采用简易程序审判的不可诉罪案件；另一种是对可诉罪案件进行预审。[②] 治安法院中还附设少年法庭，负责审理少年犯罪案件。另外，治安法院对部分民事案件享有管辖权，如债务、夫妻分居、收养、抚养、亲子确认、对未成年人监护等家庭纠纷案件，以及房主对房客的诉讼等。

受中世纪欧洲天主教会势力法院系统和教会法体系的影响，1072年，威廉一世在英国设立教会法院，依据教会法处理涉及宗教信仰和教会利益的案件，其审判根据教会法和罗马法采用公证昭雪法进行，不采用陪审团审判。16世纪宗教改革后，英国摆脱了与罗马教廷的关系，教会法院的管辖范围被限于宗教事务内部。

这样，中世纪的英国，在中央层面有王座法院、普通诉讼法院和财政法院，在地方有季审法院、巡回法院、郡法院和治安法院，同时还有自成体系的衡平法院和

① 参见程汉大、李培锋著：《英国司法制度史》，清华大学出版社2007年版，第35～41页。

② 1933年英国废除大陪审团制度后，凡可诉罪，必须先经过治安法院预审。

教会法院及其他有关司法机构，[1] 这些机构一起成为了英国近现代司法体制形成的基础。

17 世纪，伴随英国资产阶级革命的胜利，国王直接控制的一批特权法院被废除，英国的司法体制也发生了较大的变化：1832 年，作为殖民地案件和教会司法管辖案件的上诉法院，枢密院司法委员会建立；1834 年，中央刑事法院设立，主要受理伦敦等主要地区的犯罪案件，也可受理全国的任何刑事案件。同时，上议院对衡平法院、上诉法院、高等法院的司法管辖权得到确立。1846 年，议会通过《郡法院法》，在全国设立郡法院，作为受理民事案件的基层法院。郡法院审理案件采用简易程序，一般不设陪审团，不服郡法院的判决可以上诉到高等法院，并可以上诉到上诉法院。

在 19 世纪司法改革之前，英国的审判体制极为复杂和混乱，民事法院、刑事法院、衡平法院等各式各样，高等法院、初级法院数量繁多且管辖交叉或不明，各种法院审判程序互不相同，使当事人无所适从。1873 年至 1875 年，英国开始了司法现代化的改革，缩减合并了一些法院，统一了司法组织。这一时期，最高法院设立，所有高级法院并入最高法院，衡平法院的司法管辖权并入普通诉讼法院。最高法院分为高等法院和上诉法院两大部分。高等法院又分为大法官法庭、王座法庭、普通诉讼法庭、财政法庭、遗嘱离婚与海事法庭五大法庭。1881 年，普通诉讼法庭和财政法庭并入王座法庭。上诉法院分设刑事法庭和民事法庭。上诉法院之上由上议院行使最高司法权；高等法院之下，刑事有治安法院，民事有郡法院。根据 1970 年《司法行政法》，高等法院的遗嘱、离婚及海事法庭更名为家事法庭。1972 年，根据 1971 年《法院法》，废除了巡回法院和季审法院，并设立了全国性的刑事法院，[2] 受理可诉罪案件的审判、不服治安法院判决的上诉案件、经过治安法院定罪但未判刑而移送刑事法院处刑的案件，审判实行陪审制。至此，现代英国的法院体系最终形成。

英国的法院自下而上基本上分为民事法院和刑事法院两个系统。民事法院系统自下而上包括郡法院、高等法院、上诉法院民事庭和上议院；刑事法院系统自下而上包括治安法院、刑事法院、高等法院、上诉法院刑事庭和上议院。此外，英国还设有军事法院、劳资法院、行政法庭等专门法院。

英国法官队伍实行专业法官和非专业法官分享司法权的传统。全英国主要法院目前的全职法官总数只有 1200 名，其中上议院、上诉法院和高等法院总共不到 150 名正式法官，550 名巡回法官和 355 名地区法官是英国法官的骨干。[3] 英国法官的产生是任命制，通过英国国王和首相任命。大法官由首相提名，由国王任命。上议院

---

① 中世纪英国还存在过直接建立于国王特权之上的森林法院、特区法院、星室法院等特权法院，也发展出了独立的商人法院和海事法院。

② 刑事法院没有自己固定的法官，而是由高等法院法官、巡回法官、记录法官和治安法官主持庭审。

③ 程汉大、李培锋著：《英国司法制度史》，清华大学出版社 2007 年版，第 173 页。

常设法官、上诉法院法官、高等法院法官、巡回法官等，均由大法官推荐，由首相提名，由国王任命。低级别的法官如业余治安法官，则由大法官根据地方顾问委员会的推荐直接任命。英国法官的选任标准和任命程序非常严格，几乎所有法官都是从执业律师中选拔出来的。领薪治安法官必须具有7年以上的初级律师从业资格；[①]记录法官必须是从业10年以上的初级律师或高级律师；巡回法官必须是从业10年以上的高级律师或担任记录法官5年以上；高等法院法官必须是从业10年以上的高级律师并且年龄在50岁以上；上诉法院的法官必须是高等法院法官或从业15年以上的高级律师；上议院常设法官必须是长期担任高级法官职务或从业15年以上的高级律师。在职业保障上，英国法官实行终身任职，只要其品行端正，职位就受法律保障，而且，法官一旦被任命，其报酬和其他职务保障，不会有不利于法官的变更。

在法院管理上，地方法院（指属于低级初审法院的治安法院）和高级法院（指低级初审法院以上的各级法院，包括郡法院、高等法院、上诉法院、皇家法院）一直以来实行不同的管理体制。英国高级法院的司法管理由大法官办公厅、[②] 内务部、国家法律官员办公厅和财政部负责。大法官在司法管理上有四项职能：任命法官和低级初审法官、管理法院、监督法律服务和法律资助项目的提供、促进对英国法律的审查和改革。[③] 原大法官办公厅设一个总部及公共信托署和法院服务署两个提供服务的机构，法院服务署具体负责高级法院的行政事务。大法官任命法官后，由法官进修委员会负责新任命法官的培训工作。英国司法系统的经费是与其他政府部门的经费同样分配的，具体由大法官及大法官办公厅与财政部协商起草司法预算，然后提交议会表决，通过后，由大法官办公厅协助大法官分配到全国法院。大法官需要对经费的开支情况向议会作出解释，财政部则负责对经费的开销进行监督和控制。在地方法院的司法行政管理上，英国于1949年成立低级初审法院委员会，负责对地方初审法院的管理，包括任命低级初审法院书记官、与所在地方政府协商低级初审法院的经费开支等。而低级初审法院内的日常行政管理，则由书记官负责处理。低级初审法院的经费来源于其所在的地方政府，但在1949年以后，地方政府可从内务部报销低级初审法院经费的80%。[④] 根据英国政府1991年的一项通知，自1992年4月1日起，国家部委一级对低级初审法院的责任从内务部转交给大法官办公厅，由大法官办公厅对低级初审法院进行管理。

---

① 根据1995年《司法准入法》，领薪治安法官被更名为地区法官。

② 自1885年至1971年称为大法官办公厅（Lord Chancellor's Office），而自1971年至2003年则称为大法官部（Lord Chancellor's Department）。2003年，大法官部改组为宪法事务部，大法官也随之取消。2007年，宪法事务部改名为司法部。

③ 最高人民法院司法改革小组编：《美英德法四国司法制度概况》，人民法院出版社2002年版，第322页。

④ 最高人民法院司法改革小组编：《美英德法四国司法制度概况》，人民法院出版社2002年版，第364页。

2. 检察体制

英国是英美法系检察制度的发源地。英国陪审团于1352年分为大陪审团和小陪审团，前者负责起诉，后者负责审判。此后，大陪审团垄断了英国刑事案件的起诉权。13世纪，英国国王为了加强王权，派出代理人对涉及王室利益的案件提起诉讼。1461年，国王代理人改名为总检察长，同时设置"国王辩护人"。1515年，国王辩护人更名为副总检察长，负责对破坏王室利益案件的侦查、起诉和审判。[①] 但王室利益之外的刑事案件仍由大陪审团起诉。在19世纪的司法改革中，1789年《犯罪起诉法》第一次设立了检察长一职，但检察长没有直接起诉的权力，该法只是提及检察长拥有可以向法庭书记员、警察等刑事司法人员提供建议等职责。[②] 为了加强刑事起诉业务和刑事起诉部门的独立，1908年《犯罪起诉法》规定，检察长负责全部刑事诉讼活动。这样，独立的近代中央检察制度在英国得到确立。但英国的地方检察制度尚未建立，非重大刑事案件仍由警察或警察雇佣的律师起诉。

从20世纪20年代开始，英国再次开始探索检察改革。1962年，一个有关警察起诉的皇家改革委员会经过调查后认为，由警官出庭当起诉人，除了一些小案件以外，一般是不适宜的，[③] 并建议在警察局内设立专门负责起诉的律师部。之后，很多警察局根据这一建议设立了负责起诉的律师部，这为后来全国性的现代检察制度的建立打下了基础。1985年《犯罪起诉法》的通过，废除了传统的分散型检察体制，设立了皇家检察署。这样，独立统一的当代检察体制最终在英国得以确立。这套检察体制以检察长为核心，实行三级垂直领导体制，全部检察官属于国家行政系统中的官员，处于最高层级的是总检察长和副总检察长，处于中间层级的是检察长和皇家检察署，处于基层的是地区首席皇家检察官及其他检察官，整个体制自上而下逐级负责，自成一体。为保障检察机关的集中和独立，检察机关的经费实行独立核算，不受地方政府控制。

在检察官选拔上，英国采用任命制。总检察长由首相从本党议员中提名任命，其职责主要是：任命检察长并经财政部同意决定检察长的工资；将检察长提交的其年度述职报告副本交给议会；监督检查检察长的工作；对存在重大争议的问题向政府部门提供法律咨询；对涉及国家利益的重大刑事案件提起控诉。检察长是皇家检察署的首脑，由总检察长从执业不少于10年的出庭律师或事务律师中任命。检察署的主要职责是起诉刑事罪犯，包括：就可能起诉的案件，向警署和非警署机构提出诉前建议；审查起诉，确保被告人身份与罪名相符；做出庭准备；在治安法院起诉案件和指导律师在刑事法院或高等法院的起诉。[④] 皇家检察署下辖检察区，每一个

---

① 刘立宪、谢鹏程著：《海外司法改革的走向》，中国方正出版社2000年版，第95页。

② ［英］李约翰·J. 爱德华兹著：《皇家检察官》，周美萍等译，中国检察出版社1991年版，第327页。

③ ［英］李约翰·J. 爱德华兹著：《英国总检察长：政治与公共权利的代表》，王耀玲等译，中国检察出版社1991年版，第111页。

④ 李洪朗：《英国检察制度评价》，载《法学评论》2000年第1期，第141页。

检察区设一名皇家首席检察官，经逐步发展，检察区在设置上与警察区形成对应的关系，每一个检察区对应一个警察区，每一个检察区有一位首席皇家检察官对应警察区内的一位警长，以便英国警检协作的工作模式。检察长以下分别为副检察长、区检察长、分署检察长、助理分署检察长、高级检察官和检察官，共七个等级。检察署内还设有书记员和总行政官。检察分署是基本的办案单位，由分署检察长负责。

3. 侦查体制

19 世纪前，英国的刑事执法属于个人私事，因此没有形成统一的侦查犯罪的体制，即使当时已经存在一些地方警察，也不拥有犯罪侦查权。直到 1829 年国会通过了《大都市警察法》，英国警察才有组织地建立起来，并渐渐承担起侦查犯罪和起诉犯罪的职责。此后，英国的刑事侦查基本由警察承担。[①] 英国警察实行中央与地方二元分权的管理体制。在组织机构设置上，英国的警察机构由中央警务机关和地方警务机构组成；在组织体制上，实行内政部、地方警察署和警察局局长管理下的三角领导体制。内政部部长是英国警察体制中的最高长官，内政部是英国警察的最高权力机构，对地方警察机构拥有领导和指挥权；警察的实际管理由各地方警察署领导；各地的警察局局长拥有很大的自决权。此外，英国还有一些附设于军事和政府部门的专门警察机构，也行使着一定的侦查权。由于对政府官员权力必须限制的理念长期贯穿于英国社会，使英国社会甚至认为警察是“一个最需要对其保持警惕的群体，以防止其明目张胆和暴虐地滥用职权”。[②] 因此，1984 年通过的《警察与刑事证据法》对刑事侦查中的拦截、搜查、逮捕、拘留、讯问、记录保全等方面，比较全面地规范了警察的刑事侦查权，加强了对犯罪嫌疑人权利的保障，从而完善了英国的侦查制度。但是，随着此后英国犯罪猖獗和治安形势的严峻，1994 年制定的《刑事审判和公共秩序法》又从五个方面对犯罪嫌疑人的沉默权作了限制性规定，重新调整了犯罪嫌疑人权利与警察权之间的关系。

4. 裁判执行体制

英国一直以来由郡副治安官（Under Sheriff）或治安官办公室（Sheriffs Office）负责司法裁判的执行。郡副治安官实际上是高等法院判决的执行官和诉讼事务官，负责英国高等法院判决的执行。当申请人向高等法院申请执行时，高等法院会向被执行人所在地的郡治安官（Sheriff）发出一份扣押债务人动产令（Writ of Fieri Facias），郡副治安官或治安官办公室接到该命令后，凭该执行令开始执行。

（二）美国司法体制的建立与发展

1. 审判体制

在殖民地时期，英国殖民者在各个殖民地建立了立法会议、总督以及法院等机

① 随着历史的演变，曾经在英国历史上起到重要作用的侦查主体，如大陪审团、验尸官、私人侦探等逐渐退出了历史舞台，其发挥的作用与警察相比微不足道。

② ［英］萨南特·丘恩：《警察的侦查权》，载［英］麦高伟主编：《英国刑事司法程序》，姚永吉等译，法律出版社 2003 版，第 42 页。

构。独立战争后，1787 年《美国宪法》践行了资产阶级启蒙思想家关于立法、行政、司法三权分立、互相制衡的国家权力理论，建立了复合制的联邦国家，并加强了联邦的权力。美国的审判体制无论是法院设置、司法审判管辖权还是法官选拔和任命等，都是根据《美国宪法》及其授权建立的。《美国宪法》第 3 条规定："合众国的司法权，属于最高法院及国会随时规定设立的下级法院。"这是建立美国联邦法院系统的宪法依据，同时也是联邦法院管辖权的依据。由此，国会根据宪法的授权，分别于1789 年和1791 年通过了两个《联邦司法法案》，初步建立起联邦法院系统和州法院系统及各自独立运行的"双轨制"审判体制。

根据《美国宪法》，在司法权配置上，联邦法院行使司法权，有权审查并决定联邦法律是否违宪，并审判涉及联邦法律的纠纷，但联邦法院的判决需要依赖行政部门执行。而除了最高法院外，其他联邦法院的设置及司法管辖权却由国会决定。另外，国会还对联邦法官的数量及法官具体分配到哪个法院工作有决定权；对总统提名的联邦法官候选人有批准权；对法院的财政预算有批准权及拨款权。而经参议院批准后的联邦法官，需要总统任命。此外，联邦法院及法官的安全、法院用房的建造和维护也需要其他行政部门提供保障。① 这样，美国司法权在国家权力结构中处于与立法权、行政权互相独立、互相制衡的状态。

在法院设置上，除了宪法明确规定的最高法院外，根据《联邦司法法案》，美国国会设置了联邦地区法院（初审法院）和联邦巡回上诉法院（中级法院）。联邦地区法院是联邦法院系统的审判法院，几乎可以审判有关联邦的所有刑事和民事案件。国会根据人口、面积和工作量将全国分成若干司法区，全国目前共有九十四个司法区，与此相应，设立了九十四个联邦地区法院。而联邦巡回上诉法院是地区法院的上诉法院。目前，全美共有十三个联邦巡回上诉法院，其中十一个以数字命名，另外两个分别是哥伦比亚特区上诉法院和联邦巡回区法院。② 地区法院、上诉法院和联邦最高法院组成了三级联邦审判机关的主体部分。此外，国会根据实际需要设置了若干处理某一类或某几类特定案件的特别法院，其中较为重要的有权利申诉法院、军事上诉法庭、索赔法院、关税和专利上诉法院等，但特别法院从属于联邦普通法院系统，是美国联邦普通法院系统的组成部分。

由于在殖民地时期的十三个州已经以英国为蓝本建立了各自的司法体制，因此，

---

① 参见 http://www. uscourts. gov - Federal Courts in American Government，2010 年 7 月 28 日访问。

② 联邦巡回上诉法院是一个专门上诉法院，在国际贸易、知识产权、政府合同、对联邦政府提出的起诉以及退伍军人事务等领域拥有全国性的司法管辖权。参见 http://www. uscourts. gov - Courts of Appeals，2010 年 7 月 28 日访问。

在合众国成立后，各州的司法权力及各州的审判体制也得以保留。[①] 各州都制定了州宪法并建立了相应的国家机关，建立了州法院系统。各州法院的设置基本相似。一般设有低级初审法院、高级初审法院、中级上诉法院和最高法院四级。大部分州设低级初审法院，负责处理次要的民刑案件。[②] 在形式上，各州的低级初审法院差别很大，但从地区上分，设在大都市的称市法院（municipal court），设在都市以外地区的称为县法院（county court）或治安法院。高级初审法院审理的案件比低级初审法院在程度上严重些，同时还负责审理对低级初审法院审理的某些案件提出上诉的案件。尽管不同州的中级上诉法院的司法管辖范围不同，但它们都有权审理对高级初审法院判决提出上诉的案件，当然，有部分州不设上诉法院。不管是否设有上诉法院，各州都有指定的法院为最高法院，作为州系统中的最终上诉法院。

在司法管辖上，联邦法院管辖涉及联邦法律的案件，对特别法院和各州法院审结的案件有上诉管辖权。值得特别关注的是美国联邦普通法院的违宪审查权。根据宪法，联邦法院有权审查国会立法的合宪性，有权监督包括总统在内的行政机关的行政行为。从宪法上来讲，联邦普通法院的违宪审查权来自宪法赋予的对案件的管辖权，并由此引申出属于广义范畴的司法权的宪法解释权。州法院管辖涉及本州法律的案件，所以大部分的刑事、民事案件是在州法院审理的。州法院是美国案件审判工作的前线，无论在案件数量方面还是在案件所涉及的当事人、律师及法官的人数方面，州法院都超过联邦法院。当然，在对案件的审判管辖上，联邦法院和州法院之间存在交叉。一般来说，联邦法院受理的案件多数对美国各地政府的运行有重大的影响，而不仅限于具体个案的当事人利益；然而，对于普通公民的主要日常生活来说，州法院是主要的。[③] 至于联邦法院与州法院在管辖上的联系，主要是当州法院审理一个基于联邦法诉因的案件或裁决任何案件中重要的联邦法律问题时，这个案件的判决在经过该州最高法院的最终判决后仍然可以由联邦最高法院进行审查。相反，州法院不能审查联邦法院的判决。

在法官的选拔和任命上，联邦法官由总统提名，经参议院通过后，由总统任命。具体选拔程序上，一旦总统提名，参议院司法委员会与美国律师协会联邦司法常务委员会就进行调查和审查，然后参议院司法委员会举行公开听证会并投票，再由全

① 《联邦宪法第十修正案》规定：“没有被联邦宪法授予的，且不为宪法禁止授予各州的权力……”应保留给“各州或人民”。因此，只有宪法明确规定属于联邦政府的权力才属于联邦政府享有，宪法明确规定属于联邦政府权力之外的剩余权力，当然属于各州享有。司法权在联邦和各州之间的分配也是如此。参见 E. Allan Farnsworth, *An Introduction to the Legal System of The United States*, Oceana Publications, Inc. ,1963, p. 38。

② 因大多数州的低级初审法院只能对轻微刑事案件享有管辖权，且多数是违反交通和停车规则的案件，而有些州的低级初审法院只能管辖民事案件，因此，也有学者把州初审法院称为限制管辖权法院。

③ 最高人民法院司法改革小组编：《美英德法四国司法制度概况》，最高人民法院出版社 2002 年版，第 7 页。

体参议员投票。一般情况下，联邦法院法官一经任命，终身任职。如上所述，法官由总统提名并经参议院批准，说明行政和立法机关对司法机关有制约的权力，但不能理解为行政和立法机关有控制法官行为的权力，他们的提名权和批准权是履行宪法责任的体现。为了防止总统和议员对提名的法官进行控制，宪法规定法官一经产生即只服从于宪法和法律并终身任职。因此，在美国常常出现由总统提名且经参议院批准的联邦最高法院法官并不支持总统的事例，说明这种保障法官独立的体制在实践中发挥了作用。由于美国联邦法院和各州法院自成系统，因此，联邦法院法官的产生、升迁以及待遇既不受联邦行政部门的干预，也不受作为地方政府的州的制约。而对州法院法官的选拔方法，各州有所不同，同一个州内不同法院法官的选拔方法也有不同。在早期，有些州法院法官是通过州长任命的，也有选举产生的，但在大部分州中，全部或大部分州法官是选举产生而非任命的。①

在法院审理案件的司法程序上，无论是联邦系统还是州系统，初审法院一般是独任制的审案方式，法官对很大一部分案件必须当即作出判决，因此，法官也没时间与其他法官商量，其对案件的审理过程在很大程度上是由其个人进行的。而上诉法院和最高法院因为只是对案件进行法律审，因此，其对案件的审理过程在某种程度上是集体进行的。

在法院的管理上，美国联邦司法系统和州司法系统也是各不相同的。在联邦系统中，美国国会根据《司法法案》设立了法院的行政管理机构，建立了法院系统可以进行自我管理并可以与政府其他部门进行交涉的机制。当然，联邦法院自我管理的这种设置，其基本出发点仍然是基于分权及制衡的国家权力理论，目的是使作为行使司法权的法院不因其行政性事务的管理而受到立法和行政机关的干涉，确保司法权的独立行使。在具体设置上，联邦司法会议、联邦巡回司法委员会、联邦法院行政管理局、联邦司法中心和最高法院首席法官行政助理，在对联邦法院的管理上发挥着各自的作用：第一，联邦司法会议（Judicial Conference of the United States）是国会设立的联邦司法工作的决策机构。它由联邦最高法院首席大法官主管，成员包括各联邦巡回上诉法院的首席法官、来自每一巡回区的一位地区法官（该法官在每个巡回区一年一度的巡回区司法年会上，由巡回区法官选举产生，任期三年）以及美国国际贸易法院的首席法官。在具体工作上，联邦司法会议负责进行以下工作：在调查各法院情况的基础上，起草联邦巡回上诉法院和地区法院的法官名额分配计划；向联邦各法院提出加强程序管理的一致性建议；批准并向国会提交立法提案、预算请求以及就等待通过的立法提案对法院的影响提出意见；向联邦最高法院建议诉讼程序规则和证据规则；处理联邦巡回上诉法院对法官的处罚和罢免程序的建议；建议增设联邦巡回上诉法院和地区法院法官的职位以及制订有关破产法官和审裁法官或限权法官的选拔和人数规则；制订及提出有关法官管理的其他规则和建议；监

① 参见 Richard A. Posner, *The Federal Courts: Challenge and Reform*, Harvard University Press, 1999, p. 39。

督和领导联邦法院行政办事处的工作；负责挑选六名法官担任联邦司法中心行政委员会委员。在具体工作形式上，除每年至少召开一次会议及必要时召开特别会议外，大部分工作通过其所属的各个委员会进行。第二，联邦巡回司法委员会（Circuit Judicial Council）设在每一联邦巡回区，对有关巡回区内的司法工作有广泛的管理权，其成员为巡回区内上诉法院的首席法官、名额相等的上诉法院和地区法院法官，每半年召开一次会议。其职责包括向联邦司法会议推荐新法官人选、审核联邦地区法院的规则、监督法院的工作量、审核所属法官的不良行为报告、建议对受控法官的不良行为进行处分以及完成联邦司法会议交付的任务。第三，联邦法院行政管理局设立于 1939 年，其目的是执行联邦司法会议制订的规则和政策，局长由联邦最高法院首席大法官任命。其职能是负责全部联邦法院的日常运行，工作范围包括联邦法院的人事、工资、器材与办公用品、收集信息及类似的活动，也为联邦法院的运行提供项目管理和支持，制订长期计划和预算，并协调司法部门的建筑和设施的管理。第四，联邦司法中心设立于 1967 年，由联邦司法中心行政委员会负责管理，该委员会由联邦最高法院首席大法官、联邦法院行政管理局局长、两名联邦巡回上诉法院法官、三名联邦地区法官和一名破产法法官组成。其职责是负责对法官和法院人员的培训工作、司法过程和法院管理方面的问题的研究工作等。第五，最高法院首席大法官行政助理由国会于 1972 年设立，其职责是帮助最高法院首席大法官进行行政管理。在州法院系统中，尽管各州的司法行政管理没有像联邦法院那样有完整、系统的组织机构和体系，各州法院的司法行政管理也存在很大差异，但在管理模式上基本接近于联邦系统的司法管理，也属于一种法院自治型的管理。

2. 检察体制

美国独立前的殖民地检察体制同样受英国的影响，但在独立建国时，美利坚合众国的缔造者认识到从英国继承来的自诉制度的弊端后，吸收了当时欧洲大陆的法国公诉制度，在综合两者合理因素的基础上，建立了美国的检察体制。1789 年《司法法案》规定在每个联邦司法区任命一个有法律经验的人充任检察官，对联邦犯罪进行起诉。在司法部成立之前，联邦总检察长根据 1789 年《司法法案》代表政府从事法律事务并提供法律咨询，但没有专门机构协助其开展工作。[①] 与审判体制类似，美国的开国元勋们设置了联邦和州各成体系、互相平等、互不隶属的检察体制。1870 年，美国联邦成立了司法部，由司法部部长和副部长分别兼任联邦总检察长和副总检察长，总检察长和司法部还获得了监督联邦法律执行权。到 19 世纪末，美国联邦和州检察系统基本成形。美国联邦检察机关的设置与联邦法院的司法区相对应，在现有的九十四个联邦司法区中，每一个司法区均设有相应的检察机关，由一名联邦检察官和若干名助理检察官组成，负责对触犯联邦法律的行为进行调查和起诉，但联邦检察官的责任主要是制订总的执法政策，确定执法重点，协调各助理检察官

① 张鸿魏：《美国检察制度溯源与发展》，载《中国刑事法杂志》2009 年第 11 期，第 123 页。

的工作，具体案件的调查和起诉由助理检察官负责。①

美国州检察机构一般由州检察长和州检察官组成，其领导机构一般称检察官办事处，负责对触犯本州法律的行为的调查和起诉，但州检察长没有多少公诉职能，也很少干涉各个州检察官办事处的具体事务。州检察机构的司法管辖区一般以县为单位，但在人口稀少的地区也可能由几个县组成。各州检察官的名称并不统一，包括州检察官、地区检察官、县检察官、公诉律师、县公诉人、法务官、地区检察长等。美国的许多市镇还设立了独立于州检察系统的地方检察机构，负责侦查违反市镇法令的犯罪（市镇检察官无权起诉违反联邦或州法律的犯罪）。这样，在美国形成了互相独立、互相平等的联邦检察机关、州检察机关、市镇检察机关三级检察体制，联邦、州和市镇检察机关之间不仅没有隶属关系，也没有监督指导关系。

美国联邦检察机关的职权涉及范围较广，除作为联邦政府的法律顾问为联邦政府提供法律意见外，按照总统的指示，总检察长负责制订在全国范围内配置合众国检察官的政策和议程。同时，联邦检察机关还担负着刑事诉讼中的公诉和干预民事诉讼的职责。② 当然，联邦检察官最主要的职权是在刑事诉讼方面，包括提起公诉、代表合众国出庭支持公诉并进行辩论、侦查政府官员犯罪的案件。州检察机关的职权包括为州长及州政府提供法律咨询；提供检察官、犯罪侦查人员、法医学等专业人员；审查起诉；提起公诉及出庭支持公诉；等等。美国各州内的市镇检察机关称检察署或起诉律师事务所，其职权主要是对犯罪进行起诉前的调查、参与某些案件的侦查、审查证据材料、决定刑事案件的起诉等。

美国检察官的选拔主要有任命、选举及聘任三种方式。联邦总检察长由总统任命并经参议院认可，地区检察长由总统根据总检察长的建议任命，其他联邦检察官由总检察长任命。在各州，检察长和其他检察官一般由本州公民直接选举产生。③在州检察官的选拔中，市镇检察官的产生还有聘任制的方式，即由当地的市议会或市行政长官聘任。与法院实行助理法官制度类似，美国还实行助理检察官制度，并且助理检察官已经成为检察机关的主要力量，联邦检察机关也已经形成了一套聘任助理检察官的程序。助理检察官由检察官聘任，承担具体案件的调查和起诉工作，其来源主要是法学院的毕业生。一般来说，担任检察官的人选应当是现职律师，从检察官选拔的实际情况看，无论是联邦检察官还是州检察官，一般都是已经通过律师资格考试的法学院毕业生，并已担任律师两年以上。

3. 侦查体制

美国的侦查体制起源于英国。在美国建国初期，英国侦查体制中的大陪审团制度、验尸官制度、警察制度及私人侦探制度，都被美国借鉴。但是，美国还是在自

---

① 马跃著：《美国刑事司法制度》，中国政法大学出版社2004年版，第257页。

② 美国联邦检察长对“涉及合众国利益”的民事案件，有权参与诉讼，追究有关当事人的民事责任。

③ 但在新泽西州、康涅狄格州、罗得岛州和特拉华州，检察长是由州长任命的，新泽西州的检察官由州长直接任命，康涅狄格州的检察官由州最高法院任命。

己国情的基础上，发展出了不同于英国侦查体制的特色。从侦查主体上看，美国实行的是分散式的侦查体制，除了大陪审团、警察、私人侦探、验尸官外，检察官在美国侦查体制中扮演着重要的角色。美国的检察官在刑事侦查体系中处于举足轻重的地位，主要负责侦查一些特别重大的贪污、行贿受贿、警察腐败、白领犯罪，以及在全国、全州范围内有影响的、公众特别敏感的案件。[①]

由于在美国联邦政府成立前，各州政府及其警察机构也已经存在，而联邦警察机构是在联邦政府成立后建立起来的，因此，作为刑事侦查主要承担者的警察，其设置是分散式的。美国警察可以分为联邦警察、州警察和地方警察三大部分。但联邦政府或州与州之间没有一个正式、集中的体系来协调和规范各个警察机构。这些警察仅是隶属于联邦政府、各州政府和各地方政府的许多独立的警察机构。这些警察机构只对领导自己的政府负责，它们相互之间没有隶属关系。[②] 联邦警察与地方警察机构之间彼此独立，享有同等的执法权。联邦警察机构对地方警察机构没有领导指挥权，相互之间是协作关系。在联邦系统中，拥有侦查权的警察机构也存在分散化的现象。目前，这些拥有侦查权的联邦警察分属司法部、财政部、国防部、内政部、邮政部等八个部门。其中，设于司法部的联邦调查局是最大也是最重要的联邦警察机构。在刑事侦查上，联邦警察主要负责跨州凶杀、抢劫、强奸、走私、逃税、伪造罪的侦查以及对外国间谍的侦查。[③] 美国的地方警察包括州警察和县警察，州和县的刑事侦查职能由其承担。在美国，还有一种非常重要的警察机构叫城市警察，由于美国的城市人口集中、情况复杂，发生在城市中的刑事犯罪的侦查主要由城市警察负责。城市警察机构是美国执法体系中最庞大、最重要的组成部分，属于美国的专业警察机构，约占美国警察机构总数的75%，而警察中的正式人员约占全部公务员人数的62%。[④] 美国的州警察、县警察和城市警察，分属不同的地方政府领导，相互之间只是协作关系而非隶属关系。无论是联邦警察还是地方警察，都属于各级政府的公务员。

19世纪后期，美国对验尸官制度进行改革，并最终废除了验尸官制度，代之以法医鉴定人制度。20世纪20年代，因为大陪审团制度弊端凸显，无法适应美国社会的发展，许多州废除了大陪审团制度。

4. 裁判执行体制

在美国联邦法院系统内部，没有专门的执行机构，但有执法官，相对固定地从事与判决执行有关的工作。联邦法院判决由联邦执法官（Marshal）执行，州法院判决由地方执行官（Sheriff）执行。这两类人员都属于专门为法庭提供服务的警察。监狱等监禁机构具体执行对罪犯的改造，联邦司法部内的监狱管理局负责监督和监

① 王鹰、潘舫：《英、美刑事侦查制度比较研究》，载《当代法学》2003年第4期，第118页。

② 马跃著：《美国刑事司法制度》，中国政法大学出版社2004年版，第152页。

③ 刘鸿儒：《中美警察体制比较》，载《辽宁警专学报》1999年第1期，第13页。

④ 刘芳：《美国市、县、州警察机构概述》，载《公安学刊》2004年第1期，第87页。

管联邦监禁机构。在各州法院系统，法院内部一般也没有专门的机构和人员负责案件执行。在有些州，法院裁判的执行由司法行政官负责，但大部分州则由当地警察局的治安官员负责。

根据联邦民事诉讼规则，当书记官把法院的民事判决登记于诉讼记录簿后，民事判决的既判效力随之产生，但在判决登记后允许当事人申请上诉的十日内，判决自动停止执行，只要过了这十日，即使是在上诉的一个月期间内，债权人根据判决也可以要求强制执行。而对联邦法院的金钱给付判决的执行，除联邦法律有规定的以外，按照联邦法院所在地的州法律和程序执行。民事执行必须有原审法院签发的执行令状，执行令状是命令执行官查封、拍卖被告财产以满足判决需要的文书。为此，申请执行首先要向原审法院取得执行令，然后持执行令要求执行官执行。① 取得执行令状后，申请人告知要求查封的对方财产的所在地点，执行官查封并公开拍卖被查封财产，满足判决的要求。假如申请人找不到被执行人的财产而未能强制查封，但有证据证明被执行人有支付能力，则法院可采用强制执行的补充程序命令被执行人出庭，当场由申请执行人对被执行人的财产情况进行质问，如果通过这一程序证明被执行人是有偿还能力的，法官可命令被执行人分期偿还，被执行人如不按规定执行，法官可以宣布被执行人藐视法庭，必要时命令拘留。

如果被执行人的财产在其他州，申请人要到该财产所在地申请强制执行，即申请人持原来的判决书到财产所在地法院起诉并得到该州的新判决后才可以申请强制执行。强制执行时，各州适用各州的法律，执行官只能在本州内强制执行。由于这种强制执行制度给案件判决执行带来诸多不便，1963 年联邦国会制订的法律规定，联邦地区法院作出的判决可以到其他州的地区法院登记，从而产生与登记地区法院作出的判决同等的效力。②

美国地方县执行官由公众选举产生，其主要职责是协助刑事法庭和民事法庭，如维持法庭秩序、送达传票、通知陪审员、执行判决、主持司法拍卖及类似活动，同时负责维护县辖区内的治安。县执行官应当亲自或由副手出席所有在该州举行的巡回法院和县法院的庭审。在多数州，县执行官还负责县监所的管理。

（三）德国司法体制的建立与发展

德国司法体制始于 9 世纪封建王朝建立时，经历了中世纪时期、统一的德意志帝国时期和近现代法律制度的发展演变，最后形成了德国现代司法体制。德国法是大陆法系的重要代表和近代以来世界上最为发达的法律体系之一。

1. 审判体制

由于政治、经济和文化传统的特点，德国形成了比较独特的司法审判体制。历

① 马登科：《论民事执行权配置的基本理念——比较法视角的研究》，载《西南政法大学学报》2005 年第 8 期，第 52 页。

② 肖宏开：《美国法院的判决执行制度及其启示》，载《法律适用》2005 年第 3 期，第 88 页。

史上，德国法律制度可以追溯到早期日耳曼的部落生活时代，那时民众大会担负着纠纷解决的角色。919 年，德意志王国建立，德国的封建司法制度开始形成。1495 年，德意志帝国法院设立，在审判体制上出现了帝国法院、领主法院、教会法院、地方法院并存的局面，并以罗马法为主处理诉讼案件，逐步形成了一套普遍适用的诉讼程序。从 18 世纪末开始，行政审判制度开始在德国部分邦内萌芽。1871 年德意志第二帝国宪法颁布，基本上奠定了德国联邦制和君主立宪制的国家体制。19 世纪后半叶，德意志各邦开始相继设立高等行政法院，由法官和高级行政官员各半组成，裁判行政诉讼。随着刑事诉讼法、民事诉讼法和法院组织法等一系列法律的颁布，在第一次世界大战前，比较完整的德国普通法院体系基本形成。与此同时，德意志帝国和各邦形成了带有国家资本主义性质的经济体制，工业化早、工业化程度高、国有企业多、国家对经济管制多的经济特点，使德意志各邦为适应审判需要设立了许多专门法院。第一次世界大战大战后，1919 年通过的《魏玛宪法》规定了设立统一的联邦行政法院，但联邦行政法院尚未设立，纳粹政权就破坏了德国的司法建设。1949 年通过的《基本法》，明确了行政法院属于司法机构的性质。① 1951 年制定的《联邦宪法法院法》，确立了联邦宪法法院的司法地位。1960 年生效的《行政法院法》专门规定了行政法院制度。1953 年颁行的《劳动法院法》，对建立于 1926 年的劳动法院制度作了专门规定。1965 年颁布的《财政法院法》专门规定了诞生于第一次世界大战后的财政法院制度。至此，复杂多元的德国现代审判体制最终形成。

第二次世界大战以后，德国曾分裂为民主德国和联邦德国两部分，联邦德国延续着原德国的司法传统，民主德国则建立起一套社会主义司法体制。1990 年，民主德国、联邦德国重新统一，全面继承了联邦德国的司法体制。

根据德国《基本法》和《法院组织法》，德国法院的设置实行分权原则和专门原则。按照联邦和各州分权的原则，德国法院在设置上分为联邦法院系统和州法院系统。在联邦层面上，有专门受理宪法案件的联邦宪法法院和五个受理来自州法院案件的联邦（普通）法院、联邦行政法院、联邦财政法院、联邦社会法院、联邦劳动法院以及少量专门化的法院；而在州层面上，德国的每一个州都有一套自己的负责初审的地方法院和负责上诉的中级、高级法院。按照法院专门原则，德国法院在设置上分为普通法院系统和专门法院系统。

宪法法院在德国分为联邦宪法法院和州宪法法院，两者之间互不隶属，也不存在审级关系。联邦宪法法院的主要职能是解决联邦宪法问题。联邦宪法法院居于其他五个系统的联邦法院之上，其判决对全国所有法院具有约束力。② 州宪法法院的角色与联邦宪法法院类似，管辖有关本州宪法的法律争议，州宪法法院的法官往往

---

① 参见何勤华主编：《德国法律发达史》，法律出版社 2000 年版，第 212～215 页。

② 最高人民法院司法改革小组编：《美英德法四国司法制度概况》，人民法院出版社 2002 年版，第 409 页。

由州的其他法院法官兼任。

在普通法院系统，从低到高分设地方法院、州中级法院、州高级法院和联邦法院，实行三审终审制。地方法院是德国基层法院，设于德国最小的城镇中，一般受理标的额在一万马克以下的民事案件或四年以下有期徒刑的刑事案件；州中级法院审理不属于地方法院初审的刑事、民事案件和不服地方法院判决的上诉案件；州高级法院审理刑事、民事案件，但只是法律审；联邦法院是普通法院系统中的最高审级，其司法管辖范围是：申请复议的案件、不服州高级法院一审判决的上诉案件、具有全国影响的初审刑事案件。联邦法院在全国按司法区设置，全国十六个州分为二十五个司法区，各司法区设一个联邦法院。①

德国的专门法院包括：（1）行政法院。分为州初审行政法院、高级行政法院（负责不服初审行政法院判决的上诉案件）和联邦行政法院三级。行政法院管辖一般行政案件，负责审理由于行政机关权力行使引起的行政主体与行政相对人之间的行政争议。（2）财政法院。分设联邦财政法院和州财政法院两级，实行二级两审制，负责受理所有公民与政府之间就税务问题产生的纠纷。（3）劳动法院。分设州初审劳动法院、州劳动法院和联邦劳动法院三级，实行三级三审制。管辖劳动管理中引起的纠纷和劳动报酬纠纷案件。（4）社会法院。分设州初审社会法院、州社会法院和联邦社会法院三级，实行三级三审制。管辖因社会保险、社会补偿和社会救济引起的案件。此外，在德国，还设有联邦专利法院、联邦军事法院、联邦法官工作法院、联邦公务员法院等少量专门化程度较高的专门法院。

德国法官的选拔和任命是以德国法律教育和法官培训为基础的。根据《德国法官法案》的规定，要想进入德国司法机关成为法官，必须在德国大学的法学院至少经过三年半的法律学习，学习结束后参加国家组织的第一次司法考试，通过第一次司法考试者必须进入法院、检察院、律师事务所或其他政府部门实习，每一部门历时几个月，实习期二十四个月，然后参加第二次司法考试，通过者就可以获得成为法官、检察官、律师的正式资格。② 因此，德国法官的选拔是一种标准化的体制。德国地方法院的法官出现空缺时，有些州司法部就会通过公开招聘的方式选拔已经通过第二次司法考试的法学院毕业生，有些州则通过法官选拔委员会选拔（法官选拔委员会的成员来自政府机构、立法部门、司法部门和律师协会，各州不同）。被选中的人员将被任命为法官，试用期三至五年，试用合格者，终身任职。德国法官的晋升实行逐级晋升制度。法官在州法院系统内的晋升，需要自己递交申请，经所在法院院长评审后由州司法部部长和州高等法院常务委员会决定。德国联邦法院的法官一般从州法院晋升。联邦法官的选拔最初由法官选拔委员会进行，该委员人数有二十二人，由相应的联邦主管部长担任委员会主席，但不参加投票。法官候选人

① 周翠：《中国与德国民事司法的比较分析》，载《法律科学》2008 年第 5 期，第 125 页。

② ［德］托马斯·魏根特著：《德国刑事诉讼程序》，岳礼玲、温小洁译，中国政法大学出版社 2004 年版，第 25 页。

由州或联邦相应的主管部长推荐或由法官选拔委员会推荐，联邦下议院的各主要政党则分别派出发言人，对候选人的背景和立场进行调查，然后法官选拔委员会进行讨论、投票。法官选拔委员会主席把投票后的候选人名单转交至相应联邦高等法院的常务委员会，由高等法院常务委员会对候选人是否符合要求进行审查评价，评价后把建议送回法官选拔委员会，由法官选拔委员会再次开会讨论、投票，再把投票结果递交至相关联邦主管部长，如果该主管部长同意法官选拔委员会的选择，该候选人提名就在提交总统批准后作出任命。① 可见司法部部长或相应法院的主管部长在法官任命上起着非常重要的作用。联邦宪法法院的人选除了必须符合德国法官的全部资格外，还必须有资格被选为联邦下议院议员，年龄一般不低于四十岁，宪法法院法官任职十二年，且不得连任。根据《基本法》，宪法法院的一半成员应由联邦议会下议院挑选，另一半应由联邦立法委员会挑选。宪法法院的人选大部分担任过法官，也有担任过行政、立法机关官员、法学教授的。

在法院管理上，按照德国的传统，法院的司法管理主要由州司法部和联邦司法部负责。在有些州的专门法院，如劳动法院由劳动部负责管理，行政法院由内政部负责管理。司法部具体负责法官的任命、法官的晋升、法官的培训、司法考试、法院的经费预算、法官以外工作人员的配备、设备器材的配置等。所以，德国法院的司法管理中，司法部起着重要的作用。各法院院长对经费、法官及辅助人员的使用要求等，必须向政府司法部部长提出申请，并由其决定。法院只能在司法部管理层面之下，在法院内部进行有限的管理。

2. 检察体制

德国检察体制是19世纪中期从法国引入的。到1860年，德国大多数邦已经建立了检察体制。1877年制定的德意志帝国《刑事诉讼法》和《法院组织法》规定，检察体制是德国司法体制的重要组成部分，并在当时各级法院内设立检察署。第二次世界大战后，德国检察体制继承了德意志帝国的检察体制，并进一步具体化。现代德国的检察机关并非纯粹的行政机关，是既不属于行政体系，也不属于第三种权力的体系，而是介于两者之间的独立的司法机构。②

德国检察机关在设置上分为联邦检察机关和州检察机关。联邦检察院设联邦总检察长和副总检察长，受司法部部长的领导。各州设州检察院和高级检察院，州高级检察院检察长统一领导州的检察工作。联邦检察院与各州检察院相互独立，相互间是协作关系而非领导关系。德国检察机关实行审检合署办公。在联邦法院设联邦检察院，在州法院设州检察院，在地方法院设地方检察院。在检察机关职权范围上、在刑事诉讼中，德国检察机关主持侦查程序，对警察机关的侦查工作进行监督；对

---

① 参见最高人民法院司法改革小组编：《美英德法四国司法制度概况》，人民法院出版社2002年版，第463~464页。

② ［德］托马斯·魏根特著：《德国刑事诉讼程序》，岳礼玲、温小洁译，中国政法大学出版社2004年版，第25页。

刑事犯罪根据法定起诉原则决定是否提出控诉（德国《刑事诉讼法》第175条规定的强制起诉除外）、参加法庭审判并进行辩论、通过申明异议和提出抗告的方式监督审判；为了被告人的利益提起上诉、监督刑事判决的执行。但检察机关的主要工作是完成刑事诉讼的准备程序。[①] 此外，检察机关还可以依法参与民事诉讼、行政诉讼，但检察机关参与民事诉讼受到较大的限制。

德国检察官的选拔和任命的人选及程序与法官基本相同。

3. 侦查体制

1975年，德国彻底废除了预审法官制度，实行检察官指挥、监督下的警察侦查体制。侦查权属于检察机关，侦查主体包括检察机关和警察机关。与检察机构的设置相同，德国警察机构的设置也实行联邦和州分权模式。联邦警察机构与州警察机构分别由联邦内务部和州内务部领导，各自依法行使侦查权，相互之间是协作关系，没有领导与被领导的关系。联邦刑事警察局直属内务部，是刑事侦查的核心机构。此外，联邦边防警察局、联邦宪法保卫局、联邦情报局等联邦机构也在一定范围内享有侦查权。各州警察机构分州和市两级，在设置上有很大差别，但基本设有专门负责刑事侦查的刑警部门侦查发生在州内的刑事犯罪。在业务上，州的上一级警察机关有权指挥下一级机关。[②] 检察机关作为侦查主体，有权指挥侦查，但全德国没有一个统一指挥侦查的单位。不过，根据德国《法院组织法》，对特定的重大犯罪案件，联邦总检察长可直接指挥侦查。而且，在过去数十年间，各州经由相互间的契约协定，就特别的事件建立了一个超越辖区的检察机关犯罪侦查网。[③] 在侦查中，检察机关有立案权、侦查权、终结侦查决定权、撤销案件决定权。但在实践中，具体的刑事侦查由警察进行，只有在涉及谋杀案件和严重的经济、环境犯罪案件时，检察官才从一开始就主动参与侦查。但在大多数情况下，只有在警察侦查终结后，检察官才获知刑事案件的存在。[④] 在采取强制措施上，检察机关受到一定的限制，如羁押、拘留、身体检查、扣押邮件和电传等，需要得到法官的批准或提前报批，除非情况紧急。[⑤]

---

① ［德］克劳思·罗科信著：《刑事诉讼法》（第24版），吴丽琪译，法律出版社2003年版，第66页。

② 常峰涛：《德国警察制度简述》，载《广西公安管理干部学院学报》2004年第2期，第51页。

③ 参见［德］克劳思·罗科信著：《刑事诉讼法》（第24版），吴丽琪译，法律出版社2003年版，第64~65页。

④ ［德］托马斯·魏根特著：《德国刑事诉讼程序》，岳礼玲、温小洁译，中国政法大学出版社2004年版，第51页。

⑤ ［德］克劳思·罗科信著：《刑事诉讼法》（第24版），吴丽琪译，法律出版社2003年版，第359页；［德］托马斯·魏根特著：《德国刑事诉讼程序》，岳礼玲、温小洁译，中国政法大学出版社2004年版，第42页。

4. 裁判执行体制

德国刑事裁判生效后由检察机关和检察官负责执行，监狱负责收押和监管，如果在执行中遇到裁判性问题，则交由法院裁决。民事裁判执行中有三个执行主体，即法庭（法官）、司法官和法院执行员。三者中法庭（法官）地位最高；司法官次之，相当于法官助理；法院执行员地位最低，属于公务员。三者分别完成不同的执行事务：（1）法庭（法官）。法庭（法官）负责执行的事务主要有两类：一是对可替代的行为，授权债权人自己做出行为，费用由债务人负担；二是对应当由债务人本人做出的行为（包括容忍和不作为）而债务人不做的，由法庭（法官）下令对债务人处以强制性罚款或强制拘留，以迫使债务人做出行为（或者容忍和不作为）。（2）司法官。由司法官负责执行的事务也有两类：一是转移债权，即对可以执行的债务人享有的对第三人的债权予以扣押并转移给债权人；二是不动产的执行，即对不动产进行强制抵押、强制管理和强制拍卖。（3）法院执行员。对动产的执行由法院执行员负责，即从债务人处取走可以被扣押抵债的物，变卖后将收益交给债权人，或者将应当交还债权人的物从债务人处取走交给债权人。为此，执行员可以进入和搜查债务人的住房（债务人不同意时必须向法官申请搜查令）。除此之外，对于法官下令采取的强制措施，如让债务人腾退房屋、强迫债务人做出容忍行为（即制止其不容忍行为）、实施强制拘留等，由法院执行员具体办理。在执行中，法院执行员对债务人的财产状况无权事先调查，只有在未能扣押到有价值的物用以变卖抵债时，债权人才可提出申请，要求债务人提交财产清单。债权人提出申请后，法院执行员便确定日期，要求债务人向其作出代宣誓保证并提交财产清单。代宣誓保证作出之后，债务人将被列入“债务人名册”，此名册任何人均可查询，债务人由此将丧失信用能力，经济活动也会受到很大限制。①

（四）法国司法体制的建立与发展

1. 审判体制

法国的司法起源于罗马人所称的高卢地区的习惯法。公元前56年，高卢地区被罗马帝国恺撒大帝征服，其司法受罗马法的影响。罗马帝国覆灭后，日耳曼部族进入高卢地区，并建立了一批日耳曼小王国，其中最强大的是法兰克王国，统领了高卢全境，这一时期处于封建司法早期。843年，法兰克王国分裂为三个王国，这三个王国后来演变为德意志、意大利和法兰西。在封建法兰西王国时期，其司法体系存在领主法院、国王法院、教会法院和城市法院四种法院，在司法程序上刑民不分，采用封建纠问式的诉讼制度。

1789年，法国资产阶级革命爆发。1791年通过的法国第一部资产阶级宪法，确立了法国司法体制的框架，并实行司法独立。1792年，法兰西第一共和国宣布成立，标志着法国一千多年的封建君主专制被推翻，也结束了存续三年的君主立宪政体。1799年，拿破仑夺取政权。1804年，法兰西第一共和国改称法兰西第一帝国。

① 郑冲：《德国法院执行员制度改革之争》，载《比较法研究》2007年第6期，第153页。

拿破仑执政期间，对司法体制等国家体制进行了一系列重大改革，形成了比较系统和完整的资产阶级司法体制，奠定了法国现代司法体制的基本格局。拿破仑进行的司法改革，配合了中央集权统治，统一了法国从中央到地方的司法组织。在民事司法中，法院设置从低到高为治安法院、初审法院、上诉法院和最高法院；在刑事司法中，法院设置从低到高为违警罪法院、轻罪法院、重罪法院和最高法院，并确立了刑事司法体制中侦查、起诉、预审、审判由司法警察、检察机关、预审法官和审判法庭分别进行的机制，并在重罪法庭实行陪审制；设立参政院负责处理行政诉讼案件。拿破仑时代的司法改革，对法国及欧洲其他国家司法体制的发展具有深远的影响。进入20世纪后，法国于1946年和1958年修订了宪法，对总统制、议会制和司法体制进行了重大调整，建立起普通法院、行政法院和宪法委员会三大法院系统。

法国普通法院系统由基层法院、上诉法院和最高法院组成，为审理刑事和民事案件的法院。按审理案件的不同，其设置具体如下：（1）刑事法庭的设置。根据法国《刑事诉讼法》的规定，审理刑事案件要经过预审程序和审判程序。因此，审理刑事案件的机构也分为预审法庭和审判法庭。第一，预审法庭。法国刑事诉讼实行两级预审制，对重罪案件，预审法庭参加案件预审具有强制性；对轻罪案件，预审法庭的参加仅为任意性质，但某些轻罪除外（主要是未成年人犯罪）。[①] 第一级预审法庭实际上就由预审法官一人单独组成。预审法官管辖的案件一般是在本法院辖区内发生的所有犯罪，对发生在本辖区外的犯罪，如果犯罪嫌疑人居住在本辖区或在本辖区被捕，也有管辖权。预审法官有两方面的职权，一是侦查，主要是查找证据；二是在进行侦查之前或之后，有权根据证据作出司法裁判性质的裁定。这种裁定可以是不予起诉裁定，也可以是移送起诉裁定，但如果经过预审，认为案件构成重罪，则案件移送上诉法院刑事审查庭进行二级预审。当然，在侦查过程中有关强制性措施等司法性裁定，也由预审法官作出。预审法官的预审独立于检察院和审判法庭进行。法国刑事诉讼的第二级预审由上诉法院刑事审查庭负责，上诉法院刑事审查庭是上诉法院的一个分庭，由庭长主持，每一个上诉法院都设有一个刑事审查庭。第二，审判法庭。法国刑事审判法庭的设置分为违警罪法庭（审判违警罪案件）、轻罪法庭（审判轻罪案件）、上诉法院轻罪上诉庭、重罪法庭（也称“巡回法庭”）、最高法院刑事庭。违警罪法庭在审理案件时，实行独任审判，检察院的职能由驻大审法庭的检察官行使。[②] 一般受理应处罚金不超过两万法郎的案件。轻罪法庭是审理轻罪案件的第一审法庭，原则上每个省设置一个，一般受理应处监禁或超过两万五千法郎罚金的案件，实行独任制审理。上诉法院轻罪上诉庭负责违警罪法庭和轻罪法庭的上诉审。重罪法庭是负责重罪案件审判的普通刑事法院，与上诉法院轻罪

① ［法］卡斯东·斯特法尼等著：《法国刑事诉讼法精义》（上），罗结珍译，中国政法大学出版社1999年版，第381页。

② 参见［法］卡斯东·斯特法尼等著：《法国刑事诉讼法精义》（上），罗结珍译，中国政法大学出版社1999年版，第398页。

上诉庭平行，每个省设一个，定期开庭，一般每隔三个月开一次庭，审判案件实行陪审团制度（现在陪审团的成员为九名）。重罪法庭没有自己固定的法官，其法官来自上诉法院和轻罪法庭。重罪法庭对案件事实实行一审终审制，当事人对重罪法庭裁判中法律适用有异议的，可以向最高法院提出上诉。法国最高法院是唯一对全国有管辖权的法院，由六个庭组成，其中五个民事庭、一个刑事庭。最高法院刑事庭对全国的刑事案件享有管辖权，但最高法院刑事庭只进行法律审。第三，专门法庭。除上述刑事法庭外，法国还设立了若干刑事专门法庭，包括少年法庭（审判未成年人犯罪案件）、军事法庭（审判涉及军事性质的犯罪案件）、海商法庭（审判涉及海事的轻罪案件）、最高特别法庭（审判总统履行职责时的叛国罪案件）、共和国特别法庭（审判政府职员履行职责时所犯的重罪和轻罪案件）等。（2）民事法庭的设置。依次分为：第一，民事初审法庭。民事初审法庭作为民事案件的限制管辖权法庭，设立于 1958 年，其前身是拿破仑时期的治安法院，至少有一名法官。初审法庭不设法庭书记员处。[①] 初审法庭管辖标的额不超过两万五千法郎的动产债权诉讼案件的终审和标的额不超过五万法郎的动产债权诉讼案件的初审。[②] 第二，大审法庭。大审法庭作为民事案件的一般管辖权法庭，审理除初审法庭和专门法庭受理案件以外的第一审民事案件，并实行强制律师代理制度，一般案件由三名法官组成合议庭进行审理。大审法庭内设法庭书记员处对法庭进行管理。作为一般管辖权法庭，大审法庭有权受理任何属于其地域管辖范围内的民事诉讼案件（专门法庭和初审法庭受理的民事案件除外）。第三，上诉法院民事庭。上诉法院民事庭有权依法受理所有民事案件的上诉，并对案件的事实和法律适用进行重新审判。第四，最高法院民事庭。该庭只进行法律审。此外，法国还设立了若干民事专门法院，包括商业法庭（审理商事诉讼和破产案件）、劳动法庭（审理雇主和雇员之间的个别纠纷案件）、社会保障法庭（审理社会福利纠纷案件）、农业用地混合法庭（审理农田租赁纠纷引起的案件）等。

法国行政法院是法国政体受分权学说影响的产物，是审理国家机关之间、国家机关或行政官员在执法过程中引起的与公民之间的行政纠纷的审判机关。现代法国行政法院的设置包括行政法庭和行政争议庭、上诉行政法院、最高行政法院及若干专门行政法院。[③] 此外，解决普通法院和行政法院之间司法管辖争议的权限争议法院，也属于行政法院系统。行政法庭属于地区性法院，创设于 1953 年，它既是所在省省级政府的顾问机构，又是司法审判机构。在司法管辖上，行政法庭对所辖地区内发生的行政案件进行初审。行政争议庭设在法国海外没有建省的领地内，不服其判决的，可以上诉到最高行政法院。上诉行政法院创设于 1987 年，是法国行政法院

① 最高人民法院司法改革小组编：《美英德法四国司法制度概况》，人民法院出版社 2002 年版，第 512 页。

② ［法］让·文森、塞尔日·金沙尔著：《法国民事诉讼法要义》，罗结珍译，中国法制出版社 1999 年版，第 342 页。

③ 郭成伟、宋英辉著：《当代司法体制研究》，中国政法大学出版社 2002 年版，第 112 页。

系统中的上诉审法院，管辖不服行政法庭判决的上诉案件。最高行政法院既是法国政府的顾问机构，又是法国行政法院的最高审级，内设财政、内务、土木工程与公共建筑、社会事务、报告与研究五个行政分庭和一个司法分庭。作为政府顾问，它就立法和行政事务向政府提供意见，并参与立法过程，具体由行政分庭负责；作为司法机构，它审理公民与政府之间的行政争议。① 1953 年司法改革后，在司法管辖上，最高行政法院既有一审管辖权，又有上诉和最高上诉审管辖权。此外，法国还设有审计法院、财政和预算纪律法院、职业团体纪律处分委员会等专门行政法院，负责处理各自领域的行政案件。权限争议法院起源于 1872 年，主要解决两类问题：一是管辖权争议，即当普通法院与行政法院都认为某一案件不属于自己管辖而推诿时发生的争议，或都认为某一案件应由自己管辖而争抢时发生的争议；二是判决冲突，即行政法院与普通法院就同一案件作出了互相冲突的判决。权限争议法院由九名法官组成，三名来自行政法院、三名来自最高法院，司法部部长担任庭长，他们七人共同从最高行政法院和最高法院再各挑选一名法官。

法国宪法委员会是法国的宪法法院，根据 1958 年宪法建立，由九名成员组成，其中三名由总统任命，三名由国民议会任命，三名由参议院任命，任期均为九年。宪法委员会的职能是审查国会和政府的立法权限的合宪性及某一法案的合宪性、议会和总统选举以及公民投票的合法性。

除行政法院法官从国家行政学院培训的文官中选拔外，法国其他法官的选拔是以通过国家法官学院入学考试为开始的。这种入学考试有三类，第一类是专门为已经完成了四年大学法学学习的毕业生准备的；第二类是为至少具有四年工龄的公职人员准备的；第三类是为其他已经在政府机构中至少工作了八年的应试者准备的。凡是这三类考试的应试者，首先必须满足国家公务员的资格要求。而且，这些应试者在应考前通常要进修一门由特别司法教育学院提供的历时两年的预备课程。② 凡是通过考试者，将进入国家法官学院接受培训，获得见习法官的资格，领取国家工资，并接受为期三十一个月的培训。这一培训期分为两个阶段，第一阶段为期二十五个月，主要是进行多学科型的普通教育培训；第二阶段为期六个月，为专业化教学阶段，为学员从事法官职业作最后准备。③ 培训结束后，学员经任命担任法官或检察官。法国法官实行任命制。国家设有最高司法委员会，委员会的成员包括身居高位或由其他法官选举产生的在职法官以及司法机关主管人员。④ 总统担任委员会的主席，司法部部长担任副主席。法国各级法官由最高司法委员会提出建议，由总

① 最高人民法院司法改革小组编：《美英德法四国司法制度概况》，人民法院出版社 2002 年版，第 540 页。

② 参见最高人民法院司法改革小组编：《美英德法四国司法制度概况》，人民法院出版社 2002 年版，第 565 ~ 566 页。

③ 谭世贵等著：《中国法官制度研究》，法律出版社 2009 年版，第 271 页。

④ 最高人民法院司法改革小组编：《美英德法四国司法制度概况》，人民法院出版社 2002 年版，第 586 页。

统或司法部部长任命。法官的晋升程序与任命程序相同，也要由最高司法委员会审定后任命。

法国法院的司法管理由国家司法部负责，司法部负责法院系统的行政组织、人事调动和活动经费等方面的事务。司法部中的司法司直接负责法院法官和其他工作人员的人事工作，国家法官学院等司法职业学校也是司法部的直属机构，负责法官及法院其他工作人员的培训工作。法国在地方上不设司法行政机构，普通法院系统的最高法院对地区各级法院没有领导关系，但上诉法院对基层法院有行政上的领导关系。上诉法院及其司法区内各基层法院的司法行政事务由司法部部长授权上诉法院院长和总检察长共同管理。法国法院系统所需经费由中央财政统一保障，司法部负责全国普通法院系统的经费预算编制和管理。司法部对最高法院和上诉法院的经费预算进行审查，并商财政部综合平衡，最后报议会批准。预算被批准后，财政部将预算经费直接划拨给司法部，再由司法部严格按照议会批准的预算方案将经费划拨给最高法院和上诉法院。最高法院的日常财务工作由司法部管理的司法行政人员具体负责，上诉法院及其司法管辖区的各基层法院的经费由司法部部长授权上诉法院院长和总检察长共同管理。各基层法院向上诉法院提出每年所需经费预算，上诉法院汇总后报司法部。①

2. 检察体制

法国是大陆法系检察制度的发源地。法国的检察制度起源于中世纪的国王代理人，其在诉讼案件中代表国王的利益。国王代理人在16世纪更名为检察官。法国资产阶级革命后，国民议会于1785年通过法令，规定在各级法院设立检察官。1808年法国刑事诉讼法典明确了检察官在刑事诉讼中的地位和职权，法国的检察体制开始初步形成。

法国的检察院与法院实行审检合署，各级检察机关设置在各级法院内，按照法院的级别相应设最高法院检察院、上诉法院检察院、大审法庭检察院，每级刑事审判法庭都有检察官代表。最高法院设总检察长一人，检察官若干人；上诉法院设检察长；重罪法庭和轻罪法庭分别设检察官；违警罪法庭不设检察官，只派驻公设律师。法国检察机关实行垂直领导，自成统一、独立的组织体系。但“无论是相对于预审法庭，还是相对于审判法庭以及当事人而言，检察院都具有独立性”。② 总检察长对所有检察官有指挥权，下级检察官必须服从上极检察官的命令，上级检察官对下级检察官都可下达命令或指示，检察官有严格的等级之分。法国检察机关兼有司法和行政的双重职能。检察官与法官的地位一样，享有同样的待遇和保障，职务可以互换。因此，法国检察官被称为“站着的法官”，法官被称为“坐着的法官”。法

① 参见梁三利：《法国混合型法院管理模式探析及其启示》，载《太原理工大学学报（社会科学版）》2008年第4期，第24页。

② ［法］卡斯东·斯特法尼等著：《法国刑事诉讼法精义》（上），罗结珍译，中国政法大学出版社1999年版，第129页。

国检察机关的职能主要有侦查职能、[1] 控诉职能、提出上诉的职能、[2] 执行判决的职能、[3] 法律监督的职能、[4] 行政职能。[5]

此外，在民事诉讼中，检察官可以作为诉讼当事人或诉讼参与人一方参加诉讼。

法国检察官的任职资格与法官一样。在任命上，总检察长和所有的检察官均由总统根据司法部部长的推荐而任命，并随时可以被免职。检察官违纪的，由最高司法委员会提出意见，由司法部处理。

3. 侦查体制

在法国，侦查权主要由司法警察、检察官和预审法官三类侦查主体行使。此外，法律授予某种司法警察职权的公务人员和部分行使某种行政职权的人员，也享有一定的侦查权。因此，法国实行的是侦查主体多元化、侦查职能分散化的侦查体制。司法警察负责对非现行重罪、轻罪的初步侦查和在检察官到达现场前对现行重罪、轻罪的侦查，有权进行讯问、勘验、搜查、扣押、拘留等活动，以查明犯罪、收集证据和查明犯罪嫌疑人。同时，司法警察还受检察官、预审法官的指派、委托，完成相关的侦查活动。检察官到达现场后，承接司法警察的初步侦查工作，凡是司法警察享有的侦查权，检察官也依法享有，并负责提请预审法官对重罪进行正式侦查。预审法官到达现场时，检察官卸去责任，预审法官接替司法警察和检察官的工作，继续完成侦查。对重罪案件，预审法官还要根据检察官的意见书开展正式侦查。预审法官有权依法进行有助于查明案件事实的一切活动，并可指派司法警察完成有关侦查工作；有权签发拘传令、拘留令、逮捕令，决定司法管制和临时羁押，监督司法警察和检察官的侦查行为；有权决定侦查终结并裁定案件不起诉或移送起诉。因此，法国的侦查体制是由检察官与预审法官直接领导和指挥司法警察进行的。从侦查模式上说，法国检察官指挥司法警察进行的侦查属初步侦查，预审法官指挥检察官和司法警察进行的侦查属正式侦查，所以，法国侦查采取的是“二步式侦查”模式。[6]

法国司法警察由内政部领导，内政部下属的国家警察总署是警察的直接领导机

---

① 检察官亲自接受申诉和告发，有权自己或指挥法院辖区内的预审法官或司法警察采取措施追查违法犯罪活动。

② 除重罪法庭判决不能上诉的以外，其他的案件，检察官和被告都有权上诉。

③ 检察官和检察长有权直接要求警察协助执行判决，有权直接动用武力，确保判决的执行。

④ 法律监督职能主要体现在刑事诉讼中。侦查阶段，检察官对预审法官在预审活动中采取的各种措施，如搜查、扣押、讯问、签发逮捕证等，进行法律监督；审判阶段，检察官代表国家参加辩论，法院所作的判决在事前应听取检察官对争议事项的意见等。

⑤ 行政职能主要包括：领导所属司法警察；有权监督和控制经纪人、拍卖估价人和司法助理人员（律师、公证员等），并调查他们的档案；有权核实、检查户籍登记以及对确认亲属关系等事项提出建议和意见；监督司法档案的管理。

⑥ 关于何为“一步式侦查”和“二步式侦查”，可参见何家弘著：《外国犯罪侦查制度》，中国人民大学出版社 1995 版，第 40 ~ 43 页。

关。巴黎警察局隶属于内政部，与国家警察总署在各自的组织方面具有很大的独立性。[①] 法国的警察由行政警察和司法警察组成，两者都属于行政机关。司法警察的职责是刑事追诉性的，即根据法国刑事诉讼法典的规定，发现和查明犯罪、查找犯罪行为人、收集犯罪证据、协助检察官和预审法官完成有关侦查活动。虽然司法警察队伍人员分散于各警察局，但司法警察的职权具有统一性。根据法国《刑事诉讼法》第 15 条的规定，法国司法警察人员包括司法警察警官、司法警察警员与助理司法警察警员、法律赋予某些司法警察职权的官员与工作人员，他们依法享有各自的侦查权限。

4. 裁判执行体制

在法国，刑事裁判的执行主体包括检察官、检察长、执行法官、监狱和刑罚实施委员会。检察官主要是在刑事判决生效后提出执行要求，检察官和检察长可以动用公共力量确保执行。执行法官是轻罪法院中专门负责执行的人员，主要负责“刑罚个别化”工作和解决执行中的一切问题。监狱负责对罪犯进行收押和监管。刑罚实施委员会由执行法官、检察官、监狱长组成，不负责具体执行，但执行中的假释等重要事项要征求其意见后决定。

民事裁判的执行主体有执达员、检察院、公共力量单位。执达员是设在法院内部专门从事送达法律文书和实施民事执行行为的公务员，是主要的执行主体。一般案件都是由执达员采取民事执行措施，强制债务人履行债务。在必要时，检察机关和其他公共力量单位经执达员请求可以介入民事执行程序，辅助执达员执行。执达员归司法部管理。法院执行法官只负责专门处理执行纠纷的案件，并不参与民事执行。[②]

（五）日本司法体制的建立与发展

日本司法体制的发展史，大体可以分为三个时期：明治维新以前主要学习中国的唐律，实行律令制和武家法制；明治维新至第二次世界大战结束，主要仿效以法、德为代表的大陆法系国家并建立自己的司法体制；第二次世界大战以后，受美国影响，在反映资产阶级民主思想的新宪法框架下，形成了现代司法体制。[③]

1. 审判体制

日本的司法起源于大和习惯法。701 年和 718 年，日本仿效中国唐朝的法律，先后颁布了《大宝律令》和《养老律令》，并结合日本的国情建立了自己的封建司法体制。在此后至明治维新近一千二百年的封建历史中，日本在政治体制上经历了古代天皇制时期和幕府统治时期。这一时期逐步设置了司法审判组织，但这些司法审判组织不是独立机构，司法事务由司法官吏与行政官吏共同执掌或由行政官吏兼

---

① ［法］卡斯东·斯特法尼等著：《法国刑事诉讼法精义》（上），罗结珍译，中国政法大学出版社 1999 年版，第 311 页。

② 吴玲：《法国司法体制》，载《中国司法》2005 年第 6 期，第 97 页。

③ 肖扬主编：《当代司法体制》，中国政法大学出版社 1998 年版，第 198 页。

理，司法与行政不分。1868 年，资产阶级革命性质的日本明治维新发生，但由于资产阶级革命的不彻底性，明治维新后的日本政体仍然是以天皇为中心的中央集权政体。此后，明治政府先后仿效法国、德国制订法律，完成了资本主义法律体系的主要法典。1875 年，日本设立独立于司法省的大审院为最高审判机关，实现了司法与行政的初步分离。1880 年颁布《治罪法》，开始建立刑事辩护制度，1890 年颁布《裁判所构成法》，将裁判所分为大审院、控诉院、地方裁判所、区裁判所四级，标志着日本近代法院体系的建成，从而实现了司法权的统一，并建立起全国统一的法院体系。第二次世界大战后，美国占领日本，并迫使日本修改《宪法》，进行民主改革。1946 年，日本新《宪法》公布，并以美国为蓝本改组了法院组织体系。1947 年，《裁判所法》和《检察厅法》颁行，废除了原来的行政裁判制度，实行裁判一体化，统一了日本的司法裁判组织。日本的法院分为最高法院、高等法院、地方法院和家事法院、简易法院，实行四级三审制，统一受理刑事、民事、行政案件，并实行审检分立，检察厅按法院的等级对应设立，独立于法院。这样，独立、统一的日本现代审判体制最终形成。

在日本，称法院为裁判所。根据日本《宪法》，一切司法权由各级法院行使。其中，最高法院是日本最高审判机关，全国只有一个，与国会、政府并列。最高法院由十五名法官组成，对一切案件享有终审权。根据日本《宪法》，最高法院拥有违宪审查权，是有权决定一切法律、法令、规则以及处分是否符合《宪法》的终审法院。同时，最高法院还享有司法行政管理权，有权对法院行政事务的处理等事项制订规则、进行管理，并有权决定法院职员的调配、培养及编制法院的预算、管理法院经费。最高法院内设一个大法庭和三个小法庭，具体办理案件。高等法院一般负责审理上诉案件，除享有司法审判权外，高等法院在最高法院的监督下，也享有对下级法院的司法行政管理权和规则制订权。地方法院原则上负责各类案件的第一审，也审理不服简易法院裁判的上诉案件，设在都、府、县，并设有派出分院，审判案件实行合议制。地方法院也享有一定的司法行政管理权和规则制订权。家事法院与地方法院同级，负责审理和调解《家事裁判法》规定的案件与《少年法》规定的少年保护案件。简易法院是最基层的法院，设立于 1947 年，其前身是区法院，主要负责审理案情简单、标的较小的案件。简易法院审理案件采用简易程序，实行独任制审理。

根据日本《裁判所法》，法官（日本称判事）实行任命制，在任命法官时实行逐级选任制度，上一审级法院的法官一般从下一审级法院的法官中择优选任。其中，日本最高法院的法官要从见识高、有法律素养、年龄在四十岁以上的人中任命，十五名法官中最少需要有十人从担任十年以上高等法院法官，或者担任检察官、律师、大学教授二十年以上的人员中选任。最高法院院长由内阁提名，由天皇任命；最高法院的其他法官由内阁任命，由天皇认证。而且，最高法院的法官在任命后还应依法通过国民的信任投票。高等法院院长及法官必须是担任过候补法官、简易法院法官、检察官、律师、法院调查官、司法研修所教官或者法院书记官及研修所教官、大学法律学教授或者副教授，且合计在其职位已经十年以上的人员。具有三年以上前述各项所列职务之一或之二以上的人，又担任法院事务官、法务事务官或者法务教官的职务时，其在职期间合并计算。简易法院的法官一般应当从担任过候补法官、检察官、律师、法院调查官、法院事务官、司法研修所教官、法院书记员研修所教官、法务事务官或者法务教官、大学法律学教授或者副教授等职务年数总计三年以上的人中任命，而这在职的三年，从司法见习生在其见习结束后算起。候补法官的人选应当从结束司法研修并考试合格的人员中任命。[①] 高等法院、地区法院、简易法院法官的任命，由最高法院提名，内阁会议决定后由内阁任命。高等法院院长的任命还需要由天皇认证。根据日本《宪法》、《法官法》的规定，日本法官的独立性受法律保障，除法定情形外，不得违背法官本人意志对法官实施罢免、变更职务、调离工作岗位、停薪、减少报酬等处罚。最高法院法官实行规定年龄退休制，退休年龄为七十岁；最高法院以下法院的法官任期为十年，但可连任。[②]

根据《宪法》的规定，日本法院的司法行政由法院自行管理，除简易法院外，日本各级法院设立法官会议，法官会议由各法院全体法官组成，各法院院长担任其所在法院法官会议的议长，负责召集和主持法官会议。法官会议不必亲自决议一切行政事务，轻微的事务或临时事务可以委托给法院院长或部分法官决定。日本最高法院负责全国法院系统的司法行政事务，内设事务总局，掌管司法行政事务，具体包括协助执行法官会议的决议，编辑、整理、刊行判例集及其他审判参考资料，处理法院职员人事事项，负责法院的财务管理和设施管理、起草法院的规则和规章制度等。事务总局设事务总长一人、次长一人，以及法院事务官、法院技官等职员。事务总局内部机构由秘书课、广报课、总务局、人事局、经理局、民事局、刑事局、行政局及家庭局等构成。最高法院还附设了研修机关和图书馆等。研修机关包括司法研修所、法院书记官研修所和家事法院调查官研修所。司法研修所负责有关法官和其他法院职员的研究、学习以及司法研修生的学习事务；法院书记官研修所负责法院书记官及速记官的研修和培养事务；家事法院调查官研修所负责家事法院调查官的研修和培养事务。高等法院和地方法院、家事法院各自内部也设有事务局，掌管所在法院的行政事务，但必须接受最高法院事务总局的领导和监督。

2. 检察体制

1872 年明治维新后，日本仿效法国的法律制度，建立起检察制度，设立了审检

---

① 司法研修生是日本法科学生在完成大学本科教育后，通过严格的国家司法考试而进入司法研修所接受培训的学员。司法研修生在司法研修所的训练期为一年半。首先是在司法研修所内接受三个月的基础培训；然后进行十二个月的实务研修，包括在地区法院各三个月的民事审判业务和刑事审判业务培训，在地区检察厅的三个月的检察官业务训练和在地区律师协会三个月的律师业务训练。实务研修后，再回到司法研修所进行三个月的后期训练。最后，参加由日本最高法院安排的严格的结业考试，考试合格者，才有可能被任命为候补法官；任职十年后，才能被任命为正式法官。

② 彭勃著：《日本刑事诉讼法通论》，中国政法大学出版社 2002 年版，第 18 页。

合署办公的检察机关，并持续到第二次世界大战后的1947年才把检察机关从审判机关中独立出来。日本检察机关的设置与审判机关相对应。根据日本《检察厅法》第2条的规定，检察机关分为最高检察厅、高等检察厅、地方检察厅、区检察厅。检察机关作为行政系统的一部分，隶属于法务省，上下级检察机关之间是领导与被领导的关系，作为一个整体开展工作，即实行“检察官一体原则”。根据《检察厅法》第4条、第6条的规定，检察机关的职权主要包括：指示和指挥司法警察侦查犯罪，对犯罪提起公诉，出庭支持公诉并要求法院公正适用法律，指挥对裁判结果的执行，作为公益代表人有权进行其他法律、法令规定的属于其职权范围内的事项。

根据日本《检察厅法》第3条的规定，检察官的等级分为总检察长、副总检察长、检察长、检察官和副检察官。日本检察官的任命与法官的任命一样严格，总检察长、副总检察长、检察长由内阁根据《检察官法》任命，并由天皇认证；检察官和副检察官由日本法务大臣根据《公务员法》任命。日本检察官、法官同属日本“法曹”成员，在选拔、培训和任命程序上与法官相同。

日本《检察厅法》第25条规定，检察官的身份受法律保护，除惩戒处分、退休退职、依法被认定为不称职和人员过剩等情况外，不能随意对检察官作出免职、停职和减薪的处分。

3. 侦查体制

日本古代没有专门的侦查官员，侦查权的行使与行政权不分。明治维新后，日本仿效法国建立起近代司法体制，逐步设立了检察机关和警察机关。这样，以检察机关为主、以警察机关为辅的日本近代侦查体制也建立起来，并且警察机关在侦查中的作用越来越大。第二次世界大战后，随着日本民主政治的发展，检察机关从审判机关中独立出来，并形成了自成体系的检察系统。根据1947年《检察厅法》和1948年《刑事诉讼法》，日本检察机关有权侦查所有犯罪案件。根据1947年《警察法》，警察机关也拥有对犯罪的侦查权，从而形成了警察机关和检察机关共享侦查权的局面。1954年，日本修订了《警察法》，改变了此前警察系统分散设立的局面，建立起全国统一的警察系统。

从法律规定看，现代日本侦查体制中的侦查主体是以检察官为主、以司法警察为辅，但在实际侦查活动中，是以司法警察为主、以检察官为辅。① 日本的警察系统由国家警察机关和地方警察机关组成。国家警察机关包括国家公安委员会和警察厅。根据日本《警察法》，公安委员会由内阁总理大臣领导，负责国家公共安全事务。警察厅是国家公安委员会的下设机构，受其领导。警察厅下设五个局，其中刑事局负责刑事侦查事务。日本地方警察机关按照日本都、道、府、县的行政区划设立，都、道、府、县下设都、道、府、县公安委员会，这些公安委员会下设东京警视厅和道、府、县警察本部。警察厅、东京警视厅和都、道、府、县中的刑事警察

---

① 何家弘编著：《日本犯罪侦查制度（二）》，载《中国人民公安大学学报》1997年第4期，第82页。

称司法警察。根据日本《刑事诉讼法》的规定，司法警察在知悉犯罪发生时，应立即侦查犯罪嫌疑人和证据，除法律有特别规定外，应将案件移送检察官。检察官依法对任何犯罪有侦查权，但在具体侦查中，检察官只对重大经济欺诈案件、大规模偷税漏税案件、公务人员贪污受贿案件等重大案件进行侦查，检察官对司法警察的侦查有指示权和指挥权。①

4. 裁判执行体制

在日本，刑事案件裁判由监狱执行，检察官有监督权；行政诉讼案件裁判若涉及执行，则由作出行政行为的行政机关执行。民事案件的强制执行由执行法院和执行官执行。执行法院是受理执行申请的地方法院，主要执行不动产等复杂的民事案件；执行官由地方法院任命，并受地方法院监督，在地方法院内有办公机构，但执行官是公务员，不是法官。执行官以自己的名义开展执行业务，不从国家领取报酬，而是通过执行业务从当事人那里收取费用，如果执行官的收费达不到一定数额，由国家财政补足。执行官主要负责执行动产等简单的民事案件，只要在其职权范围内的行为，事前无须受到其所在法院的指挥和命令，但执行法院对执行官有监督权，如果执行官的执行行为违反法律规定，利害关系人事后可以提出执行异议。②

二、域外司法体制的改革及其背景分析

（一）英国司法体制的改革及其背景

近几十年来，英国的司法体制改革十分活跃。在刑事司法程序方面，英国的改革由零敲碎打转向整体设计、系统运作、分步推进。1997 年以前，英国政府推出了一些司法改革措施，但是由于执政党重视不够、理论准备不足、经济条件不够充裕等因素，当时的改革呈现的是小打小闹、零敲碎打的局面，没有触及体制和根本，没有系统、全面地解决问题。布莱尔上台后，英国政府进行了大刀阔斧的司法改革，主要措施集中在五个方面：一是颁布实施司法改革的白皮书《所有人的正义》。这份具有纲领性意义的英国司法改革文件，由英国内务部于 2002 年 7 月发布，对英国的司法改革从宗旨目标、价值取向、组织领导、资源整合、司法手段、物质保障、技术支撑、社会参与、证据规则改革、刑罚制度改革、司法现代化等方面进行了系统、全面的设计。二是颁布实施 1998 年《犯罪与扰乱秩序法》和《刑事司法法》。这两部法律具体表达了布莱尔政府关于犯罪防治的一系列核心措施，还把布莱尔政府关于“最高价值”的措施具体化于司法机关的绩效管理之中，并以法律的形式将司法改革白皮书的相关政策固定下来。三是颁布了《面向新世纪的警察工作：一个改革蓝图》和 2002 年《警察改革法》。这两个法律文件具体确立了警察机关的改革计划，扩大了警察在处理有关犯罪案件时的权力。四是扩大检察官的权力。赋予检

① 参见裘索著：《日本国检察制度》，商务印书馆 2003 年版，第 3 页。

② 参见种若静：《日本司法体制》，载《中国司法》2005 年第 5 期，第 89 页。

察官有条件警诫权（可以作出有条件警诫的决定而非起诉）、决定非普通案件的指控权（警察在未取得检察官的法律意见前不应提出指控）、诉前侦查建议权、上诉权（当法官的决定会产生终止指控的效力时，检察官有权提出上诉，而且上诉的案件范围适用于所有在刑事法院审判的案件）。五是对司法权的调整。这是英国司法改革的重要方面。在司法权的纵向配置上，由以地方自治为主调整到以中央控权为主。近年来，英国司法系统的中央控权十分突出，司法权作为中央事权的特征更加明显，原来带有强烈地方属性的一些司法机构开始向中央控权演进，如警察权、缓刑执行权曾经以地方为主，但是近些年来发生逆转，形成了以中央事权为主、以地方事权为辅的格局；1998 年，成立青少年司法理事会领导全国的青少年司法工作，以加强青少年犯罪工作小组间的合作，保证青少年司法工作的整体运作。在司法权横向关系方面，由单纯强调司法独立到重视司法合作。在历史上，英国司法传统一直强调遵守司法独立的原则，但是也产生了刑事司法体制的各个部分都独立发展而机构之间并不能形成一个连贯一致的整体的现实问题。因此，在布莱尔执政期间，政府提出，只有各机构有机地结合起来，形成一个连贯一致的整体，才能有效地侦查犯罪、准确地控诉犯罪、恰当地处罚犯罪，并继而采取了以下措施：一是建立一个新的“国家刑事司法委员会”，由内务部的常任秘书负责，成员包括大法官事务部的常任秘书、刑事检控专员、刑事司法机构行政长官、警察局局长协会主席和一名高级法官。该机构负责刑事司法制度的总体实施。全国建立四十二个地方刑事司法委员会，这些委员会对国家刑事司法委员会负责，并以与国家刑事司法委员会签订的年度合同为基础，监督各区域地方司法机构之间的联合运作情况。二是加强检察机关与警察机关的合作，以减少立案数与起诉数、起诉数与有罪判决数之间的差距，使更多的罪犯被绳之以法。三是推广在“反街头犯罪行动”中取得的司法部门协作经验。①

在整个 20 世纪，英国一直没有中断对革新民事司法程序的探索。面对一直困扰民事司法的程序烦琐、诉讼拖延及耗费过大所引起的司法危机，1994 年，英国大法官任命沃尔夫勋爵（Lord Woolf）牵头负责民事司法改革。沃尔夫勋爵于 1995 年和 1996 年发表了题为《接近正义》（*Access to Justice*）的关于英格兰及威尔士的民事司法制度改革中期报告和最终报告，系统地分析了英国民事司法制度中存在的问题，论证了改革的必要性，指明了改革的内容与方向，并提出了三百多项有关改革的具体建议。1998 年，以上述两个报告为基础的新民事诉讼规则（Civil Procedure Rules 1998）出台，并于 1999 年 4 月 26 日生效实施。改革的内容主要包括：统一了高等法院和郡法院的诉讼规则，便利了法院、当事人以及律师进行诉讼活动，增加了审判结果的确定性；引进了案件管理制度，将原先由当事人及其律师掌握的诉讼控制权改为由法院掌握，以防止诉讼的过分迟延；确立了小额程序（small claims track）、

① 参见金鑫：《英国刑事司法政策改革对构建我国和谐社会的启示》，载《法商研究》2006 年第 5 期，第 146 ~ 147 页。

快速程序（fast track）、多极程序（multi - track）三种诉讼程序，并由法院主要根据争议标的决定适用哪一种程序；严格控制诉讼费用；鼓励当事人采用 ADR（替代性纠纷解决法）解决纠纷；若当事人违反法律规定的诉讼日程安排或不遵守有关费用及利息惩罚的指令，均可能被排除诉讼；对违反程序的行为，法庭可施加强制措施。①

在法院的司法管理方面，1995 年，大法官事务部成立法院事务管理局，成为大法官事务部专门负责管理法院行政事务的行政机构。2001 年，著名的奥德考察报告（*Auld Review*）建议把治安法院的行政事务与普通法院的行政事务由一个行政机构统一管理。2003 年，英国政府宣布了一项对司法体制进行改革的计划。根据该项计划，英国在随后的几年里，对司法体制进行的改革包括：一是废除大法官。英国大法官是一个古老的机构，在被废除前，他既是内务部部长，又是内阁成员，同时还是议会上议院的议长和最高法院的首脑。因此，他集四职于一身，横跨立法、行政、司法三界，而这样的状态与现代宪政制度所强调的司法独立原则是相冲突的。2003 年 6 月，时任英国首相布莱尔撤销了长达一千四百余年的英国大法官职位，大法官原来的行政职能由新设立的宪政事务大臣承担，司法职能由首席大法官承担，立法职能由上议院议长承担。二是设立了英联邦最高法院。一直以来，英国司法的最高审级是上议院上诉委员会，十二名上议院常任上诉法官既是法官，又作为上议院议员参与立法。2005 年国会通过的《宪制改革法案》把英国国会的司法职能分离出来，并由新设立的英联邦最高法院接替，这样，英联邦最高法院以后就不再参加国会投票，成为专门的司法机关。英联邦最高法院于 2009 年 10 月 1 日起正式运作，作为英格兰、威尔士、北爱尔兰和苏格兰的终审法院（苏格兰的刑事案件由苏格兰高等法院终审）。三是成立司法委员会。该委员会由五名来自法院系统的法官、执业律师和普通民众组成，负责选拔英国的法官候选人，并把提名交给宪政事务大臣。在绝大多数的情况下，宪政事务大臣应当接受这样的提名。② 根据 2003 年《法院法》，英国开始组建法院事务管理服务局［HMCS（Her Majesty's Courts Service）］，以准备对法院行政事务进行统一管理。2005 年 4 月 1 日，HMCS 正式成立，由此，英国最高法院、皇家法院、郡法院和治安法院的司法行政事务第一次由一个行政机构统一管理。③ 2007 年 5 月，在整合原内务部和宪政事务部的部分机构后，宪政事务部被撤销，新设司法部接替其职能，司法部由司法大臣负责，并把 HMCS 归属司法部管理。HMCS 下设法院办事处（court office），从事法院日常事务管理。HMCS 实行董事会负责制，董事会由三名非执行董事（其中一名担任董事会主席）、三名

---

① 参见齐树洁：《接近正义：英国民事司法改革述评》，载《人民法院报》2001 年 9 月 12 日，第 5 版。

② 参见［英］安德鲁·勒休：《英国的司法改革》，吕芳译，载《法律适用》2004 年第 9 期，第 73 ~ 74 页。

③ 参见 http://www.hmcourts - service.gov.uk - Her Majesty's Courts Service - History，2010 年 8 月 6 日访问。

法官（代表首席大法官）、一名司法部官员（代表司法大臣）、四名执行董事（来自HMCS，其中一名担任首席执行官）组成，董事会同时对司法大臣和首席大法官负责。[①] 英国司法大臣与首席大法官通过签订合作协议的方式，把对HMCS的治理、财务和具体运作等方面的事务授权HMCS董事会落实。HMCS的工作人员属于英国政府的公务员，与法官是一种合作关系，其工作职责就是为法官的审判工作提供服务，确保法院司法审判的顺畅进行。英国法院的设置、设施、法官人数等也由HMCS负责。这样，经过改革后的英国司法行政管理基本由司法部集中负责管理，只是在重大事项上，首席大法官与司法大臣进行一定的协商，其基本目标是实现司法与行政的分离，法官只负责办案，促进司法独立，这至少在制度层面上消除了司法与行政混淆的弊端。

英国的执行体制改革近几十年来步伐也很大。英国原来由郡副治安官或治安官办公室负责执行工作的模式运行了一个多世纪，但由于执行员的任免缺乏公开性以及执行工作的地区垄断性等原因，执行工作无法令公众满意。1998年3月，大法官启动了执行体制的改革。2001年7月，有关部门公布了关于执行改革的绿皮书《向有效执行奋进》（*Towards Effective Enforcement*），列出了有关改革议题供公众讨论。绿皮书指出，为确保执行行业的竞争性、创新性、职业化以及准入的公开性，强化执行人员的责任意识，打击犯罪，消除社会排斥，很有必要建立执行工作市场化的运作体制。2002年5月，英国有关部门公布了《执行人员国家标准》（*National Standards for Enforcement Agents*），明确了执行人员的行为标准。2003年3月，大法官事务部公布了有效执行白皮书，阐明了政府的政策立场及立法建议，成为执行体制改革的蓝本。在这期间，英国修订了《法院组织法》，并于2004年制定了《高等法院执行官条例》。2007年7月，英国颁布了《法庭、法院和执行法》。这些法律、法规涉及执行工作的各个方面，对执行人员的任免、任职条件、任职的专业知识和专业技能要求、执行程序、执行财产的控制、执行措施、参与分配、强制收购、执行费用及警察的协助执行义务等都作了规定，其最大的特点是基本确立了英国执行工作的市场化运作机制。2007年4月，副郡治安官或郡治安官办公室被高等法院执行官取代。高等法院执行官由首席法官（或由其授权的高等法院法官）任免。同时，将英国按邮政编码划成一百零四个执行工作区，首席法官（或由其授权的高等法院法官）根据需要指派一名或多名执行官负责一个或多个执行工作区的执行工作。高等法院执行官对首席法官（或由其授权的高等法院法官）负责，高等法院执行官协会是其法定的行业协会。在高等法院执行机构设置方面，英国现有六十多名高等法院执行官，有些执行官直接雇人成立了执行公司，另一些高等法院执行官则与私人执行公司合作，通过合同，把执行业务“外发”给私人执行公司执行。高等法院执行机构完全是市场化运作，根据执行到的金额按照法律规定的比例提成，最终由被执行人承担。申请人可以选择高等法院执行官，所以执行行业竞争激烈，不

① 张永红：《英国法院的司法管理》，载《法律适用》2010年第8期，第74页。

仅需要彼此竞争，而且还要在更广阔的执行市场上竞争。据估计，英国现有一百五十家私人执行公司（Bailiff Company），雇用两千八百名从事执行工作的人员，其中一千六百名经郡法院审查认可并由郡法院颁发了“合格证书”，成为了郡法院认可的“编外执行员”或“持证执行员”。执行公司在为其雇员办理“合格证书”时须缴纳一笔保证金，郡法院用保证金设立了一个赔偿基金，如果“持证执行员”因执行不当需要赔偿时，就从基金中支付。对违反规定的“持证执行员”，法院可以吊销其“合格证书”。这种执行都是基于地方政府、治安法院或其他机构的授权或命令，直接由私人执行公司的“持证执行员”执行的。如果被执行人拒不履行，执行人员可直接上门查封、扣押、变卖、拍卖被执行人的动产，不必经过法院司法程序。而治安法院判决的执行有两种选择，一是由治安法院文职执行官（Civilian enforcement officers）执行；二是由治安法院通过合同的形式将执行工作“外发”给私人执行公司执行。治安法院文职执行官与郡法院执行员一样，都不需要办理“合格证书”。因为他们是英国政府的公务员，受雇用合同约束。郡法院执行员和治安法院文职执行官的任命，须经过严格的考察、一定的试用期和培训阶段，然后才能从事执行工作。承接治安法院“外发”业务的私人执行公司的执行人员，法律上并没有持证上岗的规定，但考虑到审查发证程序有助于保证执行人员的素质，有利于提高执行工作的绩效，所以治安法院在签订合同时都要求对方持有“合格证书”。英国《民事诉讼法》规定，当事人拿到判决书后，何时执行、如何执行，由当事人自己决定。主要的执行方式有四种：一是由申请人向法院提出申请，请求法院命令执行人员上门查封、扣押被执行人的动产进行变卖、拍卖以清偿债务，这也是最常用的执行方式；二是由申请人向法院提出申请，请求法院裁定查封被执行人的房屋、土地等不动产，等被执行人自行变卖或由法院拍卖时清偿；三是由申请人向法院提出申请，请求法院裁定由被执行人的雇主协助扣留被执行人的收入以清偿债务；四是由申请人向法院提出申请，请求法院裁定执行被执行人的债务人（即对第三人的执行），最常见的是到银行扣划被执行人的银行存款。在执行的过程中，申请人也可以向法院申请，命令被执行人到法院接受询问，申报财产。此外，如果一方拒不履行法院命令，另一方可以向法院申请，将其以藐视法庭罪送进监狱。上述执行方式可以单独使用，也可以合并使用。①

（二）美国司法体制的改革及其背景

美国司法体制从建立到发展，由于赖以建立的政治体制一直没有发生实质变化，其司法体制的基本部分总体上也没有发生变化，但是，为了适应社会的发展，局部的改革不断。在审判体制上，美国建国之初，最高法院无足轻重，是立法、行政、司法三权中最软弱的。最高法院审查国会法律合宪性的权力，是通过首席大法官马歇尔在1803年的马布里诉麦迪逊案中具有里程碑意义的法律意见确立的。而在

① 参见张永红：《英国法院执行体制的市场化改革》，载《法律适用》2009年第8期，第91～93页。

1810年的弗莱彻诉佩克案中，最高法院首次行使了宣告州法律违宪的权力。随后，通过1816年的马丁诉亨特案和1821年的科恩兄弟诉弗吉尼亚州案，马歇尔法院确立了最高法院对州法院判决的上诉管辖权。[①] 鉴于在英国殖民时期十三个州各自已经统治多年，尽管联邦政府已经按照新的国家权力结构理论建立起来，但联邦政府羽翼未丰，无法实现统领各州的重任。基于这样的政治背景，扩大或加强包括联邦司法权在内的联邦权力，是实现让美国变为一个强大国家这一重要任务的措施之一，而作为沿袭判例传统的普通法国家，马歇尔法院上述国家主义式的判决实际上是通过判例的方式实现“确保国家拥有进行有效统治所需要的权力，确保联邦权力高于州的权力”。[②] 这实际上使美国司法权在建国之初的三权分立结构基础上得到强化，从而完成了对美国司法的一次历史性改革。当然，这次司法改革是成功的，与马歇尔法院所进行的这种司法改革“符合发展中的美国‘感觉到的需要’。就是共和党的那些被任命者和首席大法官本人一样清楚地意识到这一点，在一个对大多数美国人来说其所在的州就是他的国家的年代里，所有的大法官都意识到肯定国家权力和建立一个强大联邦的必要性”。[③]

联邦司法体制面临的另一场司法革命发生在20世纪30年代经济大萧条时的罗斯福总统新政时期。当时经济大萧条的背景表明，各州的经济事实上已经瘫痪，并且已经超出了市场本身及各州政府措施的能力范围，自由放任的自由经济已经无法挽救美国经济。1936年，罗斯福在大选中获胜，美国人民向往新政，期待罗斯福新政拯救美国经济。但是，从1934年到1936年，最高法院运用手中的司法审查权，作出了十二个宣布新政措施无效的判决，符合当时美国国情的新政措施接连遇阻，促使总统设法改组最高法院。1937年3月5日，罗斯福总统的“法院填塞方案”放到了国会面前。[④] 根据这一方案，总统可以提名另一名法官取代一位超过七十岁还没退休的联邦法官，当时提名取代最高法院法官的名额有六个，这将使总统有权任命六名最高法院大法官。经过漫长的听证和公开的辩论后，参议院司法委员会拒绝了总统的方案。但是，最高法院对总统实施振兴经济的新政方案的态度却发生了明显转变，其此前七十年中一直奉行的自由放任主义法哲学发生了真正的革命，因此，杰克逊大法官对“法院填塞方案”之战的总结是：“论战的每一方都声称取胜来安

---

① 参见［美］伯纳德·施瓦茨著：《美国最高法院史》，毕洪海等译，中国政法大学出版社2005年版，第46～47页。对具有鲜明特征的一定时期的最高法院，美国学者往往以该时期最高法院的首席大法官的名字称呼，如马歇尔法院、沃伦法院等。

② ［美］伯纳德·施瓦茨著：《美国最高法院史》，毕洪海等译，中国政法大学出版社2005年版，第46页。

③ ［美］伯纳德·施瓦茨著：《美国最高法院史》，毕洪海等译，中国政法大学出版社2005年版，第63页。

④ ［美］罗伯特·麦克洛斯基著：《美国最高法院》（第三版），任东来等译，中国政法大学出版社2005年版，第140页。

慰自己。总统的敌人挫败了有关法院改革的议案——而总统则实现了法院的改革。”① 随后，1937 年 3 月 29 日，仅在作出上次推翻新政措施的判决九个月后，最高法院对一项适用于妇女和未成年人的州最低工资法发出了赞同的意见，此后，新政措施不断得到最高法院的支持。最后，这场涉及最高法院司法审查权的司法改革因最高法院“识时务”地妥协而告终，② 联邦法院司法体制也在灵活应变中经受住了考验。

与此同时，司法管理方面的改革也在不断进行。1939 年，美国联邦法院行政管理局建立，结束了司法部自 1870 年成立以来一直负责的联邦法院管理工作，强化了联邦法院系统的自我管理和权力分立，使联邦法院取得了“自我掌舵”所必需的大部分权力。③ 而在 19 世纪与 20 世纪之交，美国各州开始了持续百年的改革运动。因为自美国建国以来，州政府司法部门的问题主要体现在两个方面：一是组织机构不完善。美国州法院处于条块分割状态，一方面州法院没有统一的领导和统一的规则，各地方法院自行其是，缺乏必要的沟通与协作；另一方面各地方法院往往被分解为许多专门的有限管辖权法院，而且它们也是各自为政，不通信息。二是人事制度不合理。一方面各州法官的产生以选举为主，这使法官的素质和独立性无法得到保障，也降低了法官的任职资格；另一方面法官任职期限太短，一般不超过十年，这也影响了法官的独立性和司法的公正性。④ 这样，社会对改革司法管理的呼声日益高涨，如罗斯科·庞德便于 1906 年正式提出了州司法改革的倡议。在各种因素的结合下，统一法院管理权、合并与裁减下级法院、增加中间上诉法院等改进法院组织机构的措施在部分州相继得以实现。对法院结构的改革，最明显的变化是过去只设初审和最高法院的州建立了中级上诉法院。⑤ 在人事上的改革，主要是增加法官和雇用工作人员，具体包括增加法官和法官助理人数，雇用为法院服务的公务律师。新泽西州在这方面的改革比较成功，到 20 世纪 50 年代，共有十八个州模仿新泽西创立了法院管理者的职位，到 1980 年前，所有五十个州都设置了类似的管理机构。而密苏里州在 1940 年采纳了一种以“功绩制”为基础的选任州法官的方案，根据这种方案，当法官职位出现空缺时，一个专门的委员会提出三名候选人，州长从中

---

① ［美］伯纳德·施瓦茨著：《美国最高法院史》，毕洪海等译，中国政法大学出版社 2005 年版，第 256 页。

② 最高法院的“识时务”应该包括两方面，一方面是最高法院的法官们认识到了当时美国经济的困境及拯救经济需要广泛的联邦干预；另一方面是罗斯福总统“法院填塞方案”的触动。

③ 最高人民法院司法改革小组编：《美英德法四国司法制度概况》，人民法院出版社 2002 年版，第 153 页。

④ 杨成良：《论 20 世纪美国州政府的司法体制改革》，载《山东教育学院学报》2008 年第 6 期，第 46 页。

⑤ 在 1960 年，只有十四个州设有中级上诉法院，但到了 1988 年，这个数字增长到了三十七个州。参见最高人民法院司法改革小组编：《美英德法四国司法制度概况》，人民法院出版社 2002 年版，第 198 页。

选择一人。州长选择的这个人至少可以先任职一年。在下次大选中，选民将决定此人是否应该留任。如果投否定票的选民多，此人就不能再担任法官，由州长按上述程序再提名一人填补空缺；如果投肯定票的选民多，州长任命的这名法官就能继续任职一届。任职届满时，该法官只要表明留任的愿望，选民们即可通过没有竞争对手的“续任选举”（retention election）决定他的去留。[①] 但总体上看，州法院人事制度改革的进展不是很顺利。到20世纪90年代，采用与“密苏里方案”相似方法的州也不到二十个。在20世纪70年代，美国州系统的限制管辖权法院经常处于经费不足的状态，导致法院设施落后，低效率、不公正、腐败和无能，对法官的吸引力降低，从而反过来影响在初级法院工作的法官的素质。1967年，美国执法和司法管理委员会将这些初级法院作为美国司法管理最令人不安的问题遴选出来，也有人建议废除这些法院。为此，20世纪70年代，至少有半数的州对这些法院进行了重组。一些州重新规定了这些法院的管辖权，法官从兼职转为专职，法官的报酬也得到保障；一些州要求这些法院的法官必须拥有法律学位。同时，通过联邦最高法院判例，辩护律师比较多地进入了这些法院，这使这些法院的运作增加了透明度，从而也在一定程度上改变了这些法院的工作。目前，对这些法院的改革仍在进行。[②]

在审判体制的诉讼程序上，改革的步伐也一直没有停止过，如民事诉讼程序。20世纪90年代以前，美国民事诉讼经历了1848年合并普通法院与衡平法院诉讼程序的诉讼规则法典化改革（以纽约州采取的《菲尔德法典》为标志）和1938年民事诉讼规则统一化改革（以《联邦民事诉讼规则》的通过为标志）。伴随着20世纪60年代美国《民权法案》等一些新法律的通过以及许多新型诉讼的增加，美国法院案件的增长出现了“诉讼爆炸”的现象，[③] 而对司法资源的投入却没有增加，再加上美国法律至上、崇尚对抗的司法文化，使得诉讼迟延非常严重，司法效率低下，诉讼成本昂贵。在多方的推动下，美国国会于1990年制定了《民事司法改革法》，于1993年修改了《联邦民事诉讼规则》，展开了新一轮的司法改革。改革的主要内容是强化案件管理，加快办案速度，减少诉讼迟延；发展替代性纠纷解决法（ADR），以减少案件数量，并于1998年通过了世界上第一部《替代性纠纷解决法》。这些改革措施都取得了不错的效果。

美国检察体制的发展总体上呈现出从私诉过渡到公诉、从中央集权检察到地方

---

① 杨成良：《论20世纪美国州政府的司法体制改革》，载《山东教育学院学报》2008年第6期，第47页。

② 参见［美］爱伦·豪切斯泰勒·斯黛丽著：《美国刑事法院诉讼程序》，陈卫东等译，中国人民大学出版社2002年版，第322～323页。

③ 汤维建著：《美国民事司法制度与民事诉讼程序》，中国法制出版社2001年版，第12页。有关案件数量的具体情况和数据，可参见最高人民法院司法改革小组编：《美英德法四国司法制度概况》，人民法院出版社2002年版，第197～198页。

分权检察、从检察官任命制到选举制、检察官职权从有限性到几无限制的明显特征。[①] 而检察官从任命制到选举制的转变以及检察官自由裁量权的强化，成为整个20世纪检察体制变化的显著特点。第一次世界大战特别是20世纪30年代经济大萧条对社会秩序的大冲击，使美国社会的犯罪率日益攀升，这导致公众对检察官未能有效控诉犯罪日益不满，从而为检察官权力强化创造了条件。美国学者凯伊·L. 列文（Kay L. Levine）发现，从20世纪末起，刑事检控呈现出两个截然不同的发展趋势：一方面，受联邦主义（federalization）浸淫，联邦政府制订的刑法超出州政府两倍有余；另一方面，"社区检察"（community prosecution）悄然兴起，引导地方检察官将地方议题置于首要位置，而州议题则受到排挤。[②] 因此，联邦和地方社区检察机关的权力得到强化，处于中间的州检察机关的权力逐渐萎缩。"9·11"恐怖袭击事件以后，检察机关特别是联邦检察机关的权力得到进一步的扩充。

在侦查体制方面，由于罗斯福新政后美国司法的重点逐渐从维护财产权转向维护人身权，到20世纪五六十年代，在民权主义的影响下，美国最高法院通过著名的米兰达诉亚利桑那州案、马普诉俄亥俄州案等案件，开启了美国刑事司法的正当程序时代，这给美国的侦查体制带来了一场革命。米兰达案确立了刑事侦查中的"米兰达规则"，马普案则确立了刑事司法中非法证据排除规则在全国范围内的适用。而刑事司法中被告人"不受双重定罪"、"反对自证其罪"、"获得陪审团审判"、"迅速审判"、"对质"等宪法性权利也通过不同的判例得以确立，[③] 相应的刑事证据规则和制度亦得到确立。由此，美国侦查体制发生了革命性变化。直到20世纪80年代，因受到犯罪浪潮的冲击，刑事侦查中正当程序的势头才开始回落，但正当程序革命引发的美国侦查体制改革的成果基本得以保存。"9·11"恐怖袭击事件后，美国开始强化刑事侦查，增设了国土安全部，国家权力的渗透也随之强化。

（三）德国司法体制的改革及其背景

在刑事审判体制上，第二次世界大战后，德国修改了《刑事诉讼法》，从法律上引进了英美法系国家的交叉询问制度，但是德国在引进交叉询问制度时保留了法官询问制度，法律上确立的交叉询问制度在司法实务中不受欢迎，导致在实践中刑事庭审形成了"轮流询问"的方式。德国学者也认为虽然《刑事诉讼法》规定了交

---

① 参见 Worrall, John. (2008). Prosecution in America: A Historical and Comparative Account. In John Worrall and Elaine Nugent – Borakove (editors). *The Changing Role of the American Prosecutor*. New York, N. Y.: State University of New York. pp. 5 – 9。

② 参见 Levine, Kay. (2008). The State's Role in Prosecutorial Politics. In John Worrall and Elaine Nugent – Borakove (editors). *The Changing Role of the American Prosecutor*. New York, N. Y.: State University of New York. pp. 31 – 32。

③ ［美］伯纳德·施瓦茨著：《美国最高法院史》，毕洪海等译，中国政法大学出版社2005年版，第309页。

义询问，但在实务上并无意义可言，并不适用于德国刑事诉讼之体系。[①] 这既有法律技术上的原因，也有法律传统的原因，还有德国基本法中规定的社会国家原则所隐含的对国家和政府信任意识，不同于英美法系国家中有限政府原则及对政府的不信任意识。结果是，德国刑事司法体制上的庭审方式改革没有实效。

在民事司法上，德国《民事诉讼法典》自1877年颁布至1999年年底，已经修改了九十五次，其中有几次大的修改，其核心内容是简化程序，加快诉讼的进程，加大审理的集中程度。其改革内容主要包括：(1) 改革第一审程序。首先，扩大独任法官审理案件的范围。将独任法官审理制扩大到州法院一审的案件及州高等法院审理的案件；扩大州法院一审中可由法庭将案件交由独任法官审理的案件的范围。其次，实行集中审理原则。在实践中产生了所谓的"斯图加特模式"，这一模式主张将诉讼分为书面准备程序和主辩论两个阶段，以使裁判尽可能在一次言词辩论中作出，从而减少开庭次数，提高诉讼效率。基于此模式，1977年7月1日德国开始施行"简化司法程序法"，对《民事诉讼法典》进行大规模修改，使民事诉讼向集中审理、口头审理、分阶段审理等方面迈出了一大步。法律明确规定在主辩论期日原则上要求法院开一次庭集中审理后终结案件。为了充分进行审理前的准备，法官可以采用提前进行准备性的口头辩论，或以在规定期限内当事人之间交换书状方式进行准备。再次，当事人应当在诉讼开始后就提供证据。最后，对案件争议标的额在一千五百马克以下或当事人一方因住得太远或其他重要原因而无法出庭的案件，可以只进行书面审理。(2) 改革上诉审程序。首先，规范上诉的一般性问题，避免或减少错误的发生。例如，提起上诉的期限、上诉理由的限制及针对上诉进行答辩的一般性义务的规定等。其次，当事人在一审中未在规定期限内提出的攻击和防御方法，除有充分理由外，在上诉中将不被接受。再次，限制上诉案件争议标的额和实行上诉许可制。提起上诉的案件标的额下限从一千五百马克提高到两千马克（那些具有"重大意义"的案件不受限制）；当事人提起上诉前必须先经过一审法院的许可，当上诉许可申请被驳回时可以就驳回申请的裁决提起上诉。对具有"重大意义"的案件（如与联邦法院的判例相冲突或程序严重违法的案件），则必须允许上诉。最后，适当限制上诉到联邦法院的案件范围。(3) 改革法院体系结构。首先，普通法院体系由"四级法院"变为"三级法院"。这一方案在1971年12月的"第一次司法改革法案"的草案中被提出，1977年家庭法院被并入初级法院，同时规定家庭案件的上诉直接向州高等法院提出，这样，三级法院结构已在家庭案件的审理中实现。其次，改革法院司法管理体制。短期目标是在全国范围内建立一个服务于所有法院体系司法事务的规范化的行政部门，以期能形成更有效、更经济的法院行政管理，并使法官在各法院系统间的调动更为容易；长期的目标是将现在的五个法院体系进行缩减，形成普通法院（主管民事、刑事案件，并将劳动法院包含在内）

---

① 参见［德］克劳思·罗科信著：《刑事诉讼法》（第24版），吴丽琪译，法律出版社2003年版，第136、第398页。

和行政法院（主管行政、财政及社会事务）两个法院体系的格局，同时，制定一部各法院体系统一适用的程序法。再次，通过推广诉讼外替代性纠纷解决法（ADR）来缓解法院运作的紧张状况。[①] 但是，自20世纪末以来，案件数量激增、[②] 案件上诉率过高、法院经费不足、法官人手不够等问题愈加突出，导致德国民事诉讼效率低下，也影响到司法公正。2000年，德国通过《民事诉讼改革法案》，开始了新一轮的司法改革。2002年，新修改的《民事诉讼法典》正式生效。这一轮改革的主要内容包括：（1）继续强化第一审程序。首先，增加了法官的释明义务和当事人协助义务，以进一步加强集中审理。与改革前相比，法官在审理中的释明义务更加明确具体：法官有责任促使当事人准确、及时、完整地陈述一切主要事实；法官必须指出那些被当事人忽视的事实和观点，对当事人不充分的陈述作出补充；即使当事人聘有律师，法官仍然应当释明。同时，新修改的《民事诉讼法典》增加了当事人和第三人的协助义务，明确规定：当事人在调查事实上必须给予对方以方便，当事人有义务提交其所掌握的文书和其他书面证据，提供勘验物，配合专家进行勘验，如果当事人无正当理由拒绝履行义务，法官可以作出对其不利的判断；第三人也应当提交所有能够证明案件的证据，如果第三人无故拒绝协助，则可以对其处以罚款或拘留。其次，进一步强化独任制审判。新修改的《民事诉讼法典》规定，诉讼原则上由独任法官审判，例外情况才可被提交给合议庭审判。（2）改上诉审程序为法律审。第二审程序原则上不再进行新的事实认定，其职能主要集中在对第一审违反司法程序的救济上，这使第二审的职能由重视事实问题转向重视法律问题。第三审程序取消了诉讼标的额的限制，保留了必须经过州高级法院同意后方可上诉至联邦法院的上诉条件，将第三审程序的宗旨限定为保障司法统一，促进法律的进步和发展，而非仅对个案的裁判。（3）加强诉讼调解。新修改的《民事诉讼法典》加强了调解的观念，规定了强制性的“和解辩论”程序，即所有的民事诉讼在口头辩论之前必须有一个善意和解的协商程序，除非已在法院外的调解机构试行过和解或者和解辩论明显无望，并规定法官应当命令当事人亲自出席和解辩论以及其他和解尝试。[③]

在法院裁判执行上，德国主要着手对法院执行员制度进行改革。德国原来的法院执行员是由州司法部管辖的公务员，州司法部将其分派到某一初级法院的辖区，但法院执行员并不隶属于该初级法院，而是在该初级法院的辖区内设一个自己的办公室，每个法院执行员有自己的固定辖区，独立履行其职务。因此，法院执行员是

① 参见齐树洁：《德国民事司法改革及其借鉴意义》，载《中国法学》2002年第3期，第167～169页。

② 像大多数工业化国家一样，20世纪末以来，德国也经受了“诉讼爆炸”的困扰。1991年德国法院受理案件163万件，1993年为208万件，而1994年是212万件。参见吴杰编译：《德国民事诉讼改革》，载陈刚主编：《比较民事诉讼法（2000年卷）》，中国人民大学出版社2001年版，第279页。

③ 姜保忠：《德国新一轮司法改革及其对我国的借鉴意义》，载《西北民族大学学报（哲学社会科学版）》2007年第5期，第69页。

独立的司法服务机构，不是法院的下属机构，初级法院有权对其进行监督，但在其履行职务时不受法院的指示约束。法院执行员这种固定专属管辖制度，会使执行工作因法院执行员生病或其他原因的缺勤而暂停。而从收入方面来说，法院执行员制度也缺乏激励机制，法院执行员身为公务员，其所得为基本固定的公务员薪酬工资，但随着执行案件数量的增加，法院执行员的工作量大大增加，而其收入仍无变化，这就无法调动法院执行员的工作积极性，导致执行效率低下。因此，20 世纪 90 年代末期起，德国法院执行员协会和一些州便呼吁对法院执行员制度进行改革。2007 年年初，德国“联邦与州调研工作组”经过对法院执行员制度的专门调研，认为把法院执行员由现行的州辖公务员改为授予强制执行权的私法主体是解决现存问题的最为适宜的方案。联邦参议院在对该方案的法律草案说明中认为，从结构上改变法院执行员制度，把法院执行员从公务员转变为被授予强制执行权的私法主体，可以使法院执行员的任用不再受州司法部的公务员职数编制限制，从而可以根据实际需要来任用或解聘法院执行员，并可以在这种授权模式中引入有限竞争机制和激励机制，法院执行员将不再一个人负责一个固定的区域，而是在一个特定的区域（如州法院辖区）内有数名法院执行员可供选择。同时，在这种模式中，法院执行员自我负责，不再受到上级机关和国家财政的种种限制，这将促使他们以企业管理和经济核算的思维方式行事，有利于调动法院执行员的工作积极性，从而能够较大地提高强制执行工作的效率。①

（四）法国司法体制的改革及其背景

法国的司法改革从没停歇过。欧盟司法一体化的发展，加快了法国司法改革的步伐。2000 年 6 月 5 日，法国对《刑事诉讼法典》进行了重要修改，在《刑事诉讼法典》中增加了序言性条款，第一次在法律上以列举的方式明确规定了程序公正、对质和平衡、控审分离、法律面前人人平等、无罪推定、保障辩护权、司法保障、强制措施的必要性与适当性、保护人的尊严、保障被害人的知情权及诉讼权利、程序便捷等一些诉讼原则，以回应欧洲人权法院对其提出的批评和要求。针对刑事拘留，明确取消了对证人的拘留制度，并规定司法警察从拘留一开始就应当通知检察官和被拘留人亲属，对未成年人拘留期间的讯问应当录像；对于刑事拘留中律师的介入，规定律师从拘留一开始即可以介入，也可以在拘留的第二十小时介入。在拘留被延长的情况下（拘留的一般期限为二十四小时，可以经检察官同意延长二十四小时），在拘留的第三十六小时介入。但对有组织的犯罪案件，律师只能在第三十六小时介入，对贩卖毒品或恐怖犯罪的案件，律师只能在第七十二小时介入；针对被害人权利保护，规定被害人及其亲属拥有知情权，在侦查阶段有权提出赔偿要求；设立自由与羁押法官，规定所有审前羁押由自由与羁押法官决定，不再由预审法官决定，决定羁押时允许控辩双方辩论；允许被告人对重罪法庭的有罪判决提出上诉；规定设立“街区法官”，对日常生活中的案件由新设立的街区法官审理，街区法官

---

① 郑冲：《德国法院执行员制度改革之争》，载《比较法研究》2007 年第 6 期，第 153 页。

可以为非职业法官，独立办案。“街区法官”对成年人所犯的某些第五类违警罪有管辖权，对未成年人所犯的某些第四类违警罪有管辖权，等等。这些改革的部分内容，在一定程度上影响着对刑事犯罪案件，特别是严重犯罪案件的侦破。2002 年 3 月 4 日，法国再次修改《刑事诉讼法典》，放宽了认定犯罪嫌疑人的条件限制；把犯罪嫌疑人的沉默权规定为在侦查人员告知其作出声明、保持沉默、回答提问三者中进行选择；检察机关对重罪法庭宣告被告人无罪的判决有权提出上诉；等等。这在一定程度上，反映了对惩罚犯罪的加强。为了使司法更好地适应保护权利、惩罚犯罪的需要，2004 年 3 月 9 日，法国再次对《刑事诉讼法典》进行重大修改。这次修改借鉴了美国的辩诉交易制度，设立了有罪答辩制度；针对恐怖犯罪等十六种有组织犯罪规定了特殊的侦查措施，司法警察享有更大的权力，并减弱了检察官、预审法官、自由与羁押法官对司法警察的监督；引入刑事和解制度；等等。法国刑事司法体制的上述系列性改革，在保障刑事诉讼人权与控制犯罪之间不断进行调整，反映了其国内对控制犯罪与保障人权不同观点的争论，也反映了其刑事司法所面临的情况的不断变化。

在民事司法方面，随着国家干预主义的加强，延续了近两个世纪的法国《民事诉讼法典》面临挑战。1975 年，法国颁布新的《民事诉讼法典》，扩大了法官在诉讼中的职权，以增强法官在诉讼中的主动性和积极性。根据新《民事诉讼法典》的规定，为保证诉讼的正常进行，法官有权规定当事人进行某些诉讼行为的期限，也有权采取各项诉讼措施；法官有权考虑当事人没有提及的案件事实以支持其判决；法官有权依据一方当事人的申请，要求另一方当事人交出所持有的证据；法官也有权要求或命令第三人交出证据，否则可以处以罚款；等等。[①] 20 世纪 80 年代以来，法国民事司法面临新一轮的司法危机，具体表现为信任危机、诉讼爆炸危机和自我意识危机。同时，诉讼迟延和高额的诉讼成本也成了司法的主要问题。[②] 于是，改革持续进行，具体包括完善审前准备程序，在大审法院和上诉法院增设负责审前整理案件的法官，以确保程序公正、及时进行。另外，广泛引入替代性纠纷解决法（ADR），在消费者与专业人员间争端领域、医疗服务领域、保险服务领域、商事争端领域建立调解员制度，以分流诉讼案件，提高诉讼效率。

在执行体制方面，1991 年法国修改了《民事执行程序法》，并于 1993 年起实行执行法官制度，规定由执行法官专门负责解决各法院之间因执行案件引发的冲突，但执行法官不具体实施执行行为。为强化执行效果，根据该法的规定，对执行官在执行中遇到的债务人情况不明的案件，如果执行官收集债务人情报有困难的，可以申请检察官收集，以加强执行中对当事人的司法扶助。

---

① 参见《法国民事诉讼法典》，罗结珍译，国际文化出版公司 1997 年版，第 472 ~ 473 页。

② 参见［英］阿德里安·A. S. 朱克曼著：《危机中的民事司法——民事诉讼程序的比较视角》，傅郁林等译，中国政法大学出版社 2005 年版，第 296 ~ 297 页。

（五）日本司法体制的改革及其背景

第二次世界大战后，日本曾经进行过多次司法改革，但主要是围绕司法体制的一些具体制度进行改造，而且因为推动改革的人员主要是法律界内部人士，因此改革的力度有限。1999年7月，日本在内阁之下正式设置了司法制度改革审议会，13名成员主要是来自经济界、企业界和法律学界具有远见卓识与指导力的人士。在组织了一系列的海外考察、实务调研、公听会以及各种专题讨论的基础上，审议会于2000年11月提出了中间报告，七个月后又提出了最终报告即《日本司法制度改革审议会意见书——支撑21世纪日本的司法制度》（以下简称《意见书》）。这样，这一轮始于20世纪90年代的日本司法改革进入了新阶段，日本此后司法体制改革的目标和司法体制的轮廓也得以明确。《意见书》的内容非常庞大宏观甚至抽象。《意见书》在开篇中指出，21世纪的日本国民对司法的期待有三：一是司法部门应该与政治部门一样，成为支撑公共空间的主要支柱；二是律师、检察官、法官作为法律负担者应作为国民“社会生活中的医生”为国民提供各种具体的法律服务；三是国民应以统治主体及权利主体的双重身份，有意识地参与司法及司法改革，以实现和支撑“国民自己的司法”。《意见书》列出了司法改革三项任务：一是司法改革在于造就利用方便、通俗易懂、值得信赖的司法体制；二是改革司法队伍现状，扩大法律专业人员的规模，以建设一支从质到量都可以依靠的司法工作者队伍；三是扩大国民广泛参与司法的制度性渠道，重点是引进参审制。目前，《意见书》确立的司法改革方案已进入实施阶段。其中，为扩大司法专业人员队伍和增加法官人数而进行的司法考试改革，效果最为明显。从2004年开始，七十四所大学被审定为有资格开设法学研究生院并开始招生，学制分为两年制与三年制两种，同时保留了原有的大量本科法学教育。在本科阶段学习法学的学生可以选择两年制的课程，非法学本科毕业生可以选三年制的课程。同时，在2006年增加了新司法考试，第一年新司法考试的通过率为50%，远远超出原司法考试2%～3%的通过率，而原有司法考试仍将保留到2011年。[①] 新司法考试合格者的司法研修期间与旧司法培养制度相比缩短了四个月。具体来说，以研习法院、检察厅、律师事务所等各领域的实务为中心，期间为八个月，即在民事诉讼、刑事诉讼、检察、辩护的四个领域各学习两个月。此后，根据自己将来的工作意愿选择在法院、检察厅、律师事务所的任一地方研习两个月，即所谓的选择研习。然后，全员集中到司法研修所，再进行为期两个月的集体研修。如果通过最后的考试，则成为法律工作者。[②] 这样，从司法考试的应试资格和考试难度上作出了调整，为司法专业人员队伍的扩大创造了条件。在审判体制上，改革助理法官制度，让助理法官暂时到检察机关、律师事务所工作，等他们

---

① ［日］铃木贤：《日本司法改革的现状和成果》，载《法治论坛》2007年第3期，第231页。

② ［日］鸟谷部茂等：《日本法律制度与司法改革新动态》，载《政治与法律》2008年第6期，第142页。

积累经验后再恢复法官身份；取消原有的特例助理法官，以便大幅度扩充法官队伍；推进律师就任法官制度，保障法官来源的多样化和多元化；扩充法院调查官队伍，让已有司法资格者和社会上的有识之士补充到法院调查官队伍中来。在法官的任命上，增加任命程序的透明性，以便国民反映意见。为实现国民参与司法，解决法官太过于脱离普通国民实际生活而导致的普通国民认为法官判决无法与其朴素的观念相符的问题。日本于2004年制定了《裁判员法》，大力推行裁判员参审制，建立了裁判员从选举人名簿中任意抽选并参加审判的参审制，[①] 具体做法是在刑事诉讼中由法官三人、裁判员六人共同审理重大刑事案件。而在民事诉讼中则引入专业委员会制度，让专业人员参与全部或部分程序，以利用专业人员的专业技术来支持法官的审判。《意见书》提出的造就利用方便、通俗易懂、值得信赖的司法体制的任务，目前也正在实施中。例如，在刑事诉讼中，创设庭审前整理诉讼中的争点和证据，充实庭审内容，提高庭审效率，加快审判速度；完善证据开示制度；在原有简易程序的基础上，增设了针对可能判处缓刑以下刑罚案件的即决审判程序；等等。这样，法院的诉讼周期有所缩减，诉讼效率大幅提高。

日本这一轮司法改革是继明治维新时期的现代法典编纂运动、第二次世界大战后美军占领时期法治秩序重建之后的“第三次法律革命”，改革的举措大胆而彻底，如从律师中选任法官和建立参审制等，都得到了官方的认可。当然，日本这一轮司法改革有其自身的背景：一是全球化的压力。资本运动的全球化要求各国法律制度采取统一的规格，WTO解决纠纷机制的司法化也迫使日本国内司法作出相应的调整。二是日本企业加强自身竞争能力的要求。一方面，企业为了扩大经营自主权要求缓和政府的各种限制与指导；另一方面，企业为了避免竞争导致的无序必然要求加强规则的制订和实施，这两个方面因素的结合促进了日本的司法改革。三是推动其他领域改革的需要。因面临困境而一直致力进行的日本政治改革、行政改革、经济改革的各种措施都不见成效，需要从牵涉既得利益较少的司法改革中寻找突破口。四是司法功能的扩张。日本司法改革的本质是缓和政府对社会的限制，把统治方式的重点从事前限制、调整型社会向事后监督、救济型社会转变，从“大政府、小司法”转移到“小政府、大司法”。因此，有必要制订各种明确而公正的规则和程序，并进一步加强司法制度的实际功能，特别是加强司法对立法和行政的监督机制。同时，司法领域自身也需要缓和限制，具体表现为通过司法考试制度的改革、承认非职业法律家参与审判的权利等来废除法官和律师的资格屏障、身份性特权以及职务上的垄断性，以实现国民接近司法正义。[②]

① 日本参审制既不同于英美法系国家的陪审团制，也不同于欧洲大陆法系国家的参审制。日本的裁判员与职业法官共同处理案件事实和法律问题，不同于英美法系陪审团只解决案件事实问题；但日本裁判员来源是任意抽选，而欧洲大陆法系国家的做法是邀请。

② 季卫东：《世纪之交日本司法改革述评》，载《环球法律评论》2002年第1期，第37页。

三、域外司法体制建立与改革的启示

尽管上述考察只涉及了五个国家司法体制的建立、发展和改革，但是，上述五个国家司法体制属于当今世界主要经济和政治体的司法体制，也代表了世界法系中最主要的两大法系，此外的其他国家和地区的司法体制尽管会因各自不同的情况而有所差别，但基本可归入上述五个国家司法体制所代表的两大法系。从这些有代表性的司法体制看，它们都起源于自己民族的习惯法，经历过封建集权政治体制下的行政与司法混合的司法体制，基本上都在17至18世纪经历了资产阶级革命，而综观这些不同国家的司法体制，从其建立、发展和改革的过程中，我们可以得到以下启示：

第一，司法体制受制于政治体制。上述国家的司法体制基本上是在各自的资产阶级革命胜利并建立资产阶级民主政治后建立发展起来的，与其相应的政治体制的国家政权理论基础都是资产阶级启蒙思想家提出的立法、行政、司法三权分立，相互制衡的理论学说，其政治基础都是资产阶级民主政治，其经济基础都是资本主义经济。这既是历史事实，也是这些国家政治体制的必然要求。而回溯至资产阶级革命之前，这些国家的司法体制又都是封建集权式的司法体制，也是与当时中央集权的封建政治体制相适应的。因此，可以得出这样的结论：有什么样的政治体制，必然有与之相适应的司法体制。而在上述国家司法体制的发展过程中，其进行的改革经历无数，有大有小，但终究仍是在相应政治体制基础上的司法体制里转圈圈，不可能突破其相应的政治体制，所进行的改革基本上是基于司法体制本身的功能出发的，是对已有司法体制的修正，力争使其完善。当然，司法体制所依赖的政治体制本身也会不断改革。所以，司法体制改革既可能是因为政治体制的改革引起的，也可能纯粹是其制度体系本身的需要，而且这种改革将不断持续。

第二，司法权（司法审判权）是司法体制的核心。无论是近代还是现代司法体制，均涉及司法权与立法、行政权的关系如何处理，司法权应该如何配置，司法机关如何设立及外部相互关系如何处理，各项司法制度如何建立等问题，这些问题都必须围绕司法权展开。尽管这些国家的司法体制中都涉及检察权、侦查权、裁判执行权等权力，但是，通过对上述国家近现代司法体制的考察不难发现，英、美、日基本上是把检察权作为行政权对待，法、德则把检察权作为带有司法性质的行政权或称准司法权对待，但它们都没有把检察权作为司法体制的核心，司法体制也没有围绕检察权建立。而侦查权、裁判执行权也是为司法审判权服务的。因此，无论是司法体制的建立还是改革，都围绕司法审判权展开。

第三，司法独立是司法体制得以建立和发展的基本前提。诚然，从上述这些资本主义国家的司法体制看，其政治体制的理论基础是三权分立、互相制衡的学说，但是，撇开分权政治体制，单从司法体制本身来说，司法体制要想成长并保持自己公正的品性和形象，就必须有在司法活动中不受其他国家权力干扰的保障，而这种保障不是司法体制自己能够解决的，必须在国家政治体制设置中给予解决，否则司法体制就成了行政体制或立法体制的附庸，更谈不上司法体制的建立和发展。上述国家司法体制能够建立并发展，就是在政治体制设置上给予了司法体制不受其他国家权力干扰的保障，在处理司法权与其他国家权力的关系上给司法权留出了树立公正形象的空间，同时，司法权本身的配置也科学合理。

第四，合理的司法管理体制是司法独立的重要保障。司法管理体制涉及的内容主要是司法体制运行所需的人、财、物管理以及司法体系内的日常事务管理。在设计司法管理的模式时，其基本的出发点应是保障司法权的行使不因其自身管理上的因素而受到干扰，既要考虑司法体制作为一个整体与外部保持独立，又要考虑具体的司法权力行使者行使其职权时的个体独立。从上述国家的司法管理体制看，美、日司法管理体制是自治型的，司法权运行中人、财、物的管理及内部日常事务的管理，基本上由司法机关自行负责。而德、法司法管理体制是混合型的，司法权运行中所涉及的人、财、物，基本上由政府系统的司法部进行集中管理，以确保司法权整体的独立性。司法权运行中的日常事务管理，则在司法体制内自行解决，但由于德、法对司法机构和人员的科层式设置，司法人员对其管理上司的服从性倾向比较明显。而英国在司法管理体制上的改革，则是在改变传统的混合型管理模式后，统一由司法部管理，以确保司法的统一和高效。这些类型的司法管理体制，虽有其各自的特点和与之相适应的语境，但目标都是司法的独立和公正。

第五，司法体制的构建要符合本国的国情。上述国家的近现代司法体制的建立基本处于同一时期，尽管其司法体制存在许多共性，但相互之间的差异性也非常明显。例如，作为联邦政体的美国的司法体制是分权、双轨式的，而同样属于联邦政体的德国的司法体制却是双轨多支式的。① 英国与美国同为英美法系国家，但其司法体制却不是双轨制的；法、德同为大陆法系国家，其侦查体制都是检察指挥下的检警一体制，但在侦查主体上法国还存在预审法官侦查制度；在法官的选拔和任命上，英国与美国都有从律师中选拔法官的传统，但英国的法官基本来源于律师，且英国法官实行任命制，但美国法官的来源除律师外，还有政府部门的官员等，联邦法官基本是任命的，但州法官还有许多是选举的；等等。引起这些国家司法体制上的差异，有政治体制上的原因，也有历史传统的原因，还有其他的原因，但这些差异性正反映了其各自的国情，也显现了其各自的特点。

第六，司法体制改革应当考虑整体性、渐进性。通过对上述不同国家司法体制的考察可以发现，各国司法体制从建立以来，就不断进行着改革，有大改，也有小改。就司法改革的整体性而言，日本 20 世纪末 21 世纪初进行的改革是比较典型的，在经历了一系列小改成效不佳后，日本在 1999 年成立了司法制度改革审议会，并在经过专题会议、国内外调研后，制定了完整的最终报告，提出了司法改革的总体目

① 德国法院设置除分设联邦和州法院系统外，还设置了五大分支法院系统，每一个支系统都设置了从州到联邦的上诉渠道，这与同为联邦制的美国的司法体制完全不同。

标和具体方案；20 世纪 90 年代开始的英国司法改革也体现了整体性，无论是布莱尔政府推行的司法改革，还是沃尔夫勋爵领导的司法改革，都从零敲碎打变为整体推进，尤其是沃尔夫勋爵领导的改革，它考察了其他国家的司法改革状况，通过详细调研，寻找出了英国司法体制的问题所在及其原因，并且对这些问题进行了详细的实证研究，全部的问题都有实证的数据予以说明，找到了问题的症结，可以说是先摸清家底，再着手改革。日本和英国司法改革的整体性特征，对我国的司法体制改革具有很大启示性。在司法体制改革的渐进性上，美国历史上联邦法院管辖权改革中违宪审查权的确立是比较典型的例子，尽管在 1803 年马布里诉麦迪逊案中就已提出联邦法院的违宪审查权问题，但其真正确立是通过此后的一系列判例才完成的。此外，英国检察体制的改革也具有典型的渐进性。

第七，重视司法体制的微观改革。20 世纪 80 年代以来，上述国家司法体制的改革，其重点已经不是作为司法体制框架的政治权力、国家权力、社会权力、人民权力与公民权利之间关系的司法宏观制度性规划，也不是司法权力各个部分之间的设置与安排，而是已经转向作为司法运作机制的各司法要素及其整体互动与运动的内在机理和关系。质言之，上述国家的司法体制改革的重点不是司法体制的宏观问题，而是司法体制微观问题的各个要素的运作。

第八，司法体制改革的重点逐步转向解决司法效率问题。司法效率既是引起各国司法体制改革的重要根源，也是其司法体制改革追求的重要目标。究其原因，是因为上述国家的司法体制经过二百多年的发展，在司法的制度体系上已经形成了符合各自国情的体制框架，并已基本定型，但是在新的经济和社会生活环境下，各国司法体制自身的运作机制尚不能适应新形势对司法提出的要求。从 20 世纪上述各国的司法改革看，尽管司法公正仍是各国司法的生命之所在，但是，司法效率问题却是引起各国司法体制改革的重要原因和司法体制改革的重要目标，而且，上述各国几乎是在同一时期出现了司法效率问题，而司法公正问题却没有像司法效率问题那样尖锐和突出。这一方面说明，该时期经济的快速发展产生了大量的诉讼案件，另一方面也说明，上述各国的司法体制在保障司法公正上已没有大的问题，重要的是要在已有的司法体制内通过改革提高效率，如各国采取的增加法官人数、简化诉讼程序、减少诉讼迟延等改革措施，但其司法体制的基本框架没有变。剖析这种现象可以发现，上述国家的司法体制已经比较成熟，在其建立和发展的过程中，确保司法公正的问题已经基本得到解决，因此，这些国家司法改革的目标侧重于司法效率的提高也就不足为奇了。但是，在法制建设尚不成熟的国家或地区，司法体制的框架仍需构建，司法公正仍然应当是司法改革的首要目标。

第三章

中国司法体制改革的影响性因素考量

党的十七大提出了“深化司法体制改革，建设公正高效权威的社会主义司法制度”的总体目标；党的十八大则明确要求“进一步深化司法体制改革，坚持和完善中国特色社会主义司法制度”。笔者认为，深化司法体制改革，应当与我国社会主义初级阶段的现实要求相适应，充分考虑国内与国际两大因素（其中国内因素包括经济、政治、法治、社会、文化、教育等，国际因素包括加入WTO、加入国际人权公约、国际司法改革等），以及这些因素对司法体制改革的影响方式、影响范围和影响程度，以切实建设公正、高效、权威的社会主义司法制度，进而充分保障在全社会实现公平和正义。

一、经济体制改革与经济发展水平

1978年召开的中国共产党十一届三中全会正式决定党和国家的工作重点转移到经济建设上来，从此我国进入了以经济建设为中心的社会主义现代化建设时期。随后，我国先后进行了农村联产承包责任制、企业承包制、土地出让转让制、粮食流通制度、价格制度、金融制度、税收制度、国有企业制度等各项经济体制改革，逐步实现了从计划经济到有计划的商品经济再到市场经济的过渡和转变。

我国原有的高度集中的计划经济体制是在新中国成立初期逐步形成的。这种体制在当时的历史条件下，对我国社会经济的发展曾起过重要作用。例如，在经济异常困难的情况下，将人力、物力、财力高度集中，有利于医治战争的创伤、克服恶性通货膨胀、摆脱贫困状态、促进经济快速发展和社会稳定。但是，随着经济与社会的发展，经济规模日益扩大、经济联系日益广泛、经济活动日益频繁、经济结构日益复杂，社会需求日益多元、社会分工和专业化深入发展，高度集中的计划经济体制逐渐暴露出越来越多的弊端与问题。主要表现在：一是政企不分，条块分割，国家对企业统得过多过死，企业成为国家机关的附属物；二是依靠行政手段管理企业，排斥商品生产、价值规律和市场的作用；三是分配方面“吃大锅饭”，平均主义严重；四是所有制形式和经济方式单一化，一味追求“一大二公”等。这种经济体制使企业缺乏自主权，使职工的积极性、主动性和创造性受到严重压抑，使本来应该生机盎然的社会主义经济在很大程度上失去活力，从而束缚了生产力的发展。为此，必须对这种高度集中的计划经济体制进行根本性的改革。而要从根本上改革计划经济体制，建立什么样的经济体制，就成为必须探索的重大问题。

传统的理论认为，市场经济是资本主义特有的东西，计划经济才是社会主义经济的基本特征。在这样的理论指导下，原有的社会主义经济呈现出两个显著的特征：一是在经济体制方面建立了高度集中的计划经济体制；二是在经济调节方式上，排斥市场手段对经济的调节。随着改革开放的不断深入，我们逐步摆脱了传统观念的束缚，形成了新的理论认识，即“说市场经济只存在于资本主义社会，只有资本主义的市场经济，这肯定是不正确的。社会主义为什么不可以搞市场经济……社会主义也可以搞市场经济”。[①] 1982 年 9 月，党的十二大肯定了这一论断，明确提出“计划经济为主，市场调节为辅”。1984 年 10 月，党的十二届三中全会通过了《中共中央关于经济体制改革的决定》，明确指出社会主义经济是公有制基础上的有计划的商品经济。1992 年初，邓小平同志在南方谈话中明确指出：“计划多一点还是市场多一点，不是社会主义与资本主义的本质区别。计划经济不等于社会主义，资本主义也有计划；市场经济不等于资本主义，社会主义也有市场。计划和市场都是经济手段。”[②] 1992 年 10 月，党的十四大根据邓小平同志关于计划经济与市场经济的重要理论，正式提出我国经济体制改革的目标是建立社会主义市场经济体制。1993 年 12 月，党的十四届三中全会通过了《中共中央关于建立社会主义市场经济体制若干问题的决议》，提出了社会主义市场经济体制的基本框架。1997 年 9 月党的十五大、2002 年 11 月党的十六大、2007 年 10 月党的十七大均对进一步完善社会主义市场经济体制作出了战略部署。

作为上层建筑的司法体制，与同属于上层建筑的经济体制无疑具有内在的联系。相应地，司法体制改革就不可避免地会受到已经取得成功的经济体制改革的影响，甚至两者在一定程度上具有互动关系。主要表现在以下几个方面：

第一，经济体制改革方式对司法体制改革的影响。在理论上，人们把自 20 世纪开始持续至今的各国经济体制改革大体上划分为两种，即渐进式改革和激进式改革。所谓渐进式改革，是指在根本经济制度不发生较大变化的情况下，对经济发展过程中限制或阻碍经济发展的经济体制进行逐渐的改革，以我国的改革为典型代表。我国的渐进式改革体现在许多方面：从农村改革开始，然后扩展到城市；先着力发展比较适应市场经济的非国有制经济，而后重点推进国有经济的改革；先发展商品市场，然后着重发展生产要素市场；价格改革先调后放，调放结合，并逐步同国际市场价格相联系；生产、流通、价格等都曾出现计划内外双轨制，然后向市场单轨制过渡；经济特区、沿海城市改革开放先行一步，逐步向内地推开，实现全方位开放；

① 《邓小平文选》（第二卷），人民出版社 1983 年版，第 236 页。
② 《邓小平文选》（第三卷），人民出版社 1993 年版，第 273 页。

等等。在改革推进的方法上，也是这样：摸着石头过河，走一步看一步，然后随着经验的积累，逐步实行相互协调、相互配套的整体推进；先易后难，先改革那些比较容易改革的领域，最后搞攻坚战——推进国有企业改革。我国的国有企业与高度集中的计划经济体制有着密切的关系。由于国有企业产权改革牵涉国家财政收入的稳定、社会成员的就业与福利保障，所以一直是我国经济改革中最为复杂、最为困难的部分。为了保持社会稳定，避免对企业的迅速改革可能导致的生产力下降，失去社会大众对制度变革的支持，同时又要提高企业经营效率，我国企业制度的变革实际上是通过体制外变革和体制内发展相结合的道路来推进的。而所谓激进式的经济体制改革，是指试图在短期内迅速彻底地摧毁计划经济制度，然后通过一整套激进转型措施，迅速建立起市场经济制度的框架，从而实现由计划到市场的一步跨越，因而也被称做“休克式疗法”，这种方式主要为原东欧和苏联各国采用。实践证明，我国渐进式的经济体制改革取得了巨大的成功，受到世人的普遍认可；原东欧和苏联各国激进式的经济体制改革大都遭到了失败，为世人所诟病。因而，借鉴经济体制改革的成功经验，司法体制改革也应当采用渐进式的方式，先易后难，先简单后复杂，先内后外，逐步推进，以保障改革的平稳进行并取得成功。

第二，经济体制改革成效对司法体制改革的影响。应当说，稳步推进的各项经济体制改革，促进了我国经济的迅速发展和人民生活水平的不断提高。改革开放30多年来，我国GDP的年均增长速度达到9.8%，令世人瞩目。2011年，我国国内生产总值为47.2万亿元，公共财政收入10.37万亿元。[①] 由此，我国国内生产总值已位居世界第二，进出口贸易总额和外汇储备均位居世界第一。毫无疑问，经济社会的快速发展为建设公正、高效、权威的社会主义司法制度提供了良好的经济基础和物质保障，同时也对社会主义司法制度建设提出了更高的要求：一方面，随着财政收入的大幅度增加，国家对司法领域的投入持续增长，司法的设施及装备条件得到明显改善，司法人员的收入也不断提高；另一方面，随着经济快速发展和社会加速转型，我国社会开始进入矛盾多发期，各类纠纷和案件不断增加，司法机关和司法人员面临着巨大的压力。例如，据不完全统计，改革开放初期的1978年，全国法院受理案件总数为60余万件，2008年已经突破1000万件；而同期法官（不含法院其他工作人员）的数量是，1978年约有6.7万人，2008年约有22万人；相比30年前，案件数量增长了15.7倍，但法官数量却只增加了2.3倍，并且案件法律关系日益复杂，处理难度明显加大。[②] 由此可见，经济社会的快速发展，使得人民群众日益增长的司法需求和司法力量不足、司法能力不强的矛盾愈显突出。因此，进一步加快司法体制改革的步伐，努力增强司法力量，提升司法能力，就成为摆在我们面

---

① 参见温家宝：《政府工作报告》（2012年3月5日在第十一届全国人民代表大会第五次会议上）。

② 沈德咏主编：《中国特色社会主义司法制度论纲》，人民法院出版社2009年版，第557页。

前的重大课题和艰巨任务。

第三，司法体制改革与经济体制改革的互动关系。司法体制改革是我国政治体制改革的重要组成部分，与经济体制改革具有一定的互动性。例如，我国的审判体制、检察体制的改革，能够提高法官、检察官的独立性、公正性与廉洁性，同时提高他们的司法能力，这无疑有利于促进市场经济主体的公平竞争，维护市场经济秩序，提高经济效益，从而促进经济体制改革的顺利进行；而国有企业制度、产权制度、税收制度等的改革，能够增加国家财政收入，扩大国家对司法机关的经费投入，为司法机关提供充分的物质保证，从而保证司法体制改革的成效。一段时间以来，我国的司法体制改革比较缓慢甚至严重滞后，以致司法机关难以有效发挥其预防、查处腐败的职能，导致金融、国企、粮食等领域腐败现象时常出现，这就从反面说明了司法体制改革与经济体制改革互动的重要性。因此，只有两者同步进行，互相促进，互相支持，才能切实加快经济、社会全面与协调发展，有效地维护社会公平与正义。

二、政治体制改革与政治发展水平

我国原有的政治体制脱胎于革命战争年代，初建于新中国诞生之际，形成于社会主义改造时期，与计划经济体制相适应，并在大规模的阶级斗争和群众运动中不断得到强化。这样的体制，自然是一种党政不分、权责不明、过分集权的体制。“文化大革命”结束后，中国共产党在提出经济体制改革任务的同时，也开始思考政治体制改革的问题。1980 年 8 月 18 日，改革开放的总设计师邓小平同志在中央政治局扩大会议上所作的《党和国家领导制度的改革》的重要讲话，深刻地分析了我国政治体制的主要弊端、产生根源、问题实质以及改革的基本原则和方式方法，改革的锋芒直指原有政治体制的“总病根”——“权力过分集中”，特别是“领导者个人高度集权”，从而为我国政治体制改革奠定了理论基础，确定了原则，指明了方向。

1982 年 9 月召开的党的十二大，主要是提出了全面开创社会主义建设新局面的纲领，确定了建设有中国特色社会主义的总体思路，明确了系统进行经济体制改革的任务，但对于政治体制改革，只是提出了继续改革和完善政治体制的任务，而未来得及作全面的设计和规划。

1984 年 10 月，党的十二届三中全会作出了《关于经济体制改革的决定》。从此，我国经济体制改革的重点从农村转向城市。随着经济体制改革的不断深入，改革遇到了政治体制的阻碍，政治体制改革与经济体制改革不相适应的问题开始凸显。邓小平敏锐地感觉到了这个问题，他指出：“我们所有的改革最终能不能成功，还是决定于政治体制的改革。”① 1987 年 10 月，党的十三大对我国的政治体制改革进

① 《邓小平文选》(第三卷)，人民出版社 1993 年版，第 164 页。

行了全面论述，明确指出：我国原有政治体制，存在一些重大缺陷，主要是权力过分集中，官僚主义严重，封建主义影响远未肃清；进行政治体制改革的目的，就是要兴利除弊，清除官僚主义，发展社会主义民主，调动人民的积极性，建设有中国特色的社会主义民主政治。党的十三大报告把政治体制改革的近期目标概括为“建立有利于提高效率、增强活力和调动各方面积极性的领导体制”。依据这一思路，国家提出了近期政治体制改革的主要内容，即实行党政分开；进一步下放权力；改革政府工作机构；改革干部人事制度；建立社会协商对话制度；完善社会主义民主政治的若干制度；加强社会主义法制建设。政治体制改革的长远目标，是建立高度民主、法制完备、富有效率、充满活力的社会主义政治体制。

党的十三大之后，我国政治体制改革全面启动，逐步深入，呈现出良好的发展势头。但随后不久，发生了震惊世界的苏联解体、东欧剧变等重大事件。这对我国的改革产生了严重影响和冲击，改革的思路随之发生了重大调整，其中政治体制改革便由原来着重解决权力过分集中，强调党政分开、下放权力、改革干部制度等，调整为进一步完善人民代表大会制度，完善共产党领导的多党合作和政治协商制度，建立和健全民主、科学的决策机制，加强基层民主建设等。

1992 年 10 月，党的十四大确定将建立和完善社会主义市场经济体制作为我国经济体制改革的目标，由此，全国上下掀起了新一轮改革的浪潮。关于政治体制改革的内容和目标，大体上是按照调整后的思路设计的，即“以完善人民代表大会制度、共产党领导的多党合作和政治协商制度为主要内容，发展社会主义民主政治”。虽然这一时期的政治体制改革在实践中也有不少新进展，如促进政企分开、继续精简机构、加强法制建设、推进基层民主等，但是从总体上看，政治体制改革步伐明显放缓，在整体上日益滞后于经济体制改革。

1997 年 9 月，为适应经济体制改革的要求和社会主义现代化建设的需要，党的十五大报告对“政治体制改革和民主法制建设”作了新的论述和专门部署，明确指出：“我国经济体制改革的深入和社会主义现代化建设跨越世纪的发展，要求我们在坚持四项基本原则的前提下，继续推进政治体制改革。”从而将政治体制改革再次提上了重要日程。

2002 年 11 月，党的十六大从全面建设小康社会的高度，提出了发展社会主义民主政治，建设社会主义政治文明的重大任务，对“政治建设和政治体制改革”作了专门的部署。主要内容包括：坚持和完善社会主义民主制度；加强社会主义法制建设；改革和完善党的领导方式与执政方式；改革和完善决策机制；深化行政管理体制改革；推进司法体制改革；深化干部人事制度改革；加强对权力的制约和监督；等等。

2007 年 10 月，胡锦涛同志在党的十七大报告中明确指出：“政治体制改革作为我国全面改革的重要组成部分，必须随着经济社会发展而不断深化，与人民政治参与积极性不断提高相适应。要坚持中国特色社会主义政治发展道路，坚持党的领导、人民当家做主、依法治国有机统一，坚持和完善人民代表大会制度、中国共产党领导的多党合作和政治协商制度、民族区域自治制度以及基层群众自治制度，不断推进社会主义政治制度自我完善和发展。”并对未来五年的政治体制改革作了全面部署，提出了具体要求。

2012 年 11 月，胡锦涛同志在党的十八大报告中对政治体制改革作了更加系统的论述，即“政治体制改革是我国全面改革的重要组成部分。必须继续积极稳妥推进政治体制改革，发展更加广泛、更加充分、更加健全的人民民主。必须坚持党的领导、人民当家做主、依法治国有机统一，以保证人民当家做主为根本，以增强党和国家活力、调动人民积极性为目标，扩大社会主义民主，加快建设社会主义法治国家，发展社会主义政治文明”。并提出了如下具体思路：要更加注重改进党的领导方式和执政方式，保证党领导人民有效治理国家；更加注重健全民主制度、丰富民主形式，保证人民依法实行民主选举、民主决策、民主管理、民主监督；更加注重发挥法治在国家治理和社会管理中的重要作用，维护国家法制统一、尊严、权威，保证人民依法享有广泛权利和自由。而且，要把制度建设摆在突出位置，充分发挥我国社会主义政治制度优越性，积极借鉴人类政治文明有益成果，绝不照搬西方政治制度模式。

概括起来，我国三十多年来的政治体制改革虽然道路曲折、探索艰辛，但仍取得了比较丰硕的成果。主要表现在以下几个方面：一是改进了党的领导方式和执政方式，将党的领导、依法治国和人民当家做主有机统一起来，坚持民主执政、科学执政、依法执政，以党代政、党政不分的现象得到了很大改变，党的领导得到了加强与改善。二是进一步完善了人民代表大会制度，制定了《监督法》，使权力的制约与监督制度逐步建立起来；修改了《选举法》，使选举工作更加民主化、规范化和制度化。三是进一步完善了共产党领导的多党合作与政治协商制度，中央和地方的重大决策、重大事项事先进行政治协商，听取民主党派和政协的意见。四是进一步加强了城乡基层民主建设，建立了村务公开、厂务公开和校务公开制度；在农村、社区广泛推行了村民、业主自治。五是各级政府职能进一步转变，进行了行政管理体制改革（包括精简机构、大部制、省直管县等）；全面推进依法行政，建设法治政府；制定了《公务员法》，建立和实施了公务员制度。六是大力加强廉政制度建设，建立健全了教育、制度、监督并重的惩治和预防腐败体系，改革和完善了党的纪律检查体制，实行纪检监察机构合署办公制度，建立和完善了巡视制度。七是干部制度改革取得了明显成效，对干部选拔开展了公开招聘、民主推荐、公开考试、择优录用的试点，引进了竞争机制。

作为政治体制改革的重要组成部分，司法体制改革与政治体制改革具有直接而密切的关系。深入考察两者之间的关系，对于进一步推进司法体制改革具有重大而深远的意义。

第一，政治体制改革决定着司法体制改革的方向与原则。我国政治体制改革的目标是发展社会主义民主，建设社会主义政治文明，而要发展社会主义民主，按照党的十六大报告的要求，最根本的就是要把坚持党的领导、人民当家做主和依法治国有机统一起来。因此，进行司法体制改革，必须符合发展社会主义民主的方向，必须坚持党的领导，保障人民当家做主的地位和权利，有利于实现依法治国、建设社会主义法治国家的目标。如果背离了上述原则要求，司法体制改革必然会迷失方向，走入歧途，根本不可能实现建设公正、高效、权威的社会主义司法制度的改革目标，进而也就无法保障在全社会实现公平与正义。

第二，政治体制改革决定着司法体制改革的宽度和深度。如上所述，我国的政治体制改革是社会主义政治制度的自我完善和发展，涉及解决权力过分集中、简政放权、改革与完善党的领导方式和执政方式、完善人民代表大会制度、完善共产党领导的多党合作和政治协商制度、扩大基层民主、改革和完善决策机制、深化行政管理体制改革、深化干部人事制度改革、加强对权力的制约与监督等许多方面，具有牵涉面广、层次多、关系错综复杂、难度大等特点。例如，加强与完善国家权力机关对法院、检察院工作的监督以及对所任命的法官、检察官的监督，扩大公民有序的政治参与，推进省直管县改革，改革与完善决策机制，深化干部人事制度改革等，均要求司法体制进行相应的改革与完善，及时跟进或与之联动，提供司法保障。由此，司法体制改革就可能超出其原有的领域和程度，进而达到新的宽度和深度。

第三，司法体制改革应当成为政治体制改革的突破口，并带动政治体制改革的整体推进。我国的政治体制改革的步伐相对缓慢，滞后于经济体制改革，这在一定程度上制约了经济体制改革的进程，阻碍了经济的又好又快发展。从政治体制改革牵涉面广等特点来看，要在近期内全面启动和整体推进难度较大，为此有必要选择一个突破口，实施重点改革并取得成效，进而以点带面，带动政治体制改革的整体推进。很长一段时间以来，我国司法体制不适应经济社会发展的状况日益严重，其弊端不断暴露出来，特别是司法机关案多人少的问题日益突出，“人情案、关系案、金钱案”时有发生，“立案难、执行难、申诉难”积重难返，司法腐败成为普遍现象，引起了广大人民群众的强烈不满。因此，从反腐倡廉、关注民生、构建和谐社会的要求出发，应当选择司法体制改革作为突破口。实际上，自 2004 年以来，党和国家也正是这样考虑的。2004 年和 2008 年，中共中央办公厅分别转发的中央司法体制改革领导小组和中央政法委员会关于司法体制和工作机制改革的意见就明确了司法体制改革的定位与内容。笔者认为，当前和今后一段时期应当进一步加大司法体制改革的力度，使之尽快取得成效。另外，随着司法体制改革的不断深入，与之相关的政治体制不适应、不配套的问题也会逐步暴露出来，成为必须加以改革，以使司法体制有效发挥作用的重要环节。可以预见，通过改革的不断发酵，司法体制改革将最终带动政治体制改革的整体推进，从而实现改革的规模效益。

三、法治建设与法治发展水平

1949 年，新中国成立。在新中国成立后的最初几年，党和国家十分重视法制建设。新中国成立前夕就制定并颁布了起到临时宪法作用的《中国人民政治协商会议共同纲领》。1950 年 7 月召开的第一届全国司法工作会议明确提出，要确立“新民主主义的法治观念和道德观念”。1953 年 9 月，中央人民政府委员会第二十八次会议通过的《关于政治法律工作的报告》便提出，逐步实行比较完备的人民民主的法制。在革命与建设任务极其复杂和繁重的情况下，毛泽东同志亲自主持制定了新中国第一部社会主义宪法，并于 1954 年颁布实施。1956 年，党的八大政治决议强调指出，随着革命暴风雨时期的结束和社会主义建设时期的到来，应着手系统地制订比较完备的法律，健全国家的法制。遗憾的是，党的八大之后不久，形势急转直下，法治的观念被当做资产阶级右派言论加以批判，主张法治的人士被打成资产阶级右派分子，法律虚无主义思想开始盛行，法制建设遂停顿下来。到了“文化大革命”时期，民主和人权惨遭破坏，全国上下发生了大量的冤假错案，甚至连国家主席的生命都不能得到保障，国家陷入了十分混乱的状态，法制荡然无存。

“文化大革命”结束后，基于对中国为什么会发生“文化大革命”这一悲剧的原因分析以及对如何避免这种悲剧重新发生的深刻思考，以邓小平为代表的中国共产党第二代领导集体响亮地提出了“发扬社会主义民主，健全社会主义法制”的口号，并把社会主义民主和法制建设作为国家坚定不移的基本方针确定下来。1978 年 12 月，党的十一届三中全会指出：“为了保障人民民主，必须加强社会主义法制，使民主制度化、法律化，使这种制度和法律具有稳定性、连续性和极大的权威，做到有法可依，有法必依，执法必严，违法必究。”从此，我国的法制建设进入稳步发展阶段。

1997 年 9 月，在分析和反思新中国成立以来法制建设的经验与教训的基础上，党的十五大庄严地将“依法治国，建设社会主义法治国家”确定为治国的基本方略。1999 年 3 月，第九届全国人大第二次会议修改《宪法》，将“依法治国，建设社会主义法治国家”载入国家根本大法。至此，我国的法治建设进入了新的历史时期。

在社会主义法治建设的发展过程中，我国的司法制度亦随之发展和完善。特别是近年来，我国的司法体制改革随着社会主义法治建设的发展而不断深化，逐步建立起具有中国特色的司法体制，成为我国法治建设的重要内容和一大亮点。经过考察与梳理，可以看出，我国的法治建设与司法体制改革具有十分密切的关系，主要表现在以下几个方面：

首先，法治建设的不断加强能够有力地保证司法体制改革的合法性，并巩固改革的成果。根据党的十七大报告，依法治国主要包括以下具体要求：坚持科学立法、民主立法，完善中国特色社会主义法律体系；加强宪法和法律实施，坚持公民在法律面前一律平等，维护社会公平正义，维护社会主义法制的统一、尊严、权威；推进依法行政，建设法治政府；建设公正、高效、权威的社会主义司法制度，保证审判机关、检察机关依法独立公正地行使审判权、检察权；加强政法队伍建设，做到严格、公正、文明执法；深入开展法制宣传教育，弘扬法治精神，形成自觉学法、守法、用法的社会氛围；尊重和保障人权，依法保证全体社会成员平等参与、平等发展的权利。上述要求决定了，我国进行司法体制改革首先必须依法办事，严格执行法律规定；司法机关进行司法体制改革必须在宪法和法律规定的范围内进行，而不允许突破法律规定进行改革；如果确实需要突破现行法律规定，则必须由国家立法机关先修改法律，然后根据已修改的法律再进行相应的改革，这就决定了司法体制改革必须确立和遵循合法性原则。为此，国家权力机关十分重视通过制定和修改法律的形式来巩固司法体制改革的成果。例如，2001 年 6 月，第九届全国人大常委会第二十二次会议修改《法官法》、《检察官法》，提高了法官、检察官的任职条件和取得律师资格的条件，并建立起统一的国家司法考试制度。2004 年 8 月，第十届全国人大常委会第十一次会议通过的《关于完善人民陪审员制度的决定》，规定了人民陪审员的条件、产生和任期、权利、义务和奖惩等事宜，极大地完善了我国的人民陪审员制度。2005 年 2 月，第十届全国人大常委会第十四次会议通过的《关于司法鉴定管理问题的决定》，将对外提供鉴定服务的司法鉴定机构从公安司法机构中分离出来，从而不仅建立起崭新的司法鉴定体制，而且对侦查、检察和审判体制的完善也具有一定的促进作用。2006 年 10 月，第十届全国人大常委会第二十四次会议对《人民法院组织法》进行修改，规定“死刑除依法由最高人民法院判决的以外，应当报请最高人民法院核准”。从而对最高人民法院和高级人民法院的职权作了重大调整。2012 年 3 月，第十一届全国人大第五次会议修改《刑事诉讼法》，调整中级人民法院的管辖范围，赋予公安机关、人民检察院技术侦查权，并赋予公安机关采取秘密侦查、控制下交付的权力，扩大简易程序的适用范围，增设特别程序，完善检察机关的法律监督措施等，从而对各司法机关在刑事司法中的职权进行了增补、调整与完善。

其次，法治建设中存在的诸多不足对司法体制改革的顺利推进与司法体制功能的有效发挥产生了明显的制约和影响。具体表现在：一是司法组织法和诉讼程序法的修改，严重滞后于司法体制改革。其中，《人民法院组织法》自 1979 年颁布实施以来，仅作过三次修改，修改的条文共十三个条款；《人民检察院组织法》自 1979 年颁布实施以来，仅作过两次修改，修改的条文共六个条款；《行政诉讼法》自 1990 年施行至今已二十年，尚未进行过修改；《民事诉讼法》自 1991 年颁布实施以来，仅作过两次修改，其中 2007 年 10 月进行的第一次修改，其内容仅限于审判监督程序和执行程序方面，2012 年 6 月进行的第二次修改，修改的内容虽然较多，但涉及的条文仅五十余条；《刑事诉讼法》自 1979 年制定以来，亦仅进行了两次修订；而 1979 年制定、1997 年修订的《刑法》，自 1997 年至今便已进行了八次修订，颁布了八个修正案。由此可见，相关司法组织法和诉讼程序法的修改，已严重滞后于司法体制改革，成为影响司法体制改革成效的重要因素。二是已制定的许多法律（其中包括一些涉及司法体制的法律）未能得到切实执行，对司法体制功能的有效发挥产生了不良的影响。例如，《地方各级人民代表大会和地方各级人民政府组织法》第 22 条第 1 款规定：“人民代表大会常务委员会主任、秘书长，乡、民族乡、镇的人民代表大会主席，人民政府正职领导人员，人民法院院长，人民检察院检察长的候选人数一般应多一人，进行差额选举；如果提名的候选人只有一人，也可以等额选举。人民代表大会常务委员会副主任，乡、民族乡、镇的人民代表大会副主席，人民政府副职领导人员的候选人数应比应选人数多一人至三人……”据此，无论是选举国家权力机关的领导人员，还是国家行政机关、审判机关、检察机关的领导人员，一般应当采取差额选举的方式，只有在特殊情况下才可以进行等额选举。但长期以来，各级国家机关的候选人（包括各级人民法院院长、人民检察院检察长的候选人）都只有一人，这不仅违反了该组织法的规定，不符合民主选举的要求，而且使得候选人和当选人都丧失了对人民负责的动力及压力，再加上人大代表对国家机关质询、询问权的虚置，以致“跑官要官”贪污腐败现象时有发生。

最后，司法体制改革能够进一步促进法治建设，推动依法治国、建设法治国家的发展进程。毫无疑问，审判体制、检察体制、侦查体制、执行体制和司法行政事务管理体制的改革与完善，将有助于发扬司法民主，建立公正、高效、权威的社会主义司法体制，充分发挥司法机关对行政机关及其工作人员的制约与监督作用，促进依法行政，防止腐败现象的发生；切实尊重和保障人权，保障公民、法人和其他组织的合法权益，保证国家法律的正确有效实施，维护社会主义法制的统一和尊严，而这无疑是依法治国、建设法治国家的题中之意。例如，第十届全国人大常委会第十一次会议通过的《关于完善人民陪审员制度的决定》，对人民陪审员的条件、产生和任期、参加审判案件的范围、参加审判名额的确定、权利和义务、奖惩等作了具体的规定；2003 年 4 月，最高人民检察院经过研究论证，决定在福建、四川等十个省、自治区、直辖市部分检察机关实行人民监督员制度的试点工作，2004 年 7 月又决定在全国各级人民检察院全面推行人民监督员制度。可以预见，随着司法体制改革的不断深化，人民陪审员制度和人民监督员制度必将得到进一步的完善，从而对促进司法民主、保障公民有序参与司法发挥重要作用，进而有力地推动依法治国、建设法治国家的发展进程。

四、社会领域改革与社会发展水平

2005 年 11 月，党的十六届四中全会从全面建设小康社会、开创中国特色社会主义事业新局面的全局出发，提出了构建社会主义和谐社会的重大任务。党的十六届六中全会专门作出《中共中央关于构建社会主义和谐社会若干重大问题的决定》，指出社会和谐是中国特色社会主义的本质属性，是国家富强、民族振兴、人民幸福的重要保证。“我们所要建设的社会主义和谐社会，应该是民主法治、公平正义、诚信友爱、充满活力、安定有序、人与自然和谐相处的社会。”[①] 近几年来，为了推动社会主义和谐社会的全面构建，党和国家作出了一系列重大部署，具体包括：取消农业税，减轻农民负担，采取措施增加农民收入；统筹推进城镇化和新农村建设；

---

① 胡锦涛于 2005 年 2 月 19 日在中共中央举办的省部级主要领导干部提高构建社会主义和谐社会能力专题研讨班上的讲话。

全面落实城乡义务教育政策，实行免费义务教育；加快完善社会保障体系，普遍建立养老保险省级统筹制度，出台包括农民工在内的城镇企业职工养老保险关系转移接续办法；建立城乡居民最低生活保障制度；全面推行医疗卫生体制改革，加大对医疗卫生事业的投入，解决关闭破产国有企业退休人员医疗保险问题；建立新型农村合作医疗制度，不断扩大新型农村社会养老保险试点；加强各类保障房建设；完善法律援助制度；等等。社会主义和谐社会的建设过程同时也是保障和改善民生的过程，目前党和国家已将扩大就业、完善社会保障体系、改革收入分配制度、促进房地产市场平稳健康发展、促进教育公平、加快推进医药卫生事业改革发展、做好人口和计划生育工作作为保障和改善民生的重要工作。[①]

但是，总的来看，与经济建设的快速发展相比，我国的社会建设相对滞后，国家对教育、科技、文化、医疗、卫生事业的投入严重不足。例如，虽然近5年来中央财政对教育的投入逐年增加，其中2006年用于教育支出538.33亿元增长40.1%，2007年用于教育支出1076.35亿元增长76%，2008年用于教育支出1603.71亿元增长48.5%，2009年用于教育支出1981.39亿元增长23.6%，2010年安排教育支出2159.9亿元增长9%；[②] 虽然2012年我国财政性教育投入终于达到了国民生产总值的4%，但仍落后于世界各国的平均水平。因而就整体而言，我国的社会发展尚处于较低水平，社会保障程度不高，社会不公的问题比较突出，由此导致各种社会矛盾和纠纷大量发生，特别是民事、刑事案件不断增加，从而对公安机关、检察机关、审判机关提出了严峻的挑战，侦查人员、检察人员、审判人员和执行人员不足的问题逐渐暴露出来，诉讼案件不断增加与司法能力不强的矛盾日益严重，成为制约我国社会主义和谐社会构建的重要因素。司法实践中发生的为老百姓所诟病的“立案难、执行难、申诉难”问题，也从一个侧面说明了这一点。

需要指出的是，为维护社会的稳定，保障人民民主权利的充分行使，我国逐步建立起比较完善的信访制度，殊不知不断被强化的信访制度对我国的司法体制存在严重的负面影响。所谓信访，是指公民、法人和其他组织采用书信、电话、走访等形式，向各级党政机关反映情况，提出意见、建议和要求，依法应当由有关机关处理的活动。新中国成立以来，我国信访制度不断完善，至今已在各级党委、人大、政府、法院、检察院建立起信访工作机构，信访制度作为我国最基本的民意表达制度，已成为执政党和各级国家机关密切与人民群众联系的重要桥梁和纽带。由于我国在封建社会时期形成了老百姓有冤屈可向官府直诉甚至“告御状”的传统，因此，即使在经济发达、司法便民的今天，公民、法人和其他组织逐级上访告状、申冤的情况仍频繁和大量发生，有时甚至出现“上访洪峰”。按照现行的信访制度和诉讼制度，当发生纠纷、矛盾或有冤屈后，公民、法人和其他组织既可以向党委、

---

① 参见温家宝：《政府工作报告》（2010年3月5日在第十一届全国人民代表大会第三次会议上）。

② 冯蕾：《从五年财政支出清单看民生改善》，载《光明日报》2010年10月1日，第1版。

人大、政府的信访机构反映，要求处理或纠正，也可以向公安机关和检察机关提出或者向法院起诉，要求依法处理或公正判决。更为严重的是，司法机关作出的判决、裁定或决定发生法律效力后，当事人不服的，其中的大多数不是依法向司法机关提出申诉，而是不断到党委、人大、政府的信访机构上访，党委、人大、政府的有关负责人为了阻止上访、维护稳定，往往作出明确批示，要求司法机关重新处理，所谓“谁主管，谁负责”，而不问司法机关的生效判决、裁定或决定正确与否，只要当事人不再上访就万事大吉。由此，司法机关不得不反复再审，司法裁判的既判力和权威性便在这种不断的“反复”中荡然无存，司法公正亦在这种频繁的“折腾”中受到严重的伤害。这应当引起我们的高度重视，对之进行深入研究，并采取有效措施加以解决。

网络时代民意的高涨，推动着广大民众对社会主义司法制度改革与建设的积极参与，有利于促进司法公正，但对司法的独立和权威也产生了较大的负面影响。截至2012年12月底，我国网民规模达到5.64亿，全年共计新增网民5090万人；互联网普及率为42.1%，较2011年年底提升3.8%。[①] 我国已经成为世界上网民人数最多的国家。这5.6亿多网民中，就包括了总书记、总理、各部委和各省市领导……网络的巨大影响早已透过社会，渗透到政治层面，更进一步变革着领导者的思维和理念。随着网络时代的来临，网络在信息传递、舆论形成中发挥着重要作用。各种利益群体开始利用互联网表达利益诉求，各种社会力量“汇聚”到网上，形成民间舆论的强大磁场，网络政治从一开始就具有民主政治的性质。[②] 随着网络的日益普及，互联网在我国民众的政治、经济和社会生活中扮演着日益重要的角色，成为广大民众行使知情权、参与权、表达权和监督权的重要渠道。网络上有最真实、最全面的表达，尤其是在有可能因言获罪或遭到报复的社会背景下，民众更倾向于通过网络渠道来表达意见和反映问题。在网络这个虚拟广场上，每个人都可以发出声音，每个人都可以倾听别人的声音。也正是从这个意义上讲，网络民意的体察广度与深度考验着政治进步的速度和高度。[③] 2008年6月20日，胡锦涛同志到人民日报社考察并到人民网与网友在线交流，在回答网友提问时表示：“网友们提出的一些建议、意见，我们是非常关注的。我们强调以人为本、执政为民，因此想问题、作决策、办事情，都需要广泛听取人民群众的意见，集中人民群众的智慧。通过互联网来了解民情、汇聚民智，也是一个重要的渠道。”同年6月23日，时任最高人民法院院长王胜俊在全国高级法院院长会议上强调，法院审判要更加注重保障民生，要充分利用互联网、人民来信来访、申诉再审等诸多方式和环节，建立科学、畅通、有效、简便的民意表达机制，及时掌握民生需求，适时调整司法政策。笔者认为，

---

① 引自2013年1月15日中国互联网络信息中心（CNNIC）发布的第31次《中国互联网络发展状况统计报告》。

② 郑丽娜：《网络问政：让网络优势转化为执政“生产力”》，载人民网时政频道，2008年10月6日访问。

③ 任孟山：《网络时代民意体察考验政治进步》，载《华夏时报》2008年6月28日。

司法机关通过网上庭审直播、网上公布裁判文书、鼓励公民网上举报腐败犯罪以及网络媒体对司法不公、司法腐败的曝光、网民的跟帖与评论等，将对司法机关和司法人员产生巨大的压力，可以促使司法机关和司法人员不断提高司法能力，切实做到公正、高效、廉洁、文明司法，防止“关系案、人情案、金钱案”的发生。但是，网络报道的轰动性和网民跟帖评论的随意性、宣泄性等特点又可能产生“网络审判”等不良现象，从而对司法的独立与权威产生了较大的负面影响。

五、法学教育与法律文化

改革开放以来，我国的法学教育呈现出前所未有的发展势头，初步建立起能够基本适应我国法制建设需要的人才培养体系，法学学科的地位有了明显提高，呈现出“三多”的现象：一是开设法学专业的高等院校多。2009 年全国的法学类专业校、院、系已发展到630 多所，在校法学本科生超过 40 万人。具有法学硕士学位授予权的高等院校和科研机构 333 个，具有法律硕士专业学位授予权的 115 个，具有法学博士学位授予权的 35 个（其中具有一级学科博士学位授予权的 11 个），有 11 个法学博士后流动站。[①] 二是法学教育层次多。我国法学教育从法学专科、本科、硕士、博士直至博士后，还有以培养高素质复合型法律人才为目标的法律硕士，没有哪个国家的法学教育层次像我国如此多样化。三是法学本科教育生源多。我国接受法学本科教育的生源，除了参加全国统一高考的应届高中生外，还有大量的成人自考生和已经从事法律职业的在职人员。由于法学一直以来被认为是热门专业，接受法学教育的机会在增加，在校生人数不断增长，因而法学教育出现了大众化的趋势，[②] 呈现超常规发展态势。经过 30 多年的恢复、重建、改革和发展，一个以法学学士、硕士、博士教育为主体，法学专业教育与法律职业教育相结合的法学教育体系已经形成，基本适应了建设社会主义法治国家的需要，为建设公正、高效、权威的社会主义司法制度提供了比较充分的人力资源保障。但在大发展的同时，法学教育的整体质量并没有随之提高，一部分高等院校由于师资力量不足、水平不高，加之办学条件较差、管理不善，其教学质量令人担忧。数量庞大、鱼龙混杂的法学教育在一定程度上制约着我国司法制度的建设和发展，职业伦理教育的普遍缺失更是当前司法腐败大量产生的重要原因之一。因此，无论是研究还是深化司法体制改革，都不能不考虑法学教育的作用与影响；我国司法体制的改革与完善，必须由高质量的法学教育提供合格的法律人才和强有力的智力支持。

2008 年 12 月中共中央办公厅转发的《中央政法委员会关于深化司法体制和工作机制改革若干问题的意见》要求，改革和完善法律院校招生分配制度，培养造就

---

① 中国法学会：《中国法治建设年度报告（2009）》，2010 年 6 月 20 日。

② 李宇：《高校法学教育现状分析与改革建议》，载《法制与社会》2008 年第 4 期，第 237 页。

政治业务素质高、实践能力强的复合型法律应用人才，从根本上规范政法机关的进人体制；建立符合政法干警职业特点的在职培训制度。据此，从2008年起，在中央政法委、中央组织部、中央编办、最高人民法院、最高人民检察院、教育部、公安部、国家安全部、司法部、财政部、人力资源和社会保障部、国家公务员局的共同组织下，我国实施了政法干警招录培养体制改革的试点工作。该项工作围绕加强政法工作和政法干部队伍建设的大局，以造就政治业务素质高、实战能力强的应用型、复合型政法人才为目标，重点从部队退役士兵和普通高校毕业生中选拔优秀人才，为基层政法机关特别是中西部和其他经济欠发达地区县（市）级以下基层政法机关提供人才保障与智力支持。试点采取教育入学考试和公务员考试一并统考的方式，由公务员主管部门会同教育部门组织，择优录取。试点班一律采取定向培养方式，报考即定向、定单位，学生毕业一律按入学时确定的定向单位到中西部和其他经济欠发达地区县（市）级以下政法机关工作，服务一定年限后方可交流。试点班的办学层次分为专科教育、本科教育和研究生教育，试点招录对象为中国人民解放军、中国人民武装警察部队（包括公安现役部队）25周岁以下（定向藏区的，可放宽至27周岁）符合报考条件的退役士兵和全日制普通高等院校应届毕业生。招录基本条件为：符合报考公务员的基本条件和教育部规定的报考相应学历学位教育考试的基本条件。此外，报考人民警察职位的还应符合人民警察招录条件；报考法律硕士专业学位研究生的，须具有国民教育序列法学专业本科及以上学历；报考第二学士学位试点班的，须具有国民教育序列本科学历；报考专科及以上学历起点本科试点班的，须具有国民教育序列专科及以上学历；报考专科试点班的，须具有高中及以上学历毕业或同等学力；报考双语试点班的，还应具备运用相应民族语言的能力。试点招生院校包括原司法部直属的政法院校、少数综合性大学、部分民族院校、各省警官（警察）学院、政法学院、司法职业学院等66所院校。2010年，试点计划招录培养已达19211人。由此可见，政法干警招录培养体制改革不仅是我国法学教育改革的重要组成部分，而且是我国司法进人体制和司法官制度改革的重要内容，对我国司法体制改革具有一定的推动作用，但这一改革试点与现行的司法考试制度及初任法官、检察官选任制度有比较大的冲突，如何解决，有待研究。

同时，必须承认，不仅现时的法学教育对司法体制的构建和运作具有重大影响，而且传承历史的法律文化也对司法体制的构建和运作具有深刻的影响。司法体制改革是对现有司法体制的变革。如前所述，司法体制是有关司法机关的设置、领导或监督体制、职权划分和管理制度的总称，它的形成和运作是一定法律文化的反映，它既成长于特定的法律文化，也受法律文化的影响和制约。相应地，司法体制的改革也必然受到法律文化的影响和制约。这种影响与制约主要表现在：首先，司法体制改革的价值目标受到法律文化的影响。法律文化作为人们行动与思维方式的整体构成，其本身就反映了人们行为的价值取向。我国司法体制改革的最高价值目标是公正，而公正自古以来就是人类司法活动追求的目标，是法律文化的重要组成部分。同时，我国司法体制改革还确立了司法独立、司法效率、司法权威的价值目标，这在很大程度上是受西方法律文化影响的结果。其次，司法体制改革的立法方式受到法律文化的影响。最后，我国司法体制改革的立法主要采用从我国实际情况出发并学习借鉴西方经验的方式。无疑，这种方式既受到我国本土法律文化的影响，也受到西方法律文化的影响。再次，司法体制改革的实际运行也要受到文化的影响。相对于价值目标与立法方式，司法体制改革的实际运行受法律文化的影响最深。因为价值目标与立法方式还只是停留在理论层面，而实际运行则直接关系到人们的具体行为，深藏于这些具体行为之中的法律文化必然会排斥、抵制新的改革措施，从而影响和制约着改革的进行。这就要求我们认真研究我国传统法律文化和西方国家的法律文化，以发挥其对我国当前司法体制改革的促进与借鉴作用，并将其负面影响降到最低。

中华民族经历了五千多年漫长的发展历程，形成了独树一帜的传统法律文化，其独特性表现在以下几个方面：第一，强调家国本位、义务本位。家国本位、义务本位尊崇家族、国家的利益，认为家族、国家利益是个人利益之本，远远优先于个人利益，个人应为家族、国家的利益而充分履行自己的义务。我国古代的社会结构是以血缘、宗法关系为纽带而建立起来的。在家族内部，以父权、族权为核心，确定上下贵贱，尊卑长幼有序，家长、族长具有绝对的权威。家族的进一步扩大即为国家。家族与国家同质同构的性质，使人从主体的地位降为客体附属物，使每一个社会成员认为自己只有在整体（家族或是国家）中才能体现自身的存在意义。第二，等级差别，维护特权。我国古代法律的一个主要特点是“礼法结合”，而“礼”最鲜明的特征便是“正名分”，即确立名分等级界限。在古代社会，等级森严，官吏按等级享受各种特权。皇帝作为最高的行政长官、立法长官，拥有无限特权，不受任何法律约束。各级官吏犯了法，可分别享受“议、请、减、赎、当、免”之特权，即“八议”、“官当”制度。而且根据宗法关系，等级特权制发展到了可荫庇亲属的程度，贵族官吏的亲属犯了法，也可以用“请、减、赎”等形式逃避法律责任。第三，司法与行政不分，司法权隶属于行政权。我国古代在中央设立专门司法机构，如大理寺、刑部。在地方，司法机构则完全并入行政机构。行政长官同时也是司法官员，皇帝既是最高的行政长官，又是最高的司法长官，因而在我国古代，司法独立无从谈起。第四，追求和谐，反对争讼。“和谐”被儒家奉为社会的最高目标。中国的传统文化以儒家思想为核心，所以“和谐”便成为中国传统文化的最高目标。“和谐”的理想反映到法律文化中就形成了“无讼”的价值取向。中国古代以无讼为荣，以诉讼为耻，所以人们尽量避免诉讼，司法官吏的职责主要不在于明辨曲直，抑恶扬善，而是调处息讼，从根本上消除狱讼之事。第五，重“人情”，人缘、地缘关系发达。为了达到和谐的社会目标，我国古代倡导“与人无争”，并且要建立良好的人际关系。又由于传统社会是个宗族社会，它所形成的以血缘为纽带的聚族而居和世代毗邻的地域关系，使得社会成员如同生活在一个大家庭中，人际关系融洽是生产和生活顺利进行的重要前提。于是，古代社会的人们处在君臣、父子、夫妇、兄弟、乡邻等关系网络中，为人处世无不受到这个网络的约束。重人情、讲关系的习俗便世代沿袭下来。

西方司法制度的形成和发展，有着独特深厚的文化内涵。个人本位和权利本位是西方司法制度的核心文化内涵。个人本位的价值观认为，每一个人都是理性的自然存在，任何人都无权将他人视为达到主观目的的手段，每个人都是自治的主体人、目的人，个人价值应当优于社会价值。权利本位是伴随着个人本位而产生的价值观。这种价值观认为，国家权力来源于公民，公民有权主宰国家，国家应优先保障公民的主人地位及相应权利的取得。个人本位和权利本位的价值观源于古希腊和古罗马文明。古希腊、古罗马发达的契约关系为自由、平等、权利等法权观念的生长提供了社会条件。古希腊法与古罗马法所倡导的个人本位和权利本位的价值观后来随着资产阶级启蒙思想家的大力宣扬而成为西方法律文化的主流，并进一步上升为法律观念。西方国家的诸多司法原则、规则都是对个人本位、权利本位的一种回应。例如，确定国家刑事司法的主要目的是保障人权，尤其是当个人利益与国家利益、社会利益发生冲突时，更多的是强调对个人利益的保护，比较突出的一个表现是非法证据排除规则和疑罪从无原则。同时，法律和民主至上的价值观也是西方司法制度的重要文化内涵。西方国家向来具有浓厚的法律与民主色彩。这与它们早期发达的商品经济密不可分。商品经济讲求平等竞争，是孕育民主的天然土壤。而商品经济下产生的契约关系则是一种法律关系，它直接推动了法律的发展。今天，法律和民主在西方国家的渗透更加广泛。无论是经济、政治、文化、宗教领域，还是个人的日常生活领域，都在推崇民主，追求法治。由此，法律和民主至上的价值观成为西方司法制度发展的内在动力。例如，为了体现民主，司法权独立于立法权、行政权，司法权的运作向民众公开，并让更多的民众参与。法律至上的观念使诉讼成为解决纠纷的首要途径，并促成了律师业的极大发展。总之，法律和民主至上的价值观使得西方的司法制度处于一种民主的、有序的、理性的运行状态中。

由上看出，我国的传统法律文化与西方司法制度的文化内涵是截然不同的。在司法改革的大背景下，这两种法律文化必然发生碰撞和冲突。笔者认为，中西法律文化的冲突缘于两个前提：一是传统法律文化仍然影响着中国现代社会。中国传统法律文化的形成有其独特的经济基础、社会制度、地理环境等方面的原因。今天，社会主义的经济基础取代了传统的封建制经济，我们不再闭关自守，而是在经济、政治、法制等领域进行了大刀阔斧的改革。可以说，传统法律文化产生的基础已不复存在。但是，由于传统文化可以在一定程度上游离于它赖以产生的社会基础，传统文化的连续性也不会因社会制度的更新而断裂。因此，新制度建立后，虽然旧的传统观念已经得到了某些换位，但其基本的价值取向仍以各种不同的形式保留下来，深刻影响甚至规范着人们的社会行为。[①] 很显然，如果传统法律文化对现代社会已无影响力，也就无所谓冲突了。二是我国的司法体制改革以借鉴西方先进的司法制度为重要途径，而且基于司法体制改革的紧迫性，我国的立法者、改革者普遍存在

---

① 李祖军：《刑事诉讼与传统文化的价值取向》，载《现代法学》1993 年第 5 期，第 56 页。

一种急功近利的心态，对于西方先进的司法制度倾向于囫囵吞枣式的借鉴乃至照搬照抄。我们引入了西方的司法制度，却没有消化吸收它们的文化内涵，没有使它们的文化内涵本土化。正是在这样的情况下，中西文化发生了冲突，而冲突的直接后果是中国传统法律文化排斥引入的西方司法制度，进而阻碍中国司法体制改革的顺利进行。具体体现为：第一，受家国本位、义务本位价值观的影响，我国司法的目的偏向于惩治违法犯罪行为，维护社会整体利益，而对个人尤其是被告人的权利保障不力。例如，我国引入了辩护制度，赋予被告人辩护权，但是在司法实践中，被告人的辩护权并没有得到真正实现，辩护律师享有的会见权、阅卷权和调查取证权也得不到应有的保障。法官无视辩护意见，先判后审的现象屡禁不止。第二，不少人尤其是实权人物仍然存在等级特权的思想观念。一些司法人员办理案件不是以事实为根据、以法律为准绳，而是以当事人的身份、职务、社会地位为依据；某些高级官员违法犯罪，可以凭借其权势与地位逃避法律制裁；某些权大、官大的所谓“上级人物”可以任意干涉司法活动，强迫司法机关按照他们的意图办事，强行更改或拒不执行法院的裁判，甚至凭借特权随便调离秉公执法的司法人员。等级特权思想使法律面前人人平等、司法独立、司法公正等法律原则遭到了严重破坏。第三，司法行政不分，行政权力干涉司法的传统使我国司法带有浓厚的行政色彩，司法机构的改革困难重重。我国的司法机构与行政区划重叠，在机构名称前均冠以某某省、某某市的名称。司法人员的级别与行政人员的级别完全相同，也有厅级、处级、科级之分。在工作机制上，采用行政化的层层批示制，合议庭报庭长、院长审核、审批，院长提请审判委员会讨论决定或者是下级法院向上级法院请示。这些与行政机关雷同的做法不符合司法工作的特点，也不能满足司法工作的要求。另外，司法机关还有一个非常突出的行政化现象，即其财政受制于地方行政机关，司法机关没有独立的经费来源，而是由同级政府提供经费。司法经费的不独立使得司法领域内地方保护主义恶性蔓延，严重影响了司法的独立性。第四，人情、地缘关系也是我国司法改革中某些难题的症结所在。因为重人情、重关系，证人不愿出庭作证，所以证人的出庭率低，作证质量也不高；因为重人情、重关系，很多情况下，打官司成了“打关系”，没有关系也要找关系、拉关系，所以司法不公、司法腐败现象日益严重；因为重地缘关系，地方保护主义盛行，使得异地取证、异地执行难上加难。

我们研究中西文化的差异和冲突，并不是说就不学习西方先进的东西了。我们承认中国传统法律文化对司法改革根深蒂固的不良影响，但并不是说司法体制改革就无法进行了。建设民主文明的现代司法制度是世界法治进程中一个不可逆转的趋势。因此，现在的问题不在于要不要引进西方的司法制度，而在于如何引进，如何在这种文化的冲突中推进我们的司法体制改革。我们过去的做法是较为机械地借鉴和移植西方的司法制度，而对其形成的文化背景视而不见。“当一个国家对所引进的那个法律的自然演化过程、文化底蕴视而不见，却致力于将其结果‘移植’到异质社会中，法律必将与社会现实生活脱节，并且也是毫无实际效用的。”① 因此，在司法体制改革中，我们不仅应当借鉴西方先进的司法制度，而且更重要的是应当学习研究蕴含于其中的文化内涵，在思想上确立先进的司法理念。毫无疑问，一种制度与适用该制度的人的观念之间，必然有一种相互一致、相互配合的关系。美国学者英格尔斯曾指出：“那些先进的制度要获得成功，取得预期的效果，必须依赖使用它们的人的现代人格、现代品质。”“如果一个国家的人民缺乏一种能赋予这些制度以真实生命力的广泛的现代心理基础，如果执行和运用这些现代制度的人，自身还没有从心理、思想、态度和行为方式上都经历一个向现代化的转变，失败和畸形发展的悲剧结局是不可避免的。”② 在司法体制改革的过程中，我们借鉴、引进了许多的西方先进司法制度，并以立法的形式加以确认。但由于观念上的滞后，一些制度难以发挥正常的功能，甚至形同虚设。例如，我国《刑事诉讼法》确立了被告人的主体地位，赋予被告人相当多的诉讼权利，但由于缺乏权利本位、人权保障理念的支持，被告人的许多权利实现不了，尤其一些边远地区，受传统观念的束缚严重，被告人基本上还处于诉讼客体的地位。可见，思想观念的转变已成为我们进行司法体制改革的当务之急。

在学习研究西方法律文化的同时，我们还应当客观地看待我国的传统法律文化。一方面，不应回避传统法律文化的消极因素，更不应盲目乐观地以为我们已具备了西方先进司法制度的生长环境。另一方面，又应吸收传统法律文化的精华。虽然传统法律文化中存在诸多阻碍司法体制改革的消极因素，但并不意味着其没有值得我们吸收和继承的积极因素。虽然我们要对传统法律文化进行批判和转化，但并不意味着要对其持彻底否定的历史虚无主义态度。传统法律文化中的某些方面还是值得我们重视和发展的，如“贵和谐、隆教化、重预防”的思想对现代社会的综合治理能起到充实和完善作用；“民贵君轻”、“严于治吏”的观念落实到实践中也能促进司法的廉洁。而且，继承和发展这些积极因素并使之与借鉴、引进的西方司法制度相融合，有助于外来制度获得本土社会的认可，更好地渗透到本土社会之中。

总之，先进司法理念的确立有助于先进司法制度的建立和运行，反过来，先进司法制度的建立和运行也必将冲击旧有的文化，进而推动先进司法理念的培育和成长。随着先进司法制度的不断推广和成熟，新文化对旧文化的冲击越来越大，最终将取代旧文化或与旧文化相融合而成长为被本土所普遍接受的先进司法理念。可见，在思想意识中确立先进的司法理念固然重要，但制度改革本身对文化发展的促进作用也不容忽视。

---

① 田有成、陈令华：《法治现代的启动与传统法文化的创造性转化》，载《现代法学》1998年第6期，第34页。

② ［美］英格尔斯著：《人的现代化》，殷陆君译，四川人民出版社1985年版，第4~5页。

六、加入世界贸易组织与国际人权公约

（一）加入世界贸易组织

经过十五年的艰苦谈判，我国终于在2001年12月11日正式加入世界贸易组织（以下简称WTO）。WTO不仅是一个在国际社会中具有举足轻重地位的国际组织，更是一部从实体内容到程序规范都具有鲜明特色的宏大法典。在这部宏大法典中，与司法和司法体制有关的规则主要有以下几项：

第一，司法独立规则。司法独立是WTO对各国司法的最低限度要求。《关税与贸易总协定》（GATT）第10条第3款（b）项规定，“法庭或司法程序独立于负责行政实施的机构之外”。《与贸易有关的知识产权协定》（TRIPS）第41条第2款规定，“有关知识产权的执法程序应公平和公正”。《服务贸易总协定》（GATS）亦有保障司法机构独立于行政部门的相关规定。这种由司法的内在规律所要求的独立性，是实现司法公正的必要条件和重要保障。

第二，透明度规则。贸易自由化和稳定性是WTO的主要宗旨，而实现这一宗旨，有赖于增强贸易规章和政策措施的透明度。为此，WTO规定各缔约方与贸易有关的法律、法规、政策及司法判决和行政裁决等必须公布或公开。这一规则体现在从GATT到WTO协议的多处条款中。例如，GATT第10条第1款规定：“缔约方有效实施的关于海外对产品的分类或估价、关于税捐和其他费用的征收率，关于对进出口货物的销售、分配、运输、保险、仓储、检验、展览、加工、混合或使用的法令、条例与一般援引的司法判决及行政决定，都应迅速公布，以便使各国政府及贸易商熟悉它们。”“一缔约方政府或政府机构与另一缔约国政府或政府机构之间缔结的影响国际贸易政策的现行规定，也必须公布。”GATT第10条第2款、第3款对“透明度”原则进一步作了具体的规定。WTO成立后，在全盘继承以上规定的基础上，又在其他法律文件中将“透明度”原则作了新的扩展。例如，GATS第3条规定，除非在紧急情况下，各成员应迅速并最迟于其生效之时，公布所有普遍适用的有关或影响本协定实施的措施。TRIPS第63条规定：“各成员方应当将本国实行的、普遍适用的与该协定内容有关的法律、规章及有关双边协议予以公布，并应随时准备按照另一成员方的书面请求，提供上述资料。”在WTO中，还具体规定了通知（Notification，即贸易政策的通知）和审议（Review，即贸易政策的审议）两种方式，以保证“透明度”原则的实现。

第三，法制统一规则。在WTO规则中，或许找不到明确的“法制统一规则”的字眼，但“法制统一”作为WTO对各成员方司法制度的一项最低限度要求却在WTO文件中有多处体现。GATT第10条第3款（a）项规定：“各缔约方应以统一、公正和合理的方式实施本条第1款所述的法令、条例、判决和决定。”第24条第12款进一步规定：“缔约方应采取一切可能的合理措施，保证在其领土内的地区政府和当局及地方政府和当局能遵守本协定的各项规定。”而作为WTO基本原则的非歧

视原则更对法制统一提出了必然的要求。非歧视原则是 WTO 多边贸易体制的核心和指导观念。它要求每个缔约方在任何贸易活动中，都要给予其他缔约方以平等待遇，使所有缔约方能在同样的条件下进行贸易。我国政府在加入 WTO 议定书中，作出了两项庄严承诺：一是确保有关或者影响贸易的法律、法规、规章和其他政策措施，包括地方各级政府制定的这类规范性文件，符合世界贸易组织协定和我国对外承诺；二是确保法律、法规、规章和其他政策措施在全国得到统一实施。这可视为我国政府对 WTO“法制统一规则”的尊重和承诺。按照 WTO 的要求，不管是立法机关制定的法律，还是行政机关制定的政策、作出的决定都要得到执行，不能各行其是，更不能出尔反尔，朝令夕改；确实需要改变的，也要采取对自然人、企业或者其他组织合法权益损害最小的手段，努力将损害降到最低程度；造成损害的，应当依法给予赔偿或者补偿。

第四，司法审查规则。司法审查是 WTO 协议得以实施的重要保障，“没有司法审查，WTO 协议的很多规定无异于空中楼阁”。[①] 司法审查的作用就在于通过对行政行为的审查，发挥司法权制约行政权和司法最终解决纠纷的职能。为此，WTO 三个总协定及其他协议都规定了司法审查程序，如 GATT 第 10 条第 3 款（b）项规定：“为了能够对于有关海关事项的行政行为迅速进行检查和纠正，各缔约方应维持或尽快建立司法的、仲裁的或行政的法庭或程序。这种法庭或程序应独立于负责行政实施的机构之外，而它们的决定，除进口商于规定上诉期间向上级法院或法庭提出申诉以外，应由这些机构予以执行，并作为今后实施的准则。但是，如果这些机构的中央主管机关有充分理由认为它们的决定与法律的既定原则有抵触或与事实不符，它可以采取步骤使这一问题经由另一程序加以检查。”《反倾销协议》第 13 条规定了对进口方当局反倾销裁决提供司法审查，《海关估价协定》第 11 条、GATS 第 6 条、TRIPS 第 41 条等也有司法审查的相关规定。WTO 上述几个重要协定，在司法审查制度方面对各成员方提出了共同要求：一是必须建立司法机构和规定司法审查程序；二是应赋予受到行政行为影响的当事人以提出司法审查和司法救济的权利；三是该司法审查程序应当具备客观公正的性质。[②]

第五，争端解决规则。由 GATT 第 22 条和第 23 条规定的争端解决机制，经过半个多世纪的实践，逐渐建立起一套特色鲜明的国际司法体制，并具体体现在《WTO 协定》附件 2《关于解决争端规则与程序的谅解》（以下简称《WTO 谅解》）之中。《WTO 谅解》为 WTO 建立了统一的争端解决程序，并建立了争端解决机构（DSB）。这是乌拉圭回合谈判的一项重大成就，它有效地改变了 GATT 时代规则软弱、法纪涣散的局面。当某一成员对另一成员执行 WTO 协议的情况感到不满且理

① 江伟、王景琦：《WTO 协议与中国民事司法制度的完善》，载陈光中、江伟主编：《诉讼法理论与实践》，人民法院出版社 2001 年版，第 176 页。

② 曹建明：《加入 WTO 对中国司法工作的影响及思考》，载《法学》2001 年第 6 期，第 12 页。

由充分时，即可寻求 WTO 争端解决机制予以解决。WTO 争端解决机制有权设立专家组（Panel），当通过协调不能解决争端时，如果一方向争端解决机制提出设立专家组的请求或提出上诉，对方必须接受争端解决机制对裁决或建议执行情况的监督，除非该机制一致反对。显然，这已成为一种事实上的强制管辖，其法理依据是来源于成员方在加入 WTO 时的事先承诺。WTO 自 1995 年成立后，其争端解决机制在处理国际经贸纠纷方面取得了显著的成绩，发挥着日益重要的作用。它不仅为 WTO 各成员提供了一个公平公正地解决经贸纠纷的场所，而且通过其裁决的执行，减少了国际经贸领域中爆发贸易战的可能性，维护了多边贸易体制的稳定性。WTO 首任总干事鲁杰罗曾大加赞叹道："如果不提及争端解决机制，任何对 WTO 成就的评论都是不完整的。从许多方面讲，争端解决机制是多边贸易体制的主要支柱，是 WTO 对全球经济稳定作出的最独特的贡献。"

第六，法律适用规则。根据"条约必须信守"的原则，加入某项国际条约或协定，就意味着加入国在享有条约或协定赋予的权利的同时，还必须履行条约和协定规定的义务。因此，对各国而言，在谈判加入某项国际条约或协定时，就要考虑履行条约的能力。如果没有履行能力，即使批准加入某项条约或协定，也不可能真正履行义务。WTO 整套规则干预到各国国内经济、文化及社会生活的方方面面，因此如何将之变成国内法，供法院办案引用作为法律根据，就成为众所瞩目的焦点。① WTO 协议在司法中的适用分为两个方面，一是国内法院如何运用 WTO 协议；二是若国内法与 WTO 协议相冲突时，谁优先适用。从国际上来看，如何适用 WTO 协议并无统一的规定，实践中各成员国的做法主要有两种：一是直接适用，即 WTO 协议无须转变为国内法就可以为法院所直接引用，并对当事人产生约束力。当 WTO 协议与国内法相抵触时，法院应优先适用 WTO 协议。发展中国家大多采用这种适用方法。二是间接适用，即 WTO 协议不能为国内法院直接援引为裁判的依据，而是必须由立法机关通过立法程序转化为国内法后法院才能适用。这是包括美国、日本、加拿大在内的 WTO 主要成员国的普遍做法。笔者认为，目前我国法院直接适用 WTO 协议不利于以对等原则保护本国诉讼主体的合法权利，而且鉴于 WTO 复杂的立法背景，法院在直接适用上也存在技术方面的困难。因此，对 WTO 协议的适用，应以间接适用为原则。但这并不意味着我国不准备履行 WTO 的义务和我国政府所作出的承诺，相反，我们应当进一步完善国内立法，推动我国的法治进程。

在入世谈判期间，特别是加入 WTO 以来，我国出台了许多司法改革措施，如最高人民法院对两千多件司法解释进行清理；建立统一的司法考试制度；将死刑立即执行案件的核准权收归最高审判机关；进一步落实审判公开制度；建立检务公开制度；制订民事诉讼、行政诉讼证据规定；等等；这些改革在一定程度上缩小了我国司法制度与 WTO 相关规则的差距。但也应看到，我国司法制度同 WTO 中的司法规则相比，仍存在明显的差距，如司法不独立，地方保护主义严重；法制不统一的

---

① 赵维田：《WTO 与国际法》，载《法律适用》2000 年第 8 期，第 35 页。

问题比较突出；立法和司法的透明度仍然不高；司法审查的范围过于狭窄；司法人员的整体素质不高，司法的专业化程度偏低；等等。针对这些问题，我们应当进一步加大司法体制改革的力度，努力克服司法地方保护主义，维护法制统一，提高司法工作的透明度，扩大行政诉讼的受案范围，推进法学教育改革、培养大批高素质的法律人才以及进行司法官遴选制度改革，以更好地促进司法公正，更全面地遵守WTO规则，提高我国在世界贸易组织中的地位并充分发挥作用。

（二）加入国际人权公约

联合国成立于1945年，至今已有一百九十二个成员国，是世界上规模最大、在国际事务中最具权威性的国际组织。基于20世纪前半叶人类经历两次世界大战的惨痛教训，由五十个国家的代表起草并签署的《联合国宪章》在序言中即“重申基本人权，人格尊严与价值，以及男女与大小各国平等权利之信念”，并在第一章第1条第3款中明确规定：“促成国际合作，以解决国际间属于经济、社会、文化和人类福利性质之国际问题，且不分种族、性别、语言或宗教，增进并激励对于全体人类之人权及基本自由之尊重。”这是联合国首次提出人权概念，并在其“根本大法”中将人权作为其宗旨之一，由此标志着人权开始成为国际社会普遍关注并为之共同奋斗的重要目标。

为使各国对人权问题达成基本共识并对人权予以切实的保护，联合国对此不遗余力，做了大量艰巨而有效的工作，特别是制定了大量的国际人权公约。主要有：1948年12月10日通过的《世界人权宣言》；1965年12月21日通过的《消除一切形式种族歧视国际公约》；1966年12月16日通过的《公民权利和政治权利国际公约》（该公约经开放供各国签字、批准或加入后，于1976年3月23日生效）；1966年12月16日通过的《经济、社会和文化权利国际公约》（该公约经开放供各国签字、批准或加入后，于1976年1月3日生效）；1979年12月18日通过的《消除对妇女一切形式歧视公约》；1984年12月10日通过的《禁止酷刑和其他残忍、不人道或有辱人格的待遇或处罚公约》；1989年11月20日通过的《儿童权利公约》；等等。其中，《世界人权宣言》和《公民权利和政治权利国际公约》、《经济、社会和文化权利国际公约》一起，被誉为“国际人权宪章”，并且成为联合国此后制定其他国际人权公约、决议等法律文件的理论上和法律上的重要依据。

《世界人权宣言》是第一个关于个人基本权利和自由的国际文件，由序言和三十个条文组成，对公民权利、政治权利以及经济、社会、文化权利作了系统规定，包括生命权、人身自由与安全、禁止酷刑或残忍的不人道的待遇和刑罚，不受任何逮捕和拘禁、公开与公正审判、无罪推定、迁徙自由、男女平等、财产不被任意剥夺、思想良心与及宗教自由、和平集会和结社自由、社会保障，等等。《世界人权宣言》虽然不是国际公约，但却具有国际习惯法的性质，它所规定的各项基本人权，在以后制订的国际人权公约中得到了充分体现和发挥。目前，世界各国普遍表示“尊重”《世界人权宣言》的内容，没有一个国家予以公开反对。即使有的国家提出修改《世界人权宣言》的要求，也只是主张增加其所规定的权利（如一些发展中国家提出增加发展权等新一代人权），而不是消减现有的内容。[①]

《公民权利和政治权利国际公约》是迄今为止最集中、全面规定个人基本权利和自由的国际文件，由序言和六部分共五十三条组成，其中在第一、第二、第三部分的第一条至第二十七条具体规定了各项公民权利和政治权利，即所有人民都有自决权；一切个人享有本公约所承认的权利；任何一个被侵犯了本公约所承认的权利或自由的人，都能得到有效的补救；男子和妇女在享有本公约所载一切公民和政治权利方面有平等的权利；不得任意剥夺任何人的生命；对十八周岁以下的人所犯的罪，不得判处死刑；任何人不得加以酷刑或施以残忍的、不人道的或侮辱性的待遇或刑罚；人人有权享有人身自由和安全，任何人不得加以任意逮捕或拘禁；所有的人在法庭和裁判所前一律平等；人人在任何地方有权被承认在法律前的人格；人人有资格由一个依法设立的合格的、独立的和无偏倚的法庭进行公正与公开的审讯；凡受刑事控告者，在未依法证实有罪之前，应有权被视为无罪；人人不被强迫作不利于他自己的证言或强迫承认犯罪；凡被判定有罪者，应有权由一个较高级法庭对其定罪及刑罚依法进行复审；任何人的私生活、家庭、住宅或通信不得加以任意或非法干涉，他的荣誉和名誉不得加以非法攻击；人人有权享受思想、良心和宗教自由；人人有自由发表意见的权利；人人有权享受与他人结社的自由；等等。该公约对各项公民权利和政治权利所作的具体规定，对于世界各国的人权实践活动（包括各国的人权立法和司法活动）具有深远的指导意义。

《经济、社会和文化权利国际公约》由序言和五部分共三十一条组成。它突破了将人权仅限于公民权利和政治权利的传统观念，扩大了人权在经济、社会和文化方面的丰富内容。该公约在第二、第三部分的第2条至第15条具体规定了经济、社会和文化权利，即保障男女平等，工作和同工同酬权利，组织和参加工会权利，享受社会保障（包括社会保险）权利，家庭、母亲、儿童和少年受广泛保护和协助的权利，获得相当的生活水准的权利，达到最高的体质和心理健康的标准的权利，受教育的权利，参加文化生活和任何科学、文学或艺术作品所产生的精神上和物质上的利益享受被保护的权利，等等。该公约尤其强调各国政府在维护和促进经济、社会和文化权利方面的责任与义务，这对于维护和促进人权的全面实现以及世界的和平与发展具有重大意义。

此外，1966年12月16日联合国大会还通过了《公民权利和政治权利国际公约任择议定书》和《旨在废除死刑的公民权利和政治权利国际公约第二项任择议定书》。其中，第一项任择议定书以规定成员国公民个人可以直接向联合国人权机构提出申诉而控告本国政府侵犯其基本人权为主要内容，第二项任择议定书以废除死刑为目的。虽然这两项任择议定书具有重要的法律意义，甚而在联合国权威出版物中被明确列为“国际人权宪章”五个文件之一，但至今已批准加入这两项议定书特

---

① ［加］杨诚：《略论国际人权法的体系与贯彻》，载程味秋、［加］杨诚、杨宇冠编：《联合国人权公约与刑事司法文件汇编》，中国法制出版社2000年版，第35～35页。

别是第二项议定书的国家还不是很多。①

新中国成立60多年来，特别是改革开放30多年来，新中国在政治、经济、文化等各方面发生了巨大的变化。在人权领域，中国人民从帝国主义、封建主义、官僚资本主义三座大山的压迫下完全解放出来，成为国家的主人；中国用只占世界7%的耕地，养活了占世界22%的人口。到2009年年底，全国普及九年义务教育人口覆盖率达99.7%，小学学龄儿童净入学率达99.4%，小学五年巩固率达到99.31%，初中毛入学率达到99%，初中三年巩固率达到94%，高中阶段毛入学率达79.2%。2009年，普通高校招生639.5万人，比上一年增加31.8万人；全国基本医疗保险总参保人数已超过12亿人，总体覆盖率达到90%以上；全国网民人数达到3.84亿，互联网普及率达到28.9%，超过世界平均水平。② 这些成就为世人所瞩目和公认。

为了更好地保护和发展人权，我国进行了广泛的国际人权合作、对话与交流。1971年，我国恢复在联合国的合法席位，从而为参与国际人权活动，同时也为更有效地进行国际人权斗争开辟了道路。我国先后签署和加入了多个国际人权公约，包括：1981年12月29日申请加入《消除一切形式种族歧视国际公约》（1982年1月28日该公约对我国正式生效）；1980年7月17日签署《消除对妇女一切形式歧视公约》（同年12月4日该公约对我国正式生效）；1986年12月12日签署《禁止酷刑和其他残忍、不人道或有辱人格的待遇或处罚公约》，1988年11月3日全国人大常委会批准加入该公约，并声明对该公约第20条和第30条第1款予以保留（第20条规定，禁止酷刑委员会有权对正在施行酷刑的缔约国的领土进行秘密调查，并在与有关缔约国协商后，把调查的简要报告载入其年度报告中；第30条第1款规定，缔约国之间有关公约的解释或适用的争端应提交仲裁，如各方不能就仲裁组织达成一致意见，可将争端提交国际法院）；1990年8月29日签署《儿童权利公约》，1991年12月29日全国人大常委会批准加入该公约，并声明对该公约第6条予以保留（第6条规定，缔约国确认每个儿童均有固有的生命权，缔约国应最大限度地确保儿童存活与发展）；1997年10月27日签署《经济、社会和文化权利国际公约》，2001年3月28日全国人大常委会批准加入该公约，并声明对该公约第8条第1款（甲）项予以保留，依据我国宪法、工会法和劳动法等法律的有关规定办理（第8条第1款甲项规定，人人有权组织工会和参加他所选择的工会，以促进和保护他的经济和社会利益，这个权利只受有关工会的规章的限制）。我国政府于1998年10月5日签署《公民权利和政治权利国际公约》，目前正在组织有关部门和专家对加入这一公约进行研究，以便在适当的时候提交全国人大常委会批准正式加入。但对于

① 根据联合国公布的统计数字，截至1995年6月30日，只有84个国家承认《旨在废除死刑的公民权利和政治权利国际公约任择议定书》，28个国家承认《公民权利和政治权利国际公约第二项任择议定书》。

② 参见《2009年中国人权事业的进展》白皮书，国务院新闻办公室2010年9月26日发布。

《公民权利和政治权利国际公约》的两项任择议定书，我国至今尚无加入的任何意向。另外，我国还积极开展与联合国人权委员会、欧盟组织和其他一些国家的人权对话活动，并参加有关的国际人权会议，包括联合国人权大会、联合国预防犯罪和犯罪待遇大会等。例如，从1980年起，我国均派代表团参加了第六届至第十届联合国预防犯罪和罪犯待遇大会。

我国一贯坚持"条约必须信守"的原则，恪守所缔结和参加的国际公约，履行自己所承担的条约义务。尤其是改革开放30多年来，我国社会主义法制建设以马列主义、毛泽东思想和中国特色社会主义理论为指导，坚持解放思想，实事求是，一切从实际出发，并借鉴其他国家的有益经验，充分考虑和吸收国际公约的有关规定，在《宪法》和《教育法》、《妇女权益保障法》、《老年人权益保障法》、《未成年人保护法》、《刑法》、《刑事诉讼法》、《监狱法》、《行政诉讼法》、《行政复议法》、《国家赔偿法》等法律法规中对人权作了许多具体规定和比较充分的保障，从而使我国的人权状况有了显著的改善。但令人遗憾的是，我国政府签署《公民权利和政治权利国际公约》（以下简称"公约"）至今已达12年，全国人大常委会尚未批准加入这一公约。究其原因，除宣传教育工作尚未认真开展，广大干部群众对该公约还缺乏了解、人权意识淡薄外，主要在于我国法制在一些方面与该公约的要求还存在相当差距。主要表现在：

第一，适用死刑方面。公约第6条第2款规定："在未废除死刑的国家，判处死刑只能是作为对最严重的罪行的惩罚，判处应按照犯罪时有效并且不违反本公约规定和防止及惩治灭绝种族公约的法律。这种刑罚，非经合格法庭最后判决，不得执行。"第4款规定："任何被判处死刑的人应有权要求赦免或减刑。对一切判处死刑的案件均得给予大赦、特赦或减刑。"第5款规定："对十八岁以下的人所犯的罪，不得判处死刑；对孕妇不得执行死刑。"应当承认，我国《刑法》关于死刑的规定与公约的上述规定相比，既有优点也有不足。我国《刑法》第49条第1款规定："犯罪的时候不满十八周岁的人和审判的时候怀孕的妇女，不适用死刑。"这比公约第6条第5款的规定更为科学，也更为人道。另外，为减少死刑的适用，我国规定了死刑缓期二年执行的制度，这是公约没有规定的，也是其他仍保留死刑的国家所没有的，具有显著的中国特色，实践证明这是一项良好的法律制度。但不可否认，目前我国《刑法》规定可以适用死刑的罪名仍有55种之多，这与公约关于"判处死刑只能是作为对最严重的罪行的惩罚"的规定有很大的差距，因为按照各国一般的理解，最严重的罪行仅指侵犯生命的犯罪和某些军事犯罪。而且我国《刑法》也没有赋予被判处死刑的人要求赦免或减刑的权利。虽然我国《宪法》和《刑法》规定有特赦制度和减刑制度，但对被判处死刑的人予以特赦或减刑并不是基于他们的要求，而是完全由国家权力机关或人民法院依职权自行决定。

第二，禁止酷刑方面。公约第7条规定："任何人均不得加以酷刑或施以残忍的、不人道的或侮辱性的待遇或刑罚，特别是对任何人均不得未经其自由同意而施以医药或科学试验。"我国已加入《禁止酷刑和其他残忍、不人道或有辱人格的待遇或处罚公约》，我国《刑法》也已将司法工作人员对犯罪嫌疑人、被告人实行刑讯逼供或者使用暴力逼取证人证言的行为和监狱、拘留所、看守所等监管机构的监管人员对被监管人进行殴打或者体罚虐待情节严重的行为规定为犯罪，并给予相应的刑罚惩罚；我国《刑事诉讼法》亦明确规定，严禁刑讯逼供和以威胁、引诱、欺骗以及其他非法方法收集证据，不得强迫任何人证实自己有罪，并建立起非法证据排除制度。但不容否认，我国刑事诉讼与刑罚执行活动中，还存在为数不少的刑讯逼供、暴力取证、体罚和虐待被监管人的现象，有的地方甚至还相当严重和突出。这与我国有关法律规定不完善有很大关系。此外，我国法律也没有明确规定“对任何人均不得未经其自由同意而施以医药或科学试验”。

第三，禁止强迫或强制劳动方面。公约第 8 条第 3 款（甲）项规定：“任何人不应被要求从事强迫或强制劳动。”（乙）项规定：“在把苦役监禁作为一种对犯罪的惩罚的国家中，第 3 款（甲）项的规定不应认为排除按照由合格的法庭关于此项刑罚的判决而执行的苦役。”公约第 9 条第 1 款规定：“人人有权享有人身自由和安全。任何人不得加以任意逮捕或拘禁。除非依据法律所确定的根据和程序，任何人不得被剥夺自由。”将我国的法律与公约的上述规定相对照，我国目前最突出的是劳动教养问题。根据 1979 年由国务院颁布实施的《关于劳动教养的补充规定》，省、自治区、直辖市和大中城市人民政府成立劳动教养管理委员会，由民政、公安、劳动部门的负责人组成，领导和管理劳动教养工作；劳动教养收容大中城市需要劳动教养的人；对于需要劳动教养的人，由省、自治区、直辖市和大中城市劳动教养管理委员会审查批准；劳动教养的期限为一至三年，必要时得延长一年，节日、星期日休息；人民检察院对劳动教养机关的活动实行监督。由此可见，劳动教养属于一种行政处罚措施，但它是一种较长时间剥夺人身自由的惩罚，因此，在实质上与刑罚并无差异，甚至比《刑法》规定的一些轻刑还要严厉得多。这种由几个行政部门组成的劳动教养管理委员会对公民作出较长时间剥夺其人身自由的处罚决定，既不经过法院审判，也无正规法律程序可循，并且剥夺了被处罚人辩解和申诉的权利，显然与公约的上述规定相去甚远，不符合现代法治的基本原理和人权保障的精神。2013 年 11 月 15 日公布的《中共中央关于全面深化改革若干重大问题的决定》提出，废止劳动教养制度。

第四，逮捕、羁押与监管方面。公约第 9 条第 2 款规定：“任何被逮捕的人，在被逮捕时应被告知逮捕他的理由，并应被迅速告知对他提出的任何指控。”第 3 款规定：“任何因刑事指控被逮捕或拘禁的人，应被迅速带见审判官或其他经法律授权行使司法权力的官员，并有权在合理的时间内受审判或被释放。等候审判的人受监禁不应作为一般规则，但可规定释放时应保证在司法程序的任何其他阶段出席审判，并在必要时报到听候执行判决。”第 4 款规定：“任何因逮捕或拘禁被剥夺自由的人，有资格向法庭提起诉讼，以便法庭能不拖延地决定拘禁他是否合法以及如果拘禁不合法时命令予以释放。”我国《刑事诉讼法》关于逮捕措施的规定中未有与公约上述规定相同或相似的内容。同时，公约第 10 条第 2 款规定：“（甲）除特殊情况外，被控告的人应与被判罪的人隔离开，并应给予适合于未判罪者身份的分别待遇。（乙）被控告的少年应与成年人分隔开，并应尽速予以判决。”我国由于条件所限，无论在立法上还是实际上都未达到公约上述规定的要求。例如，我国《刑事诉讼法》第253条第2款规定：“……对被判处有期徒刑的罪犯，在被交付执行刑罚前，剩余刑期在三个月以下的，由看守所代为执行……”又如，在一些地方，由于监狱设施不足，因此《刑事诉讼法》关于“对未成年犯应当在未成年犯管教所执行刑罚”的规定以及《监狱法》关于“监狱对成年男犯、女犯和未成年犯实行分开关押和管理”的规定并未得到切实执行。

第五，独立与公正审判方面。公约第14条第1款规定：“所有的人在法庭和裁判所前一律平等。在判定对任何人提出的任何刑事指控或确定他在一件诉讼案中的权利和义务时，人人有资格由一个依法设立的、合格的、独立的和无偏倚的法庭进行公正的和公开的审讯。”联合国预防犯罪和罪犯待遇大会通过并经联合国大会决议认可的《关于司法机关独立的基本原则》第7条规定：“向司法机关提供充足的资源，以使之得以适当地履行其职责，是每一会员国的义务。”第12条规定：“法官的任期、法官的独立性、保障、充分的报酬、服务条件、退休金和退休年龄应当受到法律保障。”我国《宪法》、《人民法院组织法》和《刑事诉讼法》均规定了审判独立原则，即人民法院依照法律规定独立行使审判权，不受行政机关、社会团体和个人的干涉。但需要指出的是，我国的审判独立是指每一个法院独立，而不是指法庭独立（即法官独立），因此，我国法律规定的审判独立与公约所要求的法庭独立还有相当的差距。另外，我国审判机关的人权、财权受制于地方党政机关，法官的地位和待遇缺乏有力的保障，因此，审判独立在实际上难以完全做到；加之审判人员在整体上素质不高和司法腐败比较严重，公正审判也没有得到真正实现。

第六，犯罪嫌疑人、被告人的权利保障方面。公约第14条第3款规定：“在判定对他提出的任何刑事指控时，人人完全平等地有资格享受以下的最低限度的保证：（甲）迅速以一种他懂得的语言详细地告知对他提出的指控的性质和原因；（乙）有相当时间和便利准备他的辩护并与他自己选择的律师联络；（丙）受审时间不被无故拖延；（丁）出席受审并亲自替自己辩护或经由他自己所选择的法律援助进行辩护；如果他没有法律援助，要通知他享有这种权利；在司法利益有此需要的案件中，为他指定法律援助，而在他没有足够能力偿付法律援助的案件中，不要他自己付费；（戊）讯问或业已讯问对他不利的证人，并使对他有利的证人在与对他不利的证人相同的条件下出庭和受讯问；（巳）如他不懂或不会说法庭上所用的语言，能免费获得译员的援助；（庚）不被强迫作不利于他自己的证言或强迫承认犯罪。”我国《刑事诉讼法》虽然对审判的期限有明确的规定，但在审判实践中被告人受审时间被无故拖延的情况时有发生；我国证人出庭作证的比例很低（只有5%左右）。此外，我国《刑事诉讼法》不仅没有赋予犯罪嫌疑人、被告人沉默权，而且还规定“犯罪嫌疑人对侦查人员的提问，应当如实回答”，这将很容易导致“强迫犯罪嫌疑人自证其罪”的情况发生。

第七，言论、出版与结社自由方面。公约第19条规定："一、人人有权持有主张，不受干涉。二、人人有自由发表意见的权利；此项权利包括寻求、接受和传递各种消息和思想的自由，而不论国界，也不论口头的、书写的、印刷的、采取艺术形式的或通过他所选择的任何其他媒介。"公约第22条规定："一、人人有权享受与他人结社的自由，包括组织和参加工会以保护他的利益的权利。二、对此项权利的行使不得加以限制，除去法律所规定的限制以及在民主社会中为维护国家安全或公共安全、公共秩序，保护公共卫生或道德，或他人的权利和自由所必需的限制。本条不应禁止对军队或警察成员的行使此项权利加以合法的限制。"我国至今未制订新闻出版法与结社法，因此，我国公民的言论、出版与结社自由尚缺乏有力的法律保障。同时，按照我国《工会法》的规定，我国只设立一个工会，而不允许工会组织多元化。这些与公约的上述规定都有相当的差距。

从我国的现实情况来看，要在上述方面达到公约的要求还有很大的困难，在某些方面还有很长一段路要走，由此我国包括司法体制在内的司法制度的改革与建设面临着严峻挑战和诸多障碍，需要我们在理论上加以深入的研究，在实践上进行积极的探索。

七、国际司法改革

20世纪80年代以来，许多国家相继进行司法改革，在世界司法制度发展史上写下了浓重的一笔。各国司法改革的原因，概括起来，主要有两个方面：一方面是其司法制度本身存在这样或那样的问题，严重影响了司法的公正与效率，或者严重脱离了国民，从而受到广大国民的不断批评甚至指责，不得不改。另一方面是受到了经济全球化的巨大影响。经济全球化已经渗透到政治与司法领域，使司法的改革成为必然，从而掀起了全球性的司法改革浪潮。

1997年10月，法国司法部前部长伊丽莎白·冀古夫人上任后仅四个月，就发表了关于改革法国司法制度的宣言。按其计划，这次改革是全方位的改革，涉及宪法、民法、民事诉讼法、刑法、刑事诉讼法、行政法、行政诉讼法和国籍法等各个方面。改革的目的有两个：一是出于程序公正的考虑，通过改革使司法制度更加方便公民寻求法律救济，使司法程序更加全面、更加公正；二是出于诉讼效率的考虑，通过改革解决案件堆积如山的问题。1998年8月，冀古夫人对其上任十个月的工作进行了总结，同时明确了工作方向，再次重申了她在1997年10月宣言中的改革纲领。从1998年4月15日到9月16日，法国司法部的部长会议一共公布了五个改革方案，即（1）改革最高司法会议；（2）改革起诉替代措施和提高刑事诉讼的效率；（3）加强刑事公诉和修改刑事诉讼法典；（4）改革法律救济制度和协商解决纠纷机制；（5）加强对无罪推定原则和被害人权利的保障。此后，司法部又公布了其他一些改革方案，如改革民事司法制度、经济和金融司法制度、商事司法制度和司法机构之分布等。[①] 目前，法国的上述司法改革工作均已经完成，并取得了较好的效果。

1993 年，尤其是 1998 年 10 月德国施罗德政府上台以来，对其司法制度进行了一百二十年来规模最大的整体性改革。其中，就刑事司法领域而言，德国最近十年的司法改革主要涉及以下三个方面：（1）转变检察职能，简化诉讼程序。1993 年 1 月 11 日德国颁布的《减轻司法负担法》使检察机关在中止刑事诉讼程序上获得了高度的自主权。按照该法的规定，其《刑事诉讼法》规定的“刑事命令程序”不仅适用于可能判处罚金的犯罪，而且可以适用于可能判处刑期不超过一年的剥夺自由的犯罪。由于在德国对犯罪行为实际判处的刑罚中只有百分之一点三的刑罚比两年监禁更为严重，因而检察机关在选择不同程序时就处于一个十分显要的位置，即几乎全部刑事案件的诉讼都可能受到检察机关自由裁量权的影响。这一改革，极大地简化了诉讼程序，从而提高了诉讼效率。（2）加大对人权的保护力度。1998 年 12 月 1 日生效的德国《证人保护法》明确规定，对于需要特别保护的证人，如儿童，使用录像询问室对儿童进行询问时，法庭庭长或其他法官应离开询问室，询问应在特别房间里进行；在询问时，应保护儿童的权利，儿童作证时应获得律师帮助，应有律师在场。1999 年 5 月 26 日，德国联邦内阁接受了联邦司法部部长的建议，通过了在刑事诉讼中规定犯罪人对受害人的赔偿制度。[②]（3）增加刑罚种类，完善罪名体系。最近几年，德国立法者向联邦议会提交了将公益劳动作为刑罚处罚措施的法律草案。根据该草案，作为罚金刑的替代措施，公益劳动时间最低不得少于四十小时，最多不得超过一百八十天。如果犯罪人不进行劳动，法院应另行判处其他处罚措施。如果犯罪人因贫困交不起罚金，法院又缺乏执行其他替代措施的手段，仍可对犯罪人判处短期自由刑。同时，德国对其刑法分则也进行了改革，主要是改变了一些原有罪名的犯罪构成和补充了一些新的罪名及其犯罪构成，从而有利于对一些严重危害社会秩序的犯罪行为进行惩处。另外，1997 年 7 月 4 日，德国联邦参议院通过了专门的反腐败法，从而加大了对腐败行为的打击力度。[③]

1994 年 3 月，英国前司法大臣兼上议院议长迈凯勋爵（Macky）委任沃尔夫勋爵（曾任英国上议院常任上诉法官、上诉法院民事审判庭首席法官）对英格兰和威尔士民事法院的诉讼规则和程序进行全面评审，其目的主要是简化诉讼程序，改革诉讼规则，简化专业术语，消除诉讼拖延，降低诉讼成本，增加诉讼的确定性，强化公正审判，促进社会公众对司法的接近。1995 年 6 月，沃尔夫提交了《接近正义》的中期报告并发表了有关司法改革的一系列专题论文。1996 年 7 月，沃尔夫《接近正义》的正式报告出版，同时出版的还有《民事诉讼规则草案》，其中建议制定一个最高法院和郡法院统一适用的规则，以取代《最高法院规则》和《郡法院规

---

① 参见刘立宪、谢鹏程主编：《海外司法改革的走向》，中国方正出版社 2000 年版，第 1 页。

② 参见武功：《德国的刑事司法改革》，《检察日报》2000 年 8 月 7 日，第 3 版。

③ 参见刘立宪、谢鹏程主编：《海外司法改革的走向》，中国方正出版社 2000 年版，第50～53 页。

则》。在报告中，沃尔夫指出，数个世纪以来，英国民事司法制度改革不断向前推进，他倡导：应尽可能避免诉讼；民事诉讼应少一些对抗，多几分合作；诉讼不应过于复杂；诉讼日程更短，更为确定；诉讼成本更可承担、更具有确定性、与个案争议金额和复杂程度更为相称；财力有限的当事人能在更为平等的基础上进行诉讼；民事司法制度的司法和行政职责应有清晰的划分；法院结构和法官配置适合诉讼当事人的需要；有效配置法官，以便其依据新规则和诉前议定书管理诉讼；民事司法制度应满足诉讼当事人的需求。1996 年 10 月，英国司法大臣为将沃尔夫《接近正义》的报告落到实处，通过司法大臣办公厅颁布了贯彻措施——《接近正义》之《未来之路》。司法大臣的措施共分为三十一个要点。主要有：(1) 明确将民事司法改革提上议事日程，初步确定 1998 年 10 月为改革实施期限（后来推迟到 1999 年 4 月 16 日)。(2) 主要改革措施：制订新的统一的《民事诉讼规则》；建立快捷审理制和多轨审理制审理程序；快捷审理制实行诉讼费用的固定化；由司法研究委员会基于沃尔夫报告的一般原理对全体司法人员进行司法培训等。(3) 将所有资料、方案、计划向社会公开，听取社会各界意见和建议。(4) 政府向议会提出《民事诉讼法案》（the Civil Procedure Bill)，核心便是制订适用于所有民事法院的程序规则，促进程序的简化。(5) 为制订新民事诉讼规则，英国成立了多个立法起草机构，委任资深法官担当重任，如现行的最高法院规则委员会（the Supreme Court Rule Committee）和郡法院规则委员会（the County Court Rule Committee）将合并为单一的民事诉讼规则委员会（the Civil Procedure Rule Committee)，以沃尔夫勋爵为负责人，成员十二人，司法大臣负责批准规则，不担任成员；改革计划实施战略委员会，成员包括助理司法大臣、司法研究委员会（Judicial Studies Board）主席亨利（Henry）勋爵、高级主审法官（Senior Presiding Judge)、法院服务处（the Court Service）执行主席奥德勋爵。(6) 1997 年首先在郡法院引进案件管理系统，将信息技术充分运用于民事司法之中。(7) 提出民事司法改革是民事诉讼文化全新方向的发端。

沃尔夫勋爵提出的民事司法改革在很多方面只能算做民事司法改革万里长征的第一步，只不过为进一步的改革和发展奠定了基础。在沃尔夫勋爵《接近正义》报告出台后不久的 1996 年末，根据司法大臣迈凯勋爵的安排，杰斐·鲍曼勋爵对上诉法院民事审判庭进行了一个综合性的评审。评审的焦点问题就是，英国民事上诉案件数量不断增长而导致的审理延迟及其解决。1997 年 9 月杰斐·鲍曼勋爵出版了《对上诉法院（民事审判庭）的评审》。鲍曼报告的建议目的在于：上诉法院民事审判庭由经验丰富的高级法官组成，要确保它解决与其人员构成相适应的适当数量的案件，改进法院的工作方式，更加迅速地审理案件，从而促使人们更好地接近正义。报告提出了一百四十六项建议，可以概括为三个方面：一是任命更多的大法官，但只是最后一道防线，因为这种做法过去也曾尝试，但未能遏止案件积压上升的势头，也可考虑邀请杰出的法律学者不定期地作为上诉法院的法官审理案件；二是改变上诉法院的管辖制，只有涉及法律问题足够重要、标的较大、案情复杂的案件才能上诉至上诉法院民事审判庭；三是改变法院的组织和管理模式。司法大臣欧文勋爵认为，第二和第三个措施更具有吸引力，他支持鲍曼报告中的绝大多数建议。

1997年末，根据沃尔夫勋爵的建议，英国设立专门小组，研究制定民事司法制度从整体上运用信息技术的长远规划，由司法大臣办公厅的国务大臣（the Minister of State）戈夫·霍恩（Gesff Hoon）议员负责。1998年9月，出版了《民事司法——信息时代争端的解决和防范》咨询论文，明确提出了五至十五年中信息技术在民事司法制度中运用的规划，确立了法律服务的新方向。在序言中，戈夫·霍恩阐述了民事司法适应现代科技发展之必要，以及为什么要以长远的观点看待这一问题。信息技术在民事司法制度中的运用有着无比的优越性：提高效率、减少成本；优化生产力、减少诉讼迟延；改进司法，使人们更加接近正义；以及社会公众对司法制度更大的信任。①

1999年6月，日本颁布《司法制度改革审议会设置法》，拉开了其新一轮司法改革的序幕。同年7月，日本在内阁之内设置了由法学教授、律师、企业界代表及群众代表担任委员的“司法制度改革审议会”，负责统筹司法改革。审议会的工作任务主要是调查、分析、综合意见，最后制订司法改革方案。审议会不仅经常召开讨论会（平均每十天到半个月开一次会）、听证会，而且还组织考察团到国外考察。2001年10月，审议会向内阁提交了司法改革最终意见书，指出：本次所要进行的司法改革是为了在“法的统治”这一宪法原则之下将已经进行的政治改革、行政改革、经济改革有机地结合起来的改革；是有关“这个国家形态”的诸改革中的“最后的关键性”改革。由此可见，日本这次所要进行的司法改革虽是“司法改革”，但其意义、性质已远远超过单纯的司法改革，而变成一项体制改革和社会改革。综观这一最终意见书，可以发现，其最基本的思路是“全球化”和“国民化”。其中，关于全球化，主要体现在以下几个方面：第一，最终意见书在论述进行司法改革的必要性及所要达到的目标时都将司法改革与对应“全球化”要求挂钩，视司法改革为对应21世纪“全球化”，确保日本在国际社会占有名誉地位的重大措施，强调通过司法改革要达到增大日本社会的基础，强化对应“全球化”的能力。第二，最终意见书所设计的司法制度的“总体像”基本上以美国的司法制度为原型。所谓“从事前规制、调整型社会转向事后监视、救济型社会”正是来自对美国社会的理解。第三，最终意见书所列举的一系列具体制度都能或多或少地从美国的司法制度中找到其原型。例如，将大学的法学部改为法学院，大力增加司法人员，其直接根据就是认为美国司法人员的比例远远超过日本；建议导入的陪审制度、公设辩护人制度等也都源于美国；主张扩大的诉讼外纷争解决方法也反映了近十几年美国司法及法学研究的倾向。② 关于国民化，最终意见书十分强调扩大国民在司法中的作用，要求通过建立国民对司法的参与制度而确立司法的国民性基础。“让司法贴近市民”

① 参见徐昕著：《英国民事诉讼与民事司法改革》，中国政法大学出版社2002年版，第426～431页。

② 王云海：《日本司法改革的深层》，载《环球法律评论》2002年第1期，第117页。

几乎成为日本这次司法改革的一致呼声。日本社会各界认为，《日本国宪法》赋予司法的重要任务是保障作为一个人应当受到尊重的权利以及法律赋予公民的其他方面的权利。因此，司法改革应当以尊重人权和个人尊严为宗旨，充实司法的机能，发挥司法的作用。为此，首先，要建立走近市民的司法。各地的司法机关要走近市民，能够及时运用法律，解决每天发生在市民身边的纠纷。其次，要建立让市民容易利用的司法，按照方便市民、保障人权的原则改善司法服务，扩大其规模（如日本各界普遍认为，为了及时处理各种法律纠纷，应当扩充司法人员队伍，增加法官、检察官的数量），提高其质量。最后，要建立让市民容易明白的司法。日本社会各界认为，日本近年来金融恶化、高官腐败、行政与产业界相互渗透的原因在于，日本社会并不是在公正而透明的规则下运行的。为消除这一弊端，在司法改革过程中，就应当致力于增加司法的透明度，以“透明的法律”管理法治社会。

20世纪90年代以来，澳大利亚在司法制度方面也进行了一系列的改革。根据澳大利亚法律改革委员会发表的公告以及其他一些资料，其司法制度的改革主要集中在以下几个方面：（1）改革法官任命制度。在澳大利亚，许多人认为，目前的法官遴选制度应进一步增加透明度，以及应进行公民投票。还有一些人认为，法官的任命应考虑澳大利亚人口的多样性，而且应对法官进行培训，以使他们能够理解这种多样性。在1993年，时任澳大利亚司法部部长兼总检察长的米歇尔·拉瓦奇提出了一份关于改革法官任命制度的报告——《法官的任命：程序和标准——总检察长讨论报告》。该报告提出了四种可能的改革方案：一是经普通选举产生法官；二是对法官的任命应经过立法部门批准；三是设置一个专门向司法部部长兼总检察长推荐合适的法官人选的委员会；四是保留现在的法官任命方法，[①] 但总检察长应向不同的人士或团体进行咨询。关于法官的资格条件，司法部部长在其讨论报告中，认为所有的法官都应具有很高的素质和能力，尤其是从事法官职业的能力，如法律知识、相关的职业能力、智力和经验等。[②]（2）让犯罪无利可图。为了打击严重犯罪尤其是有组织犯罪和毒品犯罪，应司法部部长兼总检察长达利·威廉斯姆的要求，澳大利亚法律改革委员会于1997年12月开始审议联邦没收犯罪所得方面的立法，包括1987年《没收犯罪所得法》、1989年《犯罪法》和1979年《澳大利亚联邦警察法》第VA章。审议（包括调查）的重点有七个，即是否有必要适当地承认第三方的权利，没收犯罪所得与对犯罪受害人的赔偿或补偿间的关系，对有限资产的控制和对不合理消耗这些资产的预防，联邦法律中关于对基于未定罪判决的没收的余款是否应统一到犯罪所得法令中，警察是否享有充分的权利等。1998年4月，司法部部长兼总检察长又要求法律改革委员会审议《犯罪所得法》在商业方面的影响。

---

① 根据澳大利亚现行法律的规定，高等法院的法官由联邦政府任命，州法院的法官由州政府任命。

② 参见刘立宪、谢鹏程主编：《海外司法改革的走向》，中国方正出版社2000年版，第136～139页。

1999年6月16日，司法部部长兼总检察长在悉尼公布了审议报告。（3）改革民事诉讼程序和制度。澳大利亚法律改革委员会对联邦民事诉讼制度进行大规模的考察后，提出了一系列的改革建议，包括：适当引入纠问式诉讼程序；发展多种形式的解决纠纷的替代方式；取消对进行简易程序和简易撤销案件程序的限制，即更多的案件可以不经完整的听审程序就由法官作出判决或撤销案件；允许法官加强法庭效率和节约在作出命令时所需的费用；扩大适用于当事人和律师的处罚，以加强对法庭程序的控制；限制对初审决定和命令提起上诉的权利；完善法官和律师的教育与培训制度，提高法官和律师的技能和对他们进行知识上的扩充；等等。①

建立一个公正、有效的现代司法体制，是国际司法改革的通识和目标。② 当前国际性司法改革正在进行，主要围绕三个问题展开：一是案件流程管理与调解。在当今世界，人们已经对法院的积案和诉讼迟延给予了极大的关注，而这两项问题的产生很大一部分原因在于对于司法资源的过度耗费，人们对法院的要求越来越多，越来越多的人知道了自己的权利并且希望法院维护它而导致法院案件的数量增加，而且现在的案件也越来越复杂。为解决法院的积案和诉讼迟延问题，各国进行司法改革，尝试调解和案件流程管理的应用。当然，调解和案件流程管理在不同的国家有不同的形态，但都遵循着相同的基本原则，于是很多国家都采用案件流程管理和调解原则，把它们应用到自己国家的具体情况中，使得结果变得有效。二是反对司法腐败。世界性的第二项司法改革就是反对司法腐败，几乎所有国家都遭受这个问题的困扰。许多国家的反腐败行为都是普遍性的，也包括司法在内。尽管如此，一个肆无忌惮的行政首脑会用反腐败机制惩罚那些与其意见相左的法官，而司法界其他的人很快就会得到这样的信息而不敢有所作为。因此，在司法体制内建立反腐败机制就非常关键，这是当今世界上很多国家都重新考虑或采纳的一种新的改革。三是法官与律师的合作。该项司法改革的目的在于让律师参与帮助解决司法所面临的困难和挑战，法官经常试图通过听从律师这样的法律职业者的建议来解决难题，而这种建议也帮助法官作出富有成效的判决。法官与律师的协作会议形式可以让大家在平和公开的气氛下讨论司法中的问题，所形成的最终的决定应当对于司法有较好的帮助。③ 在国际司法改革大潮中，各国司法界加强交流与合作，互换司法信息，共同探讨在司法改革方面的思路和经验。我国可以借鉴世界各国的有益经验，并与之共同探讨司法改革问题，以加快公正、高效、权威的社会主义司法制度的建设进程。

---

① 参见刘立宪、谢鹏程主编：《海外司法改革的走向》，中国方正出版社2000年版，第141～143页。

② 陈林林、张频波：《国际司法改革：东亚的经验》，载《人民法院报》2003年12月15日。

③ 参见［美］克里福特·华莱士：《当前国际司法改革的三个主要问题》，吕芳译，载《法律适用》2007年第5期，第90～91页。

第四章 中国司法体制改革的目标分析

党的十七大报告提出："深化司法体制改革，优化司法职权配置，规范司法行为，建设公正高效权威的社会主义司法制度。"由此确立起我国司法体制改革的总体目标，即"建设公正高效权威的社会主义司法制度"。对于这一"宏观目标"的理解和把握，卞建林教授主持的本课题成果之一——《建设公正高效权威的社会主义司法制度的基础原理研究》一书已作了深入研究与阐述，兹不赘述。笔者认为，在这一"总体目标"之下，根据党的十七大报告关于深化司法体制改革的要求和我国司法的实际情况，司法体制改革还应当有自己的特定目标，具体包括司法权的科学与合理配置、司法资源的优化配置、司法行为的规范与约束、司法腐败的预防与惩治等。这几项目标既服从于建设公正、高效、权威的社会主义司法制度的总体目标，又是审判体制、检察体制、侦查体制、执行体制等各项司法体制改革所应达到的目标。对之进行分析研究，无疑有利于我国司法体制改革在总体目标的指引下，更具针对性和科学性。

一、司法权的科学与合理配置

司法权是一个健全国家不可或缺的重要权力之一。在我国，自改革开放以来，司法权越来越受到重视，伴随社会主义法治国家建设，司法权在国家权力系统中的地位无疑会进一步提升。因此，如何科学与合理配置司法权，是一个值得重视和研究的问题。而要实现司法权的科学与合理配置，首先应当对司法权配置的科学性与合理性作出正确的界定。

司法权配置的科学性，意味着司法权配置应当符合科学规律。也就是说，应当符合司法规律以及与司法有关的国家权力配置及运行的规律。科学性不是一句空洞的口号，判断司法权配置是否科学，根据就是这种配置是否与司法规律相符合：凡符合司法规律的，就是科学的；不符合司法规律的，就是不科学的。

司法规律是司法行为或者司法制度在长期实践中反复呈现的固定化、模式化的预期效果，特定司法行为、特定司法制度与特定的司法效果之间存在固定的因果联系，这种联系是客观存在的，不是主观想象的，也不以单纯的主观愿望为转移，这就决定了司法规律具有客观性。司法规律是人们在长期司法实践中了解并掌握的规律性认识，人们尊重司法规律，才能调整自己的司法行为、完善司法制度；不尊重司法规律，恣意违背司法规律，就不容易有取得良好效果的司法活动，也难以有良好的司法制度运作。

要实现司法公正，就需要依据结构与功能相互联系的原理，发现与分析对于司法公正具有促进和保障作用的司法权配置制度。例如，魏特夫在分析东方专制主义的著作中将司法制度分为最有利于统治者的司法制度和最有利于人民的司法制度，揭示两种不同司法制度的特征，这涉及的就是司法规律和国家权力的运行规律，也涉及不同的司法结构发挥着不同的司法功能的问题。我们可以通过缜密观察发现不同的司法权配置对于司法公正的作用会存在一定差异，哪一种特定的司法权配置，对于司法公正所能发挥的功能作用是正面的、积极的、肯定的，往往关乎司法权配置的科学性问题。例如，在司法权配置中究竟采取集权模式还是分权模式，哪一种模式有利于遏制国家权力恣意妄为并有利于保障个人自由权利，需要从司法规律和国家权力运行规律中去寻求答案。

司法权配置的合理性，意味着司法权配置要因地制宜、因时制宜，与现时和本土提供的条件相协调。合理的意思是合乎道理或事理，换言之，就是要符合理性原则，在这个意义上说，尊重客观规律进行制度安排，体现了人类所具有的理性，但当我们将合理与科学并列作为司法权配置的理想目标和评价标准的时候，合理又具有自己特定的内涵。

司法权设置是以科学原则为指导的，但在科学原则之下，为司法权配置提供的方案不一定是唯一的，选择司法权配置方案，依靠的是合理原则。也就是说，在各种制度安排方案面前，要根据现实因素决定采行哪一方案，要根据各种相关因素加以考量，以便决定取舍。

有些司法权配置问题，无关乎司法规律或者其他科学性问题，或者涉及的不仅是司法规律或者其他科学性问题，而是合理性问题或者还涉及合理性问题，有的甚至超越科学性和合理性问题。D. P. 约翰逊在《社会学理论》一书中指出："对人类行动是否合乎理性的问题，要想简单地回答'是'或'否'是不可能的。当然，许多人类行为都有其合理的或明智的方面。"依据一定理论作为指导来思考一个人过去的经历并制订未来计划，很明显是一个理智的过程，"但人类行为不止于此。行动中还有情感（感情状态）方面，正像价值观和目标超出合理考虑的标准那样"。[①] 例如，同样采用陪审团制度，采用十二人的小陪审团还是七人或九人的小陪审团，陪审员数量不一定完全取决于科学性考量，而更可能取决于合理性考量。英国采用

---

① ［美］D. P. 约翰逊著：《社会学理论》，南开大学社会学系译，国际文化出版公司 1988 年版，第 259 页。

十二人的陪审员数量，与英国的十二进位制有关，[①] 其他国家引入陪审团制度接受这种人数安排，是出于对传统的尊重，并认为这一人数的安排是合理性的。

司法权的科学、合理配置，既要服务于司法公正的总体目标，同时也需要满足司法效率的要求。首先，司法权的配置应当有利于促进司法公正的实现。司法权的存在是为了解决社会各种纠纷而设定的重要国家机制，是为人们提供的公力救济的渠道，为了使人们借助这一渠道解决各自的纠纷，这个渠道必须畅通，并且因公正而值得信赖。司法公正的重要性由此凸显出来。为促进和实现司法公正，司法权的配置应当考虑两方面的功能：一是司法权本身应当具备有限性，防止自身恣意行使；二是司法权对于国家其他权力应发挥约束作用，防止其他国家权力肆意妄为。前者要求司法权具有专属性，司法权应由国家特别授权的专门机关行使；后者要求司法权具有独立于其他国家权力的属性，从而具有发挥分权制衡作用的条件。其次，司法权的配置还必须考虑司法效率。如何有效分配和充分利用司法资源，是进行司法权配置时应当考虑的问题。司法权的配置不仅涉及司法权赋予哪些机关行使，也涉及司法资源的配置，哪一种制度安排更有利于人力、物力、财力的节约，并且能够发挥最大的司法功效，取得好的法律效果乃至社会效果，是在配置司法权时需要认真权衡和选择的问题。

笔者认为，在制度层面上考虑司法权的科学与合理配置，主要涉及以下四个问题：

（一）司法权配置给哪些机关

张载宇先生指出："国家统治权力之分立，是以防止专制、保护自由的法治思想为其理论基础。"[②] 为了防止专制的权力并保护个人自由，许多国家实行国家权力分立的制度，一般采用立法、行政、司法的三分法进行权力划分。立法、行政、司法的分立并制衡，被称为人的头脑能够想出来的最精巧的政治架构。我国虽然不认同三权分立制度，也无意实行这一制度，但在我国的国家权力的格局中，是承认并实行国家机关的权力分工的，这就是我们通常所说的"分工负责"原则。因此，在我国，实际上也是承认立法、行政、司法三项权力归属于不同国家机关行使的原理的。

司法权配置给哪些机关，首先要澄清的是司法权的内涵与外延。这就需要将行政权与司法权作一个对比并加以区分。行政乃是国家行政机关基于行政职权所发挥的行政作用。这里谈到的"行政职权"就是行政权。一般认为，行政和行政权具有如下特性：

第一，行政权具有主动性（积极性）。行政机关应当根据法律赋予的行政职权，主动行使行政权力。权力行使的主动性，或者说积极主动行使权力，是行政权的显

① 参见张建伟著：《司法竞技主义——英美诉讼传统与中国庭审方式》，北京大学出版社2005年版。

② 张载宇著：《行政法要论》，汉林出版社1977年版，第1页。

著特征。正如张载宇先生所言：“现代国家的行政，不以维持社会秩序安宁为已足，尤须注意于增进社会繁荣与人民福祉，凡可达到此项目标者，行政机关均应本自动自发精神，努力以赴，除法规另有限制外，应不待他人之请求或督促而后为之。”①

第二，行政对象具有广泛性。行政对象既具有人的广泛性，也具有事的广泛性。行政活动不仅涉及本国的一切人，还包括在本国领土内的外国人、无国籍人。另外，行政事务范围宽广，任何机关、团体和个人的行为都可能成为行政行为的对象，对象的广泛性是行政权的重要特征之一。

第三，行政权具有较大的裁量性。行政权的行使虽然是在“依法行政”的口号下进行的，但行政权具有较大的自由裁量空间，其对于法律的依附性不如司法权那么严格。这是因为行政事务繁多，涉及面广，“行政业务，千头万绪，以有限之法规条文，决不能尽行规范无穷的行政事件。行政机关，为完成国家政治之目的，应依据法意条理自由裁量，制定规章，或以单纯命令为行政处分，以适应事实之需要，而补助法律之不足”。② 由于法律不可能事无巨细都一一涵盖，需要为行政机关预留许多自由裁量的空间，以便更好地发挥行政作用，处理好各种各样的行政问题。

在探讨行政与司法的区别的时候有一个困难，这就是狭义的“司法”概念是与“审判”同义的，世界上许多国家和地区通常也是在“审判”意义上使用“司法”一词的。英文“司法权”一词写做“jurisdiction”，意思是“裁判权”，也就是法院解释并适用法律解决各种案件的权力。如果从这个意义上理解司法权，那么司法权只应配置于法院，其他机关、团体和个人都不能行使司法权，这就是司法权的垄断性。但在我国，司法权不限于审判权这一含义，还包括检察权，即检察机关也被视为司法机关。而如果取司法权最广泛的含义，如有学者将“司法”解释为：“司法是指国家司法机关及司法组织在办理诉讼案件和非讼案件过程中的执法活动。这里的司法机关是指负责侦查、检察、审判、执行的公安机关（含国家安全机关）、检察机关、审判机关、监狱机关。这里的司法组织，是指律师、公证、仲裁组织。”③ 那么，公安机关以及国家安全机关的侦查权、人民检察院的检察权、人民法院的审判权和监狱的执行权都应属于司法权配置的范畴。

（二）审判权的科学、合理配置

1. 审判权的独占性

审判权是宪法和法律专门赋予法院专属行使的一项权力，这项权力应当依法独立行使，这就要求审判权具有独占性。也就是说，审判权归属而且只归属于法院，即只有法院才能行使审判权，其他任何机关都不能行使这一权力，这体现了审判权的独占性。审判权的独占性排除其他机关行使具有审判性质的权力，也不允许在法院以外另设特别法庭。国际社会为维护司法的独立性，对审判权的独占性作出了规

① 张载宇著：《行政法要论》，汉林出版社 1977 年版，第 7 页。

② 张载宇著：《行政法要论》，汉林出版社 1977 年版，第 8 页。

③ 章武生、左卫民主编：《中国司法制度导论》，法律出版社 1994 年版，第 2 页。

定，并将“接受普通法院或法庭按照业已确立的法律程序的审讯”列为一项基本人权。按照《关于司法机关独立的基本原则》、《司法独立世界宣言》、《司法机关独立基本原则的声明》① 的规定，审判权独占性的标准为：（1）法院应对所有司法性质问题享有直接管辖权或复审管辖权；（2）法院应拥有绝对权威就某一提交其裁决的问题按照法律是否属于其权力范围作出决定；（3）不应设立不采用业已确立的正当法律程序的法庭来取代应属于普通法院或法庭的管辖权。不得设立临时法庭。②

要使审判权的独占性得到实现，还必须弄清楚哪些权力属于审判权的范畴。审判权包括审理权和裁决权两项内容。审理权是接受特定的机关或者个人的起诉以及进行有关的调查活动的权力，裁决权是对受理的案件中有关程序的和实体的争议作出决议的权力。裁决权可以分为对程序问题的裁决权和对实体问题的裁决权。在刑事审判中，对刑事实体问题的裁决权分为定罪权（确认有无犯罪、犯有何罪的权力）和量刑权（是否科处刑罚、科以何种何等刑罚的权力）。

审理和裁决是司法活动的主要内容，但在刑事司法活动中，一个司法机关的活动并不限于审理和裁决案件，还需要对刑事诉讼活动的顺利进行和判决的执行施以保障。因此，司法机关还拥有一定的保障刑事诉讼进行和判决的执行的权力，主要包括决定逮捕和羁押的权力、对诉讼参与人施以一定的司法处分甚至以一定的罪名施以刑罚处罚的权力。除保障刑事诉讼进行和判决的执行外，法院还拥有保障公民权利不受行政机关侵犯的权力，这项权力主要是通过令状制度加以实现的，如有些国家对于违法羁押、超期羁押的，可以发布人身保护令予以释放；对于非法取证的行为，通过排除证据加以遏制等。这些权力的共同之处在于都具有保障个人权利的特别功能。

2. 审判权在审判机关和审判组织间的配置

司法机关是为了发挥某种预期的功能而进行组织的，在组织司法机关时要根据人们期待它所要发挥的功能而选择不同的结构。司法独立体制注重个别公正，采取的是分权式结构，即法院系统的纵向关系中存在分权，表现为审级的设置和级别管辖权的分掌；法院体系的横向关系中也存在分权，表现为地域管辖权的分掌。审判组织也存在分权，每个法官都是独立的判断主体，任何人都不得干预法官的判断权。

我国司法机关内部至今实行的是集权结构，《宪法》确立的上下级法院之间的监督关系在实际运作中变成了领导关系，《刑事诉讼法》规定合议庭具有独立作出判决的权力也没有得到真正的落实，司法活动在行政化的运作模式中进行，这是司法体制改革必须认真对待和切实解决的问题。

---

① 又称“北京声明”，1995 年 8 月 19 日由在北京召开的第六届亚太地区首席大法官会议通过。

② 不过，复杂的现代社会有时需要行政机关具有一定的司法性质的职权，如现在的行政机关有权判定特定案件中有无违法现象，有权依照程序处理违法者；有权允许某些人享受一般人所不能享受的特权；甚至有权罚款，决定金钱债务的裁决。这种现象是不可避免的，但监禁权被国际社会视为属于审判权的范畴，不能由行政机关行使。

在我国，对于审级制度的威胁来自法院系统内部具有普遍性的上请制度，这种上请制度存在于司法活动长期形成的习惯中——一般对于重大、复杂、疑难的案件，下级法院在开庭前、庭审过程中或者庭审后判决前向上级法院请示如何处理，上级法院似乎乐于对下级法院承办的案件的定罪量刑问题发出具体的指示，在有的案件的审理活动中这种请示甚至层层上达到最高人民法院；对于某些“特殊”案件，上级法院也会主动向承办该案的下级法院发出具体的指令。这些活动俗称“上定下审”，是对审级制度的破坏，它使上下级法院不能发挥纠错机能。这种做法早已广受批评，但至今尚未根绝。

与审判权不同的是，检察权采用集权结构，在集权结构的总框架内赋予检察官一定的独立权力。检察官的独立性是相对的，当上级检察官行使指令权的时候，这种独立性就会让位于指令—服从关系。所以，检察权与审判权的构成存在明显差异。

（三）检察权的科学、合理配置

职权，乃国家机关之筋骨。国家机关体格健壮与否，取决于职权配置的大小和职权行使独立性的强弱。检察机关为施行法制的重要国家机关之一，职权如何配置，不仅涉及检察机关的地位及其职能发挥，而且对于国家法治之实现，政治之清明，秩序之维护乃至人权之保障，无不干系重大。《宪法》、《刑事诉讼法》和《人民检察院组织法》是规定检察机关职权配置的主要法律，《宪法》规定得较为概括，《刑事诉讼法》规定得较为分散，《人民检察院组织法》以规定得较为具体的特点优于《宪法》，以规定得较为集中的特点优于《刑事诉讼法》。故《人民检察院组织法》修改涉及的职权配置的问题颇受瞩目，理有固然。

多年来，我国人民检察院不断呼吁落实法律监督这一《宪法》确立的根本职能，要求强化检察职权，并根据法律监督和反贪惩腐的实际需要进行调整，寄希望于《人民检察院组织法》修订将检察职权予以强化。总体言之，我国检察机关的宪法地位和诉讼地位与人民法院不分伯仲，但职权配置却捉襟见肘，并不充分，《人民检察院组织法》应当如何配置检察职权，确实是值得探讨的问题。

人民检察院之职权，大致可分为刑事公诉权、侦查权、司法审批权、民事起诉权和监督权诸项，这些权力统一在法律监督权这一根本职能之下。这些权力之存废胀缩，为《人民检察院组织法》修订不可回避之重要议题。下面我们详加审视。

1．刑事公诉权

刑事公诉权乃检察机关无可争议的权力，不但为检察机关所拥有，在绝大多数国家亦为检察机关所垄断。1951 年 9 月中央人民政府颁行的《最高人民检察署暂行组织条例》规定：“对反革命及其他刑事案件……提起公诉。”此后文字表述略有不同，如 1954 年 9 月第一届全国人大第一次会议通过的《人民检察院组织法》规定：“对于刑事案件……提起公诉，支持公诉。”1979 年通过、1983 年修正的《人民检察院组织法》第 5 条第 4 项同样规定：人民检察院的职权之一是“对于刑事案件提起公诉，支持公诉”。

公诉权中应当包含撤回、变更和追加起诉之权，《人民检察院组织法》或者

《刑事诉讼法》修改应当予以明确。在纯粹职权主义诉讼中,[①] 案件业经起诉，不允许起诉方撤回、变更、追加者，为不变更原则，此乃纯粹职权主义一大特征。与之相反，对于诉讼标的和诉讼关系，认为当事人有处分的权利，法院应受其处分的约束，这被称为“处分主义”。处分主义引申出一项主义，曰“变更主义”。与之相反，案件经起诉后，起诉方不可撤回、变更、追加者，为不变更原则。在大陆法系国家，本实行不变更原则，但如今此种纯粹职权主义的诉讼模式已经打破，诉讼中一般改行变更原则。我国亦应采行变更原则，通过立法规定人民检察院在起诉后有撤回、变更和追加起诉的权力。

我国《刑事诉讼法》通过确立裁量不起诉制度赋予检察机关一定的裁量权，并希望借助它实现一定的价值目标。在设定自由裁量权的时候，为防止该权力被滥用，立法机关小心翼翼地在法律中规定了严格条件、制约措施，其制约措施之一，是公安机关对于人民检察院的不起诉决定，有权提出复议、复核。德国学者赫尔曼曾经就此指出：“在特定情况下，中国警察可以不同意检察院的免予起诉的决定，要求复议，这表明警察在中国刑事程序中具有相对强大的地位。德国法律没有给予警察这种权利，而是将它严格地视为仅是检察院的一个‘辅助机构’。”[②] 他批评说：“中国的公安机关在刑诉中扮演一个更强有力的领导者角色，而不管警察是否受到足够的法律教育，能否胜任这一工作。”[③] 赫尔曼建议取消公安机关复议、复核的权力，以减少控诉职能主体内部的摩擦，提高检控效率。笔者认为，赫尔曼教授的观点值得重视，我国在修改《刑事诉讼法》时，应当考虑取消公安机关对检察机关不起诉决定提出复议、复核的权力。这是因为，履行同一控诉职能的不同机关相互制约环节过多，容易导致诉讼效率低下，而取消公安机关对检察机关的不起诉决定提出复议、复核的权力，并不会削弱对不起诉的外部制约，正如赫尔曼就这个问题指出的那样：德国法律没有给予警察提出异议的权力，但“在被害人不服检察院的停止程序决定而提起申诉问题上，德国法律给予被害人的权利，要比中国法律给予被害人的更大。[④] 这种情况，体现了德国检察院的活动应当被置于公民控制之下的思想”。[⑤] 这正像盲人的听觉往往比常人更为灵敏一样，警察没有异议权，但在被害人那里得到了弥补。

纯粹职权主义诉讼中，曾经实行起诉法定主义，只要有证据证明犯罪嫌疑人构

---

① 对于诉讼标的和诉讼关系，不认为当事人有处分的权利，法院应当依职权进行审判，为职权主义。

② ［德］约阿希姆·赫尔曼：《〈德国刑事诉讼法典〉引言》，载《德国刑事诉讼法典》，李昌珂译，中国政法大学 1995 年版，第 7 页。

③ ［德］约阿希姆·赫尔曼：《德国刑事司法制度》，赫尔曼教授在中国政法大学的讲座录音整理稿。

④ 1996 年我国《刑事诉讼法》修改后，法律上给予被害人的权利已经扩大。

⑤ ［德］约阿希姆·赫尔曼：《〈德国刑事诉讼法典〉引言》，载《德国刑事诉讼法典》，李昌珂译，中国政法大学出版社 1995 年版，第 1 ~ 19 页。

成犯罪，检察机关没有选择权，只能将案件起诉至法院。当今世界各国，一般实行起诉便宜主义，允许检察机关根据公共利益原则对有证据证明构成犯罪的案件作出不起诉决定。起诉裁量的功效主要是减少司法资源的浪费，减轻国家财政负担，使有限的人力、物力、财力投入更为严重的犯罪之遏制中去；同时，起诉裁量也有利于更好地体现刑罚个别化的新派刑罚思想和促进犯罪人回归社会的刑事政策。我国《刑事诉讼法》确立的裁量不起诉制度，体现了对检察机关拥有一定的起诉自由裁量权的肯定，符合实行起诉便宜主义的国际刑事诉讼的发展趋势。不过，由于担心不起诉权被滥用，立法机关虽然在审查起诉活动中赋予检察机关一定的自由裁量权，但对这一权力行使的范围限制得十分严格，对于该权力的制约措施也规定得足够周密，反而制约了裁量不起诉效能的发挥。我国法律对不起诉的严格限制突出表现为两点，一是案件范围限制过窄，二是不起诉决定引起的程序中断可以基于被害人的起诉而得到接续，这种限制虽然可以有力地遏制起诉裁量权被滥用的倾向，但弊端也十分明显：它使检察机关基于利弊权衡而作出的决定因被害人的起诉而失去意义，使自由裁量权失去发挥功效的空间。在实践中，上级检察机关对下级检察机关下达的指标限制，进一步使检察机关应有的自由裁量权被压缩。因此，拓展自由裁量权在审查起诉中的适用范围，应当成为检察职权调整的一个目标，以使自由裁量权能够发挥更大功效。

不仅如此，我国不起诉制度中还应增设一种不起诉种类——附条件不起诉。所谓“附条件不起诉”，也有论者称为“裁量不起诉”，乃是附加一定条件而后终止刑事诉讼进程的不起诉形式，也就是说，此种不起诉的实质是附加一定条件同时作出的终结诉讼进程的不起诉种类，附加特定条件是此种不起诉区别于其他不起诉种类的关键。附条件不起诉的立法建议，是在起诉便宜主义成为许多国家刑事诉讼发展的潮流的背景下，在借鉴日本和德国不起诉制度的基础上提出的。起诉便宜原则赋予公诉机关一定的自由裁量权，有利于根据犯罪人及其犯罪的具体情况给予适当处理，从而有利于犯罪分子的更新改造，同时，也可以使一些轻罪案件不必流入审判程序，节约司法资源，体现诉讼之经济。①

2. 侦查权

侦查权是大陆法系国家检察机关除公诉权以外的另一重要职权，无可置疑。我国《人民检察院组织法》也将侦查权作为检察机关的职权之一。1951 年《最高人民检察署暂行组织条例》规定，人民检察署“对反革命及其他刑事案件，实行检察”。1954 年《人民检察院组织法》规定，人民检察院“对于刑事案件进行侦查”。“人民检察院发现并且确认有犯罪事实的时候，应当提起刑事诉讼，依照法律规定的程

① 2012 年 3 月，第十一届全国人大第五次会议修改《刑事诉讼法》，决定增设未成年人刑事案件诉讼程序，在第 271 条第 1 末中规定“对于未成年人涉嫌刑法分则第四章、第五章、第六章规定的犯罪，可能判处一年有期徒刑以下刑罚，符合起诉条件，但有悔罪表现的，人民检察院可以作出附条件不起诉的决定”，便体现了检察官的自由裁量权（当然由于其仅适用于未成年人刑事案件，因此其效果还有待观察）。

序进行侦查或者交给公安机关进行侦查；侦查终结后，认为必须对被告人追究刑事责任的时候，应当向人民法院提起公诉。”1979 年《人民检察院组织法》也规定：“对于直接受理的案件，进行侦查。”

与许多大陆法系国家不同的是，我国人民检察院仅对部分刑事案件拥有侦查权，所谓“自侦案件”，此之谓也；而许多大陆法系国家的检察机关似乎才是侦查机关，它们对所有的刑事案件都有侦查权，警察机构乃是检察机关的辅助机关。我国台湾地区的检察制度也是如此。

德国学者赫尔曼在比较中德刑事诉讼制度的时候提道：“仅就条文而言，中国和德国的刑事诉讼法所规定的检察院与警察之间的关系似乎是相同的。然而实际上，两国刑事诉讼法在这个问题上有着一个根本的差别。在德国刑事诉讼程序中，警察所起的作用，始终受限制，仅是一个检察院辅助机构。而在中国的刑事司法实践中，警察却是一个具有自己权威、在很大程度上独立于检察院的权力机构。”① 也就是说，德国等大陆法系国家，一般都认为检察机关是刑事司法中的侦查机关，警察机关为侦查机关的辅助机关，检察机关不但拥有侦查权，而且拥有指挥侦查权，即检察机关有权就侦查政策发出一般指令并有权对案件的侦查发出具体指令，也有权指挥警察协助自己工作。② 当然，在司法实践中，尽管大陆法系国家检察机关拥有侦查权和指挥侦查权，“实际上，检察官很少去侦查，没有足够的人力和职员”，因此，第一线的侦查活动通常是由警察机关完成的。

在我国，检察机关办理的自侦案件有其特殊性，这类案件往往以国家机关工作人员和国家工作人员为犯罪主体，一般涉及贪腐或者渎职，大多属于“四知”案件，即“天知、地知、你知、我知”，很少有明显的犯罪现场，侦查难度和阻力很大，对技术侦查措施的采用有更高的期待性和迫切性。技术侦查措施，又称“秘密侦查措施”，它具有不为当事人知晓的秘密性质，采取的手段主要有秘密监听、电话窃听、电子监控、密取、秘密拍照或者录音录像等，通常借助科学技术来完成，这些手段的采用容易侵犯个人隐私权，需要以严格的程序加以限制。笔者认为，除在《刑事诉讼法》中对采取技术侦查措施的程序作出规定和限制外，还应当在未来修改《人民检察院组织法》时，赋予检察机关采取技术侦查措施的权力。

1954 年《人民检察院组织法》第 19 条曾经规定：“人民检察院执行检察职务，有权派员列席有关机关的会议，有权向有关的机关、企业、合作社、社会团体调阅必要的决议、命令、案卷或者其他文件，有关的机关、团体和人员都有义务根据人民检察院的要求提供材料和说明。”这一规定，与当时赋予检察机关一般监督职能

---

① ［德］约阿希姆·赫尔曼：《〈德国刑事诉讼法典〉引言》，载《德国刑事诉讼法典》，李昌珂译，中国政法大学出版社 1995 年版，第 1～19 页。

② 深受德国法律影响的日本检察制度，将侦查权主体定位为检察机关，同时确认检察官拥有侦查权限，履行具有警察官特点的功能，检察官与司法警察职员均为侦查机关，法律还规定检察官对警察拥有一般命令权、一般指挥权和具体指挥权。参见［日］田口守一著：《刑事诉讼法》，刘迪等译，法律出版社 2000 年版，第 37～38 页。

相配套，此后也随一般监督之废止而消失，但人民检察院进行侦查和诉讼监督，亦应有这类措施加以保障。为此，笔者建议，在修改《人民检察院组织法》时将该条文恢复并规定为："人民检察院执行检察职务，有权向有关的机关、企业事业单位、社会团体调阅必要的决议、命令、案卷或者其他文件，有关的机关、单位、团体和人员都有义务根据人民检察院的要求提供材料和说明。"

3. 司法审批权

在我国，实行一种特殊的"司法令状"制度。特殊之处在于：人民检察院、人民法院均被确认为"司法机关"，它们签发的批准逮捕书或者逮捕决定书，均可以被视为"司法令状"；公安机关需要逮捕犯罪嫌疑人的时候，只要获得检察机关签发的批准逮捕书，而无须由法院签发这一令状；[①] 另外，只有逮捕才适用"司法令状"，搜查、扣押无须"司法令状"，由实施这些侦查行为的机关自行签发"令状"即可实施。

在我国，对于检察院的批准逮捕权和决定逮捕权，不少学者提出异议，认为检察机关虽承担客观义务，但毕竟为履行控诉职能的主体，中立性不如审判机关，难以像法院那样通过司法令状制度对侦查活动加以有力控制，故而批准逮捕权应当移交给更为客观、中立的人民法院执掌。就法理与诉讼角色及其心理的关系而言，由法院执掌批准逮捕的权力更为理想，但不可忽视的是，我国在司法实践中并未如一些学者所言，检察机关与侦查机关职能的一致性造成检察机关在审查批准逮捕环节滥施逮捕，相反，检察机关把握逮捕条件过严，使逮捕批准权的行使颇为慎重，在这种情况下，以检察机关作为控诉者容易滥用批准逮捕权为由取消该项权力，显然缺乏事实依据。另外，涌向法院的刑事案件每年都在增加，法院自感审判工作压力沉重，鞭长莫及，对于接手审查批准逮捕并不热心。值得关注的是，在实行法官签发令状的一些国家，法院在此环节不过为侦查机关之"橡皮图章"，几乎没有不依照侦查机关所请签发令状的。因此，在当前情况下，由人民检察院掌握批准逮捕权仍不失为一项可接受的制度安排。

不仅如此，为加强对侦查活动的司法控制，还应进一步赋予人民检察院对搜查、扣押的司法审批权。在许多国家，侦查人员进行搜查、扣押，除法律规定的特殊情形外，需要事先取得法官就此签发的搜查令、扣押令。美国《宪法》将人身、住所、文件与财产的保护并列规定，给予同等的程序保障，其第四条修正案规定："人民保护其人身、住所、文件与财产不受无理搜查与扣押的权利，不可侵犯；亦不得颁发搜查证、拘捕证或扣押证，但有可能的理由，有宣誓或郑重声明确保，并且具体指定了搜查地点、拘捕之人或扣押之物的除外。"美国的法院认为，"根据第四条修正案，如果没有法官或者治安法官的预先批准，搜查本身便是无理的，除非

① 由检察机关签发这一令状的做法在我国民国时期也实行过，按照当时《刑事诉讼法》的规定，羁押（相当于现在实行之逮捕）要用押票，签发押票的职权，侦查中属于检察官，审判中属于审判长或受命推事。

为数不多的、可以特别证实的、描述清楚的情况可以例外”。[1] 除了一些例外——如在紧急情况下——要进行搜查，警察必须向治安法官申请搜查令，为此必须宣誓保证有“充分的理由”相信“搜查肯定会获得犯罪证据”。搜查令上必须写明搜查的地点和所要扣押的物品。[2] 而我国侦查机关的搜查、扣押活动，缺乏外部制约，人权保障明显不足。为弥补这一罅漏，在修改《人民检察院组织法》时，应当将搜查、扣押的司法审查权赋予检察机关，要求侦查机关进行搜查、扣押，需要事先获得检察机关签发的批准书或者决定书。只有在执行逮捕、拘留且有必要或者紧急情况下，才能在未取得搜查证、扣押证的前提下进行搜查、扣押，以加强对人权的保障。

4. 民事起诉权

我国《人民检察院组织法》曾经赋予人民检察院（署）民事起诉权，规定其有权力也有义务对某些特定的案件提起民事诉讼。1951 年《最高人民检察署暂行组织条例》和《各级地方人民检察署组织通则》均规定：人民检察署“代表国家公益参与有关社会和劳动人民利益之重要民事案件及行政诉讼”。1954 年《人民检察院组织法》也规定：“对于有关国家和人民利益的重要民事案件有权提起诉讼或者参加诉讼。”现行《人民检察院组织法》关于检察机关职权的规定已经看不见这一职权，但《刑事诉讼法》第 99 条第 2 款规定：“如果是国家财产、集体财产遭受损失的，人民检察院在提起公诉的时候，可以提起附带民事诉讼。”也就是说，人民检察院有在刑事诉讼中提起附带民事诉讼的职权和职责。为此，笔者认为，在修改《人民检察院组织法》时应当重新赋予人民检察院民事起诉权，规定人民检察院对于有关国家和公众利益的重要民事案件有权提起诉讼并参加诉讼。

人民检察院对于有关国家和公众利益的重要民事案件提起诉讼并参加诉讼之权力的价值基础是公共利益。检察官为“公益代表人”，其诉讼活动的取向是公共利益而非私人利益。公共利益（Pubic Interest）简称“公益”，也可以用“公共福利”（Public Welfare）、“公共政策”（Public Policy）来表达，是指作为有机整体的公众所共同享有的权益、福利和价值。作为指导国家机构运作的原则，它是指国家权力的运作必须有利于公众的整体意志和最大多数人的普遍期待。公共利益包括公共秩序、公共道德、公共财产、公共安全等，其特征是适用的普遍性，即为公众共同体所享有并为该共同体中的单一个体所享有，破坏共同体所享有的权益和福利，就破坏了共同体中单一个体的权益和福利。人民检察院作为公共利益的守护者，在国家财产和公共利益遭受损失而有关单位没有提起民事诉讼的情况下，应当有权力也有责任启动民事诉讼程序和参与民事诉讼活动，以有效维护国家利益和公众利益。

---

① 转引自［美］卡尔威因、帕尔德森著：《美国宪法释义》，徐卫东、吴新平译，华夏出版社 1989 年版，第 209～210 页。

② ［美］卡尔威因、帕尔德森著：《美国宪法释义》，徐卫东、吴新平译，华夏出版社 1989 年版，第 213 页。

5. 监督权

检察机关之监督权，与公诉权一样由来已久。检察官源于法国，13 世纪的法国设置了“国王代理官”（Procureur de roi）的职位，随着刑罚观念的发展和王权的扩张，国王的代理官开始参与追诉并扩大了追诉权的范围。到了 15 世纪，国王代理官除了对一般犯罪行使追诉权外，还“负起执行判决和监督法官的任务”。法国大革命后，国王代理官变成作为公益代表人的“共和国检察官”，“在刑事案件的审理中独占了公诉权，处于原告官的地位，并且有指挥预审法官和执行判决的权限。在民事案件的审理中，有监督裁判当否与陈述意见的权限。此外，在司法行政方面还有指挥监督警察、律师和法院的辅助官吏等极大权限”。[①] 日本冈田朝太郎曾言，对于民事诉讼，法国检察机关有监督裁判之权，“法国称检察官曰‘法之监视者’（换言之即政府耳目），为监督一般判决，且保护法律得为抗告，主张判决之无效”。[②] 法国模式的检察制度在法律文化传播的过程中被许多国家借鉴，深受法国文化影响的俄罗斯帝国引入了法国的检察制度，并赋予检察官广泛的监督权，由此检察官取得了炙手可热的地位，被称为“君主的眼睛”，权倾一时，监督范围比法国更有过之。后来苏联检察机关达到位高权重的地步乃与这一传统有关。

我国检察机关以法律监督为根本职能，这一职能设定系仿行苏联法律制度而来。苏维埃取得政权后，面临一个疆域广阔的庞大国家，维持法制的统一，与当年秦始皇“车同轨、书同文”的意义如出一辙。而要达到法制统一的目标，就不能不安排某一国家专门机关承担起监督之责，这个职责由素有监督传统的检察机关承担，显然顺理成章。苏联检察机关是依严格的集权化原则与单独责任制原则所构成的国家机关体系，对各机构、公务人员以及公民之切实执行苏维埃法律，行使一般监督权，这个整体庞大又严格集权化的检察体系的监督具有包罗万象的性质，广泛的法律监督权是苏联检察机关的最大特色。法律监督的目的在于，“全力加强和巩固社会主义法制和法律秩序”，[③] 监视全境对法律有真正一致的了解，使任何地方当局的任何决定都不与法律相抵触，使对法制的了解在全境都是绝对一致的。

我国检察制度也曾一度实行一般监督，1951 年《最高人民检察署暂行组织条例》第 3 条第 1 项规定：“检察全国各级政府机关、公务人员和全国国民是否严格遵守中国人民政治协商会议共同纲领、人民政府的政策方针和法律法令”；1951 年《各级地方人民检察署组织通则》第 2 条第 1 项也规定：“检察各级政府机关、公务人员和国民是否严格遵守中国人民政治协商会议共同纲领、人民政府的政策方针和法律法令”。1954 年《人民检察院组织法》第 4 条第 1 项规定“对于国家机关的决议、命令和措施是否合法”实行监督，也带有一般监督的性质。从监督方式看，监

---

① ［日］法务省刑事局编：《日本检察讲义》，杨磊等译，中国检察出版社 1990 年版，第 2 页。

② ［日］冈田朝太郎等口授：《检察制度》，郑言笔述，中国政法大学出版社 2003 年版，第 198 页。

③ 《苏维埃社会主义共和国联盟检察院法》第 2 条。

督权体现为两项具体权力：一是抗议权，“最高人民检察院发现国务院所属各部门和地方各级国家机关的决议、命令和措施违法的时候，有权提出抗议”。二是要求纠正权，“地方各级人民检察院发现本级国家机关的决议、命令和措施违法的时候，有权要求纠正；如果要求不被接受，应当报告上一级人民检察院向它的上一级机关提出抗议；地方各级人民检察院发现国务院所属各部门和上级地方国家机关的决议、命令和措施违法的时候，应当报告上级人民检察院处理”。但是，“人民检察院对于违法的决议、命令和措施，无权直接撤销、改变或者停止执行”。[①] 1954 年《人民检察院组织法》第 4 条第 1 项规定对“国家机关工作人员和公民是否遵守法律”实行监督；第 9 条还规定，“人民检察院发现国家机关工作人员有违法行为，应当通知他所在的机关给予纠正；如果这种违法行为已经构成犯罪，人民检察院应当追究刑事责任”。[②] 若干年后，一般监督权随着检察机关被撤销而消失，1979 年《人民检察院组织法》已没有该项权力，至今也几乎听不到恢复该项权力的呼声。

当前，我国人民检察院的监督权限于诉讼监督，包括如下权力配置：

（1）审判监督权。我国 1951 年《最高人民检察署暂行组织条例》和《各级地方人民检察署组织通则》规定，人民检察署“对各级审判机关之违法或不当裁判，提起抗诉”，此为诉讼权还是监督权，法律本身尚不明确。及至 1954 年《人民检察院组织法》，该权力才在法律上得到明确。该法第 4 条规定，人民检察院的职权之一是监督“人民法院的审判活动是否合法”。第 17 条规定的监督方式：一是莅庭监督。人民检察院提起公诉的案件，由检察长或者由他指定的检察员以国家公诉人的资格出席法庭，在公诉中监督审判活动是否合法；“对于不经人民检察院起诉的案件的审判，检察长也可以派员参加并且实行监督”。二是列席审判委员会会议。即“最高人民检察院检察长列席最高人民法院审判委员会会议，如果对审判委员会的决议不同意，有权提请全国人民代表大会常务委员会审查处理”。另外，“地方各级人民检察院检察长有权列席本级人民法院审判委员会会议”。1979 年《人民检察院组织法》第 5 条沿用了这一规定，确认人民检察院“对于人民法院的审判活动是否违法，实行监督”。1996 年修订的《刑事诉讼法》也规定人民检察院对刑事诉讼实行监督，包括对审判活动实行监督，唯监督方式由检察官当庭纠正违法改为检察院庭后纠正违法。

对于审判监督争议很大，主张废除者的声音高亢，理由也颇雄壮。通常的批评是，作为控诉方的检察机关拥有审判监督权，就取得了凌驾于辩护方而与法院相同的诉讼地位，这就使诉讼结构中平等对抗的机制被破坏。对于法院来说，检察机关所具有的诉讼地位也不利于强化法官的独立性和公正无偏的诉讼心态。另外，承担审判监督职能的公诉人存在角色冲突。检察机关既是公诉机关（属于诉讼中

---

① 1954 年《人民检察院组织法》第 8 条。

② 1954 年《人民检察院组织法》第 9 条。

控诉一方）又是审判监督者，这就不可避免地产生了角色间的冲突：[①] 作为监督者，其地位应当是超然的，然而不然，作为控诉方（所谓当事的一方）追求的是给被告人定罪的诉讼结果，显然又不占据超然的地位，因此必然产生难以解决的地位冲突，这种冲突只能依靠选择其中一个角色而放弃充任与之相冲突的另一角色来解决。

就理想的权力配置而言，审判监督权的确存在法理说服力不强的问题，盖因刑事诉讼的正三角形诉讼结构本身具有保障司法公正的机能，正因为如此，很多国家并不强调对法院的监督，司法腐败和司法专横的现象仍然可以得到有效的遏制，其奥妙就在于设计合理、运作正常的诉讼结构里，只要检察机关进入这一结构并忠实地履行控诉职能，也能够发挥实质上的“监督”法院公正司法的功能。也就是说，即使从单纯的控诉职能也可以引申出对法院违法行为和错误裁判提出异议的权力，不必假手于审判监督职能。

不过，必须注意的是，“三角形的诉讼结构”维护司法公正的功能，依赖于周密而完善配套的制度和独立公正的法官才能发挥出来。要取消检察机关的审判监督职能，并不像将椅子由室内搬到室外那么简单，在当前审判机关存在严重的司法腐败和司法不公的情况下，要取消检察机关的审判监督难免令人心存忐忑。审判活动中的司法腐败和司法不公问题为检察机关的审判监督提供了道义上的基础。人们注意到，有检察机关在法院的卧榻之侧履行法律监督之责，毕竟可以使审判机关在一定程度上得到制约，这一制约一旦除去，很多人担心会造成更严重的司法腐败与司法专横。取消审判监督权的主张要获得广泛的支持，审判机关需要通过一系列努力改善自己的形象，求得判决的公信力和诉讼过程的公正性，这也许正是该问题需要触及的根本。

需要指出的是，当前审判中存在的严重司法腐败和司法不公的问题，恰恰从另一面证明了法律监督的乏力和无奈。检察机关审判监督职能的反对者常常有意或者无意地夸大了检察机关的权力，似乎它可以高踞审判权之上，实际情况远非如此，事实上，审判监督权的形式意义要大于它的实质意义。正因为如此，检察机关长期以来试图探索走出审判监督职能的困境，但又苦于找不到强化审判监督职能的良策，这表明审判监督的困境在于诉讼本身的结构上，审判权独立于控诉权的结构要素不改变，审判监督的困境就难以摆脱。在法院垄断案件终局裁断权的情况下，审判监督权难以走出名义上强势、实际上弱势的困局。对于审判活动的最终也是最有力的监督，恐怕非借助侦查权对构成犯罪的枉法裁判行为的追究不可。审判监督权要真正得到落实，仅靠抗诉、口头或者书面纠正违法而没有被监督者自觉自愿接受监督、从善如流，就不过是一句空话而已。

（2）侦查监督权。1951 年《最高人民检察署暂行组织条例》和《各级地方人

① 当一个人同时处于几个互不相容的地位时（角色间冲突），或当一个角色具有几个互不相容的期望时（角色内冲突），就产生了角色冲突。

民检察署组织通则》没有关于检察机关监督公安机关侦查活动的规定。1954 年《人民检察院组织法》第 4 条规定，人民检察院的职权之一是监督“侦查机关的侦查活动是否合法”；监督方式是通知纠正。1979 年《人民检察院组织法》第 5 条沿用这一规定，即“对于公安机关的侦查活动是否违法，实行监督”。

对于人民检察院对侦查活动实行监督，学术界并无异议，相反，要求加强侦查监督的呼声颇高。侦查监督权与审判监督权一样，都存在一个明显矛盾的现象：一方面，作为一项权力，它应当具有“使他人因自己的介入不得不去做某一行为或不得不放弃某一行为的影响力”，按照法国学者米歇尔·克罗其埃的说法：“任何权力现象，不论它产生于何种根源，不论它具有何等的合法性，也不论它的行施方法如何，都蕴含着某一个人或集团对于另外一个或若干个人或集团施加作用的可能性。这就是美国政治学家罗伯特·达尔在作出并曾多次重申下边的定义时所要明确的问题，这个定义的主要优点就是简单明了：‘A 对于 B 的权力就是 A 能使 B 去做某件如果没有 A 的干预 B 就不会去做的事情这样一种能力。’”① 但另一方面，无论口头纠正违法、纠正违法通知和抗诉都没有必然要使监督者的意图得到贯彻的保障，一些案件抗诉之后得不到改判（其中包括理由正确的抗诉），甚至案件被长期搁置得不到回应；有些被监督者当着监督者的面将纠正违法通知书撕毁，检察机关却无可奈何。这就形成了一种现象，即监督者的监督意图能否实现取决于被监督者是否配合；如果其不配合，则监督权就会落空。这种监督简直就是“乞丐式监督”。

需要指出的是，强化侦查监督权没有强化审判监督权那样的结构性障碍，也没有与法理相悖的问题，侦查权与控诉职能具有相容性，侦查活动本来就可以被看做控诉的准备活动，警检关系的建构往往集中于是否有决心确立检察官指挥侦查的机制（又称“警检一体化”）。这种体制因地方公安机关和检察机关联手试行“检察引导侦查”而更加引人注目，检察官指挥侦查的机制，也可能弱化检察机关监督者角色的中立性。该项在欧陆国家以及受欧陆国家影响的日本、韩国、我国台湾地区等国家或者地区广泛实行的制度，在这些国家或者地区，检察机关拥有指挥侦查权，有权就侦查政策发出一般指令并有权对案件的侦查发出具体指令，也有权指挥警察协助自己工作。②

在我国目前的警检关系模式中，检察机关不能对警察机关的侦查活动随侦查工作的展开进行引导，两者也缺乏日常的合作，对于提高侦查的水平和质量以及开展有效的公诉活动不利。早有学者批评说，按照现制，人民检察院对警察机关的侦查活动属于事后监督，不能随侦查活动的展开同步进行监督，更不能对违法警察直接给予处分，这是侦查监督不力的主要制度原因。

---

① ［法］米歇尔·克罗其埃著：《被封锁的社会》，狄玉明等译，商务印书馆 1989 年版，第 23 页。

② ［德］约阿希姆·赫尔曼：《〈德国刑事诉讼法典〉中译本引言》，载《德国刑事诉讼法典》，李昌珂译，中国政法大学 1995 年版，第 7 页。

在我国，检察官指挥侦查的机制尚处于研究和探索阶段，短期内要在《人民检察院组织法》中得到确立，来自公安机关的阻力势必很大。当前要强化侦查监督权，还须另辟蹊径（说来容易，行之实难）。无论如何，大陆法系国家警检关系模式和检察官指挥侦查的职权，功效显著，不可抹杀，加以移植，不失为我国检察制度改革的一大选项。

（3）执行监督权

对监所和法院生效裁判执行之监督，也为我国检察机关职权的一部分。1951 年《最高人民检察署暂行组织条例》第 3 条第 4 项规定："检察全国监所及犯人劳动改造机构之违法措施。" 1951 年《各级地方人民检察署组织通则》第 2 条第 4 项也规定："检察监所及犯人劳动改造机构之违法措施。" 1954 年《人民检察院组织法》第 18 条修改为："人民检察院监督刑事判决的执行，如果发现有违法的情况，应当通知执行机关给以纠正。""人民检察院监督劳动改造机关的活动，如果发现有违法的情况，应当通知主管机关给以纠正。" 1979 年《人民检察院组织法》第 5 条第 5 项恢复对监所的监督规定，即"对于刑事案件判决、裁定的执行和监狱、看守所、劳动改造机关的活动是否合法，实行监督"。在我国，对于检察机关的执行监督权，并无反对的声音，相反，加强检察机关的执行监督力度，保障执行活动合法、正当，遏制执行活动中的舞弊行为和贪腐现象，成为人们寄予人民检察院的厚望。

值得注意的是，许多国家或者地区的检察机关不是承担监督执行的权力，而是直接拥有执行判决的权限，或者指挥执行的权力，换言之，刑事判决的执行是由检察机关来完成或者指挥完成的。正如冈田朝太郎所言："自由刑者，依检察官之指挥司狱官（有时警察官）执行之。财产刑之执行者，依检察官之指挥承发吏（日本曰'执达吏'）实施之。"① 对于检察机关的执行权，迄今为止尚缺乏深入、系统的研究，但实际上有加以深入探讨的必要。

（四）处理好司法权与司法行政权的关系

"司法行政"是国家专门机关与司法"有关联之行政行为，以求司法权活动之圆满，而辅佐司法权行使之行政事务"，换句话说，司法行政是"附随于司法事务之行政"。② 许多国家的司法行政工作，着重点在于此。而在我国当代，专门设立的司法行政机关主要负责法制宣传教育，领导和管理律师、公证工作，领导和管理劳动改造工作，领导人民调解委员会的组织建设和业务建设，以及调查和研究司法工作。

司法机关自身也有司法行政事务，如法院除了审判以外，还要承担民事判决等的执行工作，这项工作主要属于司法行政性质；法院还要负责法院系统的行政组织、人事调动、活动经费以及与司法相关的行政事务，这些事务都属于行政事务，但与

---

① ［日］冈田朝太郎等口授：《检察制度》，郑言笔述，中国政法大学出版社 2003 年版，第 198 页。

② 汪翰章主编：《法律大辞典》，大东书局 1934 年版，第 280 页。

一般行政事务不同，它们属于与司法活动或者司法机构有关的行政事务。

司法权的科学、合理配置，需要将司法权与司法行政权厘清，将某些应归司法行政机关行使的司法行政权从司法机关分离出去，其中学者探讨较多的，是民事执行权是否从法院职能中分离出去。在我国，长期以来，民事执行权设置于法院。从历史上看，自清末司法权从行政权剥离出来以后，民事执行权通常设于法院，但也曾出现过行政机关担任民事执行机关的情况。① 在其他国家和地区，民事执行权的配置分为两种情况：一是法院行使，一般由普通法院行使，分为由执行法官负责具体执行、由执行官负责具体执行、由执行法院（具体执行由负责的法官来进行）与执行官各自行使执行权三种类型。其中，冰岛采取特殊的执行制度，由专设的执行法院加以行使，通常由执行法院中的一名法官负责执行，有时也由拍卖法院负责执行。二是由执行机关执行，有的由司法行政官执行，如 1997 年 6 月 4 日俄罗斯国家杜马通过的《俄罗斯联邦执行程序法》，将执行机关设置在俄罗斯联邦司法行政部门；有的由专门机构执行，如设立执行局、执行事务局、破产事务局等，由这些机构负责民事执行。② 在我国，由于民事执行不力并存在严重的司法腐败现象，有损法院公正形象，故而不少学者主张将民事执行权从法院分离出去。我国法院在司法体制改革中进行了调整，设立执行局承担民事执行工作，但许多学者认为这种调整不能触动民事执行中的弊端，应当实行这样一种变革，即将属于司法权范畴的执行中的命令权、裁决权继续交由人民法院行使，将属于司法行政权的执行实施权交由行政机关来行使，由此可以由司法行政机关负责执行，也可以专门设立政府执行局来负责执行。笔者认为，这一建议对于优化司法权配置来说不失为一项值得采纳的建议。

在司法机关内部，需要根据司法职能与司法行政职能的不同，将法院内的司法人员与司法行政人员分开。法院业务既包括司法业务也包括司法行政业务，在法院从事司法业务的人员与从事司法行政业务的人员的管理方式是不同的，对法官应当依照司法规律进行管理，对从事司法行政业务的人员应当依照行政管理模式进行管理。目前，在我国法院中，从事司法业务的人员与从事司法行政业务的人员在管理上没有区别，法官被纳入了行政管理体制，从事司法行政业务的人员也被授予法官职务，由此，具备法官资格却不在审判工作岗位而是从事党务、人事、司法行政或后勤工作的人数众多，法官成了一种待遇，失去了其应有的含义。法官职称的泛化使法院人员管理体制存在混同的问题。解决的办法应当是将司法人员和非司法人员的管理机制加以区别，将司法业务与司法行政业务分开，分由法官和行政人员承担，法官不得兼任行政管理职务，而司法行政业务由法院内的行政人员承担，对行政人员按行政管理模式进行管理，即法院内的司法行政人员具有国家公务员身份，但不

---

① 在新民主主义革命时期，有的革命根据地就曾实行这一制度。

② 童兆洪：《论民事执行权的配置》，原载《法律适用》，转引自 http://www.civillaw.com.cn/article/default.asp?id=30149，2010 年 9 月 9 日访问。

授予法官职务，不得从事审判工作。法院内部的司法行政职责包括：安排法庭和调度车辆；管理法院的财务；编制预算和负责支出事宜；管理档案；收发机要和普通文件；其他行政事宜。

二、司法资源的优化配置

（一）司法资源及其优化配置的范围

所谓资源（Resources），是指“任何一种有形或者无形、可利用性有限的物体，或者是任何有助于维持生计的事物。在大多数情况下，在商业上或者甚至出于道德规范方面的因素会要求通过资源管理来实现资源分配”。[①] 在一般意义上，资源是指“一国或一定地区内拥有的物力、财力、人力等各种物质要素的总称。分为自然资源和社会资源两大类。前者如阳光、空气、水、土地、森林、草原、动物、矿藏等；后者包括人力资源、信息资源以及经过劳动创造的各种物质财富”。[②]

狭义上说，国家司法系统内具有专业从事司法工作能力的人员以及国家司法系统可以在司法活动中调动和使用的财物，就是司法资源。广义上说，以国家司法系统内具有专业从事司法工作能力的人员为主体，凡社会可为司法活动所调动并参与司法活动的人员（如陪审团制度就以社会具有选民资格的人为司法资源）以及凡国家司法系统可以在司法活动中合法调动和正当使用的财物，都是司法资源。

司法资源可以分为人的资源（人力资源）和物的资源（如果把钱财归入这一类）两大类，也可以分为人的资源、财的资源和物的资源（如果不把钱财归入这一类的话）三大类。这里论及的“司法资源的优化配置”就是人、财、物在司法系统的适当分配，以期达到司法追求的目标和更好地履行司法承担的国家职能。具体来说，司法资源的优化配置应当包括以下几个方面：

1. 司法系统外人的司法资源的吸收和录用

从全社会范围来看，我国司法机关有着广泛的人的资源。我国曾经出现过两次大的司法资源不足的时期。一是新中国成立初期，体现新的统治阶级意志的司法人员严重不足，当时的司法工作已不能适用“六法全书”，在新法律没有系统地发布以前，司法活动的依据是共产党的政策、人民政府和人民解放军发布的政策、纲领、法律、命令、条例、决议，以及新民主主义的政策，而具有法律素养和旧时法庭经验的人不可重用。针对司法干部缺乏的状况，新政府要求“为加强司法工作，必须配备一定数量的坚强干部作为骨干，并需教育他们重视司法工作，帮助他们提高政策水平”。其主要措施包括：其一，调配一定数量和质量的老干部作为骨干，以便

---

① 见维基百科“资源”一词的释义，载 http://zh. wikipedia. org/zh - cn/% E8% B5% 84% E6% BA% 90，2010 年 9 月 23 日访问。

② 见百度知道“资源”一词的释义，载 http://zhidao. baidu. com/q? word = % D7% CA% D4% B4&ct = 17&pn = 0&tn = ikaslist&rn = 10&lm = 0&fr = search，2010 年 10 月 23 日访问。

更好地掌握政策，建立良好作风。其次，大力培养新干部，通过力求改进各大学法律学系的教学内容和方法使其切合新的需要来培训干部，省以上人民政府也着手培训干部。其三，留用一部分旧司法工作人员参加工作，他们必须经过教育改造而后量才使用。当时，一些男女知识分子被吸收到司法岗位进行锻炼。在司法人员中，法医、检验员采取抽调干部讲习或会同卫生部门办训练班等加以培养。[①] 此后，政府逐渐开始以苏联为模式建立自己的司法制度和司法队伍，一些法律学系也在苏联专家的帮助下培养了一批法律人才，但新中国的法学教育与司法制度一样，经过政治运动的几番荡涤元气大伤。二是1978年以后改革开放初期，由于“文化大革命”中司法人才培养断档，进入改革开放新时期后，当时除了一些20世纪五六十年代培养的部分法律系毕业生外，一大批政治素质高但缺乏法律专业教育的人（包括为数众多的复转军人）被选入司法机关从事司法工作。改革开放三十多年来，我国的法学教育迅速发展，为司法机关源源不断地提供了大量的法律人才，已经建立的法律职业资格考试制度（司法考试制度）为法律人才的筛选提供了机制，这就为司法机关提供了较为充裕的人才资源。

我国《法官法》、《检察官法》分别规定了担任法官和检察官的资格。《法官法》第9条第1款规定，担任法官必须具备下列条件：（1）具有中华人民共和国国籍；（2）年满二十三岁；（3）拥护中华人民共和国宪法；（4）有良好的政治、业务素质和良好的品行；（5）身体健康；（6）高等院校法律专业本科毕业或者高等院校非法律专业本科毕业具有法律专业知识，从事法律工作满二年，其中担任高级人民法院、最高人民法院法官，应当从事法律工作满三年；获得法律专业硕士学位、博士学位或者非法律专业硕士学位、博士学位具有法律专业知识，从事法律工作满一年，其中担任高级人民法院、最高人民法院法官，应当从事法律工作满二年。[②] 该法第12条第1款还规定：“初任法官采用严格考核的办法，按照德才兼备的标准，从通过国家统一司法考试取得资格，并且具备法官条件的人员中择优提出人选。”《检察官法》第10条第1款规定，担任检察官必须具备下列条件：（1）具有中华人民共和国国籍；（2）年满二十三岁；（3）拥护中华人民共和国宪法；（4）有良好的政治、业务素质和良好的品行；（5）身体健康；（6）高等院校法律专业本科毕业或者高等院校非法律专业本科毕业具有法律专业知识，从事法律工作满二年，其中担任省、自治区、直辖市人民检察院、最高人民检察院检察官，应当从事法律工作满三年；获得法律专业硕士学位、博士学位或者非法律专业硕士学位、博士学位具有法律专业知识，从事法律工作满一年，其中担任省、自治区、直辖市人民检察院、

---

① 参见《中央人民政府政务院关于加强人民司法工作的指示》（1950年第18期《中央政法公报》）、《系统地建立人民司法制度》（1950年8月26日《人民日报》社论）。

② 同条第2款、第3款规定：“本法施行前的审判人员不具备前款第六项规定的条件的，应当接受培训，具体办法由最高人民法院制定。适用第一款第六项规定的学历条件确有困难的地方，经最高人民法院审核确定，在一定期限内，可以将担任法官的学历条件放宽为高等院校法律专业专科毕业。”

最高人民检察院检察官，应当从事法律工作满二年。[1] 该法第 13 条第 1 款规定："初任检察官采用严格考核的办法，按照德才兼备的标准，从通过国家统一司法考试取得资格，并且具备检察官条件的人员中择优提出人选。"按照这些规定，我国自 2002 年首次举行司法考试以来通过统一司法考试并有志于从事审判和检察工作的人员已经构成一个十分庞大的群体。据统计，2009 年全国参加司法考试的人数多达四十一万人，2010 年的考生人数也多达四十万人；近年来考试通过率已经高达百分之三十，这意味着每年有十多万人通过司法考试。另外，在大学法律院系毕业生就业难的压力之下，期望到司法机关就业的本科生、研究生有增无减。由此可见，司法考试通过的人数逐年增加，与司法系统没有足够的容量吸纳这些取得司法资格的人员形成矛盾，司法系统并无真正的人员匮乏之虞，即使在我国西部地区也是如此。[2] 这些取得司法资格的人员是司法系统外可资利用的充裕的司法资源。

当然，司法考试是松还是严，考试通过率是高还是低，决定了司法系统外的人的司法资源是优质资源还是劣质资源。通过统一司法考试并不意味着就是合格的司法官，司法考试本身是否具有科学的筛选功能就是一个疑问，缺乏科学而严格的考试目标和标准，即使定期或不定期举行考试，也不能必然发挥精英选拔的作用，这是毫无疑问的。另外，通过统一司法考试只是通过了对担任司法官的最低资格要求，要成为合格的司法官，不仅需要有法律知识，还需要有丰富的社会经验和司法经验，以及具有良好的职业道德，并具有健全的司法理性，这都不是一次司法考试就可以考查和检验出来的。不过，司法机关毕竟可以在人数庞大的通过司法考试的人员中再依据一定标准进行筛选，来获得司法活动所需要的人力资源。

2. 司法资源中财物资源的优化配置

司法资源中财物资源涉及开源和节流两个部分，所谓开源涉及的是司法经费等资源的保障和增加；所谓节流涉及的是对于财物资源的节约使用，这一点尤其关涉司法资源中财物资源的优化配置问题。

就开源而言，当前我国司法机关的财物资源得到了极大改善，我国社会能够为司法系统提供的财物资源也随着经济发展而大幅增加。近年来我国经济迅猛发展，每一年 GDP 的增长均在百分之十左右，由此，各级政府的财政状况得到了明显改善。相应地，各级政府投入司法机关的办公楼建设的资金充裕，司法机关的办公条件都得到了明显改善。

不过，我国司法机关仍然面临着财政问题，其中主要是司法机关的财政受制于地方政府，它们的财政权实际上掌握在行政机关手里，这使得司法权不受行政机关

---

① 同条第 2 ~ 3 款规定："本法施行前的检察人员，不具备前款第六项规定的条件的，应当接受培训，具体办法由最高人民检察院制定。适用第一款第六项规定的学历条件确有困难的地方，经最高人民检察院审核确定，在一定期限内，可以将担任检察官的学历条件放宽为高等院校法律专业专科毕业。"

② 调查表明，西部地区想进入司法系统工作的具有司法资格者如果没有关系、门路是进不去司法机关工作的；而能够进去的却未必能够通过司法考试。

干预容易成为一句空话，解决的办法应当是：司法机关的经费由全国人民代表大会根据最高司法机关单独上报（或者财政部汇总）的预算以决议方式确定，并由中央财政部门逐级下拨，任何部门不得截留或者占用。

我国司法机关仍然面临的财政问题还表现为：有一些地区仍然存在财政困难的窘境——办案经费不足，甚至工资发放都一度出现困难。对此，最高人民法院原院长肖扬在2007年所作《最高人民法院工作报告》中指出："在经费物质保障方面，配合财政部门制定和完善基层人民法院公用经费保障标准，向基层人民法院包括人民法庭倾斜，向中西部地区倾斜。"2010年，最高人民法院院长王胜俊在《最高人民法院工作报告》中再次提出："紧紧依靠党委领导和人大、政府支持，进一步解决好基层法院经费保障问题，改进人员招录办法，缓解一些地方案多人少矛盾。继续改善边远地区基层法院的司法条件。"

就节流而言，司法资源优化配置的另一个主要方面是财物的配置。司法机关的建筑物和用于司法活动的经费、设备、器具、用车等，都来自纳税人的税金。纳税人的税金如何合理使用，是需要认真对待的问题。司法活动的经费、设备、器具、用车等都应当服务于司法办案，财物的配置应当向具体办案部门倾斜，司法活动的经费、设备、器具、用车等不能恣意用于非司法用途。为此，应当使司法机关的财物使用情况透明化，即置于公众的监督之下。只有这样，才能够促使司法资源在司法活动中真正做到优化配置。

3. 司法系统内司法资源的优化配置

人们在探讨司法资源的优化配置时，更多的是关心司法系统内司法资源的优化配置，这同样包括人的司法资源配置和财物的司法资源配置。

司法系统内人的司法资源配置，涉及的是在人员编制有限的前提下，如何使人员配置更有利于司法人员专业化并更好地实现司法目标。我国司法系统总的人数可谓庞大（当然以国民人口人均值来看，也不能说多），但人员不敷使用的呼声很高，各地各级司法机关都希望大幅度增加编制，究其根源，人员总数不足以应付日益增多的案件数量是一个原因，另外还有一个原因，那就是没有将人员进行合理安排，投入一线办案的人数没能进行有侧重性的倾斜，在法院从事虽与司法有关但不属于司法工作的队伍没有得到压缩，这使得具体从事司法业务的人员数量不足，造成办案人员加班加点，超负荷运转。解决的办法是压缩非司法业务部门的人数，腾出编制给司法业务部门，以达到人员优化配置的目标。

人的司法资源配置涉及优质司法人员的比例和配置问题。我国司法机关近年来一直强调要进行专业化建设。司法人员的专业化不仅包括提高司法人员的专业意识，培养他们的专业精神，增进他们的业务水平，还包括将司法业务与司法行政业务适当分开，将从事以上两种不同业务的人员进行分类配置，以优化司法资源。例如，法院中的司法行政业务应由法院内的行政人员承担，对他们应当按行政管理模式进行管理，每一法院设行政管理局局长一名，根据需要可以设副局长一至二名协助其工作。法院内的司法行政人员具有国家公务员身份，但不授予法官职务，不从事审判工作。司法行政部门的职责包括：安排法庭和调度车辆；管理法院的财务；编制预算和负责支出事宜；管理档案；收发机要和普通文件；其他行政事宜。为履行上述职责，行政管理局可以设若干职能部门，以提高管理效率。

要优化配置司法资源，需要贯彻司法经济或者诉讼经济原则。在这里，“经济”一词的含义是节俭，即以较少的司法资源投入追求良好的司法效果。诉讼经济原则关注的是减少司法资源的浪费，减轻国家财政负担，使有限的人力、物力、财力投入遏制更为严重的犯罪或者办理更为重大的案件中去。

（二）优化司法资源配置应当采取的措施

为实现司法资源的优化配置，在司法体制的相关方面可以考虑采取以下措施：

1. 在审查起诉环节，扩大不起诉适用范围，增设不起诉种类

日本在引入现代司法制度过程中，在本国刑事诉讼中确立了起诉便宜原则，允许检察官对具备条件的案件进行自由权衡，经裁量认为不必移交法庭审判的，可以作出不起诉的决定，最早就是基于诉讼经济的考虑而设定的。日本学者松尾浩也指出：“对明治时代的日本政府来说，刑事裁判的运营和监狱的维持所需费用，在财政上是一个沉重的负担，于是就产生了尽量减少囚犯人数的要求和设想。明治十八年的司法大臣训示明确提出了对轻微犯罪采取不立案或警告释放的方针，并鼓励减少公诉的提起和裁判。”① 日本学者认为，起诉裁量原则具有的价值之一，是有利于诉讼经济，“尤其是因为减轻了司法对轻微案件的负担，便可投入更多力量慎重处理重大案件”。②

在我国，赋予检察机关起诉裁量权也有诉讼经济的考虑，但对于裁量不起诉适用范围限制过严，阻碍了起诉裁量权的充分行使及其功能的有效发挥。近年来，许多学者主张扩大检察机关自由裁量权和不起诉范围，增加附条件不起诉，即通过附加一定条件促使犯罪嫌疑人履行特定义务，促成“恢复性司法”目标的实现。检察院在作出不起诉决定的时候，斟酌确定不起诉附加的条件，在这个过程中考虑被害人需要精神抚慰和经济赔偿或者补偿的需求，以及消除犯罪诱因、潜在隐患和保护被害人、证人人身和财产安全的需要，有目的地实现为被害人提供经济补偿并平复他们的心理创伤，同时使犯有轻罪的人以自己的悔改态度和积极表现重返社会，特别是使其中的青少年、偶犯、初犯、过失犯、胁从犯等不致被贴上“罪犯”的标签，以有利于他们洗心革面，不再犯罪。这种不起诉与已有的裁量不起诉一样，具有诉讼经济、节约司法资源的效用。从这个意义上来讲，附条件不起诉不仅有利于被害人、加害者个人，而且也有利于国家与社会。

---

① ［日］西原春夫主编：《日本刑事法的形成与特色——日本法学家论日本刑事法》，中国法律出版社、日本成文堂 1997 年版，第 154 页。

② ［日］田口守一著：《刑事诉讼法》，刘迪等译，法律出版社 2000 年版，第 102 ~ 103 页。

2. 在审判环节，实行繁简分流，将节约下来的司法资源用于遏制严重犯罪和办理重大案件

无论是富裕的国家还是像我国这种发展中国家，如果有司法资源投入较小而又无损于公正和廉洁的制度，就应当优先考虑采行这样的制度。

从诉讼模式的选择看，大陆法系的职权主义诉讼有着更高的诉讼效率，优于英美法系的当事人主义诉讼；参审制度在司法效率方面也优于陪审制度。这些都是我国在优化司法资源配置时需要加以考虑的。

要节约司法资源，还需要贯彻及时审理原则，避免一切不必要或不正当的延宕。这是因为，“国家以刑事诉讼法所规定之程序行使刑罚权，不管就国家之公益与被告之私权而言，迅速地审理均有益处”。[①] 这种益处无疑包括节约司法资源在内。

优化司法资源配置另一需要考量的因素是简易程序的适用范围。我国在1996年修改《刑事诉讼法》时，立法机关采纳学者建议，增设了简易程序。我国刑事简易程序的设计基本上是可行的，其中将简易程序的适用范围确定为“依法可能判处三年以下有期徒刑、拘役、管制、单处罚金”并且事实清楚、证据充分的案件，这一规定已经被广泛认同。但也有不少人认为，它的范围还应该扩大。不少学者主张进一步繁简分流，将被告人认罪案件以更为简化的方式加以审理。作为对这一主张的呼应，一些地方法院率先将被告人认罪案件的审理加以简化。2003年3月最高人民法院、最高人民检察院、司法部联合颁发了《关于适用普通程序审理“被告人认罪”的若干意见（试行）》，对我国审理“被告人认罪”案件的程序作出了重大修改。该意见规定，被告人对被指控的基本犯罪事实无异议，并自愿认罪的第一审公诉案件，以及指控被告人犯数罪的案件，对被告人认罪的部分，一般适用该意见确定的简化程序进行审理。无疑，将认罪案件依简易化的程序进行审理有利于减少司法资源，体现诉讼经济原则。但这种审理程序既非普通程序，又非简易程序，不具有科学性和可操作性。2012年3月，第十一届全国人大第五次会议修改《刑事诉讼法》，在第208条第1款中规定“基层人民法院管辖的案件，符合下列条件的，可以适用简易程序审判：（一）案件事实清楚、证据充分的；（二）被告人承认自己所犯罪行，对指控的犯罪事实没有异议的；（三）被告人对适用简易程序没有异议的。”这进一步扩大了简易程序的适用范围，既有利于司法资源的优化配置和诉讼效率的提高，也使程序更加明晰、科学，更具可操作性。

3. 改革司法体制，将权力下放给具体承办案件的司法人员，最大限度地减少内部汇报、审批环节

在我国，诉讼效率不高、办案周期过长、司法进程延宕也与司法体制有关。我国司法体制是高度行政化的，案件承办人员对于自己承办的案件通常没有自主决定的权力，他们在办案中需要向庭长、法院院长、审判委员会或者部门领导、检察长、检察委员会汇报，这些汇报环节往往成为办案的瓶颈，司法效率也因内部设置的环

① 陈朴生著：《刑事经济学》，正中书局1975年版，第338页。

节过多而变得低下，因此，减少内部汇报、审批环节，将权力下放给具体承办案件的司法人员，是减少司法资源浪费、优化司法资源配置的重要措施。

我国法院组织结构中长期存在高度行政化的问题，主要表现是实行首长负责制，混淆了司法与行政、司法机关与行政机关的区别。1996年修改后的《刑事诉讼法》增强了合议庭的独立作用，但在我国刑事司法活动中，合议庭独立性的法律规定并没有得到真正落实。庭审结束后，合议庭进行评议、承审法官拟出判决，然后向由庭长或由其主持的庭务会汇报案情、审理情况以及评议结果，庭长或者庭务会有权决定改变合议庭或者独任法官拟定的判决；多数案件还要向主管副院长或院长汇报，后者有权改变审判庭拟定的判决；重大、复杂、疑难的案件还要向审判委员会汇报，由审判委员会就案件的处理进行讨论并作出决定。这一过程同行政决策并无二致。要优化司法资源配置，就应当落实合议庭独立性的法律规定，处理好法院的首长负责制、审判委员会与合议庭的关系。这就需要改革司法体制，从而有效发挥合议庭自主审判的作用，减少司法资源的浪费。

同样，检察机关增设各部门相互制约环节和过多的内部汇报、审批环节，对于司法效率也有不良影响，容易造成司法进程迟缓和司法资源的浪费。检察机关虽然实行指令—服从体制，但并不意味着检察官毫无独立行使权力的空间。我国曾经推行主办、主诉检察官制度，试图在检察机关的领导体制内赋予一定数量经过精心挑选的、综合素质特别是业务素质较好的检察官以一定的独立办案的权力，这项改革对于打破“铁板一块”的行政化体制，发挥检察官个人的积极性和增强其职业自豪感及责任心，其意义是不言自明的。这项改革能否获得成功，主要取决于检察机关能够在多大程度上放权，即检察官能够在多大范围内以自己的名义独立办理分配给自己的案件。从改革方案看，目前的改革给予主办、主诉检察官的权力过小，这可能会造成实际效果受到抑制的局面。① 因此，应当通过进一步改革，提高检察关办案的自主性，进而提高诉讼效率，节约司法资源。

三、司法行为的规范与约束

司法体现了国家的重要的功能。国家具有抵御外来侵略、防治自然灾害和维护社会秩序等功能，而司法在维护社会秩序方面具有重要作用。这种作用是国家专门机关及其工作人员通过行使司法权来实现的。

---

① 例如，有关文件规定：(1) 上级检察机关和检察官有权在必要时指挥下级检察机关和检察官，行使事务调取和转交的权力，就下属检察机关和检察官承办的检察事务发出指令，下属检察机关和检察官应当服从。(2) 从事起诉事务的主诉检察官在对侦查终结的案件进行审查后可以作出是否起诉的决定，除非上级检察机关或者检察官发出相反的指令。(3) 侦查机关或者检察机关的侦查部门对于不起诉决定提出不同意见的，检察长可以进行复查或者另行指派检察官进行复查并作出复查决定，复查后认为必要时也可以由检察长将案件移送检察委员会进行讨论并作出决定。

司法权是国家权力的重要组成部分。所谓权力，就是依据行为主体的意愿强制性地完成一定事物的能力。国家权力可以有二分法，也可以有三分法。自孟德斯鸠在《论法的精神》一书中明确提出立法、行政和司法三项权力分立思想之后，三权的划分及其各自独立的思想深入人心。不过，也有国家将国家权力简单地划分为制定法律（立法）和执行法律两项权力，认为行政和司法都属于执行法律。在我国，广义的司法即包含与办理刑事案件有关的行政活动或处理与司法有关的行政活动，不是建立在国家权力三分法的基础之上的，而与国家权力二分法相契合。但无论国家权力是二分法还是三分法，司法权都是国家权力的重要组成部分，在现代国家不可或缺。

对于司法不难得出这样的结论，那就是：如果司法不同权力相结合，不但诉讼活动难以为继，法律也将失去威严。从司法权的起源和发展的历史看，司法活动通常是一种国家权力活动。司法与权力联系最为明显的例证是，我国的法起源于兵，司法的产生是同军事征讨、军事征服紧紧联系在一起的。

司法权的行使往往涉及公民各种自由权利的保障、限制乃至剥夺，该权力正当行使，可以实现人们对权力预期的各种功能，维护社会秩序，保障人民的自由权利；若行使不当，就会损害人民的自由权利，造成社会秩序紊乱，使人民丧失对司法的期望。司法行为是国家专门机关及其工作人员行使司法权处理司法案件的各种活动的总称，要保证国家权力的正当行使，就必须对司法行为加以规范与约束。

不仅如此，规范与约束司法行为，还涉及权力的根源问题。司法权是国家主权的重要组成部分。司法权来源于人民，司法机关和司法人员根据人民的委托来行使司法权，因此，行使司法权必须对人民负责。司法权交予什么人以及司法权应当如何行使才能符合人民的愿望，这是不证自明的问题。人民期望能够严格遵行具有正当、合理品质的法律的人员担当司法工作，期望他们的司法行为正当、合法。从这个意义上讲，有必要严格筛选司法人员并规范与约束其司法行为，以满足人民对司法机关和司法人员的期待，使来源于人民的权力不致异化为人民的敌对力量。

从司法活动具有很强的法律依附性来看，也有规范与约束司法行为的必要性。司法活动具有很强的法律依附性，意味着司法行为不能逾越法律授予权力的范围并应严格遵守行使权力的法定程序。司法是执行法律的活动，与同样是执行法律的行政相比，司法具有的法律依附性更强，这是因为司法活动更为模式化，遇有法律未能涵盖的新情况而需要灵活处理的情况很少，而行政活动范围很宽，遇有紧急情形而需要灵活处理的情况很多，对于各种新情况、新问题，法律不可能一一加以预先规定，只能提供处理这些新情况、新问题的原则性、概括性规定。司法活动具有很强的法律依附性，只有严格规范与约束司法行为才能做到法律被恰当地遵守与执行，这是毫无疑问的。

就我国的司法现实来说，严格规范与约束司法行为已经成为挽救司法权威、修复司法公信力的必要措施。我国司法权威不足、司法公信力低下已经成为严重问题，司法权威不足的原因是法律没有被很好地施行，法律成为可遵守可不遵守的参考资料、可以左捏捏右揉揉的橡皮泥，法律不管用的问题相当严重，甚至出现司法机关本身就不遵守法制的情况。司法公信力低下是司法机关长期以来未能在民众中培养信赖感的结果，我国社会缺乏深厚的现代法治的基础，司法活动也未能建立起人民对司法的信心。要挽救司法权威、修复司法公信力，当前急迫要做的事就是规范与约束司法行为。

司法行为不规范、违反职业道德或者职业纪律甚至存在违反法律，统统可以称为司法活动中的越轨行为，在当前的司法活动中不能说是罕见现象。在社会学研究中，越轨行为被认为是违反社会准则或价值观念的任何思想和行为，其中“政府官员越轨系根据判断属滥用政治权力以谋取私人利益的行为”。[①] 政府官员越轨行为可以分为两大类，一是滥用权力，二是贪赃枉法。前者非为金钱目的而行使权力，后者则出于金钱目的。“政府官员越轨与其它形式的越轨之间的主要差别在于，政府官员担负着立法和执法职责，拥有完成这些任务的合法权力。这些合法的拥有权力者若非法使用权力，就构成了对社会的一种独特威胁。”不仅如此，“政府官员越轨与其它形式的越轨区别之二，在于政府是其他各种机构的楷模”。[②] 这正是需要对政府官员行使权力的行为加以严格规范和约束的原因。

违反司法准则或价值观念的任何行为，都属于司法活动中的越轨行为。有些行为因为有准则在先，其妥适与否很容易判断；有些行为虽然有违现代司法维护、尊崇的价值观念，但并不容易被认定为不正当的司法行为，也就难以得到纠正，因此，确立起明确而有效的司法准则就显得尤为重要。在法治成熟的社会，司法行为因有长期司法形成的优良传统而得到规范和约束，司法传统在规范和约束司法行为方面扮演着一个重要的角色。我国尚处在法治初创时期，培育良好司法行为的司法传统尚未形成并发挥作用，因此，确立司法行为的准则不但具有规范和约束当下司法行为的作用，而且也有利于通过司法准则的长效作用促进良好的司法行为传统的形成。

近年来，我国司法机关对于规范与约束司法行为给予了相当程度的重视。例如，法院、检察院纷纷推出错案追究制，并开展“规范司法行为，促进司法公正”专项整改活动。为了使司法行为规范化，最高人民法院针对一些法院忽视司法管理，导致权责分离、制约不够、效率不高的现象，于 2005 年 11 月专门制定了《法官行为规范（试行)》，共计九十条，着重对司法过程中容易发生侵犯当事人权利的环节和最容易发生徇私枉法、权钱交易的岗位加以规范，以期约束法官审判行为和业外活动，加强对司法行为的规范管理，试图建立法院内部权责分明、相互制约的制度。同样，最高人民检察院也在 2010 年 10 月下发了《检察官职业行为基本规范（试行)》，共计五十三条，分职业信仰、履职行为、职业纪律、职业作风、职业礼仪、

---

① ［美］杰克·D. 道格拉斯、弗兰西斯·C. 瓦克斯勒著：《越轨社会学概论》，张宁、朱欣民译，河北人民出版社 1987 年版，第 384 页。

② ［美］杰克·D. 道格拉斯、弗兰西斯·C. 瓦克斯勒著：《越轨社会学概论》，张宁、朱欣民译，河北人民出版社 1987 年版，第 387 页。

职务外行为和附则七部分，对检察官职业行为进行规范和约束，以保障和促进检察官严格、公正、文明、廉洁执法。

基于对司法行为加以规范和约束的重要性，应当对最高人民法院《法官行为规范（试行)》与最高人民检察院《检察官职业行为基本规范（试行)》给予肯定。从内容上看，不少内容颇有加以强调的必要，如“不参加与检察官身份不符的活动”等，就是作为检察官需要自我约束并接受监督的内容。不过，最高人民法院和最高人民检察院各自发布的司法行为规范的内容都失之宽泛和空泛之处，令人有针对性不强的感觉，特别是最高人民法院《法官行为规范（试行)》的内容更为庞杂，有些内容过细，许多内容又太空洞，难以操作，建议在试行以后将其简约化为有针对性、可操作性强并能够给司法人员留下较为明晰、深刻印象的司法行为规范。

最高人民法院《法官行为规范（试行)》与最高人民检察院《检察官职业行为基本规范（试行)》给笔者探讨司法行为准则提供了一个讨论的样本，笔者从以下几个方面探讨司法行为准则应当包含的内容，以及这样的准则如何发挥规范和约束司法行为的作用。

（一）思想观念与司法行为的关系

最高人民法院《法官行为规范（试行)》与最高人民检察院《检察官职业行为基本规范（试行)》都规定了政治信念和思想观念上的要求。例如，《法官行为规范（试行)》第1条规定“坚定政治信念”，包括：(1）坚持以马克思列宁主义、毛泽东思想、邓小平理论和“三个代表”重要思想为指导；(2）坚持牢固树立科学发展观，为构建社会主义和谐社会而奋斗；（3）坚持党的领导，忠实执行宪法和法律；(4）努力实践依法治国基本方略，促进社会主义民主政治建设；(5）坚持“公正司法，一心为民”的工作方针。该规范第2条“维护司法公正，提高司法效率”有些内容，如“坚持‘公正与效率’工作主题，以事实为根据，以法律为准绳，做到实体公正、程序公正、形象公正”，又如“提高审判质量，努力追求法律效果和社会效果的有机统一”，以及第5条“加强职业修养”，包括：（1）崇尚法治，维护正义；(2）公正廉洁，讲求效率；（3）谨言慎行，刚正不阿；（4）正直善良，以人为本；(5）勤勉敬业，忠于职守。最高人民检察院《检察官职业行为基本规范（试行)》第一部分“职业信仰”共有八条，内容分别是坚定政治信念，坚持以马克思列宁主义、毛泽东思想、邓小平理论和“三个代表”重要思想为指导，认真学习中国特色社会主义理论体系，深入贯彻落实科学发展观，建设和捍卫中国特色社会主义事业；热爱祖国，维护国家安全、荣誉和利益，维护国家统一和民族团结，同一切危害国家的言行作斗争；坚持中国共产党领导，坚持党的事业至上，始终与党中央保持高度一致，自觉维护党中央权威；坚持执法为民，坚持人民利益至上，密切联系群众，倾听群众呼声，妥善处理群众诉求，维护群众合法权益，全心全意为人民服务；坚持依法治国基本方略，坚持宪法法律至上，维护宪法和法律的统一、尊严和权威，致力于社会主义法治事业的发展进步；维护公平正义，忠实履行检察官职责，促进司法公正，提高检察机关执法公信力；坚持服务大局，围绕党和国家中心工作履行法律监督职责，为改革开放和经济社会科学发展营造良好法治环境；恪守职业道德，铸造忠诚品格，强化公正理念，树立清廉意识，提升文明素质。笔者认为，上述条文规定都属于思想观念和伦理道德层面的内容，而不是对司法行为的具体要求。

思想观念对人的行为具有支配作用，有什么样的思想观念往往就有什么样的行为。因此，要规范和约束司法行为不能不重视思想观念的塑造与熏陶。例如，美国检察官职业伦理规范就要求检察官不要将胜诉作为自己的唯一追求，要求检察官恪守客观义务，这种“不将胜诉作为自己的唯一追求”的思想观念对于检察官的司法行为必然具有支配作用。我国司法机关制定司法行为准则，将思想观念范畴的内容优先加以规定无可非议，但这些内容应当有目的性、针对性，不应泛泛规定，罗列一些大而无当的口号。《法官行为规范（试行）》与《检察官职业行为基本规范（试行）》都在不约而同地昭告司法人员的政治品质，这些内容对于司法行为来说叙事过于宏大，如要求法官“努力追求法律效果和社会效果的有机统一”，《检察官职业行为基本规范（试行）》要求检察官坚持打击与保护相统一，坚持实体与程序相统一，坚持惩治与预防相统一，坚持执行法律与执行政策相统一，坚持强化审判监督与维护裁判稳定相统一，都难以在司法行为中加以具体呈现，也难以衡量和评价。所以，对于司法人员思想观念的要求，应当针对司法和司法人员的特质来提出，并应考虑这些思想观念对于具体司法行为所能发挥的支配作用。

（二）司法行为准则与其他规范的关系

司法行为准则作为一种行为规范，应当有其独立的作用和特定的内容。《刑事诉讼法》及相关司法解释也就诉讼和司法行为作出规定，这是因为诉讼程序本身就是模式化、可重复再现的诉讼和司法行为的内容。如果把很具体的程序性要求都视为司法行为准则的内容加以简单重复，那么司法行为准则就成了《刑事诉讼法》及相关司法解释的摘录誊写本，失去了单独制定司法行为准则的意义。

司法行为准则究竟要发挥何种独立的作用？这是在制定司法行为准则时应当优先考虑的问题。所谓司法行为准则的独立作用，就是法律、司法解释、其他规范性文件所不能提供或者不能充分提供的功用，也就是为司法行为提供一般基准，使司法人员有所遵循，法律、司法解释、其他规范性文件已经作出细致规定的，司法行为准则只需作出概括性规定。例如，《法官行为规范（试行）》第9条“当事人来法院起诉”中规定：（1）符合起诉条件的，在法定时间内及时立案；（2）不符合起诉条件的，不予受理并告知理由，当事人坚持起诉的，裁定不予受理；（3）当事人自愿放弃起诉的，应当准许；（4）提供诉讼指导材料。又如，第25条“开庭前的准备”中规定：（1）在法定期限内通知诉讼各方开庭时间和地点；（2）公开审理的，应当及时公告；（3）当事人申请不公开审理的，应当及时审查，不符合法定条件的，应当公开审理并解释理由。还有第34条“宣判时注意事项”中“宣告判决，一律公开进行”甚至照抄《刑事诉讼法》的有关规定。这些具体而琐碎的规定，都作为“准则”来加以规定，就使司法行为准则真正要发挥的规范和约束司法行为以保障司法权正当行使的功能被淹没在芜杂的诉讼行为的细节之中而无法显现了。

（三）司法行为准则与司法礼仪

礼仪是调整人与人关系和相互行为的一种行为规范，司法礼仪是为司法人员对待其他司法人员、参与诉讼活动的当事人和其他人员、社会一般民众等提供的有关态度与行为的规范。司法行为准则包含司法礼仪规范是适宜的，当然，这并不排斥司法礼仪更为具体的内容在司法行为准则以外单独制定司法礼仪规范。

最高人民法院《法官行为规范（试行）》与最高人民检察院《检察官职业行为基本规范（试行）》都规定了司法礼仪规范。《法官行为规范（试行）》第6条规定法官的“着装仪表”，内容包括：（1）严格执行着装规定，保持良好形象；（2）工作时间穿制服时，应当配套；穿便服时，做到整洁、庄重；（3）工作时间不浓妆艳抹，不佩戴与法官身份不相称的饰物；（4）开庭时按规定着法袍或者穿制服。第7条关于“约束举止言行”的规定也具有一定的礼仪性要求，包括：（1）谨言慎行，不得有任何损害司法公正和法官形象的言行；（2）使用文明、规范、准确的语言；（3）态度温和，举止得体，乐于助人，不得粗暴对待群众。《检察官职业行为基本规范（试行）》第五部分“职业礼仪”规定：遵守工作礼仪，团结、关心和帮助同事，爱护工作环境，营造干事创业、宽松和谐、风清气正的工作氛围；遵守着装礼仪，按规定着检察制服、佩戴检察徽标。着便装大方得体；遵守接待和语言礼仪，对人热情周到，亲切和蔼，耐心细致，平等相待，一视同仁，举止庄重，精神振作，礼节规范。使用文明礼貌用语，表达准确，用语规范，不说粗话、脏话；守外事礼仪，遵守国际惯例，尊重国格人格和风俗习惯，平等交往，热情大方，不卑不亢，维护国家形象。这些规定对于塑造司法人员的职业形象、改善社会乃至国际观感显然是有必要的，总的来说是不错的，只不过有些文句尚有待斟酌，如其中“营造干事创业、宽松和谐、风清气正的工作氛围”就有冗余之感。

（四）司法行为准则与职务外行为

严格地讲，司法人员的职务外行为并非司法行为，因为我们可以给司法行为下的定义是从事司法活动、行使司法权的行为，司法人员的职务外行为属于司法人员的行为但不是司法行为。不过，某些司法人员的职务外行为虽然不是司法行为，但对于司法行为有妨害或者有损司法人员形象并最终影响民众对司法人员的信任和对司法的信心，确有必要加以规范和约束。

最高人民法院与最高人民检察院关于司法行为准则的规定都是着眼于“法官行为”和“检察官行为”，范围宽于司法行为。不过，最高人民检察院《检察官职业行为基本规范（试行）》在题目中明确规定“检察官职业行为”，但又专门规定“职务外行为”，就给人不够严谨的感觉，不如改称“检察官行为基本规范”较为适宜。在这些规范中较为重要的是“慎重社会交往，约束自身行为，不参加与检察官身份不符的活动”和“谨慎发表言论，避免因不当言论对检察机关造成负面影响”，至于“遵守社会公德，明礼诚信，助人为乐，爱护公物，保护环境，见义勇为，积极参加社会公益活动”、“弘扬家庭美德，增进家庭和睦，勤俭持家，尊老爱幼，团结邻里，妥善处理家庭矛盾和与他人的纠纷”、“培养健康情趣，坚持终身学习，崇尚科学，反对迷信，追求高尚，抵制低俗”等内容，已经是社会一般性要求，不具有司法人员行为准则的特殊性，不宜在司法人员行为准则之中加以规定。

（五）良好的司法行为需要多种因素促成

对于司法行为加以规范和约束的目的，在于保障司法权的正当行使，防止权力被恣意滥用或者懈怠不用，从而保护个人自由权利，使国家职能得以正常发挥。要保障司法权的正当行使或使司法行为正当、合法，仅有作为“提示性”规定的司法行为准则是远远不够的。对于司法行为的正当化、合法化而言，需要多种因素才能起到改善作用，并保持司法权的长期良性运作。

司法人员群体是如何被塑造的，他们的司法意识构造如何，对于司法行为有着举足轻重的影响。我国司法机关存在高度的行政化问题，司法人员的等级制容易造成司法官僚制，使司法人员在行使权力的时候，不对人民负责，只对上级长官负责，势必造成司法人员队伍缺乏工作的积极性、主动性，也不可能做到“敢于坚持正确意见，自觉抵制权势、金钱、人情、关系等因素对审判活动的干扰”；对于群众的态度亦不可能“热情周到，亲切和蔼，耐心细致，平等相待，一视同仁”。在没有职务保障和优厚待遇的情况下，司法人员将难以做到对外保持独立品格并去除自利欲念，达到外部独立、内部独立、自我独立的良好司法品格。因此，改善司法行为，不能只满足于司法规则的确立，还应当在相关因素上加以配套设置和改良。具体包括：

第一，以现代司法人员的品格意识来塑造我国司法人员，包括增强其对宪法允诺保障的个人自由权利加以尊重和敬畏的意识，对于敢于坚持原则、维护司法公正的司法人员加以鼓励，法界精英应当是维护正义的翘楚，不是唯上不唯实、遵旨不遵法的庸奴。

第二，建立健全司法人员职务保障制度，打破司法官僚体制，废除法官等级制，将司法权下放给司法人员，减少对于司法人员办案的内部干预，直至实现司法人员办案的独立性。

第三，对于行使司法权的违法违纪行为，应当以正当程序追究责任，消除违法违纪后得不到惩戒的现象。科学设定各种责任制度。例如，对于错案，追究司法人员责任的前提是其在办理案件中存在过错，如果仅属于认识上的问题，则不应追究其错案责任。

第四，体现务实精神，对已经颁布试行的司法行为准则加以完善，缜密研究现代司法官应当具有的良好司法行为准则，避免恶劣司法习惯的形成和蔓延，注重司法行为准则的实效，防止空洞化和口号化。

第五，在不妨害司法权独立行使的前提下，加强对于司法人员的监督，建立健全监督机制，努力增强司法活动的透明度，防止“暗箱操作”，敢于曝光那些对于个案指手画脚的“领导批示”，创造良性司法的氛围。

四、司法腐败的预防与惩治

腐败的本义主要是指“动物蛋白质因化学或生物反应而分解”的现象，人们对腐败的感受来源于日常生活中食品变质而产生臭气、刺鼻气味和毒性物质的现象。用在权力领域的腐败，又称“贪污腐败”、“贪腐”，是指“利用公权力或职务之便，牟取职权以外的利益，或做出某些违反社会道德的行为”。[①] 司法腐败是司法领域内掌握司法权力的人员利用司法职权谋取不正当利益的现象。美国学者苏珊·罗斯·艾克曼指出：“因为司法判决影响着财富和权力的分配，所以法官们能够以权谋私。一个腐败的或是在政治上不独立的司法系统，能够助长高层官员的腐败，削弱改革的基础，并且会破坏法律规范。一旦司法系统成为腐败系统的一部分，有钱人和腐败官员就可以免受惩罚。他们相信，只要贿赂准确及时，就能够解决任何法律问题。”[②] 司法腐败通常与金钱财物有关，但不限于非法获取金钱财物，许多不正当利益可以表现为金钱财物以外的利益。

在我国，权力腐败的现象十分严重，司法领域也不例外。对于司法腐败的如下描述早已是社会共识：在腐败的浊流中，司法的腐败最为引人注目，其危害也更为严重。长期以来，执法者犯法、反贪者先贪的现象层出不穷，为人民群众所深恶痛绝。

1992 年之后，随着市场经济的深入发展，司法腐败的现象愈演愈烈，以法牟利、钱权交易的行为渗透到公安、检察院、法院的多个层面和多个环节。“在这个领域里发生的贪污受贿、公然索贿、越权办案、非法羁押、草菅人命的事件越发触目惊心，已到非整治不可的地步了。”[③] 2010 年，最高人民法院的工作报告对于司法活动中存在的问题进行了坦率的揭示，该报告对社会普遍关注的司法腐败案件也有所回应。最高人民法院爆出黄松有事件，在法律界投下震撼弹，在社会上也引起反响，民众既由此看到国家反腐败的决心和成效，也看到司法腐败已经到了何等令人触目惊心的程度——连最高司法当局的大法官都陷入司法腐败的泥潭，在最不该腐败的地方存在大量和严重的腐败现象，对民众向往法治的信心会起到瓦解作用。不过，黄松有事件并没有引起足够大的社会舆论的波澜，网民对这一事件的关注并不高于社会一般热点新闻，这是因为司法腐败的大案、要案并没有超出民众的想象，而恰恰是印证了多年来民众对于司法腐败问题的实际观感。

黄松有案件发生后，最高人民法院采取什么措施改善司法状况、遏制司法腐败，显然是民众关心的问题，也是最高人民法院无可回避要向全国人大作出说明、提请

---

① 见维基百科“腐败”一词的释义，载 http://zh.wikipedia.org/zh-cn/%E8%85%90%E8%B4%A5,2009 年 11 月 27 日访问。

② ［美］苏珊·罗斯·艾克曼著：《腐败与政府》，王江、程文浩译，新华出版社 2000 年版，第 2 页。

③ 刘智峰主编：《走向司法公正——司法腐败纪实》，中国物资出版社 1998 年版，第 3 页。

人大代表进行审议的问题。最高人民法院亡羊补牢的措施有三项：警示教育和工作整改；创立司法巡查制度；颁布《人民法院工作人员处分条例》。这些措施能否发挥效力特别是能否成为长效机制，还有待观察。总体上说，依这些措施治理司法腐败，即使有一时之效，长远地看，也不容乐观。这是因为，首先，司法腐败是权力整体的、系统性腐败的一部分，在总体的权力腐败状况尚未得到根本改观的情况下，司法机构不可能一枝独秀保持廉洁；其次，司法腐败与司法体制、职权配置、用人制度和法官待遇等都有关系，不在治本上下大工夫，司法腐败及其防治就只能成为每年工作报告中必不可少的内容，民众的实际感受仍然是司法腐败未能得到有效遏制，司法的公信力还将受到普遍质疑。

司法腐败当然不只是法院一家存在的问题，检察队伍中也存在贪腐官员。曾任贵州桐梓县人民检察院检察长的王福礼就是其中一个。1998 年 7 月《南方周末》刊出孙保罗的文章揭露说，王福礼制造假法律文书，牟取钱财。此外，还有天津市人民检察院原检察长李金宝腐败案件、江西省人民检察院原检察长丁鑫发腐败案件、湖南省人民检察院原副检察长陈祖吉腐败案件等，都是检察系统内出现的贪腐案件。这些案件不但为检察机关敲响了警钟，而且昭示了司法腐败的严重程度——在国家重要的反贪机构里居然也存在腐败现象。

当然，权力腐败并非我国所独有，许多国家或地区都不同程度地存在腐败现象。值得探究的是，在一些法治社会，司法腐败十分罕见甚至早已绝迹。例如，1940 年，英国的莫里斯·谢尔顿·阿莫斯爵士曾意味深长地说："英国刑事司法因各界民众对英国法官的完美无瑕——他们完全不受来自官方的压力和腐败的影响——深予信赖而得到广泛拥护和尊重。自从伟大的大法官培根爵士（1561—1625）因受贿被免职、罚款和拘禁以来，据信再也没有法官犯这样的罪行了。"人们一定好奇为何英国的法官能够做到这一点。与之相比，直到现在，不少国家还未能消除司法腐败，有的甚至颇为严重，司法腐败究竟为何产生，以及如何遏制，是需要深究的。

美国学者克利特加德在谈到腐败行为产生的动机和条件时提出两个公式：

其一，腐败动机＝贿赂－道德损失－［（被发现和制裁的机会）×（所受处罚）］＞薪金＋廉洁的道德的满足感。这个公式表明，当贿赂所得减去从事该行为所承受的道德损失和法律风险后仍大于其工资收入和廉洁带来的道德满足之时，官员就会产生从事腐败行为的动机。

其二，腐败条件＝垄断权＋自由处理权－责任制。这就是说，当官员享有垄断权和自由处理权而又无须承担必要的责任时，他就具备了从事腐败行为的条件。

这两个公式为我们破解包括司法腐败在内的权力腐败存在的原因提供了工具。

导致权力腐败的一个重要因素是利益的寻求，苏珊·罗斯·艾克曼指出："世界各国之间存在着文化和基本价值观念上的细微差别，然而，有一种人类动机却是放之四海而皆准的，并能够用来解释每个国家补贴的发展历程。这种动机就是利己之心。”[①] 在利己之心的驱动下，非法牟利的行为也就形成了。美国学者加里·沃塞曼说过：“人们一般不是为权力本身才去谋求权力的。他们要权是为了权能给他们带来的其他价值——名誉、财富，甚至情感。权力就像金钱一样，是达到其他目的的手段。大多数人要钱是为了钱能购买的东西，如财产、声望或安全。正如有些人比别人更孜孜不倦地要钱一样，有些人比别人更想要权。当然，权力就像金钱一样，并不是谁想要就能得到的。”人的利己性为腐败的大面积发作提供了基础，林毅夫先生指出，就一般意义上的人性而言，“个人并不一定是利己的；然而，只有在他的利他主义的报酬超过他作为利他主义者的费用时他才利他”。权力是能够换取金钱和其他利益的，更高的职位意味着更多的金钱或者其他利益，所以许多人对于权力的心态，就表现为孜孜以求。当执掌权力的人不能通过自己的正当收入得到满足时，腐败的动机就产生了。一般权力腐败如此，司法腐败也是如此。

在国家权力部门，腐败往往有着自己的小气候。当一个权力系统中某一个人出现腐败行为而没有受到惩罚，则很快就会有人受到传习和鼓励，他们的自我压力就会减轻，一些人就会出现集体性的腐败行为，这就是一旦揭开某一权力系统的盖子就会发现由许多官员结成的腐败网的现象，即“系统化的腐败”现象。

司法腐败的普遍性是社会道德式微的结果，同时也会进一步促成社会道德的沦丧，社会道德的沦丧又反过来减轻了人们对腐败的道德压力，出现良心泯灭的心理现象。整个社会的逐利氛围又促使司法人员产生获得高酬报的强烈欲望，当无法通过正当渠道获得满足时就可能通过不正当地行使司法权来获得个人的私利。随着司法腐败现象的蔓延，司法官员的道德感会变得麻木，当非法利益的诱惑占了上风时，腐败就到了“非整治不可的地步”。

在这个过程中，虽然有些人仍然保持廉洁，但只要腐败的风气蔓延到一定的程度，特别是握有决定僚属命运的岗位被腐败者所占据的时候，就往往会出现“劣币驱逐良币”的现象，清廉者被排斥在权力的核心系统之外。

我国古代司法与行政不分，官场腐败自然与司法腐败难分难解。古代官场腐败严重的重要原因是官俸极薄。就当代司法来说，近几年来，随着经济发展，我国司法机关经费匮乏的状况得到扭转，不少经济发达地区，司法经费较为充足，司法人员待遇得到很大的改善，但总体来说，司法人员薪金并不是特别高，他们虽然拥有凌驾于律师之上的国家官员的地位，但与律师行业相比，收入仍然显得过低，这种状况很容易造成其心理失衡。

人们还需要注意的是，一旦腐败成为一种风气，惩罚或者处分的锐利就会变得驽钝，这也是司法腐败越来越严重的原因。归纳起来，造成腐败风气的具体原因有：

其一，腐败形式五花八门，打击的锋芒指向却相对狭窄。腐败的宽泛性表现为只要是为了自己、家庭或者私人团体的金钱或地位上的好处而偏离公共角色规范职

① ［美］苏珊·罗斯·艾克曼著：《腐败与政府》，王江、程文浩译，新华出版社2000年版，第198页。

责的行为，或者违背某些规则而采取以权谋私的行为，包括贿赂、任人唯亲和非法占有公用资源以供私用等，都可认作“腐败”。如果惩罚和处分的对象过窄，仅针对贪污和贿赂，则以亲疏关系而非功绩、能力等任用和提拔官员的裙带风气以及动用公共资源为私人事务使用等腐败现象就会蔓延，甚至影响对贪污和贿赂的惩处（无论它们是否纠结在一起），使腐败现象得不到有效治理。

其二，惩治腐败存在难度。由于贿赂案件往往是在秘密场合由贿赂双方进行的私下交易，通常没有第三人在场目击，所谓“天知，地知，你知，我知”，一旦案发，取证不易，即便一方承认，如果另一方矢口否认，也很难达到证明要求，这是发案率高而受制裁人少的重要原因之一。贝卡利亚所称的“刑罚的即时性”既然达不到，腐败现象就像得到“鼓励”一样发展到难以遏制的地步。

其三，司法权的腐败是与警察腐败、行政权的腐败结合在一起的，司法权和这些与刑事司法紧密结合的权力的腐败，一旦形成规模，就不能指望它们发挥清除腐败的功能，反而可能出现互相包庇、共同逃避惩罚的现象。

其四，从司法腐败的条件上看，官僚化的司法体制造成了权力过分集中于上司而又缺乏对这种过于集中的权力的制约，以及官僚体制内责任过于分散，另外，低劣化的官僚体制通常也不利于选贤任能，这些是司法腐败的体制原因。除了体制原因之外，缺乏完善的程序控制和外部制约（特别是新闻舆论的制约）也是造成司法腐败的原因。

司法腐败正像其他权力腐败一样，并不是没有解决之道的。要遏制司法腐败，不能指望毕其功于一役，应当把它看作需要多管齐下的大工程。克利特加德提出了五条反腐败的政策性建议，其中一些建议值得我们在清除司法腐败时加以借鉴。这些建议包括：

首先，改革用人制度，把好入门关。通过廉洁品行调查、测试等方法甄别出不廉洁的官员，使推荐官员的人对被推荐者的可靠性作出担保。在司法领域，选任廉洁的司法官员和淘汰腐败人员同等重要。廉洁的品格往往来源于个人修养、教育和制度，甄别具有廉洁品格的司法官员需要一套科学而合理的办法，选任官员应当确实遵循严格设定的程序。正像当年房玄龄向唐太宗言科举考试只能考查一个人的言辞文笔，而不能考查其人品一样，统一司法考试也只能考查一个人短时间内记住了多少法律条文而不能展现其品行，因此，司法官的选择任用，还必须在司法考试以外。

其次，高薪养廉，即通过提高官员所得的报酬和待遇，增加本职工作对官员的吸引力，减少非法行为的诱惑。一些国家的实践证明，提高司法人员的薪给，使司法职业具有吸引力，是保持司法人员对自己的职业自豪感的有效办法，也有助于消除司法腐败的动因。需要指出的是，提高薪给不仅是保障司法廉洁的需要，而且是保障法官独立的需要。要保障法官独立，不仅薪给要高，而且不可缩减。《司法独立世界宣言》呼吁各国对法官薪给提供保障，规定法官在任职期间应获得薪金，并应在退休后获得养老金。法官的薪金和养老金应当适当，与其地位、尊严和其职务所负的责任相称，并应定期调整，以克服或减少通货膨胀的影响。

再次，完善信息收集制度。为了增加侦破腐败行为的机会而收集和分析信息。收集信息有五条途径：完善审计和管理信息制度，以发现腐败行为的证据和评估组织中易发生腐败行为的薄弱环节；加强信息机构建设，设立专职情报员；利用第三方（如新闻媒介、银行等）作为信息来源；从管理对象和公众处收集信息（如设立热线电话等），把有关规章制度和公民权利公之于众；改变举证责任，迫使潜在的腐败分子证明其无罪。

最后，权力与责任相结合。应当防止出现官员既享有垄断权、自由处理权又无须承担多大责任的情况出现。权力集中于某些官员身上，他们对于没有亲自参与庭审的案件有权作出决定，这种制度设置使权力集中而责任分散，大家都有推卸责任的便利，承审法官也不乏利用这一体制实现自己某些意图的机会（如在汇报案情和证据时故意取舍，造成某种错觉从而影响实权人物或者实权群体的决策），都为司法腐败创造了条件。解决的办法应当是将责任与权力结合起来，赋予承审法官独立裁判的地位，增强承审法官的责任心。

笔者认为，除上述措施之外，还应加强对司法机关和司法人员的监督。具体建议如下：

第一，建立和完善民众参与司法的制度。不仅在政府和人民之间设立民主与保障自由的屏障，而且通过完善人民陪审员制度、审判公开制度和建立人民监督员制度等，加强民众对于司法权力的监督和制约。

第二，实行民主政治，充分发挥民意代表对国家权力的监督作用。任何权力都应该受到制约及司法独立这两大原理为立法和代议机关确立与司法机关的关系提供了准则，这就是：立法和代议机关与司法机关相互发挥制约作用（当然，立法和代议机关对司法机关的制约作用不应损害司法权的独立行使）。要加强对司法权的监督，立法和代议机关需要找到既有效发挥对司法的监督作用而又不对司法独立造成损害的做法。在这方面，一些国家议会实行的议会督察专员制度是值得借鉴的。议会督察专员（Ombudsman），是负责对政府投诉的独立调查官。这种制度起源于瑞典，最早的国会特派员办公室成立于1809年，根据该年通过的《宪法》，议会可以选出富有法律知识、忠诚正直的人作为国会的代表去监督所有的官员和法官对法律及法令加以执行。督察专员根据调查结果可以提出改善立法的建议，支持对人身受到损害的人提出的赔偿要求，帮助被不公正处罚的人请求重新审理或申请宽大处理，当认定某一官员有过失行为时督察专员可以提起诉讼。除了起诉外，议会督察专员也可以提出斥责，由于这种斥责总是被新闻媒介报道和在国会年报上登载，因此形成强大的压力。[①] 瑞典的这一制度得到其他国家的效仿，挪威、丹麦与瑞典的制度相似。芬兰的特派员的司法权力比瑞典更大。此外，加拿大、澳大利亚、英国、新

① 全国人民代表大会常务委员会法制工作委员会研究室编：《法制参考资料汇编》（第1辑），光明日报出版社1985年第1版，第73~75页。

西兰、美国、德国、以色列、印度等国家都建立了特派员制度，有的国家是在部分地区设立了这种制度。议会督察专员代表议会，但议会并不在调查的基础上对有关机关直接施加压力或者采取其他直接行动来达到监督的目的（议会通常只是通过公布议会委员会报告的形式来引起公众的注意，进而促使不顺从的部门采取纠正行动），而是由他或者他所在的办公室在调查的基础上对于有过失行为的官员向法院提出诉讼等办法来进行监督。这种监督由于有了新闻媒介等的参与而具有力量。我国国家权力机关可以引进这一制度，设立督察专员，负责根据人民群众的来信来访对包括司法机关在内的法律适用事务进行调查并提出报告，对于渎职行为有权向法院提起诉讼。为保障这一制度的顺利运作，需要赋予督察专员必要的特权并完善相关的诉讼机制，并允许新闻媒体对督察专员的活动和他们所提出的报告进行报道。

第三，充分发挥新闻媒体的监督作用。新闻的重要功能是获得情报信息并加以整理和传播，有时还要在这个基础上提供意见和评论，作出有见识的反应。如今新闻媒体已成为一种被视为除立法、行政、司法以外的“第四权力”。大众传播媒介拥有广大的接收对象，具有强大的影响力，其传播手段迅速、价廉、方便，能够发布消息、传递甚至制造舆论。由大众传播媒介具有的特定功能所决定，新闻舆论早已成为民主机制的重要组成部分。大众传播媒介从不同角度监督着政府的活动，具有使政治保持廉洁的警犬作用，是国家揭露和控制腐败的重要机制之一。新闻报道是人民获得信息的重要途径，是人民知情权的必然要求。从国家主权的观念看，人民是一切国家权力的来源，人民对于国家权力的运作的情况——无论是好的一面还是不好的一面——都享有知情权。新闻媒介的发展状况是一个国家是否民主以及民主程度的重要标志。新闻报道对促进司法公正和防止司法腐败具有积极作用，近年来，我国的一些新闻媒体在揭露司法腐败和专横、发挥对司法活动监督作用方面同样取得了一定的成效，一些司法腐败、司法专横与司法人员违法犯罪的案例和事实被披露，促进了这些案件和事实的及时、公正处理。当然，在我国，新闻舆论所具有的强大力量还没有得到充分释放，它在监督和促进司法公正方面的潜力还有待进一步发挥。

第五章
中国审判体制改革的思路与设计

审判机关是国家提供的解决社会各种纠纷的一种机制，用于定分止争甚至惩奸除恶，审判机关的组织和设置以及审判制度的建构和调整，对于国家的这一机制能否圆满完成其预期的任务、发挥预期的功能、达到预期的目的，有着举足轻重的作用。我国现有的审判体制酝酿、初创于中国共产党1949年取得政权、建立新中国之前。早在1931年以前，中国共产党领导的工农民主政权便在各根据地建立起革命法庭或裁判部，在中央实行审判权与司法行政权分开的“分立制”，在地方采取“合一制”，审判机关的组织体系分为四级，实行两审终审制。检察机关附设在审判机关内，实行“审检合一制”。工农民主政权通过颁布《裁判条例》和有关《司法程序》的训令，确立了一系列诉讼原则和审判制度，主要包括审判权统一由司法机关行使原则、公开审判原则、禁止肉刑逼供的原则、合议和陪审制度、死刑复核制度。抗日战争时期，冀鲁豫边区、陕甘宁边区等地的抗日民主政权颁布了保障人权的单行条例，如陕甘宁边区政府颁布了《陕甘宁边区保障人权财权条例》，规定了在司法活动中保障公民人身自由的程序要求。解放战争时期，人民民主政权确立了合法的传讯、拘捕和搜查程序，以及审判权统一由司法机关行使、禁止使用肉刑和乱打乱杀、案件复核、平反已决案件、便利群众的原则和制度。新中国成立后，我国主要借鉴甚至照搬了苏联的审判体制和审判模式。直到20世纪90年代，我国的审判体制建构和调整才采取了多元取向，包括借鉴西方法治国家的先进经验，这个过程迄今为止还在持续。

一、中国审判体制改革的基本思路

（一）我国审判体制改革的目标

我国当前的审判体制改革，服务于实现司法公正的总体目标。司法体制建构模式的选择与其内在的精神结构有着紧密的联系。司法体制的建构和调整通常意味着在一定的价值规范的支配下进行选择的过程，其中最重要的价值之一，就是司法公正。

审判体制的运作是审判机关和审判人员将法律应用于具体案件的处理活动，这个过程是在一定价值规范支配下、为实现预期的法律价值而展开的，司法公正就是其中一个核心价值。要建构具有保障司法公正功能的审判体制，必须自觉地树立司法公正的价值观念并将其自觉地融入审判体制当中。也就是说，审判体制建构应当将司法公正作为自己的价值取向，体制的建构和运作都应该有利于实现司法公正。事实证明，司法体制的不合理设计会极大地损害司法公正。要维护和实现司法公正，就必须对审判体制存在的妨碍司法公正的弊端有一个清醒的认识，并在改革审判体制中自觉加以革除。笔者认为，经过改革的审判体制应该实现以下目标：

1. 有利于实现实体公正

审判体制的建构应当有利于实体法目的的落实，这就需要：一是有利于发现案件真实，二是能够将实体法律正确应用于具体案件的处理。职业法官选任条件的设定使之必须具备发现案件真实和正确适用法律的能力，另外，司法权的行使必须具有独立性，司法体制应当通过强化分权结构和为法官提供职业保障等措施排除其他权力或者因素对司法活动的干扰。

2. 有利于实现程序正义

不严格遵行诉讼程序的现象与诉讼法本身缺乏对违反程序的不利后果的预先设定有密切关系，与司法人员轻视程序的意识也有关系。除此之外，它与司法体制的不合理设计也存在相当密切的关系，如诉讼法虽然规定了合议庭有权独立作出判决，但由于司法机关高度行政化，合议庭不能切实行使法律赋予的独立作出判决的权力。又如，当庭宣判本来是《刑事诉讼法》规定的第一位的宣判方式，但目前几乎被弃置不用，原因是：案件审理后要层层把关，不经庭长认可、院长审定不能宣判；审判体制没有将法官的权利与责任结合在一起，使法官可以通过向庭长、院长汇报和将案件交付审判委员会讨论决定而分散甚至推卸责任。所以，要使司法机关和法官严格遵行法律，需要对审判体制作出相应的改革。

3. 有助于增进司法廉洁

缺乏有效的保证廉洁的机制，是司法领域滋生腐败的原因之一。我国司法腐败现象日趋严重的事实表明，审判体制中缺乏切实有效的遏制腐败的机制，或者已经设置的机制（如自上而下的行政化控制）不能有效地发挥作用，需要通过审判体制改革来增进廉洁和遏制腐败。审判体制改革的目标之一是增进司法廉洁，遏制司法腐败的滋生蔓延。

4. 有利于提高诉讼效率

通过诉讼渠道解决法律纠纷意味着如何以较少的司法资源投入，取得较大的收益，这是立法机关、司法机关和诉讼参与人乃至一般民众都十分关心的问题。当代诉讼越来越关注诉讼效率问题，其结果是促成了简易速决程序的确立，即对于情节较轻或者被告人自愿供述有罪的案件等采取相对于普通程序而言简洁明快的程序，以减少司法资源的不必要浪费。审判机关不仅应当公正、廉洁，而且应当具有较高的效率。对于审判活动来说，要提高效率必须拥有足够的受过训练的法官（因此针对这些人员制定的选任标准必须满足人民对于他们工作效率的期待)，并且采行更具效率的审判制度。

（二）我国审判体制改革的途径

我国的审判体制改革，是在既有审判体制已经建立并运作相当长时期后展开的，这一审判体制能够存续如此长的时间，表明它在完成国家赋予审判机关的任务和实现国家对于审判体制的功能方面是有所成就的，但这一审判体制也存在不少问题，这也正是其存在改革必要性的原因。另外，当今时代是域外法律文化几乎无阻碍地传播和法律制度很方便地进行对比的时代，域外的法律文化和法律制度使我们照见自己，而借鉴和吸收域外优良的审判体制是不可避免的途径之一。但仅借鉴和吸收域外优良的审判体制是不够的，我国长期以来的政治和司法运作，积累了十分丰富的经验，这是我国改革现行审判体制的重要资源，不应当被忽视。因此，审判体制改革的途径应当包括以下三个方面：

1. 根据中国审判体制存在的问题有针对性地展开改革

改革的实质在于兴利除弊，现有的制度存在弊端，因此对症下药地加以革除，实现制度革新，更好地发挥制度功效，这就是改革的意义所在。我国的审判体制运作数十年，虽然成就巨大，但也存在不少问题。例如，审判人员缺乏裁判自主性，对于上级法院或者本院庭长、院长、审判委员会把关有着很强的依赖性，审判质量和裁判效率不高，官僚习气较为浓厚，这些恰恰是需要通过改革审判体制加以解决的问题。我国的审判体制改革不能为改革而改革，改革需要有明确的目标，必须有针对性地解决审判体制存在的问题，因此任何改革方案的出台，都应当经过这样一番检验：这个方案是要解决什么问题？这个方案是否能够解决这些问题？有无解决这些问题的更好方案？这个方案的实施有什么障碍？这些障碍是否能够克服？

2. 借鉴其他法治国家或者地区的经验改革我国现行的审判体制

世界各国都建立了各自的审判体制，这些审判体制有共性的东西，也往往存在差异，深入研究世界上其他法治国家的审判体制以及围绕这些体制的学术研究成果，对于完善我国审判体制有着重要意义。随着中外法律文化的交流日益频繁，了解并借鉴那些法制先进国家的经验是具备条件的，当前我国审判体制改革面临的障碍不是来自外部，而是来自自身，那就是：我们是否能够客观、公允地评价域外的制度，我们是否能够真切地体悟到域外优良制度作为世界文明发展成果的一部分的价值，以及我们是否有引入这些制度的足够勇气。尤其是当这种改革可能触及基本的权力结构的时候，我们能否将改革引向深入、引向实质性。这些问题就是我们在要不要确立司法独立原则并确立法官独立原则等问题时所遇到的。在借鉴域外优良的司法制度的时候，知易行难已经成为中国法律人的一种魔咒，需要我们不断加以克服。

3. 从我国传统审判体制建构中汲取智慧改革现行审判体制

我国有着悠久的司法历史，即使是晚清引入现代审判体制以来，也已经经历了一百多年。在这个过程中，从晚清到民国、从中国共产党的瑞金地区以及陕甘宁边区到改革开放，司法经验的积累也达到了相对深厚的程度。我们进行审判体制改革，眼光所及的范围不应过于狭窄，不能局限于现在，也不能局限于向域外寻求启发，而应当重视古人的智慧和前人在审判体制现代化过程中所作的尝试和积累的经验。我们有着十分丰富的本土资源，对于这些资源应当充分加以利用，这样我们才有足够的智慧去发展甚至创新一个优良的本土审判体制。

（三）我国审判体制改革应当重点解决的两大问题

目前，我国审判体制还存在诸多问题，最要害的是两大问题：一是审判体制行政化问题；二是审判机制地方化问题。这两大问题的存在对于司法公正具有明显的干扰和妨害作用。我国当前的审判体制改革要取得明显成效，不能不触及这两大问题；审判体制改革成功与否，也应以这两大问题是否得到很好的解决为衡量指标。

1. 审判体制行政化

司法权的配置和司法运作有着自身的规律，尤其是审判权及其运作与行政权及其运作有着明显差别。审判机构和审判人员的管理应当按照司法规律进行，而不能与行政机关和行政人员的管理相混同。行政是国家专门机关基于其法定职权进行活动具有的一种行政作用。行政的特性是：具有积极主动性，行政机关依据国家或人民的需要积极、主动发挥行政职能作用；行政机关有着较大灵活性，可以依其职权，在法令范围内衡情度理，依自由裁量权对行政事务妥为处理；行政活动具有普遍、广泛性，任何机关及人民都可以成为行政的客体；行政具有整体性，为达到行政目的，服务于国家和人民的需要，设官分职，力求分工合作，相互协调配合，以实现公正高效。[①] 行政的上述特性与审判存在相当大的差异，现代的审判机关普遍实行不告不理原则，恪守司法的克制性、消极性，积极主动并不是审判机关的特性；审判机关对于法律有严格的依附性，虽然审判人员依法也行使一定的自由裁量权，但与行政活动相比，范围较为狭窄；审判人员与行政人员不同的是，前者履职要有高度的独立性，后者则需要上命下从、协调配合。但是，长期以来，我国审判体制的运作缺乏对审判规律的把握和尊重，审判机构和组织的设置以及人员的管理都与行政机构、组织和人员管理存在混同的现象，上下级法院之间本来是监督关系，实际上已经变成了领导关系。这些行政化表现由于违背司法规律，阻碍了司法公正的实现，也妨碍了审判效率的提高，需要通过深化审判体制改革加以解决。

2. 审判机制地方化

审判机制是一种国家机制，是国家提供给全社会的用于定分止争的一种专门设置。法律的普遍适用性和公平正义的社会需求要求法律适用必须超越地域，真正实现司法的公平与正义，这就要求审判机关脱离地方的控制，实现去地方化。列宁为苏联检察体制量身打造的垂直领导体制就是为了使检察机关摆脱地方控制，使之真正承担起保障法律正确、统一实施的职责。检察机关尚且如此，审判机关更应具有超越地方控制的体制安排。我国当前存在较为普遍的地方保护主义。所谓地方保护主义，是指地方政权机构及其成员，为维护或扩大该地方的局部利益而不顾国家、

---

① 张载宇著：《行政法要论》，汉林出版社1977年版，第7页。

社会的整体利益，甚至违背中央政策和国家法律法规的倾向和现象。地方保护主义有明显的危害性，这种倾向和现象渗透到审判活动中，使审判机关不能公正司法甚至形成审判机关自觉维护地方局部利益的状况。这种司法领域的地方保护主义与审判机制的地方化具有密切关系，要摆脱地方保护主义，就必须使审判机关的人事权和财政权摆脱地方控制，另外还需要改革党对政法领导的体制，如像一些学者主张的那样，目前只保留中央政法委员会，最多保留省级政法委员会，取消地、县两级政法委员会，以保障党对政法工作的领导是大政方针的领导，防止各地方政法委员会对个案的干预。近年来，法律界对于摆脱审判机制的地方主义呼声很高，审判体制改革不但应该理顺审判机关的内部关系，也应当理顺审判机关的外部关系，使国家权力的配置科学化和民主化，这显然是司法公正所要求的改革内容。

二、中国法院审判模式的改革

审判活动都有特定的形式，将不同的审判方式（特别是庭审方式）的本质性特征加以总结、归纳，从而概括出相互区别的诉讼类型，就是我们常说的审判模式。在长期的刑事诉讼发展历程中，一个国家或者地区的审判模式通常是自然演变而成的，当然也有受到其他国家或地区的影响而移植审判模式的现象。到了近现代，即使自身的审判模式成为域外其他国家或地区仿效的对象，也难免不受其他诉讼模式的影响而吸收外来因素，因此当代的审判模式往往带有一定的混合性质。

我国当代的审判模式既受到古代纠问式审判模式的影响，也受到作为社会主义法系代表的苏联审判模式的影响，而苏联审判模式又具有明显的大陆法系审判模式的特征，因此当代中国审判模式也间接受到大陆法系审判模式的影响；近十几年来，英美法系对抗式审判模式发挥了较大影响力，我国的审判模式直接受其影响，由于吸收了它的若干因素而带有一定的混合特征，但根本特征仍然保留着社会主义法系以及大陆法系审判模式的总基调。

（一）古代纠问式审判模式对我国审判模式的影响

如果按各种审判模式产生的顺序，我们可以将其列举为早期的弹劾式诉讼、盛行于中世纪的纠问式诉讼到近现代的当事人主义诉讼、职权主义诉讼和混合式诉讼等几大审判模式。

观察欧洲刑事诉讼制度的发展历程，可以看出，纠问式诉讼是继弹劾式诉讼之后出现并盛行于欧洲中世纪中后期的诉讼制度。我国古代实行的也是纠问式审判模式，这一审判模式的某些特征为职权主义审判模式所吸收，至今在司法实践中仍发挥着影响力和实际作用。

纠问式诉讼的本质特征是法官主动依职权追究犯罪，将其与弹劾式审判模式进行比较，可以看出它具有以下一些特征：

第一，在纠问式诉讼中，控诉职能与审判职能不分，集于法官一身。而在古代弹劾式诉讼中，法官消极、被动，司法保持克制。例如，在古罗马，法官处于消极仲裁者的地位，只负责听取双方当事人提供的情况，审查他们提供的证据，认定案件事实和作出裁决。

第二，在纠问式诉讼中，刑事诉讼的开始和推进，不取决于被害人的告诉，即使没有被害人的告诉，国家官吏也可以主动发现和追究犯罪。而古代弹劾式诉讼的典型特征是：控诉与审判职能分离，实行不告不理原则，控告由私人提起。

第三，在纠问式诉讼中，原告人和被告人都没有诉讼主体地位，被告人更是只承担诉讼义务的被追究的客体。审判一般秘密进行，不但庭审前的调查活动是秘密的，法庭审判一般也不公开。

第四，纠问式诉讼与野蛮的刑讯紧密地结合在一起，被告人成为被拷讯的对象。我国古代长期实行纠问式审判模式，司法与行政不分，法官主动依职权追究并调查犯罪，集侦查者与审判者于一身。由于法官承担着发现案件真相的职责，为了保障这一职责的落实，刑讯成为法定的取证手段。

我国长期的司法传统与近现代的职权主义诉讼具有可承接性，纠问式诉讼中法官主动依职权调查取证为职权主义审判模式所继承，我国当代的审判模式在这一基本特征上与古代长期形成的司法传统具有一致性。古代纠问式审判模式中某些特征对于当代司法仍然有着潜移默化的影响，当事人诉讼地位不高、诉讼权利受压抑、侦查过程中刑讯逼供成为普遍现象等，都在一定程度上反映了古代纠问式审判模式的影响，这是在当今进行审判模式改革需要着力加以革除的。

（二）我国近现代以来主要采行大陆法系审判模式

我国近现代以来，中华法系式微，引进西方法律制度、实行法制的近现代化成为必然选择。清末以来乃至民国时期，远师法德，近仿东瀛，建立起以德国、日本为效仿对象的审判模式，这种审判模式是盛行于大陆法系国家的职权主义审判模式。其主要特征是：第一，法官推进诉讼进程；第二，法官主动依职权调查证据，可以主动询问被告人、证人、鉴定人并采取一切必要的证明方法；第三，实行不变更原则，案件一旦起诉到法院，控诉方不能撤回起诉，诉讼的终止以法院的判决作为标志。

在职权主义审判模式中，法官掌握着庭审活动的全部控制权，他们在证据调查中起着肯定和积极参与的作用。在大陆法系国家，这被认为是发现案件真实情况的最佳方式。

我国自清末修律变法以来，即以大陆法系的德、日等国为取法对象，采行大陆法系的审判模式，直至 1949 年大陆政权更迭为止。1949 年以后，我国司法取法苏联审判模式。尽管苏联法学家极力划清苏联审判模式与西方国家审判模式的本质区别，但这种审判模式与大陆法系职权主义审判模式颇为接近，前者含有许多大陆法系审判模式的要素。

我国的审判制度仿效苏联建立起苏维埃式的审判模式，具有明显的大陆法系审判模式的特征，司法注重发现案件的客观真实，对于发挥法官在调查案件方面的主动性十分重视，体现为法官在法庭调查中主动推进诉讼进程，主动依职权调查证据，特别是合议庭拥有一系列庭外调查的权力。在我国，这种仿效苏联建立起来的审判模式被一些学者说成是强职权主义审判模式，其最受诟病之处在于，法官职权作用过大，诉讼中大包大揽，控辩双方的作用不能充分发挥，辩护方的权利运作空间被极大压缩，诉讼缺乏对抗性，纠问色彩浓厚，审判流于形式。因此，在1996年修改《刑事诉讼法》时，庭审方式改革成为修改的重点内容之一，修改目的是要增强诉讼对抗性，使审判活动具有实质性。

（三）我国审判方式改革吸收对抗制审判模式的若干因素

对抗制是与审问制相区别的审判模式，主要为英美法系国家或者地区所采行，其主要特征是：诉讼进程由控辩双方推进；案件事实的发现委诸控诉方和辩护方的举证和辩论，在法庭调查中实行交叉询问制度；法官不主动依职权调查证据，自我克制是法官在案件调查活动中的惯例；实行变更原则，允许控诉方变更、追加、撤回诉讼，允许控诉方与辩护方进行辩诉交易；采起诉认否程序，在刑事诉讼中如果被告人自愿而不是被强迫作出有罪的供述，则对案件事实无须进行举证和辩论，法官可以径行作出有罪的判决；实行陪审团制度，由一定数量的非专业人士（通常为十二人）组成陪审团，在没有法官出席的情况下负责对事实的有无进行裁决。陪审团制度对对抗制诉讼程序的设置和诉讼规则的形成具有决定性作用。

对抗制诉讼模式和职权主义诉讼模式的关键区别在于控诉、辩护、审判三大诉讼主体发挥各自功能的方式不同，当事人主义诉讼模式的机理是通过控辩双方的作用与反作用，达到制约政府权力、揭示案件事实真相的目的。

如今两大法系审判模式互相借鉴、吸收，使各自都带有一定的混合色彩。更有日本和意大利等国兼采当事人主义诉讼模式和职权主义审判模式的因素，成为混合式诉讼的国家，其特征是：保留了法官主动依职权调查证据的权力，注重发挥法官在调查案件事实方面的能动性，表现了对职权主义诉讼模式的优势的客观态度；大力借鉴对抗制诉讼的因素，在诉讼中注重发挥控辩双方的积极性，注重控诉辩护双方平等对抗；在法庭调查中，一般实行英美式的交叉询问等制度，以期取两大诉讼模式之长而摒弃其短。

混合式诉讼是在原有的职权主义诉讼模式的基础上大力吸收对抗制诉讼的积极因素的结果，它以折中模式试图结合职权主义诉讼和对抗制诉讼之长而避其短，既强化对人权的保障，又注重发现案件真实和提高效率，这种结合为许多国家刑事诉讼的发展提供了新的可供借鉴的典范。

我国自20世纪80年代末开始进行民事审判模式的改革。改革的起因是：法院在审理民事案件和经济纠纷案件时，忽略了当事人的举证责任，法官承担了大量的调查、收集证据的工作，甚至在庭外东奔西走，进行调查取证；改革前的审判存在的一大弊端是“先定后审”，即不是运用庭审来查清案情，而是在通过庭外活动将案情基本查清甚至认定以后才开庭，从而造成开庭审理流于形式。为克服这些弊端，法院系统开始了以强化和落实举证责任为主要内容的民事审判方式改革。此后的庭审方式改革也沿着强化当事人的证明责任、落实当事人处分原则和辩论原则的思路展开。

我国通过1996年、2012年先后两次对《刑事诉讼法》的修改而建立的法庭审判机制，在原有的职权主义诉讼模式的基础上吸收了当事人主义诉讼模式的因素，使我国的开庭审判机制具有明显的混合色彩。具体表现为如下特点：

第一，强化控、辩双方的积极作用，为控、辩双方的举证和辩论留下更多空间。在审判活动中，审判长是法庭的组织者和指挥者，同承办本案的其他审判人员一起履行着审判职能，他们在庭审中的作用是不可或缺的。不过，审判权的具体构成内容仍有很大的伸缩性。在进行刑事庭审方式改革之前，法官的职能作用过于积极，而控、辩双方的职能作用过于消极，后者通常仅在专门的辩论阶段发表意见，诉讼中的对抗性较弱。这种制度设计使控辩双方的积极性得不到充分发挥，法庭审判往往流于形式。针对这种状况，立法机关在修改《刑事诉讼法》时对庭审方式进行了改革，强化了控辩双方的对抗作用。公诉人在宣读起诉书后，直接讯问被告人，并询问证人和鉴定人，出示物证，宣读书证、书面证言和各种证据笔录；被告人、辩护人一方对于本方提出的证人、鉴定人，要由自己首先进行询问，对于本方收集的证据材料要自行当庭出示、宣读。法官只在控辩双方进行讯问、询问后作补充性的发问，对于控辩双方收集、提供的证据材料不再承担出示、宣读的工作。由此可见，我国的庭审方式强化了控辩双方的职能作用，有利于在庭审中调动双方的积极性。

第二，保留了审判人员主动以职权进行调查的权力。我国《刑事诉讼法》没有完全采取当事人主义庭审模式，而规定法院享有对案件事实、证据的调查核实权。它要求审判人员在控、辩双方充分发挥职能作用的基础上，不仅有权主持审判、维护法庭秩序，而且还有权补充性地讯问被告人、询问证人和鉴定人，并有权进行某些庭外证据调查、核实活动。《刑事诉讼法》第191条规定："法庭审理过程中，合议庭对证据有疑问的，可以宣布休庭，对证据进行调查核实。人民法院调查核实证据，可以进行勘验、检查、查封、扣押、鉴定和查询、冻结。"显然，我国刑事诉讼在借鉴英美当事人主义诉讼模式若干因素的同时，仍然保留了大陆法系职权主义诉讼模式的某些特点。

第三，法庭审判方式更加灵活。法庭辩论不仅可以在专门的辩论阶段进行，而且在法庭调查阶段控辩双方就可以对证据和案件情况发表意见和互相辩论。

（四）我国法院审判模式存在的问题

我国法院审判模式在职权主义审判模式基础上吸收当事人主义（对抗制）审判模式的若干因素，形成带有一定混合色彩的新的审判方式。不过，在新的审判方式确立之时，顾虑到过去司法审判的惯性和法官素质，并没有采纳将侦查与审判割断的制度安排，即采行起诉状一本主义；由于实行宜粗不宜细的立法方针，有关审判方式的法律规定过于简单粗疏，对证人进行询问的设计缺乏系统性、协调性，询问制度显得模糊不清。概括起来，所存在的问题主要表现在以下几个方面：

第一，未能防止预断。审判制度的安排重在维护公正，祛除预断。无罪推定原则和排除预断等的制度设计，要求法官不能未经审理而对案件事实作出预断，特别是不能作不利于被告人的假定，他应当不顾及起诉书和案卷材料给他实际上造成的印象，而坚持法律所认可的一种假定，即被告人无罪的假定，“头脑一片空白”地开始审判活动，当然这种假定只是法律上可推翻的推定，审判过程中法官最终形成的认识可以否定这一假定。对于审判方来说，一切结论必须等到法庭举证、辩论后根据举证、辩论给法官的感官和理智所带来的认识而定。所谓证明责任承担者的说服责任就是通过法庭举证、辩论给法官的感官和理智施加影响，使之形成有利于己方的判断。在我国，1996 年《刑事诉讼法》修改之前，法律规定人民法院在开庭前对案件进行实质性审查并可以将案件退回检察机关补充侦查；审判人员开庭前已经阅读全部案卷材料并接触到全案证据，近乎作出判决，这种情况下开始进行审判，被外界认为怀有预断。为此，1996 年第一次修改《刑事诉讼法》时将实质性审查改为侧重程序性审查，开庭审判案件不以“犯罪事实清楚、证据确实充分”为条件，事实和证据的实质内容不是法院此时审查的对象；检察机关在提起公诉时不需要移送全部案卷材料，也不需要移送案卷中的原始材料，只需要移送起诉书以及有关的证据目录、证人名单和主要证据复印件或者照片；法院对公诉案件进行审查后，对于符合开庭条件的应当决定开庭审判，不能退回检察院补充侦查或者要求检察院撤回起诉。但基于减少资源浪费和解决律师“阅卷难”问题的考量，2012 年第二次修改《刑事诉讼法》时再次规定，人民检察院提起公诉时，应当“将案卷材料、证据移送人民法院”；“人民法院对提起公诉的案件进行审查后，对于起诉书中有明确的指控犯罪事实的，应当决定开庭审判”。由此可见，两次修改的《刑事诉讼法》在法院对公诉案件进行审查的程序设置方面仍存在明显缺陷：法院对公诉案件的审查只是侧重于程序性审查，而非纯粹的程序性审查，因为《刑事诉讼法》并未禁止审判人员开庭审判前接触证据，而是规定检察院在提起公诉时移送主要证据复印件、照片或者案卷材料、证据，这一规定使审判人员在开庭审理前仍然有可能因接触证据材料而产生预断，因而并不能杜绝刑事诉讼中曾经存在的“先定后审”、“先判后审”的弊端，亦即仍然容易使审判人员在开庭前形成先入为主的认识，不利于以持平公允的心态主持诉讼活动和作出裁判。

第二，法律上未能明确规定人证调查的交叉询问制度。以证人作证为例，证人作证通常有会话式和问答式两种方式，前者以证人连贯陈述为形式，后者以一问一答为形式。当事人主义诉讼制度一般以一问一答为形式，必须以禁止诱导性询问的规则对以暗示方式进行的不当询问进行限制；职权主义诉讼制度则以会话式为原则，询问证人，一般让证人就其所知道的有关案件事实进行连贯陈述，通常没有设立禁止诱导性询问的规则的必要。我国《刑事诉讼法》在询问证人顺序上是否采行交叉询问制度规定得模糊不清。《刑事诉讼法》第 59 条确立了采纳证人证言作为判决的依据所应当遵循的原则，即必须经过控辩双方质证并且查实以后才能作为定案的依据；第 189 条第 1 款规定：“证人作证，审判人员应当告知他要如实地提供证言和有意作伪证或者隐匿罪证要负的法律责任。公诉人、当事人和辩护人、诉讼代理人经审判长许可，可以对证人、鉴定人发问。审判长认为发问的内容与案件无关的时候，应当制止。”第2款又规定：“审判人员可以询问证人、鉴定人。”上述规定比较粗糙。最高人民法院2012年12月公布的《关于适用〈刑事诉讼法〉的解释》对证人作证的方式作了规定，一定程度上弥补了立法的缺陷。该解释第212条规定：“向证人、鉴定人发问，应当先由提请通知的一方进行；发问完毕后，经审判长准许，对方也可以发问。”这种询问方式与交叉询问制度相接近，但对于证人如何提供证言（会话式抑或问答式）仍然规定得模棱两可，这势必影响诱导性询问规则的确立和应用。另外，最高人民法院的解释规定，在审判长主持下，被告人、被害人可以就起诉书指控的犯罪事实分别陈述，公诉人可以就起诉书指控的犯罪事实讯问被告人；经审判长准许，被害人及其法定代理人、诉讼代理人可以就公诉人讯问的犯罪事实补充发问；附带民事诉讼原告人及其法定代理人、诉讼代理人可以就附带民事部分的事实向被告人发问；被告人的法定代理人、辩护人，附带民事诉讼被告人及其法定代理人、诉讼代理人可以在控诉一方就某一问题讯问完毕后向被告人发问。但对于被告人陈述，按照交叉询问制度，应由辩护人进行反问，询问完毕后再交由对方进行诘问。现行规定是原来职权主义诉讼的一部分，要糅进与其难以相容的交叉询问制度，难免不伦不类。另外，法律（包括司法解释）也未规定，控辩双方可以向被害人和附带民事诉讼原告人发问，这也是立法中的一个漏洞。

第三，诉讼进程由审判人员主动依职权推进，当事人在推进诉讼进程方面的作用相对较弱。在对抗制诉讼以及吸收其因素的混合式诉讼中，一般都以当事人提出声请和异议等方式推进诉讼进程，但在我国庭审中，审判长拥有推进诉讼进程的绝对权威，即不待声请或者异议，审判长可以主动调查证据或者制止对证人、鉴定人与案件无关的发问，还可以反复主动地依次向公诉人和诉讼参与人征询对某项事实、证据的意见，公诉人和诉讼参与人则在被问及时才能发表意见或者表示没有意见。这种主动依职权推进诉讼进程的做法，是职权主义的重要特征之一，也是使刑事庭审的对抗性削弱的原因之一。在司法实践中，更有一些审判人员限制公诉人、辩护人在法庭辩论中的发言，要求双方发言最多两次，每次限制在十分钟内，这种做法在以法官自我克制为特征的对抗制诉讼模式中殊难想象。

第四，控辩双方的诉讼地位仍不具平等性质，在刑事诉讼结构中不能形成“正三角形”构造，亦即法官居中裁判并处控辩双方之上，控辩双方地位平等、权利对等的结构。与人们在庭审方式改革之初的热烈预期相异的是，尽管有学者乐观地将我国刑事庭审方式视为一种当事人主义的对抗模式，但实际上它不仅在法律上与真正的对抗制诉讼存在不小的差距，而且其运作效果仍体现出较浓厚的职权主义诉讼的色彩。

第五，缺乏与交叉询问制度配套的证据规则。我国刑事庭审活动本采职权主义诉讼模式，《刑事诉讼法》修改时在保留职权主义诉讼因素的前提下吸收了当事人主义诉讼的若干因素，但并没有在法律中确立相应的证据规则。我国刑事诉讼要借鉴当事人主义诉讼模式，增强诉讼的对抗性，就需要建立一系列证据规则，如诱导性询问规则、传闻证据规则、意见证据规则、关联性规则等。上述证据规则，按照外国立法例，特别是英美国家的立法例，既有一般原则，也有诸多例外，我国刑事诉讼加以借鉴时，应当进行深入研究，对成熟的内容作出规定，而不能简单化处理。

（五）我国法院审判模式的再改革

我国在原有的职权主义诉讼模式的基础上适当引入当事人主义诉讼因素的改革方向是正确的选择，今后仍然应当坚持。但这个过程并不是直线过程，需要继续进行改革和探索。

我国民事审判模式在近年来发生的一个重大变化，是强调司法的亲民性和能动性。亲民司法是我国长期以来亲民政治的反映，体现亲民司法观念的马锡五审判方式得到重新提倡和推行。马锡五审判方式被认为是我国新民主主义革命时期诉讼制度的典型。审判以深入农村实地调查、依靠群众了解案情和依法合理审判案件为特色。马锡五曾指出："当审判工作依靠与联系人民群众来进行时，也就得到无穷无尽的力量，不论如何错综复杂的案件或纠纷，也就易于弄清案情和解决。"[①] 马锡五主持的审判活动，手续简便、不拘形式，使群众深感方便，其基本价值取向是求真与求实。[②] 1943 年，马锡五出任边区高等法院陇东分庭庭长，审理了不少案件，他的不注重审判形式、将司法仪式压缩到最低限度的审判模式被称为"马锡五审判方式"。近年来，我国一些法院推行马锡五审判方式，得到了广大民众的认可，但在法学界引起不小的争议，批评者认为重新推行马锡五审判方式是我国民事庭审模式改革的倒退。能动司法则是近年来我国法院提出的一个引起社会广泛关注的口号。"司法能动"是美国司法语汇，英文为 judicial activism，可以理解为司法积极主义、司法主动主义，亦即司法表现出积极、主动、有活力的性质。美国司法能动主义有其特定含义，这是一个在司法审查领域提出的主张，或者是对司法积极、主动状态的一种描述。按照克里斯托弗·沃尔夫的解释，"司法能动主义"涉及法官行使一种被称为"准立法权"的权力的方式，是法官在自由裁量时享有多大权力或者受到多大程度的限制的问题。主张者认为，法官要承担起"实现正义"的使命，就应当放松对司法权的限制。与"司法能动"相对应的是"司法克制"（Judicial Restraint)，后者强调的是对司法权加以限制，试图通过各种方式限制法官的自由裁量权。我国法院在使用"能动司法"一词的时候，在下述意义上与美国法律人使用该词是一致的，即法院积极、主动地行使司法权。人民法院在民事诉讼领域有着亲民的优良传统；在刑事诉讼领域，这种亲民性主要体现在对于被害人和证人的态度上。一个亲民的法院强调的是为当事人等减少讼累，为此要简化审判活动中的烦琐形式，尽可能直截了当地触及实质正义。这构成了一种观念——"人民法院"的观念。我国法院在能动司法的实践中，试图实现司法对社会需求予以积极、主动的回应，塑

---

① 马锡五：《新民主主义革命阶段陕甘宁边区的人民司法工作》，载《政法研究》1955 年第 1 期，第 16 页。

② 张能宝：《略论马锡五的司法思想》，载苏泽林主编：《法官职业化建设指导与研究》(2004 年第 2 辑)，人民法院出版社 2004 年版，第 106 页。

造法院有所作为而不是消极、被动的形象。应该说，我国法院长期以来一直以司法能动进行自觉的自我塑造，在各级法院院长向同级人民代表大会所作的工作报告中可以清楚地看到这一点。只是，近年来法学界提出的司法消极、中立的主张发挥了影响作用，一些法院和法官对于这一主张产生了绝对化的理解，从而表现出消极、被动的司法状态。鉴于此，一些法院明确提出能动司法的要求，试图更好地发挥司法的功能，以满足社会对于司法的期望和需求。

我国近十几年的刑事审判模式改革取得了一定效果，但从现有的刑事庭审模式看，也存在一些明显的问题，需要在《刑事诉讼法》再修改中加以调整。为此，笔者提出以下改革建议：

第一，将预审法官与审判法官分立，防止法官产生预断。为减少法官预断，我国《刑事诉讼法》将开庭前审查由过去的实质性审查改为侧重程序性审查。这一程序变化的目的在于减少法官先入为主，却因要求检察机关起诉时移送案卷材料、证据而无法阻绝法官预断——法官在开庭前阅卷，可以根据案卷材料、证据形成预断。为此，应当设立预审庭和预审法官，专门负责公诉案件的审查；在一些审判人员较少的基层法院，也可以考虑由立案庭和立案法官负责该项工作。很显然，由于公诉案件的庭前审查工作由预审法官（或立案法官）负责，而审判法官在开庭审判前不能接触案卷材料、证据，因而他们不可能对案件事实、证据的认定产生预断，从而能够最大限度地维护审判人员的中立地位和刑事审判的公正性。

第二，将《刑事诉讼法》第186条所规定的公诉人首先对被告人讯问改为辩护人有首先发问的权利，辩护人发问完毕后再由公诉人盘诘。该条规定可修改为："公诉人在法庭上宣读起诉书后，被告人可以就起诉书指控的犯罪进行陈述，辩护人可以向被告人发问。辩护人发问完毕后公诉人可以向被告人发问。"该条其他各款作相应调整。在我国，证人的范围比较狭窄，不包括被告人、被害人、鉴定人。但在英美国家实行的交叉询问制度中，被告人（有作为证人当庭陈述的权利）、被害人、鉴定人（即专家证人）均列为证人，被告人在以证人身份提供有利于自己的陈述时，同样遵循交叉询问制度，由辩护方主询问、控诉方反询问。我国现行《刑事诉讼法》则反之，由公诉人首先发问（名曰"讯问"；现行《刑事诉讼法》没有赋予犯罪嫌疑人、被告人沉默权，因此在法庭上被告人实质上负担如实供述的义务），辩护人待控诉方发问完毕才有权发问。这样做的明显弊端是被告人难以充分进行辩解：在司法实践中，经常可以看到当被告人的陈述与公诉人所预期的回答不吻合时，这种陈述便被以严厉的口吻打断，一些被告人因此噤若寒蝉；在现有的询（讯）问方式下，辩护律师在控诉方发问后所进行的发问是补充性的，常常难以回溯到已经逝去的、可能揭示有利于被告人的细节的机会。

第三，切实保障被告人的质证权利。联合国《公民权利和政治权利国际公约》第14条第3款第（e）项确认质证权是一项司法最低限度保障，该项规定的质证权的内容是："讯问或业已讯问对他不利的证人，并使对他有利的证人在与对他不利的证人相同的条件下出庭和受讯问。"要在实质上实现被告人的质证权，必须提供两个条件：一是证人出庭作证。我国《刑事诉讼法》第59条规定证人证言必须在法庭上经过询问、质证才能作为定案的根据，这就要求证人必须出庭作证，《刑事诉讼法》的这一规定理应得到落实。鉴于在我国证人作证问题颇为棘手，可以作若干变通规定，包括：(1) 赋予控辩双方以证据先悉权，并经开庭前展示和相对方批阅后，对于书面证据不存在异议的，可以不通知证人出庭作证（借鉴日本、英国等国做法）；存在异议的，应当由相对方申请法院通知证人出庭，法院应当通知证人出庭，除非存在证人已死亡或者重病等法定情形（为此法律须作出规定），证人必须出庭接受质证。(2) 既然以被害人陈述为指控被告人犯罪的证据，该证据应当如证人证言一样经受质证，允许辩护方对被害人发问。二是实行强制辩护的制度，如日本《刑事诉讼法》所规定的凡可能判处三年以上有期徒刑的刑罚的被告人都必须有辩护人。我国应逐步实行此种强制辩护制度，证人出庭作证的案件，被告人没有支付能力而又无意放弃委托辩护权利的，应当为其提供法律援助。

第四，立法上确立并完善交叉询问制度。交叉询问固然是在庭审活动中进行的，但其活动规则和技术方法一直延伸到庭前准备活动中。要完善我国证据调查制度，还需要结合司法现状进一步完善法律规定，包括诉讼总体结构的宏观调整和相应的诉讼规则的配套设计并切实解决司法实践中存在的问题，主要包括：(1) 确定本方证人。交叉询问制度是庭审中双方对垒的制度，由于询问顺序和若干证据规则与证人所提供的证言的主要作用密切相关，因此需要在庭审前将证人确定为控方证人或者辩方证人。其方法非常简单，就是控辩双方根据自己举证的需要自行确定本方的证人名单。(2) 开庭陈述。控诉方首先进行开庭陈述，辩护方可以在控诉方开庭陈述后立即开始作本方的开庭陈述，也可以在他准备提出证人时再作开庭陈述，目的在于为其当事人扩大同情面。开庭陈述后，依如下顺序进行言词证据的调查活动：控诉方对自己提出的第一位证人进行主询问，通过适当的提问使证人得以清楚无误地提供与本方所要证明的事实有关的陈述；辩护方对控诉方提出的第一位证人进行交叉询问；控诉方对自己提出的第一位证人再次进行主询问，目的在于澄清该证人的证言在交叉询问中暴露出来的疑点，并消除交叉询问所造成的不利于本方的效果；控诉方再次主询问后，如果确有必要并经主审法官许可，辩护方可以再次交叉询问。控诉方对自己提出的第二位证人进行主询问，并重复进行上述活动，直至控诉方提供的证人全部询问完毕。辩护方对自己提出的第一位证人进行主询问，使该证人提供有利于本方的陈述；控诉方对辩护方提出的第一位证人进行交叉询问；辩护方对自己提出的第一位证人再次进行主询问；确有必要并经主审法官许可，控诉方可以再次进行交叉询问。辩护方对自己提出的第二位证人进行主询问，并重复上述活动，直至辩护方提供的证人全部询问完毕。

第五，建立相关证据规则。交叉询问是高度技巧性的诉讼活动，受一系列技术性规则的约束，因此需要建立相关证据规则，主要包括：(1) 诱导性询问规则，又称“暗示询问”。禁止在所提问题中含有暗示被询问者如何回答的内容。(2) 传闻证据规则。传闻证据分为两类：一类是在法庭外由证人制作的书面证言和警察机构等制作的证人证言笔录；另一类是证人在庭审中对他人的陈述的转述，这样的陈述和口证笔录只有在该证人已死亡、疯癫，病得不能行动，或受被告人阻碍不能到场时才能成为可以接受的直接证据。（3）意见证据规则。禁止事实证人提供与其感官体验相分离的单纯意见，但证人在事实陈述中提出的依一般经验作出的推测，可以采纳为判决的依据。（4）关联性规则。禁止在庭审中提出不具有关联性的证据，即不具有推断待证事实存在或者不存在的能力的证据，因此如果询问者就无关联性的问题进行提问，诉讼的另一方可以提出异议，法官可以制止。（5）敌意证人规则。故意拒绝为提出该证人的一方如实作证的证人，被称为“敌意证人”或者“敌对证人”。对于敌意证人，提出该证人的一方可以向法官说明该证人故意作反叛性陈述，经法官同意后，并可以运用其他证据推翻该证人的陈述，或者询问该证人以前是否提供过与现在相反的陈述，还可以依该证人以前的陈述对其进行交叉询问。

第六，交叉询问与法官直询制度兼收并蓄、扬长避短。言词证据调查的两种方式各有所长，也各有所短，在《刑事诉讼法》中应当借鉴德国、日本的立法例，确立两种方式并存的证据调查制度，使之具有运用上的灵活性。此外，在《刑事诉讼法》中还应厘清言词证据调查顺序和具体调查方式，使之具有可操作性。

三、中国法院审判组织的改革

我国的审判组织有三种形式，即独任庭、合议庭和审判委员会。

我国自 1979 年开始实行了十多年的独任审判和合议庭审判制度在 1996 年、2012 年修改《刑事诉讼法》时被加以调整，主要包括：（1）对合议庭组成人数作出调整，高级人民法院、最高人民法院审判第一审案件，应当由审判员三人至七人或者由审判员和人民陪审员三人至七人组成合议庭进行。人民法院审理上诉和抗诉案件，由审判员三人至五人组成合议庭进行。最高人民法院复核死刑案件，高级人民法院复核死刑缓期二年执行的案件，应当由审判员三人组成合议庭进行。（2）规定基层法院适用简易程序的案件可以由审判员一人独任审判。立法中对于审判组织的上述调整得到法学界和社会的认可，被认为是允当的。

在有关审判组织的学术讨论中，审判委员会的存废是多年来讨论的焦点问题之一，不少学者主张废除审判委员会。在这种呼吁的推动下，最高人民法院对审判委员会制度作出调整，下发了《关于改革和完善人民法院审判委员会制度的实施意见》，明确了各级法院审判委员会讨论并决定案件的范围，提出：“各级人民法院应当加强审判委员会的专业化建设，提高审判委员会委员的政治素质、道德素质和法律专业素质，增强司法能力，确保审判委员会组成人员成为人民法院素质最好、水平最高的法官。各级人民法院审判委员会除由院长、副院长、庭长担任审判委员会委员外，还应当配备若干名不担任领导职务，政治素质好、审判经验丰富、法学理论水平较高、具有法律专业高等学历的资深法官委员。”但这种调整并没有平息要求废除审判委员会制度的呼声。到目前为止，我国法院审判组织的改革首当其冲的仍然是审判委员会的存废问题。

审判委员会是法院内部设立的、较长时间内由稳定的数人对审判工作实行集体领导的组织，同时以会议形式承担裁判案件的职能。根据《人民法院组织法》第11条的规定，各级人民法院设立审判委员会，实行民主集中制。

在人员构成上，地方各级人民法院审判委员会委员由院长提请本级人民代表大会常务委员会任免，最高人民法院审判委员会委员由最高人民法院院长提请全国人民代表大会常务委员会任免。根据《人民法院组织法》的规定，各级法院审判委员会由人民法院院长和部分审判员组成。实际情况是，我国法院内部套用行政等级管理，院长是全院司法行政工作的最高领导，全权主持全院司法行政事务；庭长作为院长的行政下级，在院长领导下主持其所属业务审判庭的司法行政事务。多数法院的审判委员会都是由法院院长、副院长、各主要业务庭的庭长、研究室主任、办公室主任等充任，审判委员会的组成通常是行政领导的集合，而以普通审判员的身份担任审判委员会委员的比例很低。

审判委员会的法定职能是总结审判经验、讨论重大的或者疑难的案件和其他有关审判工作的问题。它的主要职能之一是裁决案件，《刑事诉讼法》第180条规定："……审判委员会的决定，合议庭应当执行。"

《刑事诉讼法》第180条规定："……对于疑难、复杂、重大的案件，合议庭认为难以作出决定的，由合议庭提请院长决定提交审判委员会讨论决定。……"最高人民法院《关于适用〈刑事诉讼法〉的解释》第178条虽然已经规定"拟判处死刑的案件、人民检察院抗诉的案件，合议庭应当提请院长决定提交审判委员会讨论决定。对合议庭成员意见有重大分歧的案件、新类型案件、社会影响重大的案件以及其他疑难、复杂、重大的案件，合议庭认为难以作出决定的，可以提请院长决定提交审判委员会讨论决定。人民陪审员可以要求合议庭将案件提请院长决定是否提交审判委员会讨论决定。对提请院长决定提交审判委员会讨论决定的案件，院长认为不必要的，可以建议合议庭复议一次。独任审判的案件，审判员认为有必要的，也可以提请院长决定提交审判委员会讨论决定"，但由于"可以"的规定十分宽松，"重大分歧"、"社会影响重大"的程度难以确定，并且"其他"条款有着极大的弹性，因而审判委员会裁决案件的范围仍比较宽泛。

审判委员会讨论案件采用会议的方式。审判委员会会议由院长主持，院长因故不能主持时，可以委托副院长主持。本级检察院检察长可以列席审判委员会会议，对讨论事项可以发表意见，但不参加表决。根据最高人民法院《审判委员会工作规则》的规定，审判委员会讨论案件应当遵守如下程序：（1）承办审判委员会讨论事项的有关庭室负责人和承办人应当参加审判委员会会议。承办人对讨论的事项应当预先做好准备，尤其要在会前写出审查报告，参加会议时根据会议主持人的要求汇报案情。（2）合议庭和承办人在审查报告中要对案件事实负责，提出的处理意见中要写明有关的法律依据。（3）承办人汇报案件后，审判委员会委员应当对案件进行充分讨论，必要时可以向承办人提问，要求其解答。（4）审判委员会不论参加会议的委员有多少，其作出的决定必须获得半数以上委员的同意才能通过。少数人的意见可以保留并记录在卷。（5）对于审判委员会的决定，合议庭或者法院其他有关部门应当执行。如有异议，须报经院长或副院长决定是否提交审判委员会重新讨论决定。审判委员会讨论案件的情况和决定，应当记入笔录，并由参加讨论的审判委员会委员签名。审判委员会的多数人意见为审判委员会的意见，合议庭应当据以作出判决或裁定，但审判委员会委员在判决书上不署名，而由审理该案的合议庭成员署名。

许多学者都曾指出，审判委员会讨论决定案件违反公正原则。最突出的问题是，审判委员会讨论决定案件违背了直接审理原则。直接审理是审判的一项重要原则，也是审判公正的基本要求，它包括两方面内容：一是“在场原则”，即法庭审判中，法官必须亲自在庭进行审判；二是直接接触和审查证据，即证据只有经法官以直接采证方式获得才能作为定案的根据。之所以强调裁判者的亲历性，是因为由此产生的感知和形成的认识易于接近事实真相，有利于判断证据的可信性和形成自己的内心确信，我国古代法官审案就已经要求“以五声听狱讼”，现代诉讼更应当强调裁判者直接接触证据，听取法庭调查和双方辩论。由于法官审判案件，将对当事人的生命、自由和财产作出处分，这就要求法官在解决纠纷、确定权利时必须给予当事人充分表达自己意见的自由，在当事人双方的争辩中明察秋毫、寻找真相。显而易见，在审判委员会讨论案件的整个过程中，审判委员会委员对案件的了解建立在承办人口头汇报的基础之上，既不接触当事人，也不直接对证据进行审查，明显有悖诉讼规律。长期以来，合议庭和法官对审判委员会的集体领导已经习以为常，但随着改革开放的不断深入，各类案件的数量、复杂程度亦有增加，错案追究制等责任追究措施相继出台，法官们或是由于能力、经验、信心不足，或是迫于来自法院内外各方的压力，或是为了逃避办案的风险责任，采取了主动出让或被迫放弃审判“自主权”的方式，将其转让给审判委员会行使，审判委员会成为法官逃避风险的避风港。

从知识论的角度分析，审判委员会能够聚集一定的知识，但大家都在相同或者相似程度上拥有同一方面知识的时候，一个群体的知识总量并不一定高于单一的个人；如果这一群体中的知识并非同一方面，则知识的总量固然高于单一的个人，但由于所处理的事务一般只需要某一方面的知识，那么这种由不同方面的知识构成的知识总和中有相当部分无法加以适用，则这种群体的意义也不一定比单一个人更具优势。也就是说，如果法官具有独立处理某一案件的能力（包括所需的知识和经验），那么审判委员会作为一个群体的知识聚合就没有多少施展的余地。从审判委员会构成成分看，各个法院的审判委员会只有一个，主要由法院正、副院长和各业务庭的负责人构成，有的长期从事刑事审判，有的长期从事民事或者行政审判，有的来自执行庭或者控告申诉庭，还有的长期从事司法行政管理工作，他们中有的人只具有某一方面的法律知识和法庭经验，有的甚至不具有法庭经验和相关知识，要他们在不仔细阅读案卷和参加庭审的情况下只凭听取承审法官的汇报就讨论并作出判决，令人有缘木求鱼的疑虑。

针对审判委员会的实际运作存在许多问题，法院系统采取了明确界定提交审判委员会讨论案件的范围，严格讨论程序，增加审判委员会委员亲自参加开庭审理或参加旁听的程序，以及设置专职委员或按审判业务的不同设置刑事、民事、行政三个专业审判委员会等一系列的改革措施，这虽然对促使其良性运转有一定的积极作用，但这些措施也只是治标不治本，不能完全弥补审判委员会存在的缺陷。要有效发挥合议庭自主审判的作用，只有废除审判委员会制度。

在审判委员会尚未废除的条件下，应当切实落实合议庭独立性的法律规定。针对司法活动中普遍存在的“审者不判，判者不审”的现象，1996 年、2012 年国家立法机关在修改《刑事诉讼法》时增强了合议庭的独立性，规定：“合议庭开庭审理并且评议后，应当作出判决。”虽然《刑事诉讼法》仍然保留了审判委员会审判案件的制度，但将启动审判委员会讨论决定案件的权力授予了合议庭，即“对于疑难、复杂、重大的案件，合议庭认为难以作出决定的，由合议庭提请院长决定提交审判委员会讨论决定”。因此，如果司法实践能够使法律规定的这种独立性得到落实，就为司法独立体制的确立提供了坚实的基础。

要落实有关合议庭独立性的法律规定，还必须处理好法院的首长负责制与合议庭的关系。长期以来，我国法官缺乏一种独立负责的精神，对上级的权威有很强的依赖性，这种依赖性表现为总是希望由上级机关或者人员发出明确而具体的指令，在法律明确赋予其自由裁量权的情况下，却不愿、不敢或者不会运用这一权力。这不能不说是旧有的高度行政化的体制的惯性使然。我国审判组织的改革需要认真对待这一问题，客观评价这一状况的弊端，通过完善审判组织加以革除，以利司法公正的实现。

四、中国法院审判制度的改革

审判制度有广义与狭义之分。从广义看，审判模式、审判组织形式、审判程序甚至各种诉讼规则、证据规则，都可以看做审判制度的组成部分。狭义的审判制度是与审判原则、审判规则等相对应的概念。审判制度与审判原则相比要具体得多，如上诉不加刑、审判公开等都被看做原则，作为原则，它们具有高度概括、较为抽象并对制度、程序或规则发挥统摄作用的特点，而制度则比较具体。我国的审判制度改革是整个司法改革的重要组成部分，改革的目标也服务于整个司法改革的目标。在涉及审判体制的审判制度改革中，一方面要对已有制度加以完善，另一方面要创设新的制度，前者主要是对人民陪审制度加以完善，后者主要是创新审级制度等。

（一）人民陪审制度

我国的“人民陪审制”是取法苏联的人民陪审制度而建立的。在苏联，第一审法院——除法律规定的特殊情形外——都由一名固定的人民审判员和两名人民陪审员履行职务。上级法庭成员中，也要各加入由各该劳动者代表苏维埃或最高苏维埃所选举的人民陪审员二人。① 人民陪审员按名册轮流、每年最多十天应召执行审判职务，在履行义务期间，与人民审判员享有同等权力。身为工人和职员的人民陪审员，在法院履行义务期间仍保留其工资；在其余一切场合，对人民陪审员要支付其在法院有关的所有费用。这一制度“保证了苏维埃法院之真正人民的性质”。② 这种制度模式和价值理念为我国现行的人民陪审制度树立了榜样。

我国的人民陪审制度由来已久。早在抗日战争时期，陕甘宁边区就已经形成了人民陪审制度，采用群众公审的方式对破坏边区秩序的人以及地主进行审判，处以刑罚。新中国成立后，人民陪审制度继续得以沿用，人民陪审员产生的方式主要包括由审判机关临时邀请有关单位派人参加；各民众团体推选陪审员轮流出席；由机关部队、团体推选代表出席。这一制度得到宪法的确认，其中 1954 年《宪法》第 75 条规定：“法院审判案件依照法律实行人民陪审员制度。”1978 年《宪法》第 41 条规定：“法院审判案件，依照法律的规定实行群众代表陪审的制度。”但 1982 年《宪法》删去了关于人民陪审制度的规定。1983 年修改后的《人民法院组织法》第 10 条第 2 款规定：“法院审判第一审案件，由审判员组成合议庭或者由审判员和人民陪审员组成合议庭进行；简单的民事案件、轻微的刑事案件和法律另有规定的案件可以由审判员一人独任审判。”1996 年、2012 年修正后的《刑事诉讼法》均规定“人民法院审判案件，依照本法实行人民陪审员陪审的制度”，并对合议庭的组成人数作出了修改，但人民陪审制度已不是审判第一审案件必不可少的制度。

我国的人民陪审制度实际上是参审制度。合议庭审判案件的时候，由职业法官担任的审判长主持审判活动，人民陪审员与审判员享有同等的权力，共同就定罪和量刑问题作出裁决。合议庭评议的时候，人民陪审员与审判员有平等的发言权和表决权，如果意见存在分歧，依少数服从多数的原则作出决定，但少数人的意见应当记入笔录，庭审笔录必须由合议庭全体成员签名。

人民陪审员一般由人民代表大会选出，任期五年。这种人员固定化的做法，使被选为人民陪审员的非职业法官成为任期长达数年的“职业法官”。这些“职业法官”与法院原有的职业法官的区别在于，他们相对于后者任期当然短得多，且不占法院编制。人民陪审制度并不排斥内行人或者差不多是内行的人担任陪审员，在法院实习的法律系学生有时也以人民陪审员的身份参与审判活动。

我国的合议庭可以分为单一庭和混合庭两种，单一庭是纯粹由职业法官组成的合议庭；混合庭则是由职业法官和非职业法官共同组成的合议庭。按照《刑事诉讼法》第 178 条的规定，基层人民法院、中级人民法院审判第一审案件，应当由审判员三人或者由审判员和人民陪审员共三人组成合议庭进行；高级人民法院、最高人民法院审判第一审案件，应当由审判员三人至七人或者由审判员和人民陪审员共三人至七人组成合议庭进行。也就是说，不存在某一审级或者某一类案件必须实行参

---

① ［苏］卡尔宾斯基著：《苏联宪法讲话》，人民出版社 1953 年版，第 140 ~ 141 页。
② ［苏］特拉伊宁等编：《苏联国家法教程》，大东书局 1951 年版，第 543 ~ 544 页。

审制的“法定”参审，也不存在经辩护方请求而将案件交付参审制审理的“请求”参审，而是否采取参审方式审理完全取决于法院，于是法院就可能仅出于缓解人员不足和知识互补的需要而决定实行参审，当法院认为审判人员充足和不需要知识互补的时候，人民陪审制度自然呈现萎缩状态。

人民陪审制度呈现萎缩状态的原因不止一个。人们对这一制度的批评主要是这些不占法院编制的“职业法官”在审判中只具有摆设、凑数的作用，而人民陪审员参与审判的实质意义在于对职业法官进行制约，但这一功能在我国的司法实践中已被淡化。分析我国人民陪审制度功能难以发挥和趋向衰落的原因，不难得出这样的结论：要正常发挥人民陪审制度的功能，制度观念的问题是必须加以解决的，因为它们才是这一制度逐渐萎缩的主要原因之一。

近年来，由于司法腐败问题日趋严重，整个社会对司法公正的呼声很高，一些人大代表、政协委员、专家学者呼吁法院审判案件坚持人民陪审制度，全国人大常委会原委员长李鹏也在全国人大一次会议上强调“要实行人民陪审员制度，这也是促进司法公正的重要制度”，并提出“要完善这一制度”。随后审判机关开始“重建”这一已被冷落的制度，原最高人民法院院长肖扬也对人民陪审制度重新给予高度评价，称：“司法实践表明，实行人民陪审员制度有利于法院查清案件事实并作出正确裁判；有利于接受人民群众对审判工作的监督，防止司法人员腐败，维护司法公正；有利于人民群众直接接受法制教育，增强法制观念。特别是在现阶段，人民陪审员制度对于推进司法改革，加快社会主义民主政治建设，实施依法治国方略都具有十分重大的现实意义。”①

为加强人民陪审制度，2004 年 8 月 28 日第十届全国人大常委会第十一次会议审议通过《关于完善人民陪审员制度的决定》，其第 2 条规定：法院审判下列第一审案件，由人民陪审员和法官组成合议庭进行，适用简易程序审理的案件和法律另有规定的案件除外：（1）社会影响较大的刑事、民事、行政案件；（2）刑事案件被告人、民事案件原告或者被告、行政案件原告申请由人民陪审员参加合议庭审判的案件。

应当强调的是，人民陪审制度属于在司法体制内设置的民主机制。非职业法官参与司法体现了民众对政治的普遍参与，在这种机制中官员和百姓已经合二为一，这对于遏制政治包括司法领域里的官僚制度的弊害具有重要作用。

民众参与司法的真正意义不在于弥补职业法官人手不足。参审制度确实具有弥补职业法官人手不足、提供知识互补的功能，倘若没有非职业法官参与司法，则要么由法官独任审判，要么需要增加职业法官参与诉讼，在案件不断增多、职业法官人数有限的情况下，难免会出现司法人力资源紧张的状况；就知识互补来说，职业

① 肖扬在 1999 年北京召开的人民陪审员工作会议上的报告。转引自广东高院“人民陪审员制度改革调研”课题组：《广东省人民陪审员工作现状、存在的问题及深化改革的意见》，载 http://www.gdcourts.gov.cn/sfdc/t20060524_20863.htm，2010 年 9 月 17 日访问。

法官虽然可以借助于具有特别知识的专家提供的鉴定意见加以判断，不过，只有特定的案件才有专家作为陪审员的必要。人民陪审制度的真正意义在于：民众代表的是社会的良心，他们构成一种民间的力量，对国家权力进行制约，以有效地防止司法腐败的滋生蔓延。因此，人民陪审制度的改革对于我国司法体制的完善具有不可忽视的意义。

（二）审级制度

在我国的审判制度中，无论是民事诉讼还是刑事诉讼，由于单级审理制度不能形成来自上级法院的权力制约，诉讼双方也没有获得上级法院对已经作出判决的案件进行复查的机会，诉讼权利的制度保障是不充分的。而现代诉讼中，普遍实行复级审理制度，即“当事人可以享受数个审级的利益，经过第一次审判后依照法定程序得上诉于第二审”① 乃至更高审级的制度。

实行复级审理，则一个案件经过几级法院审理才能定谳，在世界范围内并没有统一的制度。在发挥审级纠错功能的方式方面，世界各国不尽一致，概括地说，二审终审制的上诉审，有的国家（我国便是如此）采取全面审查，既审查案件事实的认定是否有根据，也审查适用法律是否得当；有的国家对所有上诉案件不进行实体审理，审查中发现事实、证据调查不充分的，一律撤销原判，发回重新审判。三审终审制的第二审审理，审理范围一般以上诉人提出上诉的范围为限，上诉人没有提出上诉的，除法律规定应依职权原则加以审查的事项外，不予审查；有些国家还对上诉理由加以限制。第二审法院的审理方式可以大致区分为三种：一是复审式，二审程序完全按照一审程序重新审判，基本上重复一审的审理；二是续审式，审理活动基本上限于上诉申请的范围；三是并存式，复审与续审（或者审查）并存，根据案件审查范围和上诉理由的不同而予以选用。三审终审制中的第三级法院一般为法律审，即仅限于审查判决是否违背法律，对案件事实不再进行法庭调查。如果发现作为判决根据的事实，足以影响判决的正确时，只是撤销判决，发回更审。② 其中全面审理的方式体现了对于案件实质真实的重视；上诉审理的范围限于上诉提出的理由所涉及的范围，则是不告不理原则在第二、第三审阶段的影响力的延伸，后者体现出对于下级法院审判权独立性的维护，也有利于提高诉讼的效率。

审级制度是保障司法公正的一项重要制度，在司法公正已经成为社会普遍关注的焦点问题的今天，我们应当对这一制度加以重新审视。

复级审理制度就是由上级法院对下级法院作出的未生效判决进行审查的制度，对下级法院的判决提出异议的控方、辩方或者控辩双方有机会通过这一制度达到撤销或者变更该判决的目的。案件要经过几级法院审理判决才能生效，涉及的实质问题是控辩双方特别是辩护方有多少次机会获得上级法院对自己存有异议的判决加以审查、撤销和变更的救济。从这一角度考虑，这样的机会越多，说明保障的制度越

① 朱采真著：《刑事诉讼法新论》，世界书局 1929 年 1 月版，第 53 页。

② 陈光中等著：《外国刑事诉讼程序比较研究》，法律出版社 1984 年版，第 276 ~ 287 页。

周密。然而，刑事诉讼的价值取向不仅限于权利，也包含效率，如果因审级过于繁复而使效率低下，司法机关和当事人长期陷入讼累，不但会造成司法资源浪费，对于当事人来说，权利义务关系不能尽早确定，反而有害而无益。如果从保障权利并且不过分地损害效率考虑，则三审终审制优于两审终审制。

一般地说，在实行三审终审制的大陆法系国家，对于事实和法律的争议，在第二审法院加以复审，复审完毕，则事实部分经过两次审理，通常是非已明；在实行陪审团制度的英美法系国家，由于事实由陪审团加以判断，所以事实审仅限于第一审。实行三审终审制的国家，第三审一般只限于以统一法律解释为目的进行法律审。法律审的意义在于：因抽象的法律应用于具体案件，需要适用者正确理解和应用，以求得良好的法律效果。法律审可以避免可能出现的法官在主观上对法律的理解存在分歧而造成适用法律的偏颇。提起法律审只能以原审法院违背法律为理由，包括违背实体法（如无罪判有罪、有罪判无罪、罪名适用不当或者刑罚适用不当），也包括违反程序法（如管辖错误、审判组织的组成不合法、违反回避制度、审判程序应当更新而没有更新、应当予以调查的证据没有调查等）。第三审采用书面审理方式，即使听取辩论也仅听取辩护人和公诉人辩论，被告人不出席第三审法庭审理。

笔者认为，在司法体制改革中，要赋予法官以独立审判案件的权力，就有必要对我国现行的审级制度重新加以评价，确立三审终审制。具体理由如下：

第一，建立三审终审制与联合国刑事司法准则相一致。刑事司法体制改革的侧重点是加强对被告人的权利保障。长期以来，我国强调刑事司法的专政作用多，对查明案件实质真实、提高效率和维护秩序有所偏重，造成被告人权利保障方面相对薄弱，刑事司法体制改革应在促成两者的平衡方面有所作为。两审终审制的确定考虑了具体国情等诸种因素，但起决定作用的因素是对效率的倚重。进行刑事司法体制改革，对效率当然不可忽视，但效率相对于公民权利来说，毕竟属于第二位的价值。能够对公民权利提供充分保障而又不过分地损害刑事司法效率的制度，都应该被认真对待。三审终审制与刑事司法体制改革的侧重点相吻合，它能够为当事人提供又一次纠正错误判决的机会，在“申诉难，难于上青天”的今天，确立这一制度是值得考虑的。

第二，三审终审制是加强司法公正的需要。要在刑事司法领域实现司法独立，就要面临由行政制约模式向诉讼制约模式转变，行政化体制中“人（领导者）盯人（被领导者）”的制约机制的弱化，必然要求加强刑事诉讼结构和审级制度等诉讼制约机制，因此在赋予法官独立权力的同时确立三审终审级制，是保障司法公正的必要的配套措施。

第三，在现代社会，社会状况和经济活动变得更加纷繁复杂，刑事司法领域也出现了许多需要制订新的法律来解决的新问题。而随着新的法律制订得越来越多，法律的正确解释和适用问题变得日益突出，增设法律审级，无疑是正确适用法律维护刑事司法公正的需要。这是许多国家设置第三审的主要理由。我国法官无独立性，判决中对法律的适用往往是集体操作的结果，根据自己的解释进行法律适用的现象并不多见，当存在理解上的问题时往往依赖最高人民法院作出司法解释，这促成了一部法律生效后繁密的司法解释的娩出，但司法解释并不能完全适应丰富的实践需要，实际上也并非所有需要解释的案件都能有机会得到解释，而且报请及至批复耗时太长。当需要进行个案解释时，承审法官不敢擅作主张，所属法院也不能自行解释法律，只能逐级报请最高人民法院解释，这种做法窒息了法官的司法理性，不利于充分利用各个法官的知识为法律适用服务。因此，我国的司法制度应当允许法官根据自己对法律的“诚挚的理解”自主适用法律，同时设置第三审级对法律适用问题进行司法调控。

第四，三审终审制有利于解决地方主义的问题。地方主义是依托行政区划而形成的地方势力，这一势力有将地方利益置于国家和民族的全局利益之上的特性。地方主义倾向于将立法、行政、司法诸项权力集中为地方利益服务，地方实权部门往往加强对司法的控制。解决地方主义的问题，一是要打破司法管辖区域依行政区划设置的做法，打破两者同一的局面；二是要在制度建构中切实完善有关措施，保证司法独立的实现；三是要增设第三审，增加一个审级就意味着取得超越一定地域范围的能力，从而增加摆脱地方主义的可能性。

第五，实行三审终审制有利于提高我国司法的公信力。这些年来由于司法腐败和司法不公现象的存在和蔓延，我国司法的公信力受到很大损害。要修复司法的威信和尊严，除了大力遏制司法腐败以外，还应当建立相应的保障制度。由于三审终审制具有强化当事人权利保障的积极作用，因而它的建立对于重塑司法的公信力大有裨益。

在我国，实行两审终审制的理由之一是地域辽阔、交通不便，这虽然是事实，但三审终审制在新中国成立以前就已经存在，当时的地域与现在同样辽阔，而当时的交通比现在更为不便，未闻三审终审制有不能实行的问题。何况现在的交通、通信已经或者正在得到大幅度的改善，除了一些偏远、高原地区外，交通不便并不足以妨碍诉讼的进行。退一步讲，即使确有这个问题，也可以由上级法院通过巡回审理的办法加以解决。

这里还需要指出，确立三审终审制最关键的问题是如何避免过度损害诉讼效率，这可以通过如下途径解决：一是第三审采取书面审理，只在必要的情况下才听取控辩双方的辩论；二是对上诉理由加以限制，第三审上诉应当明确提出上诉理由，而且这些理由应当只限于违背法律（实体法和程序法）；三是第三审不对案件进行全面审理，只就法律争点进行审理；四是放宽侦查终结和起诉条件，缩短侦查和审查起诉时间，将调查案件事实的重心由侦查阶段向第一审转移，使法庭真正成为调查案件事实的场所而不仅是警察机构和检察官的“橡皮图章”。此外，还可以在确立三审制度过程中分步实施，首先将第三审审理的案件限制在特定的范围内，如判处死刑的案件等，然后逐步扩展到其他案件，并在这个过程中完善配套措施，使这一制度的确立得以顺利进行。

毋庸讳言，确立三审终审制在效率方面有所丧失，但这种丧失是否足以阻却改革的愿望，应当看它是否属于“必要的丧失”，也就是说这种丧失是否能够为随之而来的其他利益所取代，而且这样获得的利益是否足以抵偿付出的代价。从以上所列举的确立三审制度的理由来看，可以得出结论：基于利益的考量，某些效率的丧失是必要的。

确立三审终审制还涉及最高人民法院的司法负担问题，它也许会造成大量的第三审案件进入最高人民法院，使其不胜负担。当然，目前并没有实证材料支持这种假设。假如确实出现这种情况，我们可以借鉴其他国家的经验解决这一问题，毕竟，建立三审终审制的国家尚未有最高法院被涌入的案件搞垮的先例。另外，结合死刑复核权收归最高人民法院的需要，也可以考虑在全国划分若干大区，在各个大区设立最高人民法院分院。

五、中国法院管理模式的改革

法院的管理可以分为外部管理和内部管理两个部分。外部管理涉及外部机构对整个法院体系的管理或者对同级法院的管理以及由法院以外的机构对法官加以选任的制度等内容。法院的内部管理包含上级法院对下级法院的管理和一个法院内部对于司法和司法行政人员的管理关系。不过，这里的上级法院对下级法院的管理也可以视为法院的外部管理，这是因为，虽然上下级法院之间的关系同属于法院系统内关系，但由于法院与法院之间虽然有上下级之别，但两者并无行政隶属关系，任何一个法院受到其上级法院的“管理”都可以放在外部关系中加以观察。为了行文方便，这里对中国法院管理模式的分析，分为对法院的管理和对法官的管理两个方面，并针对现有的管理模式寻求改革与完善之道。

（一）对法院的管理

对于法院的外部管理，可以分为系统外管理和系统内管理两个方面：系统外管理主要是通过中国共产党的领导和人民代表大会的监督来实现；系统内管理主要是通过上级法院对下级法院的监督来实现。这里的领导、监督，都有一定的管理意味。

首先，党的领导。在我国，共产党处于执政和领导地位，对包括法院审判在内的政法工作实行领导。党的中央和地方领导机关一般在法官选任中具有举足轻重的作用，法院必须服从党的人事政策和人事安排。在法院院长的任命中，党的中央领导机构、各级地方领导机构以及上级党的领导机构都起着关键性作用。党对司法工作的领导，主要体现为方针政策的领导和组织人事的领导。在司法工作中实现党的领导，应当确保司法机关依法独立行使职权。在我国，法律体现了通过人民代表大会业已转化为人民意志的党的意志，应当说，严格根据这些法律进行司法工作，不但符合人民的意志，也符合党的意志。司法机关在司法活动中严格执行这些法律，使这些法律所确立的原则、程序和规则等得以切实贯彻，也是党的领导得以顺利实现的重要保证。要使司法机关在司法活动中严格执行法律，必要的条件之一是使司法机关能够具有不受外来干扰的机制。而要充分发挥司法机制的作用，就必须“从制度上保证司法机关依法独立公正地行使审判权和检察权”。①

其次，人民代表大会的监督。在我国，人民代表大会对法院的监督，是通过听取法院工作报告、汇报并加以表决等方式以及对法院院长、法官的选举或任免来实现的。随着近年来各级人民代表大会加强对“一府两院”（人民政府、人民法院和人民检察院）的监督，人民代表大会及其常委会越来越多地介入司法事务，其主要方式是：其一，对“一府两院”的工作进行评议，评议中提出人大代表或者群众反映的可能处理不公正的案件，要求人民法院进行复查并向人大常委会汇报复查和处理结果。其二，对个别案件进行监督，方式大致有听取司法机关对案件办理情况的汇报、调阅案件卷宗和向司法机关工作人员了解情况、向司法机关提出意见或发出监督意见书、将案件交有关司法机关办理并限期报告结果、组织专项调查等。由于法院院长由人民代表大会产生并向它负责，因此由人大及其常委会进行的监督含有相当大的“力度”。我国由人民代表大会选举法院院长的制度和法院院长的任期制度，以及由法院院长向人民代表大会作工作报告的制度，是在现有的政治架构（人民代表大会产生司法机关，司法机关向人民代表大会负责）下确立的，《宪法》第62条、第63条规定，全国人民代表大会行使选举最高人民法院院长的职权并有权罢免其职务；第67条规定，全国人大常委会根据最高人民法院院长的提请，任免最高人民法院副院长、审判员、审判委员会委员和军事法院院长。地方各级人民代表大会及其常委会对于同级人民法院的院长、审判员、审判委员会委员，也依这一模式进行选举或任免。法院院长的任期与同级人民代表大会的任期相同，连续任职不得超过两届。各级法院通过法院院长向人民代表大会定期报告工作，可以就司法情况、制度建设、人员培训和配置、法院履行职责等情况作出汇报，以使人民代表大会对司法制度和司法机构的建设情况进行监督并发挥监督作用。

再次，上级法院对下级法院的监督。法院自上而下被划分为若干审级，在表面上，法院体系与行政机关一样形成金字塔形结构，但法院体系与行政机关不同，上下级法院之间相互独立，不存在隶属关系。审级的本质是为已经进行的审理活动和作出的判决设置纠错机制，下级法院并不是最高法院或者上级法院向下的延伸。上一级法院的第二审（或者第三审）审判程序的启动是基于当事人对于下一级法院判决的不满意或者检察机关认为同级法院的判决确有错误，而不取决于下级法院的主动移送或者上级法院的主动提起。没有当事人或者检察机关以对下级法院作出的裁决提出异议的方式作出启动上一级审判的意思表示，上级法院就不能主动对下级法院承审的案件进行干预。在我国，对于审级制度的威胁来自法院系统内部具有普遍性的上请制度，这种上请制度存在于司法活动长期以来所形成的习惯中，上级法院往往乐于为下级法院承审的案件发出具体的指示，这些活动俗称“上定下审”，是对审级制度的破坏，它使上下级法院无法发挥纠错机能，这会损害诉讼一方的合法

① 江泽民：《高举邓小平理论伟大旗帜　把建设有中国特色社会主义事业全面推向二十一世纪——在中国共产党第十五次全国代表大会上的报告》。

权益，甚至使双方受损，并且难以获得救济。这种做法早已广受诟病，如今已经改善不少，但尚未完全根绝。因此，这种行政化的管理模式必须加以改变，将实质上的领导关系恢复为宪法确定的监督关系。

此外，同级政府通过对法院的财政拨款，掌握法院的经济命脉，也能对法院起到一定的管理作用。为了摆脱地方保护主义，有必要将法院独立于行政机关的原则加以落实，为此应当确立如下制度：法院的经费由全国人民代表大会根据最高司法机关单独（或者财政部汇总）上报预算以决议方式确定，并由各级财政部门逐级下拨，任何部门不得截留或者占用，以隔断地方行政机关通过财政拨款干涉和影响司法机关的工作。

（二）对法官的管理

我国法院管理的主要目标应当是去行政化和去地方化，法官的管理尤其要解决好去行政化问题。行政化表现为司法机关形成金字塔形的上命下从的统属结构，上级官员对下级官员具有控制权力，下级官员对上级官员具有服从的义务，即使在审判案件方面也是如此，这种体制是一种集权体制。

司法体制应当表现为分权结构，对于法官的管理主要通过程序设置、诉讼结构中的制约机制和审级制度来实现，而不是通过上级官吏对下级官吏的指令来实现。

司法体制的建构必须进行系统化设计，没有周密的制度保障，法官便在司法行政等方面受到来自法院系统内外的控制，从而产生官僚化的弊端。以日本为例，日本《明治宪法》第57条、第59条以及法院组织法都对法官的地位和身份保障作了一些规定。日本《法院组织法》规定，除非因身心故障或所在法院被废除，通常不得违反法官的意愿将其罢免、调离、停职和减薪。日本当时还对法官实行终身制。但日本《法院组织法》又规定：法官由政府任命，司法大臣掌有司法行政权和监督权，并且具有制定有关法院规程和训令的权限。同时，大审院院长、控诉法院院长及地方法院院长，作为司法大臣监督权的执行官吏对其所属法院内的法官也有监督权。这样，日本法院的法官要受层层的司法行政监督。这就使法官被置于实际上的统属关系内而使法官独立的制度功能大打折扣。在当代日本，仍然存在内部统制问题。日本最高法院的事务总局事实上掌握着下级法院法官的人事权和其他司法行政权，最高法院（通过事务总局）和上级法院具有通过行使人事权干预和损害下级法院法官独立的职能和现象。例如，日本法院存在对法官实行职务评定的制度，这种评定包括审判处理能力、法律知识、解释和理解能力、对法院其他职员的指导能力等项目，评定情况记载在“考核调查书”上，连同法官个人的其他情报都被收集汇总到最高法院事务总局存档。职务评定结果的好坏与法官的升迁相攸关，而上级法官尤其是法官所属法院的院长以及最高法院事务总局在法官晋升方面发挥着关键作用。[①] 这种职务评定对法官的独立有着消极的影响，从候补审判员的升迁中可见一斑：最高法院的事务总局掌握着从司法研修生中选任候补审判员的权力，候补审判

① 龚刃韧著：《现代日本司法透视》，世界知识出版社1993年版，第33～36页。

员经过五年任职后经最高法院提名可以独立审判。候补审判员的职务评定原则上由其所属的法院院长进行，但合议庭的审判长和总括审判员也参加评定。候补审判员在审判过程中过多发表独立的意见可能会得罪审判长而招致在职务评定中失利。这类做法使日本的法官处于行政机关式的官僚监督体制之下。日本法官特有的任期制度也有类似弊端，最高法院有权不公开说明理由而拒绝自己所不满意的法官连任，这同样在促成法官对自己的独立性加以克制。另外，在日本还存在这样的现象，即长期担任司法行政职务的法官比一直从事审判事务的法官晋升得更快，而且在最高法院事务总局任职也是将来得到高升的极佳条件，这种“近水楼台先得月”的状况也对法官进行司法官僚化自我塑造发挥着诱引作用。①

在我国，审判机关依监督关系建构，实际上，审判机关上下级之间存在行政化特征。概括地说，我国法院组织结构中存在四大问题：一是司法体制中实行的是首长负责制，混淆了司法与行政、司法机关与行政机关的区别；二是审判委员会作为审判组织进行活动，违背司法活动规律；三是司法人员与非司法人员不分，司法行政人员、政工干部也被授予法官身份；四是法官被纳入等级制当中，管理模式具有明显的行政特性。

我国各级人民法院，一般分设刑事审判庭、民事审判庭、行政审判庭、控告申诉庭、执行庭等业务机构，主要业务庭又分为一庭、二庭等；庭内设庭长一人、副庭长若干人，并设审判员、助理审判员、书记员各若干人，有的审判庭还有陪审员若干人。但这里说的审判庭不仅是负责处理具体案件的、分门别类设立的审判机构，而且还是法院内部的一个具体的行政单位。至于具体承办某一案件的审判组织，则是由这一兼有审判和行政管理职能的机构内的某一个审判员单独承审案件的独任庭或者若干（通常为三人）审判员或者审判员与人民陪审员若干（通常为三人，其中至少要有一名陪审员）共同组成的合议庭。在开庭审理的时候，配有书记员担任记录。除具体承办案件的审判组织外，法院设有审判委员会，由法院院长、副院长和主要业务庭的负责人组成，负责特定的审判事务工作，包括听取承审法官的汇报，对重大、复杂、疑难案件进行集体讨论和作出判决。此外，法院内部还设有研究室等业务部门。

各个审判庭由主管副院长负责审判和行政管理，整个法院则由法院院长领导。法院内设有中共党的组织，负责党务工作（包括思想政治工作和党的组织工作），法官和其他司法工作人员大部分是中共党员，隶属于党的组织。此外，法院内部还设有司法行政部门，诸如办公室、法警队、财务处、机要处、车队、医务室等，主要从事法院内的司法行政工作。

法院院长一般不参与案件的庭审活动，只以听取汇报、签发判决和参加并主持审判委员会等方式介入对案件的处理，很多精力用于抓行政管理和党务工作。不仅如此，在法院任职的人员既包括具有国家干部身份的人员，也包括不具有国家干部

---

① 龚刃韧著：《现代日本司法透视》，世界知识出版社1993年版，第86~97页。

身份的人员（如工人）甚至临时人员。在各级法院，一般只要具有国家干部身份，即使只从事司法行政和政工工作也被授予法官身份，所以法院的法官不一定都是审理案件的裁判人员。

审判人员的等级是按照行政级别套用的，分科处厅部等数级，这种套用强化了司法机关的行政化。有鉴于此，《法官法》试图设立不同于公务员体制的等级制度，专门设定了法官的十二等级制度。虽然在名称上与行政机关不同，但这种等级制度仍是一种行政化的管理制度。

长期以来，审判员对于分派给他的案件进行准备之后，通常便进入庭审阶段。庭审结束后，合议庭进行评议、承审法官拟出判决，然后承审法官向由庭长或由其主持的庭务会汇报案情、审判情况以及评议结果，庭长有权决定改变合议庭或者独任法官拟定的判决；大部分案件还要向主管副院长、院长汇报，后者有权改变审判庭拟定的判决；重大、复杂、疑难的案件要向审判委员会汇报，由审判委员会就案件的处理进行讨论并作出决定。无论是由谁最后决定判决的内容，仍由承审法官草拟判决书，判决书拟好后还要交由庭长或者院长（或主管副院长）阅改和批准，但正式的判决书上只签署承审法官（包括合议庭中所有法官）和书记员的名字。这一过程同行政决策并无二致。

由此可见，我国法院的内部结构是集权的而不是分权的：一个审判庭内的权力集中于庭长或者主管副院长；法院的权力集中于院长和审判委员会。这种权力集中的运作模式制约着所有案件的审判，有时它还制约着司法活动中的理性选择。

人民法院内实行首长负责制并实行行政化的管理模式，其知识论基础是倾向于认为“首长”拥有充分的知识，能使自己作出的决策保持正确，所以热衷于让高级别的机构和人员为低级别的机构和人员指明方向和掌舵，甚至就低级别的法院和法官所承办的案件发出具体的指令、作出实质性的决定。这种机制因控制者知识的有限性和被控制者不能充分运用自己的知识而造成责任心不强以及积极性不高，从而容易造成决策的失误和人才、知识的浪费。长期以来，我国法官缺乏一种独立负责的精神，对上级的权威具有很强的依赖性，这种依赖性表现为总是希望由上级机构或者人员发出明确而具体的指令，在法律明确赋予其自由裁量权的情况下，也不愿、不敢或者不会运用这一权力。

对法官的分级管理存在明显弊端，法官分级所形成的组织体系是层级体系，亦即金字塔形组织结构。在政府人事管理中，分级制是常见的组织形式。分级制是指职位或者职务分级，一般是对于公务员依职务性质、责任、地位等分为若干类别和等级，其基本原理是通过建立在职位分级、薪给标准化基础上的功绩奖励制度（晋级和增薪）来刺激行政人员使之提高工作质量和效率。分级只在行政人事管理上具有重要作用，被认为是“各项人事管理之基石”。[①] 一般认为，分级制具有以下积极作用：便利于公务员的甄别，使因明确的职位设置、工作性质和用人资格甄别公务

① 张金鉴著：《人事行政原理与技术》，商务印书馆1945年版，第58页。

员；使考绩升迁制度得以有效建立，在加薪晋级方面有一定规范加以遵循，不致全凭主管长官的主观意见和情感作用支配一切；通过考绩升迁的激励鞭策作用促使公务员敬业爱岗，增强其进取心；政府用于薪资等的预算可以因等级制而变得简便，财政机关和审计机关可以进行有效的财政管理和审计；等等。反之，各级政府中各种官职如果没有适当的分级和标准，将会产生如下弊端：官职名称与所任职务可能不相符合，增加管理上的困难，不易收综考名实之效；同一等级同一工作的人员的薪给不易一致，而职务、工作等级不同的反而可能薪给相同，有违“同工同酬”的原则；在各机关之间，同等级的官员薪资报酬不相同，则丧失平等精神，造成嫉妒羡慕及情感隔膜的弊端；薪资报酬多寡与其所承担的工作的性质和重要性不发生关系，失掉了薪资报酬的“酬劳”性质；使加薪晋级漫无标准，容易流为紊乱现象；由于上述原因，必然使公务员无忠实勤奋服务的精神而影响行政工作的质量和效率。①

不过，法官职业具有反等级特征。对于法官而言，分级制的致命缺陷在于它的统制效力上。在分级制度下，下级法官为了获得晋升，会刻意迎合有权决定其仕途沉浮的上级的意志，这种迎合就潜伏着司法不公正的可能性。

我国《法官法》专门规定了法官的等级制度。该法第 18 条规定：“法官的级别分为十二级。最高人民法院院长为首席大法官，二至十二级法官分为大法官、高级法官和法官。”第 19 条规定：“法官的等级的确定，以法官所任职务、德才表现、业务水平、审判工作实绩和工作年限为依据。”按照这一规定，我国的法官分为四等十二级。但法官等级制度是与法官职务配置并存的，依照宪法和人民法院组织法的规定，最高人民法院、地方各级人民法院和专门人民法院的院长、副院长、庭长、副庭长、审判员、助理审判员，都是法官的职务。

设立法官等级制的理由是，这一制度有利于建立符合法官职业特点的单独的法官等级序列，有利于反映不同审级法院的法官在素质上的不同要求，有利于增强法官的责任心和荣誉感。② 人们注意到，这种等级制度是在力图将司法体制非行政化的过程中形成的，它要避免套用行政机关股科处厅部的级别制度，即在这种级别制度之外另设一套制度，在名称上（大概也认为在实质上）与行政机关的级别制度相区别，然而这种分级制尽管在名称上确实做到了与行政机关相区别，但在实际上却仍旧是一种行政化的管理制度，体制本质上的行政化的问题并没有受到触动。

笔者认为，进行法院管理模式的改革主要应在以下三个方面作出努力：确立分权结构，避免司法机关行政化；为法官提供一系列职务保障；避免在司法体制中建立科层制度。主要措施包括：

（1）确立法官独立的分权结构，即由法官依法独立行使审判权。

（2）将法院内的司法人员与司法行政人员分开，在人事管理方面实行分类管

① 参见张金鉴著：《人事行政原理与技术》，商务印书馆 1945 年版，第 58～59 页。

② 周道鸾主编：《法官法讲义》，人民法院出版社 1995 年版，第 137～138 页。

理，即法官应当依照司法规律进行管理，从事司法行政业务的人员应当依照行政管理模式进行管理。在法院，从事司法业务的人员与从事司法行政业务的人员的管理方式应该是不同的。但在我国法院，长期以来，从事司法业务的人员与从事司法行政业务的人员在管理上没有区别，法官被纳入了行政管理体制，从事司法行政业务的人员也被授予法官职务，使法院人员管理存在混同的问题。解决的办法是将司法人员和非司法人员的管理加以区别，将司法业务与司法行政业务分开，分由法官和行政人员承担。司法行政业务由法院内的行政人员承担，行政人员按行政管理模式进行管理。

（3）将审判委员会改为法官委员会或资深法官会议，并调整其职能。法官委员会或者资深法官会议无权对案件进行裁决，但可以根据承审法官的请求对案件提出咨询意见，该咨询意见对承审法官没有约束力；除对案件提供咨询外，法官委员会和资深法官会议还负责决定首席法官的回避，推荐法官人选、资深法官人选和需要补选的法官委员会或者资深法官会议成员人选，决定是否接受法官辞职等。法官委员会或者资深法官会议决定法官回避，由首席法官负责；首席法官的回避，由本院法官委员会或者资深法官会议决定。

（4）取消法官等级，为法官任职提供稳固保障。我国《法官法》对法官享有的权利作出了规定，主要包括：法官享有履行职责应当具有的职权和工作条件；依法履行职务不受行政机关、社会团体和个人的干涉；非因法定事由、非经法定程序，不被免职、降职、辞退或者处分；获得劳动报酬，享受保险、福利待遇；人身、财产和住所安全受法律保护；提出申诉或者控告；辞职；等等。从而在法律上为法官行使职权提供了一定的保障。但总的来说，我国《法官法》对于法官的保障还不完善，需要参照国际社会制定的标准和其他国家的规定，随着司法制度的进一步改革加以补充和完善。例如，确立法官职务终身制和不可更换制，非因法定事由不得免职或者调任；规定对法官进行免职的法定事由；等等。

（5）设立法官退出机制，以弹劾制度淘汰违法乱纪和不胜任工作的法官，但应对弹劾法官的程序和条件作出具体明确的规定。

（6）法院内设司法行政管理局，其职责包括：安排法庭和调度车辆；管理法院的财务；编制预算和负责支出事宜（但法院所有工作人员的薪金通过银行给付）；管理档案；收发机要和普通文件；其他行政事宜。为履行上述职责，司法行政管理局可以设若干职能部门，以提高工作效率。

第六章 中国检察体制改革的思路与设计

关于中国检察体制改革的基本思路，主流观点一直认为应当坚持《宪法》确立的检察机关作为国家法律监督机关的性质和地位，以强化检察机关的法律监督职能为中心推进检察体制改革。对此，我们并无太大异议，但是，在如何强化检察机关法律监督职能的问题上，存在不同的看法和思路。主流观点所谓强化检察机关法律监督职能，实质主要着眼于检察机关的法律监督职能的扩张。例如，保留和强化检察机关的职务犯罪侦查权、加强检察机关对民事行政诉讼的法律监督、增加检察机关的违宪案件调查权、民事行政案件起诉权等。笔者认为，中国检察机关的宪法地位不容置疑，中国现行的检察体制确实也陷入了法律监督难以尽如人意的困境，但是关于如何更好地实现《宪法》赋予检察机关的法律监督职能，其基本思路和方向不是扩张检察机关的职权，而是应当立足现有职权，在准确定位和解释《宪法》赋予检察机关的法律监督职能的基础上，切实转变检察监督的模式，将目前采行的外在式、事后型监督转变为参与式监督。同时，调整和改革我国检察机关的领导体制、完善检察机关的内设机构，以此确保宪法和法律赋予检察机关的法律监督职能得到切实充分的发挥。

一、中国检察体制改革的基本思路

（一）讨论的前提：何谓“法律监督”

我国《宪法》和《人民检察院组织法》从立法上将检察机关定位为法律监督机关，并有权对刑事诉讼过程实施法律监督。但是，《宪法》和《人民检察院组织法》并没有规定“法律监督”的具体含义和内容，因而理论上对“法律监督”的确切内涵与内容一直存在较大争议。检察机关的理论工作者认为，所谓“法律监督”，特指人民检察院通过运用法律赋予的职务犯罪侦查权、公诉权和诉讼监督权，追诉犯罪和纠正法律适用中的违法行为来保障国家法律在全国范围内统一正确实施的专门工作。按照这一界定，法律监督权是由多部分权力组合而成的，包括侦查权、公诉权，都属于法律监督的范畴，都具有法律监督的属性。诉讼监督权属于法律监督的范畴，自无疑义，但问题在于，职务犯罪侦查权以及公诉权在解释论上是如何被纳入法律监督权的范畴的呢？对此，检察机关的理论工作者进一步论证道，法律监督表现为两种基本的职能形式，一是对违反者具有强制性的揭露和移交裁决职能（如立案、侦查、逮捕、起诉），二是对违反者不具有强制性提出纠正意见。因此法律监督权与侦查权并不矛盾。检察机关“对犯罪的追诉本身就包含了对违反刑事法律的监督”，“检察官以公诉人身份出庭控诉犯罪，就是对被告人监督”，“检察机关依据刑法规定监督一切公民、单位必须在遵守刑律的轨道上行动，任何触犯刑律的行为都要受到追究。这种侦控犯罪的工作属于法律监督的范畴，理应由专司法律监督的检察机关行使”，等等。①

但是，对于这一观点及其论证逻辑，学术界并不认同，他们的质疑是：为什么公安机关对违法犯罪行为的发现、证明、检举即侦查、追诉活动就不是法律监督，而一旦检察机关行使类似的权力，就立刻转变成为法律监督权？为什么公安机关“依据刑法规定监督一切公民、单位必须在遵守刑律的轨道上行动”、对任何触犯刑律的行为予以追究的活动就不是法律监督呢？为什么同样是负责发现、证明和检举违法犯罪行为、提交法庭裁判的西方国家检察机关的活动就不是法律监督呢？②

面对学术界的上述质疑，检察机关的理论工作者由于找不到合适的理论范式予以支撑，始终无法从正面予以回应，而只能诉诸国情，主张中国检察机关的法律监督权以及法律监督职能，是独具中国特色的，是由中国独特的国情所决定的。似乎据此法律监督理论便具有了当然的合理性。殊不知，这种带有策略性但缺乏学理性的解释虽然可以暂时遮蔽关于检察机关法律监督权现实合理性的质疑，但却无法从根本上解决其法理合理性问题，因而难以获得学术界的完全认同，检察机关的法律监督地位也因此陷入争议的旋涡之中，也正是由于对这一关键性概念的解释无力，“尽管经历了50年的发展和20多年的改革创新，中国检察机关的法律监督理论体系尚未真正建立起来。理论研究的滞后是限制检察制度发展的关键因素，也是增加改革风险与加大改革成本的根本原因”。③

因此，要解决法律监督的法理合理性问题，必须寻求全新的理论范式和解释理路。笔者认为，要正确解读“法律监督”的意涵，必须坚持以下视角和立场：

1. “法律监督”是一个法律概念，唯有运用法律解释的方法方能正确解读其含义

“法律监督”本身是一个法律概念，因此，对其内涵的解读，属于法律解释的范畴，不能任意为之。对“法律监督”含义的揭示，要有一定的“章法”，即应当从法律条文和立法原意出发，运用法律解释的一般原理和方法对其确切内涵予以揭

---

① 王燚：《全国首届检察理论研究年会综述》，载《人民检察》2000年第2期，第47～50页。

② 陈卫东：《我国公诉权的反思与重构——以公诉权为核心的分析》，载《法学研究》2002年第2期，第11页。

③ 孙谦：《中国的检察改革》，载《法学研究》2003年第6期，第14页。

示，切忌望文生义，更忌断章取义。据此，笔者主张运用历史解释的方法，理清我国关于“法律监督权”的立法渊源，进而运用比较法解释的方法正确揭示“法律监督权”的内涵。①

我国传统检察理论认为，中国的检察制度借鉴自苏联，因而与西方（英美法系与大陆法系）国家的检察制度不同，不能借用西方国家的检察理论来解读中国的检察制度。这一观点隐含着一个未经证明的前提，即苏联的检察制度与西方国家的检察制度之间完全不同，但是，这一前提能够成立吗？笔者持有不同意见。

众所周知，检察制度产生自大陆法系国家，是法国大革命的产物。在法、德等大陆法系国家，检察官的基本功能被定位为“国家权力之双重控制”。所谓“国家权力之双重控制”，是指“作为法律之守护人，检察官既要保护被告免于法官之擅断，亦要保护其免于警察之恣意”。② 即检察官既要监督法官，又要控制警察，对两者分别实施监督、制约。检察官的这种“国家权力之双重控制”功能，使得检察官不仅是刑事诉讼的参与者，更是程序的监督者，这突出表现在以下两个方面：

第一，在侦查程序中，检察官需对警察的侦查活动施以法律监督，防范警察滥用权力演变为权力不受制约的“警察国家”。在大陆法系国家，检察官监督、控制警察的一个最主要手段就是从法律上确立了一种“检主警辅”的侦查权力分配格局，即使检察官成为侦查程序的主导者和控制者、刑事侦查权的法定主体，而将警察机关定位为检察官的辅助机关，从而使得检察官拥有了指挥、调度警察的权力，这样，警察权再强大，它仍然要受检察权的节制，无法直接危害公民权利与自由。检察官成为侦查权主体，其重大的法治意义在于将检察官对警察的法律监督演变为一种“参与式”监督，而非“外在式”监督，这使得检察官更能够控制警察活动的合法性。③

第二，在审判程序中，检察官的责任不仅是提出指控，并且负责监督法院遵守程序规则，防止法官专权擅断、枉法裁判。为此，一方面，检察官对法官的程序违法行为可以实施当庭监督，“在审判程序中，其需朗读起诉书。此外，检察官亦需注意，诉讼过程是否合法举行，其对于有违反刑诉法之情形时，异于辩护人，需立

---

① 所谓比较法解释方法，与法理学上所说的“比较法”或者“比较研究方法”不同，它是指用某个外国的某个制度、某个规定或者某个判例来解释本国的某个法律条文的一种解释方法。它不是将本国法律与外国法律作客观比较，而是用外国的某个制度、某个规定、某个判例来解释本国法律中的某一个规则。作为一种法律解释以及司法的方法，在我国法律实践中，比较法解释在立法和司法层面上已经得到非常广泛而充分的运用。参见梁慧星著：《裁判的方法》，法律出版社 2003 年版，第 143 页。

② 林钰雄著：《刑事诉讼法（上）》，元照出版有限公司 2004 年版，第 117 页。

③ 笔者认为，当前侦查监督尤其是立案监督之所以陷入困境，关键就在于检察机关不享有侦查程序处分权，因此，呈现为一种“外在式”监督，而不是“参与式”监督。参见万毅：《侦查程序处分权与侦查监督机制转型》，载《法学》2008 年第 4 期，第 40 页。

即对之加以更正。”① 另一方面，检察官认为法官的判决违法或不当的，可以通过提起抗告或上诉的方式阻断其生效；即使是在判决生效之后，检察官如果认为有认定事实或法律适用错误的事由时，也可以提起再审或非常上诉，以此动摇生效判决的效力。

而苏联的检察制度是经由列宁完善阐发后，具有了一些不同于大陆法系国家的特征（其差别主要体现在苏联检察机关的领导和组织体制以及一般监督权上）。在关于检察机关的基本功能定位上，按照列宁的构想，“检察机关和任何行政机关不同，它丝毫没有行政权，对任何行政问题都没有表决权。检察长的唯一职权和必须做的事情只有一件：监视整个共和国对法制有真正一致的了解，不管任何地方的差别，不受任何地方的影响”。克雷科夫曾根据列宁的上述思想，将检察机关的定位表述为“监督法制的机关，是法律的维护者”，是“国家政权的眼睛”。② 比较苏联的检察制度与前述德、法等大陆法系国家的检察制度，可以发现，在检察机关定位方面，苏联对检察机关作为“监督法制的机关”、“法律的维护者”的定位，与大陆法系国家关于检察官作为“法律守护人”的定位是基本一致的，这一点在检察机关与侦查机关和审判机关的关系上表现尤其明显，即两者都强调检察机关作为法制监督机关对侦查机关和审判机关的监督、控制功能，甚至两者在用语上都非常接近，具有明显的历史和理论传承关系；而在检察机关的职权配置方面，除了一般监督权之外，其他职权尤其是刑事诉讼中的职权也基本相同，均涵括了侦查、起诉等基本检察职能。由此可见，苏联的检察制度并未从根本上偏离大陆法系检察制度发展的规律和趋势。苏联将检察机关的功能定位为“法制监督”、“法律的维护者”，其实不过是对欧陆法系国家检察官作为“国家权力之双重控制”（doppelte Kontrolle der Staatsgewalt）功能的另一种表述和称呼，其在监督法律实施、保证法制统一、保障公民人权的基本功能方面并没有本质的不同。

之所以出现这一现象，主要有两个方面的原因：其一，苏联的检察制度虽然是社会主义性质的检察制度，在某些方面作出了与大陆法系国家检察制度不同的制度设计。但是，客观地讲，苏联的检察体制并非凭空产生的，而是对俄罗斯帝国检察制度的改造，而俄罗斯帝国的检察体制又是在借鉴欧陆国家的基础上产生的，并不断受到后者的影响。因此，苏联的检察制度虽然与德、法等传统大陆法系国家的检察制度存在不同，但在基本功能定位方面仍然受到自身历史的显性或隐性影响，从而间接体现了大陆法系国家检察制度的基本理念与框架（例如，克雷科夫根据列宁的思想，将检察机关的定位表述为“国家政权的眼睛”。其实，这一称呼在 1722 年 4 月 27 日彼得一世签署的关于总检察长职位的命令中就已经出现，该命令明确规定总检察长是“国家的眼睛”。两者具有明显的传承性）。其二，这是由检察官角色本

① ［德］克劳思·罗科信著：《刑事诉讼法》（第 24 版），吴丽琪译，法律出版社 2003 年版，第 63 页。

② ［苏］C. F. 诺维科夫著：《苏联检察系统》，中国人民大学苏联东欧研究所译，群众出版社 1980 年版，第 10 页。

身的性质和地位决定的，检察官角色本身具有某种自然属性，在刑事诉讼中，它位居警察与法官之间，处于衔接侦查与审判的枢纽地位，这一位置的独特性决定了检察官天生就是警察侦查成果的验收者和法官审判“入口”的控制者，可以说，只要在刑事诉讼中设立了检察制度，就要受到这一客观规律的制约，这一点是任何人类理性均要予以承认并不容抹杀的，苏联的检察制度虽然是由天才的革命导师列宁所设计，但他同样不能违背这一客观规律。

因此，笔者认为，破解我国《宪法》和法律规定的“法律监督”这一概念的关键，就是运用比较法解释的法律解释方法，援引大陆法系国家检察官的“国家权力之双重控制”功能来解释我国“法律监督（权）”的具体含义及其指涉，唯有如此，我们才能对我国检察机关的功能及其与公安机关、人民法院的关系等诸多争议问题得出一个妥当的结论。据此，运用比较法解释的方法，可以将我国《宪法》和法律规定的“法律监督”解释为由检察机关对公安机关和人民法院进行“双重权力控制”，据此，检、警关系本质上是一种侦查监督关系，而检、法之间则是一种审判监督关系。笔者认为，这一解释方法的运用，并没有超越我国《宪法》和《刑事诉讼法》之文义的可能范围，也不违背我国法律的整体精神及社会情况，应该说是比较妥当的。

2. “法律监督”是一个功能性概念，必须坚持从整体上对法律监督权进行描述和定义

“法律监督”实际上是一个功能性概念，它指的是检察机关通过法定职权的行使来发挥其对公安机关和人民法院的法律监督功能，而不是指这些法定的职权本身在属性上就是法律监督权。法律监督，是对检察机关行使权力所要达到的功能和目的的一种整体描述和定义。它解决的是检察权的功能问题，不解决检察权的构成和内容问题，因此，不能将检察机关的法定职权分解成一项一项的权力，然后去质问某一项权力究竟是不是法律监督权。据此，笔者认为，研究法律监督的意涵，正确的提问应当是：“检察机关通过行使……权（如侦查权）能不能实现法律监督的功能？”而不是：“……权（如侦查权）是不是法律监督权？”

检察机关的职权是法定的，这些职权本身的属性也是固有的，不会因为权力行使主体的不同而有所差异。但是，这些职权在不同的国家机构之间进行不同的配置，却可能产生完全不同的法治意义。以公诉权为例，公诉权本质上就是一种提起指控、请求裁判的权力，即一种诉权，这一权力本身的性质是固有的，不论是在控审职能不分的封建纠问式诉讼模式下，还是在实行控审分离的现代控辩式诉讼模式下，公诉权的性质都是诉权。但是，因为权力配置的主体不同，其发挥的功能却可能产生差异：在封建纠问式诉讼模式下，公诉权由法官行使、控审职能不分，不具有监督审判的功能；但在现代控辩式诉讼模式下，公诉权交由检察官行使，并实行“不告不理”、“诉审分离”的原则，这样一来，公诉权就具有了法律监督的意义，检、法关系也由此演变为一种法律监督关系。再如，对于侦查权而言，其本质上就是一种基于打击犯罪而调查、收集证据的权力，这个性质不会因其行使主体的差异而有所

不同，但是，立法上赋予检察机关侦查权主体的地位，则具有法律监督的意义，因为一旦赋予检察机关（而非警察机关）侦查权主体地位，就能够形成一种“检主警辅”的侦查体制，而检察机关在这种检警一体化体制中，就可以凭借侦查指挥权监督、调度警察，从而达到控制警察、防范警察滥用侦查权的法律监督目的，这样，侦查权便具有了法律监督的意义，检、警关系也由此型构为一种法律监督关系。因此，笔者认为，或许侦查权等权力本身不具有法律监督的属性，但由检察机关来行使侦查权、公诉权就具有了法律监督的意义。

当然，这里同样需要加以注意的一个问题是，作为一个功能性概念，所谓“法律监督”，实质上是检察机关与公安机关、人民法院之间宪法和诉讼法律关系的一种反映。因此，“法律监督”指向的对象是国家机关即公安机关与人民法院，而非犯罪嫌疑人、被告人。其实，所谓检察机关的“国家权力之双重控制”功能这一概念，已经从语词上表明了这种监督、控制功能指向的对象只能局限于行使国家权力的公权力机关而不能包括犯罪嫌疑人、被告人。在现代法治国家，检察机关往往具有双重身份：一是国家的法律监督机关；二是国家的追诉机关。检察机关的这双重身份所产生的是两种完全不同的诉讼法律关系，前一身份产生于检察机关与公安机关、法院的关系互动之中，据此，检察机关与公安机关、法院之间将形成一种法律监督关系；而后一身份则产生于检察机关与犯罪嫌疑人、被告人之间的关系之中，据此，检察机关与犯罪嫌疑人、被告人之间将形成一种追诉关系。两种法律关系的法治意义完全不同、不容混淆。因此，对犯罪嫌疑人、被告人的强制性揭露和移交裁决等，即检察机关依照法定职权对犯罪嫌疑人、被告人的行为展开侦查、起诉等追诉活动，只是正常的侦查、起诉权行使。据此，检察机关与犯罪嫌疑人、被告人之间所形成的是追诉关系，而非法律监督关系，并不具有法律监督的意义，不属于法律监督的范畴。因此，对犯罪嫌疑人、被告人的侦查和起诉活动，不能被解释为是“法律监督”的内涵，更不宜主张检察机关“对犯罪的追诉本身就包含了对违反刑事法律的监督”，“检察官以公诉人身份出庭控诉犯罪，就是对被告人监督”。否则，“法律监督”的内涵必将因为内容的泛化而失去其本来的意义。

3.“法律监督”是一个大陆法的概念，不能援引英美法系的检察制度批判检察权的法律监督功能

英美法系国家的检察制度与大陆法系国家的检察制度之间存在重大差异，这是因为，英美法系国家历史上本无检察官角色和制度，其检察官制度是学习借鉴大陆法系国家的产物，但由于受到自身司法文化（尤其是“法官优位”的理念）和对抗式诉讼模式的限制，无法容忍出现大陆法系国家诉讼构造中的“双法官模式”，因而其检察官制度并未能充分发育，而是作为政府代理人被归入行政机关，在刑事诉讼中，也仅停留在公诉律师、法庭斗士的角色上，这与大陆法系国家以及我国的检察官法律监督者的角色定位是完全不同的，因此，我们在解读法律监督的概念时，切忌随意援引英美法系国家检察官的角色功能批判我国检察机关的法律监督功能。

（1）关于“控辩对抗”的问题。鉴于我国当前犯罪嫌疑人、被告人在刑事诉讼

中的权利缺乏有力保障的现实，一些学者借鉴英美法系国家的庭审结构和理论提出了强化被追诉人人权保障、增强控辩平等对抗的主张，甚至有学者提出了检察官当事人化的改革诉求。笔者认为，从宪法层面尤其是从人权保障的角度讲，立法上和司法中确实存在一个如何同等地对待被追诉人和刑事追诉机关、充分保障被追诉人一方的程序参与权及其程序主体地位的问题。在此意义上，所谓控辩平等原则是成立的，大陆法系国家在理论上称之为“手段同等原则”。但是，这并不意味着控辩之间就是一种对抗关系，更不意味着应该主张检察官当事人化，因为，控辩对抗以及检察官当事人化都是违背大陆法系国家关于检察官的基本角色和功能定位的。在大陆法系国家，历来赞同控辩双方地位平等，而不主张控辩对抗，因为控辩对抗意味着检察官是作为与被告人相对立的另一方当事人的形象出现的，而这是违背大陆法系国家检察官作为“法律守护人”和“民权保障者”的基本角色定位的。所以，我们追求的理想刑事诉讼构造应当是控辩平等而不是英美法系国家对抗式诉讼模式中的控辩对抗。

（2）关于“审判监督”的问题。从前面关于“国家权力之双重控制”理论可知，检察官不仅在侦查程序中监督、控制警察，而且在审判程序中监督、制衡法官，因此，审判监督关系的设定，符合“国家权力之双重控制”理论。那么，检察官对法官实施法律监督，会不会造成对审判权和司法独立的干预呢？大陆法系国家的诉讼法理论认为，检察官同样是司法机关，检察权也是司法权，司法权监督司法权，不会发生干扰司法独立的问题，这就好比法院系统内部上下级法院之间的审判监督关系并不存在破坏司法独立的问题一样。这也是大陆法系国家坚持将检察权定位为司法权的一个重要原因，因为一旦将检察权定位为行政权，则检察官监督法官就有行政干预司法之嫌，而将检察权定位为司法权，则问题迎刃而解。“在欧陆法制，为消除法官的恣意，而设立检察官作为制衡之机关，亦即在‘审检分立’之思考，乃是将司法机关分为法官与检察官，使其互相制衡，因而在德国法制，法官这边称为‘法院’；而检察官这边则称为‘法院检察署’。……简言之，司法天平系由法官、检察官各司其一端，由于检察官具有司法机关之性质，所以其监督法官，并不构成干预司法审判。这是将原本的司法权一分为二的思考。”① 质疑审判监督的学术观点，主要是以英美法系国家的检察官角色为原型的，因为，英美法系国家的检察官是一种角色单一的检察官（其实，与其称其为“检察官”，不如称其为“控方律师”），它在刑事诉讼中仅是一方当事人，并不承担监督法官和控制警察的使命，这与大陆法系国家以及我国检察官的历史起源和角色定位完全不同，以此作为批判检察监督制度的理论依据难以成立。

但是，需要注意的是，检察官对法官审判活动的监督，不是泛泛意义上的监督，而只能通过检察官实行公诉的法庭活动以及抗诉权、再审申请权的行使来达成。具

① 陈志龙：《跨世纪刑事司法改革的专业认知盲点》，载《法学丛刊》2001年第1期，第55～58页。

体而言，对法官的程序违法行为检察官可以实施当庭监督，笔者认为，这种监督应当是一种程序行为监督，它指向的对象只能是法官的程序违法行为，当庭监督不得指向法官的实体裁判行为（如证据采信问题等）；检察官认为法官的判决在程序或实体上违法或不当的，可以提起抗告或抗诉，这也是对法官审判活动的一种监督；在判决生效之后，检察官如果认为有认定事实或法律适用错误的事由时，也可以提起再审，以此动摇生效判决的效力，这也是监督法官审判活动的一种方式。

检察官制度的创设，是人类历史上的一个伟大构想，而数百年来，大陆法系国家实现法治国理想的历史经验也已经证明，检察官是建设法治国家的关键和保障，是法治国的忠实仆人和守护者。中国要建设法治国家，同样离不开这一“法律守护人”，亟须一个强大、独立、胸怀法治国理想并恪尽职守的检察机关。而检察理论研究的使命，就是从学理上廓清人们在认识上的争议与分歧，从而为我国检察制度的改革和发展提供充分的理论基础和理念支撑。因此，我们应当积极、虚心地借鉴先进国家（主要是大陆法系国家）检察制度的基本理论与理念，正确而准确地解读、阐释我国检察制度的一系列基本概念、范畴和命题，这也是当代检察理论研究者的基本使命和责任。

（二）路径与进路：法律监督模式的转型

在我国现实刑事司法权力体系中，检察机关可谓公、检、法三机关中最为尴尬的角色，这是因为，在应然层面上，我国检察机关的法律地位独立而神圣，《宪法》第129条规定：“中华人民共和国人民检察院是国家的法律监督机关。”身为法律监督者，检察机关不仅依法独立行使检察权，而且依法对公安机关和审判机关拥有实施法律监督的权力，但在实然层面上，《宪法》赋予检察机关的法律监督职能却自始即陷入多重困境，而从未真正落到实处。正是“应然”与“实然”之间的巨大落差，造就了检察机关异常尴尬的诉讼地位。对此，我国法学界和实务界一直在不遗余力地进行研究，试图破解这一难题；作为履行法律监督职能的检察机关自身，近年来也一直将“提高法律监督能力”作为自己工作的中心和主题，不断探索、拓展和提升发挥法律监督职能的方式和途径。但是，笔者认为，现有的研究均未能触及问题的核心。因为在笔者看来，当前检察机关法律监督职能面临的诸多困境，并非法律执行不力的问题，而是直接根源于《刑事诉讼法》违背检察权配置的规律和原理，将检察机关的法律监督模式定型为一种“外在式”、“事后型”监督，从而导致检察监督模式的错位，进而影响法律监督职能的发挥。据此，强化检察机关的法律监督职能，当务之急是转变法律监督的模式，即由“外在式”监督转变为“参与式”监督、由“事后型”监督转变为“同步监督”。

1.“外在式”、“事后型”监督：错位的检察监督模式

理论界一直有学者主张我国检察机关的地位和权力过大，因而应当予以适当压缩和削减。但笔者认为，检察机关的职权配置和行使现状，存在明显的“理论与实践两张皮”现象，理论上检察机关的地位极高，有权对刑事诉讼全过程实施法律监督（包括侦查监督、审判监督、执行监督），但实践中检察机关在履行上述法律监

督职能时均不同程度地存在某种困境，以致“缩手缩脚”甚至“碌碌无为”。这种现象之所以产生，并非由于检察机关执行法律不力，而是根源于我国《刑事诉讼法》未能贯彻《宪法》对检察机关的赋权和定位，在立法设计时将检察机关的法律监督模式塑造为一种“外在式”、“事后型”监督模式，即检察机关不具体负责或支配某项程序权力，而仅以一个程序“旁观者”或曰“第三者”的立场和身份来对刑事诉讼流程实施监督，这一立法设计“弱化”甚或“虚化”了检察机关在刑事诉讼程序中的法律监督角色，直接导致实践中侦查监督难、审判监督难和执行监督难。

（1）“外在式”监督导致侦查监督难。在我国刑事司法实践中，侦查监督难已是共识和常态。现行《刑事诉讼法》虽然赋予检察机关立案监督权和侦查监督权等职权，但在面对公安机关“有案不立”（即应当立案而不立案）以及“违法立案”（即不应当立案而予以立案）、“违法撤案”（即不应当撤案而撤销案件）以及“撤而不结”（即虽然撤销案件但迟迟不结案）等违法行为时，检察机关的侦查监督往往难以实现。造成侦查监督难的根本原因在于，刑事诉讼法将检察机关的侦查监督设计成了一种“事后型”、“外在式”的权力监督模式，这一监督模式难以真正发挥对公安机关侦查权的制约作用，因为按照《刑事诉讼法》的规定，公安机关是法定的侦查权主体，其不仅自主决定侦查程序的开启（立案），而且有权自行决定侦查行为的实施（包括强制侦查措施的采用），甚至自行决定侦查程序的终结（结案），而在这一从侦查程序开启到终结的整个诉讼流程中，检察机关都无从实质性介入，而只能以一个纯粹的“外人”、程序“第三者”的立场和身份“冷眼旁观”，所谓检察监督，也仅限于在违法侦查行为发生后接到举报才能派人介入案件及实施纠察。从实践效果来看，这种“事后型”、“外在式”的检察监督模式存在自身难以克服的机理性障碍：第一，因为检察机关自始即处于侦查程序之外，属于侦查体制的“外人”，因此，除非有被害人或知情人举报，否则检察机关基本上无从获得是否发生违法侦查行为的信息和线索；第二，即便发现了问题并进行了监督，但由于侦查程序的启动权和终结权仍然掌控在公安机关手中，侦查监督能否发挥效果，还得看公安机关的“脸色”。例如，检察机关针对公安机关的不立案决定进行立案监督、通知公安机关立案，但公安机关立案后案件侦查的进展，包括是否提请逮捕、提请审查起诉等，最终仍然需要得到公安机关的配合，一旦公安机关“拒不立案”或者“立而又撤”（在立案后又撤案），或者虽然立案但“立而不侦”、消极怠职，检察机关往往也没有更好的监督、控制办法，以致此前进行的侦查监督未能产生实际的效果。

（2）“事后型”监督导致审判监督难。检察机关法定的审判监督权，历来是学界抨击的焦点，部分学者认为检察机关对审判活动实施法律监督，一方面容易造成检察官的“角色冲突”；另一方面，也违背控辩平等原则，容易造成对审判独立的干预。基于此，部分学者提出了废除检察机关审判监督权的主张。司法实践的发展表明，学界的反对很快收到了效果，检察机关的审判监督权如果说不是被实际上废除了，也是被极大地压缩了。因为，1996 年修订的《刑事诉讼法》第 169 条规定：

“人民检察院发现人民法院审理案件违反法律规定的诉讼程序，有权向人民法院提出纠正意见。”从文义解释看，这是赋予了检察机关庭审监督的权力。但是，由于来自学界的反对，六机关在1998年颁布的《关于刑事诉讼法实施中若干问题的规定》中将检察机关的当庭监督权限缩解释为庭后监督权，其第43条规定：“人民检察院对违反法定程序的庭审活动提出纠正意见，应当由人民检察院在庭审后提出。”秉持这一精神，最高人民检察院在其后制订的《人民检察院刑事诉讼规则》第331条、第360条和第394条中也明确规定，出席法庭的检察人员对法庭审理中有无违反法律规定的情形，只是记明笔录，发现违反法律规定的诉讼程序的情形的，应在休庭后及时向本院检察长报告，由检察院在庭审后提出（2012年修订的《刑事诉讼法》、2012年12月六机关颁布的《关于实施刑事诉讼法若干问题的规定》、2012年11月最高人民检察院颁布的《人民检察院刑事诉讼规则》均保留了上述规定）。据此，《刑事诉讼法》赋予检察机关的庭审监督权由“同步监督”转换为“事后监督”。但是，这一转换的弊端在实践中很快便凸显出来，庭后监督的事后性决定了这一监督必定是被动的、弥补性的法律监督，而无法及时和有效地制止、纠正法院的违法审判活动，这极大地制约了审判监督的效果。① “事后型”监督作为一种事后的评价和纠正，对已经发生的违法行为基本上起不到应有的制止作用，对已经产生或可能产生的后果，诸如对被告人权利的侵犯或可能影响对案件的公正审判等，也得不到有效的消除和遏制。这种事后监督，至多起到一种“下不为例”的警示而已，与法律监督本该起到的“纠错”作用相去甚远；而审判机关则完全可以对这种庭审后的书面纠正意见或“采”而不“纳”，或“纳”而不“改”，理由倒也充足合理：庭审已结束。久而久之，这种事后的监督将很有可能流于形式。②

（3）“外在式”监督导致执行监督难。近年来的研究表明，我国刑罚执行程序在人权保障和罪犯改造功能上存在一些问题。深入地分析，其中一个重要原因就在于，本应发挥法律监督作用的检察机关由于体制上的障碍，无法及时、有效地对刑罚执行过程实施检察监督。对此，学术界展开了一些对策性研究，主要是从程序完善的角度提出了若干改革建议。但在笔者看来，单纯从程序完善的角度展开研究，难以克服因立法上的权力配置不当所带来的体制性障碍；更为重要的是，这种着眼于技术层面的研究可能遮蔽了一个更有学术价值的命题，即刑罚执行权的主体究竟应当是谁？检察机关在刑罚执行程序中究竟只是作为一个“外人”来监督刑罚执行，还是应当直接行使刑罚执行指挥权并以此来发挥对刑罚执行的监督功能？我国现行刑罚执行体制采行的是“外在式”、“事后型”检察监督模式，即检察机关并非刑罚执行权的法定主体和程序指挥者（监狱等才是执行权主体），而仅是作为一个纯粹的监督者，即执行体制的“外人”、“第三者”来对执行程序进行监督的。这种

---

① 成秀芹、唐盐平：《刑事审判监督不力的原因剖析》，载《检察实践》2005年第3期，第91页。

② 谭芳、伍金雄：《论刑事审判的法律监督》，载《律师世界》1999年第2期，第16页。

"外在式"、"事后型"检察监督模式的"命门"在于：检察机关仅作为监督者而非指挥者，无法真正对刑罚执行程序实施权力制约和程序控制，因为"外人"（"外在式"监督者）的立场和身份决定了，检察机关只能在具体执法环节中就其所"看"、所"闻"，提出纠正意见或检察建议，至于执行机关是否纠正以及如何纠正完全取决于执行机关的意愿，法律并没有明确规定刑罚执行机关必须对检察机关的纠正意见或检察建议作出回应以及刑罚执行机关不作为时应当承担怎样的责任，这些都使得检察监督对刑罚执行的司法控制极大削弱，刑罚执行机关在执行程序中占据主导地位，有着绝对控制权。例如，执行机关在收到检察机关的《纠正违法通知书》等检察意见后，往往采取拖延办理和答复甚至不了了之的不配合态度，对此检察机关受制于监督者的地位而无计可施。

2. 侦查权主体、司法监督者、执行指挥官：检察官作为"法律守护人"的三重身份

"外在式"、"事后型"监督模式的倡导者有一个重要的理论支撑，即认为检察机关的法律监督地位决定了其只能在刑事诉讼程序中保持一种"超然"、"客观"、"中立"的立场，这样才符合其身为法律监督者的地位，也才能更好地履行宪法和法律赋予的法律监督职能，并误认为检察机关进行事前监督会导致检察权对其他国家权力的不当干预，并因此而丧失法律监督者的客观中立性。然而，这一观点对检察官中立地位的认识和解读确有误导之嫌。

毫无疑问，检察官在刑事诉讼中应当保持客观中立的立场和地位，但检察官的这种"客观中立"与法官在审判中的"审判中立"完全不同。检察官的客观中立，并非指检察官在刑事诉讼中应当像法官一样保持消极被动、居中裁断的角色和地位，而是指检察官承担着"客观公正义务"，即检察官在履行职能、行使职权时应当避免单纯从控方立场考虑问题，不仅不得单方面谋求给被告人定罪，而且应当兼顾被告方利益、保障被告人合法权益。换言之，检察官在刑事诉讼中的"中立"，是一种"积极中立"，而非类似于法官的"消极中立"；检察官在刑事程序中的中立，主要体现在它是以客观公正的立场积极介入侦查、审判和执行程序，而非指其超然于程序之外、演变为一个纯粹的程序"第三者"。持"外在式"、"事后型"检察监督论的学者，则是将检察官的这种客观中立地位错误地理解为是要求检察官不应当介入其他权力的运行过程，这就将检察机关演变为一个程序的"外人"或者说"第三者"，弱化甚至是虚化了检察机关在刑事诉讼程序中的法律监督地位和职能，并从根本上违背了大陆法系国家检察官的基本角色和功能定位。

从比较法的角度分析，在德、法等大陆法系国家，检察官历来被认为是"法律的守护人"、发挥着"国家权力之双重控制"（doppelte Kontrolle der Staatsgewalt）功

能，[①] 这与我国检察机关的法律监督地位基本一致。但与我国的“外在式”、“事后型”检察监督模式有所不同的是，从整体上而言，大陆法系国家检察官的法律监督模式呈现出一种“参与式”监督的特征，即检察官通过积极介入侦查、审判、执行等程序并具体行使侦查权、公诉权和执行权的方式来履行其法律监督职能。具体分析如下：

(1) 侦查权主体，即检察官才是侦查权的主体，警察机关不过是辅助检察机关行使侦查权的机构，由此，塑成了一种“检主警辅”的权力格局。在大陆法系国家，创设检察官制度的一个基本目的，就是通过检察官这一经法律严格训练的司法官来控制和监督警察，防止警察滥用侦查权。因此，侦查程序的发动（立案）和侦查程序的终结，决定权均掌握在检察官手中：一个刑事案件是否立案以及是否展开正式侦查，完全由检察官决定，警察在发现案件线索后，必须立即报请检察官，由检察官决定是否立案并展开正式侦查；侦查完毕后，警察应当将案卷及证据移交检察官，检察官审查后以作出起诉或不起诉处分的方式终结侦查程序；即便是强制侦查措施的采用，也要先经检察官审查、过滤，方能向法院递交申请“令状”。同时，对于具体的个案侦查，检察官对警察还拥有侦查指挥权。这样，检察官通过对侦查活动的实质性参与，进而达到了对侦查程序的实质性控制，而警察则因为丧失了侦查权，变成了“无牙的老虎”，因而也就没有滥用侦查权、侵害人权的可能。正是由于采用了这种“参与式”法律监督，在大陆法系国家，检察官主导着侦查程序的运作，并牢牢控制着警察的侦查活动，根本不存在所谓侦查监督难的问题。

(2) 司法监督者，即检察官通过行使公诉权来实现对法官的审判监督。历史上，之所以将公诉权交由检察官行使，主要就是着眼于监督和制约法官的审判权。公诉权对审判权的法律监督，主要通过以下三种途径来进行：其一，起诉裁量权。是否将案件提交法官审判，由检察官决定，检察官不起诉的，法官不能审理，即“不告不理”；同时，检察官起诉指控的对象和范围，构成了法官审判的界限，法官只能在检察官起诉指控的对象和范围之内进行审判。检察官的这一权力，使得检察官牢牢控制着法官裁判的入口，起到了“把关”的监督、制约作用。其二，出庭支持公诉权。法官在审判过程中也可能发生违法审判行为，如违反公开审判的规定或应当回避而未回避等。因此，检察官出庭支持公诉，不仅是为了参与审判，更是为了监督审判，对于法官在审判中的程序违法行为，检察官有权当庭予以监督、纠正。对于检察官的这一司法监督者角色，德国学者罗科信教授曾有清楚的描述：检察官“在审判程序中，其需朗读起诉书。此外，检察官亦需注意，诉讼过程是否合法举行，其对于有违反刑诉法之情形时，异于辩护人，需立即对之加以更正”。[②] 其三，

---

① 所谓“国家权力之双重控制”，是指“作为法律之守护人，检察官既要保护被告免于法官之擅断，亦要保护其免于警察之恣意”。林钰雄著：《刑事诉讼法（上）》，元照出版有限公司 2004 年版，第 117 页。

② ［德］克劳思·罗科信著：《刑事诉讼法》（第 24 版），吴丽琪译，法律出版社 2003 年版，第 63 页。

上诉（抗诉）权。对于法官在审判中的实体违法行为，检察官可以通过提起上诉（抗诉）的方式来予以监督，“监督法官裁判，本来是创设检察官制并采行控诉原则的重要目的，对于法官之裁判提起法律救济途径，则是监督的主要手段”。[①]

（3）执行指挥者，即检察官是刑罚执行权的法定主体和程序指挥者，并以此确保对刑罚执行程序的法律监督。大陆法系国家普遍采用“检察官指挥执行”的刑罚执行体制，即检察官在刑罚执行程序中居于主导地位，负有执行指挥权，司法警察、监狱等机构则处于从属地位，是检察官的辅助机构。之所以赋予检察官刑罚执行指挥权，来源于大陆法系国家检察官角色的基本定位：一方面，刑罚执行权属于行政权的范畴，按照法治国家的理念，刑事司法程序中的行政权都需要加以防范和监控，以免因其滥用而危害公民基本权，因此，如同刑事诉讼中的侦查权那样，执行权需要受到法律的控制，而在大陆法系国家，检察官是国家的“法律守护人”，由其指挥刑罚执行，可以确保执行权的公正行使（其内在原理与检察官控制侦查权相似）。另一方面，更为重要的是，按照职权主义诉讼的理念，刑事诉讼系由检察机关所提起，实现国家刑罚权是检察机关提起公诉的根本目的之所在，因此，作为实现国家刑罚权的执行权，往往也同时被视为检察机关的专属职权，在动态上构成了公诉权的向后延伸。从大陆法系国家的刑事诉讼立法和理论来看，均趋向于将检察机关定位为执行权的真正主体，而将监狱等司法行政机关视为检察机关行使执行权的辅助机关，“刑罚之执行官署为检察机关。而在检察机关的刑罚之执行事项，原则上均由司法辅助人员处理之”。[②] 例如，德国《刑事诉讼法》第451条（执行机关）规定：“刑罚的执行，由作为执行机关的检察院依据书记处书记员发放的、附有可执行性证书和经过核实的判决主文副本付诸实施。”日本《刑事诉讼法》第472条（指挥执行）规定：“裁判的执行，由与作出该项裁判的法院相对应的检察厅的检察官指挥。”较之我国的检察监督执行体制，这种检察官指挥执行体制的功能优势在于，检察官直接“指挥”而不仅是“监督”执行，增强了检察官对刑罚执行程序的控制力，而“执行官署”与“辅助机构”的关系定位，也有利于厘清检察机关与监狱等机构的法律关系，避免“指挥不动”、“调动不力”的问题发生。

分析上述大陆法系国家检察官的“法律守护人”角色，无论是身为“侦查权主体”、“司法监督者”，还是“执行指挥官”，检察官在发挥法律监督或者说“国家权力之双重控制”功能时，都是通过行使具体的诉讼职权（侦查权、公诉权和执行权）来实现的，而并不存在一个所谓的抽象的、独立的“诉讼监督权”。[③] 例如，检察官之所以可以实施侦查监督，是因为它本身即为侦查权主体，而警察不过是其辅助机构，两者的法律关系为“将”与“兵”的关系，作为“兵”的警察机构当然

---

① 林钰雄著：《刑事诉讼法（上）》，元照出版有限公司2004年版，第120页。

② ［德］克劳思·罗科信著：《刑事诉讼法》（第24版），吴丽琪译，法律出版社2003年版，第552页。

③ 正因如此，笔者反对将诉讼监督权列为检察权的构成之一。笔者认为，在大陆法系国家的检察体制下，并没有脱离侦查权、公诉权和执行权之外的所谓独立的诉讼监督权。

得听从检察官（“将”）的监督、指挥，不存在所谓侦查监督难的问题。

笔者认为，那种将检察机关的法律监督理解为一种“外在式”、“事后型”监督，并竭力将检察机关塑造成一个纯粹中立的程序“第三者”的观点，不符合刑事诉讼中检察权配置和运行的基本规律和要求，将会极大地削弱检察机关的法律监督地位，虚化检察机关对刑事诉讼程序的法律监督功能，并导致理论上的自相矛盾。按照“外在式”监督理论，检察机关要成为一个“超然”、“外在”的程序监督者，那么就不应当行使自侦权，因为，检察机关作为法律监督机关却又行使自侦权，无异于“既当运动员，又当裁判员”，会导致检察机关的角色混淆；① 同理，检察官也不宜行使刑罚执行权，因为这也会导致角色混淆；更为严重的是，照这一逻辑推演下去，检察机关最好连公诉权也不要行使（因为既当公诉人，又当监督者，也存在角色混淆的问题，也会使检察机关丧失监督的超然性），而只保留所谓的“诉讼监督权”，唯有“无官一身轻”的检察官，才可能成为一个“纯粹”的、“超然”的诉讼监督机关。但笔者想问的是，这样的检察机关还是检察机关吗？还是那个启蒙先贤曾寄予厚望的法治国的“法律守护人”吗?！这样的观点及其论证逻辑显然是非常荒谬的。②

3．由“外在式”、“事后型”监督转变为“参与式”监督：我国检察监督的模式转型

我国宪法修正案已将“依法治国，建设社会主义法治国家”写入国家根本大法。从政治结构形态来看，“社会主义法治国家”仍然属于人类文明中“法治国”的范畴，我国的社会主义法治建设要有自己的特色，但同样应当遵守建设法治国家的普遍规律。在建设法治国家的视野下，我们应当结合《刑事诉讼法》的修改反思以下两个根本性问题：

第一，在法治国视野下，侦查权的法定主体究竟应当是谁？现行《刑事诉讼法》将公安机关定位为主要的侦查机关，当然也是侦查权的法定主体之一，但这一法律定位如若放置于法治国视野下来审视，究竟是否妥当？毕竟法治国的主要使命就是控制警察权，防止警察国家的梦魇重现，因而，一个享有完整侦查权、可自行决定侦查程序开启和终结，甚至可以自行决定采用拘留、搜查、扣押等强制侦查行为的警察机关（公安机关），是否符合法治国的基本理念？是否符合法治国家刑事诉讼程序人权保障的目的？是否符合法治国家刑事司法权力相互监督、制衡的基本要求？

第二，在法治国视野下，检察机关在刑事诉讼中究竟应当享有哪些权力？以及

---

① 学术界部分学者正是循此逻辑对检察机关行使自侦权的合理性进行批判的，不想检察机关却自陷泥淖。

② 可笑的是，这一观点在我国还很有市场。例如，一直以来都有不少学者撰文声称，要实现公诉权与诉讼监督权的分离，按其设想，以后法院开庭时，检察机关应当派出两组检察官出庭，一组为公诉人，另一组为诉讼监督人，后者专门监督法官是否违法审判。对于这一观点，笔者要问的是，对于诉讼监督人，要不要再设监督人予以监督？

检察机关与公安机关、审判机关之间究竟应当是一种什么样的关系？现行《刑事诉讼法》倾向于将检察机关塑造为一个超然的程序第三者，这一制度安排是否符合法治国家对检察官作为“法律守护人”的角色期待？而一个无法完全掌控侦查，也无法有效监督审判和执行的检察机关，又如何实现我国《宪法》赋予检察机关的法律监督任务和使命？

大陆法系国家建设法治国家的历史经验已经表明，检察官作为法治国的“忠实仆人”，是实现警察国家向法治国家转型的关键角色。因此，对于正在建设社会主义法治国家的我国而言，如何在刑事诉讼程序中落实《宪法》的规定、确保检察机关法律监督职能的充分发挥，应当成为我国刑事诉讼立法的基本目标之一。要完成这一立法任务，我们首先应当破除传统的检察监督只能是“外在式”、“事后型”监督的观念，进而形成这样一种共识：检察机关对刑事诉讼程序的法律监督，应当是一种“参与式”监督，而非“外在式”、“事后型”监督，因为，唯有“参与式”监督，方能确保检察监督的实效性。基于此，我们应当借鉴大陆法系国家刑事诉讼法中的有关规定，将检察机关定位为侦查权（包括立案决定权、侦查终结权等）以及刑罚执行权的法定主体，以使检察机关能够通过这些职权的行使来积极履行其法律监督职能。

二、中国检察机关领导体制的改革

（一）我国检察机关领导体制的现状和问题

1. 检察机关外部领导体制的现状和问题

较之于其他国家和地区，我国检察机关的外部领导体制具有两个鲜明的特点：

（1）检察机关在体制上完全独立于司法行政机关。根据我国《宪法》的相关规定，人民检察院是国家的法律监督机关，且与人民法院及人民政府并称“一府两院”。同时，根据《宪法》的规定，最高人民检察院检察长由全国人大选举和罢免，地方各级人民检察院检察长由本级人大选举和罢免。由此可知，我国《宪法》将检察机关明确定位为专门的法律监督机关而非行政机构，其在组织体系和人事任免两个方面均完全独立于司法行政机关。这一特点与域外检察机关的外部领导体制迥然相异。域外的检察机关虽然在功能上趋向于独立，但在组织上仍隶属于司法行政部门，因此，检察行政事务包括经费（预算之编列与分配等）、人事（含任命、考绩、升迁及惩戒等）、就职务上注意事项发布命令（如颁布性侵害案件应行注意事项等），以及对废弛职务、侵越权限或行为不检者发布警告处分等，[1] 仍由司法行政部门（如法务部、司法部）掌控，司法行政首长亦因此对检察机关享有所谓“外部指令权”，即司法行政首长有权就检察行政事务以发布指示或指令的方式对检察机关实施指挥监督。例如，《日本检察厅法》第 14 条规定法务大臣就侦查、公诉及裁判

① 林钰雄著：《检察官论》，法律出版社 2008 年版，第 31 页。

执行等检察事务有一般之指挥监督权，但对检察个案之调查或处分，仅得指挥检察总长。

比较上述两种体制、模式，笔者认为，我国采行的检察体制完全独立于司法行政体系的模式，更符合检察权发展的客观规律与趋势，更具合理性。域外检察机关的检察行政事务受制于司法行政首长的体制、模式，潜藏着行政干预刑事司法的隐忧，因为司法行政首长（如司法部长、法务部长、法务大臣等）乃典型的政务官，为政府之政策效劳，与政府共进退，其行事准则与作为司法官的检察官完全不同，[①]允许司法行政首长对检察机关行使外部指令权，可能导致司法行政首长基于政治考量而借“外部指令权”干预检察权的独立运作。例如，我国台湾地区在2006年“法院组织法”修订之前，其检察系统的最高首长“检察总长”乃由司法行政首长“法务部长”提名后经“总统”任命，且“法务部长”有权任免、调动各级检察长与检察官，因为在检察人事上受制于司法行政机关，司法实务中频频发生“法务部长”借检察人事任免权干预检察机关办案的丑闻，如曾经轰动台湾司法界的“上上级事件”。[②] 对此，台湾地区吴巡龙检察官曾经颇为感慨地指出：“法务部长得以透过对检察长之升迁、任免，控制案件之侦办，检察首长惮于部长之人事权限，私揣其意，选举时侦查不中立之弊害乃愈形明显。”[③] 再如，日本检察史上的最大污点，也是法务大臣滥用指令权的典型案例——“造船厂疑狱事件”，[④] 由于日本检察厅法赋予其法务部长有权就检察行政事务指挥监督检察总长，因而实务中难免发生作为政务官的法务部长借“外部指令权”干预检察机关独立办案的丑闻。这一事件的发生表明，在检察行政事务不独立的情况下，如果允许司法行政首长对检察机关行使

---

① 林钰雄著：《检察官论》，法律出版社2008年版，第30页。

② 1994年国民党党员杨文欣不接受国民党中央的命令，执意要参选“省议会”副议长，国民党中央决定用“司法当党纪”来惩处杨家。在没有足够证据的情况下，当时的国民党主席李登辉直接下令检察总长，要求其指令台中地检署先羁押杨文欣父亲杨天生。由于这一羁押指令完全非法，因此侦办杨文欣贿选案的行动遭到了台中地检署新一代检察官的抵制。其中的吴文忠检察官还将此消息透露给媒体，遂引发社会舆论的高度关注。此即为“上上级事件”。此案的关键性人物吴文忠检察官后来就此案对媒体说：“检察官不是鹰犬，主人叫他去咬谁，就去咬谁。”此语后来成为台湾检察界的名言。

③ 吴巡龙：《检察独立与检察一体——兼评检察官未经检察长核定径行起诉事件》，载吴巡龙著：《刑事诉讼与证据法全集》，新学林出版股份有限公司2008年版，第46页。

④ “造船疑狱事件”是日本战后著名的案例。该案涉及企业界对政府官僚的贿赂，由于事涉政府高级官员与国会议员，故当时的检察总长向法务大臣提出希望透过内阁向议会申请同意逮捕相关嫌疑官员的要求，但是当时的法务大臣犬养依日本检察厅法第14条对检察总长作成“暂时延期逮捕请求，继续任意侦查”的指示。法务大臣发动所谓个案指挥权，在国会引起在野党大加挞伐，犬养大臣因承担指挥权发动的政治责任而辞职，动摇了日本战后的政治舞台，更使检察官的政治廉洁性产生伤痕，而在检察史上留下所谓检察官屈服于政治的污点。根据事后检察总长在国会作证时的证言，当时如果不是法务大臣行使指挥权，检察机关有可能以收贿而逮捕、起诉相关嫌疑官员。对该案的介绍参见陈运财：《检察独立与检察一体之分际》，载《月旦法学杂志》2005年第4期，第5~22页。

“外部指令权”，就可能造成检察机关对政治的屈服。正因为所谓“外部指令权”的存在为行政干预司法留下了空间，因此，即便是立法上明确赋予司法行政首长外部指令权的国家和地区，在理论上对于外部指令权也多持批评意见，而在实务中也趋向于严格控制外部指令权的行使条件。例如，外部指令权“在德国虽有明文依据，但被倡言检察独立者斥为万恶渊薮，与检察官之合法性及客观性义务二律背反，根本应该废除。而德国司法实务中自 1877 年帝国刑事诉讼法暨法院组织法制定以来，除纳粹时期外，几乎未曾出现过司法部长干预个案中检察事务处理之案例。”[①] 这反过来也证明，我国检察机关采取在体制上完全独立于司法行政机关的立法模式是有法理依据的。

（2）上下级检察机关与同级权力机关构成文本上的“双重领导”体制，且与地方党政机关形成了一种隐形的“双重领导”体制。我国《宪法》第 132 条第 2 款规定：“最高人民检察院领导地方各级人民检察院和专门人民检察院的工作，上级人民检察院领导下级人民检察院的工作。”第 133 条规定：“最高人民检察院对全国人民代表大会和全国人民代表大会常务委员会负责，地方各级人民检察院对产生它的国家权力机关和上级人民检察院负责。”学术界主流观点认为，《宪法》的上述规定，正是我国检察机关双重领导体制的法律依据。所谓双重领导体制，是指检察机关既受上级检察机关的领导，又受同级人大及其常委会的领导。

但是，由于《宪法》在描述上、下级检察机关之间的关系时使用的是“领导”一词，而在界定检察机关与同级人大及其常委会的关系时，使用的是“监督”而非“领导”一词，基于此，有观点认为，人大对检察机关的“监督”不等于“领导”，因此，所谓“双重领导制”的表述其实并不准确。持这种观点的学者认为，同级人大及其常委会虽然有权监督检察机关依法行使职权，有权选举同级人民检察院的检察长，任免副检察长、检察委员会委员和检察员，但这种关系并不是领导关系。一般认为，领导关系是指上下级之间的隶属关系，上级有权指导、命令、检查督促下级工作、带领下级部门执行工作计划。但从我国《宪法》和法律的规定看，人大及其常委会对检察院不负责日常工作的指导，不参加检察机关的工作部署、计划、安排、指导，不解决办案和其他工作中的具体问题。所以，人大及其常委会和检察机关的关系只能是监督关系，而非领导关系。也因此，上下级检察机关及其与同级人大及其常委会之间是“一重领导、一重监督”或者说“以垂直领导为核心、以同级人大监督为保证的领导体制”。[②]

笔者认为，虽然《宪法》在规定检察机关外部领导体制时的用语存在差异，尤其是在界定检察机关与同级人大及其常委会的关系时使用的是“监督”而非“领导”一语，但并不能仅因为《宪法》条文在用语上的这一细微差异即否定检察机关

---

① 林钰雄著：《检察官论》，法律出版社 2008 年版，第 33 ~ 34 页。

② 王然冀主编：《当代中国检察学》，法律出版社 1989 年版，第 175 页。另见章剑生：《检察机关领导体制新探》，载《现代法学》1994 年第 2 期，第 15 ~ 16 页。

与同级人大及其常委会之间领导关系的存在。其理由在于：

第一，检察人事任免本身就是“领导”的内涵和方式之一。“领导”一词本身并非严格的法律术语，而属于政治学和管理学上的术语。但从内涵上分析，对检察机关的领导，可分为“检察业务的领导”和“检察行政事务的领导”两种方式。如前所述，人事任免正是“检察行政事务”的一项内容，享有检察人事任免权，即意味着对检察机关拥有检察行政事务领导权。而根据《宪法》的规定，同级人大及其常委会有权选举同级人民检察院的检察长，任免副检察长、检察委员会委员和检察员。这表明，检察机关的人事任免权掌握在同级人大及其常委会手中，既然人大及其常委会享有检察人事任免权，当然即意味着人大及其常委会对检察机关拥有检察行政事务领导权，人大及其常委会亦应当是检察机关的领导机关。

第二，监督本身也是领导的方式之一。从域外的检察制度设计来看，检察机关奉行上命下从、上下一体的“检察一体”原则。所谓检察一体，强调的是上级检察首长对下属检察官的指挥和监督，如我国台湾地区“法院组织法”第63条明确规定：“检察总长依本法及其他法律之规定，指挥监督该署检察官及高等法院以下各级法院及分院检察署检察官。检察长依本法及其他法律之规定，指挥监督该署检察官及其所属检察署检察官。检察官应服从前二项指挥监督长官之命令。”可见，上级的指挥和监督本身即是行使领导权的两种方式，换言之，除了直接的“发号施令”（指挥），监督本身也是行使领导权的方式之一。我国《宪法》明文规定人大及其常委会监督检察机关的工作，那么前者当然构成后者的领导机关。

第三，同级人大常委会对重大检察业务问题享有指挥决定权。《人民检察院组织法》第3条第2款明确规定：“各级人民检察院设立检察委员会。检察委员会实行民主集中制，在检察长的主持下，讨论决定重大案件和其他重大问题。如果检察长在重大问题上不同意多数人的决定，可以报请本级人民代表大会常务委员会决定。”对于该法条中所谓“重大问题”是否包括重大案件处理，全国人大常委会法工委所作出的解释明确规定“重大问题”应包括重大案件的处理。这意味着，在司法实务中，检察长如果在重大疑难案件的处理上不同意检委会多数人的决定，可以报请本级人大常委会决定，而人大常委会一旦作出决定，检察机关必须执行。这表明，同级人大常委会对检察机关的重大检察业务拥有决定权，这进一步说明同级人大常委会与检察机关之间存在指令与服从的领导与被领导关系。

在法律文本上，地方检察机关与地方党政机关之间并没有法律上的领导关系，但由于按照我国现行司法体制，地方各级检察机关的人、财、物均由地方党政机关决定，因此，地方各级检察机关与地方党政机关之间事实上形成了一种“隐形”的领导与被领导的关系：其一，地方各级人民检察院的财政完全依赖于同级地方政府供给，地方各级人民检察院的财政预算列入地方财政预算。而在我国现行政治体制下，地方各级人大及其常委会对同级财政预决算的控制和约束还相当有限，因此，地方各级检察机关所需财政经费从某种意义上说完全依靠同级地方行政机关。其二，地方各级人民检察院检察首长（包括检察长和副检察长）均由地方同级人大选举、任命和罢免。而在我国现行政治体制下，事实上是由地方党委组织部门负责地方干部（包括检察长、副检察长）的人事管理包括提拔，因此，地方各级人民检察院的检察首长要想获得人大提名并通过任命，必须获得地方党委领导的首肯。虽然《人民检察院组织法》规定各级检察院检察长的任命在经过同级人大选举后，还要经上一级检察院报同级人大常委会批准，但实际上上级检察院对下级检察长只能“协管”，若上级检察院与地方党委的意见不一致，一般要听从地方党委的意见。而副检察长和中层检察干部的管理则完全属于地方党委的权力。[①] 其三，实践中地方党政领导直接或间接指令地方检察机关办案。有学者曾在一些地方检察院进行调查时发现，绝大部分地方党政部门曾以文件的形式规定涉及本地区确定的重点保护企业或相当级别的地方党政干部的立案查处问题，须经当地政法委或党委批准后才能进行。[②] 这种就检察机关职务上注意事项发布命令的做法，已经属于检察行政事务领导的范畴，事实上形成了一种地方党委对检察机关的外部指令权。

这种隐形的“双重领导”体制与域外检察体制存在较大差异，域外的检察体制尤其是大陆法系国家的检察体制更多采取垂直领导。具体表现在三个方面：其一，地方各级检察机关的财政预算独立于地方财政，列入最高检察机关的财政预算并在中央财政预算中单列；其二，地方各级检察机关的检察首长及检察官的人事任免由一独立的检察人事审议机构负责，这一独立的检察人事审议机构可能内设于最高检察机关，也可能附设于议会；其三，法律上明确规定，最高检察机关的检察首长是全体检察官的领导者和指挥者，地方检察机关在业务上受最高检察机关及其上级检察机关领导。

这种隐形的“双重领导体制”自其形成之日起即遭受到理论界与实务界的批判和质疑，原因在于地方各级人民检察院在财政和人事任免上受制于地方党政机关，导致地方党政领导借财政和人事任免权干预检察机关的独立办案，并导致检察权的“附属化”和“地方化”，有学者形象地称此为“司法割据”，[③] 各级地方检察机关很难独立有效地行使法律监督权。一些地方的检察院在执法中往往以地方利益为重，或者争抢某些涉及重大经济利益案件的管辖权，或者偏袒作为当事人一方的本地企业。例如，为了本地当事人利益，把一般经济纠纷作为外地当事人诈骗、贿赂等犯罪来处理；或者相反，明明是本地当事人犯罪的案件，却认定其为一般经济纠纷而不予受理或“大事化小，小事化了”；滥用强制措施，以振兴地方经济为名，纵容、支持或直接参与暴力讨债，为帮助本地企业追讨债务而非法扣留外地当事人；对外地执法机构的协查请求采取不合作或抵制态度；为鼓励招商引资，而对外资企业实施特殊政策，对外商的违法犯罪活动不闻不问，甚至刻意遮掩等。这些地方保护主

① 何家弘：《中国特色的检察体制完善》，载《国家检察官学院学报》2005 年第 1 期，第 84 页。

② 胡盛仪：《中国检察机关领导体制改革之我见》，载《河南政法管理干部学院学报》2002 年第 3 期，第 1～10 页。

③ 章剑生：《检察机关领导体制新探》，载《现代法学》1994 年第 2 期，第 16 页。

义的做法严重破坏了法律面前人人平等的原则，影响了国家法律的统一实施，影响了执法和司法的公正。①

2. 检察机关内部领导体制的现状与问题

一般认为，检察体系内部奉行所谓检察一体原则，即上级检察首长除得指挥监督其所属检察官外，对于下级检察署之检察官并有指挥监督之权，如此，则全国检察官遂形成一种上下阶层之组织，而由其最顶点之检察总长所统率。从理论上分析，所谓检察一体原则，在内涵上包括三层含义：一是检察总长即最高检察首长不仅是最高检察机关的最高行政首长，亦是全体检察官的最高检察行政首长；二是上级检察院检察长有权指挥监督其下属检察官以及下级检察院所属检察官；三是下属检察官应服从指挥监督长官之命令。

虽然我国现行法律并未明确规定检察体系内部实行上命下从的检察一体原则，但《宪法》第132条第2款规定："最高人民检察院领导地方各级人民检察院和专门人民检察院的工作，上级人民检察院领导下级人民检察院的工作。"学术界公认《宪法》所称的"上级人民检察院领导下级人民检察院的工作"，就是对检察一体原则的法律确认。依据相关法律规定，在我国司法实践中，这种检察一体表现为：最高人民检察院可以直接参加并领导下级人民检察院对自侦案件的侦查工作：可以对下级人民检察院的审查批捕和起诉活动进行指导或作出指示；对上级检察机关的指令或决定，下级检察机关应当执行；上级检察机关可以决定撤销下级检察机关不正确的不起诉决定，可以向同级人民法院撤回下级人民检察院对同级人民法院提起的不正确的抗诉；最高人民检察院通过对检察工作具体应用法律问题的解释，指导各级人民检察院的工作。1999年2月最高人民检察院在《检察工作五年发展规划》中明确提出：健全上级检察院对下级检察院的领导体制，加大领导力度，形成上下一体、政令畅通、指挥有力的领导体制，确保依法独立高效地行使检察权。2007年8月14日最高人民检察院制发《关于加强上级人民检察院对下级人民检察院工作领导的意见》，从认真贯彻执行上级人民检察院的决定和部署，坚持和完善请示报告制度，坚持和完善报请备案、审批制度，加强检察工作一体化机制建设，加强对检察队伍特别是领导班子、领导干部的管理和监督，进一步完善考评机制和责任追究机制，上级人民检察院要不断提高领导能力和决策水平、切实担负起领导责任七个方面就加强上级人民检察院对下级人民检察院工作的领导提出了要求，从而有力地推动了我国上下级检察机关之间检察一体化机制的建设。

推动检察一体化建设固然无可厚非，但实践中的一些改革举措也存在值得商榷之处：

第一，过度强化纵向上的检察一体，可能损及横向上的检察一体。检察一体原则强调的是上级检察首长对下级检察院之检察官的指挥监督权，但并不意味着上级

① 何家弘：《中国特色的检察体制完善》，载《国家检察官学院学报》2005年第1期，第84页。

检察院的一般检察官亦有权指挥监督下级检察院的检察官。然而，我国司法实践中常见的情形却是上级检察机关的检察官（非上级之检察首长）绕过下级检察机关之检察长，径直对下级检察机关之检察官“发号施令”，如上级检察机关之侦查检察官直接指挥下级检察机关之侦查检察官，此种上、下级检察机关检察官之间的“检察一体”，是否与本院检察长指挥下属检察官之“检察一体”相冲突，尚存争议。笔者认为，这种过度强化的纵向“检察一体”，实质上是对下级检察院检察长指挥监督权（横向的“检察一体”）的不当削夺，且会强化检察机关的行政性，实不应提倡。

第二，单向度强化检察一体原则，可能损及检察独立原则。2006 年最高人民检察院在《关于进一步加强公诉工作强化法律监督的意见》中提出，“下级人民检察院对上级人民检察院的决定，必须坚决执行。”2007 年又在《关于加强上级人民检察院对下级人民检察院工作领导的意见》中规定，上级检察院作出的决定，下级检察院必须执行，不得擅自改变、故意拖延或者拒不执行。为进一步完善检察一体化，上级检察院发现下级检察院相关决定、活动、文件有违反相关法律规定的，应及时向下级检察院提出纠正意见或指令撤销，下级检察院如认为上级检察院的决定有错误，应在执行的同时向上级检察院报告。但是，这种单向度强化检察一体原则的做法，却可能损及检察独立原则。从理论上讲，检察一体原则实际上是以检察官的独立性为前提，是对检察官独立性的统一。① 因此，在两者发生冲突时，原则上检察独立优先于检察一体。正如有学者所指出的：“检察首长对其检察事务指令权，必须审慎行使，而能促使检察机关发挥实践法律正义与追诉犯罪之功能，切忌滥用检察事务指令权，不当干预或阻碍检察官行使其检察权，这不但会打破检察官之士气与信心，削弱检察机关追诉犯罪之能力，而且也会使检察官之社会信赖度破产。”② 据此，检察事务指令权并非漫无边界，而应有其界限，受到检察独立的制约。而我国现行的检察体制改革，不区分具体情形、单方面强调“下级人民检察院对上级人民检察院的决定，必须坚决执行，不得擅自改变、故意拖延或者拒不执行”，实有侵夺检察独立原则之嫌。

除此之外，检察委员会的存在及其与检察长的关系也是一个值得斟酌之处。根据《人民检察院组织法》的规定，人民检察院内部设立检察委员会；检察委员会的成员由同级人民代表大会常务委员会任免，检察长、副检察长、各主要业务部门负责人一般都是检察委员会成员；检察委员会在检察长主持下开展工作；检察委员会实行民主集中制，讨论、决定重大案件及其他重大问题，对于检察委员会的决定，办案检察官必须执行；检察委员会内部决定问题时，实行少数服从多数原则，其议

---

① ［日］松尾浩也著：《日本刑事诉讼法（上卷）》，丁相顺译，金光旭校，中国人民大学出版社 2005 年版，第 31 页。

② ［德］克劳思·罗科信著：《刑事诉讼法》（第 24 版），吴丽琪译，法律出版社 2003 年版，第 99 页。

事原则与法院之审判委员会基本相同，不同之处在于若检察长不同意多数人之意见，可报请本级人民代表大会常务委员会决定。这表明，检察长虽为检察机关之检察行政事务首长，然在检察业务尤其是疑难案件处理上却并非最高首长，检察委员会甚至本级人民代表大会常务委员会方拥有最终决定权。这一制度设计是否与“检察一体”原则所强调的检察首长指挥监督权以及“检察独立”原则所强调的检察机关独立办案权相冲突，法理上不无疑义。

（二）我国检察机关领导体制的改革与完善

1．检察机关外部领导体制的改革与完善

目前，我国检察机关采取的在体制上完全独立于司法行政机关的模式，符合检察权独立运行的司法规律，且符合检察制度改革发展的国际潮流，应当予以坚持。但是，采取双重领导体制所导致的检察权地方化问题则已经到了不得不进行改革的地步。

对此，学术界提出了诸多改革方案，最核心的都是强调地方各级人民检察院的财政经费和人事任免与地方党政机关脱钩。例如，有学者提出要保障检察机关的独立，就必须改革检察机关的经费预算和管理体制，实行由国家财政来保障检察经费开支的制度。具体而言，我国可以将检察机关的物资配备、办案经费及薪金待遇等开支单独列入国家的财政预算，经全国人大审议通过后，由国务院统一将款项拨入最高人民检察院，统一支配和管理，以此切断各级检察机关与地方的财政关系，保障检察权的独立行使。① 也有学者提出，如果目前尚不能做到完全与地方脱钩，至少也应当做到将地方各级检察机关的财政列入省级财政，并由省一级人民检察院享有下级检察机关检察首长人事任免的提名权。②

笔者认为，检察机关作为广义的司法机关，行使的是国家司法权，为保障检察机关依法独立行使检察权，检察机关的财政经费与人事任免均应当彻底与地方脱钩。基于此，笔者赞同地方各级检察机关的财政经费统一列入中央财政预算并由最高人民检察院报请全国人大审议通过的改革方案，唯有如此，方能让地方检察机关由吃“地方杂粮”转为吃“皇粮”；较之财政体制改革，检察人事任免权的改革可能更为复杂。笔者认为，检察人事改革必须同时兼顾检察独立与检察民主两大价值维度，其基本思路是：其一，检察人事任免必须脱离地方党委的操控。为此，应当将检察人事任免权收回中央，在最高人民检察院内设检察人事审议委员会，负责地方各级人民检察院检察首长和检察员的提名、升迁、调任，并在全国人大内务司法委员会设立司法人事审议委员会，以下再分设法官人事审议委员会和检察官人事审议委员会，负责审查通过地方各级人民检察院检察首长和检察官的人事任免等事务。其二，检察人事任免应体现检察民主化的趋势，应当让基层检察官的代表通过选举进入检

① 胡盛仪：《中国检察机关领导体制改革之我见》，载《河南政法管理干部学院学报》2002年第3期，第1～10页。

② 何家弘：《中国特色的检察体制完善》，载《国家检察官学院学报》2005年第1期，第86页。

察人事审议委员会。这方面，我国台湾地区的经验尤其值得借鉴。

检察人事权，历来是台湾地区检察实务中最为敏感的词汇，盖因“圈内人”都知道：谁掌握了检察人事权，谁就掌控了整个检察体系！政治人物或不良检察首长掌控了检察人事权，就可借人事调动干预司法个案的处理。对此，曾经身为基层检察官的朱朝亮曾有切身体会：“检察首长对个别检察官之考绩、升迁、调动、奖惩等有决定权，或决定性之影响力，足以左右个别检察官之宦途。检察官虽受有身份保障，检察首长无法随意使其失官离职，惟苟检察首长拥有充分之考绩、升迁、奖惩、保荐等人事权，则在其有权使其升官或迁调较高或较适宜地区之情事下，基于人性上宦途考虑，便足以左右甚至迫使个别检察官对检察首长指示或暗示屈服，进而间接达成支配个案正义之目的。”① 学术界公认，影响台湾地区检察“独立的”外部和内部干扰，主要依赖于检察人事权实现，因而，要推动检察独立改革，势必同步改革检察人事制度。

台湾地区的司法体制中，在“司法院”设有法官人事审议委员会，而在“法务部”下设有检察官人事审议委员会，两者功能近似，主要是处理法院系统和检察体系的人事问题。但是，与“司法院”的人事审议委员会由台湾地区“法院组织法”明文规定其设立与构成不同，检察官人事审议委员会只能算是个“黑机关”，因为其设立并无明确的组织法上的依据，而且其权力及独立性也远比不上“司法院”人事审议委员会。“司法院”人事审议委员会对“司法院”的人事案进行审议，具有实际的决定权，而检察官人事审议委员会只能对“法务部长”做人事建议。同时，检察官人事审议委员会的主席是“法务部次长”而不是“法务部部长”，相对地，“司法院院长”却是“司法院”人事审议委员会的主席。检察官人事审议委员会一共有十七位委员，除担任主席的“法务部次长”外，另由地检署检察官选出六位委员、高检署一位、“最高检察署”一位，其余八位委员则由“法务部部长”指派。由于检察官人事审议委员会之成员中上级指派人数比检察官互选人数多，因此，实际上“法务部部长”仍可透过官派委员控制检察官之升迁、调动，特别是检察长之人事调度，完全由“法务部部长”一人决定，这使得检察官人事审议委员会成为台湾地区检察体系中对抗政治干预最弱的一环。

对此，台湾地区检察界和理论界普遍认为，改革的基本思路应当是促成检察官人事审议委员会的法制化、民主化及公开化，如朱朝亮检察官即提出应当建立公开、公平、公正的检察官人事审议委员会，即“检察官既为独任制官厅，则事关全体检察官人事之问题，即应授权检察官人事审议委员会全权处理，不宜由法务部长或仅由少数检察首长本诸行政监督权决定。其余举凡各级检察长、主任检察官皆有任期，且皆应由检察官人事审议委员会审核同意后始得任命或续任，另检察官之升迁、调动、奖惩，亦皆由该委员会决之。检察官人事审议委员会之组织成员，应由三分之二以上之检察官代表出席，其余为各级检察首长。盖惟有检察人事，尤其是检察首长之任命，

---

① 朱朝亮：《检察权之制衡》，载《律师杂志》第236期（1999年5月），第35~56页。

能脱离行政权干预，才能使检察权之行使，真正脱离政治势力之干涉。”①

基于上述目标，1998年台湾地区基层检察官自发成立了“检察官改革协会”（以下简称“检改会”），检改会成立后不久即致力于通过积极参与检察官人事审议委员会来推动其改革，检改会在第一次参选时即赢得了所有地检署代表参与检审会的席次。正是在检改会和其他民间司改团体的长期努力推动下，检察官人事审议委员会改革终于在2006年取得重大进展。2006年台湾地区“法院组织法”修订之际，检察官人事审议委员会终于取得合法地位，根据修订后的台湾地区“法院组织法”第59条之1第1项至第4项的规定，“法务部”设检察官人事审议委员会，审议高等法院检察署以下各级法院及其分院检察署主任检察官、检察官之任免、转任、迁调、考核及奖惩事项；“法务部部长”遴任检察长前，检察官人事审议委员会应提出职缺二倍人选，由“法务部部长”圈选之；检察长之迁调应送检察官人事审议委员会征询意见。这一规定使得检察官人事审议委员会得以在一定程度上对“法务部部长”的人事权形成了某种制约。同时，检察官人事审议委员会委员的组成方式也取得了突破，“民选”检审委员改为九位，超过“官派”（当然）委员的八位，这不仅是一组数字对比的简单变化，而是意味着基层检察官从“法务部”手中夺回了检察人事权的主导权，因而被认为“是基层检察官划时代的重大胜利”。②

台湾地区关于检察人事权的改革经验值得学习、借鉴。为此，笔者建议，在最高人民检察院内设检察官人事审议委员会，负责全国地方各级人民检察院检察首长和检察官的提名、迁调以及奖惩等事项，检察官人事审议委员会由最高人民检察院检察长担任主席，检察官人事审议委员会采取民主集中制（票决制），其中半数委员由最高人民检察院检察长指定，半数委员由地方各级人民检察院的检察官经选举产生。如此，则一方面可将检察人事权收回中央，防止地方党委通过检察人事权干预，影响地方检察机关独立办案；另一方面，检察官人事审议委员会吸纳部分基层检察官代表参与，亦可彰显检察人事民主，符合检察民主化的潮流。

2．检察机关内部领导体制的改革与完善

检察机关内部领导体制的改革，重点和难点在于强化检察一体原则的同时平衡检察独立。主要设想是：一方面，应当继续强化检察一体原则，由《人民检察院组织法》而不是检察机关的内部文件明确规定上级检察首长的指挥监督权、职务承继权与转移权；另一方面，作为检察一体重要体现的检察事务指令权必须以尊重检察官法律解释权的独立性为前提。具体方案如下：③

第一，在侦查阶段，检察官的职权行使受法定原则支配，是否展开侦查，是否采用强制侦查措施等，均应严格按照法律规定进行，排除检察一体原则的适用。因

---

① 朱朝亮：《检察权之制衡》，载《律师杂志》1999年第236期，第35～56页。

② 王金寿：《司法独立与民主可问责性：论台湾的司法人事权》，载《台湾政治学刊》2008年第2期，第115～164页。

③ 下面的论述，参考了林钰雄著：《刑事诉讼法（上）》，元照出版有限公司2004年版，第125～128页。

此，如果办案检察官认为行为人的行为构成犯罪，应当发动侦查予以追诉的，检察首长无权下令检察官对某案不得开始侦查，也不得命令对某案业已开始侦查的检察官停止侦查。如果检察首长违背这一原则，其指令不但违法，甚至可能构成刑法上的职务犯罪，招致刑事处罚。但是，在开始侦查后，具体侦查策略与技术的选择、运用，则因不涉及合法性判断，而可适用检察一体原则，如“何时发动搜索，何时进行被告之拘提、逮捕或羁押，虽然此等强制处分权得否行使之法定要件之事实及法律判断，非属指令权得介入部分，但对于时间之选择、顺序之安排，应属追诉策略运用，以求有所成果”。①

第二，在起诉阶段，检察官应严格依照起诉法定原则以及自身的法律确信与证据评价而判断、决定不予起诉或提起公诉，检察首长不得对承办检察官行使事务指令权。检察官依据侦查所获得的证据，认为被告人有犯罪嫌疑应当提起公诉的，检察首长不得行使其事务指令权，命令承办检察官作出不起诉处分；同样，如果检察官依据侦查所获得的证据，认为犯罪嫌疑不足应当作出不起诉处分的，检察首长也不得以检察事务指令权为由，命令承办检察官提起公诉。唯一的例外是在承办检察官对法律适用发生疑问时（尤其是承办检察官自身对案件的定性产生疑问时），根据“疑问排除不法”的原则，检察首长可以例外地行使指挥监督权、作出指示，特别是在对某类新类型案件的定性和处理，检察官之间产生了不同见解，甚至对起诉、不起诉看法不同时，检察首长即可行使指令权，使检察机关有一致的见解与标准，否则检察机关内部争议不解决，最终处理决定无法作出。② 但这仍然要求以不违反承办检察官的法律确信为前提，否则最多只能行使职务收取或移转权，将案件转由其他检察官承办（总之，不得强行命令承办检察官起诉或不起诉）。这里仍然体现了对检察官职权独立性的尊重。

第三，在审判阶段，检察一体更受到严格的限制。一方面，出庭检察官享有充分的自由陈述权，涉及事实认定、证据评价、法律评判等，出庭检察官得依据自己在审判中形成的心证独立作出，而不受未出庭之检察首长的指令，对此，法谚有云：“笔受拘束、口却自由。”但同时，如果出现法律见解争议，则仍然适用“疑问排除不法”的原则，检察长得行使指令权。另一方面，对于法院的判决，是否提起上诉，也由出庭检察官依据自身的法律信念独立作出判断和决定，检察首长不得滥用检察事务指令权，命令该检察官提起上诉或者不提起上诉。

此外，检察委员会制度也应当进行改革，横向的检察一体，应当确立以检察长为顶点的上命下从结构，检察委员会作为一种过渡时期的制度设计，已经不符合新时期检察制度发展的需要，可以将其改造为一种咨询辅助机构，即为检察长决策提

---

① 林丽莹：《检察一体与检察官独立性之分际》，载《月旦法学杂志》2005 年第 9 期，第 38～51 页。

② 林丽莹：《检察一体与检察官独立性之分际》，载《月旦法学杂志》2005 年第 9 期，第 38～51 页。

供咨询意见，但检察委员会的决定不应再对检察长有约束力。

三、中国检察机关内设机构的改革

（一）检察机关内设机构改革的现状与问题

关于我国检察机关的内设机构，立法上并未作统一、硬性的要求，2001 年中央批准的《地方各级人民检察院机构改革意见》规定，区县两级人民检察院的内部机构数量要结合当地经济发展水平、近年案件受理数量等情况，分类确定，不搞一刀切。这一做法固然具有因地制宜、灵活便利的制度优势，但同时，在实践中也凸显内设机构整体结构不尽合理的问题。这主要表现在以下几个方面：

其一，内设机构的名称不规范、不统一。例如，重庆市将反渎部门和反贪部门合二为一成立职务犯罪侦查局，而其他地方包括最高人民检察院仍在反贪部门之外单独设立反渎部门。又如，各级检察机关一般都设“研究室”，但其名称并不统一，有的地方称“研究室”，有的地方称“法律政策研究室”。机构名称的不统一，带来的是管理上的不规范以及跨区域协作中的不便捷。

其二，内设机构过多、过细。由于我国检察官制度不完善，检察官的待遇和保障难以落到实处，检察机关的内设机构同时担负着解决检察官职级待遇等功能，甚至将增设内设机构作为解决干部职级待遇的主渠道。这就使得部分检察机关不是从如何有利于履行检察权的角度而是从解决干部职级待遇的角度不断分化、增设内设机构，导致实践中检察机关的内设机构过多、过细。目前，绝大多数基层检察院内设机构都为十至十三个部门，十三至十八个科室。内设机构过多、过细，带来的是各个部门科室人员力量的单薄，实践中，不少地方检察机关存在“一人科室”（一个科室一个人）现象，即为明证。同时，由于部门、科室增多，检察机关内部的部门、科室领导也相应增多，实践中，绝大多数基层检察院的中层以上领导都在二十三至三十三人，相当于本单位行政编制干警总数的三分之一左右。[①] 由于中层以上领导的主要工作是负责部门管理，一般不办案或很少办案，因此，内设机构过多、过细，带来的不仅是管理上难度的加大，间接地还削弱了一线办案的力量。

其三，业务部门和综合部门比例失调。我国检察机关的内设机构，大致可以分为业务部门和综合部门两大类，其中，业务部门是直接履行法定检察职能的部门，综合部门系为业务部门提供保障的部门。作为直接履行检察职能的业务部门，本应成为内设机构的重点，但在实践中，综合管理类机构所占比例却更大，如政工、办公、技术、行政装备等非业务机构在基层院为百分之三十至百分之四十，相应的业务部门的人员和资源配置不能适应工作量的要求，影响工作效率和工作积极性，甚

① 徐安怀、包效勇：《“大部制”检察机关内设机构运作的新理念》，载《中国检察官》2008 年第 11 期，第 29 页。

至存在检察官不愿意去公诉、批捕等业务量大的部门工作的现象。[1]

其四，部分内设机构的职能交叉重复。比较典型的是职务犯罪案件侦查工作职能的交叉重复。实践中，反贪局往往人少案多，而反渎局则案源较少，两局之间的工作量明显不平衡；同时，贪污贿赂犯罪与渎职侵权犯罪经常交织存在，分别由两个部门来管辖，容易造成力量内耗，不利于提高侦查效率。

（二）检察机关内设机构改革与完善应当遵循的原则

1. 有效履行法律监督职能原则

《宪法》和法律规定的各项检察权都应当有相应的内部机构来行使，不能使任何一项检察权在内部机制上落空。这也是检察机关内设机构改革的基本指导原则之一。[2]

但是，这并不意味着《宪法》和法律赋予的各项检察权，均应在各级检察机关中得到运用和体现。例如，《民事诉讼法》和《行政诉讼法》赋予检察机关民事行政裁判的抗诉权，在我国实践中，也正是基于此在各级检察机关均设立了民事行政检察部门。但实际上，法律赋予检察机关的是民事行政案件的抗诉权，但基层检察院并无法行使民事行政案件的抗诉权，因而，在实践中基层检察院的民事行政检察部门更多的是发挥着为上级检察院提供民事行政案件抗诉线索的功能。笔者认为，虽然宪法和法律规定的各项检察权都应当有相应的内部机构来行使，不能使任何一项检察权在内部机制上落空，就民事行政检察权而言，检察机关确实应当设立相应的独立部门来承担这一职能，但这并不意味着，各级检察院均应设立独立的民事行政检察部门，由于基层检察院实际上并无民事行政案件的抗诉权，因而实无必要在基层检察系统单独设置民事行政检察部门。笔者考虑，可以将民事行政检察工作与控诉申诉工作合并由控申部门统一负责，控申部门发现民事行政案件的抗诉线索后，即应提请上级检察机关的民事行政检察部门审查是否提起抗诉。这样既保障了法定检察职能得到有效履行又精简了机构，可谓一举两得。

2. 规范化、合理化原则

虽然各级检察机关的内设机构应当因地制宜、分类确定，不宜搞“一刀切”，但是着眼于管理上的规范化以及检察机关内部跨区域协作中的便利性，必要的名称和整体结构上的统一仍然是需要的。

此外，关于职务犯罪侦查机构的设立目前有两种模式：一是分别设置反贪、反渎职侵权两个侦查部门；二是设置职务犯罪侦查部门，统一行使反贪、反渎职侵权职能。比较而言，笔者更倾向于后一种模式，即将反贪、反渎职侵权两个侦查部门合二为一，成立职务犯罪侦查局，其主要理由在于：其一，贪污贿赂犯罪与渎职侵权犯罪经常交叉存在，分别由两个部门来管辖容易造成力量内耗，不利于提高侦查

---

① 徐鹤喃、张步洪：《检察机关内设机构设置的改革与立法完善》，载《西南政法大学学报》2007年第1期，第38页。

② 谢鹏程：《论检察机关内部机构的设置》，载《人民检察》2003年第3期，第43~44页。

效率。将两大自侦部门合二为一，不仅有利于防止内耗，而且有利于整合侦查力量，形成打击职务犯罪的合力。其二，目前，各级检察机关单独设立的反渎职侵权部门，在侦查力量上比较薄弱，部分基层检察院反渎职侵权部门通常只有三个人，一个局长、一个内勤、一个承办。这极大地限制了反渎部门侦查职能的行使。在统一设立职务犯罪侦查局的前提下，内部可以再分设二级机构或者办案组来分别负责反贪、反渎职侵权案件的侦查工作。

3．尊重检察权运作规律原则

检察机关内设机构的改革应当尊重检察权的运作规律。有学者提出，为有效地指导全国的审判监督工作，协调解决检察机关的公诉与审判监督职能在理论上和实践中的关系和问题，建议将审判监督业务从公诉厅中分离出来，在最高人民检察院成立单独的刑事审判监督厅。省级检察机关原则上单独设立。地县两级以及如西藏等地可合并设在诉讼监督厅中。该机构承担抗诉等审判监督工作以及死刑案件的监督职责。[①] 笔者认为，这一机构改革方案值得商榷，检察机关内设机构的改革首先应当尊重和遵循检察权的运作规律，否则，不仅不能达到增强检察机关全面履行法律监督职能的能力，反而会造成理论和实践上的困境。从法理上讲，检察机关的法律监督职能，只能通过检察机关行使侦查权和公诉权来实现，因而检察机关应当通过侦查权和公诉权的行使来发挥法律监督职能。脱离侦查权和公诉权，单独设立所谓的审判监督部门，将导致法定的法律监督职能成为无源之水、无本之木，不仅不能增强法律监督职能的全面履行，反倒可能弱化法律监督职能的行使。

4．科学高效原则

检察机关内设机构的设置，应当有助于检察机关科学高效地行使检察权，而不是相反。例如，关于预防职务犯罪部门（以下简称“预防部门”）的设置，当初之所以将预防部门从自侦部门独立出来，其中一个重要原因即在于，希望通过预防职务部门的独立，在检察机关传统的个案预防的基础上，加强行业职务犯罪状况归纳总结，针对案件多发行业在制度和管理方面存在的问题，分析案件发生的原因，提出有情况、有分析、有措施的检察建议，促使案件多发行业完善管理制度和健全防范机制，堵塞犯罪漏洞，推动行业预防。[②] 反贪局成立之初，预防部门设置在反贪局内部，但经过一段时间的运行和对预防工作的深入认识，认为预防职务犯罪工作是检察机关的职责，应由预防部门和各业务部门共同承担。预防部门统一组织、综合、管理、协调，并进行系统研究和宏观指导，其他业务部门结合办理案件和具体业务各司其职。预防职务犯罪工作是整个检察机关的事情，预防工作应贯穿整个检察业务。但预防部门从反贪局独立出来以后，预防部门与侦查部门是相对独立的两

---

① 徐安怀、包效勇：《“大部制”检察机关内设机构运作的新理念》，载《中国检察官》2008 年第 11 期，第 29 ~ 30 页。

② 顾军：《侦防一体化预防工作机制的几个问题》，载中国法律信息网，http://www.law-star.com/cacnew/200911/305048719.htm，2010 年 7 月 10 日访问。

个部门。由于机构设置的原因，天然的联系被割裂，造成预防部门难以介入侦查阶段，难以了解自侦部门查办的案件情况。造成侦查部门有案不积极预防，预防部门想防而无案。如果预防工作脱离了职务犯罪案件的查办，预防部门将很难发现发案单位存在的制度缺陷，从而提出有针对性的检察建议；很难从具体的案件中总结归纳出有益的预防经验；很难有针对性地开展预防工作。预防、侦查部门难以形成预防合力，造成打击和预防“两张皮”现象并增加了工作成本、降低了工作效率。[①]因此，笔者认为，应当取消预防部门单独设置的体例，使预防部门重回职务犯罪侦查部门，真正实现侦防一体化。

5. 内部权力制约原则

检察机关的内设机构改革，不仅应当重视检察权的高效行使，还应当注重检察机关内部的权力制约。以审查批捕权和起诉权为例，由于上述两项权力法律同时赋予检察机关行使，加上检察机关内部绩效考核制度的影响，极易导致“捕了，必定就诉”的现象，而这对犯罪嫌疑人、被告人的人权保障是极其不利的，也容易导致公诉权的滥用。在法律未作相应修改的情况下，检察机关内部就应当注意通过机构设置形成一种内部的权力制约。此前有观点认为，设立刑事犯罪案件审查部门全面负责刑事案件的审查批捕、审查起诉以及在办理审查批捕、审查起诉案件过程中遇到的侦查监督、审判监督等工作，具体包括目前检察机关的侦查监督、审查批捕全部，公诉、审查起诉全部，监外罪犯重新犯罪、监所检察一部分等。[②] 对于该种观点，笔者持反对意见，原因就在于，将审查批捕、公诉等职权合并由一个机构行使，无法形成内部的权力制约，容易导致检察机关的滥权以及对犯罪嫌疑人、被告人人权的漠视和侵犯。

四、中国检察制度的改革与重构

（一）侦查监督制度的改革与重构

人民检察院作为国家的法律监督机关，对刑事诉讼过程包括侦查程序实施法律监督，是其不移的法定职责（权利与义务）。然而，当前司法实践中，侦查监督因缺乏刚性而陷入“无力”的困境，已是不争的事实。对此，理论界和实务界一直在研讨通过诉讼制度的改革以克服实践障碍的各种方案。然而，现有的研究结论更多倾向于制度微调，却未能触及问题的实质，因而难以从根本上消除侦查监督的体制性障碍。笔者认为，侦查监督的实践困境，本质上根源于侦查权的错位配置，因此，要克服侦查监督无力的困境，必须依据法治国家的理念对侦查权尤其是侦查程序处

---

① 顾军：《侦防一体化预防工作机制的几个问题》，载中国法律信息网，http://www.law-star.com/cacnew/200911/305048719.htm，2010年7月10日访问。

② 徐安怀、包效勇：《“大部制”检察机关内设机构运作的新理念》，载《中国检察官》2008年第11期，第30页。

分权进行重新配置。

1. 侦查权与侦查程序处分权：比较法视野下的考察

“侦查权”在我国是一个长期被误读的概念。《刑事诉讼法》第106条第1项规定：“‘侦查’是指公安机关、人民检察院在办理案件过程中，依照法律进行的专门调查工作和有关的强制性措施。”这里所谓的“专门调查工作”，是指《刑事诉讼法》所规定的为收集证据、查明犯罪而进行的调查工作，具体包括讯问犯罪嫌疑人，询问证人、被害人，勘验、检查，侦查实验，扣押物证、书证，查询、冻结存款、汇款，鉴定，通缉等诉讼活动；所谓的“有关的强制性措施”，是指刑事诉讼法规定的为收集证据、查明犯罪和查获犯罪嫌疑人而采用的限制、剥夺人身自由或对人身、财物进行强制的措施，具体包括拘传、取保候审、监视居住、拘留、逮捕等。据此，在我国，所谓的“侦查”及“侦查权”，是在狭义上而言的，所指涉的实际上是侦查行为实施权，即实施侦查行为的权力。而在国外尤其是在大陆法系国家，所谓的“侦查权”，则是在广义上而言的，它不仅涵指侦查行为实施权，而且包括侦查程序的处分权，即侦查程序启动权和终结权。

对侦查权内涵和外延的不同认识与界定，直接影响侦查权的配置。按照大陆法系国家检察官的角色定位与侦查权的配置模式，检察官才是法定的侦查权主体，而警察不过是检察官行使侦查权的辅助机关。据此，侦查权包括侦查程序启动和终结的权力，实际上都掌握在检察官手中。在大陆法系国家，作为法定的侦查权主体，唯有检察官才能在侦查程序中作出法律处分，这即是所谓的检察官的“侦查程序处分权”，它具体包含以下两项权限：

（1）正式侦查启动权。即唯有检察官才有权决定是否对某一嫌疑行为展开正式的侦查，至于作为辅助机关的警察机关，在发现有犯罪嫌疑时，本着追诉犯罪职权及侦查法定原则，一方面应当立即开始调查犯罪嫌疑，必要时得封锁犯罪现场为即时勘查，并得通知犯罪嫌疑人到场询问；另一方面必须立即报告该管检察官，并由该管检察官最后决定是否对该嫌疑人立案展开正式的侦查。换言之，与我国刑事诉讼程序中的公安机关不同，大陆法系国家的警察没有立案权，立案权即正式侦查程序的启动权掌控在检察官手中。这一制度设计的目的主要是确保检察官在侦查程序中的主导地位以及便于其对警察的控制。例如，在德国，“受欧陆法制之控诉原则与检察官制，以检察官为侦查程序之主导者，负责发动、进行以及终结侦查程序。”① 司法警察作为检察官的辅助官员，“当其发现有犯罪行为时，得主动进行侦查之。但其只得采取必要的紧急行动：例如‘所有不得延误的措施’（刑事诉讼法第163条第1项）；在采取此种行动后，其需实时告知检察机关。此乃为了确保检察机关在调查程序中的领导地位”。②

---

① 林钰雄著：《刑事诉讼法（上）》，元照出版有限公司2004年版，第137页。

② ［德］克劳思·罗科信著：《刑事诉讼法》（第24版），吴丽琪译，法律出版社2003年版，第70页。

（2）侦查程序终结权。在大陆法系国家，侦查程序终结的权力同样掌握在检察官的手中，警察作为“辅助机关之功能，主要在于协助检察官侦查犯罪，并不及于终结侦查之处分”。[①] 警察对刑事案件侦查终结之后，必须将案卷移送该管检察官，由检察官以作出起诉或不起诉决定的方式终结侦查，作为辅助机关的警察不得自行终结侦查程序。换言之，与我国刑事诉讼程序中的公安机关不同，大陆法系国家的警察没有侦查程序终结权，不能以“移送审查起诉”或者“撤销案件”的方式终结侦查程序，而只能在检察官作出是否终结侦查程序的决定后予以执行。

从法理上分析，大陆法系国家之所以将侦查程序处分权赋予检察官而非警察，主要有以下两个方面的原因：

第一，根据大陆法系国家的诉讼构造，刑事诉讼程序可以分为审判程序与审前程序两大阶段，其中审判程序以法官为主，由法官主持进行；而审前程序则以检察官为主，系检察官的程序，由检察官主持。侦查程序处分权尤其是程序终结权，涉及对犯罪行为的法律判断，是一种具有法律解释活动特征的权力，属于司法权范畴，因而应当由审前程序中的司法官——检察官——来行使，而不宜由身为行政机关的警察来行使。

第二，为了确立检察官在侦查程序中的主导和领导地位，并便于检察官监督、控制警察的侦查活动。在大陆法系国家，创设检察制度的根本目的之一，就是在侦查程序中监督、控制警察，防止“警察国家”的重现。而在制度设计上，检察官监督、控制警察的一个最主要方式就是在刑事诉讼立法上确立了一种“检主警辅”的侦查权力配置格局，使检察官成为侦查程序的主导者和控制者，以及刑事侦查权的法定主体，而将警察机关置于检察官的领导之下，作为检察官的一个辅助机关，从而使得检察官拥有了指挥、调度警察的权力，这样，警察权再强大，它仍然要受检察权的节制，无法直接危害公民权利与自由，“就控制警察而言，创立检察官的重要目的之一，在于摆脱警察国家的梦魇，因而需要一个严格守法律训练及法律控制的检察官来监督控制警察侦查活动的合法性。据此，检察官乃侦查主，刑事警察仅为其辅助机关，乃势所必然的安排设计”。[②] 检察官成为侦查权主体尤其是侦查程序处分权主体，其重大的法治意义在于将检察官对警察的法律监督演变为一种“参与式”，而非“外在式”监督，这使得检察官能够更有效地控制警察活动的合法性。

2. 侦查程序处分权的错位与侦查监督的困境：实证视角下的分析[③]

我国《刑事诉讼法》在侦查权配置上的一个重要特征就是，检察机关不享有完整意义上的侦查权。在我国，刑事诉讼立法采行的是绝对的诉讼阶段论，即侦查、起诉和审判被视为完全独立的三个诉讼阶段，分别由公安机关、检察机关和审判机关所主导。在立法上，公安机关是法定的侦查权主体，对一般刑事犯罪享有完整的

---

① 林钰雄著：《刑事诉讼法（上）》，元照出版有限公司2004年版，第137页。

② 林钰雄著：《刑事诉讼法（上）》，元照出版有限公司2004年版，第117页。

③ 实证部分的数据统计和分析得益于上海市徐汇区人民检察院侦查监督科周云飞同志的帮助，在此诚表谢意。

侦查权（包括侦查实施权和侦查程序处分权）：一方面，公安机关对于一般刑事犯罪享有程序启动权即立案权，对这类犯罪是否立案并展开侦查，完全由公安机关自主决定，检察机关只能进行立案监督，而不能加以指挥、命令；另一方面，侦查终结后，公安机关有权通过“移送审查起诉”、“撤销案件”等方式，对侦查程序予以终结，即同时享有侦查程序终结权。由于享有完整的侦查权，使得公安机关成为相对于检察机关和法院的一个独立的诉讼角色和主体，并在某种意义上分割了原本应当属于检察官的权力，排斥了检察官对侦查程序的控制和主导。从实践情况来看，这一权力配置模式直接导致了检察机关对公安机关的侦查监督乏力。具体表现在：

第一，检察机关不享有侦查程序启动权（立案决定权），而仅是进行立案监督，难以杜绝公安机关“有案不立”（即应当立案而不立案）以及“违法立案”（即不应当立案而予以立案）的现象，检察机关对侦查权的法律监督难以实现。

表一和表二反映了全国和上海市检察机关近年来立案监督工作的基本情况。从表一中的数据可以大致得出，立案监督案件在1997年《刑事诉讼法》修订增加了立案监督的规定后最初几年成倍增长，在2002年达到最高点后又逐年小幅下降并基本保持相对稳定态势，监督立案数在每年2万件上下浮动。[①] 1997年至2006年10年内监督立案数总计约17万件。虽然全国每年有2万件左右的立案监督案件，但以全国3195个区县的检察机关为基数，平均每个区县检察机关每年监督立案数大约5件。上海市2004年和2005年监督立案案件数量分别为93件和108件，平均到上海19个区县，每个区县检察机关每年监督立案数也约为5件，与同一时期数百件批捕、起诉案件数量相比可谓相去甚远。

表一：全国1997年至2006年立案监督情况[②]

时间（年）	要求公安机关说明不立案理由数（件）	经审查认为不立案理由不成立而依法通知立案数（件）	监督公安机关立案数（件）	监督撤销不应立案数（件）
1997	4265	3717	—	—
1998	9335	5207	—	—
1999	16306	7705	—	—
2000	—	—	20809	—
2001	—	—	18447	—
2002	—	—	36955	—
2003	—	—	22575	2552
2004	—	—	20742	2699
2005	—	—	17940	3737
2006	—	—	16662	4569

① 仅2002年数字有较大突破，当年监督立案数超过3万件。

② 数据来源：引自历年《最高人民检察院工作报告》。

表二：上海市 2004 年、2005 年立案监督情况①

时间	对公安机关应当立案而不立案的监督（件）						对自侦部门立案的监督（件）		批准或决定逮捕（件）	对公安机关不应当立案而立案的监督（件）		
	受案	办案发现	被害人请求立案	要求说明不立案理由	公安机关主动立案	通知公安机关立案	建议自侦部门报请立案侦查	自侦部门立案		受案	提出纠正	已纠正
2004 年	185	61	78	145	88	5			23	1	1	1
2005 年	216	72	88	157	103	5	1		36	1	1	1

尤其是，对于公安机关“违法立案”即不应当立案而予以立案的情况，检察机关的法律监督更是乏力。“不应当立案而立案”主要有以下几种情况：有些地区的公安机关为追求案件数量大肆立案，以形成统计数据上的丰厚业绩；有些地区公安机关侦查人员业务素质参差不齐，在罪与非罪标准上把关不严，导致对不构成犯罪的情况也予以立案；还有些地区过度扩大刑法的社会干预面和打击面，对不应纳入刑法关注视野和打击半径的民事经济纠纷也滥用刑事手段，进行违法立案。“不应当立案而立案”的案件主要集中于刑民交织的案件，由于这类案件本身性质模糊、易于混淆，而公安机关办理这种经济、民事纠纷案件又可能从中获得一些灰色利益，利益驱动下公安机关往往滥用刑事手段插手经济、民事纠纷。例如，媒体报道的宁夏吴忠市红寺堡开发区公安局插手一起经济纠纷长达 3 年之久，致使受害人邱某东躲西藏 2 年多，四处上访几十次。② 虽然此案最后在公安部工作组的督察下得到解决，但也凸显在这类案件中，检察机关立案监督的无力。③ 对于“违法立案”的现

① 数据来源：引自 2004 年、2005 年《上海市人民检察院刑事立案监督情况月报表》。

② 陈晓虎：《宁夏一公安局插手经济纠纷局长政委被免职》，载新华网宁夏频道，http://www.nx.xinhuanet.com/2004－06/08/content_2277039.htm，2010 年 7 月 12 日访问。

③ 有观点认为，“不应立案而立案”的情况还可以通过不批捕不起诉的方式作为救济。但这一观点忽略了立案监督的一个重要使命是防止侦查权的违法启动，对无辜的公民展开追诉。而且从权利救济的角度讲，不批捕虽然可以纠正错案，但却无助于对无辜公民的权利进行及时救济。例如，1997 年轰动一时的安徽省阜阳市“任继成故意杀人案”，当地公安机关三次将任继成报捕，阜阳市颍泉区人民检察院三次作出不批捕决定，后来真凶终被公安机关查获，防止了一起错案。从纠错角度而言，任继成最终没有身陷冤狱，全靠检察机关明辨是非坚决不批捕，但是若从权利及时救济的角度而言，如果能在立案之初即予以监督，任继成也不致被长时间非法羁押。

象，理论界与实务部门以前一直缺乏足够关注，[①] 刑事诉讼立法也因为立法者缺乏预期而未能作出有针对性的规定。[②] 实践中，检察机关认为公安机关不应当立案而立案，进而监督其撤销案件的情况近年来增幅较大，与“应当立案而不立案”案件的比例，已从2003年的1∶9，上升到2006年的接近1∶3。但是，这一数据平均到全国仍然偏低。以上海市为例，这类案件的立案监督工作开展仍然非常滞后，2004年和2005年监督“不应当立案而立案”的案件均只有1件，有的区县检察院历年来从未办理过一件这类案件。

立案监督难的一个重要原因在于，公安机关享有完整的侦查程序启动权即立案决定权，而检察机关只能进行外在的监督。这种“事后”型监督、[③] “外在”式监督模式存在自身难以克服的内在机理障碍：一是难以及时获得案件线索、难以发现公安在立案中存在的问题；二是即便是发现了问题并进行了立案监督，但由于立案决定权仍然掌控在公安机关手中，立案后案件侦查的进展以及能否提请逮捕、提请审查起诉等，最终仍然需要得到公安机关的配合，一旦公安机关“拒不立案”或者“立而又撤”（在立案后又撤案），或者虽然立案但“立而不侦”、消极怠职，检察机关也没有更好的监督、控制办法。以大连市某区2002年8月份至10月份的立案监督为例，该区该段时间内进行监督的案件共计25件，公安机关立案的只有6件，余下的19件皆无回音或作了其他处理。[④] 上海的情况要好一些，但是仍然存在执行不力的情况。2004年上海市各级侦监、未检部门要求公安机关说明不立案理由共计137件242人，通知公安机关立案4件8人，公安机关接到检察机关《说明不立案理由通知书》后直接立案侦查的有92件177人，占《不立案理由通知书》发出数的67.2%和73.1%，比2003年同期分别提高了14和8.1个百分点。[⑤] 调查发现，实践中公安机关对于检察机关的立案监督往往进行“打折式”处理。例如，在共同犯罪案件中，刑事立案主体不按《通知立案书》的要求对全部犯罪嫌疑人立案侦查，只对部分犯罪嫌疑人采取强制措施，对其余犯罪嫌疑人既不采取强制措施，也不采取任何侦查手段，不严格按照《通知立案书》立案；又如，公安机关虽然依据《通知立案书》的要求立案，但立案后立而不侦、久拖不决，对此，检察机关没有

---

① 据新华网报道，最高人民检察院检察长贾春旺在2006年1月6日全国检察长会议上，专门指出检察机关在立案监督中，既要依法监督纠正有案不立、有罪不究、以罚代刑等问题，又要坚决纠正滥用刑事追诉手段插手民事经济纠纷、违法立案等问题。

② 从法律解释的角度，严格地讲，现行《刑事诉讼法》规定的“立案监督”仅指“有案不立”的情况，对于违法立案，则立法缺乏明确的规定和相应的监督手段。

③ 有学者称我国检察机关的法律监督只能是一种“事后”型监督，事前监督应被视为对其他国家权力或公民权利的不当干预。参见孙谦：《中国的检察改革》，载《法学研究》2003年第6期，第6~7页。笔者对这一说法不能同意，因为事后型监督将会使检察机关的法律监督完全沦为一种“外在式”监督，从而使其丧失活力和刚性。

④ 谷祖颖：《立案监督在司法实践中存在的问题及对策》，载《当代法学》2002年第10期，第45页。

⑤ 参见上海市人民检察院《2004年侦监、审监工作年鉴》。

法定措施予以督促；再如，公安机关依据《通知立案书》立案，但很快又撤销案件，人民检察院虽经审查认定其撤销案件不当，但没有法律的明确授权，检察机关无法对此予以进一步的监督。从表二的数据中可以看出，2004 年上海检察机关侦监部门共监督立案 93 件，但批捕的只有 23 件；2005 年监督立案 108 件，批捕 36 件。即使除去统计时间上的因素，[①] 比例之低仍然惊人。究其原因，除了案件本身质量不高外，由于立法上配套机制缺失等多种原因，相关条文及解释并没有针对侦查机关通知立案而不立案、消极侦查等现象规定应对措施，实践中发出纠正违法通知书或检察建议等软措施约束力有限，不能在实质上应对这些消极行为，从而不利于立案监督的发展。而在大陆法系国家，由于正式侦查程序的启动权掌控在检察官手中，警察只能进行初步调查，最终是否立案并展开正式侦查完全由检察官决定，因此，并不存在所谓“立案监督难”的问题。

第二，公安机关拥有独立的侦查程序终结权，排除了检察机关的法律监督，导致“违法撤案”、“撤而不结”等违法行为，架空了检察机关批捕权的法律监督意义。根据公安机关的统计，2000 年以来，我国处于刑事犯罪的又一个高发案阶段，每年全国刑事立案数始终保持在 400 多万起以上。其中，2003 年刑事立案数 4393624 起，2005 年则为 4650000 起。以每起刑事案件至少一名犯罪嫌疑人计算，每年公安机关立案处理的犯罪嫌疑人也应在 400 万人以上。[②] 但是根据同一时期检察机关统计的数据，2003 年全国检察机关共批准逮捕各类刑事犯罪嫌疑人 764776 人，决定不批准逮捕 58872 人，2005 年共批准逮捕各类刑事犯罪嫌疑人 860372 人，不批准逮捕 64230 人。[③] 从两组数据的对比来看，每年公安机关向检察机关提请逮捕的犯罪嫌疑人均未超过 100 万人，虽然不排除有部分案件无须经过提请批准逮捕程序而直接移送审查起诉，但这样的案件在实践中并不多，排除之后仍有约占总数 80% 的犯罪嫌疑人在已经立案的情况下通过公安机关自行撤销案件，或以其他方式（劳动教养、治安处罚等）加以终结。由于这些案件被消化在提请批准逮捕之前的侦查环节，检察机关没有侦查程序终结权，公安机关在以其他方式处理、消化案件时，无须报经检察机关同意决定，因而检察机关往往无从了解案件的进展情况，当然也就无法对公安机关执法中是否违法实施法律监督。其实，即便是检察机关知悉了公安机关在撤销案件环节中的违法情况（包括“应当撤销案件而不撤销”或者“不应当撤销案件却撤销”），而检察机关也通过检察建议等方式实施了监督，但囿于侦查终结权配置的立法现状，公安机关也完全可以不予配合，从而致使检察监督落空。例如，经上海市某检察机关调查统计，2004 年 1 月至 2006 年 6 月，在其受理公安机关提请批准逮捕的案件中，经审查后作出不批准逮捕决定的共计 57 人。其

---

① 需注意的是，当年立案侦查的案件可能到第二年提请逮捕。

② 数据来源：中国公安部网站，http://www.mps.gov.cn/n16/n1252/n1687/index.html，2010 年 7 月 12 日访问。

③ 数据来源：2003 年、2005 年《最高人民检察院工作报告》。

中，因事实不清、证据不足而不批准逮捕的31人，因犯罪嫌疑人的行为虽构成犯罪但无逮捕必要而不批准逮捕的7人，因犯罪嫌疑人的行为不构成犯罪而不批准逮捕的19人。[①] 另据江苏省某基层检察院的调查，2004年至2006年3年期间，检察机关以事实不清、证据不足为由不批准逮捕的犯罪嫌疑人有278人，占全部提请批准逮捕人数的6.7%。对这些因“事实不清、证据不足”而不予批准逮捕的案件，该院均对公安机关说明不捕理由并列出侦查提纲，要求公安机关继续侦查并根据情况作不同处理。但公安机关仅对其中1个案件再次报捕；其余案件均未作再次报捕或撤案，而是采取“疑案从挂”的消极态度。[②]

虽然《刑事诉讼法》第98条明确规定：“人民检察院在审查批准逮捕工作中，如果发现公安机关的侦查活动有违法情况，应当通知公安机关予以纠正，公安机关应当将纠正情况通知人民检察院。”然而实践中，由于公安机关具有侦查程序终结权，检察机关实际上难以进行法律监督。实践部门的同志往往认为这是法律规定不完善所造成的，如他们认为对于应当撤案而未撤销案件的问题，现行《刑事诉讼法》和公安部《公安机关办理刑事案件程序规定》等均无关于侦查机关应当在立案后，或者在收到人民检察院作出的不批准逮捕决定后多长时间内撤销案件的规定，致使检察机关对于不捕案件的撤案无法实行有效的监督。但实际上，这里面更深层次的原因在于《刑事诉讼法》赋予了公安机关独立的侦查程序终结权，终结侦查的权力完全掌握在公安机关手中，在这一权力配置模式下，检察机关仅是作为一个“外在”的程序监督者出现的，而不享有侦查程序终结的决定权，因而无法有效控制公安机关违法撤案行为。

3. 侦查程序处分权的重新配置与侦查监督体制转型：中国语境下的思考

针对现实情况，基于建设法治国家的政治理想，以及为了加强对刑事诉讼中被追诉人的人权保障，我国一直致力于对传统刑事诉讼制度的改造。在这样的背景下，强化检察机关的地位和权限，将其塑造成为审前程序的主导者和警察权力的控制者，就成为必然的路径选择，尤其是考虑到我国目前警察权恣意、失范和侦查程序缺乏监督、制约的现状，更应当加强检察机关的侦查权而非削弱。据此，笔者认为，应当借鉴大陆法系国家关于侦查权配置的基本模式，结合检警一体化的改革走向，确立检察机关在侦查程序中的主体和主导地位，同时限制公安机关的侦查权力，将侦查程序的启动权和终结权赋予检察机关。具体方案设计如下：

第一，在《刑事诉讼法》中明确规定：检察机关是侦查权的法定主体，公安机关是检察机关的辅助机关。据此，公安机关在刑事诉讼中仅享有侦查行为实施权，而被还原为一个纯粹的执行机关。同时，这一规定也有利于确立一种“检主警辅”

---

① 数据来源：上海市人民检察院二分院2007年11月28日召开的“不捕案件执行问题研讨会”材料。

② 数据来源：陈烜：《刑事追诉阶段撤案规范化问题研究》，华东政法学院法律硕士学位论文。

的侦查体制，辅之以检察机关侦查指挥权及相应的惩戒机制，以杜绝公安机关“立而不侦”等消极怠职等情况。

第二，侦查程序启动权即立案决定权应当交由检察机关行使（可以考虑由检察机关的侦查监督部门行使立案决定权）。刑事诉讼立法上的这一修正，并不需要打乱目前立案管辖分工的大致框架，即一般刑事案件仍然由公安机关管辖、自侦案件仍由检察机关管辖。但对立案程序需要进行一些调整，笔者的设想是构建一种“双重立案”制度，即对于一般刑事案件，公安机关仍可以“立案”，但这里的“立案”只是一种犯罪消息登记程序，而不再是发动侦查权的前提和依据，正式立案决定权交由检察机关行使。公安机关发现犯罪嫌疑后，可以根据管辖规定立案（登记犯罪消息），并可以进行初步调查（包括封锁现场、进行即时勘查等），但必须立即报告检察机关，再由检察机关决定是否予以正式立案并展开进一步的侦查。由于立案决定权掌控在检察机关手中，对于“有案不立”、“违法立案”、“拒不立案”、“立而又撤”等情况，检察机关可以有效予以监督、控制。

第三，侦查终结权交由检察机关行使。公安机关侦查完毕后，将案卷移送检察机关，由检察机关以提起公诉或者作出不起诉决定的形式终结侦查。对于检察机关决定不起诉的案件，公安机关必须立即释放犯罪嫌疑人，不得变更为取保等其他强制措施。对于那些明显不构成犯罪、不能适用法定不起诉或者酌定不起诉的情形（如犯罪嫌疑人的行为不构成犯罪，或者犯罪行为并非该犯罪嫌疑人所为），可以借鉴我国台湾地区的做法，由检察机关以撤销案件的方式予以终结；[①] 对于那些虽然不构成犯罪，但是需要作出行政处罚（如治安处罚）的，则由检察机关提出检察建议并移送公安机关处理。据此，可以有效杜绝公安机关“违法撤案”（应当撤案而不撤案或者应当不撤案而撤案）、“撤而不结”的情况。

笔者认为，唯有按照上述方案对侦查程序处分权进行重新配置，才能将检察机关对公安机关的法律监督由“外在式”监督转变为“参与式”监督，进而真正有利于检察机关监督、控制公安机关侦查活动的合法性。

（二）审判监督体制的改革与重构

在我国，根据《宪法》和《刑事诉讼法》的规定，人民检察院是国家的法律监督机关，依法对刑事诉讼全过程实施法律监督。人民检察院在刑事诉讼中的法律监督表现为对公安机关侦查活动的监督、对法院审判活动的监督以及对执行机关执法活动的监督三个方面。但是，关于人民检察院对法院行使审判监督权的法理合理性，学术界历来存在争议，争论的核心是三个方面的问题：其一，检察官应否监督法官？其二，检察官能否监督法官？其三，如果前两项成立的话，检察官又该以何种方式监督法官？尤其是检察官能否对法官实施当庭监督？在下文中，笔者对这三个问题

① 实践中，对于在审查起诉阶段发现的上述情形，一般只能以退回公安机关补侦的方式“消化”，在赋予检察机关侦查程序终结权的前提下，检察机关有权对类似案件直接决定撤销案件，从而终结侦查。

分别予以回答，证立检察官行使审判监督权的法理合理性，并借以澄清学术界此前关于审判监督权的一些错误认识。

1. 检察官应否监督法官

有学者质疑检察官监督法官的法理合理性，其主要理论依据是检察机关在刑事诉讼中的定位，认为检察机关在刑事诉讼中并非应然意义上的法律监督机关，而只是承担控诉职能的具有国家公务员性质的公诉人，据此，作为求刑者的检察机关不应当对作为裁判者的人民法院实施法律监督。[①] 那么，检察机关刑事审判监督权到底具不具有法理合理性？笔者认为，这一问题涉及检察官的职权配置，要回答这一问题，必须回到检察权滥觞之初，深入考察检察权究竟因何而生。

从思想渊源上看，欧陆启蒙先贤创设现代意义上的检察制度的初衷和最主要的目的便是改造纠问式诉讼制度、防止法官集权擅断。法国是检察官制度的滥觞之地，而现代检察制度在法国的诞生有其历史必然性。封建时期的法国曾长期实行纠问式诉讼，这与其政治架构上的集权特征是内在一致的，“从政治上看，中央集权国家的领导者一般都热衷于纠问式诉讼，尤其是在政治制度具有专制倾向时，以及把社会利益放在个人利益之前的情况下，更是如此。因为，纠问式诉讼所要做的正是要竭力防止由于过分尊重个人权利而不能确保对犯罪人进行追究的情形发生，况且一个坏人也不值得受到给予一个公民的全部保障”。[②] 纠问式诉讼所注重的是控制犯罪的效果，而非对被追诉人人权的保障，甚至不惜牺牲个人权利只求有效打击犯罪，为此，刑事追诉权最好集中在主导程序的法官（纠问官）身上。正是依循这样的逻辑，纠问式诉讼中的法官集侦、控、审三大职能于一身，拥有几乎是无限的权力，他在自侦自查的基础上自诉自审，任意决定诉讼进程；在他的面前，被告人几乎无权利可言，不能对法官的侦查活动产生任何影响，只是一个“程序对象”（法官的工作对象）而已，[③] 其“个人的权利被牺牲得一干二净”。[④] 正因为如此，自 18 世纪下半叶起，法国的自由派人士以及信奉自由思想的法学家不断以民主、自由、权利为基点对纠问式诉讼制度进行批判，孟德斯鸠、贝卡利亚、当时的法国总检察长塞尔万都严词抨击刑讯拷打以及诉讼程序所导致的不平等，尤其是对法官的专断行为提出了有力的批判。[⑤] 在这些批判声中，一个观念逐渐凸显并被人们广泛接受，这就是：刑事程序不应当仅考虑惩罚犯罪人，还需要保障所有人的自由。为此，法

① 郝银钟：《检察权质疑》，载《中国人民大学学报》1999 年第 3 期，第 75 ~ 76 页。

② ［法］卡斯东·斯特法尼等著：《法国刑事诉讼精义》，罗结珍译，中国政法大学出版社 1998 年版，第 76 页。

③ ［德］约阿希姆·赫尔曼：《〈德国刑事诉讼法典〉中译本引言》，载《德国刑事诉讼法典》，李昌珂译，中国政法大学出版社 1995 年版，第 3 页。

④ ［法］卡斯东·斯特法尼等著：《法国刑事诉讼精义》，罗结珍译，中国政法大学出版社 1998 年版，第 83 页。

⑤ ［法］卡斯东·斯特法尼等著：《法国刑事诉讼精义》，罗结珍译，中国政法大学出版社 1998 年版，第 83 页。

官的权力应当受到监督、制约，法国的纠问式诉讼制度亟待改革！

当时英国君主立宪、权力分立的政体已经形成，它在刑事诉讼领域所采行的弹劾式诉讼模式有效地防止了法官的集权擅断，一海相隔的法国人对此极为仰慕和尊崇，由此，当时支持进行政治制度改革的人士主张，政治改革应当与刑事诉讼改革以及司法组织改革同时进行，他们强调，在这一领域，也如同其他领域一样，法国应当以英国为榜样，即废除纠问式诉讼、改采控辩式诉讼。[①] 由此，“废除纠问式诉讼、改采控辩式制度”，成为法国大革命的重要任务之一。[②] 改采控辩式诉讼的关键，是改造纠问式诉讼中法官集侦、控、审三大职能于一身的权力结构，为此必须实现控、审职能（权力）的彻底分离。但是，法国的传统国民性和现实国情又决定了其不可能像英国那样完全采用私人追诉的制度。于是，启蒙先贤巧妙地将法国历史上的“国王代理人”（Procureur）制度改造成代表公益的现代“检察官”制度，并通过使其承担起控诉职能的方式，成功地将“检察官”这一新的诉讼角色和新元素注入刑事诉讼制度中，而原先纠问法官的权力则被削弱为单纯的审判官，从而使控、审职能分离成为现实，一种新的诉讼分权模式得以塑成。1808 年《拿破仑治罪法典》（Code d’ Instruction Criminelle）全面规定了检察官在刑事诉讼中的地位和职权，以及公诉活动的基本原则和具体程序，创立了职权原则、分权原则——由国家检察官负责提起指控，并且法官只限于裁决公诉提交的案件；除非有一独立的指控者（国家检察官或者例外情况下的被害人）提出指控，否则刑事法院不能采取行动，由此确立了控审分离原则。此后，在 1808 年到 1810 年，法国不断改革和调整检察制度，建立起了现代检察制度的基本框架：检察官服从于司法部部长的命令，检察机关是与审判机关分庭抗礼的司法行政机关。在刑事诉讼中，检察官有权指挥司法警察而从事犯罪侦查；提起公诉、维持追诉；指挥监督预审法官；执行裁判；出席关系公益的民事诉讼案件的审判庭并发表意见；监督审判以及在司法行政上有权监督警察、律师等。[③] 1811 年 1 月 1 日开始生效的《重罪审理法典》继承了 1808 年法典的规定，形成了刑事诉讼中预审（侦查）、追诉、审判三大职能良性互动的格局，现代意义上的检察制度也正式成型。

由此可见，现代检察官角色及其制度是法国大革命中“废除纠问式诉讼、改采控辩式诉讼”这一司法变革运动的产物（正因如此，检察官制度往往也被称为“革命之子”或“启蒙的遗产”）。启蒙先贤创立检察官角色及其制度的初衷，就是监督、制约法官，一方面，通过控、审分离的新型诉讼机制使“法官与检察官彼此监督节制，借以保障刑事司法权限行使的客观性与正确性”，[④] 防止法官集权擅断；另

① ［法］卡斯东·斯特法尼等著：《法国刑事诉讼精义》，罗结珍译，中国政法大学出版社 1998 年版，第 83 页。

② 众所周知，法国大革命是从攻打巴士底狱开始的，这说明司法制度改革是法国大革命的导火索和重要使命。

③ 黄东熊著：《中外检察制度之比较》，文物供应社 1986 年版，第 10 页。

④ 林钰雄著：《刑事诉讼法（上）》，元照出版有限公司 2004 年版，第 116 页。

一方面，检察官通过莅庭、提起上诉或抗告、非常上诉、再审等权限，帮助法院形成正确、妥当的判决，并监督、防止法官恣意裁判。可见，“检察官乃是在‘审判独立’原则下，唯一可透过诉讼上之参与权直接监督法院审判者”。[①] 据此，笔者可以对检察官应否监督法官这样一个问题作出肯定的回答：检察官当然应当对法官实施监督，监督法官本就是检察官的基本角色和使命之一。[②]

有学者抨击我国检察制度的设置缺乏理论依据，认为我国以及苏联检察机关的设置是由于列宁在《论“双重”领导和法制》一文中所提及的“检察机关以法律监督为专职专责，不执行任何行政职能，受中央垂直领导，行使中央检察权”一段话引起的，进而认为这种以个别领导人的一篇文章，而不是经过科学论证而产生的检察机构设置，缺乏理论依据。[③] 这其实是一种误解。我国现行的检察制度脱胎于苏联的检察制度，而苏联的检察制度虽然有其特殊性，但实际上仍然是与大陆法系国家的检察官制度一脉相承的，并未从根本上背离大陆法系国家检察官角色的基本定位。[④] 与大陆法系国家的检察制度相比，苏联检察制度的最大特点在于：检察机关被定位为专门的法律监督机关并享有广泛的法律监督权，包括一般监督权和司法监督权；检察机关不仅在刑事诉讼中享有侦查监督权、审判监督权和执行监督权，在民事诉讼、行政诉讼中也享有监督权。由于受到苏联检察制度的深刻影响，当代中国的检察制度也呈现出上述结构特征，而这也正是为国内学者所激烈抨击之处。但是，客观地讲，苏联的检察制度虽然在权限上有所扩张（这主要体现在民事领域），但在刑事诉讼领域却并未背离大陆法系国家检察官角色的基本定位，即便是将检察权定位为一种法律监督权，也只是对大陆法系国家检察官作为“国家权力之双重控

---

① 林丽莹：《检察一体与检察官独立性之分际》，载《月旦法学杂志》2005 年第 9 期，第 38 ~ 51 页。

② 现代检察官的基本角色和使命包括两个方面：一是监督法官、防止法官集权擅断；二是控制警察，防止警察滥行职权。从检察官制度的发展历史来看，前一项使命，主要在法国大革命时期完成，而后一项使命，则是在法国的检察官经由拿破仑战争传入德国后得到重视。

③ 参见夏邦：《中国监察院体制应予取消》，载《法学》1999 年第 7 期，第 38 页。

④ 新中国成立后，由于政治意识形态方面的亲缘性，苏联检察制度对新中国检察制度的创建和发展产生了深远影响。在新中国开始建立检察制度之际，中共中央就决定把列宁关于法律监督的理论作为指导思想，并把苏联检察制度的模式直接作为新中国检察制度的蓝本。这一立法思路虽在“文化大革命”期间中断，但在中共十一届三中全会之后得到延续，当时制定的《宪法》、《刑事诉讼法》、《人民检察院组织法》等都充分体现了这一立法理念。负责组织立法的彭真同志 1979 年 6 月在第五届全国人民代表大会第二次会议上所作的《关于七个法律草案的说明》中指出：列宁在十月革命之后，曾坚持检察机关的职权是维护国家法制统一，我们的检察院组织法就是运用列宁这一指导思想结合我国实际情况制定的。参见彭真：《彭真文选》，人民出版社 1991 年版，第 392 页。

制"[①] 功能的一种强化，它所反映出的检察官作为"法律守护人"、"民权保护者"，监督法官和控制警察的愿望与理想仍然是值得同情与尊重的（在笔者看来，所谓"专门的法律监督机关"，不过是"法律守护人"的一种变通称呼）。可见，在刑事检察制度的构设上，我国其实并未偏离大陆法系国家检察官制度发展的基本规律与趋势，检察机关行使刑事审判监督权对法官进行监督符合检察官的基本角色定位，我们不能因为在当前刑事审判监督实践中存在一些瑕疵便因噎废食地否定这一职权本身的合法性和合理性，否则即是对现代检察制度创生、发展的原初目的和根本任务缺乏清醒的认识与准确的把握。

2. 检察官能否监督法官

质疑刑事审判监督权、质疑检察官监督法官的观点，有一个重要的理论支撑，即认为检察官实行审判监督，将会产生诉讼角色的冲突并由此导致对审判中立、控辩平等的经典诉讼结构的破坏，因为检察机关在刑事诉讼中是侦查与公诉机关，是代表国家的原告人，即实质上的诉讼当事人，而既是诉讼当事人又是法院的监督者，这是明显的角色冲突。这种冲突是刑事审判中的检察监督制度难以治愈的"硬伤"。[②] 在实践中，出庭检察官所具有的公诉人身份需要其在庭审活动中服从法官指挥，而其监督者身份又要求法官受制于己，检察官的这种角色反差非常强烈。而且，在诉讼活动中，监督者的角色认同是检察官群体中最主要的角色认同，而在法官的心理认同上，出庭检察官的角色地位基本上等同于诉讼结构中的"公诉人"，而不是法律监督中的"监督者"。因此，审、检冲突不可避免。[③] 这种冲突在《刑事诉讼法》修改之前就已存在，在修改之后更为凸显，因为随着控辩式庭审方式的改革，公诉人的当事人化愈益明朗，在此情形下，检察机关如果依然坚持审判监督权，要求对法院的审判活动实施监督，势必破坏控、辩、审三方之间正在形成的审判中立、控辩平衡的科学架构，使审判程序失去公正性。由此，人民检察院审判监督权的萎缩乃至退出是控辩式庭审方式改革过程中重塑控、辩、审之间科学架构的必然趋势与结果。[④] 对于上述观点及其论据，笔者不敢苟同，现从以下两个方面展开回应：

（1）关于检察官行使刑事审判监督权是否会导致检察官角色冲突的问题。客观地说，检察官这一角色本身即充满了矛盾性甚至是内在冲突性。这种相互矛盾、冲

---

① 所谓"国家权力之双重控制"（doppelte Kontrolle der Staatsgewalt），是指"作为法律之守护人，检察官既要保护被告免于法官之擅断，亦要保护其免于警察之恣意"。这实际上就是要求检察机关既监督法官又控制警察，一剑两刃。参见林钰雄著：《刑事诉讼法（上）》，元照出版有限公司2004年版，第117页。

② 龙宗智：《相对合理主义视角下的检察机关审判监督问题》，载《四川大学学报（哲学社会科学版）》2004年第2期，第73页。

③ 刘少英、庞良程：《审判监督权的独立行使》，载《人民检察》1999年第11期，第17页。

④ 陈卫东、刘计划：《公诉人的诉讼地位探析——兼评检察机关对法院的审判监督》，载《法制与社会发展》2003年第6期，第90页。

突的角色定位，根源于现代检察官在刑事诉讼中使命和任务的艰巨性、复杂性："检察官作为法律的守护人，既要追诉犯罪，更须保护被告免于法官恣意及警察滥权，担当国家权力双重控制的任务；检察官不是法官，但要监督法官裁判，共同追求客观正确之裁判结果；检察官也不是警察，但要以司法之属性控制警察的侦查活动，确保侦查追诉活动之合法性。"[①] 这种复杂甚至是有些相互矛盾的历史使命，决定了检察官在权力性质、职权行使、诉讼角色方面的双重性（所谓"双重性"，就是一种角色冲突）。具体表现在：

首先，检察官的权力性质具有双重性。从它诞生的那一天起，检察官在刑事诉讼中的权力性质就带有双重性，"检察官制自创设以来，自始具有处于警察、法官两种国家权力的中介性质"，"检察官既不可能被定位为'一般的行政官'，也不可能被解释为'独立的法官'，而是自成一格，居于两者之间中介的'司法官署'，或称'自主之司法机关'"。[②] 众所周知，行政权与司法权是性质完全不同的两种国家权力，彼此之间差异悬殊，原则上应当分别由不同的国家机关行使，这才符合权力分立、制衡的原理。但是，检察权却为例外，它既是行政权，又是司法权，具有行政与司法的双重属性，"从形成史来看，欧陆历史上直接肇因于政治革命及思想启蒙而发明的检察官制，当初既未采行政府代言人的一般行政官模式，亦未采纳完全独立自主的双法官模式，因而，自始具有居间的双重性质；而由创设之目的以观，检察官向来亦居于法官与警察、行政权与司法权两者之间的中介枢纽"。[③] 正因如此，大陆法系国家往往称检察官为"具有准司法官性质的行政官"。检察官一身而兼具行政与司法的双重属性，这本身就表明了检察官角色在定位上的内在冲突性。

其次，检察官的职权行使具有双重性。由于检察权的双重属性，因而检察官的职权行使也具有了双重属性：一方面，检察机关在组织上采行的是"上命下从"的阶层式结构，居于阶层顶点的上级检察首长对于下属检察官的"检察事务"拥有"指挥监督权"，下级检察官则有服从的义务；上级检察首长还拥有"职务收取权"、"职务移转权"，既可以亲自处理下属检察官承办的案件，也可将其移转给其他下属检察官办理。这是一种类行政权的管理模式。另一方面，检察权的运行又遵循着类似于司法权的"检察独立"原则，即检察权的行使属于每个检察官的权限，每一个检察官具有职务上的独立性，每一个检察官都是"独任制的官厅"，检察官必须按照良心行使职权，具有尊重宪法和法律的法律家精神，不能屈服于外部的压力，"咸认为检察官任务在于实践国家之法意志，负有客观性义务，因此学者将检察官称为法律之守护者，其职权行使必须具有一定之独立性，不能以国家之权力意志强

① 林钰雄著：《刑事诉讼法（上）》，元照出版有限公司2004年版，第131页。
② 林钰雄著：《刑事诉讼法（上）》，元照出版有限公司2004年版，第130页。
③ 林钰雄著：《刑事诉讼法（上）》，元照出版有限公司2004年版，第131页。

加其上”。[1] 为此，各国均赋予检察官类似于法官的身份保障制度。也正因如此，理论上往往称检察官是一个“半独立”的机关，所谓“半独立”，是指检察官的职权行使不同于行政官，具有某种独立性，但又不完全同于法官，具有一定限度，这实际上就是说检察官的职权行使具有双重属性。“检察一体”与“检察独立”分属两种性质不同甚至相互冲突的权力运作模式，而检察官却集于一身，这也暗示了检察官角色本身的内在冲突性。

最后，检察官的诉讼角色具有双重性。这种诉讼角色的双重性体现在：检察官既是一方当事人，又非一方当事人。从检察官在刑事诉讼中的作用来看，由其代表国家提起公诉，从而发动审判，这是发挥着相当于原告的作用。但是，检察官又不同于完全追求自身利益最大化的原告，他同时肩负着关照对方当事人（被告人）利益的使命：他不仅应当收集对被告方不利的证据，也应当收集对被告方有利的证据；他还应当为了被告人的利益而上诉，在必要时甚至应该在审判庭上主张被告人应受“无罪开释”。按照大陆法系国家对于检察官的定位，检察官在刑事诉讼中并非“一造当事人”，而是“法律守护人”，正如德国在19世纪设计检察官制度时对其诉讼角色的一个基本定位，“检察官应担当法律守护人之光荣使命，追诉犯法者，保护受压迫者，并援助一切受国家照料之人民”；“（在对被告的刑事程序中）检察官作为法律的守护人，负有彻头彻尾实现法律要求的职权”。[2] 既是一方当事人（从发动公诉的角度而言），又非一方当事人，这本身就是一种角色冲突；另外，检察官在刑事诉讼中，既是控诉人，又是监督者。“检察官之功能与任务上，不同于一般之行政官，盖检察官从事刑事诉讼追诉任务，从主导侦查程序、独占公诉之提起、审判程序中协助及监督法院——得为抗告、审级上诉、再审，以至判决确定后为判决之执行指挥等，检察官系刑事程序中唯一自开端到结束之始终参与者，对于法官审判具有共同形成之影响力，其监督与守护之角色意义重大。”[3] 在法庭之上，检察官的责任是提出指控，并监督法院遵守程序规则，[4] “在审判程序中，其需朗读起诉书。此外，检察官亦需注意，诉讼过程是否合法举行，其对于有违反刑诉法之情形时，异于辩护人，需立即对之加以更正”。[5] 对于法庭的判决，检察官认为有违法或不当之处，有权以抗告或上诉的方式提起法律救济，这就是所谓的检察官“以控诉

① 林丽莹：《检察一体与检察官独立性之分际》，载《月旦法学杂志》2005年第9期，第38~51页。

② 林钰雄著：《刑事诉讼法（上）》，元照出版有限公司2004年版，第131页。

③ 林丽莹：《检察一体与检察官独立性之分际》，载《月旦法学杂志》2005年第9期，第38~51页。

④ ［德］托马斯·魏根特著：《德国刑事诉讼程序》，岳礼玲、温小洁译，中国政法大学出版社2004年版，第38页。

⑤ ［德］克劳思·罗科信著：《刑事诉讼法》（第24版），吴丽琪译，法律出版社2003年版，第63页。

专属以及上诉权，而制衡法院之审判权与监督法院之判决”。[①] 既是控诉人，又是监督者，这亦表明检察官角色的内在冲突性。

从上述分析可知，检察官本身就是一个双重属性的角色，这种双重属性必然导致检察官在权力性质、职权行使以及诉讼角色上的相互矛盾、内在冲突，因为行政权与司法权、一体与独立、当事人与法律守护人、控诉人与监督者，这些权力与角色本身就是相互对立、冲突的，而今要将这些相互对立、冲突的权力、角色集于检察官一身，当然会导致检察官角色本身的内在紧张、身份多重。据此，笔者认为，所谓检察官行使刑事审判监督权会导致诉讼角色冲突，这是事实，但不是问题，因为，这种诉讼角色的冲突（或者称之为“双重属性”）本身既是由检察官在刑事诉讼中使命和任务的艰巨性、复杂性所决定的，也符合启蒙先贤创设检察官制度的主观目的和初衷，即由检察官来充当一种过渡性角色，成为两种权力和角色的中介或枢纽，分别对其实施双重监督、控制。因此，所谓角色冲突，本就是采行大陆法系国家检察官制度的逻辑必然，并非我国检察制度设计上的错位与失误。

（2）关于检察官监督法官会不会破坏审判的独立性、中立性以及控辩双方的平等性的问题。前面已经证立，检察官在刑事诉讼中的角色冲突本身是一种制度逻辑，从而反驳了学术界关于检察监督将导致检察官角色冲突的担忧与质疑，但尚需进一步证立的是，检察官的这种角色冲突，会不会导致对审判中立、控辩平等这一经典诉讼结构的破坏？如果答案是否定的，那么这一命题就是伪命题；如果答案是肯定的，那么检察官制度在设计上就存在重大瑕疵，而必须予以反思与重构。

经过对学术界有关这一问题的论述的仔细梳理，笔者发现现有的研究在论证上存在重大缺陷，这就是学术界的研究不约而同都采用了演绎推理，而缺乏实证研究的支撑。比较典型的质疑是按照这一逻辑展开的，即“检察官是审判监督者——监督者位居法官之上，因而必然对法官形成心理压力——法官必然更倾向于接受检察官的主张——从而造成对辩护方实质不平等”。例如，有学者指出：“检察官在法庭上的法律监督者身份，在其具有督促司法公正实现效果的同时，也可能带来负面的影响。即一方面造成在法庭上控、辩双方事实上的地位不平等，辩护方的行为同样不能摆脱检察官的监督权力作用范围；国际公约中的所谓‘平等武装’原则尚难以实现。另一方面，审判主体的中立形象受到冲击，考虑到监督与被监督的关系，法官在情感上更多地存在维护控方及检察官的主张和观点的可能。”[②] 但是，这一观点及其论证逻辑存在以下缺陷：

首先，从法理上讲，检察官监督法官，并不意味着检察官就居于法官之上而成为“法官之上的法官”。上述观点的这一前提判断是不成立的。在大陆法系国家的检察官制度和理论中，检察官被视为与法官诉讼职能不同但地位平等的机关，立法上虽然将检察官定位为监督法官的专属官署，但从来不认为检察官因为行使审判监

① 林山田著：《刑事程序法》（增订四版），五南图书出版社 2001 年版，第 142 页。

② 左卫民著：《刑事程序问题研究》，中国政法大学出版社 1999 年版，第 234 页。

督权，便一跃而成为“法官之上的法官”。例如，在法国，理论上习惯称审判法官为“座席法官”，而将检察官称为“立席法官”（即站着的法官），这一称谓，既是对检察官司法属性的一种肯定，也表明检察官在法庭上与法官职能区分、彼此节制的平等地位，但并不能由此推论出检察官就高于法官而成为“法官之上的法官”。我国的检察机关在官方理论上也否认“检察官是法官之上的法官”这一论断，认为检察院对法院的监督是平等主体之间的监督，而非“上对下”的监督。[①]

其次，从实证的角度讲，该论点缺乏因为审判监督而导致法官产生心理压力从而在情感上更倾向于接受检察官主张和观点的实证依据。根据笔者掌握的信息，在我国司法实践中，检察官对法官的监督尤其是抗诉，确实在一定程度上会对办案法官产生心理压力，但这并不是因为检察监督制度所造成的，而是由人民法院内部的绩效考核制度所引致，即由于人民法院将检察机关对一审判决的抗诉率（及其改判率和发回重审率）列为了考核办案法官的一项“硬指标”。该指标关系法官的工资、奖金以及未来职务的升迁，因而，办案法官在判决前往往有一定的心理压力，尤其是在不支持检察官公诉主张的情况下，担心检察官据此提起抗诉。为此，法官在判决前往往要征求检察官的意见（有的办案法官在判决前更是要求获得检察官的某种“不会抗诉”的口头允诺）。基于同样的原因，在一些案情疑难、控辩双方分歧较大的案件中，办案法官斟酌犹豫下往往会更倾向于接受检察官的观点和主张。这种现象当然不正常也不符合正当程序的理念，但这种现象的产生是人民法院内部绩效考核制度的不科学性使然，与检察机关行使审判监督权并没有制度上的逻辑联系。另外，人民法院更倾向于接受检察机关的主张和观点的做法，还与我国长期以来实行的公、检、法三机关“分工负责、互相配合、互相制约”的“流水线”式诉讼机制有关。在这一强调相互配合多于制约的“流水作业”式诉讼机制中，公、检、法三机关都被视为追究犯罪、保卫社会的国家专门机关，虽然分工不同，但在打击犯罪、维护社会秩序的问题上，三机关责任共担，因此，在面对控辩双方相互对立、互有争议的主张和观点时，人民法院当然更倾向于采信同为国家专门机关的检察机关的意见。再加上我国传统司法文化中一直存在对于“律师”这一职业的某种歧视或者说不信任，人民法院在审判中自觉或者不自觉地会对辩护人的意见持保留态度。可见，在实践中导致法官偏听偏信、丧失审判中立性的原因，并非检察机关的审判监督权，而是根源于人民法院内部的办案考核制度以及“流水作业”式的诉讼机制甚至歧视律师职业的传统司法文化，与检察机关行使审判监督权无关。

同理，该学者所谓检察监督可能会对控辩平等原则产生冲击的质疑也不能成立。不仅如此，从理论上讲，立法者要求检察官在刑事诉讼中不作为单纯的一方当事人，而是以“法律守护人”的角色定位本身即隐含着实现控辩平等的努力，因为检察官担当“法律守护人”，需要时刻注意维护被告方的利益，这本身就是一种平衡国家与被告方之间实力差距的补偿措施，又何来破坏控辩平等一说？况且，创设和实行

① 朱孝清：《中国检察制度的几个问题》，载《中国法学》2007 年第 2 期，第 119 页。

审判监督的主要目的之一，就是警惕法官集权擅断、程序违法，通过监督确保法官遵守程序规则、保障被告方的权利，因此，这种监督是有利于实现对被告方权利的实质保护的，怎么会存在检察机关的审判监督权有破坏控辩平等可能的问题呢？同样，审判监督权指向的对象限于法官的程序违法行为，被告方在法庭上的程序违法行为，自有法官依据审判权和庭审指挥权加以监督，不在检察官审判监督权的射程之内，审判监督不涉及被告方，也就不会破坏控辩平等。在司法实践中，确实发生过检察官以法律监督为名，对为被告方辩护的律师滥用权力予以追诉的案例，但这只是检察官滥用职权的个案现象，与检察监督的制度设计无关，不能成为否定检察机关审判监督权的充分理由。

也有人提出了解决检察官诉讼角色冲突的另一种思路，即实现公诉人与法律监督人角色的分离，具体而言，就是将刑事审判监督从公诉职能中剥离、分立出来，相对超脱于具体审判活动，相对游离于审、控、辩三角形审判关系格局之外，与诉讼各主体保持均等的司法上的心理距离，以一种客观、公允的心态进行监督。这种监督是一种法定的、主动的、同步的专门性司法监督，与审、控、辩三方的特定组合关系共同构成一种高低有序、以点控面的立体刑事审判结构，既监督审判者、被告方及其他诉讼参与人，又监督公诉人。为此，在制度设计上，应当对人民检察院内部机构进行调整，增设专门的审判监督机构，归口于专司刑事法律监督的刑事检察局，并配备专职检察人员，具有相对的独立性和权威性，原来的起诉部门只履行公诉职能。同时，就人民法院的法庭布局而言，对适用普通程序的公诉案件要同时设置公诉席和法律监督，对适用简易程序的公诉案件和自诉案件，应单独设置法律监督席，开庭时，由审判监督机构依法派员出庭行使审判监督权。该论者认为，唯有如此才有可能真正实现控辩平等对抗，从心理学角度看，也可以避免因一个主体兼公诉、监督双重职能所导致的诉讼角色心理冲突及被追诉者心态的不平衡；从认识论的角度看，能使审判者及法律监督者都处于超然、中立地位，从而有利于纠正认识中的错误；从职能分工角度看，有利于各职能主体各司其职，也有利于增强公诉效果，加强法律监督的力度。① 对于这一观点，笔者实在不敢苟同，如果说前面笔者费尽笔墨意在澄清检察官在法庭上身兼公诉人和法律监督人的双重身份并不致影响审判中立性和控辩双方的平等性，那么，上述在法庭上分设公诉席和法律监督席、分别行使公诉权和法律监督权的做法，反倒有可能破坏审判的独立性和控辩双方的平等性。试想，这一所谓的法律监督席应当设置在法庭的什么位置？是与公诉席并行位于审判席之下呢，还是与审判席平行，抑或甚至应该位居审判席之上（因为它是专门的审判监督者）？如果说现行的审判监督权是寓于公诉权之中，由检察官通过诉权的方式来行使（即便是庭审监督权，也是以一种诉权的方式在行使，见后文的论述），那么，这种独立的法律监督权，又通过何种方式行使？当发现法官

① 参见刘少英、庞良程：《审判监督权的独立行使》，载《人民检察》1999 年第 11 期，第 18 页；赵子良：《试论公诉权与审判监督权的分离》，载《人民检察》1999 年第 11 期，第 22 页。

的程序违法行为时，是责令法官纠正呢，还是和目前一样，仅是提出一种纠正意见（这还是一种诉权的形式）？如果是责令法官纠正，那么，这种专门的法律监督权确实有可能造成一种“法官之上的法官”，从而干预审判的独立性；如果还是维持现状，仅是一种意见即还是以一种诉权的形式来行使，那么，完全可以由公诉人承担，又何必另行设立一个专门的法律监督席呢？至于说设立专门的法律监督人，对庭审中控、辩双方的程序违法行为进行监督，则更没有必要，因为庭审中是互动的三方，对于公诉人和被告方的程序违法行为或不当行为，当然由法官依据审判权和庭审指挥权加以监督，没有必要再设立专门的诉讼角色来予以监督，相反，这一诉讼角色的设立，反倒是对法官审判权的一种分割（法庭上将由此出现“审理实体犯罪行为的法官”以及“审理程序违法行为的法律监督人”这样一种双重裁判主体的异化结构），同时也会造成被告方面对双重裁判主体的困惑和不平等。

3. 检察官应以何种方式监督法官

在质疑检察机关行使审判监督权的学者中，有部分学者并不笼统地反对审判监督权（如对于检察机关通过抗诉进行审判监督的权力并不反对），而是质疑检察机关的所谓庭审监督权。《刑事诉讼法》第203条规定：“人民检察院发现人民法院审理案件违反法律规定的诉讼程序，有权向人民法院提出纠正意见。”对于这一条款，学者们几乎一致反对，甚至可以说，一些学者之所以反对审判监督权，很大一部分原因就是质疑检察机关对法院实施庭审监督的合理性。例如，有学者指出，检察机关基于诉讼监督权对法院实施的审判监督，存在法理合理性的缺陷，它在一定程度上有悖于现代诉讼的基本构架与性质，有悖于诉讼运作的一般性规律。因此，从发展前景看，它的生命力可能有限；从现实状况看，它难免在司法实践中产生相当的负面效应。[①] 那么，学者们的这一质疑能否成立呢？检察官的审判监督权究竟应否涵盖庭审监督权呢？对此，笔者持有不同的看法。

从比较法的角度讲，检察官莅庭进行庭审监督并非我国立法上的特例，而是大陆法系国家检察权配置的普适性经验。从大陆法系国家检察官的职权配置来看，检察官对法官的监督主要是通过以下三个方式来实现的：

（1）设定审判对象。检察官监督、制约法官的一个主要方式，就是通过不告不理、诉审合一的控审分离机制来控制法官裁判的入口，起到“把关”的作用。根据这一机制，一方面，“没有检察官，便没有法官”，基于不告不理，必须待检察官提起公诉后，法官才能进行审理，反之，如果检察官不提起公诉，法院便无案可判。这就防止了法官控审合一、自诉自审所可能造成的任意追诉。另一方面，检察官起诉指控的对象，同时就设定了法官审判的对象范围，法官只能在检察官起诉指控的范围内进行审判，而不得脱离指控另审事实。这对法官的审判权也是一种监督和制约。

① 龙宗智：《相对合理主义视角下的检察机关审判监督问题》，载《四川大学学报（哲学社会科学版）》2004年第2期，第73页。

（2）监督法官遵守程序规则。检察官提起控诉后，还应在法庭审理时出庭支持公诉，同时对法官审判是否遵守程序规则实施监督，在这一点上，检察官区别于辩护人。例如，在德国，理论上认为检察官的责任是提出指控，并监督法院遵守程序规则。[①]“在审判程序中，其需朗读起诉书。此外，检察官亦需注意，诉讼过程是否合法举行，其对于有违反刑诉法之情形时，异于辩护人，需立即对之加以更正。”[②]

（3）实施法律救济。对于法官的判决，检察官可以通过提起法律救济的方式予以监督。检察官认为法官的判决违法或不当的，可以通过提起抗告或上诉的方式阻断其生效；即使是在判决生效之后，检察官如果认为有认定事实或法律适用错误的事由时，也可以提起再审或非常上诉，以此动摇生效判决的效力。立法者之所以赋予检察官提起法律救济的权力，主要就是为了对法官的审判权进行监督、制约。“检察官的上述权限，有两层意义：首先，监督法官裁判，本来是创设检察官制并采行控诉原则的重要目的，对于法官之裁判提起法律救济途径，则是监督的主要手段。其次，此等模式力求审方与控方之合致，以昭慎重，双方意见若有不一时，有罪判决通常难以确定或执行。”[③]

由此可知，由检察官莅庭监督法官遵守程序规则，并对法官的程序违法行为予以更正，这是大陆法系各国检察官监督法官的通行做法。我国刑事诉讼立法对此的规定并无不合理之处。从法理的角度讲，检察官莅庭监督法官遵守程序规则，并对法官的程序违法行为予以更正，也符合诉讼法的内在原理。试想，如果法官在审判时存在程序违法行为，作为“法律守护人”的检察官怎么可能视而不见，不提出异议并要求更正呢？而要求作为“护法者”的检察官忍受法官在庭审中的公然程序违法行为而不纠正，这不符合检察官的基本角色定位。从我国目前的司法实践来看，由于观念上“重实体、轻程序”，刑事审判中法官的各种程序违法行为并不鲜见，在这种背景下，检察官莅庭监督法官遵守程序规则，并对法官的程序违法行为予以更正，就更是一种极具现实意义的制度设计。至于学者们所担心的，由检察官行使庭审监督权对法官实施当庭监督会损害法官的审判权威的问题，笔者认为，审判的权威奠基于法官的司法公正，如果法官在法庭审理中存在公然的程序违法行为，这已经实质性地侵害到被告人的权利，此时的审判权威已经荡然无存，由检察官以“护法者”的身份提出纠正意见、对程序予以更新，才是挽回国家司法权威的唯一正确方式。至于学者们担心这种监督会妨碍法庭审理的正常秩序的问题，笔者认为完全没有必要，因为从法理上讲，检察机关的这种监督仍然是通过诉权的方式来行使的（所以由公诉人承担并没有角色冲突的问题），它是一种纠正的“意见”，并非

① ［德］托马斯·魏根特著：《德国刑事诉讼程序》，岳礼玲、温小洁译，中国政法大学出版社2004年版，第38页。

② ［德］克劳思·罗科信著：《刑事诉讼法》（第24版），吴丽琪译，法律出版社2003年版，第63页。

③ 林钰雄著：《刑事诉讼法（上）》，元照出版有限公司2004年版，第120页。

“指令”，它对法官也没有强制执行力，检察官提出纠正意见后，是否进行审判更新，仍由合议庭裁量决定，因此并不会压制法官的审判权，妨碍审判的独立性和法庭审理的正常秩序。

但是，由于法学术界几乎一致的强烈批判与反对，在1996年《刑事诉讼法》实施后不到一年时间，最高人民法院、最高人民检察院等六机关就通过司法解释的形式对庭审监督进行了实质意义上的限制，1998年六机关颁布的《关于刑事诉讼法实施中若干问题的规定》第43条规定：“人民检察院对违反法定程序的庭审活动提出纠正意见，应当由人民检察院在庭审后提出。”《人民检察院刑事诉讼规则》第331条、第360条和第394条也规定，出席法庭的检察人员对法庭审理中有无违反法律规定的诉讼情况，只是记明笔录，发现违反法律规定的诉讼程序，应在休庭后及时向本院检察长报告，由检察院在庭审后提出（2012年12月六机关颁布的《关于实施刑事诉讼法若干问题的规定》、2012年11月最高人民检察院颁布的《人民检察院刑事诉讼规则》均保留了上述规定）。据此，《刑事诉讼法》赋予检察机关的庭审监督权由同步监督转换为事后监督。但是，上述解释的弊端在实践中很快便凸显出来，这就是刑事审判监督的事后性制约了监督效力的发挥。监督的事后性决定了监督是被动的、弥补性的法律监督，不能及时和有效地制止和纠正法院的违法审判活动。[①] 事后的评价和纠正，对已经发生的违法行为基本上起不到应有的制止作用，对已经产生或可能产生的后果，诸如对被告人权利的侵犯或可能影响对案件的公正审判等，也得不到有效的消除和遏制。由于只能在庭审后提出纠正意见，庭审已告结束，法律并未规定审判机关必须纠正后重新开始审判，也未赋予检察机关要求审判机关重新开始一个合法的庭审活动的权力。这样的监督，至多起到一种“下不为例”的警示作用而已，与监督本该起到的作用相去甚远。而审判机关则完全可以对这种庭审后的书面纠正意见或“采”而不“纳”，或“纳”而不“改”，理由倒也充足合理：庭审已结束。久而久之，这种事后的监督将很有可能流于形式。[②]

笔者认为，无论是从法理的角度还是从现实的角度，都应当重新肯定庭审监督的合法性和合理性，为此，建议取消六机关《关于刑事诉讼法实施中若干问题的规定》第32条将2012年《刑事诉讼法》第203条规定限制解释为人民检察院对违反法定程序的庭审活动提出纠正意见应当由人民检察院在庭审后提出的规定，恢复1979年《刑事诉讼法》第112条对庭审活动的监督可当庭提出纠正意见的规定。具体而言，当检察官出庭支持公诉时，发现法官存在程序违法行为时，可以当庭提出纠正意见，并要求中止审理进行程序更新。但是，应当明确的是，检察官的这一意见或者说“异议”，仍然应当通过诉权的方式来行使，而不是对法官的一种“指

① 成秀芹、唐盐平：《刑事审判监督不力的原因剖析》，载《检察实践》2005年第3期，第91页。

② 谭芳、伍金雄：《论刑事审判的法律监督》，载《律师世界》1999年第2期，第16页。

令”，它不应当对法官具有强制执行力，是否进行审判更新，仍应由合议庭裁量决定，经合议庭合议后不予同意的，法庭审理应当继续进行（这是基于审判中心主义的要求维护审判权威的必要）。但对此，检察院拥有两项对策：其一，如果原来出庭支持公诉的检察官对此决定不同意的，人民检察院可以通过职务转承权，另派检察官出庭支持公诉（这是为了尊重原检察官的良心、情感和法律信仰，不强迫检察官在其认为法官程序违法的情况下违心地继续参与庭审）；其二，待一审判决作出后，人民检察院可据此提起抗诉，虽然时间延后但同样可以达到纠正违法、实现法律救济的目的。

第七章

中国侦查体制改革的原则与构想

近年来，随着“杜培武案”、“佘祥林案”、“孙万刚案”、“赵作海案”、“张高平、张辉叔侄冤案”等多起刑事冤案经媒体集中曝光后迅速在全国引起巨大反响，善良的人们在为冤案受害人的经历深表同情之际，也对普通公民在刑事诉讼中的人权保障状况倍感忧虑。人们担心，在这样的刑事诉讼程序下，谁也不能保证自己不会成为下一个受害者。造成这几起冤案的原因当然是复杂的、多方面的，但是，“中外刑事诉讼的历史已经反复证明，错误的审判之恶果从来都是结在错误的侦查之病枝上的”。[①] 近年来曝光的多起刑事冤案的发生，无一例外均与侦查程序中公安机关的违法侦查行为（典型如刑讯逼供）直接相关，不仅再次证明了上述论断的正确性，同时也带来这样一个疑问：我们的刑侦体制究竟出了什么问题，以致这种“死者复活证明被告人无罪”的天方夜谭式的悲剧在我国刑事侦查实践中一再上演。刑讯逼供等违法侦查行为，历来是困扰我国侦查实践的顽疾，“中国刑事诉讼中刑讯逼供现象相当普遍，危害十分严重。中国公安司法机关的领导虽然为遏制刑讯作出了努力，但收效仍不够明显”，[②] 这根源于我国刑事侦查体制的结构性缺陷。因此，要遏制公安机关的违法侦查行为，实现对涉讼公民的人权保障，对现行刑侦体制的“修修补补”已经无济于事，而必须对我国刑侦体制进行全面的结构调整，实现侦查模式的转型。

一、中国侦查体制改革的基本原则

如何遏制刑讯逼供等违法侦查行为的发生，是我国当前刑侦体制改革的主要目标和任务，而多年来的实践表明，刑讯逼供等违法侦查行为屡禁不止，根源于现行刑侦体制的四个结构性缺陷：

---

① 李心鉴著：《刑事诉讼构造论》，中国政法大学出版社 1992 年版，第 179 页。

② 陈光中、［加］丹尼尔·普瑞方廷主编：《联合国刑事司法准则与中国刑事法制》，法律出版社 1998 年版，第 281 页。

一是侦查职能混淆。我国现行刑侦体制不区分侦查职能与羁押职能，将看守所附设于侦查（公安）机关，在实践中看守所不仅要发挥作为羁押场所的“看”与“守”的职能，还要配合侦查机关进行“揭露和打击犯罪”的工作。基于此，为方便采取提押、讯问、组织鉴定、辨认等侦查措施，看守所被合并到办案机关管辖范围内，实行“侦押合一”。实践表明，刑讯逼供、超期羁押等违法侦查行为的发生，与这种“侦押合一”体制存在直接的因果关系，可以说，这种“侦押合一”体制为刑讯逼供、超期羁押等违法侦查行为的发生提供了制度条件。

二是侦查权力集中。在我国现行刑侦体制下，侦查机关尤其是公安机关的权力过于集中，不仅握有侦查行为实施权，而且主导侦查程序的启动（立案）与终结。这一权力分配体制，导致公安机关的侦查权过于集中且制约乏力，不仅存在侦查程序随意甚至是恶意启动（违法立案，如公安机关以刑事立案权介入民事纠纷）的现象，而且导致“有案不立”、“违法撤案”、“撤而不结”等违法乱象屡禁不止。

三是侦查程序构造行政化，缺乏第三方中立因素的介入。我国现行的刑侦体制在结构上呈现出侦查机关针对犯罪嫌疑人展开罪案调查的“单极”格局，而缺乏第三方中立因素的介入，尤其是强制侦查措施，如搜查、扣押等的采用完全由公安机关自行决定，缺乏来自中立的司法机关的审查，因而难以遏制违法搜查、扣押等违法侦查行为的发生。

四是侦查权封闭运行，侦查程序的公开化不足。我国现行的刑侦体制注重侦查权的封闭运行，体制上排斥辩护律师等的介入、参与和监督，导致侦查程序的公开化不足，难以防范刑讯逼供等违法侦查行为。最为典型的情况是，侦查机关讯问时辩护律师无权在场。

问题决定解决问题的思路，既然刑讯逼供等违法侦查行为根源于上述刑侦体制的结构性缺陷，那么，要从根本上解决问题，就必须立足于我国刑侦体制的结构转型，而要实现我国刑侦体制的结构转型，当务之急是依循以下法治原则进行制度改革与设计：

（一）侦押职能分离原则

目前实行的侦押合一体制，其法律依据是国务院于1990年3月17日颁布实施的《中华人民共和国看守所条例》（以下简称《看守所条例》）将看守所归属公安机关管辖。作为主管机关的公安部于1991年10月5日颁布了《中华人民共和国看守所条例实施办法（试行）》，此后陆续就看守所的管理与执法又颁布了一系列部门规章、规定。

从法理上讲，看守所的职能非常清晰，并不复杂。《看守所条例》第2条明确规定：“看守所是羁押依法被逮捕、刑事拘留的人犯的机关。”作为羁押未决犯的场所，看守所的主要职能在于保障刑事诉讼活动的顺利进行，既要防止犯罪嫌疑人脱逃、致使刑事诉讼的后续程序无法进行的现象发生，又要保障犯罪嫌疑人的人身安全。对此，《看守所条例》第3条明确规定，看守所的任务在于“保障侦查、起诉和审判工作的顺利进行”、“对被羁押的人犯实行武装警戒看守，保障安全”。为了实现上述职能，看守所的地位本应当在侦查机关与犯罪嫌疑人之间保持中立，并通过这种中立地位对侦查机关的侦查行为进行监督，防止犯罪嫌疑人在看守所羁押期间遭受侦查机关的刑讯、酷刑等残忍和非人道的对待，确保犯罪嫌疑人在羁押期间的生命、健康等基本人权不受侵犯。按照国际惯例，看守所为保持中立，原则上应当与侦查机关“脱钩”，而隶属于司法行政部门。例如，在英国，警察将犯罪嫌疑人逮捕以后，要将其送到拘留所。拘留所警察的职责只是看管被逮捕人，保障被逮捕人的权利，对被逮捕人在拘留所的一切负责。他们每天要对被逮捕人的各种情况做好记录，完整的记录都要让被逮捕人看到，并要由他们签字后才能送到警察局。英国 1984 年《警察与刑事证据法》第 38 条规定，除了特殊情况下，“如果某人因涉嫌实施某罪——非根据可获准保释的令状——而被捕，那么，该人被提起指控以后，羁押官应当责成该人保释或以非保释的方式从羁押中获释……”这种看守警察与侦查警察的分离制度，以及法律赋予看守警察保障被羁押人权利的职责，无疑为看守机关在侦查人员与被羁押人之间保持中立提供了基本条件，为犯罪嫌疑人在羁押期间的人权保障提供了保证。①

早在 1983 年我国开始监管体制改革时，中央政法委就曾考虑过将看守所与监狱一同移交给司法行政部门管理，但考虑到当时的“严打”情况以及司法部刚成立，最终决定先将监狱交由司法行政部门管理，而将看守所留给了公安机关。② 但这一决定显然有失考虑，此后的司法实践反复证明了这一点。由于看守所与侦查机关隶属于同一系统，容易成为利益牵连的“一家人”，那么看守所自然会倾向于侦查机关的立场而无法保持应有的中立性，对于侦查机关在看守所提审犯罪嫌疑人时发生的“擦枪走火”（刑讯逼供），也就只能装作“视而不见”，但这样一来，犯罪嫌疑人在羁押期间的人权显然无法得到应有的保障。正如全国人大代表、我国著名法学家梁慧星教授曾在两会期间提出建议时指出的：“刑讯逼供，禁而不绝，必有其体制上的根源。这就是，羁押犯罪嫌疑人的强制场所归公安机关管辖，公安机关同时拥有刑事侦查和对看守所的行政管理的双重职能。犯罪嫌疑人被控制在拥有刑事侦查权和负有证明责任的人手中，使采用刑讯逼供、暴力取证手段获取犯罪嫌疑人的有罪供述，再将此有罪供述作为获取其他证据的手段，成为可能。”

对于看守所不中立的问题，学界早有有识之士进行质疑与批判，呼吁改革这种侦押合一的看守所制度，且改革方案高度一致，实现侦押职能的分离，看守所脱离公安系统，划归司法行政部门管辖。近年来，媒体的发达以及社会人权意识的进步，使得实践中各种稀奇古怪的“非正常死亡”（如云南“躲猫猫死”、湖北“噩梦死”、云南“鞋带自缢死”、江西“上厕所死”、河南“喝开水死”等）事件集中曝光在社会舆论面前，引起社会强烈关注，也再一次使看守所制度改革成为学界讨论

① 陈光中、汪海燕：《论刑事诉讼的“中立”理念——兼谈刑事诉讼制度的改革》，载《中国法学》2002 年第 2 期，第 38 页。

② 《〈看守所条例〉：“大修”还是“立法”?》，载《法制日报》2010 年 2 月 24 日，第 2 版。

的热点问题。应当说，实现侦押分离原则，还原看守所的中立地位，具体的解决方案在体制上和具体程序上实际并不复杂，只需要将看守所在体制上划归司法行政部门即可，正如梁慧星教授在提出建议时所指出的："将羁押犯罪嫌疑人的看守所划归司法行政部门管辖，根除发生刑讯逼供的体制根源"，"只要改变对犯罪嫌疑人的羁押场所的管辖，由不具有刑事侦查职权的机关负责管理看守所，并对被羁押的嫌疑人的人身安全负责，就不难达到禁绝刑讯逼供和暴力取证的目的"。但是，由于在侦查实践中，公安机关已经习惯了"押人取供"的办案模式，而看守所一旦脱离公安系统，不仅降低了公安机关办案的方便性，更重要的是公安机关必定要加大其在侦查办案上的成本投入，甚至可能在一定程度上"牺牲"侦查破案的数量，这对于目前仍基本采取数量化考核模式的全国各级公安机关而言是不愿乐见的，也因此公安机关在看守所制度改革问题上一直持相对保守的立场。但是，从国家法治长远发展的角度讲，看守所制度的改革又是势在必行的。正如有媒体在报道看守所制度改革相关问题时所指出的："看守所这个场所很有代表性，是一个窗口。通过这个窗口可以看出一个国家和地区的人权、政治文明状况，也可以看出一个国家的立法、司法等情况。"①

（二）侦查权分立与制衡原则

"侦查权"，在我国是一个长期被误读的概念。《刑事诉讼法》第106条第1项规定："'侦查'是指公安机关、人民检察院在办理案件过程中，依照法律进行的专门调查工作和有关的强制性措施；"这里所谓的"专门调查工作"，是指刑事诉讼法所规定的为收集证据、查明犯罪而进行的调查工作，具体包括讯问犯罪嫌疑人，询问证人、被害人，勘验、检查，侦查实验，扣押物证、书证，查询、冻结存款、汇款，鉴定，通缉等诉讼活动；所谓的"有关的强制性措施"，是指刑事诉讼法规定的为收集证据、查明犯罪和查获犯罪人而采用的限制、剥夺人身自由或对人身、财物进行强制的措施，具体包括拘传、取保候审、监视居住、拘留、逮捕等。据此，在我国，所谓的"侦查"及"侦查权"，是在狭义上而言的，所指涉的实际上是侦查行为实施权，即实施侦查行为的权力。而在国外，尤其是在大陆法系国家，所谓的"侦查权"则是在广义上而言的，它不仅涵指侦查行为实施权，而且包括侦查程序的处分权，即侦查程序启动权和终结权。

对侦查权内涵和外延的不同认识与界定，直接影响侦查权的配置。按照大陆法系国家检察官的角色定位与侦查权的配置模式，检察官才是法定的侦查权主体，而警察不过是检察官行使侦查权的辅助机关。据此，侦查权，包括侦查程序启动和终结的权力，实际上都掌握在检察官手中。在大陆法系国家，作为法定的侦查权主体，唯有检察官才能在侦查程序中作出法律处分，这即是所谓的检察官的"侦查程序处分权"，它具体又包含两项权限：一是正式侦查启动权；二是侦查程序终结权。

所谓正式侦查启动权，是指唯有检察官才有权决定是否对某一犯罪行为展开正

---

①《〈看守所条例〉："大修"还是"立法"?》，载《法制日报》2010年2月24日，第2版。

式的侦查。至于作为辅助机关的警察机关，在发现有犯罪嫌疑时，本着追诉犯罪职权及侦查法定原则，一方面应当立即开始调查犯罪嫌疑，必要时还得封锁犯罪现场以便即时勘察，并得通知犯罪嫌疑人到场讯问；另一方面必须立即报告该检察官，并由该检察官最后决定是否对该嫌疑人立案展开正式的侦查。换言之，与我国刑事诉讼程序中的公安机关不同，大陆法系国家的警察没有立案权，立案权（即正式侦查程序的启动权）掌控在检察官手中。这一制度设计的目的主要是确保检察官在侦查程序中的主导地位以及便于其对警察的控制。例如，在德国，“受欧陆法制之控诉原则与检察官制，以检察官为侦查程序之主导者，负责发动、进行以及终结侦查程序”。① 司法警察作为检察官的辅助官员，“当其发现有犯罪行为时，得主动进行侦查之。但其只得采取必要的紧急行动：例如‘所有不得延误的措施’（刑诉法第163条第1项）；在采取此种行动后，其需实时告知检察机关。此乃为了确保检察机关在调查程序中的领导地位”。②

所谓侦查程序终结权，是指终结侦查程序的权力同样掌握在检察官的手中，警察作为“辅助机关之功能，主要在于协助检察官侦查犯罪，并不及于终结侦查之处分”。③ 警察对刑事案件侦查终结之后，必须将案卷移送检察官，由检察官以作出起诉或不起诉决定的方式终结侦查，作为辅助机关的警察不得自行终结侦查程序。换言之，与我国刑事诉讼程序中的公安机关不同，大陆法系国家的警察没有侦查程序终结权，不能以“移送审查起诉”或者“撤销案件”的方式终结侦查程序，而只能在检察官作出是否终结侦查程序的决定后予以执行。

在我国，由于刑事诉讼立法坚持在狭义上理解侦查权，导致侦查行为实施职能与侦查程序处分职能相混淆，两大职能完全由公安机关垄断，导致公安机关的权力失去制约，实践中“恶意立案”、“有案不立”、“违法撤案”、“撤而不结”等违法乱象的发生，与公安机关独掌侦查行为实施权与侦查程序处分权存在必然联系。因此，笔者认为，我国刑侦体制改革的基本方向之一应当是实现侦查权的分立与制衡，在赋予公安机关侦查行为实施权的同时，将侦查程序的启动权（立案权）和终结权交由检察机关行使，以实现侦查程序处分权与侦查行为实施权的分立与制衡，强化检察机关对公安机关侦查行为的侦查监督，防止“恶意立案”、“有案不立”、“违法撤案”、“撤而不结”等违法乱象的发生。

（三）侦查适度公开原则

我国现行侦查体制在构造上的突出特点之一就是侦查权的启动与运行带有封闭性，缺乏外部力量的合理介入与监督。首先，虽然2012年修订的《刑事诉讼法》第121条对侦查讯问过程进行录音、录像作了明确规定，但仅规定“对于可能判处

---

① 林钰雄著：《刑事诉讼法（上）》，元照出版有限公司2004年版，第137页。

② ［德］克劳思·罗科信著：《刑事诉讼法》（第24版），吴丽琪译，法律出版社2003年版，第70页。

③ 林钰雄著：《刑事诉讼法（上）》，元照出版有限公司2004年版，第137页。

无期徒刑、死刑的案件或者其他重大犯罪案件，应当对讯问过程进行录音或者录像”，而对于除此之外的其他大多数犯罪案件，侦查人员在讯问犯罪嫌疑人的时候，只是“可以”而非“应当”对讯问过程进行录音或者录像。由此，侦查机关尤其是公安机关在对多数犯罪嫌疑人进行讯问时可以不进行录音、录像。这就使得侦查讯问的整个过程难以得到真实的记录和反映，对于在侦查讯问过程中发生的刑讯逼供行为也就难以进行有效的防范和监控；即使是在侦查讯问过程中发生了刑讯逼供，往往也因为没有证据予以证实，而难以实现对责任人的法律追究以及为受害人提供及时的权利救济。其次，《刑事诉讼法》第33条规定：“犯罪嫌疑人自被侦查机关第一次讯问或者采取强制措施之日起，有权委托辩护人；在侦查期间，只能委托律师作为辩护人……侦查机关在第一次讯问犯罪嫌疑人或者对犯罪嫌疑人采取强制措施的时候，应当告知犯罪嫌疑人有权委托辩护人。”但这只表明犯罪嫌疑人在侦查阶段有权委托辩护律师，并不意味着在侦查机关讯问犯罪嫌疑人时辩护律师有权在场，实践中侦查机关讯问时辩护律师是无权在场的。而侦查机关讯问时律师不能在场的一个直接后果就是讯问的过程缺乏案外人员的合理介入与监督，从而导致讯问程序的封闭性，以致讯问过程因缺乏律师的在场监督而难以避免刑讯逼供的产生。

基于此，笔者认为，我国侦查体制改革的基本方向之一应是增强侦查程序的公开化和透明化。为此，笔者设想如下：

第一，将侦查讯问全程录音、录像制度扩及所有重要的侦查取证行为。侦查讯问全程连续录音、录像制度的引入，推动了侦查程序的公开化和透明化。目前，我国已实行重大案件的讯问全程录音、录像制度。《刑事诉讼法》第121条明确规定：“侦查人员在讯问犯罪嫌疑人的时候，可以对讯问过程进行录音或者录像；对于可能判处无期徒刑、死刑的案件或者其他重大犯罪案件，应当对讯问过程进行录音或者录像。录音或者录像应当全程进行，保持完整性。”该条规定的目的在于建立侦查讯问同步录音、录像制度，但是适用案件的范围过窄，仅限于“可能判处无期徒刑、死刑的案件或者其他重大犯罪案件”。笔者认为，作为一项有效的制度设计，完全可以扩大全程录音、录像制度适用的诉讼阶段和案件范围，对于侦查机关实施的所有重要侦查取证行为，在条件允许的情况下，都应当全程录音、录像，以此确保重要侦查取证行为的公开、公正进行。

第二，重要侦查行为实施时，犯罪嫌疑人有权要求辩护律师到场。所谓重要侦查行为，是指重要的、可能影响犯罪嫌疑人定罪量刑的调查取证活动，如讯问、搜查、扣押等。侦查程序是国家权力与个人权利冲突最为剧烈的阶段，在与高强度的国家侦查权相对抗的过程中，犯罪嫌疑人的个人权利极易遭受侦查机关的违法侵犯，加上侦查程序的秘密性特征，更使犯罪嫌疑人的权利保障几近陷入绝境。在这种情形下，作为外在力量的辩护律师对侦查程序的介入，就具有促进程序公开化和透明化的作用。辩护律师介入侦查程序，除了为嫌疑人提供法律帮助外，关键是在侦查讯问等重要侦查取证行为时在场，“有效的辩护常以辩护人得有尽可能地在进行对其他诉讼参与人之调查时能在场之权利为前提要件”。[①] 各国经验也表明，辩护律师于侦查机关实施重要侦查取证行为时在场，是抑制违法侦查尤其是违法讯问的有效制度设计。

二、中国侦查机构的改革与整合

侦查机构是侦查权行使的主体和载体，侦查体制改革首先面临的就是侦查主体即侦查机构的改革与整合。在我国现行司法体制下，承担侦查职能的侦查机构主要是公安机关和检察机关。因此，所谓侦查机构改革，主要是指公安机关刑侦体制改革和检察机关自侦制度的改革，以及由此引发的关于检、警关系的合理定位问题。

（一）“刑侦一体化”与公安刑侦体制改革

目前，我国公安机关的刑侦体制实行的是所谓的侦查权分散制，即公安机关的刑侦权分散由内部的诸个二级机构或部门（如经侦、禁毒、内保、边防等）行使。问题在于，这一体制的合理性何在？是否需要变革？

在大背景上，刑侦体制的变迁是与社会政治、经济的发展以及犯罪形势的发展变化密切相关的。从我国刑侦体制发展历史来看，目前的分散型刑侦体制的形成历经了三个明显的阶段[②]：第一个阶段是刑侦、执法（治安）合一体制时期（新中国成立至20世纪70年代末），这一时期公安机关的侦查权实行刑侦和执法权合一，即公安机关的刑侦权和执法权未作明确划分。实行这一体制的根本原因是，在这一时期政府对整个社会的管控较严，整个社会的人员结构和流动性比较小，社会贫富差距也不大，刑事案件的案发量和治安形势的压力不大，公安机关面临的刑侦压力也不大，刑侦与执法合一的体制足以应对。第二个阶段是“三级刑侦体制”的形成时期（1980年至1995年）。随着国家改革开放政策的确立和推进，社会的生产力得到解放，整个社会的活力也得到释放，但同时刑事案件的案发总量也开始大幅度上升，社会人员的流动性也增大了，特别是“文化大革命”以后的第一轮犯罪高峰使得公安机关的刑侦力量出现明显的不足。为了解决刑侦警力不足的问题，1980年前后，公安部实行了第一次刑侦体制改革，按照案件的性质和大小作了侦破权限的划分，初步建立起所谓的“三级刑侦体制”，也就是将刑事侦查的权力下放到基层派出所，由派出所负责一般刑事案件的侦破，县（区）局负责侦破重大案件，地市州公安局（处）负责侦破特大案件。第三个阶段是分散型刑侦体制的形成时期（1995年至今）。1993年以后，国家成立了国家安全机关，负责侦查危害国家安全的犯罪案件，

---

① ［德］克劳思·罗科信著：《刑事诉讼法》（第24版），吴丽琪译，法律出版社2003年版，第169页。

② 对我国刑侦体制发展历史的介绍、分析，具体可参见唐雪莲：《公安刑事侦查体制和刑事司法程序改革》，载中国司法改革网，http://www.chinajudicialreform.com，2010年7月13日访问。

从而将原本属于公安机关刑侦管辖范畴的保卫国家安全职能分离出去。1995年，国家对公安机关的刑侦管辖范畴又进行了进一步划分，分出了经侦和禁毒，分别组建了经侦和禁毒两个独立的侦查部门。1998年，公安部又下文对刑侦权作了重新划分，国家安全保卫部门（俗称“内保”）、经侦、治安、刑侦分别可以办理27、74、95、114种刑事案件，另外规定禁毒、边防、消防、交管部门也可以办理相关主管领域的刑事案件。2000年修订《刑法》后，公安部规定《刑法》上新增的计算机犯罪等由新组建的网监部门办理。2002年，又规定涉及妨害国边境犯罪的案件由出入境管理部门办理。如此一来，公安机关内部就有10个部门享有办理刑事案件的刑侦权，由此形成了一种分散型的刑侦体制。

虽然我国的刑侦体制经历了多次改革，但这种为应对犯罪高发期而设计的分散型刑侦体制实际上存在较多问题，其弊端主要表现在以下几个方面：

第一，分散型的刑侦体制导致案件管辖中的交叉重叠。据中国人民大学陈卫东教授对我国刑侦体制改革所作的问卷调查显示，在接受调查的人中，有50%认为现在治安队和刑警队的工作仍然普遍存在交叉重叠的问题。① 案件管辖上的交叉重叠不仅容易导致权责不明，影响侦查效率，而且容易引发管辖冲突，甚至导致侦查机关的内耗。

第二，分散型体制无法确保刑侦工作的专业化和持续发展。分散型刑侦体制导致公安机关内部10个部门均行使刑侦权，尤其是治安、消防、交管以及出入境管理部门等行政警察部门也行使刑事侦查权，在造成刑侦权分散化的同时必然导致刑侦工作专业化的不足。治安、消防、交管以及出入境管理部门等本为行政警察，其主要职能并非刑事侦查，其对案件的调查以及在证据的收集上必然存在种种不够专业的问题，在实践中弊病丛生。例如，某个地方公安机关的领导即曾针对当前刑侦工作指出：公安机关在刑侦工作中取得的成绩“全是靠全体民警拼体力、拼消耗，以牺牲公安基础工作为代价换来的，刑侦一直沿袭着传统人海战、粗放型的‘三板斧’模式，专业工作不够‘专’，打不胜打；各警种职责不清、责任不明、基础工作不够‘牢’，防控工作防不胜防，与日益复杂的社会治安形势极不相适”。②

第三，分散型刑侦体制无法克服地方对刑侦权的影响。公安机关目前实行双重领导制，既要服从地方党政机关的领导，又要服从上级公安机关的领导。刑侦部门内设于公安机关，必然也实行双重领导。因此，在实践中，地方公安机关的刑侦工作往往受到同级地方党政机关的影响甚至干预。

从法理上讲，承担刑事犯罪侦查职能的司法警察与承担治安行政管理职能的行政警察之间泾渭分明，各自有不同的组织原则和权力行使原则。这里有一个重要的

---

① 陈卫东、程雷：《对警察刑事执法实践中若干问题的实证分析》，载《中国人民公安大学学报（社会科学版）》2004年第1期。

② 《柳州市公安局刑侦改革纪实》，载广西法制网，http://www.gxfzw.com.cn/news/news_show.asp?id=40939，2010年7月13日访问。

理论问题或者观点前提需要澄清——对于侦查机关以及侦查程序的独立性，理论上一直关注不够。尽管侦查程序具有行政程序的特征，但它同时更是一种司法程序，因此它必须遵守程序独立的基本要求。独立性要求刑事侦查程序的开启和运作应当以实现法律目的为依归，只接受法律的指导、依据法律而进行，免受其他法外程序的干扰和影响。独立性使侦查程序具备了程序自治性和刚性，使侦查机关和侦查官员得以对抗其他权力者或机构的非法干涉，保证侦查行为的客观公正性。只有独立、自治的侦查程序，才能满足当事人和社会公众对程序公正性的期望。侦查程序的独立性包括“功能独立”（指有宪法和法律的保障，能够防止外部压力，主要是指排除外部权力机构的指令或命令）和“组织独立”（指侦查官员的任命方式、任职期限等的独立），其中，“功能独立”是“组织独立”的目的，“组织独立”是“功能独立”的保障。

侦查程序的“功能独立”是指，侦查权的运作应当以维护法律和公共利益为目标，而不能听命于任何非法的或滥用权力的命令。台湾地区学者陈志龙教授认为，法治国与警察国家的一个重要区别就是警察行为的性质。在警察国家，警察行为完全受政治控制；而在法治国，警察的调查行为被认为是必须依法律而为之的。而为了确保警察的行为免受政治的控制，刑事警察应当逐渐脱离行政的制约，接近刑事专业、向司法专业靠拢。[①] 欧洲理事会曾于1979年就加强侦查在刑事司法中的法定性作出了《关于警察的声明》的决议。该声明将警察定义为“法律规定的负责维护秩序、执行法律的公务部门”。该声明虽然没有规定对警察的司法监督，但明确强调警察要遵守法律。“一切警务人员均须履行法律规定的义务，保护公民和机构免受暴力、破坏及其他法律规定的危害行为的侵害”（职业纪律第1条），换言之，“警务人员首先是为社会服务的，其次才是为政府和司法机关服务的——这种关于警察作用与功能的观念是法治国家所特有的。一方面，它要求警务人员在履行职务过程中依法行政而不听命于任何非法的或滥用权力的命令；另一方面，它规定了警务行动的负责人须严格遵守法律规定，不能执行违反法律规定所作出的命令”。法国在1986年3月18日通过的关于国家警察现代化的法律——《警察职业法典》的指导原则中规定，警察“应绝对尊重公民和共和法治”，强调“使用警力时必须遵循的必要措施”。该职业法典还详尽地列举了警务人员的八大义务。在这八大义务之中，第七项义务就是拒不遵守明显违法的命令。在遵守上级命令方面的唯一例外是：“当命令明显是违法的，并且可能危害公共利益的时候。这时的警务人员应申明自己的态度；若其坚决不同意，则应向可能汇报的上级机关汇报。”[②]

同样，在英国，警察被认为是一个“公共职位”，他不需要服从警察力量以外

---

① 陈志龙：《跨世纪刑事司法改革的专业认知盲点》，载《法学丛刊》2001年第1期，第55~58页。

② ［法］米海依尔·戴尔玛斯·马蒂著：《刑事政策的主要体系》，卢建平译，法律出版社2000年版，第68页。

的任何政治权力，各个警察局局长有权在各自管辖区域内独立地组织侦查资源，不受任何政治影响，中央政府或地方政府只是对警察有规章指定权和经费决定权，具体案件的逮捕或起诉决定，均属于各个警察的职责。麦卡迪法官举例指出：“假使警察以犯有严重的重罪为由逮捕一个人，并且假设该警区的监督委员会立即通过了一项决议，指示释放这名重罪犯人。这样一个决议有什么价值呢？警察不仅明显有不理睬该决议的义务，而且警察局局长还有责任考虑是否应当立即控告该监督委员会企图妨碍刑事司法程序。”英国上诉法院前院长丹宁勋爵在谈到大伦敦市警察总监的法律地位时明确提出，“与其他警察局长一样，他应当是独立于行政机关之外的。他不受国务大臣的命令约束，除了法律之外，他不是任何人的仆人。没有哪个部长能够告诉他应当或不应当监视某个地方，应当或不应当起诉某个人，他必须对法律并且仅仅对法律负责”。①

侦查程序的“组织独立”则是指，侦查机关在组织机构、人员构成（包括侦查官员的任命方式、任职期限等）方面独立于其他权力机构。各国普遍实行司法警察（也称刑事警察）和行政警察职能和机构分离的制度，司法警察机构被要求在组织和人员构成上独立于行政警察系统。在法国，警察部门的作用，从总体上说，主要是保障具有治安性目标的立法、条例与个人签署的规章得到遵守。行政警察与司法警察都为此作出努力，但是两者是通过不同的途径作出这种努力的。② 行政警察的职责在于预防犯罪，而刑事警察的职责在于制裁犯罪。这种职能上的差异使得行政警察与司法警察成为两个相对独立的机构系统（行政警察属于行政系统，而司法警察属于司法系统）。虽然说司法警察队伍在人员组成上相当分散，但是，就其成员所被赋予的相似职权以及对他们的活动实行的监督来看，司法警察队伍又是一个统一的部门。司法警察只接受共和国检察官或预审法官的指挥与监督，而不受行政警察系统的警政长官节制。司法警察机构独立的根本目的就在于免除来自行政警察的警政干涉或影响。台湾地区学者陈志龙在探讨台湾地区刑事司法改革的走向时，也建议成立刑事警察局专理刑事调查之责，以区别于一般行政警察的任务，实现刑事警察机构的组织独立，免除来自行政警察的警政的指挥或监督，借以防止非专业性的警政长官干扰及影响，而能专心于刑事案件的侦查工作。③

正基于上述认识，笔者认为，刑侦体制改革的关键在于转变分散型刑侦体制，在公安系统内部建立独立、统一的刑事侦查局，由公安部内设的刑事侦查总局实行垂直领导。这一新建体制具有以下优势：

其一，有利于统合侦查资源。取消目前公安机关内部多个部门分散行使刑侦权

---

① 转引自孙长永著：《侦查程序与人权——比较法考察》，中国方正出版社 2000 年版，第 5 ~ 7 页。

② ［法］卡斯东·斯特法尼等著：《法国刑事诉讼法精义》（上），罗结珍译，中国政法大学出版社 1998 年版，第 305 页。

③ 陈志龙：《法治国检察官之侦查制度与检察制度》，载《台大法学论丛》1998 年第 3 期，第 86 ~ 88 页。

的格局，设立独立、统一的刑事侦查局，有利于统合各种侦查资源，克服各个警种分散行使刑侦权导致的内部权责不明以及内耗等问题，有利于形成侦查合力，提升侦查的效率与办案质量。

其二，有利于刑侦工作的专业化。取消目前公安机关内部多个部门分散行使刑侦权的格局，设立独立的刑事侦查局，集中行使刑侦权，从长远来看，有利于确保刑事侦查工作的专业化发展：一方面，可以培养一支专门、稳定的刑侦队伍；另一方面，也可以集中研发先进的刑侦技术，以应付不断产生的新的犯罪类型。

其三，有利于克服地方因素对刑侦工作的影响。设立独立的刑事侦查局，并实行公安部垂直领导，有利于克服地方因素对刑侦工作的影响，确保刑侦任务和工作的独立性。

显然，在我国设立独立的刑事侦查局，有利于确保刑事警察部门的组织独立性，以此确保刑侦职能的独立性。

（二）检察机关自侦机构的改革

按照目前的司法体制，职务犯罪由检察机关的自侦部门负责侦查，笔者认为应当维持这一体制，但同时认为，应对检察机关的自侦部门进行机构改革。考察近年来检察制度的发展趋势，尤其是我们的近邻日本、韩国以及深受其法制发展影响的我国台湾地区检察制度的发展趋势，可以发现，适因应贪渎、职务犯罪的新发展，检察机关设立专门的顶层职务犯罪侦查机构已成大势所趋。例如，日本东京地检署特搜部、韩国大检察厅的中央侦查以及我国台湾地区的特别侦查署。其中，又以我国台湾地区检察机关“最高法院检察署特别侦查组”的发展最为典型。

20 世纪 70 年代末期，台湾地区经济开始腾飞，到 80 年代末已经取得了令世人瞩目的经济成就。然而不幸的是，当世界惊讶于台湾地区的经济发展之际，一个叫做“黑金政治”的怪胎也正在形成。在台湾地区，“黑”代表黑社会，“金”代表钱或生意。所谓“黑金政治”，就是指暴力黑社会人物与贪婪的企业者渗入政治，导致买票贿选、政治暴力、内线交易、贪污等社会问题的产生。“黑金政治”的出现导致台湾地区社会黑道猖獗、金权泛滥，严重冲击社会治安与民主法治的发展，并侵蚀经济发展的成果。在这种背景下，全面扫除黑金、肃贪查贿已经成为当时台湾地区社会的一致呼声与诉求。[①]

2000 年，台湾地区出现第一次政党轮替。为了回应选民的呼声与诉求、让“执

---

① 《扫除黑金行动方案》，载全民反贪网，http://www.moj.gov.tw/ct.asp? xItem = 80211&ctNode = 18774&mp = 195。

政形象”耳目一新，同时也是为了动摇国民党在地方的人脉基础，[①] 新上台的民进党提出了“扫除黑金”的司法政策，并将之作为施政的首要目标。民进党借“法务部部长”陈定南上台伊始，即向“行政院”提出《扫除黑金行动报告》，要求仿效日本检察体系的中央特搜部，在台湾地区“高等法院检察署”成立“查缉黑金行动中心”（以下简称“查黑中心”），专责查办高官、民意代表涉嫌官商舞弊及“黑”、“白”挂钩的重大渎职案件，并专门制定了《扫除黑金行动方案》（以下简称《扫黑方案》），结合“扫黑”工作展开“扫黑”、“肃贪”、“查贿”的“三合一”反贪腐行动。《扫黑方案》于2000年6月28日经台湾地区“行政院”院会决议通过后，台湾地区“高等法院检察署”即依照该方案于同年7月1日成立了“查缉黑金行动中心”，并陆续于台北、台中、台南、高雄“高分检署”成立了四个隶属于该中心的“特别侦查组”（以下简称“特侦组”）。尽管特侦组制度运作以来，台湾地区法律界关于其合法性和合理性始终存在争议与质疑，但是，特侦组成立以来所取得的成绩也是有目共睹、不容抹杀的，尤其是特侦组制度的设立，符合了当时台湾地区民众对扫黑、肃贪、查贿，塑造清廉政治的社会期待。2006年2月3日，“法院组织法修正案”获得通过，在原来的第63条之下增订了第63－1条：“最高法院检察署设特别侦查组，职司下列案件：一、涉及总统、副总统、五院院长、部会首长或上将阶军职人员之贪渎案件；二、选务机关、政党或候选人于总统、副总统或立法委员选举时，涉嫌全国性舞弊事件或妨害选举之案件；三、特殊重大贪渎、经济犯罪、危害社会秩序，经最高法院检察署检察总长指定之案件。特别侦查组置检察官六人以上，十五人以下，由最高法院检察署检察总长指定一人为主任，该组之检察官、检察事务官及其他人员，由最高法院检察署检察总长自各级法院检察署中调最高法院检察署办事。特别侦查组为办案需要，得借调相关机关之专业人员协助侦查。特别侦查组检察官执行职务时，得执行各该审级检察官之职权，不受第62条之限制。调办事之检察官行使职权，不受第66条之一之限制。立法院得于第一项第一款、第二款之案件侦查终结后，决议要求最高法院检察署检察总长赴立法院报告。”“法院组织法”的这一修订，不仅使特侦组最终赢得了合法的“身份”，还因特侦组成为台湾地区“最高法院检察署”的常设机构，地位被提升至检察结构的顶点。2007年4月2日，台湾地区“最高法院检察署特别侦查组”正式揭牌成立，由此揭开了台湾地区特侦组制度发展以及整个台湾地区检察制度发展的历史新篇章。台湾地区特侦组正式成立以来，最大的成绩就是侦办了台湾地区前领导人陈水扁家族贪污弊案。

台湾地区的特侦组制度的建立借鉴自日本东京特搜部制度。日本检察机关的特

---

① 我国台湾地区检察官陈志铭在一次演讲中毫不隐讳地指出了民进党这一政治上的目的：“民进党一上台要扫金，因为这对他政党是有利的，派系跟黑金是国民党势力的基础，扫黑金动摇他们地方的人脉系统，对民进党布置他的新的地方组织是有利的，他可以去获取新的空间。”——陈志铭：《法律人与台湾司法改革——检察官之改革运动》，载台湾检察官改革协会网站，http://www.pra－tw.org/PDF/pra_4_1_33.pdf。

搜部，系时任东京地方检察厅副首席检察官、后来的最高检察厅检察总长马场义续于1949年5月14日所创设。第二次世界大战之后，日本进入重建期，公共工程的支出巨大，引起政客的觊觎，大量的贪污事件频发。原本寄望于独立性较强的检察体系能够对于这一状况进行查处，但结果令人失望，这类案件被追诉的比例极低。为了因应这种混乱状态，自1947年开始，在东京地方检察厅成立了“物资隐匿事件搜查部”，以揭发囤积物资的行为。1949年更名为“特别搜查部”，简称“特搜部”，其任务除了对隐匿物资行为的侦查外，尚包括对于政界贪污、企业造假账等违法犯罪行为的查办。[①] 本来这一构想与当时盟军由警察行使侦查权、检察官仅负责法庭公诉活动的主张不符，但后来日本检察体系在“昭和电工”案中展现出检举政治腐败的强大实力，终于让盟军首肯保留住日本检察官的侦查权。[②] 此后，日本陆续在东京、大阪、名古屋等三地检察厅设置特别搜查部，专门调查侦办巨额逃漏税、重大经济犯罪、公职人员的贪污渎职犯罪，成为日本打击政、财、官界不法活动的主力。经由对被称为“战后日本三大政治弊案”（“昭和电工违法超贷案”、“洛克希德跨国贿赂案”、“瑞克鲁特公司以未上市股票行贿案”）为代表的一大批政经界贪腐要案的成功侦办，在日本司法界，逐渐形成了所谓的“因为有特搜部，所以会揭发巨恶”的信念，大众也坚信因为有特搜部，检方会检举万恶。[③] 特搜部因此在整个日本社会赢得了巨大的声誉，并成为一些国家和地区改革贪渎职务犯罪侦查机制时学习、借鉴的标本。

韩国中央调查部为韩国最高检察机关——大检察厅的内设机构，专门负责侦办高官。韩国大检察厅为韩国最高阶层之检察厅，负责指挥、监督及支援全国各级检察厅检察官的侦查及公诉工作，其下设有中央调查部，负责侦办及起诉高层政府官员及政治敏感度较高的刑事案件，其所办案件包括韩国前任总统全斗焕与卢泰愚贪污案以及前任总统卢武铉涉嫌于2002年总统选举期间违反政治献金法案件等，该部因此而享有盛誉。[④]

近年来，我国职务犯罪的发案率和涉案金额一直呈上升趋势，[⑤] 而且高层官员

---

① 周治平：《日本的检察官与东京地检特搜部》，载《军法专刊》2001年第8期，第46页。

② 后任日本检察总长的竹内寿平在《马场义续追想录》中这样写道：“昭和电工事件，……因牵连到政官界、经济界的大人物，而惊动了日本全国国民的耳目。马场先生以东京地检署副首席检察官身份，总指挥该事件的处理，完成检察厅的独立侦查，对全国展现了检察的威信。盟军总部（GHQ）一直静观着这个事件的演变。后来听说，GHQ对于日本的检察给予很高的评价，以为能够信赖，因此当时传闻日本检察的地方分权化的构想没有表面化，反而获得加强。”——参见［日］鱼住昭著：《战后日本三大政治弊案》（原书名：特搜检察），陈鹏仁译，台湾商务印书馆2004年版，第115页。

③ ［日］鱼住昭著：《战后日本三大政治弊案》（原书名：特搜检察），陈鹏仁译，台湾商务印书馆2004年版，封底。

④ 洪光煊：《南韩特别检察官与中央搜查部》，载《检察官新论》2009年第5期。

⑤ 单就国企高层犯罪而言，据统计，2011年共有88名国企高层落马，平均贪腐3380万元，而2010年这个数字是957万元。参见《文摘周报》2012年1月17日，第1版。

的贪渎犯罪在其中占有一定比例。① 虽然我国最高人民检察院也内设有反贪总局和反渎总局，作为自侦部门的最高指挥机构，但受制于管辖制度，在实践中按照惯例，最高人民检察院的反贪总局和反渎总局是不直接承办案件的，而主要是指导各级地方检察机关自侦部门办案。按照目前的政治和司法体制，重大的贪渎犯罪实际上并不是由检察机关独立侦办的，而是由中纪委所牵头承办。正因如此，民间舆论对于检察机关侦办重大贪渎犯罪的能力一直持有异议，时常有检察机关反贪局“只能打苍蝇，却不能打老虎”之讥，而决策层也从来没有放弃过在检察机关之外另设专门的反贪机构——廉政公署的构想。笔者认为，由中纪委承担重大贪腐案件的侦办工作，虽然具有现实合理性，但却缺乏法理合理性，长远来看，仍然需要由一个法定的司法机构来全面承担重大贪腐案件的侦办职能。而沿袭大陆法系传统的各国，均是以检察机关承担贪腐犯罪的侦查职能，我国同样奉行大陆法传统，因而，在检察机关之外另组廉政公署的构想，可能并不适合于我国的司法体制，还是应当坚持由检察机关承担职务犯罪侦查职能的现行模式。但是，目前检察机关自侦部门的组织体制确实不利于侦办重大贪腐案件。为了增强检察机关侦办职务犯罪的能力，应当对现行自侦体制进行改革，考虑到最高人民检察院本就内设有反贪总局和反渎总局，因此，改革的关键就是要让反贪总局和反渎总局直接侦办重大贪腐案件。为此，应当考虑修改《人民检察院组织法》和《刑事诉讼法》对最高人民检察院反贪总局和反渎总局直接立案侦查的案件范围进行明确的规定和授权，同时，考虑到与管辖制度相适应，反贪总局和反渎总局直接立案侦查的案件，在侦查终结后不得直接向最高人民法院起诉，而可以依据“检察一体”原则，交由下级检察机关公诉部门向有管辖权的同级人民法院起诉。

同时，考虑到检察机关的自侦力量分散配置于各级地方人民检察院，有的地方人民检察院的自侦部门只有数人，难以侦办日益复杂的贪腐案件，因此，笔者建议，自侦部门不必设置于各级人民检察院，而是应当统一设置于地市州级人民检察院，以保证自侦部门能够“集中兵力”进行“大兵团作战”，侦办大案要案。当然，同样考虑到管辖制度，地市州检察机关自侦部门侦查终结的案件仍然依照检察一体原则交由下级检察机关公诉部门向有管辖权的同级人民法院起诉。

（三）检警关系问题

根据配合制约原则，我国的检警关系是一种互相配合、互相制约的关系，它具有两个特点：一是检警分立，即公安机关与检察院在法律地位上是平等的，都是侦查权的主体，两者在侦查刑事犯罪行为的权限上，是分工负责、互相配合的关系，而不存在谁服从谁、谁领导谁的主从关系。二是检警制约，即在检警分立的基础上进一步强调公安机关与检察院的双向制约，不仅检察院有权制约公安机关，公安机关也可以反向制约检察院。这突出表现在公安机关享有对检察院决定的提请复议、复核权上。根据《刑事诉讼法》的规定，公安机关认为需要逮捕犯罪嫌疑人的，应

① 目前查处的级别最高的贪腐官员已到副国级（成克杰）。

当提请人民检察院审查批准；对于人民检察院不批准逮捕的决定，公安机关认为有错误的时候，可以要求复议，如果意见不被接受，可以向上一级人民检察院提请复核；对于公安机关移送起诉的案件，人民检察院决定不起诉的，应当将不起诉决定书送达公安机关；公安机关认为不起诉的决定有错误的时候，可以要求复议，如果意见不被接受，可以向上一级人民检察院提请复核。这种提请复议、复核权的配置说明，我国公安机关并不仅限于消极接受人民检察院的监督，而且可以积极反向制约人民检察院的行为。

从实践效果来看，我国现行的检警关系已经在司法实践中引发了严重的机制冲突，即“检警冲突”，造成了诉讼关系的不顺、侦查机制的不畅。这突出表现在：

一是由于检察院对公安机关的监督、控制能力不足，不能主导公安机关的侦查活动，导致检控力量的减损、诉讼效率的降低。我国检警关系的特征是强调检、警地位的平等性和制约的双向性，这就将公安机关抬升至同检察院分庭抗礼的地步，导致公安机关地位托大、难以制约；公安机关往往脱离检控的要求自行其是，造成刑事侦查不能按照检控的要求实施，甚至双方“扯皮”、“内耗”，减损了检控的能力。例如，就检察院的立案监督权而言，根据《刑事诉讼法》的规定，公安机关不立案，检察院通知公安机关立案的，公安机关就应当立案。但在司法实践中，公安机关却用在立案后撤销案件的方法来消极应付，使检察院的这一权力虚置或落空。再如，根据规定，检察院有权向公安机关调阅案件材料，但在司法实践中公安机关往往借种种理由予以拒绝；检察院要求公安机关协助侦查，公安机关也以各种借口推诿甚至干脆拒绝等。这些现象必然导致检控能力的受损、下降。但是，面对这种窘境，检察院却因受制于配合制约原则而束手无策。

二是由于在配合制约的检警关系模式下，公安机关与检察院是一种相互制约的平行关系，而在实践中，由于历史和现实的原因，公安机关往往地位托大，因此，检察院难以对公安机关的行为形成有效的监督、制约；而我国又未能建立由法官控制侦查的司法审查机制，因此，导致公安机关在侦查中的活动缺乏外部制约，在侦查实践中，公安机关刑讯逼供、非法取证等违法侦查、侵犯人权的现象甚为普遍，侦查程序的法治化程度较低，犯罪嫌疑人在侦查中的人权受到极大威胁。

近年来，越来越多的学者和司法实务界的同志撰文呼吁改革检警关系，其中最具代表性的观点是主张实现检警关系的一体化。这一理论导向的背后是对我国现行检警关系错位的深刻反思。检警一体化的法理基础在于侦、控职能的同质性和隶属性。从法理上说，侦查的最终目的是为控诉服务，侦查阶段查明案件事实、查获证据的目的都是在庭审阶段支持控诉，因此，侦查职能本身并不具有独立性，侦查职能往往被视为控诉职能的一部分。在定位侦查职能和控诉职能的关系时，控诉职能无疑应当处于主导地位，而侦查职能仅是对控诉职能起辅助作用的诉讼职能，侦控关系本质上是一种主从关系。但是，检警一体化理论虽然具有法理合理性，但在我国现阶段显然无法成为改革的现实目标，因为公、检、法三机关之间的配合制约关系为我国《宪法》所确认，属于宪法位阶的法律关系，在可预见的时期要改变这一定位，几乎没有可能。那么，对当前的检警关系应当如何进行调整呢？

从比较法的角度看，世界各法治国家的检警关系存在两种模式：一为大陆法系国家的检警合一模式；二为英美法系国家的检警合作模式。

德、法、日等大陆法系国家普遍实行检警合一的关系模式。所谓检警合一，并不是强调检察院和警察机关在组织上的合而为一，而是意味着检察院集侦查权和控诉权于一身，检察院是法定的侦查权主体、形式上的侦查机关；而警察机关作为实质的侦查机关，仅是为帮助检察院行使侦查权而设的“辅助机关”，警察机关的任务就是协助检察院侦查犯罪或受检察院的指挥、命令侦查犯罪。在侦查程序中，承担控诉职能的检察院是主导和中心，检察院不仅可以自行侦查，而且可以命令、指挥警察机关侦查犯罪。

检警合一型模式实际上是侦查（权）职能与控诉（权）职能的合一，它主要为大陆法系国家所沿用，其建立以下列观念为前提：一是基于国家主义传统认为检察机关与警察机关都是国家或政府的代表，因此两者具有同质性和同构性，存在统一的基础；二是认为侦查权与控诉权在本质上具有同质性，侦查权是基于更好地行使控诉权的需要而产生的，是为控诉权服务的，侦查不过是控诉的准备阶段，因此，侦查权、控诉权应当合一。既然检察院承担着控诉职能，当然也就应当行使侦查权，警察机关仅是一个辅助检擦院行使侦查权而设的“二线机关”，由此形成了检警合一的诉讼结构。例如，在德国《刑事诉讼法》中，警察所起的作用始终受到限制，仅是一个检察院的辅助机构。德国《刑事诉讼法》第163条规定，在侦查刑事犯罪行为范围内，警察只担负着辅助检察院的责任，只能作出“不允许延误”的决定，对自己的侦查结果应当“不迟延地”送交检察院，由检察院进行进一步的侦查。德国的检察机关享有自行侦查权和侦查指挥权，一个案件，检察机关既可以自行侦查，也可以将案件交付警察机关进行侦查，警察机关在进行侦查时负有迅速向检察官报告侦查结果的义务。例如，德国《刑事诉讼法》第161条明确规定：“检察官可以向一切公共机关收集情报，除了宣誓下的讯问外，可以进行各种侦查，或者交付警察机关及其他人员侦查。警察机关及其他人必须执行检察官的委托或命令。”在法国，检察官兼具司法警察的职权，并有权指挥司法警察的一切侦查活动。在侦查中，检察官有权要求司法警察就一切犯罪提供报告及移送案件，并可受理告发与告诉。对现行犯，如果检察官在现场，则应当由检察官执行司法警察之职务，并有权直接调动、指挥警力。法国《刑事诉讼法》第75条规定，司法警官以及司法警官助理在司法警官的监督下，根据共和国检察官的指示或者以自己的职权，对案件进行预侦。预侦行动受检察长的监督。而在意大利，初期侦查阶段由检察官领导侦查工作并直接调动司法警察。在侦查人员将初步收集的犯罪材料移送检察官后，由检察官在犯罪消息簿中予以记载，即开始由检察官负责领导司法人员进行正式侦查。日本虽然在第二次世界大战后通过借鉴美国法重构了本国的刑事程序，但是在侦查程序的设计上并未完全脱离大陆法的影响，仍然实行检警合一的模式，根据日本《刑事诉讼法》的规定，检察官与司法警察职员均为侦查机关。检察官认为必要时，可以自行侦查犯罪。检察事务官应当在检察官的指挥下进行侦查，检察官与司法警察职员关于侦查应当相互协作。关于检察官对司法警察职员的命令或指挥，法律规定检察官拥有三种权限：（1）一般命令权。检察官在管辖区域内，可以就侦查对司法警察职员作出必要的一般指示。在此情形下的指示，应当通过规定为正确实施侦查或其他确保完成公诉的有关必要事项的一般准则而进行，这些准则包括《司法警察职员侦查文件基书式例》、《关于轻微犯罪处分的命令》等。（2）一般指挥权。检察官在管辖区域内，可以要求协助侦查而对法警察职员进行必要的一般指挥。例如，检察官可以向司法警察发出“拘留妨碍选举犯人”的命令。（3）具体指挥权。检察官在自行侦查的场合有必要时，可以指挥司法警察职员，使其辅助侦查。这就赋予了检察官对个别案件的侦查指挥权。[1] 根据法律的规定，对于检察长的指示或指挥，司法警察职员必须服从。

在英美国家，侦查犯罪被认为是警察机关的职权，检察机关一般不直接行使侦查权，侦查权与控诉权相对独立，警察机关与检察院也相对独立，只是基于业务关系而展开合作，由此形成了一种检警合作的关系模式。但是这并不意味着英美国检察官对警察机关毫无影响力，实际上，英美国家的检察机关对警察机关的侦查权仍有相当程度的介入、干预。例如，在英国，在实践中，检察长认为妥当时，有权依照警察机关的声请，而对其提供意见。在一些重大或疑难案件发生时，警察机关应当向公诉机关报告，请求指示。英国 1995 年制定的《犯罪起诉法》规定，为了防止警方对应该起诉的案件不予提起诉讼，检察总长可以制订规则，要求该规则所适用的任何警察部队的首脑向检察长提供为该规则所规定的、在该辖区内涉嫌犯下的由规则确定的罪种下美意罪名的有关情况，以及表明由主要证据可以进行控诉的有关情况。该规则也可以要求每一个这样的警察首脑向检察长提供该检察长要求得到的，与这些案件或者与他随时确定的案件种类有关的情况。

尤需注意的是，检警合一与检警合作这两种代表性的检警关系模式各有优劣，更多的是各国的文化观念和司法传统的反映。对于以英国为代表的检警分立模式，我们不能作肤浅的表面认识，认为这种模式就绝对没有侦控职能联结的基础。实际上，不论是大陆法系国家的检警合一模式还是英美国家的检警合作模式，其实质都是一种以侦查职能与控诉职能联结为基础的关系模式，这是因为控诉（权）职能与侦查（权）职能之间本就存在天然的亲和性，在诉讼主义的前提下，侦查的根本目的就是为控诉做准备，失去控诉这一指导和方向，侦查就失去了其存在的价值和意义。在此意义上，控诉（权）职能对侦查（权）职能一定程度上的介入和干预是必然的，也是必要的。

比较而言，我国目前的检警关系可能更接近于英美法系国家，即检察机关与侦查机关之间并非“将”与“兵”的上下级隶属关系，而是“伙伴”关系，因为在

---

① ［日］田口守一著：《刑事诉讼法》，刘迪、张凌、穆津译，法律出版社 2000 年版，第 38 页。

刑事诉讼中两机关地位平等，是分工负责、互相配合、互相制约的关系。但是正如笔者前面已经一再提及的，侦查职能与控诉职能之间存在天生的紧密联系，侦查本质上是为公诉服务的，因此，公诉职能对侦查职能反过来也应当起到一定的业务上的指导或者说引导作用，而恰恰在这个方面，我国现行的检警关系显然存在不足。正是基于此，实践中已经在推行“检察引导侦查”试点，即检察机关通过参与侦查机关对案件的侦查，对证据的收集、提取、保全及侦查取证的方向，提出意见和建议，并对侦查活动实行法律监督的工作机制。2011 年 8 月公布的《刑事诉讼法修正案（草案）》第 113 条明确规定：“对于公安机关立案侦查的故意杀人等重大案件，人民检察院可以对侦查取证活动提出意见和建议。”这意味着立法者准备将在实践中被证明行之有效的“检察引导侦查”制度改革正式上升为法律制度，这对于弥补我国现行检警关系之不足显然是有积极意义的（但遗憾的是，该条文在《刑事诉讼法修正案（草案）》二读时被删除）。但笔者仍然认为，在我国《宪法》短时间内不会对检警关系作大调整的背景下，坚持确立“检察引导侦查”制度，是克服现行检警关系不足的一个可行方案。当然，下一步改革的方向，人民检察院除了可以对侦查取证活动以书面或口头提出意见和建议外，还应当有权参与公安机关的重要侦查取证活动。这样，检察人员既可以在取证现场实施指导，又可以对公安机关的侦查取证活动实施监督，从而有助于保证公安机关侦查取证的合法性。

三、中国侦查模式的选择与改革

从语义上分析，“模式”一词有两个基本含义：其一，是指简单的事物与另一复杂的事物在结构和关系上具有相似性和同构性，因此，可以用简单的事物来解释复杂的事物，如把政治看作游戏，把法及其运行比作系统，用生物进化解释社会进化等；其二，是指简化了的形式——要素或元素，或者说一个整体的组成部分，如法的模式，就是法这种社会现象的简化或抽象化的形式，是人们为了说明或解释法是什么或由什么元素构成而使用的概念。[①] 侦查程序的模式（也被称为“侦查构造”），主要是在第二层含义上使用“模式”一词的，它指的是构成侦查程序的标准元素（程序主体）及其结构、组合样式，即侦查程序中各个程序主体之间的地位、组织及其相互关系。“所谓侦查的构造，换句话说，就是各个程序主体之间的相互关系。检察官、司法警察职员、法官、辩护人以及犯罪嫌疑人自身，各自均有一定的权限。侦查程序就是上述程序参与人行使各自的权限，为了实现起诉或不起诉，或为了进入审判程序而进行的活动。”[②] 侦查模式理论涉及的主要是侦查体制问题，即侦查程序中主体的权力（利）配置问题，在不同的侦查模式下，将会形成不同的权力（利）配置方案，使侦查程序中的权力（利）冲突以完全不同的方式得以解

① 张文显著：《二十世纪西方法哲学思潮研究》，法律出版社 1996 年版，第 369 页。

② ［日］田口守一著：《刑事诉讼法》，刘迪等译，法律出版社 2000 年版，第 27 页。

决。这样，侦查模式的定位就直接关系到对侦查机关权力的制约和对犯罪嫌疑人人权的保障，也使得对侦查模式展开深入研究具有重要的理论价值和现实意义。正如日本学者田口守一指出的，由于“侦查与国民的人权有密切关系，必须注意侦查时不得非法侵犯人权。因此，要研究的课题是采取怎样的侦查体制才能既保护人权又能查明事实真相”。[①]

（一）对抗式模式与职权式模式

侦查模式的研究受到刑事诉讼模式研究的深刻影响，现有的关于侦查模式的分类研究，都是以既有的刑事诉讼模式理论为基础的。从刑事诉讼模式的分类理论出发，对抗式侦查模式与职权式侦查模式是一组被广泛接受的分类理论。但是，应当指出的是，关于对抗式侦查模式和职权式侦查模式的特征和区别，我国理论界存在一些误识，在此有必要加以澄清。

1. 是否赋予犯罪嫌疑人沉默权不是对抗式侦查模式与职权式侦查模式的主要区别之一

我国有学者认为，对抗式侦查模式与职权式侦查模式的主要区别在于是否赋予犯罪嫌疑人沉默权，认为在审问式（职权式）模式中，“在侦查阶段否认被告人沉默权，并对其沉默权作不利评价和处置”。现在看来，这一认识值得商榷，因为法、德等大陆法系国家的职权式侦查模式实际上也赋予了犯罪嫌疑人沉默权。例如，法国《刑事诉讼法》第116条规定：“预审法官应当告知被审查人，未经其本人同意，不得对他进行讯问。”这项权利适用于一切司法程序。德国《刑事诉讼法典》第136条规定，德国的犯罪嫌疑人（不论是否受到拘留或逮捕）和被告人在整个诉讼过程中都享有“不受限制的沉默权”。从历史来看，沉默权起源于英国。与大陆法系国家不同，英国传统上实行的是弹劾式诉讼，但是15世纪晚期，为适应加强王权的需要，英国在亨利七世时通过法令，建立了“星法院”这个特殊法院，主要管辖刑事案件。星法院实际上是一种不采用普通法程序的刑事衡平法院。从本质上说，星法院采取的是一种纠问式程序，在整个诉讼过程中，原告和被告不再是平等的当事人，原告仅提供案件的有关情况，充当案件的情报人，也不在法庭上与被告面对面地进行对质辩论。星法院根据首席检察官的申诉和原告的告发状开始诉讼活动，而不是根据令状。被告必须对这种申诉和告发作出回答，法院可以向证人主动收集证据，也可以强迫被告宣誓交代被指控的事实真相，而且只要法院认为适合，也可以直接援用原告提供的情况来进行审判。证人对自己提供的证据必须宣誓，被告对此无权查阅。必要时，法院对被告和证人都可以予以刑讯拷问，这种做法有时甚至使他们受伤致残，极大地侵害公民人权。[②] 因此，1641年，以英国议会下院裁决星法院对李尔本案的有罪判决违法并予以撤销为契机，封建星法院和宗教法庭被废除。随着

① ［日］田口守一著：《刑事诉讼法》，刘迪等译，法律出版社2000年版，第24页。

② 孙斌：《论英国星法院的兴衰》，载《中外法学》1991年第4期。转引自龙宗智著：《刑事庭审制度研究》，中国政法大学出版社2001年版，第79页。

律师对刑事诉讼的广泛参与，到了18世纪中后期，弹劾主义以及以此为基础的沉默权在英国逐步得到确立。欧洲大陆中世纪后期曾长期采用封建纠问式诉讼，将供述义务强加给被告人，对于保持沉默或拒不供述罪行的被告人允许进行拷问。这种状况在法国大革命后得到了改观。法国大革命导致了纠问式诉讼被控辩式诉讼所取代，1789年公布的法律效仿英国法废除了对被告人要求宣誓后进行讯问的规定。1897年，法国通过新的法律，要求在预审法官讯问嫌疑人时必须告知其沉默权和律师在场权。这样，沉默权制度就在法国得到了正式确立。同为大陆法系的德国在1848年之后导入了法国式的“经过改革的刑事诉讼法”，规定被告人是当事人，因而在法律上不再有“供述义务”。[①] 可见，沉默权与大陆职权主义诉讼模式几乎是同步产生的，因为大陆职权主义诉讼模式本来就是法、德等欧洲大陆国家在借鉴英国法内容的基础上形成的，沉默权可以说就是借鉴的内容之一，因而沉默权本身就是大陆职权主义诉讼模式的基本特征。因此，将是否赋予犯罪嫌疑人沉默权视为当事人主义诉讼与职权主义诉讼以及对抗式侦查模式与职权式侦查模式的区别的观点是不恰当的。明确这一点，对我国的理论研究和司法实践具有重要意义。它提示我们，尊重犯罪嫌疑人的主体尊严、赋予犯罪嫌疑人在侦查中的自由的自我决定权，已是近代以来世界各国不论是英美法系国家，还是大陆法国家的共同选择。相反，在我国目前，理论界还在争论：在我国这样一个大陆职权主义诉讼传统深厚的国家，是否应当建立沉默权制度、赋予犯罪嫌疑人沉默权。上面的考查实际上已经证明了这一命题的虚伪性。

2．是否由法官对侦查机关的强制侦查行为进行司法审查不是职权式侦查模式与对抗式侦查模式的重要区别

有学者认为，对抗式侦查模式与职权式侦查模式的一个重要区别在于是否有法官作为第三者介入，监督、制约侦查活动的开展。在对抗式侦查模式中，在逮捕、搜查、扣押等强制侦查手段和窃听、监控等秘密侦查手段的采用上，法官拥有广泛的控制和决定权；而在职权式侦查模式中，检察官主持侦查程序，拥有与法官同样的权限，可以进行强制处分，因而除法律另有规定外，法院一般无从介入。应当说，这一认识也是值得商榷的，因为法官介入侦查、对侦查机关的强制侦查行为实行司法审查已是现代法治国家的基本要求，不论是英美法系国家还是大陆法系国家，都遵循自身的司法逻辑演绎、发展出了相似的司法审查机制。从英美法系国家来看，侦查中的法官介入、司法审查起源于英国普通法上的令状制度。令状制度最初是在英国中央集权化过程中产生的，是英王试图控制司法管辖权的产物。当时令状主要有两项功能：一是法院的诉讼授权书，只有获得王室法院的令状，地方的法院才能进行审理。在这里，令状的功能主要是限制地方的司法管辖权。二是保证被告出庭

---

① 转引自孙长永著：《侦查程序与人权——比较法考察》，中国方正出版社2000年版，第284～291页。

应诉。[①] 后来，随着英国司法制度的发展演变，尤其是随着人权保障观念在刑事司法领域中的兴起，令状在刑事司法领域中的功能逐渐由保证被告人出庭应诉，转变为保障被告人的基本人权。1676 年，英国颁布《人身保护法》，对人身保护令状作出了专门规定，作为保障人身自由、防止滥施逮捕和超期羁押的重要措施。根据人身保护令程序，未经正当的法律程序，对任何人不得加以任意逮捕、拘禁或放逐。据此，侦查机关采用逮捕、拘留等限制人身自由的强制侦查行为，必须获得法院的授权。而在大陆法系国家，传统的纠问式诉讼模式强调的是法官主持侦查，侦查活动的开展和实施完全由法官控制和决定。在纠问式诉讼被控辩式诉讼所取代后，基于诉讼职能区分的原则，大陆法系国家实行了庭审法官与预审法官（或侦查法官）相分离的改革，庭审法官退出侦查程序专司审判之责，侦查职能则由预审法官（或侦查法官）承担。法国 1808 年颁布的《刑事诉讼法》专门规定了预审法官的职权，除了作为侦查活动的实施者和指挥者直接进行犯罪证据的收集工作以外，预审法官还作为侦查程序的监督、控制者，有权决定采取所有涉及对公民自由、财产、隐私等权益加以限制和剥夺的强制性侦查措施，如逮捕、羁押、司法管制、搜查、扣押、通信截留等，为此，预审法官可以依职权自行或者根据司法警察或检察官的申请，发布有关上述措施的许可令状。法国的这种预审法官制度随着拿破仑对欧洲的征服而传播到欧洲各国，到了 19 世纪中后期，几乎所有欧洲大陆国家都确立了这种预审法官制度。其后，随着诉讼功能进一步分化的需要，预审法官集侦查实施权和侦查控制权于一身的现象遭到了人们抨击，人们要求将预审法官的侦查实施权移交给检察官或司法警察机关而只保留司法审查权。德国于 1975 年废除了侦查法官制度，将法官的侦查权几乎全部移交给检察官；1988 年意大利《刑事诉讼法典》的通过，也使得意大利的预审法官不再拥有侦查权。在法国，不少学者也呼吁废除预审法官制度，将侦查实施权移交给检察官和司法警察，使法官在侦查阶段只拥有司法审查权。[②] 尽管预审法官制度发生了这样的变化，但是，由法官控制侦查、对强制侦查行为实行司法审查的传统却保留了下来。可见，由预审法官控制侦查、实行司法审查的机制，是由大陆法系国家沿用的纠问式诉讼模式演化而来的，是大陆职权主义诉讼以及职权式侦查模式的基本内容。明确了这一点，有利于使我们认识到，建立侦查程序的司法审查机制，已是现代法治国家的内在要求，这是超越了政治经济制度、社会文化背景的普适性经验，值得我国借鉴。

笔者认为，对抗式侦查模式与职权式侦查模式的主要区别或者说分类依据在于：是否将犯罪嫌疑人视为与侦查机关地位平等的程序主体，关键是是否赋予犯罪嫌疑人及其辩护律师独立的辩护调查权。如前所述，对抗式侦查模式的基本特征是程序的平等性和对抗性。在对抗式侦查模式下，侦查并非国家专属的固有权力，犯罪嫌

---

① ［英］S. F. C. 密尔松著：《普通法的历史基础》，李显东等译，中国大百科全书出版社 1999 年版，第 24 ~ 25 页。

② 陈瑞华著：《刑事诉讼的前沿问题》，中国人民大学出版社 2001 年版，第 309 页。

疑人及其辩护律师也行使着调查取证的侦查权。在侦查过程中，控辩双方都有权各自独立收集证据，不仅国家侦查机关作为控诉方有权展开罪案调查，辩护律师也可以聘请某些专门人员（一般为私人侦探和民间鉴定人员）作为辩护方展开辩护调查。而且从时段上看，辩护方的辩护性调查与控诉方的罪案调查同时展开并相互制约。与此相反，职权式侦查模式的突出特征是程序运作的单向性、职权性。在职权式侦查模式中，侦查权为国家侦查机关所独享。所谓侦查，就是侦查机关为了收集证据、揭露犯罪事实，查明和证实犯罪人，而单方面进行的调查活动。在整个侦查阶段，犯罪嫌疑人及其辩护律师只有权利用侦查机关侦查的结果（即有权查阅侦控方的案卷），而不允许辩护方进行侦查；证据的收集只能由侦查机关依职权进行，律师只具有收集证据的申请权，而不能进行证据收集。法国的辩护人虽然有权在被告人被讯问时在场，有权在预审前阅卷以及经预审法官同意进行提问、发言，但无权进行个人侦查。根据德国《刑事诉讼法》的规定，虽然被告人有权在侦查程序中委托辩护律师，但是被告人及其辩护人并没有与侦查、检察机关相应的诉讼权利，只有申请调取证据的权利。据此，在对抗式侦查模式中，侦、辩双方同时展开调查并相互对抗，因此称为“对抗式”侦查；而在职权式侦查模式中，侦查机关依职权单方面展开调查，因此称为“职权式”侦查。

独特的侦查模式的形成必然与该国司法传统和社会文化背景密切相关。分析不同的侦查模式的形成原因，可以发现：对抗式侦查模式与英美法系国家独特的司法传统和社会文化观念密不可分，而职权式侦查模式则与大陆法系国家独有的诉讼价值观和司法制度存在某种内生关系。一般认为，大陆法有着更为深厚的国家主义传统，在历史和现实中公共权力比较强大，政府的作用广泛而积极，国民对国家权力也比较信任。刑事诉讼的重点在于找出事实真相，而在这方面作为国家公权力代表的司法机关显然比当事人更客观，更适合作为公正的调查人。因此，在职权式侦查模式中，侦查权被视为国家侦查机关专有的权力，私人对侦查权的分享遭到拒绝，侦查程序由公正、客观的侦查官员主导进行。作为权力自律的象征，侦查官员被赋予客观公正义务，要求他们在查明事实、收集证据时，应当充分关注犯罪嫌疑人的利益，不仅应当收集与定罪有关的证据，对于有利于嫌疑人的无罪证据也应当加以收集。由于法律规定，侦查机关已经查明的事实和收集的所有证据包括有罪证据和无罪证据，都将在诉讼的某个阶段向犯罪嫌疑人及其辩护人开示，因此，犯罪嫌疑人及其辩护律师被认为没有必要再亲自进行侦查，它只需利用侦查机关的侦查结果即可达到有效辩护的目的。与大陆法系国家不同的是，英美法系国家有着传统的个人主义精神，“普通法产生于控制君主专横权力的努力。大陆法制度首先关注的是主权者的特权，而普通法制度首先关注的是个人权利。它的技术上的核心部分是人身保护法和自由大宪章，而不是一个最高立法者的意志”。[①] 基于对个人自由和权利

---

① ［美］沃尔特·墨菲：《普通法：大陆法与宪政民主》，信春鹰译，载《经济民主与经济自由（公共论丛）》，生活·读书·新知三联书店1997年版，第158页。

的关注，英美法系国家的国民对国家权力存在一种根深蒂固的怀疑和不信任，“正像极大怀疑官员从事间谍活动和对全体居民进行监视一样，也极大关注国家侵入公民生活的潜在性。公民个人被视为社会最重要的单元，并被赋予最大限度的自由，只是在例外的情况和具有正当理由的情况下，自由的行使才得以被中断。当这种干预具有惩罚性质时，例如，对于刑事犯罪，尤其如此”。① 为了保障个人自由，国家权力的行使受到较多限制，除了对权力加以分立、制衡外，更为注重通过“权利制约权力”和“程序制约权力”，英美法系国家实行的当事人主义诉讼的出发点就被认为是给个人提供强有力的抵制国家权力侵害的武器。在当事人主义诉讼模式中，基于对国家侦查机关及其权力的不信任，并不寄希望于侦查机关的自律，因此法律上并没有赋予侦查机关客观公正义务，“侦查机关在侦查过程中只需收集与定罪有关的证据，以期通过审判获得有罪判决。对于有利于嫌疑人的无罪证据，英美的警察在法律上没有义务予以收集——尽管出于核实有罪证据的考虑，警察事实上也不可能不收集无罪证据”②，而是注重通过实现程序对抗化来构建“以权利制约权力”的机制。在对抗式侦查中，侦查权并非国家机关的固有权力，当事人（犯罪嫌疑人及其辩护人）也行使着调查取证的侦查权，在侦查过程中，侦、辩双方都有权各自独立收集证据，不仅国家侦查机关作为控诉方有权展开罪案调查，辩护律师也可以聘请某些专门人员展开辩护性调查，侦查机关的罪案调查与辩护方的辩护调查同时展开并相互制约。

（二）司法型模式与行政型模式

根据分类研究的原理，对同一事物可以从不同的角度予以认识，依据不同的标准可以对同一事物作出不同的定位从而形成不同的模式理论。对于侦查程序，除了可以根据侦、辩双方在程序中的地位和关系将其划分为对抗式侦查模式和职权式侦查模式之外，还可以根据侦、辩、审三方的关系即侦查程序是否受法院即司法的控制，而将其区分为司法型侦查模式与行政型侦查模式。受司法控制的侦查程序，称为司法型侦查模式；而不受司法控制，由侦查机关自行决定的侦查程序则称为行政型侦查模式。大体上，西方国家，包括英美法系国家和大陆法系国家，都采用司法型侦查模式，而以苏联为代表的社会主义国家则普遍采用行政型侦查模式。

1. 司法型模式

尽管由于司法传统和社会文化上的差异，英美法系国家与大陆法系国家在具体的诉讼制度上存在差别，如在侦查程序的设计上在律师介入侦查的力度上，以及犯罪嫌疑人的权利受保护程度方面，大陆法系国家与英美法系国家相比存在明显的差距。但是，同样作为西方现代法治传统的承袭者，它们在诉讼理念和诉讼体制上也表现出了基本的相似性，不论是英美法系国家还是大陆法系国家，在侦查程序的整

---

① ［英］迈克·麦康维尔：《英国刑事诉讼导言》，程味秋等译，载中国政法大学刑事法律研究中心组织编译：《英国刑事诉讼法（选编）》，中国政法大学出版社2001年版，第6页。

② ［日］田口守一著：《刑事诉讼法》，刘迪等译，法律出版社2000年版，第96页。

体架构上，都坚持了一种侦、辩、审三方组合，由法官监督、控制侦查的司法型侦查体制。

在英国，通过令状制度历史上很早就确立了较为完善的针对侦查程序的司法审查机制。1953年《治安法院法》第1条规定：签发逮捕证的权力属于治安法官。如果警察在侦查中认为需要对犯罪嫌疑人进行逮捕，必须先向治安法官申请签发逮捕证。根据英国法律的规定，搜查、扣押等强制处分也需要经过治安法官审查批准。一般而言，除了那些法律允许采用“无证逮捕”或“无证搜查”的情况以外，警察对任何公民实施的逮捕或者对任何公民实施的搜查和扣押行为，都必须事先向治安法官提出申请，只有在治安法官经过审查发布许可逮捕或搜查的令状之后，警察才能实施具体的逮捕、搜查、扣押行为。警察对任何公民逮捕后的羁押一般不得超过二十四小时，但经具有较高警衔的警官批准，可以将这一期间延长十二小时。警察在上述期间之外如果还要延长对犯罪嫌疑人的羁押期间，就必须取得治安法院或者其他法院的合法授权。当然，即使经过法院的授权，警察逮捕后的羁押期间一般也不得超过九十六小时。在此之后，警察必须将犯罪嫌疑人提交给治安法官。后者将就是否对犯罪嫌疑人进行羁押作出裁决。在侦查期间，在押的嫌疑人有权向羁押警察直接请求保释，如果遭到拒绝，则可以向治安法院提出请求。治安法院将就是否保释问题举行听审，届时警察和犯罪嫌疑人及其律师作为控辩双方，到庭陈述意见并进行辩论，法官将就此作出裁断。如果有关保释的申请仍然遭到拒绝，或者治安法官确定的保释条件过于苛刻，犯罪嫌疑人可以将此程序性问题上诉到高等法院。此外，在侦查阶段遭受不当或非法羁押的犯罪嫌疑人，还可以向高等法院王室法庭申请人身保护令。而高等法院王室法庭一旦接受这种申请，就将专门就羁押的合法性和正当性举行由控辩双方同时参与的法庭审理活动，并作出裁决。[①] 可见，在英国，治安法官或其他法官作为“中立的第三方”介入侦查，对侦查机关采用的强制侦查措施，如逮捕、搜查、扣押以及保释等，从合法性和合理性的角度加以审查，并作出批准与否的裁决，这就为遭到国家权力强制侵犯的公民提供了获得司法救济的途径，也使整个侦查程序成为具有控、辩、审三方组合的司法型结构，而法官正居于这一结构的顶端。

美国秉承英国普通法的思想，也建立了侦查程序的司法审查机制。根据美国《宪法》的规定，未经正当法律程序，不得剥夺任何人的生命、自由或财产。按照美国最高法院的观点，所谓“正当法律程序”，就包含着对限制个人自由的政府行为加以司法审查的要求，它意味着“一种着重审查政府行为方式的程序审查。程序性正当程序保证政府施加限制和惩罚的方式的公正性。它要求，在任何剥夺自由或财产的行为发生之前，必须给人以正式通知并提供获得公正审判的机会”。[②] 据此，

---

① 陈瑞华著：《刑事诉讼的前沿问题》，中国人民大学出版社2000年版，第289～290页。

② ［美］彼得·G. 伦斯特落姆编：《美国法律辞典》，中国政法大学出版社1998年版，第32页。

在美国，公民的人身、住所权利受《宪法》保护，逮捕的条件有严格限制。一般情况下，有证逮捕由治安法官根据控告或者侦查人员提交的经宣誓的提请签发令状申请书，经审查确认存在合理根据而签发逮捕令，由警察或其他执法人员执行。根据《宪法》第4条修正案的要求，除非具有“合理根据”（Probable Cause），否则法官不得签发逮捕令。根据联邦最高法院有关判例和法律学者的一般解释，所谓“合理根据”是指执法人员所了解的事实和情况或者所得到的可以合理信赖的信息，足以使一个正常而谨慎的人相信犯罪正在发生或者已经发生。犯罪嫌疑人被逮捕后，应当将被捕者毫无延误地解送至地方法官或治安法官面前接受讯问。根据联邦和大多数州的规定，如果超过六小时仍未能将被捕人解送至法官前接受讯问，是考虑被告人认罪交代是否自愿的一个重要因素。经过初次聆讯，被指控犯有重罪的被告人有权要求在近期内举行预审，预审的主要目的是审查是否存在合理根据以支持对被告人提出的指控，以确定是否交付审判，保护被告人名誉及其他合法利益不受损害。预审在地区法院进行，采取“诉讼”的形式，检察官和被告人均应到庭，辩护律师也可以出庭。证人需要出庭作证，被告人可以对控方证人进行交叉讯问。根据美国《刑事诉讼法》的规定，预审对被控以重罪的被告人而言是一项权利，但并非刑事诉讼中的必经程序，被告人可以放弃预审而直接进入审判阶段。[①] 另据美国1968年《综合犯罪控制和街道安全条例》的规定，因涉及当事人隐私权保护，侦查机关采用通信监听等秘密侦查措施，也必须在事前获得法官的搜查令状。可见，在美国刑事侦查程序中，针对侦查机关的强制侦查行为也建立了严格的司法审查机制，作为公民权利救济的重要途径。

在法国，广义的侦查程序分为初步侦查和预审。根据法国《刑事诉讼法》的规定，有权对现行重罪、轻罪进行初步侦查活动者为司法警官、检察官以及预审法官。司法警官在检察官和预审法官均未到达犯罪现场以前有权独立进行侦查；检察官在预审法官未到达犯罪现场以前也有权进行侦查；一旦预审法官到场，检察官和司法警官都失去全部侦查权力。但是，由于预审法官只是在法定特殊情形下才会介入初步侦查，因此，初步侦查实际上主要是司法警官在检察官的指挥、监督下进行的程序，缺乏一个中立的司法审查机制，这对嫌疑人的权利保障显然是非常不利的。为资补救，法国《刑事诉讼法》规定，初步侦查结束后，检察官根据侦查案卷中载明的情况，对重罪和大多数轻罪案件还必须提起预审程序，案件由此进入正式侦查即预审阶段。预审阶段由预审法官控制，贯彻了司法审查原则。根据《法国刑事诉讼法》的规定，“为了查明犯罪情节与犯罪人性格这样的棘手任务，预审法官享有采取多种措施的权力。这些措施中，有一些措施包含有对个人自由的明显限制”。[②] 预

---

① 《美国联邦刑事诉讼规则和证据规则》，卞建林译，中国政法大学出版社1996年版，第8～10页。

② ［法］卡斯东·斯特法尼等著：《法国刑事诉讼法精义》，罗结珍译，中国政法大学出版社1999年版，第559页。

审法官可以亲自进行讯问嫌疑人、询问证人等侦查活动；也有权决定搜查、扣押、逮捕犯罪嫌疑人；如果犯罪嫌疑人当处监禁刑或更重的刑罚，预审法官可以决定对其适用司法监督，强制其遵守限制其行动自由的某些特定义务；如果犯罪嫌疑人当处两年或两年以上的监禁刑，或者犯罪嫌疑人故意不遵守司法监督义务的，预审法官可以决定先行拘押，剥夺犯罪嫌疑人的自由。法国的预审法官集侦查实施权与侦查控制权于一身，在预审法官亲自进行侦查活动时，他是侦查官；而在他依职权或依检察官、司法警官的申请而发布强制侦查措施的许可令状时，他又是中立的法官，这时的预审程序就是一个司法程序。

根据德国《基本法》第19条第4款的规定，其权利受到公共权力侵犯的任何人，都可以要求法院对侵犯进行审查。作为这一精神的实现，德国《刑事诉讼法》规定，侵犯公民权利的强制性措施，包括没收、搜查、待审羁押、暂时逮捕以及通信监控等秘密侦查措施，都必须接受法院的审查，以使公民在国家权力的强制性措施面前得到司法保护。德国的司法审查程序具体表现为两种：一是事前的审查批准程序。根据德国《刑事诉讼法》的规定，侦查机关采用侵犯公民权利的强制性措施，包括没收、搜查、待审羁押、暂时逮捕以及通信监控等秘密侦查措施之前，必须向管辖法院的法官提出申请，只有获得法官批准，才能加以实施，在紧急情况下，如果在延误就有危险的情况下，取得检察院同意的也可实施，但必须及时向法官补报，如果在三日内不能得到法官的确认，就必须停止措施。例如，德国《刑事诉讼法》第100条第b项规定，对电信往来是否监视、录制，只允许由法官决定。在延误就有危险时也可以由检察院决定。检察院的命令如果在三日内未获得法官确认的，失去效力。德国司法审查程序的另一种形式是事后的复查程序。德国《刑事诉讼法》第117条规定了羁押复查制度，由法官定期对羁押后的情况进行审查。在待审羁押期间，被指控人可以随时申请法院复查是否应当撤销逮捕令，或者延期执行逮捕令。法官可以命令调查对以后裁判是否维持待审羁押时具有意义的一些情况，并在实施这些调查后进行新的复查。待审羁押已经执行了三个月，被指控人在这期间既未申请羁押复查也未对羁押提起抗告的，应当依职权进行羁押复查，但被指控人如果有辩护人时除外。该法第120条规定，一旦待审羁押的前提条件不再成立，或者情况表明继续待审羁押与案件的重大程度和可能的刑罚或者矫正及保安处分不相称时，要撤销逮捕令。如果判决被指控人无罪，或者法院拒绝开始审判程序，或者并非暂时性地停止程序的，更应当撤销逮捕令。不允许因为提起了法律救济诉讼活动而推迟释放被指控人。这样，就为公民的权利救济提供了更为立体的保护体系。

1988年，在引进英美法系当事人主义诉讼制度的基础上，意大利对本国《刑事诉讼法》进行了重大修改。修改后的新《刑事诉讼法》有两个重要变化：一是诉讼职能的分离，即旧法规定的由预审法官负责进行的侦查和预审，新法改为侦查由检察官负责，预审法官只负责对侦查行为进行司法审查。二是诉讼阶段的分离，即旧法规定的普通程序中的预审和审判两大阶段，新法改为初期侦查、初步庭审和审判三个阶段。[①] 根据意大利新《刑事诉讼法》的规定，在诉讼的第一阶段，即初期侦查阶段，由检察官领导侦查工作并且直接调动司法警察。初期侦查分为初步侦查和正式侦查两个阶段。初步侦查由司法警察负责，司法警察在发现犯罪发生或接到发生犯罪的报告后，应当在四十八小时之内进行初步侦查，包括勘验现场、讯问嫌疑人、询问证人，在情况紧急时还可以直接对犯罪嫌疑人进行逮捕、搜查、扣押、查封等强制侦查措施。司法警察必须在四十八小时之内向检察官提出报告，并且将初步侦查所收集的材料移送检察官。检察官要在犯罪消息登记簿中予以记载，随即开始正式侦查。正式侦查由检察官负责指挥司法警察进行。侦查期间一般为六个月，负责监督初期侦查的法官有权决定延长六个月，即使案情特别复杂也不得超过十八个月。在整个初期侦查阶段，侦查活动由检察官在司法警察的辅助下进行，法官不进行侦查活动，但是法官仍负责对检察官和司法警察的侦查活动进行监督，检察官和司法警察采取的所有强制侦查措施，一般都必须获得法官的事前批准。法官有权决定是否羁押，批准是否采用通信窃听等。

《日本国宪法》第31条规定："任何人，未经法律规定的程序，不得剥夺其生命、自由或者科处其他刑罚。"据此，日本《刑事诉讼法》规定了强制侦查令状原则，即侦查机关采用不受被侦查人意思约束而强制进行的处分行为时，应当依据法官签发的令状而实施。[②] 日本《刑事诉讼法》规定的强制侦查方法包括逮捕、羁押、查封、搜查、勘验、鉴定处分、询问证人等。根据规定，侦查机关采用上述强制侦查行为，必须在事前获得法官签发的令状，在情况紧急而来不及请求法官签发令状的，可以先予执行，但必须立即向法官申请，如果法官不予签发令状的，必须停止执行。另外，根据《关于犯罪侦查中监听通讯的法律》的规定，未经通信双方当事人任何一方的同意而实施的通信监听也属于强制侦查，必须依据法官签发的令状进行。

深入考察，西方各国在侦查程序中确立司法审查机制主要是基于以下原因：一是经由自然法思想、社会契约论演化而来的现代法治国家理念。现代法治国家也被称为"司法国家"或"裁判国家"，这是对现代社会生活中司法权的重要性的形象描述，"司法国家"的典型特征和核心要素是司法审查原则的确立，即法院充分发挥司法的能动作用，对国家强制权的合法性进行审查，以保障个人的权益，防止国家强制权的违法侵害。法治国家理念滥觞于自然法思想，强调人人享有天赋的自然权利，个人权利并非国家赐予的礼物，它们是固有的，先于国家而存在，国家必须尊重和保护这些先在的权利。因此，虽然基于保障社会秩序和安全的需要，国家权力有其存在的合法性（人们通过广泛的社会契约的达成认诺了国家权力的这种合法性），在必要的情况下，允许国家权力强制性侵犯公民的权利。但是，由于国家权

---

① 程味秋：《〈意大利刑事诉讼法典〉简介》，载《意大利刑事诉讼法典》，黄风译，中国政法大学出版社1994年版，第1~6页。

② 《日本刑事诉讼法》，宋英辉译，中国政法大学出版社2000年版，第2页。

力具有扩张的本性，为防止国家权力过度扩张导致对公民个人权利的侵害，国家权力的行使必须依照法定的程序进行，必须由相对中立的司法机关来对国家的强制处分行为进行审查，使公民由此享受到有效的法律保障。① 现代法治国家在观念上认为，国家（在一定程度上由政府代表）与个人之间时刻存在发生冲突的可能，在发生冲突时，为防止国家权力的专横擅断，必须由中立的司法机关即法院来进行审判、裁断，以防止国家权力对个人权利的扩张、侵蚀。法院在现代社会常被视为制衡国家权力、保障公民权利的最强有力也是最后的手段，国家对公民重大权益进行强制性处分，必须由法院经过正当的程序审查后才能作出。二是分权制衡的权力结构。法治国家也是强调权力分立制衡的宪政国家。基于“绝对权力绝对导致腐败”的历史经验认识，为保障权力的合法运作，关键是必须对国家权力的强制权明确地予以划分与限制，使国家权力只能在各自的范围内合法地运作，同时使分立的各种权力互相制约，以保持权力之间的互动平衡。侦查权在传统上被视为行政权即一项政府权力，基于立法、行政、司法三权分立制衡的宪政结构要求，由司法权制约侦查权是其题中应有之义。在刑事诉讼中，检察机关作为社会的代表在诉讼中也是作为控方参与诉讼的，在本质上与警察机关具有同一性，检察机关对警察机关的监督在性质上是一种同体监督（俗话说，“再快的刀刃也不能砍到刀背上”），其权力制约效果与法院作为中立的第三方介入侦查、进行司法审查的效果是不可同日而语的。因此，不宜由检察官来控制侦查，而必须由法官来监督控制侦查。“司法令状的目的，是在警察和其将被搜查、扣押、逮捕的主体之间，设置一个由中立和独立的地方法官作出的判决。换言之，宪法第四修正案给予法院某些监督警察的权力。”② 司法制约为侦查权的行使规范了合理的轨道，有利于保障侦查程序的法治化。

2. 行政型模式

行政型模式为苏联以及深受苏联法律体制影响的东欧各国所采用。苏联的法律体制实际上是经由大陆法系演变而来的，在法律理念以及诸多制度设计上与大陆法系国家极为近似。但由于缺乏西方国家包括大陆法系国家根深蒂固的法治国家理念和分权制衡的宪政结构，苏联的法律体制又在许多方面区别于大陆法系国家，而呈现出自身的特色，在侦查程序的设计上其抛弃大陆法系国家的司法型模式转而采用行政型模式就是一例。现在苏联作为一个国家已不复存在，而经历了剧变的东欧国家在政治体制上也大多转向了西方国家，但是，对于这样一个在历史上曾经发挥了重要影响的法律体制，我们却不能就此加以忽略。作为一种法律现象，苏联的法制实践为人类社会提供了另一种“知识”和经验。

区别于司法型侦查模式，苏联等国奉行的行政型侦查模式的重要特征是，侦查

---

① ［德］约阿希姆·赫尔曼：《〈德国刑事诉讼法典〉中译本引言》，载《德国刑事诉讼法典》，李昌珂译，中国政法大学出版社 1995 年版，第 1～5 页。

② 宋冰著：《读本：美国与德国的司法制度及司法程序》，中国政法大学出版社 1998 年版，第 336～337 页。

程序由侦查机关（检察机关）自行控制，法官不介入侦查，强制侦查措施的采用也由侦查机关自由裁量决定，由于缺乏一个中立的司法裁判者来对侦查机关的行为加以制约，因而整个侦查程序缺乏一种控、辩、审三方组合的司法型结构而呈现出一种行政型结构，即由侦查机关及其相对人构成的两方组合。根据苏联《刑事诉讼法》第 168 条的规定，搜查应当由侦查人员作出说明理由的决定，报请检察长批准之后，方可实行。但是，遇有迫不及待的情形，可以不经检察长批准而进行，不过，要在一昼夜的期限内将所实行的搜查事项报告检察长。罗马尼亚原《刑事诉讼法》第 104 条也有类似的规定。苏联《刑事诉讼法》第 174 条还规定，在邮局扣押和提取邮件、电报，只有取得检察长的许可或者依照法院的裁定或决定才能执行。对于必须扣押的邮件和电报，侦查员应当作出说明理由的决定，在检察机关批准该项决定之后，侦查员即将决定送交该管的邮电局，命令扣押邮件、电报，并通知自己前往检查和提取扣留邮件、电报的时间。逮捕的决定权也在检察机关。苏联《刑事诉讼法》第 11 条规定，任何人非依法院决定或检察长批准不受逮捕。[①] 罗马尼亚原《刑事诉讼法》第 146 条规定："检察长根据公诉或检察机关的报告，如果认为在追究刑事责任中需要剥夺犯罪嫌疑人的自由时，有权决定逮捕嫌疑人并签发逮捕证。"逮捕后的羁押期限需要延长的，也由检察机关决定，苏联《刑事诉讼法》第 97 条规定："在对案件进行侦查时羁押期限不得超过两个月。这种期限只有因案件特别繁难，才能由自治共和国、边区、州、自治州、民主专区的检察长，苏联武装力量的各兵种、军区、海军的检察长从羁押之日起延长到三个月，而苏俄检察长和军事总检察长则可以延长到六个月。只有在特殊情况下才能由苏联总检察长继续延长羁押期限但增加的期限不得超过三个月。"罗马尼亚原《刑事诉讼法》第 149 条、第 155 条把未判决前的羁押称为拘留，并规定其期限为一个月；在有充分理由和必要的情况下，可以由检察长或总检察长决定予以延长，但最多只能延长三次，每次不得超过一个月。[②]

苏联等国家采用的行政型侦查模式主要是基于以下原因：一是列宁倡导并建构的"大检察观"，即突出和强化检察机关在国家司法体制甚至社会生活中的作用和影响。根据这一理论，基于保障社会主义国家的法制统一性，将检察机关定位为专门的法律监督机关。"检察机关以法律监督为专职专责，不执行任何行政职能，受中央垂直领导，行使中央检察权。"由此，在列宁建构的司法体制中，检察机关成为专门的法律监督机关，检察权也被定位为一种法律监督权，侦查机关和法院都要接受检察院的法律监督，这就使得检察院在刑事司法体制中的地位被人为地抬升和拔高。由于检察机关是整个刑事诉讼的监督者，那么侦查程序作为刑事诉讼的一个

---

① 这里的"依法院决定逮捕"，是指在自诉案件中，法院对被告人决定逮捕，而不是指在公诉案件的侦查程序中，侦查机关的逮捕须经法院审查批准，因此，它并不是一种强制侦查措施的司法审查机制。

② 陈光中主编：《外国刑事诉讼程序比较研究》，法律出版社 1988 年版，第 137～144 页。

阶段，当然也应当由检察院来进行监督，而对侦查机关的强制侦查措施进行审查正是检察机关行使法律监督权的重要体现。这一观点的实质是将行政权的运行规律运用到司法领域（行政权运行的特点之一是基于对效率的追求、眷念而强调行政权体系的内部监督），忽略了刑事诉讼作为一种司法程序的特殊性，从而造成了“司法行政化”。二是集权型政治结构。苏联等国国家权力高度集中，缺乏权力分立制衡的政治实践。这种集权型政治结构极易导致行政权的“坐大”，因为集权型国家的首要任务是稳固统治、维持公共安宁，而在这方面，行政权具有天然的优势。相反，司法权对行政权的制约作用遭到淡化，在集权型国家中，司法权往往缺乏足够的独立权威，难以对行政权进行有效制约。哈罗德·伯尔曼在注释苏联法中的“国家崇拜”时指出：“每一行政执行机关都拥有受其上级机关控制的，广泛的自由裁量权。每一机关的管辖虽然受地域限制，但是就它所可能做的事的性质而言，它在很大程度上又是不受限制的。这意味着，对权力腐败和滥用权力的控制，主要是由那些处于命令链条的更高环节来作出的，而不像这个国家（美国），更多地是由实体法和程序法的那些限制性规则来作出。”① 正因为此，苏联的刑事诉讼程序中缺乏法院控制侦查、对侦查权进行司法审查的机制，因为侦查权在传统上被视为行政权，侦查机关也就是行政机关，对侦查机关的监督制约是在侦查机关内部，通过侦查机关的上级行政机关（包括检察机关）来控制的，而不是由中立的司法机关来进行。

从现在的情况来看，苏联解体后，俄罗斯《刑事诉讼法》加强了侦查程序的法治化程度，“对于公民提出的关于其被羁押的合法性和是否有根据的申诉，新法增设了司法审查程序。有权进行司法审查的主体是被羁押所在地的法院审判员。审判员在收到申诉进行司法审查的申请后3日内，在检察长、辩护人、被羁押人及其法定代理人参加下的不公开的法庭上，对羁押的合法性和是否有根据进行审查。审判员在听取申诉人对其申诉论证和其他出庭人员意见之后，根据不同情况分别作出撤销羁押并释放被羁押人的决定或驳回申诉的决定。司法审查是诉讼监督机制的重要组成部分”。②

（三）我国侦查模式的选择与改革

如前所述，一个国家侦查模式的型塑与该国特定的政治经济制度、司法传统和社会文化背景等社会大环境是密切相关的。从中国的国情来看，传统中国历来是一个重权力、轻权利的国家。在历史上，这种国家权力本位的观念早在青铜时代就有了相当的发展，秦、汉以后更是有增无减，专制主义集权日趋加强，家国一体、融家于国的情形可谓举世罕见。这种高度集中、统一的社会格局必然形成一种以国家利益和社会秩序的稳定为最高价值的国家权力本位观念，而与这种国家权力和观念

---

① ［美］诺内特、赛尔兹尼克著：《转变中的法律与社会》，张志铭译，中国政法大学出版社1994年版，第44页。

② 樊崇义：《〈俄罗斯联邦刑事诉讼法典〉简介》，载《俄罗斯联邦刑事诉讼法典》，苏方遒等译，中国政法大学出版社1999年版，第134～135页。

的高度发达相对应的，是个人独立存在的价值与个人权益的基本丧失。新中国成立后，虽然从政治体制上废除了封建专制制度，但是“重权力、轻权利”的权力本位观念仍然对现实的社会环境发挥着持续的影响和作用。加上新中国成立以后，长期实行以高度集中、统一为特征的计划经济体制，国家所有制模式赋予政府（在一定意义上也就是国家）无限的权力，将政府推到社会结构中至高无上的地位，使国家有可能凭借所控制的全部社会资源在非经济领域实行全面和直接的控制，使经济领域之外的社会结构深深地烙上了这种所有制模式的印迹。这就使传统的国家权力本位主义观念，在新的社会结构形态下得以延续。在国家权力本位主义观念的关照下，只可能生成一种集权式的传统社会结构，而不可能产生以限制国家权力和保障个人权利为目的、以“法治主义”和“以程序制约权力”为基础的现代社会结构。正是这样的政治、经济、文化背景决定了我国刑事诉讼模式包括侦查模式的基本内容：

首先，从侦、辩双方在程序中的地位和关系来看，我国的侦查模式系属于职权式侦查模式。我国是一个国家主义传统深厚的国家，在这样的国家，“权威的维护是法律官员首先关注的问题。在随之而来的‘官方观点’中，现行体制获得善意解释，行政的便利性具有重要意义”。这在刑事诉讼中就表现为，国家垄断了侦查权，拒绝犯罪嫌疑人及其辩护人对侦查权的分享，犯罪嫌疑人及其辩护人可以利用侦查机关的侦查结果，但却不能自行侦查。根据我国1979年《刑事诉讼法》的规定，在侦查阶段根本就排斥律师的介入。1996年《刑事诉讼法》第一次修改后，律师对刑事诉讼的介入提前到侦查阶段。1996年《刑事诉讼法》第96条规定：“犯罪嫌疑人在被侦查机关第一次讯问后或者采取强制措施之日起，可以聘请律师为其提供法律咨询、代理申诉、控告。犯罪嫌疑人被逮捕的，聘请的律师可以为其申请取保候审。”但是，根据该条的规定，律师在侦查阶段只能提供法律规定的特定项目的法律服务，即法律咨询，代理申诉、控告，申请取保候审，而不能展开辩护性调查，更不能自行收集证据，其作用是非常有限的。因此，1996年《刑事诉讼法》所确立的仍然是一种职权式侦查模式。

对于对抗式侦查模式与职权式侦查模式，难以简单地评断孰优孰劣，因为两者的出发点和价值追求完全不同。但是，在对抗式侦查模式下，犯罪嫌疑人的权利能够得到更好的保障，也是一个不争的事实。在这里，笔者并不主张草率地引进对抗式侦查模式取代现行的职权式侦查模式，这不仅是因为职权式侦查模式自身在惩罚犯罪方面有其优势，而且因为对抗式侦查模式对相关配套措施（包括大的法制环境、律师制度、私人侦探制度等）要求颇高，而我国目前的相关因素与这种要求的差距显然还相当大。但是，这并不妨碍我们在坚持职权式侦查模式的同时着手改善犯罪嫌疑人在侦查程序中的人权保障状况，因为不论是哪一种模式，加强犯罪嫌疑人人权保障都是共同的价值追求。就我国目前的情况而言，犯罪嫌疑人在侦查中的权利保障还存在缺陷，如我国1996年、2012年修改的《刑事诉讼法》仍然否认犯罪嫌疑人的沉默权，而要求其对于侦查人员的提问，应当如实回答；律师介入侦查还受到侦查机关或明或暗的排斥，尽管根据《刑事诉讼法》的规定，律师在侦查阶段的作用有限，但即使是这样，侦查机关仍然对此加以抵制、排斥，如在实践中，律师与犯罪嫌疑人的会见经常遭到侦查机关的无端阻挠，犯罪嫌疑人和律师会见过程的保密性以及会见时间的充分性等难以得到保障。这些方面都是有待改进的，即使我们目前不能在犯罪嫌疑人与侦查机关之间实现平等“对抗”，也至少应当使其在面对侦查机关的强制侵犯时能够自保。

其次，从侦、辩、审三方在侦查中的关系即侦查程序是否受法院的司法控制的角度来看，我国的侦查模式系属于行政型侦查模式。历史学家朱学勤在考察我国传统社会的结构特征时指出，我国“以往的社会管理几乎没有中立因素，全部呈一边倒单向排列，故而整个结构呈刚性整体，十分强悍，也十分脆弱”。① 在国家权力结构层面上，司法权可以被看做一种“中立因素”，这不仅是因为司法权本身是一种中立性权力，而且因为司法权的独立可以为制衡行政权提供新的思路。独立的司法权作为一种中立因素在国家权力结构中的出现，可以使这一结构变性为柔性结构，而中国社会的问题恰恰就在于缺乏这样一种中立因素。美国著名学者 R·M·昂格尔在论述现代社会与法律的关系时指出：在法治现代化进程中，中国形成了主要表现为行政命令方式的官僚型法，而未形成自主的、普遍适用的现代法律体系和法律至上的观念。“我们看到，尽管在中国的改革阶段和现代欧洲的法律史进程中有一些相似性，但是，根本不同的发展趋势也在起作用：在一种情况下趋向于帝国式的官僚国家和它的规章性的法律；在另一种情况下则趋向于自由主义国家，在其中，一种法律秩序与政府的行政机构并肩产生。”② 由于缺乏一种法律至上、司法至上的观念和制度，在我国法制实践中，司法权对行政权的制约作用非常有限。③

在刑事诉讼中，由于司法至上观念的缺乏，侦查程序行政化，因而侦查程序由侦查机关（公安机关和检察院）自行控制，法院不介入侦查，也不对侦查机关的强制侦查行为实行司法审查。根据 2012 年修改后的《刑事诉讼法》的规定，拘留、搜查、扣押等强制性侦查措施的决定权，由公安机关行使，公安机关采用拘留、搜查、扣押等强制性侦查措施，只需获得公安机关负责人的批准。同时，技术侦查措施和秘密侦查措施的适用也完全由公安机关自行决定，不需要由其他机关审查批准。

---

① 朱学勤著：《书斋里的革命》，长春出版社 1999 年版，第 425 页。

② ［美］R. M. 昂格尔著：《现代社会中的法律》，吴玉章、周汉华译，译林出版社 2001 年版，第 97 ~ 99 页。

③ 在这方面，行政诉讼制度的现实状况是个典型。行政诉讼本是为制约行政权而设的，但是，《行政诉讼法》的正式实行并未能实现预期中司法对行政的制约功能。现实中，行政诉讼案件的数量和比例极低、分布极不平衡（有的落后地区一年之内一个案件都没有），行政诉讼案件的审判还面临着审理难、执行难等诸多难题。同时，《行政诉讼法》所规定的行政诉讼受案范围仍有很大局限，法院的审判仅限于具体行政法律行为，排除了事实行为、抽象行为和双向行为接受司法审查的可能性；同时，法院对具体行政行为的审查也只限于合法性审查，而不能进行合理性审查；仅限于涉及人身权、财产权的行政行为才能提起行政诉讼，排除了公民对涉及政治权利或其他权利的行政行为申请司法救济的可能性。这些都成为法院权力制约功能发挥的桎梏。

至于剥夺公民自由的逮捕措施，我国现行《刑事诉讼法》规定公安机关采用逮捕，必须经过检察院而非法院的审查批准，即实行检察审查而非司法审查。由此可见，在我国的侦查程序中，因为缺乏法官介入侦查、控制侦查的司法审查机制，侦查程序的结构行政化，呈现出一种侦查机关及其相对人的两方组合形态，侦查机关（公安机关、检察机关）完全控制着侦查程序的运行，而犯罪嫌疑人在侦查中的权利受到极大限制，与侦查机关处于完全不平等的地位。

行政型侦查模式的重大缺陷在于，由于采用了同体监督的形式，因而缺乏有效的外部制约。而对于防止违法侦查这一目的来说，单靠侦查机关的内部审查，是难以真正抑制侦查机关的违法行为发生的。从实践效果来看，由于这一制度性缺陷的存在，尽管从上到下各级公安机关要求转变执法观念，但是关于公安人员随意拘留、非法搜查、扣押的报道仍然充斥于各种媒体报道之中，这些违法侦查行为的大量发生是与我国现行的侦查体制密切相关的，因而在现有的制度框架内，我们很难找到有效的解决对策。在行政型侦查模式下，司法审查机制缺位的最直接后果，就是将在侦查中的涉讼公民置于更加艰难的境地。涉讼公民在侦查中的地位本就极其脆弱，司法救济是其可以凭借的、有限的权利救济途径之一，如果连这为数不多的救济途径也被切断，那么公民在侦查中就会更加无助。以羁押为例，羁押是剥夺公民自由的严厉措施，因此各国都对其适用加以严格限制，除了在立法上规定羁押的期限以外，还要求在羁押前获得法官的许可以及羁押后接受法官的复查。从实践效果来看，真正制约超期羁押等违法现象产生的不是立法上关于羁押期限的规定，而是羁押的司法审查制度，包括事前的审批制度和事后的复查制度。因为，立法上关于羁押期限的规定，完全可能被侦查机关所突破，但是因为有了司法审查制度的存在，法官可以在羁押期间内对羁押的合法性加以审查，从而对侦查机关形成了有效的制约。羁押司法审查机制的最大受益者是涉讼公民，这为他们在权利受到侦查机关侵犯时，提供了及时获得司法救济的途径。正是羁押司法审查制度的设立，才有效地防止了超期羁押等违法现象的发生。但在我国，由于缺乏羁押的司法审查机制，超期羁押等违法现象屡禁不止。虽然我国《刑事诉讼法》第154条规定，对犯罪嫌疑人逮捕后的侦查羁押期限不得超过两个月，特殊情形下需要延长羁押期限的，需要经过特定的批准程序，但是，由于我国没有司法审查机制，羁押期限的延长无须经过法官批准，而是由检察院决定，而由于检察院在刑事诉讼中属于控诉方，在自侦案件中，检察院更是兼任侦查机关，因此，在实践中当羁押期限届满而案件未能顺利侦破时，发生为达侦查目的而自行延长羁押期限的违法做法就难以避免了。

针对侦查程序缺乏监督制约的现状，我国学者提出了多种改革方案，但是仔细分析起来，这些改革方案的基本观点都是趋向于扩大检察机关的法律监督权，以此来加强对侦查机关的监督、制约。然而，笔者认为，虽说加强侦查监督离不开检察机关的作用，但是监督、制约侦查活动的最有效手段应当是在侦查程序中引入“中立性因素”，建立强制侦查行为的司法审查机制。只有在我国侦查程序中确立司法审查原则，对侦查程序实行司法控制，才能真正有效地抑制侦查机关的违法行为。

第八章

中国法院执行体制的改革与创新

中国法院对裁判的执行包括刑事执行、民事执行与行政执行三个方面，这三个方面执行体制的建立与发展过程并不完全同步。总体上讲，法院对裁判的执行有一个从垄断到逐渐分权的过程，但直到目前，法院对民事与行政裁判的执行仍然占绝对主导地位。其中，民事裁判的强制执行权只能由法院行使；对刑事裁判的执行也依然占有很重要的地位。另外，就法院内部的执行机构而言，有一个从审执不分到审执分离，从上下级执行机构相对独立到统一管理、统一协调的过程。

一、中国法院执行体制的建立与发展

（一）刑事执行体制

我国法院具有刑事执行权，其历史很悠久，经历了一个由单独执行刑罚到与公安机关共同执行，然后是法院与公安机关、司法行政机关共同执行的过程。法院刑事执行权的历史，也是一个法院逐步放权于其他机关的过程。

土地革命时期，中华苏维埃共和国从中央到地方共设四级审判机关：中央设最高法院，地方设省、县、区裁判部；各级裁判部都设有看守所，监禁未审判人犯或判处短期自由刑的犯人；省、县两级裁判部除设立看守所外，还设立劳动感化院，关押判处长期监禁的犯人。抗日战争时期，公安和司法机关均设立看守所，各级司法机关除担负审判任务外，既是未决犯的临时拘押机关，又是已决犯的执行机关。1941 年以后，边区高等法院和一些独立性较大的行署法院开始陆续建立监狱，专门关押已决犯。解放战争后，人民司法机关接管大批的监狱，并对其进行改造。可以说，新中国成立以前，人民政权的刑事执行主要由审判机关来承担。

新中国成立以后，曾经有一段时间也是由法院执行判决。1953 年 8 月 1 日实施的《最高人民法院华北分院关于各级人民法院执行判决的指示》就明确指出，判决的执行是全部审判工作的重要组成部分，人民法院不仅应该作出正确的判决，同时还应该及时执行已确定的判决，各级人民法院，特别是初审法院，应该指定专人负责执行工作，或由审判案件的人员负责执行，并应及时进行检查。从 1956 年 10 月

17 日最高人民法院发布的《各级人民法院刑事案件审判程序总结》中，可以看出一些当时法院的刑事判决执行情况。根据这个总结，对死刑的执行，很多情况下是由人民法院审判员监督执行的；对徒刑的执行，由人民法院在判决发生法律效力后，发给监所执行书；对判处管制和剥夺政治权利的，交由犯人所在地的公安机关、基层行政单位或者犯人的服务机关、企业、团体执行；对刑事案件的裁判中关于财产部分的执行，适用民事案件的执行程序。而民事案件的执行，就是由法院执行的，所以，刑事裁判中的财产刑也是由法院执行的。对于这一点，1954 年《人民法院组织法》第 38 条规定："地方各级人民法院设执行员，办理民事案件判决和裁定的执行事项，办理刑事案件判决和裁定中关于财产部分的执行事项。"1979 年与 2006 年的《人民法院组织法》都没有对此规定作过修改。这样，法院的执行员只负责刑事裁判中的财产部分，其他的刑罚交由监狱、劳动改造机关以及公安机关执行，但因为监狱和看守所在很长一段时间内归法院管理，因而刑事裁判的执行主要还是由法院执行。随着监狱和看守所等刑事执行机关从法院移交公安机关管理，逐渐形成了公安、法院分权的刑事执行管理体制。1979 年《刑事诉讼法》对法院的刑事执行职能进行了明确规定。根据该法，除了无罪判决由法院执行外，死刑立即执行判决由法院审判员指挥执行，判处罚金与没收财产的判决也由法院执行。其中，对于没收财产的判决，在必要时候，可以会同公安机关执行。其他刑罚措施则由公安机关、监狱和劳动改造机关执行。至此，法院的刑罚执行权基本确定下来。此后，虽然在 1983 年中央决定将劳改、劳教工作由公安机关移交给司法行政机关管理，从而形成法院、公安机关、司法行政机关分别负责刑事执行的格局，1996 年《刑事诉讼法》又规定剩余刑期在一年以下有期徒刑（2012 年《刑事诉讼法》改为剩余刑期在三个月以下有期徒刑）的由看守所代为执行，对于被判处拘役的罪犯由公安机关执行，但法院刑事执行的范围一直没有改变。2009 年，最高人民法院通过《关于财产刑执行问题的若干规定》，明确规定财产刑由第一审法院负责执行。

以上所论述的，主要涉及刑罚实施权的问题，对于减刑、假释等刑罚执行异议的裁判权，其实施主体也有一个发展的过程。1954 年《劳动改造条例》第 70 条规定，减刑或者假释，必须报请主管人民公安机关审核，并且送当地省、直辖市高级人民法院批准。根据这一规定，减刑、假释的批准权在法院，而且只能由高级人民法院行使批准权。对此，最高人民法院在 1956 年通过的《关于劳改犯人减刑、假释的批准权限问题的批复》中再次重申了这一要求："对劳改犯人减刑、假释的审批程序，目前仍应按照劳改条例第 70 条的规定，一律由省、市高级人民法院批准后，宣布执行。"由于将所有此类案件都交由高级人民法院来办理，往往造成高级人民法院的案件积压，而且有的省交通不方便，往往会影响此类案件的及时处理，因而在司法实践中，有一些地方将批准权交由中级人民法院实施。针对这种情况，1957 年最高人民法院、最高人民检察院、公安部、司法部下发了《关于对劳改犯减刑、假释的批准问题的联合通知》。该通知规定："对于减刑、假释的批准，如果全部由省、自治区高级人民法院进行确有困难的时候，也可由省、自治区四个机关商量酌定由中级人民法院进行。但对于原由高级人民法院判决和现在依照案件管辖应当由高级人民法院判决的案件，批准减刑、假释，仍应该由高级人民法院进行。”1966年公布的《最高人民法院关于无期徒刑减刑权限问题的批复》对此问题的处理有所改变，该批复规定：“原由高级人民法院初审、上诉审或依法复核，并制作法律文书的死缓、无期徒刑和有期徒刑案件，其减刑、假释仍由高级人民法院办理。中级人民法院和基层人民法院判决的无期徒刑和有期徒刑案件，其减刑、假释可由中级人民法院办理。中级人民法院和基层人民法院判决的死缓案件，由死缓减为无期徒刑或有期徒刑，应由高级人民法院办理；以后再由无期徒刑或有期徒刑减刑时，可由中级人民法院办理。”据此，中级人民法院也有部分案件的减刑、假释的批准权。自此，减刑、假释的批准权由高级人民法院与中级人民法院来行使，如1979年《刑事诉讼法》第162条规定：“被判处管制、拘役、有期徒刑或者无期徒刑的罪犯，在执行期间确有悔改或者立功表现，应当依法予以减刑、假释的时候，由执行机关提出书面意见，报请人民法院审核裁定。”2012年修改后的《刑事诉讼法》第262条进一步将该条修改为：“被判处管制、拘役、有期徒刑或者无期徒刑的罪犯，在执行期间确有悔改或者立功表现，应当依法予以减刑、假释的时候，由执行机关提出建议书，报请人民法院审核裁定，并将建议书副本抄送人民检察院。人民检察院可以向人民法院提出书面意见。”

这些规定虽然与最高人民法院的前述文件不同，它只规定减刑、假释的裁决权赋予法院，但具体由哪一级法院来实施并没有规定。从有关司法解释与规定来看，这种裁决权是根据案件性质或者所判处刑罚分别由高级人民法院与中级人民法院来执行的。2012年12月公布的《最高人民法院关于适用〈中华人民共和国刑事诉讼法〉的解释》第449条就明确规定：“对减刑、假释案件，应当按照下列情形分别处理：（一）对被判处死刑缓期执行的罪犯的减刑，由罪犯服刑地的高级人民法院根据同级监狱管理机关审核同意的减刑建议书裁定；（二）对被判处无期徒刑的罪犯的减刑、假释，由罪犯服刑地的高级人民法院，在收到同级监狱管理机关审核同意的减刑、假释建议书后一个月内作出裁定，案情复杂或者情况特殊的，可以延长一个月；（三）对被判处有期徒刑和被减为有期徒刑的罪犯的减刑、假释，由罪犯服刑地的中级人民法院，在收到执行机关提出的减刑、假释建议书后一个月内作出裁定，案情复杂或者情况特殊的，可以延长一个月；（四）对被判处拘役、管制的罪犯的减刑，由罪犯服刑地中级人民法院，在收到同级执行机关审核同意的减刑、假释建议书后一个月内作出裁定。对暂予监外执行罪犯的减刑，应当根据情况，分别适用前款的有关规定。”

（二）民事执行体制

与刑事裁判不同，我国的民事裁判从新中国成立之初直到现在，都是由法院执行的，但在具体执行机构上，却经历了一个从“审执分立”到“审执合一”，再到“审执分立”的过程。

新中国成立之前，在解放区的人民司法机关一般都没有专门执行机构负责民事裁判的执行。新中国成立之后，根据传统做法，人民法院建立了专门的执行机构来执行民事裁判，这时人民法院的民事执行工作和审判工作是分离而独立进行的。1954 年 9 月第一届全国人民代表大会通过的《人民法院组织法》第 38 条规定："地方各级人民法院设执行员，办理民事案件判决和裁定的执行事项，办理刑事案件判决和裁定中关于财产部分的执行事项。"根据这一规定，地方各级人民法院普遍设置了与审判人员不同的执行人员。

但自 1957 年"反右"斗争以后，由于法律虚无主义的影响，再加上国家对社会生活的高度统制，我国民事案件逐年减少，而且绝大多数民事案件又是以调解方式结案的，人民法院的民事执行任务并不重。因此，各地人民法院逐步将"审执分立"的体制改变为"审执合一"的体制，即凡属民事案件，谁审判就由谁负责执行。

党的十一届三中全会提出了发扬社会主义民主与健全社会主义法制的任务。随着改革开放的进行，我国经济迅速发展，利益主体多元化，民事、经济纠纷案件大幅度增加，特别是民事债务纠纷案件和经济合同纠纷案件的数量迅猛上升，人民法院的审判与执行任务日益繁重，原有的"审执合一"的体制越来越不适应民事执行工作的要求，专门执行机构的设置与"审执分离"的要求日益迫切。正是在这种情况之下，1979 年重新制订的《人民法院组织法》第 41 条再次明确规定："地方各级人民法院设执行员，办理民事案件判决和裁定的执行事项，办理刑事案件判决和裁定中财产部分的执行事项。"1982 年通过的《民事诉讼法（试行）》第 163 条规定："执行工作由执行员、书记员进行；重大执行措施，应当有司法警察参加。"第 166 条规定："发生法律效力的民事判决、裁定、调解协议和其他应当由人民法院执行的法律文书，当事人必须履行。一方拒绝履行的，由审判员移送执行员执行，对方当事人也可以向人民法院申请执行。"根据这些规定，各级人民法院都设立了专职执行员，实行"审执分立"。到 20 世纪 80 年代末，全国各级法院普遍建立起执行机构，审执分立体制正式建立起来。1991 年 4 月 9 日实施的《民事诉讼法》第 209 条第 3 款规定："基层人民法院、中级人民法院根据需要，可以设立执行机构。执行机构的职责由最高人民法院规定。"这一规定对民事执行的"审执分立"体制作了进一步的确认。据此，地方各级人民法院逐步建立起与审判庭相对应的执行庭，以加强民事执行工作，最高人民法院也专门成立了执行办公室。

需要指出的是，此时地方各级人民法院建立的执行庭是与其他业务庭处于同一层次的，而且与其他业务庭一样，上下级法院的执行庭之间只是一种监督与被监督的关系，并不是一种领导关系。这种各自为政的民事执行体制，对于因为各种因素导致的执行难问题往往捉襟见肘，不利于民事权利的保护。为了解决执行难的问题，中共中央于 1999 年发布了著名的中发（1999）11 号文件，对解决执行难问题给予高度重视，并对最高人民法院为解决执行难问题而寻求的改革措施给予极力支持。为此，最高人民法院在 1999 年 10 月发布的《人民法院五年改革纲要》中，明确提出了对执行体制进行改革的总体构想，即在全国建立起一个对执行机构统一领导、监督，配合得力，运转高效的执行工作体制。2000 年 9 月，最高人民法院发布《关于改革人民法院执行机构有关问题的通知》，要求法院系统根据中发（1999）11 号文件的精神，建立各省、自治区、直辖市范围内的人民法院执行工作由高级人民法院统一管理和协调的执行工作运行机制，新的执行机构可统称为执行局。根据这一通知，最高人民法院对地方各级人民法院的执行工作只有指导与监督职责，而各高级人民法院对所辖各级人民法院的执行工作则是一种领导关系。在最高人民法院的指导下，全国法院系统进行了执行体制改革。2009 年 7 月，最高人民法院发布《关于进一步加强和规范执行工作的若干意见》，根据各地人民法院执行体制改革的成果，要求进一步完善高级人民法院执行机构统一管理、统一协调的执行工作管理机制，由中级人民法院（直辖市除外）对所辖地区执行工作实行统一管理、统一协调；在各级人民法院统一设立执行局，并统一执行局内设机构及职能，高级人民法院设立复议监督、协调指导、申诉审查以及综合管理机构，中级人民法院和基层人民法院设立执行实施、执行审查、申诉审查和综合管理机构。因此，我国目前的民事执行体制是一种全国统一领导与协调的审执分立体制，其中的具体执行机构即执行局，在级别上高于同级法院的其他业务庭。

此外，2012 年修正后的《民事诉讼法》第 235 条规定：“人民检察院有权对民事执行活动实行法律监督。”从而增设了民事裁判执行的监督体制。

（三）行政执行体制

我国的《行政诉讼法》虽然是 1989 年才制订的，但针对行政案件的行政裁判在此之前就已存在。1982 年《民事诉讼法（试行）》第 3 条第 2 款规定：“法律规定由人民法院审理的行政案件，适用本法规定。”这就是说，虽然当时我国没有《行政诉讼法》，但对一些行政纠纷，也应当由法院立案受理，并作出相应的行政裁判，只是法院审理行政案件时所适用的程序是《民事诉讼法》规定的程序，而不是《行政诉讼法》规定的程序。为此，对于行政裁判的执行，也应当适用《民事诉讼法》的规定来执行的。1982 年《民事诉讼法（试行）》第 161 条规定，发生法律效力的民事判决、裁定和调解协议，以及刑事判决、裁定中的财产部分，由原第一审人民法院执行，法律规定由人民法院执行的其他法律文书，由有管辖权的人民法院执行。第 163 条规定，执行工作由执行员、书记员进行；重大执行措施，应当有司法警察参加。根据这些规定，此时的行政裁判只能由法院执行。

这种情况在 1989 年《行政诉讼法》颁布后有所改变。该法第 65 条规定：“当事人必须履行人民法院发生法律效力的判决、裁定。公民、法人或者其他组织拒绝履行判决、裁定的，行政机关可以向第一审人民法院申请强制执行，或者依法强制执行。”根据这一规定，行政裁判生效以后，应当由当事人自动履行，如果当事人拒绝履行生效的行政裁判，有两种解决途径：一是由当事人申请法院强制执行；二是在符合规定条件时，由行政机关自己依法强制对方当事人执行。这就是说，根据 1989 年《行政诉讼法》的规定，行政裁判的执行主体包括两种：一是法院，二是有关行政机关，而不是如同 1982 年《民事诉讼法（试行）》规定的均由法院来执行。

哪些情况下由法院强制执行？哪些情况下由行政机关强制执行？根据2000年3月最高人民法院颁布的《关于执行〈中华人民共和国行政诉讼法〉若干问题的解释》第87条的规定，法律、法规没有赋予行政机关强制执行权的，由法院执行；法律、法规规定既可以由行政机关依法强制执行，也可以申请法院强制执行的，如果行政机关申请法院强制执行的，法院可以依法受理执行。现在，法院对于行政裁判的执行，也是由专门的执行机构即执行局来执行。

二、中国法院执行体制存在的问题及其原因分析

（一）中国法院执行体制存在的问题

我国法院的执行体制不管在理论上，还是在实践中都存在比较严重的问题。概而言之，执行体制存在的问题主要表现在以下两个方面：

1. 执行难

对于执行难，当事人与法院的理解不一样。对于当事人而言，只要是生效的判决、裁定得不到完全执行的，都属于执行难。而对于法院来说，只有那些在执行中遇到各种阻力的情况才属于执行难。准确地讲，执行难是指那些生效判决与裁定本可以顺利执行，但由于各种人为阻力而无法得到完全执行的情况。构成执行难应当具备以下条件：一是判决、裁定已经发生法律效力，并且已过自动履行期限；二是被执行人具有履行的能力；三是由于各种人为的阻力而使判决、裁定未能得到执行。[①] 如果被执行人确实没有履行判决、裁定的能力，则应当中止执行，而不存在执行难的问题。

就案件性质而言，执行难主要发生在民事执行与行政执行领域中，对于刑事执行，一般不会出现执行难的现象。对于执行难，最高人民法院在给中共中央的《关于解决“执行难”问题的报告》中将其概括为四难：“被执行人难找，被执行财产难寻，协助执行人难求，应执行财产难动。”其实，从导致执行难的因素来看，执行难可以分为以下几种：一是被执行人阻碍执行。例如，有的被执行人转移或隐匿财产以逃避执行，或者煽动群众阻挠执行；有的被执行人为了逃避债务，暗中以负债企业的主要资产或分支机构为基础，重新登记注册，与原来的企业分离开来，以实际上只是空壳的负债企业去应付和阻碍执行。尤其是在行政执行中，一些败诉的行政机关无视法院裁判的权威，公然阻碍法院的执行。二是负有协助执行义务的机构或人员协助被执行人阻挠执行。根据我国相关法律的规定，自然人、法人或其他组织负有协助裁判执行的义务，应协助司法人员完成执行工作。但有些协助执行义务的机构或人员却无视法律的规定，以各种借口抗拒协助，阻碍执行工作的顺利进行。三是地方或部门保护主义导致执行难。在跨区域的重大经济纠纷中，特别是败

① 景汉朝、卢子娟：《“执行难”及其对策》，载《法学研究》2000年第5期，第124～125页。

诉一方当事人属于重要国有或集体企业时，为了保护本地区的局部经济利益，一些地方政府甚至禁止法院执行本地企业的财产。四是法院执行人员怠于执行或执行能力不足。例如，有些法院执行人员收受被执行人的好处，或者因为人情关系而消极执行，导致判决或裁定不能及时执行。

2. 执行乱

如果从利益损害的角度来看，执行难主要是侵害了执行申请人即权利人的利益，而执行乱则主要是侵害了被执行人以及当事人以外的其他人的利益。因为执行乱主要是法院执行人员在执行过程中，违反法律规定的程序，侵害被执行人或其他案外人的利益。可以说，执行乱所损害的主要是民事执行的公正性，它与执行难相比，更为社会舆论所关注。为此，正如一些学者所说的，它几乎成了中国司法制度的问题标签。[①] 执行乱的表现形式主要有：

一是在执行工作中互争管辖和推诿管辖。强制执行案件的管辖有级别管辖、普通管辖、特别管辖、共同管辖和移送管辖。尽管法律对各种管辖都作了较为明确的规定，但在司法实践中仍然会出现互争管辖和推诿管辖的现象。例如，对于一些执行标的额大、影响广、可以带来利益的案件，不少法院都想争得执行管辖权，而对于那些执行标的额小或者难以执行，或者比较敏感的执行案件，有的法院则由于害怕承担责任，往往会表示自己无管辖权，甚至明确拒绝受理执行。

二是滥用强制执行措施，粗暴执行。滥用强制执行措施、粗暴执行的现象在强制执行过程中时有发生。例如，强迫当事人达成执行和解协议，或者以人身作为执行标的或执行手段，以非法扣留、拘禁被执行人，限制人身自由甚至殴打被执行人等手段，逼迫被执行人履行义务。

三是重复执行或者过度执行。重复执行在实践中主要表现为重复查封、扣押、冻结被执行人的财产，造成强制执行的混乱。根据有关规定，对法院已经查封、扣押、冻结的财产，其他法院不能重复查封、扣押、冻结，而只能进行轮候查封、扣押、冻结，但有的法院为了保证自己执行的案件得到完全的执行，不顾已有的查封、扣押与冻结，重复查封、扣押、冻结被执行人的财产。过度执行是指超过法律确定的债权额和执行费用查封、扣押、冻结被执行人的财产。根据有关规定，法院在查封、扣押、冻结被执行人的财产时，应当以其价额足以清偿法律文书确定的债权额及执行费用为限，但有的法院为了不正当利益，往往以各种理由超标查封、扣押、冻结被执行人的财产，损害被执行人的财产利益。

四是法院执行人员为了私利，乱收执行费用，执行案外人财产，强迫当事人达成执行和解协议。法院执行费用应当按有关规定收取，但有的法院执行人员却在规定之外收取执行费用，如让当事人报销有关差旅费用、无偿使用当事人的交通工具等。有的法院执行人员则明知是案外人的财产，但为了完成执行任务，也将案外人的财产作为被执行人的财产予以执行，严重损害案外人的财产权利。有的法院执行

---

① 张志铭：《执行体制改革的想象空间》，载《人民司法》2008 年第 21 期，第 50 页。

人员则在收取被执行人好处后，强迫执行人与被执行人达成执行和解协议，减少执行的债权额。

五是刑罚执行变更不合理的现象比较突出，不仅使刑罚执行的公正性受到损害，而且也为社会安全埋下隐患。根据《刑法》的相关规定，被判处管制、拘役、有期徒刑、无期徒刑的犯罪分子，在执行期间，符合一定条件的，可以减刑或应当减刑；被判处有期徒刑的犯罪分子和被判处无期徒刑的犯罪分子，符合一定条件的，可以假释。减刑与假释的裁定权在于中级以上的法院。只有对于那些确有悔改表现或不致再发生社会危害性的罪犯才可以减刑或假释。但是，在司法实践中，常常会发生一些不具备上述条件的罪犯却被减刑或假释的现象。例如，网络上盛传的中大恒基原老总刘某，在河南老家被判刑十一年之后，根本不符合假释条件，却在还没有服刑五年后就被假释，以致使他得以逃离原籍。①

（二）中国法院执行体制存在问题的原因分析

我国法院执行领域之所以存在前述诸多问题，其原因是多方面的，较为典型的有司法权威不高。因为司法权威不高，很多败诉的行政机关负责人总认为行政判决或者裁定可执行，也可不执行，甚至根本不把法院的行政判决、裁定当回事，如陕西省国土资源厅在接连卷入“以权抗法酿集体械斗”、“对抗省高院判决”、“干预最高法院判决”的舆论旋涡后，国土资源厅的领导却表现出了“淡定”。② 很多民事当事人也因此认为“权大于法”，在败诉之后不是自觉履行法院的生效裁判，而是千方百计地找关系，想通过一些掌权者将案件翻过来。这其中有我国传统文化造成的我国公民法律意识淡薄的因素，③ 也有地方保护主义或部门利益保护的原因，但关键还在于法院的执行体制问题。具体来说，导致法院裁判执行难、执行乱等问题的原因主要有以下两个方面：

1. 法院兼具审判权与执行权直接影响裁判的执行

如前所述，在我国，刑事裁判有很大部分由法院执行，行政裁判的绝大部分强制执行权也由法院行使，而民事裁判的强制执行权只能由法院来行使。这种法院集审判权与执行权于一身的执行体制存在以下几方面的严重弊病：

一是法院兼具审判权与执行权，难以改变法院长期以来固有的“重审轻执”观念。④ 因为重审判、轻执行，法院将主要人力资源都集中在审判工作之上，导致裁判执行的人力资源不足，该调查被执行人财产情况的未能调查，该及时执行的未能

---

① 袁国礼：《中大恒基原老总刘益良涉嫌欺行霸市等被捕》，载《京华时报》2008 年 1 月 17 日。

② 陈鸣：《最高院很生气，国土厅很“淡定”——陕西国土厅抗法事件调查》，载《南方周末》2010 年 8 月 4 日。

③ 马洪伟：《“执行难”现象的法律透析》，载《中南民族大学学报》2005 年第 1 期，第 106 页。

④ 汤维建：《关于破解“执行难”的理性反思——以执行体制的独立化建构为中心》，载《学习与探索》2007 年第 5 期，第 93 页。

及时执行，从而错过有效执行的最佳时机，导致执行难的问题。虽然现在最高人民法院加强了法院的执行机构，高配法院的执行局，对于缓解这一问题具有重要作用，但只要将执行机构内设于法院，就不可能彻底改变法院重审判、轻执行的观念。因为法院是一个裁判机构，对于法院来说，审判工作是其“主业”，而执行工作只是其“副业”，不管如何加强法院的执行工作，都不可能让一个“副业”与“主业”平起平坐，更不可能使其从一个“副业”变成“主业”，执行工作在法院工作中，永远摆脱不了“附属”地位。[①]

二是法院兼具审判权与执行权，导致审执不分，违反分权与制约原则。在我国，虽然法院建立有相对独立的执行机构，先有执行庭，后有执行局，但由于法院兼具审判权与执行权，在执行工作中尤其是在民事与行政执行工作中，很难避免形成一种审执不分的局面。其表现为：首先，根据1998年最高人民法院通过的《关于人民法院执行工作若干问题的规定（试行）》第3条的规定，人民法庭审结的案件，由人民法庭负责执行，只有那些复杂、疑难或被执行人不在本法院辖区的案件，才由执行机构负责执行。其次，执行庭或执行局作为执行机构，在行使执行权的同时，仍然行使着一定的裁判权。例如，根据最高人民法院2000年通过的《关于改革人民法院执行机构有关问题的通知》的要求，执行机构的改革必须强化裁判职能，确保执行人员行使裁判权。最高人民法院2009年通过的《关于进一步加强和规范执行工作的若干意见》虽然要求区分执行实施权与执行裁判权，以保证执行权的正当行使，但仍然将这两种权力交由执行机构行使，只要求执行机构加强内部监督与制约，即执行机构仍然行使一定的裁判权。最后，虽然执行局的设立要求执行机构的上下级之间有领导关系，即下级法院执行局要受上级法院执行局的领导，但是，同一法院执行机构和审判机构在同一院长领导下开展工作，很多重大事项仍由同一审判委员会决定，审判机构和执行机构的人员仍然可以互相交流，事实上也经常交流业务工作，因而不可能实现真正意义上的“审执分离”。司法实践中出现的“执行乱”现象，就与这种审判与执行没有彻底分离有很大关系。

三是法院兼具审判权与执行权，导致执行管理体制的混乱，从而影响裁判的执行力度。针对执行庭各自为政、不利于解决执行难的问题，最高人民法院规定，我国法院的执行机构采取执行局模式，执行局上下级之间为领导和被领导的关系。这可以说是执行机构改革中的一个亮点，因为这一改革符合执行权的运行规律，有利于缓解执行难的问题。但这种模式与法院的整体性质有严重冲突，主要体现在：首先，上下级法院之间的关系，宪法、法院组织法和三大诉讼法都规定是一种监督和被监督的关系。如果作为法院一个重要机构的执行局采取一种上下级的领导关系，就会产生一个逻辑上的问题——作为法院一个组成部分的执行局，在上下级之间实行垂直领导关系模式，而法院整体的上下级之间的关系模式却是性质完全不同的监

---

① 汤维建：《关于破解“执行难”的理性反思——以执行体制的独立化建构为中心》，载《学习与探索》2007年第5期，第93页。

督和被监督关系。其次，执行局既然实行垂直管理模式，下级执行局就应该在行动上服从上级执行局领导，但这样一来便产生了一个命令冲突的问题——一方面执行局要下级服从上级，另一方面执行局又要受本法院的整体领导，这样的两重领导关系不可避免地会发生冲突。下级执行局局长在行动的命令上，是服从上级执行局局长抑或服从本级法院院长？这显然是一个两难选择。① 由此可见，最高人民法院之所以将上下级法院执行机构之间的关系改为一种领导与被领导的关系，其重要目的之一在于统一管理与统一协调本辖区内的执行工作，以排除地方保护主义等法外因素对执行工作的非法干预。但法院兼具审判权与执行权的体制，即将执行机构设置在法院内部，在一些案件中很有可能会使最高人民法院的这种改革努力付诸东流。因为，法院执行机构虽然受上级法院执行机构的领导，但执行机构的人、财、物却是由本级法院所控制的，在这种情况下，如果所需要执行的案件关系本地区的重大利益，虽然上级法院执行机构可能会要求下级法院执行机构依法执行裁判，但本级法院领导因受法外因素的干预而要求消极执行时，法院执行机构往往会听从本级法院领导的指示而不是上级法院执行机构的命令，由此，裁判的有效执行就会成为空话。

四是法院兼具审判权与执行权会导致法院不合理适用财产刑。根据最高人民法院《关于适用财产刑若干问题的规定》第 1 条、第 2 条的规定，《刑法》规定“可以并处”没收财产或者罚金的犯罪，人民法院应当根据案件具体情况及犯罪分子的财产状况，决定是否适用财产刑；人民法院应当根据犯罪情节，如违法所得数额、造成损失的大小等，并综合考虑犯罪分子缴纳罚金的能力，依法判处罚金。也就是说，对于《刑法》没有规定应当并处财产刑的案件，如果根据具体情况的需要，也可以不并处财产刑；即使并处财产刑，也应当考虑违法所得数额与造成损失的大小，而不能仅考虑犯罪分子缴纳罚金的能力，更不能因为犯罪分子经济比较宽裕就并处高额的罚金。但由于法院兼具审判权与执行权，在司法实践中经常会出现一些滥用财产刑的现象。因为根据最高人民法院《关于适用财产刑若干问题的规定》第 10 条的规定，财产刑由第一审人民法院执行，而实践中的普遍做法是，法院上缴财政的罚没财物越多，财政返回法院的经费也就越多。这就导致一些法院在决定是否适用财产刑以及如何适用财产刑时，并不完全根据适用财产刑的必要性，而是考虑了自己的利益，即使可以不并处罚金也并处罚金，即使只能并处小额罚金的，也并处高额罚金。在实践中出现的财产刑执行到位率低、财产刑“空刑”现象突出的问题，其重要原因就在于一审法院出于私利滥用财产刑，使不该适用财产刑的也适用财产刑，或者过度适用财产刑。

五是法院兼具审判权与执行权不利于提高裁判的执行力度。这与法院的“重审轻执”有很大关系。如前所述，将执行机构设置在法院，由于法院的整体性质是一

---

① 汤维建：《关于破解“执行难”的理性反思——以执行体制的独立化建构为中心》，载《学习与探索》2007 年第 5 期，第 93 ~ 94 页。

个行使审判权的机关，执行权不可能超越审判权成为法院的“主业”。在这种情况下，在人员配置上，法院的执行人员不可能太多。但是，法院每年需要执行的案件特别多，为此就会产生执行人员少而案件多的冲突，冲突的结果往往是该及时执行的案件未能得到及时执行。

2. 法院执行机构的执行权缺乏制约，容易导致执行腐败

根据有关法律规定，在执行过程中，当事人或案外人的权利受到侵害的，可以提出执行异议。例如，《民事诉讼法》第225条规定：“当事人、利害关系人认为执行行为违反法律规定的，可以向负责执行的人民法院提出书面异议。当事人、利害关系人提出书面异议的，人民法院应当自收到书面异议之日起十五日内审查，理由成立的，裁定撤销或者改正；理由不成立的，裁定驳回。当事人、利害关系人对裁定不服的，可以自裁定送达之日起十日内向上一级人民法院申请复议。”第227条规定：“执行过程中，案外人对执行标的提出书面异议的，人民法院应当自收到书面异议之日起十五日内审查，理由成立的，裁定中止对该标的的执行；理由不成立的，裁定驳回。案外人、当事人对裁定不服，认为原判决、裁定错误的，依照审判监督程序办理；与原判决、裁定无关的，可以自裁定送达之日起十五日内向人民法院提起诉讼。”最高人民法院《关于财产刑执行问题的若干规定》第5条规定：“执行财产刑时，案外人对被执行财产提出权属异议的，人民法院应当审查并参照民事诉讼法的有关规定处理。”但是，由于最高人民法院在执行机构改革中要求确保执行机构的执行裁判权，因而执行异议的审查主体是执行机构而不是审判机构。最高人民法院2009年颁布的《关于进一步加强和规范执行工作的若干意见》虽然要求区分执行审查权和执行实施权，但仍然要求这两种权力由执行机构的不同内设机构或者人员行使，而不是要求将执行审查权交由审判机构来行使。

不仅执行机构同时行使执行实施权与对执行异议的审查权，同时法律也没有明确规定执行机构审查执行异议时应当适用何种程序，以及当事人或案外人有什么样的权利等问题。虽然最高人民法院2006年颁布的《关于人民法院执行公开的若干规定》第12条规定，人民法院对案外人异议、不予执行的申请以及变更、追加被执行主体等重大执行事项，一般应当公开听证进行审查，但也规定案情简单、事实清楚、没有必要听证的，人民法院可以直接审查。可见，是否对执行异议进行公开听证，由法院决定，而不是异议提出人的权利。另外，作为法律监督机关的检察机关也没有对执行进行监督的有效途径，当事人或案外人在执行过程中权利受到侵害后往往无法得到有效救济。上述因素均是司法实践中执行乱得以存在的重要原因。例如，在刑罚执行过程中，虽然根据有关法律的规定，对于假释案件，必须由法院组成合议庭对执行机关的假释建议材料进行审查后，才能作出假释的裁定，但该裁定程序由于缺乏具体法律规定，在实践中既不向罪犯和被害人公开，也不向检察机关公开，更别说向社会公众公开了，完全是由法院在审查有关材料的基础上作出的，其公正性令人怀疑。

英国的阿克顿勋爵曾说道：“权力必然导致腐败，绝对的权力绝对地导致腐

败。”法院执行机构的执行权自然也不例外，如果执行权缺乏制约，则极易导致执行腐败。近年来，执行中的腐败现象时有发生，如2008年的广东省高级人民法院执行局原局长杨某受贿案、深圳市中级人民法院原副院长裴某等五名负责执行的法官腐败窝案，2010年的武汉市中级人民法院执行局六名执行法官腐败窝案便极具典型性，使得长年来困扰法院系统的执行乱象暴露无遗。对于最近曝光的武汉市中级人民法院执行腐败窝案，据报道，从2009年5月到2010年4月，武汉市中级人民法院执行局的六名法官先后落马，导致这次执行腐败窝案的是一起房地产执行案。1993年，武汉致丰房地产开发有限公司（以下简称“致丰公司”）在武汉市黄陂区盘龙城中心地段买下六百余亩地。2005年，致丰公司划出两百亩地，开发了“28街”，但该项目使得致丰公司负债累累，金额达两千万元。在这种情形下，致丰公司无力开发的四百亩地，成为众多地产开发商垂涎的肥肉，到2008年时，该地的价值已达上亿元。在致丰公司在有关债务纠纷中败诉后，为了执行两千万元的债务，武汉市中级人民法院执行超标查封了致丰公司价值亿元的400亩地，随后将其低价评估，拍卖给武汉市某大型房地产开发企业。致丰公司在提出异议无果的情况下，只能向法院提起诉讼，欲从中标者手中拿回属于自己的400亩闲置用地。也正是因为这种超标查封与低价评估，以及致丰公司的诉讼，导致执行局法官的腐败行为被暴露出来。其实，根据报道，武汉市中级人民法院执行局法官利用这种执行权与执行裁决权合一的弊端，损害当事人利益的事情，已经不是第一次发生了。①

三、关于中国法院执行体制改革的争论

法院裁判的权威性是司法权威性的重要体现，是法治社会得以建立的重要基础，而法院裁判是否得以完全履行，又是法院裁判权威性的重要内容。可以说，执行工作中的“执行难”与“执行乱”问题，不仅直接影响到有关当事人的权利能否实现，以及有关案外人的权利能否保障，也直接影响到司法权威的确立，影响到法治社会能否在我国得以逐步建立，影响到我国和谐社会的构建。因此，面对执行工作中的“执行难”与“执行乱”问题，不论是学术界还是实务界，均一致认为必须对我国执行体制进行改革，至于如何改革则存有分歧。概括起来，这些分歧主要集中在执行权的性质和执行机构的归属两个方面。

（一）执行权的性质

执行权的性质直接关系到执行机构的设置，是执行体制改革的基础问题，也是目前关于执行体制改革争议较多的问题。有关执行权的性质，主要有以下三种观点：

1. 行政权论

有学者认为，执行权具有确定性、主动性、命令性，执行活动是一种行政活动，

---

① 《武汉市中院6名执行局法官因腐败落马》，载新华网，http://news.xinhuanet.com/lianzheng/2010-05/31/c_12162362.htm，2010年7月5日访问。

执行行为是一种行政行为；人民法院判决、裁定的执行，其性质属于行政工作。因为我国各级行政机关是国家权力机关的执行机关，负责执行国家权力机关制订的各项法律、法令和对某些重大事项作出的决定；人民法院是国家审判机关，代表国家行使审判权，它所作出的判决和裁定是运用国家法律的结果，因此，国家法律由行政机关执行。同理，人民法院运用国家法律作出的判决、裁定也应当由行政机关行使。换言之，法院判决、裁定的执行工作应具有行政属性。① 当然，也有学者认为，执行权虽然不是司法权，但也不同于一般的行政权，而是一种具有特殊性质的行政权。② 这个特殊性的集中表现就在于，它经常地与司法权或审判权相关联。换言之，就是在执行过程中，经常会出现需要法院加以裁判的执行纠纷。③

虽然行政权论似乎是目前多数学者的观点，但也有学者对此提出疑问，认为行政权论忽视了执行工作中的司法行为，因为无论是中国还是外国，在执行的整个过程中必定存在一定的司法行为，即使强制执行机构设在行政机关（如瑞典）的国家，. 执行工作也离不开法官的行为。因此，将这种司法行为作为一种行政权看待，显然不合适。④

2. 司法权论

有学者认为，民事执行权是国家司法职能的一部分，执行行为是一种司法行为，执行权属于司法权，司法执行权是司法机关的一种职能权，人民法院的司法执行权是保障法律文书实施的强制权。它既不同于审判权，不是判断是非以确定权利义务关系的权力，又与审判权有着密切的联系，是为保障体现审判权的法律文书得以实施的强制性权力。⑤ 也有学者认为，强制执行权是由法院行使，法院是审判机关，强制执行权是法院审判权的组成部分，因此强制执行权在性质上是司法权。⑥ 有学者则从另一个论证途径出发，认为执行权是一种司法权，根据在于：一是执行权包含执行裁判权与执行实施权，执行裁判权具有司法权的属性，执行实施权具有行政权的属性，但在执行权中，执行裁判权对执行实施权具有指示、引导作用，在执行权中应当处于核心地位，因此从根本上看，执行权依然属于司法权；二是执行权的本质特征与司法特征相符合，因为司法是运用国家司法权进行裁判或监督国家法律实施的活动，其主要职能在于依法解决争端，而执行机关在执行活动中运用执行权实现权利人的私权，最终目的也是解决争端，它符合司法的本质特征；三是执行权

---

① 谭世贵主编：《中国司法改革研究》，法律出版社 2000 年版，第 294 页。

② 汤维建：《执行体制的统一化构建——以解决民事“执行难”为出发点》，载《现代法学》2004 年第 5 期，第 25 页。

③ 汤维建：《关于破解“执行难”的理性反思——以执行体制的独立化建构为中心》，载《学习与探索》2007 年第 5 期，第 93 页。

④ 高执办：《论执行局设置的理论基础》，载《人民司法》2001 年第 2 期，第 26 页。

⑤ 邢军、刘文涛：《关于执行权的性质及执行机构设置的思考》，载樊崇义主编：《诉讼法学研究（第 6 卷）》，中国检察出版社 2003 年版，第 151 ~ 152 页。

⑥ 信春鹰、李林主编：《依法治国与司法改革》，中国法制出版社 1999 年版，第 431 页。

对审判权的实施具有保障作用；四是执行权行使的被动性与司法权的属性相符合。[①]还有学者认为，执行权的性质不同于执行权的定位，执行权的定位是指执行权在国家权力结构中的定位，而执行权的性质是指执行权这种权力区别于其他国家权力的本质属性，是司法权还是行政权，这是从权力定位的角度来看的，而不是从执行权的性质来看的。并认为执行权的性质应当是司法强制权，它与审判权有着密切的联系，但不同于审判权，不是判断是非而是强制实现生效法律文书确定权利义务关系的权力，具有强制力的现实性、直接性与终局性等特征。[②] 这种观点虽然没有明确认为执行权是一种司法权论，但从其论证目的在于强调法院的执行权来看，也可以认为是一种司法权论。

对这种司法权论，有学者提出质疑：一是司法权说以我国目前的执行机构为理论基础，即凡属于法院行使的权力即为司法权，这并不恰当。因为虽然司法行为是法院实施的，但并非法院所为的任何行为都是司法行为，当法院所为的某些行为同时也可由其他机关实施时，这些职权不专属于法院，就不具有司法性。[③] 二是司法权的本质特性是判断权，具有被动、平等、中立等特征，属性单一，而执行权既包括属于判断权的执行裁决权，又包括不同于判断权的执行实施权，属性并不单一，显然与司法权的本质属性有区别。[④] 三是法院执行的依据是生效法律文书，并不仅限于法院裁判文书，还包括公证债权文书、行政处罚决定、仲裁裁决书等，因此执行工作并不当然是审判权的有机延伸。四是司法权说以中国现行的执行与司法制度为基础，以法院行使的权力都是审判权为前提，但是"判断某一个国家职权行为在国家分权（分工）属性中的性质，并不能以某国某阶段的制度为基础，也不能以行使权力的主体性质为前提。判断某一个权力的性质应该依某一权力形成的工作性质为基本依据。纵然世界上大多数国家的执行机构设在法院，但并不能由此证明强制执行权就是司法权"。[⑤]

3. 司法行政权论

这种观点认为，执行权既有行政权的属性，又有司法权的属性。在执行工作中，司法权和行政权的有机结合构成了复合的、相对独立的、完整的强制执行权。执行权的部分职权具有司法权的特点，如在执行中通过裁判的形式处理执行异议和执行分配争议就体现了司法权的被动性、中立性、终局性；执行权的部分职权具有行政权的特点，如调查财产、送达法律文书等，体现了行政权的主动性、单方面性和非终局性。[⑥] 还有学者从执行工作的具体内容出发，认为执行权是综合性权力，部分

---

① 牟逍媛：《民事执行权的性质》，载《华东政法学院学报》2005 年第 3 期，第 73 ~ 74 页。

② 当然，该作者主要论述的是民事执行权，而没有涉及行政执行权与刑事执行权。参见童兆洪：《论民事执行权的性质》，载《法律适用》2003 年第 10 期，第 19 ~ 22 页。

③ 孙加瑞著：《强制执行实务研究》，法律出版社 1994 年版，第 5 页。

④ 张启楣主编：《执行改革理论与实证》，人民法院出版社 2002 年版，第 88 页。

⑤ 高执办：《论执行局设置的理论基础》，载《人民司法》2001 年第 2 期，第 26 页。

⑥ 高执办：《论执行局设置的理论基础》，载《人民司法》2001 年第 2 期，第 26 页。

属于司法权的范畴，部分属于行政权的范畴：对执行争端作出裁判属于司法权性质；依申请或主动作出的裁定、决定，有的属于司法权性质，如裁定中止执行、决定签发搜查令、决定拍卖执行标的等，有的属于行政权性质，如对拍卖、中止执行等一般执行事项的决定权、裁定权；具体执行事务的实施属于行政权。①

上述观点似乎持之有据，其论据在于在执行过程中需要对有关争议进行裁决，如果没有这种裁决行为，执行权就不能具有司法权的属性。对此，有学者提出质疑，认为这种观点没有透过现象看到本质，没有抓到矛盾的主要方面，因为在执行的过程中虽然存在需要法院行使裁判权加以判断的事项和现象，但需要法院裁判权加以判断的部分应当被划归裁判权，而不能仅因为其在时点上存在于执行过程中，就笼统地将之界定在执行权的范围内；执行权的属性固然展示于执行过程中，但在执行过程中出现的未必都是执行权。换言之，那种认为属于执行权重要内容的执行裁判权其实并不是执行权的内容。因此，执行权并不具有司法权的属性，而只是一种行政权。②

（二）执行机构的归属

关于执行机构的归属，学术界主要有以下四种观点：

1. 法院说

这种观点认为，执行机构仍应当设在法院。例如，有学者认为，执行权虽然具有行政权的属性，但从目前来看，执行机构宜设在法院，理由为：一是应当充分考虑有利于改革的稳步推进。根据我国现行法律制度，特别是民事诉讼制度、仲裁制度、公证制度的设计，执行机构设在法院具有历史的延续性；如果执行机构设在法院之外，则要修改一大批的法律，会影响法律的稳定性。二是应充分考虑我国目前被执行人的现状和我国经济运行的实际状况。目前以至今后相当长的一段时期内，被执行人的履行能力较差、信用较差，许多法人企业被执行人为了逃债，或变更名称，或进行所谓重组，或抽回注册资金，或互相参股；同时，在我国经济运行中，由于市场经济不完善条件下的债权、物权的不断转换等，经常需要在执行阶段变更被执行人。鉴于此种情况，只有执行机构设在法院，才便于通过司法裁判权的及时适用来变更被执行主体，法院不可避免地要介入执行工作之中。三是应充分考虑执行的公正和效率。执行机构设在法院之外或分设在法院和行政机关，都会在公正和效率上受到一定程度的影响。由行政机关来行使执行中的裁判权有失公正，法院和行政机关分别行使执行中的司法权和行政权则可能影响效率。③ 还有学者从另外的角度来论证将执行机构设置在法院的合理性：一是从执行的功能角度来看，法院司

① 严仁群：《民事执行体制设计的理论基础》，载《法学评论》2003 年第 5 期，第 73～74 页。

② 汤维建：《关于破解“执行难”的理性反思——以执行体制的独立化建构为中心》，载《学习与探索》2007 年第 5 期，第 92 页。

③ 高执办：《论执行局设置的理论基础》，载《人民司法》2001 年第 2 期，第 26 页。

法的目的在于维护一种不断展开的行动秩序，法院存在的目的（对整个社会而言是功能）是给社会提供权威、有效、公正和最后的正义防线。司法权行使的目的在于复归民意，矫正正义，实现错位权利与权力的回归，矫正不可能仅停留在观念上，公正的裁判与正确高效的执行难以分离，社会需要公正的裁判是因为它可以在国家强制力的保障下实现，否则即使是最公正的裁判也难以使司法权获得权威性。将执行权配置在法院与法院实现自身目的并不矛盾，相反具有促进功能。如果将执行裁决权配置在行政机关，在政府尚没有完全养成依法行政习惯的今天，并不能保证获得更大的公正性。二是从法的效力与实效角度来看，执行权分解为执行裁决权和执行实施权是必要的，这两种权能虽然相互区别，但并不因此可以相互分离，因为两者分别服务的对象——法的效力与法的实效也是不可分的，不能将执行实施权交给其他机构，而法院只能行使执行裁决权。三是从现实国情来看，在我国司法权相对于行政权而言处于明显弱势的背景下，如果将执行权划归行政部门行使，必然会导致司法权处于更加弱势的地位，而行政权的地位则将更加趋于强势，司法权对行政权的制约和监督功能将更加弱化，这不符合我国建设社会主义政治文明和完善社会主义市场经济的要求。四是从执行工作的现状来看，如将执行权交由行政机关行使，则将为行政机关出于维护政府利益（包括政府的部门利益）、地方利益（对于地方政府来说）甚至官员私人利益而利用执行权提供更为便捷的途径，执行权的行使在法治意义上也将失去根本的保障。① 另有学者考虑目前法院的执行权力过分集中，容易导致执行腐败，虽然主张将执行机构设置在法院，但主张将执行权分为执行裁判权与执行实施权，在法院内设立两个相互独立的机构，即执行裁判庭与执行局，将执行裁判权交由执行裁判庭行使，将执行实施权交由执行局实施。②

2. 行政机关说

这种观点认为执行权是一种行政权，所以不应当由法院行使，而应当由司法行政部门统一行使。正如有学者认为，判决和裁定的执行属于典型的具体行政行为，因此执行工作应从法院分离出来，交司法行政部门负责。③ 司法只司裁判，裁判以外的事不属于司法范畴，强制执行权属于行政权的范围，因此建议将民商事和行政案件的执行权从司法中分离出去，与刑事案件的执行权统一移转给司法行政机关行使，让法院专司裁判以提高司法的公正、效率和权威。④ 有学者更是为司法行政部门的执行机构设置提出了具体建议：国家司法部设执行总局，省、自治区、直辖市

---

① 童兆洪：《改革语境中的民事执行权配置理论》，载《法制与社会发展》2005 年第 2 期，第 38 ~41 页。

② 邢军、刘文涛：《关于执行权的性质及执行机构设置的思考》，载樊崇义主编：《诉讼法学研究（第 6 卷）》，中国检察出版社 2003 年版，第 174 页。

③ 李明霞、万学忠：《建议执行工作交司法行政部门负责》，载《法制日报》2003 年 3 月 16 日。

④ 吴玲：《民事执行主体研究》，载《当代法学》2002 年第 11 期，第 122 页；李修源著：《司法公正理念及其现代化》，人民法院出版社 2002 年版，第 349 ~350 页。

司法厅（局）设执行局，地、州、市司法局（处）设执行科，县（市）司法局设执行股，负责执行领导与管理的工作；同时，在省级执行局、地（市）执行科、县（区）执行股之下分别设立执行支队、执行大队和执行中队，负责具体的执行工作。① 甚至还有学者主张将执行权交由公安机关等部门行使。② 行政机关说所面临的质疑是，它虽然尊重了执行权的行政属性，但可能忽视了执行权所具有的行政权属性的特殊性，执行权虽然在本质上属于行政权，但与我国现行行政体制中的行政权有所区别：执行权应当全国上下垂直领导，不受地方政府的制约；而一般的行政权是地方政府的组成部分或者是其职能分化形式，受地方政府、人大、党委的制约。如果将执行权交给地方行政部门行使，则根本不能解决地方保护主义的难题，可能反而加剧解决这个问题的难度。而且，具体落实起来，将执行权交给司法行政部门行使，司法行政部门缺乏行使此一权力的条件和实际能力，相比较而言，其实际效果并不见得比法院行使执行权更好。③

3. 检察机关说

这种观点主要涉及刑罚的执行，认为刑罚执行应当由检察机关来指挥执行，应当建立一种检察指挥执行的体制，即由检察机关决定刑罚执行的顺序、决定停止执行自由刑等诸项权能。其理由：一是从刑事诉讼构造的原理上讲，刑事诉讼系由检察机关所提起，实现国家刑罚权是检察机关提起公诉的根本目的之所在，因此，作为实现国家刑罚权的执行，往往也同时被视为检察机关的专属职权，在动态上构成了公诉权的延伸；二是从国外的立法和理论来看，均趋向于将检察机关定位为执行权的真正主体，而将监狱等司法行政机关视为检察机关行使执行权的辅助机关。④ 对于检察机关说，有学者认为存在两个方面的问题：一是就现行的司法体制来说，检察机关的主要职责是负责对刑事犯罪的事实进行审查，以便决定是否逮捕、是否需要提起公诉、在已经提起公诉的基础上还需要出庭支持公诉，并依法对整个刑事诉讼过程进行法律监督。这一司法职能是根据现行《刑事诉讼法》对整个刑事诉讼活动划分为侦查、起诉、审判、执行四个阶段，检察机关仅负责起诉职能而确定的，如果检察机关直接负责对刑罚的执行职能，势必造成诉讼职能划分不清。二是如果检察机关直接担负起对刑罚的执行职能，那么根据现行《刑事诉讼法》的规定，检察机关要对整个刑事诉讼活动进行法律监督，这样势必造成检察机关自己对自己的监督，所谓的检察机关的监督就形同虚设。⑤

---

① 谭世贵：《论执行体制改革》，载《海南大学学报（人文社会科学版）》2000 年第 3 期，第 81 页。

② 贺卫方著：《司法的理念与制度》，中国政法大学出版社 1998 年版，第 264 页。

③ 汤维建：《执行体制的统一化构建——以解决民事“执行难”为出发点》，载《现代法学》2004 年第 5 期，第 25 页。

④ 万毅：《刑事执行制度之检讨与改造》，载《甘肃政法学院学报》2005 年第 5 期，第 22 页。

⑤ 杨兴培：《刑事执行一体化的构想》，载《华东政法学院学报》2003 年第 4 期，第 57 页。

4. 独立机关说

这种观点认为，执行权既不能像现在一样交由法院行使，也不能交由司法行政部门行使，而应当设立一个独立机构来行使执行权。至于这种独立机构的设置，则又存在不同主张。有学者认为，执行机构应当仿照铁路、中央银行系统，参考海关、反贪局等机构，设立跨地区的独立执行机构，统一行使刑事、民事、行政执行权。具体可分为三级：中央一级设立“执行总署”，跨地区一级设立执行厅，执行厅下设立执行分厅。执行机关统一行使包括民事执行、行政执行和刑事执行在内的执行权，在各级执行机构分别设立三个职能部门，执行机关实行独立的经费预、核算。执行机关实行统一管理，上下级之间实行垂直领导。执行机关独立于地方政府、法院、检察院，但要向同级人大汇报工作，接受同级人大的监督。据此，执行机构只能行使执行实施权，对执行事项的变更或者其他与裁判有关的事项，如对执行异议的审查，对减刑、假释的裁决，应当交由原来制作相应法律文书的机构行使，而不宜由执行机关行使。其理由为：一是执行权既不同于司法权，也不同于一般的行政权，而是一种具有特殊性质的行政权。将执行权交由司法机关行使具有天然的局限性，将执行权交由行政机关行使，在我国目前的行政体制下，也难以克服地方保护主义等不良因素的影响。二是符合国际惯例。英美法系国家完全将执行权从法院中分离出来，建立专门的司法行政机关负责执行，大陆法系国家虽然将执行中的纠纷交给法院的执行法官解决，但具体的执行事项是由独立于法院的执行官来完成的。三是有利于结束民事执行、行政执行和刑事执行各自为政的分散局面，实现国家执行权的统一行使，从而实现国家执行权资源的优化配置。① 也有学者认为，应当设置区域性的执行法院来统一执行法院的裁判，这样不仅有利于节约法院审判资源，而且有利于保持现行法院司法体制的审判优势，可以成为当前法院司法改革的一个突破口。这种执行法院的设置和人、财、物应与地方政府彻底脱离，并实行垂直领导的体制。具体来说，就是全国设立三级执行法院，即基层执行法院、中级执行法院和高级执行法院。基层执行法院可按二至三个基层审判法院的管辖范围设立；中级执行法院也按二至三个中级审判法院的管辖范围设立。基层执行法院和中级执行法院的院长由所在地省级人民代表大会选举产生，副院长、执行员、审判员由同一省级人大常委会任免。高级执行法院可按经济协作区划设立，打破按省级行政区划设立的惯例。高级执行法院的院长由全国人民代表大会选举产生，副院长、执行员、审判员由全国人大常委会任免。同时在执行法院系统中实行垂直领导的体制，高级执行法院接受最高人民法院的直接领导。② 对于这种设立执行法院的观点，有学者质疑它虽然有利于提高执行工作和执行机构的社会地位，强化执行机构的独立性，

---

① 汤维建：《执行体制的统一化构建——以解决民事“执行难”为出发点》，载《现代法学》2004 年第 5 期，第 27 页。

② 王顺林、丁洪泉：《设立执行法院，改革执行体制》，载《政治与法律》1999 年第 6 期，第 56 ~ 57 页。

减轻审判法院的负担，但是存在一个难以解决的难点：执行法院和现行法院的关系如何设定？执行法院是否隶属于最高人民法院管理？如果属于，则无法体现执行独立的理念，执行权与审判权无以彻底分离；如果不属于，那么，就势必存在两套相互独立的法院系统。这除了增加法院体制的复杂性外，别无其他优势；而且，执行权本质上属于行政权，不能隶属于任何名目的法院名下。①

（三）对有关争议的评析

1. 关于执行权性质的评析

国家权力的分类根据一般是各种权力的性质与特点，因此将某种权力划入行政权，还是划入立法权或司法权，都不得不考虑这种权力的性质与特点。那种认为执行权是一种司法强制权的观点，其实只是看到执行权行使时的一个特点，并没有看到执行权的综合性特点，有扩大执行权一方面特点而遮掩其他特点的嫌疑。在司法权论中，那种因为法院行使了执行权就认为执行权是一种司法权的观点显然不恰当，需要认真对待的是那种认为执行权包括执行裁决权，而执行裁决权是一种司法权，因而执行权是一种司法权的观点。这种观点关系执行权性质讨论的一些基本前提问题——执行权内容应当包括哪些？执行裁决权是否属于执行权的内容？执行裁决权是否为一种司法权？②

首先，执行裁决权是否为一种司法权？执行裁决是针对在执行过程中出现的一些异议或分歧进行处理，如被执行的财产是否属于案外人的财产，法院是否有管辖权，执行行为是否违法，罪犯是否可以减刑、假释、监外执行，是否可以减免罚金数额等。司法权与行政权的最本质区别在于司法权以判断为本质内容，是判断权，而行政权以管理为本质内容，是管理权。判断是一种“认识”，管理是一种“行动”。判断的前提是关于真假、是非、曲直所引发的争端的存在。行政管理发生在社会生活的全过程，它不一定以争端的存在为前提，其职责内容可以包括组织、管制、警示、命令、劝阻、服务、准许、协调等行动。③ 简言之，司法权作为一种裁判权，必须有争端的存在，而且只能被动地介入争端的裁决，裁决具有终局性，而行政权作为一种管理权，并不一定需要有争端的存在，还应主动地在争端发生之前就介入。因此，对于争议的裁决或处理是否属于一种司法权，关键是对这些争议或事项有处理权的机构是主动地处理，还是被动地处理，这些处理是否具有终局性。

对于执行过程中的各种争议，有处理权的机构应当被动介入。例如，对于案外

① 汤维建：《执行体制的统一化构建——以解决民事“执行难”为出发点》，载《现代法学》2004年第5期，第25页。

② 司法权，虽然在我国也很常用，但笔者所说的司法权其实是一个不同于西方国家所说的司法权的概念，西方国家的司法权其实相当于我们所说的审判权或裁判权，而我国的司法权的内容却不止于此，还包括其他诸如检察权、侦查权之类的内容。在此所说的司法权其实是一种审判权或者裁判权。

③ 孙笑侠：《司法权的本质是判断权——司法权与行政权的十大区别》，载《法学》1998年第8期，第34页。

人异议与管辖异议来说，执行行为是否侵害案外人权利，其是否提出异议，应当有自治权，处理机构不应当主动介入。比较特例的如监外执行，虽然通说认为这只是一种刑罚措施的变更执行，因此属于刑罚执行的内容，可由执行机关主动作出决定而属于一种行政权，但如果考虑到监外执行可能对社会公众的安全利益造成的损害，相关社区的公众可以对监外执行提出异议，执行机构及其主管机关作出的决定不应具有终局性，而应由其他机关作出最终处理，而这种最终处理机关的介入应当是一种被动地介入。因此，笔者认为，对执行过程中出现的各种争议的处理，具有司法权的特征，应当属于一种司法权。从这点来看，如果认为执行权包括了执行裁决权，但又认为执行权只是一种行政权，这种观点肯定是不确切的。相反，认为执行权既有行政权属性，又有司法权属性的观点更为合理。为此，执行权的性质到底是什么，还需要对执行权是否包括执行裁决权进行分析。

其次，执行裁决权是否属于执行权的内容？笔者认为，执行裁决权根本不是执行权的应有内容，执行权不包括执行裁决权。“事实上，在执行的过程中虽然存在需要法院行使裁判权加以判断的事项和现象，但是，需要法院行使裁判权加以判断的部分应当被划归裁判权，而不能仅仅因为其在时点上存在于执行过程中，就笼统将之界定在执行权的范围内。执行权的属性固然展示于执行过程中，但在执行过程中出现的未必都是执行权。”① 确实，我们不能因为根据时间将诉讼过程分为侦查、起诉、审判与执行四个阶段或审判与执行两个阶段，就将发生在执行阶段的所有行为都归之于执行行为。执行，其实就是将生效裁决付诸实施的过程，而不是就争议作出裁判的过程。因此，虽然就执行过程中出现的争议作出裁决，与执行过程密切相关，但它其实是就新的事实作出了裁决，不应属于执行过程。因此，执行裁决权是一种司法权，执行权只包括执行实施权，因而执行权只是一种行政权。将执行权视为司法权，或认为执行既有司法权属性，又有行政权属性的观点，是错误理解执行权内容的结果。

2. 关于执行机构设置争议的评析

执行权是一种行政权，仅从这点出发，主张将执行权统一交给作为行政机关的司法行政部门来行使的观点，似乎较为合理。但是，如前所述，导致目前执行难的一个重要原因就是地方保护主义与部门利益的存在。在这种情况下，虽然将刑罚执行交给司法行政部门可能不存在问题，但如果将民事执行与行政执行，尤其将行政执行交由司法行政部门行使，目前存在的执行难问题不仅不会得到缓解，而且还会更加严重。因此，从执行体制改革的目的和统一执行机构的角度而言，行政机关说是不可取的。

对于法院说，很多论者是以执行裁决权作为执行权的一个重要内容来论证的，因为执行裁决权是一种司法权，而司法权应当由法院来行使，所以将执行权交由法

① 汤维建：《关于破解“执行难”的理性反思——以执行体制的独立化建构为中心》，载《学习与探索》2007 年第 5 期，第 92 页。

院行使比较恰当。如前所述，执行裁决权并不是执行权的应有内容，将执行权这种行政权交由法院这种被动行使裁判权的机关来行使，其不合理性是不言自明的。至于有论者认为，将执行权交由法院行使有利于促使观念上的秩序的实现，有利于改善司法权的弱势地位，有利于执行的公正性等，对此，笔者认为，裁判所确定的秩序能否实现，关键在于确保执行不受法外因素的干预，在于强制执行措施与方法是否有效，而不是法院执行就能解决的，而且从目前的执行实践来看，很多执行难的现象恰恰是因为法院缺乏有效的执行措施与方法。关于执行体制的合理性问题，其判断标准不是司法权与行政权的平衡与否，而应当是裁判所确定的当事人权利是否能够得到完全、及时的实现，案外人的合法权利没有受到执行行为的损害。另外，执行的本义是将裁判确定的权利义务付诸实施，至于有关权利义务的确定是否公正，这是作出裁判时考虑的内容，而不是执行时考虑的内容，执行时应当考虑的是如何有效地实现裁判所确定的权利义务。因此，笔者认为，不管是将执行权交由目前的法院行使，还是如一些学者所说的建立独立的执行法院来行使执行权，都是不可取的选择。

至于检察机关说，这是借鉴国外刑罚执行的结果。这种观点的致命缺陷是，没有看到我国检察机关与国外检察机关的不同定位。在国外，在三权分立的权力体制下，检察机关是行政机关的重要组成部分，是一种特殊的行政机关，执行权是一种行政权，交由检察机关指挥行使并没有重大障碍。但在我国，在人民代表大会制度之下，检察机关是独立于行政机关与审判机关的法律监督机关，行使的是一种法律监督权，将具有行政权性质的执行权交由检察机关行使，不仅在理论上是行不通的，而且在实践中还存在一个谁来监督监督者的实际问题。因此，检察机关说在我国是行不通的。

在我国，执行机构的设置，首先要考虑执行权的行政权性质，其次要考虑执行的有效性。执行的有效性，从体制的角度来看，我国目前最需要考虑的问题是如何摆脱地方保护主义与部门利益的干扰。地方保护主义主要是地方政府出于本地区的局部利益干扰裁判的执行，而部门利益主要是在行政裁判的执行中，败诉的行政机关阻碍裁判的执行。如何解决这个问题，比较可行的出路就是建立一种独立于地方政府的执行机构。因此，笔者总体上赞成独立机关说，即仿照铁路、中央银行系统，设立上下级之间具有领导与被领导关系的独立执行机构，统一行使刑事、民事、行政执行权。

四、中国法院执行体制改革与创新的设想

（一）一种内置式的法院执行体制改革努力

对于我国法院执行工作长期以来存在的问题，尤其是执行难问题，最高人民法院是有比较清醒的认识的。为此，自2000年开始，最高人民法院就开始组织探索法院的执行体制改革。根据1998年最高人民法院《关于人民法院执行工作若干问题的

规定（试行）》第9条的规定，上下级人民法院的执行机构之间只是一种监督、指导和协调关系。但2000年最高人民法院在《关于改革人民法院执行机构有关问题的通知》中要求各地法院：一是建立“各省、自治区、直辖市范围内的人民法院执行工作由高级人民法院统一管理和协调”的执行工作运行机制，这实际上是要求在各省、自治区、直辖市建立一种由高级法院统一领导的执行机构；二是要求执行机构的改革必须强化裁判职能，确保执行人员行使裁判权，同时应当积极探索执行裁判权和执行实施权相分离，裁判人员和执行人员分工负责、互相配合、互相制约的新机制，由一部分有审判职称的执行人员主要从事裁判事项，其他执行人员主要从事执行事务。这实际上是要求通过将执行权分解为执行裁判权与执行实施权，并由执行机构的内部不同部门来相互制约，以解决“执行乱”的问题。

如果以上改革还只是一种改革探索，还不是很成熟，那到2009年时，最高人民法院所组织的执行体制改革应当说已经取得了一些成绩，其标志是这一年所发布的《关于进一步加强和规范执行工作的若干意见》。在该意见中，最高人民法院要求：（1）优化执行职权配置。一是进一步完善高级人民法院执行机构统一管理、统一协调的执行工作管理机制，中级人民法院（直辖市除外）对所辖地区执行工作实行统一管理、统一协调。进一步推进“管案、管事、管人”相结合的管理模式。二是实行案件执行重心下移，最高人民法院和高级人民法院作为执行工作统一管理、统一协调的机构，原则上不执行具体案件，案件主要由中级人民法院和基层人民法院执行，也可以指定专门法院执行某些特定案件，以排除不当干预。三是科学界定执行审查权和执行实施权，并分别由不同的内设机构或者人员行使。将财产调查、控制、处分及交付和分配、采取罚款、拘留强制措施等事项交由实施机构办理，对各类执行异议、复议、案外人异议及变更执行法院的申请等事项交由审查机构办理。四是实行科学的执行案件流程管理，打破一个人负责到底的传统执行模式，积极探索建立分段集约执行的工作机制。（2）统一执行机构设置。各级人民法院统一设立执行局，并统一执行局内设机构及职能。（3）合理确定执行机构与其他部门的职责分工。要理顺执行机构与法院其他相关部门的职责分工，推进执行工作专业化和执行队伍职业化建设。实行严格的归口管理，明确行政非诉案件和行政诉讼案件的执行、财产保全、先予执行、财产刑等统一由执行机构负责实施。

在此期间，地方各级法院也积极探索执行体制改革。例如，浙江省高级人民法院就先后出台了关于执行制度的近三十个规范性文件，内容涉及执行制度的方方面面，诸如执行工作统一管理，执行案件的流程管理、委托执行、听证，执行中的评估拍卖变卖，再执行凭证制度，执行款管理，执行案件的协调、监督、结案方式、公开和告知，强制被执行人申报财产，悬赏执行，执行和解，立案审判执行协调工作，公安机关协助执行，司法警察参与执行，人民陪审员参与执行，办理申请变更执行法院案件，执行工作宣传等。

上述改革，不论是最高人民法院的改革，还是地方各级法院的改革，都是在现行制度框架内的改革，即将执行权作为法院的重要职能，将执行机构作为法院的重要内设机构的前提条件下所进行的改革。这正如一些学者所指出的，是一种内置式的改革。① 这种内置式改革，虽然取得了一些成绩，裁判执行难、执行乱的问题较过去得到了一些缓解，但并不能彻底解决。从最高人民法院与各地法院的改革措施来看，可以说，在现行执行制度框架内不可能再有更好的改革了，内置式改革的前面已经无路可走了。正是在这种情况下，很多学者主张借鉴域外成功的立法经验，试行一种外放式的改革，即将执行权从法院中分离出来，交由其他机构行使。

（二）域外执行机构设置的立法考察

他山之石，可以攻玉。对域外有关执行机构的设置模式进行考察对我国执行体制改革将不无裨益。域外执行机构的设置主要有以下三种模式：②

1. 美国模式

在美国，一般裁判的执行由联邦或州的执行员来实施，刑罚执行是由监狱等行政部门来实施，而有关执行中的异议的裁决，则是由法官或专门的假释委员会来完成。例如，美国民事执行，债权人获得确权判决之后，可以到法院申请执行令，然后持执行令到执行员处申请执行；执行程序一旦启动，财产调查、查封、扣押、拍卖等具体强制执行措施，都由执行员独立决定，法院只是听取执行汇报，了解执行的结果，并负责执行异议的裁决。而对于刑罚执行，虽然采取刑罚措施的是监狱等行刑机构，但对于假释、减刑等异议的裁决，却是由专门的假释委员会来裁决。采取美国这种模式的国家还有英国、加拿大、澳大利亚等国家。

2. 瑞士模式

这种模式与美国模式相类似。在瑞士，裁判的执行分别由破产事务局与执行事务局来完成，即对商事主体，除例外情形外，都由破产事务局来完成，其他裁判的执行，由执行事务局来完成。而对于执行过程中出现的异议，则由各州设立的监督机构与法院来裁决：监督机构负责除应当由法院以诉讼程序解决的其他执行异议，如执行事务局或破产事务局的官员没有履行回避义务，或者买受执行处分的财产的，而法院则负责当事人或案外人对债务本身或标的物所提出异议的裁决。对于监督机构作出的裁决不服的，还可以向联邦法院提出上诉。

3. 德日模式

这种模式与前两种模式不同，裁判的执行分别由审判法官、执行法官和执行员行使。在德国，民事方面的执行，执行员只能对债务人动产进行查封拍卖，对于债权、不动产之查封拍卖，立法者认为较为复杂，含有高度法律问题的判断的，都是由执行法官来进行；在刑事执行方面，刑罚措施由监狱等机构实施，但对于假释等异议的裁决，则由法院在听取检察院、监狱和被判刑人的意见后作出。日本在这些问题上与德国基本相同，仅在执行救济上有些不同，它将执行过程的异议分为构成

---

① 张志铭：《执行体制改革的想象空间》，载《人民司法》2008年第21期，第51页。

② 邢军、刘文涛：《关于执行权的性质及执行机构设置的思考》，载樊崇义主编：《诉讼法学研究（第6卷）》，中国检察出版社2003年版，第162～166页。

诉讼的异议与不构成诉讼的异议，涉及实体权利归属或抵消的，是构成诉讼的异议，只能通过向法院提起诉讼来解决；其他不涉及实体权利的异议，是不构成诉讼的异议，则只能向执行法官提出执行救济，由执行法官裁决。对于执行法官作出的裁定不服的，当事人可以提出抗告，由审判法官裁决。当然，只有对于那些涉及实体权利或者与实体权利密切相关的执行法官的裁决，才能提出抗告。

公正与效率不仅是审判阶段的目标，也是裁判执行阶段的目标。美国模式将执行实施权与执行异议裁决权分由不同的机构行使，即将涉及实体权利分配的执行异议裁决权交由具有中立性、被动性的法院行使，保证了执行异议裁决的公正性；将执行实施权交由具有主动性的行政机构来行使，保证了裁判执行的效率性。这可以说是公正与效率在执行阶段所能获得的最佳平衡。瑞士模式也是如此。与此不同的德日模式，尤其是德国执行机构的设置，虽然可以保证执行的效率性，但在民事执行的公正性方面则有明显不足。因为执行法官一方面负责裁判的具体执行，另一方面又对执行过程中产生的执行异议行使裁决权，就有可能一方面成为执行纠纷的一方，另一方面又成为执行纠纷的裁决者，这明显违反任何人不能成为自己法官的自然正义原则。正缘于此点，日本在执行救济方面作了不同于德国的规定，即将执行过程的异议分为构成诉讼的异议与不构成诉讼的异议，同时将涉及实体权利的构成诉讼的异议交由法院来裁决，而不是交由执行法官来裁决。

（三）我国执行体制改革与发展的方向

1. 执行机构设置模式的选择

执行权的性质虽然决定着执行机构的设置，但是，如果要落实到具体制度的设置，执行机构的设置模式才是关键。有学者认为，美国模式虽然在执行的公正与效率上更有优势，但让我国采取这种模式不现实，因为这种模式在我国会遇到一些难以克服的障碍：一是法律传统问题；二是法律依据问题，即将执行的实施权从法院分离出去，与我国司法传统不相符合，不利于保持制度的相对连续性与稳定性，因而主张将执行机构仍然设置在法院内。①

笔者认为，从长远看，应当借鉴美国模式与瑞士模式，将执行机构从法院中分离出来，设置统一的执行机构。理由如下：

首先，由法院以外的机构执行法院裁判，与我国的司法传统并不冲突。我国的法院裁判分刑事裁判、民事裁判、行政裁判三种。在这三种裁判中，目前只有民事裁判完全由法院执行，刑事裁判绝大部分是由法院之外的监狱、拘役所以及公安机关及其所属的看守所执行，行政裁判也有一部分是由行政机关执行的。因此，将执行机构从法院中分离出去，并不是一种全新的制度，也不会损害制度的相对连续性与稳定性，从另一个角度来看，它只不过是扩大法院外执行机构的职权范围罢了。

其次，将执行机构从法院分离出去，更有利于理顺执行机构的管理体制。如前

---

① 邢军、刘文涛：《关于执行权的性质及执行机构设置的思考》，载樊崇义主编：《诉讼法学研究（第6卷）》，中国检察出版社2003年版，第171页。

所述，执行权实际上是一种将裁判确定的内容付诸实施的权力，它只包括执行实施权，并不包括对执行异议的裁决权，因而它完全是一种行政权，而不是司法权，也不是兼具司法与行政的权力。作为一种行政权，执行权需要积极主动的实施，有时还避免不了带有偏向性，而且在执行机构的上下级关系上，应当遵从上命下从的行政原则，即执行机构的上下级之间是一种领导与被领导的关系。这与法院所行使的裁判权完全不同，裁判权是一种具有被动性、中立性的判断权，应当只服从事实与法律，上级法院不能命令下级法院如何作出裁判，即上下级法院之间不是一种上命下从的关系，而只是一种监督与被监督的关系。如果将执行机构设置在法院，就会导致上下级法院之间的关系具有双重性：在执行方面上下级法院之间是领导与被领导关系，而在裁判方面则是监督与被监督的关系，由于法院领导的同一性，就可能造成裁判方面也具有领导与被领导的关系，或者执行方面只具有监督与被监督的关系。其结果，不是架空两审终审制度，损害裁判的公正性与当事人的诉讼权利，就是导致目前解决执行难、执行乱问题的执行改革努力付诸流水。将执行机构从法院分离出来后，建立一个统一、独立的执行机构，不仅可以结束我国目前这种分散的执行体制，而且还可以理顺执行机构的管理体制。

最后，将执行机构设置于法院，不利于消除司法腐败。这一方面是因为法院自己判决，自己执行，不利于防止腐败现象的出现。例如，刑事审判，由于在实践中常常根据法院上缴国库的罚没财物返还相应的经费，而法院上缴国库的罚没财物主要来源于财产刑的执行，这样就可能导致法院为了寻求更多的罚没财物而在裁判中滥用财产刑。民事与行政审判也是如此，也可能导致法院利用执行权胁迫当事人在审判过程中强制调解结案或者胁迫原告与行政机关调解后撤回起诉。另一方面，对于执行过程中出现的争议进行裁决，这是一种裁判权，应当由法院行使，如果将执行机构设置于法院，就会导致法院集执行实施权与执行异议裁决权于一身。从理论上讲，执行实施权与执行异议裁决权可由法院内部不同机构来行使，从而形成一种监督与制约关系，防止腐败现象出现。但是，从我国司法实践来看，由于法律规定的并不是法官独立而是法院独立，而且法院审判委员会在重大、复杂案件中拥有决定权，这就可能导致执行异议的一方又成为执行异议的裁决者，即自己给自己当法官。如认为执行行为违法的异议，针对的就是法院的执行行为，再让法院就自己的执行行为是否违法作出裁决，其公正性自然会让人怀疑。

2. 执行体制改革的具体设想

（1）区分执行权与执行异议的裁决权，将所有执行异议裁决权交由法院行使。之所以在执行权性质与执行机构设置上纠缠不清，一个重要原因是没有合理界定执行权的内容，将执行异议裁决也作为执行权的应有内容。因此，在执行体制改革中，应当将执行异议裁决权与执行权区别开来，并将执行异议裁决权统一交由法院行使。

将执行异议裁决权交由法院行使面临的第一个问题是，被执行人或案外人提出的哪些主张属于执行异议，从而应当由法院通过正当程序来裁决？如果将被执行人或案外人提出的任何主张都视为执行异议而由法院裁决，被执行人或案外人就有可能利用这一点来达到延迟或阻碍裁判执行的不正当目的。对此，我们可以借鉴日本的执行救济制度，将执行异议限定于被执行人或案外人提出的涉及实体权利或可能损害实体权利分配的主张。因此，在民事、行政裁判执行中，被执行人或案外人提出的对执行标的主张权利的异议、管辖权异议、违法执行行为异议等，都应当属于执行异议；在刑事裁判执行中，有关罚金的减免、减刑、假释、监外执行等方面的异议，应当属于执行异议。当然，对于减刑、假释、监外执行等是否应当由法院来裁决，目前有不同的观点。例如，有学者认为减刑、假释应当由狱政管理部门来行使，理由是减刑虽然缩短了实际执行的刑期，但并不是从事实认定和法律适用上推翻了原审法院的判决而进行改判，只是根据刑罚执行中新发生的事实，依据相关法律给予缩短实际执行时间的一种裁量权，并不涉及原审案件罪与刑的本质问题，不违背罪刑法定原则或罪责刑相适应原则；而假释更不是对生效判决内容的更改，只是属于行刑过程中的据情所采取的一种变通执行方式。[①] 还有学者认为，从应然的角度来看，假释权应当由狱政管理部门来行使，理由是：假释权本质上属于一种行刑权；刑事审判权是定罪量刑权，假释权不属于刑事裁判的范畴；狱政管理部门对罪犯的情况比较了解，由其决定是否假释，有利于效率的提高。[②] 笔者认为，上述观点的理由难以成立，减刑、假释、监外执行的裁决权应当属于法院。《刑法》规定了各种减刑、假释、监外执行的条件，罪犯只要经过努力或者因为发生某些情况而符合这些条件，就有权获得减刑、假释或监外执行，如果狱政管理部门拒绝这些要求，这就相当于罪犯的权利受到了侵害。另外，减刑、假释、监外执行也涉及被害人和有关社区的利益，如果不该减刑、假释、监外执行的也予以减刑、假释、监外执行，则不仅会侵害被害人要求合理惩罚犯罪的权利，而且对有关社区的安全也是一种威胁。有权利侵害就应当有救济，法院不仅是一个定罪量刑的机构，更是一个权利救济的权威机构，由法院行使减刑、假释、监外执行的权力，不仅有利于对狱政管理部门形成一种制约与监督，而且也是法院作为权利救济机构的应有职责。

将执行异议裁决权交由法院行使面临的第二个问题是，这种裁决权具体应当交由法院的哪一个部门来行使？对此，有两个方案可供选择：第一个方案是由刑事庭、民事庭、行政庭分别行使；第二个方案是在法院设置专门的、与有关业务庭平行的执行异议裁决庭来统一行使刑事、民事、行政执行异议的裁决权。第一个方案虽然可能因为专业或对案件比较熟悉而有利于提高执行异议裁决的效率，但也可能因为法官已在诉讼中审理过该案件而产生偏见，从而不利于执行异议裁决的公正性，因而第二个方案更为可取。这不仅因为专门的执行异议裁决庭此前没有接触过该案件而有利于避免偏见的形成，而且由专门的执行异议裁决庭来裁决执行异议，有利于对相关审判庭形成一种监督与制约，尽量避免司法腐败现象，保证司法的公正性。

① 马进保：《减刑假释权归属问题研究》，载《中国刑事法杂志》2005年第1期，第69页。

② 柳忠卫：《假释本质研究——兼论假释权的性质与归属》，载《中国法学》2004年第5期，第118～119页。

当然，这也不是绝对的。如果有关执行异议形成的是一个独立诉讼，如案外人对执行标的主张所有权，就应当通过另行起诉而由民事庭来裁判，而不能因为与执行案件有关而由执行异议裁决庭来裁判。

（2）建立统一、独立的执行机构，专门负责执行三大诉讼的裁判。如前所述，不包括执行异议裁决权的执行权完全是一种行政权，不应当由行使司法权的法院来行使。因此，应当将目前法院所行使的执行权分离出来，交由专门的执行机构来行使。行政机关目前的部分行政裁判执行也是如此，也应当剥离给专门的执行机构来行使。

独立的执行机构应当如何设置？从我国目前存在的执行难、执行乱的情况来看，如果将执行权从法院分离出来，使法院的执行异议裁决权对执行权形成制约格局，而后最需要解决的问题是如何防止地方保护主义与部门利益对裁判执行工作的干扰。地方保护主义与部门利益之所以能够干扰裁判的执行工作，不是执行机构缺乏强制力，而是执行机构不敢使用强制力来执行裁判。而执行机构之所以不敢强制执行裁判，是因为执行机构在人、财、物等各方面受制于地方政府，一旦强制执行裁判，虽然当事人的权利得到保护，但执行机构的利益却将受到损害。趋利避害，这是人的本能。如果仍然使执行机构受制于地方政府，目前所存在的问题就不可能得到有效解决。因此，笔者认为，执行机构的设置应当遵循独立性原则、统一性原则与行政性原则。

独立性原则，就是要求执行机构的设置必须独立于地方政府，在人、财、物等各方面不能受制于地方政府。具体来说，可以仿照金融、海关等系统，设置独立于地方政府的执行机构。这种执行机构在级别上，可对应于法院级别管辖，分为四级：中央一级为执行总局，其他分别为省执行局、市执行局、县（区）执行局。有学者认为，独立执行机构在级别上分为三级就可以了：中央一级设立“执行总署”，跨地区一级设立执行厅，执行厅下设立执行分厅。[①] 但笔者认为，这种级别设置虽然有利于排除人情因素对执行工作的干扰，但在执行管辖的操作上却存在问题，即各级法院都是按一定标准划分了审判的级别管辖，各级执行机构之间又如何划分执行管辖呢？将执行机构分为四级，然后由各执行机构执行对应法院的裁判，显然更易于操作。至于中央一级的执行总局是设置在司法部，还是独立于司法部等中央机关，笔者认为，只要地方的执行局能独立于地方的司法行政部门，这两种方案都是可以选择的。如果要考虑中央机构的精简，将中央一级的执行总局设置于司法部可能更为适宜。当然，独立性原则，最关键的是地方各级执行机构的人、财、物不能受制于地方政府，而是应当由上级执行机构负责管理。

统一性原则，就是要求刑事、民事、行政裁判的执行都交由独立的执行机构来实施，法院与行政机关不能再拥有裁判的执行权。为了适应这种统一性要求，新设

① 汤维建：《执行体制的统一化构建——以解决民事“执行难”为出发点》，载《现代法学》2004 年第 5 期，第 27 页。

置的执行机构可以设立三个职能部门即刑事执行部门、民事执行部门与行政执行部门，分别执行刑事裁判、民事裁判与行政裁判。其中面临的一个问题是，如何处理新设置的执行机构与现有狱政管理部门的关系？笔者认为，在独立的执行机构建立后，狱政管理部门已无独立存在的必要性，应当划归或并入新设置的执行机构。在新设置的执行机构三个职能部门之下，还可以根据工作的需要，设置相应的分支机构，如可以在刑事执行部门之下设置监狱管理处、拘役所管理处和管制、缓刑、假释管理处及财产刑、资格刑管理处等。

行政性原则，就是要求新设置的执行机构实行行政化的管理体制。即在上下级执行机构之间应当实行垂直领导体制，下级执行机构受上级执行机构的领导，上级执行机构根据执行工作的需要，在其管辖权范围内，可以灵活地调配执行资源，如将下级执行机构执行的案件提至上级执行机构执行，也可将某个下级执行机构执行的案件交由其他执行机构执行等。只有实行这种以垂直领导为内容的行政管理原则，才可以有效地摆脱执行过程中的地方利益纠缠，才可以摆脱地方保护主义和部门保护主义的影响，同时极大地提高执行的效率。①

① 汤维建：《关于破解“执行难”的理性反思——以执行体制的独立化建构为中心》，载《学习与探索》2007年第5期，第95页。

第九章
中国司法官制度改革的思路与设计

在我国，司法官是指法官和检察官，是法律职业共同体的重要组成部分。当前，司法改革正处于攻坚阶段，司法走精英化之路还是大众化之路，尚存争议。改革完善司法官制度必须尊重司法的基本规律，不断加强司法官职业化建设，促进法律职业共同体的形成，建设高素质的司法官队伍，这是提升司法公信力、实现司法公正的必由之路。

一、中国司法官制度的改革思路

（一）中国司法官制度改革的目标定位：法律职业共同体的培育和形成

法律职业共同体是由法律人所构成的一个特殊的社会群体，其主体要素包括法官、检察官、律师和法学学者等。“需要说明的是，法律职业群体并非等同于法律职业共同体或会自然过渡到法律职业共同体，只有在这一群体能够折射出一种无形的、支撑着这一群体所从事的法律事业的法治精神时，它才能够被称之为法律共同体。”① 我国当前的司法官制度改革主要是针对法官和检察官群体的制度改革。目前，最高人民法院正在积极推进法官职业化建设，具体包括法官选任制度，法官与司法行政人员、司法辅助技术人员的分工制度，法官定额制度，法官职业保障制度，法官与律师、检察官的职业交换制度，法官惩戒制度和监督制度等，这些改革举措既与司法的专业化和独立化发展休戚相关，同时也旨在培育法律职业共同体，促进法律职业共同体的形成和发展。法官、检察官同为司法官员，无论在“分工负责、互相配合、互相制约”的原则指导下，还是在政法委的工作协调框架下，他们一直都是法律职业共同体的重要组成部分。2010 年 1 月 25 日，最高人民法院副院长张军带队走访中华全国律师协会，和律师代表座谈时强调：“法官与律师同为法律人，要同使一股劲、同担一份责任、同守一条底线，共同推进社会矛盾化解、社会管理

① 张文显等主编：《法律职业共同体研究》，法律出版社 2003 年版，第 190 页。

创新、公正廉洁执法三项重点工作，共同履行好法律职业共同体的职责使命。”①

法治即为规则之治，规则之治之达成需要有一定数量的执法者，法官、检察官和律师都是规则之治的践行者和守望者。法律职业共同体的培育和形成，将是社会法治的灵魂发育和成熟的过程。法治精神的弘扬，法治实践的推进，有赖于法律人的规模效应。一个成熟而稳定的法律职业共同体，是法治得以建立和运行的根基。这个职业共同体，一般由法官、检察官、律师、法学学者共同组成，既是一个专业知识和技能的共同体，一个精神和信仰（法治理念）的共同体，同时也是一种利益（“法律人统治”）共同体。西方国家法治发展的历史表明，没有这样一个法律职业共同体，法律的权威便无法维护，法治便难以恒久建立。

在美国，大多数法官、检察官产生于律师，作为全美法律职业学会的律师协会（ABA），不仅对法官、检察官的选拔具有重要影响力，而且管理着全美186所大学法学院，这使得美国的法律职业共同体有了相同的渊源，有利于法律职业共同体的形成。我国建立和实施的统一司法考试制度，旨在培养法律专业素养，培育法律职业话语系统，训练法律思维逻辑，建立起法律人之间的有效认同和沟通渠道，以促进法律职业共同体的形成和发展。

法律职业共同体是社会分工和社会需求的产物。进入21世纪之后，社会的司法需求日益攀升，对法律职业共同体的需要也随之加剧，特别是对法律职业共同体软性内质要求更加深切。通过改革司法官制度，缩小不同法律职业群体之间的差异，形成相对一致的行为准则和行业规范，从而促进法律职业共同体的培育、形成和发展，这是中国特色社会主义法治的必然选择。

（二）中国司法官制度改革的基本框架：司法官制度要素的系统化

我国当前正在如火如荼进行的司法官制度改革，是从司法官选任、考核、晋升、培训、奖惩、职业保障等多方面展开的系统化工程。

1. 司法官制度的法治化

司法官是一个较为特殊的群体，担负着国家的司法职能，承担着为社会实现公平和正义理想的重任。这个群体的方方面面牵动着整个社会的神经，决定着社会前进的历程和法治发展的路径。司法官制度的法治化既是社会法治化的重要组成部分，同时也决定着社会法治化的进程，是衡量社会法治化程度的重要指标之一。

司法官制度的法治化，首先要求司法官的相关事项应当有相应的规则进行规范，并且要严格按照这些规则去规范司法官的行为。不管是司法官本身和司法官的管理者，还是社会公众，都应当严格按照这些规则行事。作为执法者的司法官实现法治，而非人治，才能为社会的法治化提供强有力的支持和保障。我国的司法官制度已经实现了初步的法制化，即与司法官有关的相关方面已有相应的规则加以规范。虽然有些制度本身仍存在一定的缺陷和疏漏，需要在今后一段时间进行补充和完善，但

① 《张军带队走访中华全国律师协会时强调法官与律师要共同推动三项重点工作的落实》，载《中国律师》2010年第2期，第17页。

是当前，司法官制度法治化的最重要的方面表现为对既有司法官制度的遵守和落实，这些制度规则需要相当长时间的坚守和落实，才能逐步形成社会以及司法官自身对司法官制度的认同感，才能有效推进司法官制度的实质化，而非仅停留在纸面上。

2. 司法官选任的精英化

司法官是具有法学专业知识的群体。世界各国对司法官的选任均有较为严格的条件和程序，司法官准入门槛较高，其主旨是为了实现优中选优。司法官选任的精英化，并不意味着司法官群体的特殊化。司法官选任的精英化，一方面要求科学设置司法官选任机制，重视法律专业知识，重视法律职业培训和经历，以实现司法官选任的高水准，因为司法官要面对和处理纷繁复杂的社会问题；另一方面，精英化意味着司法官要求的严格化。各国一般都通过严苛的规则体系来规范司法官的言行，重视法律职业伦理和个人品行，以确保司法官形象的正面性，提升司法的公信力。

3. 司法官考核晋升的去行政化

我国当前对司法官的考核晋升主要采用业绩考核的方式，通过量化指标进行。这种借鉴公务员的考核晋升的方式过于追求效率，未能体现司法官的特殊性。

司法官考核晋升的行政化，违背了司法官制度的运行规律，使得司法官职业化建设难以为继。“司法官职业化”的关键在于司法官的“去行政化”，让司法官回归到司法官。司法官的工作本就在于依法独立行使检察权、审判权，而现行的“司法行政化”却根本不让法官成为职业的法官，检察官亦难以成为职业的检察官。例如，分级管理的现状让当地党委甚至当地政府都自觉或不自觉地将设在当地的司法机关纳入自己的管理之下，与检察、审判有关或无关的种种活动使得司法机关疲于应付。因此，改革司法官考核晋升制度应当切实做到“去行政化”。当然，在制定科学的去行政化的司法官考核晋升评定标准时，还要将考核晋升的评定标准、过程、结果等内容全部公开，以透明的方式进行考核晋升，强化考核晋升制度的内外部监督。

4. 司法官培训的系统化

虽然司法官的选任条件较高，选任程序也非常严格，但并不意味着司法官一旦任职就万事大吉。为了更好地胜任本职工作，履行司法官职能，司法官也需要不断进行学习和提高，培训就是提高司法官素养的有效途径。

我国对司法官的培训分为岗前培训、在岗培训、专题培训、晋级（升）培训等多种形式，但是培训零散性、随意性等特征较为突出，培训定位不明，使得司法官的培训花费大量的人力、物力和财力，却没有达到预期的效果，如司法官的海外培训即属于这种典型例子，实践中还有将司法官的培训作为对司法官变相奖励的一种范式实施的现象，以及年终时为完成全年培训任务而进行突击培训等，诸如此类都有悖于对司法官进行培训的初衷。为此，当务之急是明确司法官培训的宗旨，将司法官的培训系统化，统一培训机构，实行一体化培训、精英化培训、针对性培训和时效性培训。

5．司法官奖惩的科学化

对司法官的奖惩是规范、引导、激励司法官正确行为的有效方式，司法官奖惩的科学化是司法官制度改革的重要内容，在当前司法官大量流失和司法腐败严重发生的情况下，尤显其重要性。需要指出的是，司法官不是公务员，司法官奖惩活动应当体现司法性而非行政性，因此不能将对公务员的奖惩方式直接套用到司法官上。虽然我国司法官的绝大多数都是中国共产党党员，但是仍不能以党的纪律规范代替司法官的奖惩制度。司法官具有自身的特性和行为规范及道德操守要求，因此要遵循司法的规律来制定和实施司法官的奖惩制度。司法官奖惩应当具有一套公平、公正、公开的独立程序，保持司法官奖惩的适度超然性，这也是确保司法官中立性的必然要求。司法官奖惩的过度世俗化，难免促成司法官的媚俗倾向，从而使得司法活动失去应有的价值和标准。因此，对司法官的奖惩应当秉承审慎的态度，并且按照司法规律进行设计和执行。

6．司法官职业保障的完善化

西方学者普遍认为司法官职业保障包括身份保障、经济保障和特权保障等内容。但是，在当下中国，本来在西方国家不成其为问题的司法官的人身保障却是一个非常突出的现实问题。据江苏省高级人民法院统计，仅2005年上半年，江苏省法院系统就发生了80多起暴力抗法、伤害、威胁、要挟法官事件，其中有16起为围攻法院事件。[①] 2010年6月1日发生在湖南永州市零陵区法院的枪击案是近年来最为严重的伤害司法官事件。该日上午9时50分左右，一名男子手持微型冲锋枪冲进永州市零陵区法院向法官和工作人员扫射，致使3名法官死亡，3名工作人员受伤，凶手当场自杀。[②] 如果司法官连自己的人身安全都保障不了，何谈肩负起实现社会公平和正义的重任？虽然司法官人身自由屡遭侵害的原因比较复杂，但是加强司法官人身保障的措施已是当下必然要关注的问题。

长期以来，我国一直将司法官等同于公务员，按照管理公务员的方式管理司法官，司法官职业保障问题没有得到充分的重视。这种状况虽然在《法官法》和《检察官法》颁行之后有了一定的改善，但是由于司法系统的人事、财政等权力均掌握在地方党政机关手中，这极易使司法系统和司法官们为“五斗米”折腰，为一人、一事“屈就”。为此，应当根据司法中立、独立的特性，结合我国司法实际，完善司法官职业保障制度，消除司法的地方化，加强司法官的人身保障、身份保障、经济保障和特权保障等。如果没有较为完善的司法官保障制度，所有确立的司法官制度则形同水中月、镜中花，无法具体加以落实。为此，在司法官制度法治化的同时，需要不断完善相关的保障制度，确保司法官制度的有效实施。

---

① 丁国锋：《针对法官频遭侵害事件　权威人士称拟启动立法程序保护》，载 http://www.legaldaily.com.cn/bm/content/2005-08/17/content_182149.htm，2010年6月21日访问。

② 肖前辉、傅煜：《湖南一法院发生枪击事件4人死亡　嫌凶饮弹自杀》，载 http://www.chinanews.com.cn/gn/news/2010/06-01/2316686.shtml，2010年6月22日访问。

（三）中国司法官制度改革的核心要素：司法公信力的提升

从20世纪90年代开始，我国就开始着手进行司法官制度的改革。经过十多年的探索，司法官制度已经初具雏形。中国司法官制度改革的核心，应当是通过各种制度设计和规范治理，建立高素质、高水平的司法官队伍，确保司法官公正、高效地运用司法手段处理各种社会纷争。

社会纠纷得以最终解决的根本保障并不在于司法作为最终解决方式的位阶性地位，只有社会公众对司法的处理过程及处理结果有充分的信任，并且能够欣然接受司法过程及裁决结果时，社会矛盾才能根本化解。由此，司法公信力得以形成。司法公信力是指社会公众对司法制度和在该司法制度下的司法官履行其职责的信心与信任的程度。从司法权的运行来看，笔者把在不同历史阶段的职能凸显区分为司法权力、司法权威和司法公信力。[①] 司法公信力有诸多的影响因素，其中司法官是影响司法公信力的主要因素。司法官的资质、行为、品行等均为司法公信力的重要组成部分，只有社会公众对司法官的诸多方面都予以认可的时候，经其裁决的案件才有可能被接受和认可。

当下社会，涉法、涉检的高上访率即是对司法官本身的不信任所导致的。在2009年8月举行的全国法院大法官社会主义法治理念专题研讨班上，最高人民法院常务副院长沈德咏坦言："当前，部分群众对司法的不信任感正在逐渐泛化成普遍社会心理，这是一种极其可怕的现象。"[②] 因为如果民众对法律充满信任，在其权利遭受侵害时，首先会想到通过法律的途径来维护自身的权益，并相信法律所给出的结果是公正的，这时，法律才是"有效"的，反之则是"无效"的。提升司法的公信力其实也是不遗余力地追求司法公正的过程，没有对司法公正的不懈坚持，再细密的提升司法公信力的技术方案都不值得一谈。提升司法公信是一项复杂的社会系统工程，需要充分考虑当下影响司法公信力的各种因素，全方位、多角度采取措施。

二、中国司法官选任制度的改革

（一）中国司法官选任制度的现状与问题

司法官选任制度是司法官制度的重要组成部分，对于实现司法官的职业化具有重要的意义。司法官选任制度主要包括两方面的内容：一是关于司法官的准入资格，即什么样的人可以被选举或任命为司法官；二是关于司法官的选任机制，包括选任的主体、方式和程序等。改革开放后，经过三十多年的不断探索，我国司法官选任制度取得了重大突破，"与其他方面的改革相比较，法官选任制度在过去的十年间取得的成绩是最突出的……"但是，"表面上看来很美好的法律在现实中根本被束

① 关玫著：《司法公信力研究》，人民法院出版社2008年版，第44页。

② 吴兢：《追求看得见的正义》，载《人民日报》2009年8月19日第7版。

之高阁。1995 年法官法颁行之后在许多地方得不到执行的事实表明这样的担心并非杞人忧天。实际上，直到今天，一些不具备法官法任职资格的人仍然可以进入法院担任法官甚至院长，由此导致中国法官职业化进程似乎永无尽期”。[①] 我国虽然自 2002 年起实行了全国统一司法考试，对司法官选任制度的改革起到了积极的效用，但从总体上考量，司法官选任制度依然面临着一些严峻的问题。

1. 司法官准入门槛过低

（1）学历方面。在 1995 年《法官法》、《检察官法》颁布之前，我国对法官、检察官的学历没有任何要求。《法官法》、《检察官法》颁行后，任命初任法官、检察官必须通过全国统一的初任法官、检察官资格考试，同时还须接受过大学教育，但这里所指的大学教育，并不限于本科，也不一定是法律专业。直到 2001 年修改《法官法》、《检察官法》才将初任法官、检察官的学历条件提高到本科，但仍然有非法律专业毕业也可以担任法官、检察官的规定。根据修改后的《法官法》、《检察官法》的规定，凡是“高等院校法律专业本科毕业或者高等院校非法律专业本科毕业具有法律知识”，都可以参加全国统一司法考试。可见，司法考试的条件偏低，在司法官准入方面尚未充分重视法学教育背景，也未充分重视正规大学教育背景。正规法学教育并不是我国公民参加司法考试的先决条件，也不是担任司法官的先决条件，由此导致大批人员未经过正规法学教育而只参加过一些短期培训班或者全部靠自学法律而参加司法考试并进入司法官队伍的现象，从而不利于形成职业化、专业化的司法官群体。

（2）经历方面。在司法官候选人应当具备的从事法律实务工作的年限方面，我国《法官法》、《检察官法》仅规定最长不超过三年的法律工作经历。中共中央组织部、最高人民法院、最高人民检察院于 2008 年 8 月 14 日发布的《公开选拔初任法官、检察官任职人选暂行办法》第 7 条对于公开选拔的初任法官、检察官任职人选，进一步明确规定了相应的法律工作经历：“拟任基层人民法院法官、人民检察院检察官，应当具有二年以上法律工作经历；拟任中级人民法院法官，市（地）级人民检察院检察官，应当具有三年以上法律工作经历；拟任高级人民法院法官、省级人民检察院检察官，应当具有五年以上法律工作经历；拟任最高人民法院法官、最高人民检察院检察官，应当具有八年以上法律工作经历。获得法律专业硕士学位、博士学位或者非法律专业硕士学位、博士学位具有法律专业知识的，其工作经历和法律工作经历的年限可以适当降低，但不能低于《中华人民共和国法官法》、《中华人民共和国检察官法》的有关规定。”这种明确司法官职业经验要求的规定无疑是

---

① 贺卫方：《中国的法院改革与司法独立》，载《浙江社会科学》2003 年第 2 期，第 84 ~ 85 页。

一个很大的进步，但是由于对法律工作经历的界定过宽,① 这些要求仍有流于形式之嫌。

（3）年龄方面。我国法院、检察院目前录用的大部分人员是大学毕业生，按照上述规定的相应年限，他们中的大多数在二十五周岁左右就能顺利升任法官、检察官，其社会阅历明显过浅。

（4）考试方面。我国以往初任法官、检察官只需经过系统内的不大严格的考试即可，2002 年开始实行的全国统一司法考试至今还没有成为法院、检察院选任法官、检察官的硬性条件，司法官的职业准入未能与司法考试无缝衔接。

（5）培训方面。在司法官候选人应当具备的职业培训资历方面的要求欠缺，没有将职业培训与司法官选任程序结合起来。我国目前推行的司法官培训制度实际上是一次司法官的岗前培训，是司法官选任后的培训，而不是选任前的培训，这严重影响了司法官队伍的职业化建设。

2. 司法官选任机制不科学

我国现行司法官的选任机制主要有两种方式：一是初任司法官任职人选的公开选拔；二是司法官的选举和任命。上述司法官选任机制存在的主要缺陷是：没有设立专门的司法官选任机构，没有明确具体的提名、考核程序，司法官选任公务员化，司法官的选任受地方制约进而容易导致司法的地方保护主义。

（二）外国司法官选任制度的考察与启示

现代法治国家一般都建立了较为完备的司法官选任制度，虽然由于历史文化和法律传统的差异，司法官选任的具体制度各不相同，但是一个基本的着眼点均在于强调以高素质的司法官来保障司法公正。通过考察现代法治国家的司法官选任制度及其特点，对改革完善我国的司法官选任制度具有较好的借鉴意义。

1. 重视法律专业知识

法律是一门庞杂而精深的技艺，需要长期的学习和实践方能掌握。因此，无论是大陆法系国家，还是英美法系国家，一般均要求担任司法官者必须经过系统的、专门的大学法学基础理论教育，必须拥有扎实的法律专业知识，这是保证司法官准确公正执法的前提和基础。在英美法系国家，除了少部分司法官是从法学教授中任命之外，绝大多数司法官是从资深律师中选任的。英美法系国家的法律职业考试实际上是律师资格考试。在英国，到律师协会来参加培训的人，首先需要获得英国高校法学学士学位。如果不是法学专业毕业的，那么还需要修完一年的转换课程（Common Professional Examination），或者读一个法律硕士学位。在美国，法学院只招收已经获得学士学位的毕业生，任何公民如果没有经过三年法学院的学习并经良

---

① 2006 年 2 月 24 日，全国人大常委会法制工作委员会将《法官法》第 9 条第 1 款第（六）项和《检察官法》第 10 条第 1 款第（六）项规定的“从事法律工作”的含义解释为：“主要包括从事国家或地方的立法工作，审判、检察工作，公安、国家安全、监狱管理、劳动教养管理工作，律师，法律教学和研究工作，党的政法委员会以及政府部门中的法制工作等。”

好成绩取得毕业文凭，就没有机会报名参加律师资格考试，有的州甚至规定只准许获得法学博士学位的人参加律师资格考试，并且规定参加律师资格考试的人必须毕业于律师协会认可的法学院。德国实行法律职业一体化，法律从业者打算成为法官、检察官或私人开业律师，都要经过相同的法律培训。一个公民欲从事法律职业，必须首先进入正规大学学习，在大学学习 3 年半即可被允许参加第一次司法考试，实际上，鉴于司法考试的难度，再加上课程的繁多，德国法学院的学生学习平均时间达到 9.61 学期。[①] 在法国，律师和司法官的选任是分别进行的。要成为司法官，必须首先在法学院毕业后通过包括各种内容的全国性考试。[②] 日本也实行法律职业一体化，法官、检察官和律师统称为法曹，实行统一的选任标准。一个公民欲从事法律职业，必须首先取得正规大学法科本科毕业文凭，然后参加极为严格的国家司法统一考试。需要强调的是，日本通过司法考试选任的是司法研修生，事实上，只有极小部分的司法研修生能最终取得法曹资格。

2. 重视司法官准入考试

需要强调的是，西方法治国家一般实行司法官准入考试制度，简言之，只有通过国家司法资格考试才能从事司法职业，否则不能从事司法职业，这与我国目前“先进后考”制度形成鲜明的反差。

3. 重视法律职业培训和经历

现代法治国家在选任司法官时都非常重视法律职业培训和经历。通过司法考试并不意味着就可以从事司法职业，在司法考试之后，还必须进行一系列非常严酷的、淘汰率很高的职业培训和考试。英美法系国家历来强调必须具有相当的法律实务能力和社会经验，才能被选任为司法官。在英国，通过司法资格考试者需要到英国律师公会所属的四大法学院之一学习 1 年，通过考试者，获得其授予的律师学位，经过 1 年见习后，才能成为正式律师。除担任地方司法官必须拥有至少 7 年的出庭律师经历外，担任高等司法机关司法官则必须拥有至少 10 年以上的出庭律师经历。在美国，担任除治安法官以外任何一级司法官，在通过律师资格考试后，一般要求有 6 年以上的律师从业经历。大陆法系国家虽然不像英美法系国家那样要求司法官必须富有经验，但对初任司法官实践经验的要求也非常重视。在德国，第一次司法考试的通过者即被称为见习法官（Referendary），然后见习法官开始为期 2 年的实习。在实习期间，见习法官被要求从事民事法庭、刑事法庭、检察官办公室和某种类型的行政机构以及私人律师事务所 5 个领域的工作，在 5 个领域的每一处需要花上 3 至 9 个月时间实习。两年实习结束后参加第二次司法考试，通过第二次司法考试者被称为候补法官（Assessor），可以从事任何一项法律职业。在法国，通过严格的司

---

① 邵建东：《德国法学教育最新改革的核心：强化素质和技能》，载《比较法研究》2004 年第 1 期，第 108 页。

② 最高人民法院中国应用法学研究所编：《美英德法四国司法制度概况》，韩苏琳编译，人民法院出版社 2008 年版，第 448 页。

法考试后，才能成为法国司法官学院的学员，然后还需接受为期31个月的两个阶段培训。第一个阶段为25个月，其中前3个月要到公司、国家机关等各种机构了解社会现实，然后接受8个月有关如何从事司法工作的专业训练，在接下来的14个月中，学员被安排到司法机关进行实习。第一阶段学习结束后，根据考试成绩，学员被分配到不同的部门和岗位，开始为期6个月的第二阶段的专业实习，这一阶段的实习有点类似于上岗前培训，一般情况下，第二阶段实习结束以后，这些学员基本上就可进行正式的司法官工作了。① 在日本，最高法院每年从司法考试合格者中选拔司法研修生。司法研修生由日本最高法院所属的司法研修所统一管理，集中学习1年半，经考试合格后才能取得从事法官、检察官和律师业的资格证书。

4. 重视法律职业伦理与个人品行

诚如奥尔根·艾尔利希所言："从长远看，除了法官人格以外没有能保障正义的东西了。"② 现代法治国家在选任司法官时，除考虑学历、经历等技术性标准以外，法律职业伦理与个人品行也是一个很重要的考量因素。司法官的职业伦理是出于实现公正司法这个目标而形成的，一般包括司法独立、公平公正、诚实正直、能力和勤勉，避免参与政治活动等。2002年国际上诞生了引人注目的班加罗尔法官伦理原则，许多国家也以此作为衡量标准之一来审视本国的司法官伦理。例如，《英国司法行为指南》对法官的职业伦理规定了5个方面的要求：独立、公平、正直、能力和勤奋。又如《美国法官行为准则》对法官规定了7条职业伦理：第一条，法官应恪守司法机构的正直与独立。第二条，法官应当在其全部活动中避免不适当的行为和不适当的表现。第三条，法官应公正、勤勉地履行其司法职责。第四条，法官可以从事司法外行为，以完善法律、司法制度及审判。第五条，法官应约束司法外行为，以减少与其司法职责冲突的危险。第六条，法官应定期申报与法律有关的以及司法外活动之所得。第七条，法官应避免政治活动。

个人品行虽是法官职业伦理要求以外的东西，但是在许多国家，个人品行也影响法官的选任，有时甚至是决定性的影响。在美国，是否具有良好的道德操守也是法官候选人所必须具备的，"法官候选人的品德操守，应是令人无可指责……起码不能让人说三道四"。③ 在英国，上议院司法委员会法官候选人如果一旦涉及"道德丑闻"，那他将被排除在任命之外；同时，婚姻状况也影响上议院司法委员会法官的任命。④ 英国司法大臣林德赫斯特在谈到法官选任时曾说："实际上我只要找到一位品德良好的绅士就行了，当然如果他正好懂得法律那就更好了。"⑤

5. 科学设置司法官选任机制

现代法治国家一般设有专门的负责考核司法官候选人的机构，对司法官候选人

① 周道鸾主编：《外国法院组织与法官制度》，人民法院出版社2000年版，第107~108页。
② ［日］森际康友编：《司法伦理》，于晓琪、沈军译，商务印书馆2010年版，第286页。
③ 甄树青：《法官遴选制度比较研究》，载《外国法译评》1999年第4期，第89页。
④ 左卫民等著：《最高法院研究》，法律出版社2004年版，第103页。
⑤ 马丁·梅耶著：《美国律师》，胡显耀译，江苏人民出版社2001年版，第507页。

的综合素质进行审查验证，或者将司法官提名和任命的权力集中在中央，以保证司法官不受地方的影响和干涉，同时显示国家对司法官选任的重视。在英国，上议院常任法官、上诉法院的法官、高等法院的法官，都是经过司法大臣和首相的提名，由国王（女王）任命；其他法官由司法大臣提名，由国王（女王）任命；治安法官则由司法大臣任命。[①] 美国联邦法官则由总统提出法官候选人，经律师协会的“联邦法官评审常委会”评议后，交参议院审核通过。在州法官选任上，“密苏里计划”值得一提，即通过一个由对等的法律界代表和州长指定的外行人士组成的无党派、无报酬委员会推荐人选，委员会向州长推荐三位人选，而州长必须从中择一作为法官。[②] 在德国联邦法院法官的选任中，法官选拔委员会的成员都可以提名候选人，经讨论确定的候选法官还要送到法院的法官任命理事会进行司法评估，最后，法官选拔委员会还要经过一轮投票才能确定最终的候选人，提名给总统批准。[③] 州法官的选拔和任命由各州的司法部负责。法国设立国家最高司法委员会，负责提出关于任命最高法院法官和上诉法院院长的建议案，然后由总统任命。其他法官由司法部部长任命，最高司法委员会依照法院组织法规定的条件就司法部部长关于任命其他法官的建议案提出意见。[④] 在日本，最高法院院长由内阁提名，由天皇任命；其他最高法院法官由内阁任命，由天皇认证；下级法院的法官，由内阁按照最高法院院长提出的名单任命，但高等法院院长的任免还需天皇认证。最高法院法官被任命后，还需按法律规定提交国民进行审查。[⑤]

（三）中国司法官选任制度的改革与完善

任何制度都有其孕育的土壤，在构建司法官选任制度时，我国应在借鉴“他山之石”的基础上，立足本国国情，建立起具有中国特色的司法官选任制度。

第一，提高司法官任职的最低学历条件。当社会变得愈来愈复杂时，法律规范也变得愈来愈具有抽象性和普遍性，必须经过长期正规系统的专业学习，才能拥有丰富的法律专业知识和法律思维能力。大学教育不仅使得学生充分掌握法律专业知识和技能，更为重要的是促成司法官职业思维、职业伦理等特定素质的养成。为此，笔者建议修改《法官法》和《检察官法》，取消有关“高等院校非法律专业本科毕业具有法律专业知识”的规定，将司法官任职的最低学历明确规定为正规高等院校法律专业本科毕业并取得法学学士学位，高级法院、最高法院法官则一般应具有法律专业硕士以上学位。

第二，明确司法官的法律职业经验要求。“法律真知的真正来源，必定是法律

---

① 关毅：《法官遴选制度比较（中）》，载《法律适用》2002 年第 5 期，第 8 页。

② 关毅：《法官遴选制度比较（中）》，载《法律适用》2002 年第 5 期，第 10～12 页。

③ 黄翀：《德国法官培养与选任文化》，载《文化学刊》2009 年第 6 期，第 94 页。

④ 陈雅丽、潘传表：《简析西方国家法官选任的标准和程序》，载《求索》2008 年第 2 期，第 131 页。

⑤ 甄树青：《法官遴选制度比较研究》，载《外国法译评》1999 年第 4 期，第 92 页。

的实践和社会现实。”[①] 年轻人多易冲动、易偏颇，中年人则较守成，而法律是兼顾社会秩序、公平与个人自由的规范，需要的不是激进、蛮撞、冲动、用情，而是保守、平和、冷静和持中。司法官职业的特点要求司法官必须具有洞察社会现实、渗透人情世故、应对诉讼变数的能力。司法官的“干部年轻化”是违背司法官的职业特点和司法运行规律的。为此，笔者建议借鉴西方国家的经验，适当延长被选任者曾从事法律职业的年限，至少应为五年以上，以保证初任司法官具有相当的实践经验和人生阅历。同时，上级司法机关不宜招录应届大学毕业生，而应从下级司法机关选任有一定工作经验的优秀司法官填补缺额，如此建立司法官逐级晋升制度，有助于形成司法官选任的良性循环。需要强调的是，对于司法官的“法律职业经验”条件的解释不宜过宽，应限于在司法机关或律师事务所从事法律工作或者在高等院校、科研机构从事法学教育或研究工作。

第三，完善司法考试制度。首先，确立司法官职业的前置条件，即至少是正规高等院校法律专业本科毕业并取得学士学位。其次，司法考试应当分两次进行：第一次考试重点考查应考人员的法律思维能力、法律专业知识储备以及大学教育所要求的综合知识和能力；第二次考试是在通过第一次考试并经过司法官专门培训机构培训的基础上进行的，应当重点考查法律实践操作技能。通过两次考试后，方可授予见习法官或检察官资格。再次，司法考试应当注意与法律教育、社会对司法职业的需求度及司法官选拔需求相衔接。最后，必须明确：取得法律职业资格证书，是司法官的必备条件。

第四，强调司法官的品行操守。司法官“应当具有卫道士的气概和殉道者的气节，富贵不能淫，威武不能屈，贫贱不能移”。[②] 司法官选任必须十分重视司法职业伦理和道德品行的考核，应当以尽可能量化的方式明确设定司法官品行操守考核的指标体系。司法官必须具有高尚的个人品格，既能体现司法的公平和正义，又能体现司法的人性和尊严。

第五，建立司法官任职培训制度。必须明确，司法官职业培训经历是司法官任职资格的必备条件。任职培训的目标在于使得受训学员掌握司法工作所需要的各项职业要求和职业技能，达到初任司法官的任职标准；任职培训的时间不宜太短，至少应该在6个月以上。

第六，完善司法官的选任机构和程序。司法官行使的是司法权，其特点要求独立，而行政官行使的是管理权，其特点是上命下从。可见，司法官与行政官行使的是两种不同的权力，其选任机制和程序自然也不应相同。在司法官的任命主体规格上，为防止司法的地方化，笔者建议提升司法官任命主体的规格，对我国司法官的任命机制进行如下改革：最高司法机关首席大司法官由国家主席提名，全国人民代表大会批准后由国家主席任命，最高司法机关首席大司法官以外的司法官和省一级

---

① ［美］本杰明·卡多佐著：《司法过程的性质》，苏力译，商务印书馆2000年版，第5页。

② 王利明著：《司法改革研究》，法律出版社2001年版，第451页。

司法机关司法官一律由全国人民代表大会常务委员会任免。市级、县级、专门司法机关的司法官一律由相应的省级人民代表大会常委委员会任免。此外，还应建立一套严格的司法官任命程序，如建立公开化的规范的司法官提名制度、任命司法官应举行特定的仪式、实行宣誓就职制度等，从而增强司法官对其职业的神圣感、自豪感和使命感。

三、中国司法官考核与晋升制度的改革

（一）中国司法官考核与晋升制度的现状与问题

司法官考核与晋升制度由司法官考核制度和司法官晋升制度两个部分组成。其中，司法官考核制度是指国家根据法律法规所确定的有关司法官考核的内容、原则、方法、形式和程序等对司法官进行考察和评价的制度；司法官晋升制度是指国家根据法律法规所确定的有关司法官晋升的条件、方法、形式和程序等对司法官由低级别向高级别升迁的制度。这两个部分具有密切的联系，前者是后者的先行制度。目前，我国已通过《法官法》、《检察官法》、《法官职业道德基本准则》、《检察官职业道德基本准则》、《法官等级暂行规定》、《检察官考核暂行规定》、《检察官等级暂行规定》、《评定法官等级实施办法》、《评定检察官等级实施办法》、最高人民法院《关于加强法官队伍职业化建设的若干意见》等初步建立起了司法官考核与晋升制度。长期以来，我国对司法官的管理基本上是按照公务员的管理模式来运作的，开展司法官职业化建设的时间不长，司法官考核与晋升制度还存在不少问题。主要是：

1. 制度规定存在缺失

在司法官考核制度方面，《法官法》和《检察官法》的规定存在缺失，原则性太强，有些规定不明确，有些规定不当。具体而言，这两部法律未规定司法官考核的目的、标准和方法，有关考核程序的规定非常少，缺乏详细、具体、可操作的程序；有关考核的内容过于概括，如司法工作实绩、思想品德、司法业务和法学理论水平等比较概括和抽象，在具体实施中缺乏统一的细化标准和规范的指标体系；有关考核的主体不明确，只规定由所在机关组织实施，但对于考核机构如何组成、人员构成、性质、权限均未规定，此外，对院长、检察长的考核由所在机关进行也有所不当。对于检察官的考核，《检察官考核暂行规定》虽然进行了一些补充和细化，但仍不完善。例如，尽管该规定把“优秀”的基本标准设定为“正确执行法律和贯彻党的路线、方针、政策，模范遵守各项规章制度，熟悉检察业务，能运用法学理论解决司法实践中的重大疑难问题，工作勤奋，成绩突出”，但这种标准的可操作性依然很差，难以把握。

在司法官晋升制度方面，有关司法官职务晋升的规定较为粗糙。《法官法》和《检察官法》只是设定了司法官的职务等级与不同职务的任免主体，而对任职条件、标准、程序等只作很少规定或未作任何规定。例如，对于法院院长、副院长的任职，

只规定从法官或者其他具备法官条件的人员中择优提出人选，对于审判委员会委员、庭长、副庭长、审判员的任职条件、标准、程序等未作任何规定。相对而言，有关司法官等级晋升的规定比较多，也比较详细，但这种晋升在很大程度上受制于职务晋升，职务晋升制度的不完善在实质上决定了等级晋升制度的不完善。

2. 制度设计行政化色彩浓厚

在司法官考核制度方面，由于历史原因，我国的司法权高度行政化，不论是司法机关的建制，还是其管理活动，都是按照行政体制的结构和模式建构和运行。①尽管近年来我国在推行司法官的职业化建设，但2006年1月1日才开始施行的《公务员法》，仍把法官和检察官列入了公务员的范围。该法第2条明文规定，凡是依法履行公职、纳入国家行政编制、由国家财政负担工资福利的工作人员都属于公务员。这导致司法官考核制度基本套用公务员考核模式，具有浓厚的行政化色彩。比较《国家公务员暂行条例》、《公务员法》与《法官法》、《检察官法》，有关法官和检察官考核的内容实际上就是公务员考核制度的翻版，考核主体、内容、办法、程序和结果等基本一致，而《检察官考核暂行规定》实际上就是《国家公务员考核暂行规定》的翻版。

在司法官晋升制度方面，由于我国的法院和检察院都实行行政化管理，且不实行司法官独立，《法官法》和《检察官法》设定的司法官职务都属于综合管理类职务，虽在名称上存在差异，但与行政机关的职务是基本相对应的。与此同时，司法官都有行政级别，即使同一单位内的审判员或检察员，也存在不同行政级别。这就导致了司法官职务晋升制度上的行政化色彩。至于司法官等级的设置，虽然是在强调司法独立和非行政化的司法改革的背景下出台的，但是这种等级划分（四等十二级）过于烦琐，与十五级的公务员级别相比有过之而无不及。这种司法官的等级制度不但没有脱离行政官僚管理的模式，而且也不能体现出司法官的职业特质。②

3. 制度运行产生许多问题

在司法官考核制度方面，由于我国的司法官考核制度还很不完善，缺少必要的规范，很多内容都是由考核机关自行掌握的。这首先导致各地、各机关在该制度运行上不统一，存在很多的差异。其次，在运行各环节上也存在一些问题，如在考核标准制定上，指标设计不具体，不符合司法工作规律，不全面；在考核方法上，缺乏科学性、客观性，评价人际化；在考核程序上，缺少真正考核的环节，缺乏科学性、客观性、公开性、透明性。

在司法官晋升制度方面，由于对司法官的职务晋升规范较少，未真正建立起符合司法官职业特点的制度，在实践中表面上运行的是司法官晋升制度，实际上运行的却是公务员职务晋升制度。这导致制度运行不清晰、不透明，容易暗箱操作，不

① 莫远航主编：《人民法院管理理论与实务：以审判为中心以法官为主体》，人民法院出版社2007年版，第385页。

② 谭世贵等著：《中国法官制度研究》，法律出版社2009年版，第329～330页。

公平、不公正现象屡有发生，影响晋升制度应有的激励功能，也容易引发腐败现象。对于司法官的等级晋升，它一方面受制于职务晋升，另一方面不具有太高的含金量，目前只有审判和检察津贴按照司法官的等级发放，在实践中往往流于形式。

（二）外国司法官考核与晋升制度的考察与启示

现代法治国家在推行司法官职业化建设的过程中，普遍建立了对任职司法官进行考核的制度。即使是在确定了法官终身制的国家中，也要对法官进行考核。在美国，各州对法官考核的做法不尽相同，有的是在法官任期届满时进行的，根据考核结果，决定法官是否能连任；有的是每三年进行一次考评，或者根据法官年资的不同，采取不同期限的考评办法。考评有的由州最高法院进行，有的由州司法委员会等专门组织进行。① 美国的全国州级法院中心曾于1983年发起一个建立法官工作表现评估程序的项目，建立起非常有效的法官评估制度。在该制度中，评估主体为一个专门成立的、由多个行业中挑选出的公民组成的、具有中立性和广泛社会代表性的司法顾问委员会，评估标准主要包括举止（包括性情、耐心、注意力、偏见或偏向）、法律能力（包括法律知识、判决、陪审团指示、案件分析能力等）和司法管理技能（包括特殊情况的处理能力、推进诉讼进程能力、促进各方协商能力等）三部分，评估方法包括问卷调查法，调查对象包括律师、陪审团成员、上诉法官和行政法官，评估程序涉及调查表的处理、评估评议会、调查对象的匿名性、评估材料保密、评估报告的编制等各个方面。② 此外，美国还以《法官行为规范》为准则，设立法官行为调查委员会，对法官法庭上和庭外的各项活动设立了严格的纪律约束和制裁措施。在德国，除最高法院的法官外，每个法官在任职期间都要接受定期工作评审，专设法官考核职能部门，考核由资历高深的法官或法院院长主持，对法官考核的内容包括专业知识、理解能力、口头表达能力、文字表达能力、处理事情的能力、待人接物的能力、沟通技巧、贯彻能力和吃苦耐劳精神等，此外还专设法官职务法庭，单独就法官纪律、惩戒及其他事项进行裁判，并以法院名义宣告。③ 在法国，法官考核制度属于法官纪律处分制度的重要内容，自1992年改革以来，对法官工作的评估每两年进行一次，这种评估不但直接影响法官的晋级和晋职，而且决定法官是否会受到纪律处分。④

现代法治国家一般都建立了比较完善的司法官逐级晋升制度。譬如在法国，法官的晋升分为职级晋升和职务晋升两种，后者主要根据法官能力和职务空缺情况而

① 转引自蔡晖：《法官考评制度改革的若干问题探讨》，载《法律适用》2004年第8期，第21页。

② 最高人民法院中国应用法学研究所编：《美英德法四国司法制度概况》，韩苏琳编译，人民法院出版社2008年版，第65~82页。

③ 谭世贵等著：《中国法官制度研究》，法律出版社2009年版，第247~248页。

④ 最高人民法院中国应用法学研究所编：《美英德法四国司法制度概况》，韩苏琳编译，人民法院出版社2008年版，第470页。

定，上一级法官一般从下一级法官中选升，法官晋升的程序同任命法官的程序一样，须经最高司法委员会审定，再由司法部部长、总理、总统签字，由政府发布公报。在德国，初次任命的法官一般在州初级法院和中级法院任职，有百分之三十左右的法官一直在最初任命的职务上工作；在初级和中级法院工作十年左右，一部分法官有可能到高级法院任法官或者在中级法院任庭长；在州内升迁，或由初级法院到中级法院，或由中级法院到州高级法院，由州法官挑选委员会决定；州法院的法官晋升到联邦法院，则程序更为严格。① 在英国，低级初审法院的法官如果表现出色，则有可能晋升为高等法院的初审法官，至少在高等法院工作两年以上，则有可能晋升为上诉法院的法官，至少在上诉法院工作两年以上，则有可能晋升为最高法院的法官。

从总体上看，西方发达国家的法官考核制度专业化程度较高，考核标准明确、细化、务实，考核方法多样、公平性强，考核结果客观公正，在很大程度上决定着法官的晋升。法官晋升制度非常规范，运行有序，非常值得学习和借鉴。

（三）中国司法官考核与晋升制度的改革与完善

我国现行的司法官考核与晋升制度在设计上存在缺陷，在很大程度上不符合司法官职业的特点，背离了司法实践的规律，运行不畅，不能满足司法官职业化建设的要求，急需进行改革和完善。针对现行制度存在的问题，借鉴国外先进制度的内容及其建设经验，结合我国国情，该制度的改革和完善需要从以下几方面展开：

第一，改变传统思想，摒弃行政化管理模式。受传统思想的影响，我国的司法官考核和晋升制度在很大程度上直接套用公务员考核与晋升制度，带有浓厚的行政化色彩。这种制度未能真正考虑司法官独特的职业地位和特点，违背了司法制度的运行规律，明显缺乏科学性和合理性，无法发挥出其应有的功能和作用。例如，现行的司法官考核制度与司法官职业的特点相差甚远，不能全面、客观、科学地评价出司法官的职业能力和水平，在实践中流于形式的现象严重。针对这种状况，当前亟须借鉴西方发达国家法治建设的经验，改变传统思想，重视司法机关与司法官在国家机关体系中的地位，加快司法官职业化建设的步伐，加大司法官职业化改革的力度，彻底摒弃行政化管理的模式，建立符合司法实践规律的司法官考核和晋升制度，实行符合司法官特点的司法官管理。

第二，在制度设计上注重规范性、科学性和可操作性。在司法官考核制度方面，应当通过完善相关规定，设定明确合理的考核目标，确定科学的考核原则，把考核重点定位于司法官的职业道德、职业能力和水平上，在对司法官进行科学分类的基础上制定全面、细化、可操作性强的考核标准及其指标，设定独立的、具有广泛代表性的考核组织，确定客观公正的定量与定性相结合的考核方法，制定规范、完善的考核程序，明确考核结果的利用方式及其后果，强化考核的奖惩机制。在司法官晋升制度方面，应当通过完善相关规定，改革现行的司法官选任和晋升制度，完善

① 周道鸾主编：《外国法院组织与法官制度》，人民法院出版社 2000 年版，第 302 ~ 305 页。

和优化司法官职务和等级的设置，废除司法官的行政级别，确立司法官由最低级司法机关入职、由低级司法机关向高级司法机关逐级晋升的制度。

第三，在制度运行上注重顺畅、高效和有序。在司法官考核与晋升制度的运行上，应当加强相关规定的宣传和教育，使司法机关和司法官全面深入了解该项制度，提高重视程度，科学组织实施司法官的考核与晋升工作，注重成效分析和反馈，另外，应当强化内外部监督，以保证其顺畅、高效和有序。与此同时，司法官管理制度的各组成部分相互联系、相互依赖和相互制约，司法官考核与晋升制度的运行也依赖于司法官管理制度的设计和运行，因此，为保证司法官考核与晋升制度运行的顺畅、高效和有序，还需要改革和完善相关制度，如建立司法人员分类管理制度、建立科学的司法官办案质量效率评估制度等。

四、中国司法官培训制度的改革

（一）中国司法官培训制度的现状与问题

司法官培训一般包括职前培训和在职培训，是指对正式上岗前的司法官的任职培训和已经从事司法官职业的人员的在职培训。我国的司法官培训制度是在20世纪70年代末恢复司法制度后开始逐步建立起来的，经过三十多年的发展，司法官的培训已经初步形成了自己的特色：一是建立了多层次的培训机构，司法官培训经历了一个由学历教育为主向岗位培训为主发展的过程。1985年最高人民法院创办了全国法院干部业余大学，1988年中国高级法官培训中心、高级检察官培训中心成立，1990年中央检察官管理学院成立，1997年和1998年国家法官学院和国家检察官学院相继成立，下设各省、自治区、直辖市的分院，这标志着我国司法官培训机构的雏形已经基本确立。司法官培训也逐步由业余形式的文化知识和法律知识的补课转向系统化、规范化、职业化的培训。二是司法官的培训已走上法制轨道。在总结司法官培训经验的基础上，1995年，第八届全国人大常委会制定了《法官法》和《检察官法》，并于2001年予以修正，分别以专节对司法官的培训加以规定；2000年，最高人民法院发布了《法官培训条例》，并于2006年修订；2002年，最高人民检察院发布了《检察官培训条例（试行）》，并于2007年修订。三是司法官培训有一定的规划性。最高人民检察院在2004年通过了《2004—2008年全国检察人才队伍建设规划》，在2009年通过了《关于2009—2012年大规模推进检察教育培训工作的实施意见》，最高人民法院在2006年通过了《2006—2010年全国法院教育培训规划》，国家法官学院2008年发布了《关于下发国家法官学院2008年度法官培训计划的通知》，最高人民法院政治部、国家法官学院在2009年发布了《关于下发2009年晋高培训网络教育计划的通知》。

我国的司法官培训在提升司法官综合素质方面取得了显著成就，但如果从司法官职业化、精英化的角度来加以审视，可以发现当前的司法官培训制度依然存在不少的问题，主要表现为：

1. 培训机构分散

我国当前的法律职业者的培训机构是分类设置的，有国家法官学院、国家检察官学院和律师培训中心等。根据《法官培训条例》和《检察官培训条例》的规定，司法官培训机构分为国家和省两级，根据需要和条件可以设立地级司法官培训机构。这种分类式的培训模式形成了条块分割、各自为政的局面，缺乏规范性、统一性和科学性，既浪费了司法资源，又隔断了各法律职业之间的有机联系，不利于形成具有共同职业意识、职业理念的法律职业共同体。地级司法官培训机构更是存在严重虚置的现象，没能真正发挥其业务培训功能。

2. 培训定位不明

司法官培训机构到底是进行学历教育的培训呢，还是职业培训？是追求司法官的精英化呢，还是大众化？长期以来，我国的司法官培训定位不明，通常局限于两个方面：一是让司法官获取或提升学历而进行的学历教育；二是单纯地为学习某一部新法律或开展某一具体工作而进行的培训。有些司法机关还出现了在职司法官接受研究生学历教育的现象。① 实践中由于培训宗旨不明，导致司法官培训的内容过于简单，培训工作在低水平、低层次上徘徊，甚至缺乏管理，考核不到位，致使一些培训班成为“修养班”、“娱乐班”。②

3. 培训内容泛化

在实际司法官培训工作中，尽管制定了一些培训规划，但常常是停留在书面上，不同培训对象的培训内容貌似相异，但实质相似，培训内容缺乏针对性，没有因为职前培训和在职培训的实质性差别而作出实质内容不同的培训，在职培训还是主要以司法官的等级作为标准，从而与司法培训要求不相符合。甚至有些地方的司法官培训还在以培训之名解决扫盲式的、突击式的学历教育问题，“颠倒了法官培训的本来意义，即在职业化建设中通过培训在有效提高法官素质的同时淘汰劣质法官”。③

4. 培训效果欠佳

目前我国对司法官进行培训的方式较为单一，依然是采用诸如培训班、专题讲座等满堂灌的教学方法，没有突出培训内容的职业性和实践性，难以调动学员的参与性和积极性。并且，对司法官培训缺乏一套科学规范的考核制度，实践中也没有检测培训效果的有效措施，往往只是简单地以司法官到场参加听课了事，考核成绩未能与工作考评、晋级等建立起实质性联系。

（二）外国司法官培训制度的考察与启示

为了不断更新司法官的知识和提高其业务素质，以适应办案的实际需要，现代

---

① 谭世贵等著：《中国法官制度研究》，法律出版社 2009 年版，第 291 页。

② 晏祥龙：《对法官职业培训的思考》，载《江苏经济报》2003 年 8 月 20 日，第 3 版。

③ 陈吉双：《职业化建设中的法官培训观念革新》，载《法官职业化建设指导与研究》2003 年第 2 辑，第 95 页。

法治国家都十分重视对司法官的教育和培训，不仅要求司法官必须具有相应的法律专业学历，还明确规定必须经过专门培训才能担任司法官职务或晋升。现代法治国家虽然因为在教育制度、司法体制、法律文化及历史传统等方面的差异，在司法官培训的具体运作上有所不同，但在司法官培训方面亦有其共性的特色，这对改革完善我国的司法官培训制度颇具借鉴意义。

1．一体化培训

一体化司法官培训在国际上由来已久，德国是对律师、检察官、法官确立一体化的国家司法考试和培训制度最早的国家，对司法官的一体化培训制度也是最完善的。日本、韩国也对法官、检察官、律师实行一体化培训，而英美法系国家的司法官主要是从资深律师中产生的。法官、检察官与律师工作的专业领域虽各有不同，但均为法律职业共同体的成员，确有共同研习审判、检察及辩护业务等课程的必要，如此不但可以相互了解各相关领域的专业分工，还能够促使形成整体法律业务的共识，使法律人更加具有凝聚力。

2．精英化培训

英美法系国家的司法官起点很高，一般来源于执业经验丰富的律师。以美国为例，进入法学院学习的必须是已经完成大学本科学业的大学生，法学院毕业后参加律师资格考试，再经过州律师协会审查合格之后，由州最高法院发给律师执业证书，然后才能执业。除了实行政治选举制的法官外，美国的司法官一般从优秀的资深律师中产生。大陆法系国家的司法官培训也非常严格。譬如在德国，要想成为法官，首先必须经过大学4至5年的法律专业学习，再通过两次司法资格考试，才有机会被州司法部部长任命为见习法官，然后还必须经过通常3年的见习期经评价合格后成为职业法官。在日本，全国统一司法考试的通过率最高只有7%左右，考试合格者被接纳为法律学徒，进入司法研修所接受为期1年半的执业技能培训，然后参加最高法院安排的严格的结业考试，考试合格者方可选择司法官作为自己的职业。

3．针对性培训

不论大陆法系国家，还是英美法系国家，基本上都将司法官的培训分为两类，即针对新任司法官的职前培训（岗前培训、任职培训）和针对在职司法官的续职培训（在职培训）。这种对司法官的分类培训针对性强，培训内容广泛，具有较强的实践性和应用性。譬如在美国，对新任法官的“上岗教育”主要进行基础培训，内容包括如何听审、如何认定证据、如何指导陪审团、办案程序、如何撰写判决意见书等。对在职法官的培训主要是侧重于知识更新、观念更新、方法论更新，内容包括新法律的发展、认定证据的方法和经验、如何提高办案的质量和效率等。①

4．实效性培训

“西方存在的两种法律教育方式，即经验的法律教育和理性的法律教育。前者是一种‘将法律作为工艺的经验性训练路线，这是一种在法律实践中师徒式的训练

---

①　谭世贵等著：《中国法官制度研究》，法律出版社2009年版，第281页。

方式'；后者是'在特殊的法律学校里教授法律，按照这样方式，重点是法律理论的科学'，即以理性和系统的方式分析法律现象。"① 前者的典型代表是英国，由辩护律师传授法律、监督培训；后者的典型代表是法国，先确立原则，然后适用于每个案件，以演绎的方式来推理。就考核方面来说，英国由四所律师学馆组建联合教育委员会，负责对在律师学馆接受培训的学员进行考核。学员一旦通过考核，并且在满足了"晚餐期"要求之后，就可以向律师学馆的主管机构——"资格会"——申请辩护律师资格。所谓的"晚餐期"即要求学员在获得辩护律师资格之前必须经常在法律学馆就餐，进行模拟法庭辩论以及进行其他方式的学习。直到今天，学员仍必须在每个晚餐期内到法律学馆就餐三次。② 法国的司法官培训包括基础教育、继续教育和法律文化传播教育三种类型，其教育培训的显著成效及其完善的教育培训制度，使"法国已被国际社会誉为法官教育培训工作的专家和先驱"。③

（三）中国司法官培训制度的改革与完善

同现代法治国家相比，我国司法官队伍在其来源、资格、结构等方面都有所不同，因而不能完全照搬外国司法官培训的具体方法，但借鉴现代法治国家在司法官培训中的一些共性做法，对发展符合我国国情和司法改革整体要求的司法官培训制度颇有助益。笔者认为，改革与完善我国的司法官培训制度，应当从以下几个方面综合予以考虑。

1. 统一培训机构

关于由何种机构承担法官培训任务问题，理论和实务界曾有过不少的争论。第一种意见认为，应设立中央到省级的二级法官培训机构。第二种意见认为，应建立以国家法官学院为龙头，以省级法官培训机构为核心、以市地级法官培训机构为重要补充的三级培训体系。第三种意见认为，国家法官学院和其他法官培训机构受师资、图书、设施等各方面的条件所限，独立承担众多法官的培训工作十分困难，应委托高等法学院校来培训法官。④ 对于检察官的培训机构问题同样也有类似观点。上述培训机构的分类式设置固然有其历史原因，但笔者以为，当下宜建立一体化的司法官培训机构——国家司法官学院，由现有的国家法官学院、国家检察官学院和律师培训中心等合并而成，负责对预备司法官、见习司法官、在职司法官以及律师等法律职业者的培训工作，从而实现由统一的机构对法律职业者进行一体化培训。当然，结合我国地域广袤、发展不平衡的现实，国家司法官学院可授权符合条件的

---

① ［德］马克斯·韦伯著：《论经济与社会中的法律》，张乃根译，中国大百科全书出版社1998年版，第198页。

② 最高人民法院中国应用法学研究所编：《美英德法四国司法制度概况》，韩苏琳编译，人民法院出版社2008年版，第212页。

③ 谭世贵等著：《中国法官制度研究》，法律出版社2009年版，第275页。

④ 宋克宁：《论我国法官培训制度的缺陷与完善——以体制和机制为对象》，载《山东审判》2006年第2期，第47页。

省级司法官学院开展部分培训工作。

2. 明确培训宗旨

司法官培训的目的不是提升学历层次和进行法律普及，而应当立足于培养司法官的法律应用能力和专项技能，提高司法官的职业素养和办案能力。司法官所为司法裁判或处分，攸关民众权益、社会秩序与国家安全，因此培育人格健全、品德高尚、专业知识丰富的优秀司法官，是司法官培训的根本目标。司法官必须正直、廉洁、无私，用公平的态度处理事务；具有精湛的专业知识，正确地认事用法；尤其要有强烈的宪法意识和人权观念，使司法制度圆满运作，实现维护秩序，保障安全，造福人类的神圣使命。[①] 司法官培训应当明确区分职前培训和在职培训，分别予以不同定位。职前培训是一种预备司法官的培训，应起到法学理论和司法实务之间的衔接和桥梁作用。在职培训包括司法官的任职培训、晋职培训和续职培训，培训重点应为提高履行岗位职责必备的管理和业务能力、岗位专业知识的更新和审判业务技能的提升等。

3. 严格培训内容

专业知识与技能的培育，是“法律的公正和运用法律维护公正的内在必然要求”。[②] 在司法官培训中应当强调因材施教，针对不同的培训对象实施不同的培训内容，这是培训工作最基本的原则。就职前培训而言，培训的重点应是如何增加从业经验，以解决法学理论与司法实践的有效衔接问题；就在职培训而言，培训的重点应该是一种重在“更新”的培训，包括知识更新、观念更新和方法论更新等的培训，而不应是一种针对司法官低素质状况的“补习”计划或应付司法官晋升需要的“镀金”计划。一个司法官应当经常接受与其职业相关的培训，因此，在职培训应当考虑受训司法官的职业需求，而非单纯以司法官的等级进行分类培训。

4. 强化培训效果

培训方法应当灵活多样，以调动培训人员的积极性和主动性。除了基本的培训班、专题讲座等培训形式之外，还可以采用专题研讨、考察交流、提问互动、经验交流、模拟演练、新法研修等方法。同时，在司法官的职前培训中还可以开展司法知识和司法技能竞赛，在司法官的在职培训中还应注意为具备司法研究能力的司法官搭建起一个学术研究的平台，注重理论和实务的紧密结合，以发挥两者互相促进的作用。尤为重要的是，对于司法官的培训，必须根据阶段性培训目标，建立起一套切实可行的培训效果评估体系，严格培训考核，强化培训效果。

---

① 邱联恭：《我国大学法学教育及法曹养成教育制度变革之问题背景》，载《月旦法学》1997 年第 6 期，第 22 页。

② 甘雯：《关于司法公正的几个基本问题》，载《中国法学》1999 年第 5 期，第 32 页。

五、中国司法官奖惩制度的改革

（一）中国司法官奖惩制度的现状与问题

司法官奖惩制度包括奖励和惩戒两个方面，是指由特定主体对于司法官的突出成绩给予精神、物质等方面的鼓励以及对司法官的违法违纪或渎职失职行为的处罚的制度。我国司法官奖惩制度方面的规范有《法官法》、《检察官法》、《人民法院奖励暂行规定》、《检察机关奖励暂行规定》、《最高人民检察院关于进一步规范检察机关表彰奖励工作的意见》、《人民法院工作人员处分条例》、《检察人员纪律处分条例（试行）》等。近年来，与司法官奖励制度相比，司法官惩戒制度日益成为规范司法官行为的重点，如最高人民法院继2003年通过《关于严格执行〈中华人民共和国法官法〉有关惩戒制度的若干规定》之后，于2009年1月向社会公布了“五个严禁”的规定，而后于同年12月又发布了《人民法院工作人员处分条例》，将违法违纪行为归纳为七大类共计八十五种。

通过对司法官奖惩制度规范以及屡见报端的相关奖惩报道的分析研究，可以发现我国司法官奖惩制度在以下方面有待改进：

1．奖惩制度行政化

同我国司法的行政化现状相关联，司法官奖惩制度带有很强的行政化色彩。例如，《人民法院工作人员处分条例》第1条规定：“为了规范人民法院工作人员行为，促进人民法院工作人员依法履行职责，确保公正、高效、廉洁司法，根据《中华人民共和国公务员法》和《中华人民共和国法官法》，制定本条例。”第9条规定：“受开除处分的，自处分决定生效之日起，解除与人民法院的人事关系，不得再担任公务员职务。”此外，我国当前对司法官考核也主要从德、能、勤、绩四个方面进行，与公务员的考核完全相同。

2．奖惩制度指标化

目前，我国司法系统普遍推行了业绩考评制度，通过对司法官的业绩考评指标衡量和评价其工作业绩，以分数多少和排名先后决定奖惩。指标化的考核方式将对司法官的考核量化为分数，逐渐形成了对司法官是奖是惩，由考核分数说了算的局面。

3．奖惩确定内部化

我国当前对司法官的奖惩主要是经由司法官所任职机关或者其上级机关的政治部（处）来决定的，具有显著的内部决定特征。不论是奖是惩，轻则关系司法官的工资待遇，重则攸关司法官的前途命运，这种内部决定程序一方面是司法行政化的表征，另一方面对奖惩对象和其他群体成员而言可能有失公允，也不利于奖惩制度发挥更好的激励和引导作用。

4．奖惩规则易变性

奖惩规则的不断调整虽能与时俱进，紧扣当前形势和时代特征，但其最大的弊端在于使得奖惩规则“条出多门”，让人无所适从，还会使得社会公众和司法官产生一种强调的比没有强调的更重要，没有强调的不再是奖惩内容或者不再是奖惩重点的想法，从而使得司法官奖惩制度的贯彻落实前后不一，形成奖惩“跟风”现象，大大削弱了奖惩本应具有的功能和效果。

（二）外国司法官惩戒制度的考察与启示

现代法治国家一般都十分重视司法官惩戒制度，通过对违法违纪、失职渎职的司法官予以严厉的惩戒，促使其公正、高效、廉洁地行使职权，这也是对司法官独立地位的另一种保障形式。

1. 惩戒机构

世界各国司法官惩戒机构的设置，主要有三种模式：

第一种模式是司法系统的管理机构即司法行政决策机构作为惩戒机构，如在美国，联邦法官的惩戒案件，由部分巡回区上诉法院法官和地区法院法官代表组成的巡回区司法委员会负责审理。美国的州司法惩戒机构与联邦司法惩戒机构在组成上有所不同。美国联邦法官的惩戒机构由法院人员组成，是一个内部的职业控制机构，而州法官的惩戒机构要吸收若干法院以外的人员参加，是一个特别的官方机构。例如，亚拉巴马州的司法法庭由上诉法院的法官、地区法院的法官、律师协会的成员、非律师的公民等组成，这样的人员构成使得同行庇护的可能性大大降低，裁决的公允性增强，对法官行为的规范作用也更强。

第二种模式是国家设立专门机构负责司法官惩戒事宜，如在法国，根据宪法规定，设立最高司法委员会负责处理全国法官、检察官的惩戒案件。法国总统担任最高司法委员会的主席，司法部部长担任副主席，设法官事务部和检察官事务部分别负责法官和检察官的任命和处分。其中，法官事务部由五名法官、一名检察官、一名行政法院选定的顾问人员、三名不属于司法部门的知名人士组成。最高司法委员会作为一个专门的行政法庭审理法官的惩戒案件，其性质区别于普通法院。

第三种模式是法院作为惩戒决定机构。例如，依据日本《宪法》第 78 条的规定，法官违反职务上的义务时，对其进行惩戒的机关应当是司法机关，而不能是行政机关。具体而言，日本实行的是分级管辖制度，最高法院负责审理高等法院法官的惩戒案件，高等法院负责审理地方法院、简易法院法官的惩戒案件；最高法院审理惩戒案件由九名法官组成合议庭，高等法院审理惩戒案件则由五名法官组成合议庭。

由上可见，不管是上述哪种模式，对司法官的惩戒均排除了行政或立法部门，从而排除了其他政治机构在法官作出其不赞同的裁决时对法官进行惩罚的可能。需要强调的是，“以胡萝卜为诱惑和挥舞大棒可以达到同样的效果；这就是说，法官因顺从受到奖励和因不顺从受到惩罚，两者都可以对法官产生影响。行政或立法部门可能试图采取晋升法官到上一级法院任职的办法奖励那些通常偏袒政府的法官，以此对他们施加影响”。因此“采取由法官组成的委员会而不是行政和立法部门负责法官晋升的办法，政府通过法官晋升施加影响的问题便可得到解决。但无论以何种方式达到目的，法官如不独立于政治机构，便不可能有法治”。①

2. 惩戒事由

司法官作为社会的典范和社会公平、正义的守护神，社会及公众对其行为的要求较高，因此对司法官的惩戒事由相对也较为宽泛，职务和非职务中的不当行为都可能成为惩戒事由。这方面美国的做法无疑最为典型。美国1972年《模范司法行为准则》确立了五项基本准则，明确规定“法官的所有活动都必须避免不当和看起来不当”。美国惩戒司法官的基准性根据是行为不当，具体又可分为职业行为不当和非职业行为不当两类。其中，职业行为包括：法官不得为党派利益、社会舆论所左右；所有言行（包括肢体语言、面部表情等）都不得表露出偏见；除非法律有特别规定，或为调解、和解之目的并征得当事人同意，法官通常不得与当事人、律师单方接触；法官必须及时、有效、公正地处理司法事务；法官有义务主动披露可能会因此而被要求回避的事由，即使他自己认为此事由并不影响其公正处理案件。非职业行为包括：法官的所有职务外行为都必须避免招致对其公正行事能力的怀疑；除法律规定的情形外，不得出现在立法机关、行政机关的公共会议中，也不得与这些机构的人员接触商谈有关事务，法官可以因进行职务外活动而获得必要补偿，但补偿应是合理的，不影响其正当履行职责，且应就此作详细报告；除法律明定的情形，或参加为改进法律、司法管理而举办的有关活动外，在职法官不得进行任何其他政治活动。虽然《模范司法行为准则》在推行过程中难免出现非议，但是，司法官“走在远离法庭的道德的钢丝绳上，必须寻求个人权利与职业准则的平衡”。② 而且，“在特定的行为标准过于狭窄而无法涵盖正在审查的事实时，行为不当是大多数州对法官实施惩戒的基本理由”。③

美国在对司法官行为的恰当性进行严格规定的同时，非常尊重司法官的裁决行为。《司法行为与资格丧失法案》之3A规定：如果投诉是直接关于判决或程序裁决的实质性问题，则应予以驳回。现行法律允许法官根据事实和法律形成心证，并最终作出裁决，这是法官的职责也是法官的权力，裁决的独立性属于司法独立的重要内容，因此，法官不得因此裁判行为受到追究。2000年的一项统计表明，在此前的十二个月中，联邦法院共收到七百一十五项投诉，其中直接针对法官的实体、程序裁决的有二百六十四项。这些投诉全部被直接驳回了。④

---

① 美国最高法院大法官安东宁·斯卡利亚2002年9月2日在国家法官学院发表的“论法治和司法独立的重要性”讲话，载 http://kbs. cnki. net/forums/24278/ShowThread. aspx，2010年8月30日访问。

② Mark Hansen, J udicial Tightrope, 83 ABA Journal 105 (April 1997)。

③ Leslie W. Abramson, Appearance of Impropriety: Deciding When a Judge's Impartiality "Might Resonable Be Questioned", 14 Georgetown Journal of Legal Ethics 55 (Fall 2000).

④ Report of Complaints Filed and Action Taken Under Authority of Title 28 U. S. C. Section 372 (c) for the 12 - Month Peri 2.

3. 惩戒措施

各国对司法官的具体惩戒措施不尽相同，主要可分为三大类：一是经济类惩戒措施，如罚金和罚款；二是行为类惩戒措施，如暂停职务、调离审判岗位等；三是资格类惩戒措施，即通过严格的惩戒程序免除法官的身份，并且实行永不叙用制度。在美国，对法官的惩戒主要是通过弹劾和专门委员会的调查进行的。弹劾方式主要应用于法官行为构成犯罪的情况。美国联邦宪法第2条第4款规定："总统、副总统及所有的文职官员若犯叛国、贿赂、重罪、轻罪，须依弹劾去职。"第3条第1款规定："最高法院法官以及其他层级法院的法官任职时必须行为良好。"美国联邦宪法所确定的弹劾程序是非常严格的，要由众议院起诉，参议院审理，并且需要参议院成员的三分之二通过弹劾裁决才算弹劾成功。在历史上，美国共有十三名法官受到国会弹劾，其中有七人最终被弹劾成功。可见，弹劾程序并不能够轻易启动。为此，美国国会于1980年通过了《司法行为与资格丧失法案》［28 U. S. C. Section 372 (c)］，规定了对法官不当行为的其他惩戒方式，如包括私下责备或申斥、公开责备或申斥、命令在一定时间内不予分派案件、要求法官主动退休，以及提请国会考虑启动弹劾程序等。在法国，司法官惩戒措施主要包括处分并记入法官个人档案、强行调动职位、停职部分职责、降级一等、降职、强制退休、罢免七种。在日本，司法官惩戒措施主要包括免职、罚款和告诫。对免除法官职务的惩戒需要根据《宪法》规定的弹劾程序进行。

综合来看，国外司法官惩戒制度的设计突出了尊重司法独立和维护司法权威，具体惩戒措施的设计也突出了司法特点，而不是简单套用适用于公务员的行政性制裁措施，从而体现了司法公正、独立、权威的要求。

4. 惩戒程序

现代法治国家对司法官的惩戒程序均以司法方式进行运作。惩戒程序大体包括调查、起诉、审理、决定以及救济程序等几个部分。在美国，首先由法官惩戒委员会或特别惩戒法庭调查针对法官的投诉，以确定是否存在惩戒的理由，惩戒理由成立后，惩戒活动进入指控或起诉程序，最后由依法组成的合议庭进行审理并作出决定。在法国，每两年进行一次法官考评，若考评成绩较差，则往往得不到晋升，以此作为警示法官不当行为的初步惩戒。若是法官因为不良行为受到指控并被认定的，上诉法院院长有权对行为人进行警告，此时的警告还不是真正意义上的处分，但需要记入法官的档案，该记录对法官的晋升有重要的影响作用。如果前述指控的法官不良行为较为严重，上诉法院院长则可以在调查后将案件移交司法部，由司法部部长决定是否起诉（这是法国法官惩戒程序启动的标志）。案件起诉后，由最高司法委员会指令上诉法院院长主持对案件进行审理，根据法官不良行为的具体情节作出相应的惩戒处分裁决。在日本，对法官的惩戒要通过起诉的方式由被投诉法官所在的法院提起，高等法院或最高法院受理控诉后，依法组成合议庭进行审理，被投诉法官所在的法院应当派员出席法庭陈述理由，被起诉的法官也有权利出席法庭进行陈述或申辩，最后由合议庭作出裁决。案件的审理程序与普通民事案件的审理程序相近。对高等法院所作惩戒决定不服的，法官可以向最高法院提出上诉。

（三）中国司法官奖惩制度的改革与完善

司法官奖惩制度的完善，将有助于奖勤罚懒，树立正确的行为引导机制和激励机制，从而促进司法官行为的规范化。笔者认为，我国司法官奖惩制度的改革和完善主要应当包括以下几个方面：

1. 奖惩机制应予司法化

我国现行司法官奖惩制度主要是由司法机关内部的纪律监察委员会和监察部门等机构实施的，奖惩措施和相关程序套用公务员相关制度，其弊端显而易见。近年来司法官惩戒制度运行的实践表明，部门保护主义往往使得内部监督和惩戒制度有名无实。“有法不依、执法不严、执法不公、吃拿卡要、索贿受贿、贪赃枉法、欺压百姓的案件时有发生。”① 奖惩措施和相关程序的行政化设计也不利于体现司法的特性。

司法官的“纪律惩戒活动的性质是司法性，而非行政性”。② 1985 年第七届联合国预防犯罪和罪犯待遇大会通过的《关于司法机关独立的基本原则》第 17 至第 20 条规定：对法官作为司法或专业人员提出的指控或控诉应按照适当的程序迅速而公平地处理，法官应有权利获得公正申诉的机会；除非法官因不称职或行为不端使其不适于继续任职，否则不得予以停职或撤职；有关纪律处分、停职或撤职的程序的决定须接受独立审查。与此相适应，1990 年第八届联合国预防犯罪和罪犯待遇大会通过的《关于检察官作用的准则》第 21 条和第 22 条规定：对检察官违纪行为的处理应以法律或法律条例为依据；对检察官涉嫌以超乎专业标准幅度的方式行事的控告，应按照适当的程序迅速而公平地加以处理；检察官应有权利获得公正的聆讯。从上述联合国的相关规定可以看到，公平、公正的独立程序是对司法官实施惩戒的必经程序。我国应遵循司法的基本原理，对司法官的奖惩机制去行政化，设立一个具有独立性、专业性和常设性的司法官奖惩机构，确立适应司法官职业特点的奖惩种类，如罚金、停职、免职等，建立“投诉—调查—指控—审理—裁决”的司法化惩戒程序。

2. 奖惩事由相对稳定化

司法官行为的正当性是确保司法具有公信力和广泛的社会接受性的必要条件之一。在当前的社会情势下，对司法官职务外行为的规范远多于对职务内行为的规范，因为司法官员的行为不仅是其个人的事务，“我们可以毫不夸大地说，对于特定国家公民的正义观念的形成和形态而言，没有哪一个因素能够起到司法官员行为举止所具有的那样大的作用”。③ 因此，我们首先需要对司法官的奖惩措施加以类型化，

---

① 《把维护稳定作为首要任务，建设一支高素质的政法队伍》，载《法制日报》1997 年 12 月 26 日，第 1 版。

② 蒋惠玲：《论法官惩戒程序之司法性》，载《法律适用》2003 年第 9 期，第 5 页。

③ 贺卫方：《司法：走向清廉之路》，载《法学家》1998 年第 1 期，第 112 页。

然后通过制定各种规则固定下来，以期对司法官行为加以明确的引导、规范和激励，这就需要有稳定的制度框架，而不是朝令夕改，今天强调这个，过段时间再强调那个。奖惩事由的稳定性就如同法律规则的稳定性一样，不仅是必要的，而且是必需的。

3. 司法裁决内容不应成为奖惩的对象

司法官奖惩制度的设计是为了规范司法官的行为，但是这种规范也应当具有一定的限度。对于司法官的心证形成过程，法律已经通过规范证据运用、事实认定过程等方面进行了规范，因此，根据普遍遵从的准则，司法官的裁决行为应当受到尊重和保护，即直接与案件的裁决有关的程序和实体问题不应当被纳入奖惩的范围。与此相关联的是，应当反思实践中的错案追究制度的弊端，准确厘定和定位错案，纠正当前以结果论对错的做法，不将司法官执法行为的内容作为奖惩的对象，为司法官松绑，还司法官更多的正当行使裁量权的空间。

六、中国司法官职业保障制度的改革

（一）中国司法官职业保障制度的现状与问题

司法官职业保障制度是指国家为了保证司法官能够独立行使司法权而建立的有关身份保障、经济保障和特权保障等一系列保障制度的总和。司法官职业保障具体包括司法官的身份保障、经济保障和特权保障等内容。其中，司法官的身份保障，是指司法官的身份或职位不得被随意改变的保障；司法官的经济保障，是指为司法官提供充足经济收入和物质与非物质待遇的保障；司法官的特权保障，是指为保证司法官完全独立地履行司法职责而赋予他们一些特权，如法官的司法豁免权。给司法官以良好的职业保障，让他们无后顾之忧地只服从于宪法和法律，这是现代法治国家的普遍做法和国际司法规约的一致要求。需要特别说明的是，司法官职业保障制度是司法独立制度的一种配套制度或辅助制度，其本身并不涉及司法官独立的内容，因为司法机关与司法官是否独立是由国家的基本政治制度决定的，超出了司法官职业保障制度的范围，试图通过该制度的建设来直接实现司法官独立是行不通的。当前，我国已颁行《法官法》、《检察官法》、最高人民法院《关于加强法官队伍职业化建设的若干意见》、《关于实行法官审判津贴的通知》、《关于实行检察官检察津贴的通知》等，初步建立起司法官职业保障制度，但只涉及身份保障和经济保障两个方面的内容。

关于身份保障，《法官法》和《检察官法》的规定主要包括三个方面的内容：第一个方面为非因法定事由、非经法定程序，不被免职、降职、辞退或者处分，即法官、检察官经过法定程序任命后，不得随意被剥夺职务。司法官具有下列情形之一，才可依法提请免除其职务：（1）丧失中华人民共和国国籍的；（2）调出本法院或检察院的；（3）职务变动不需要保留原职务的；（4）经考核确定为不称职的；（5）因健康原因长期不能履行职务的；（6）退休的；（7）辞职或者被辞退的；

(8) 因违纪、违法犯罪不能继续任职的。免职程序与任命程序相同。司法官具有下列情形之一，才可予以辞退：(1) 在年度考核中，连续两年确定为不称职的；(2) 不胜任现职工作，又不接受另行安排的；(3) 因审判机构调整或者缩减编制员额需要调整工作，本人拒绝合理安排的；(4) 旷工或者无正当理由逾假不归连续超过十五天，或者一年内累计超过三十天的；(5) 不履行法官义务，经教育仍不改正的。辞退也应依照法定程序办理。司法官具有下列情形之一，应当给予处分：(1) 散布有损国家声誉的言论，参加非法组织，参加旨在反对国家的集会、游行、示威等活动，参加罢工；(2) 贪污受贿；(3) 徇私枉法；(4) 刑讯逼供；(5) 隐瞒证据或者伪造证据；(6) 泄露国家秘密或者审判或检察工作秘密；(7) 滥用职权，侵犯自然人、法人或者其他组织的合法权益；(8) 玩忽职守，造成错案或者给当事人造成严重损失；(9) 拖延办案，贻误工作；(10) 利用职权为自己或者他人谋取私利；(11) 从事营利性的经营活动；(12) 私自会见当事人及其代理人，接受当事人及其代理人的请客送礼；(13) 其他违法乱纪的行为。处分的权限和程序按照有关规定办理。第二个方面为非因法定事由不得按退休处理。法官、检察官的退休制度，根据审判、检察工作特点，由国家另行规定。第三个方面为法官、检察官有权对涉及自身的处分提出申诉并要求给予精神和物质的补偿，有权对于国家机关及其工作人员侵犯自己合法权利的行为提出控告。

关于经济保障，《法官法》和《检察官法》的规定主要包括四个方面的内容：(1) 司法官的工资制度和工资标准，根据司法工作特点，由国家规定。(2) 司法官实行定期增资制度。经考核确定为优秀、称职的，可以按照规定晋升工资；有特殊贡献的，可以按照规定提前晋升工资。(3) 司法官享受国家规定的审判或检察津贴、地区津贴、其他津贴以及保险和福利待遇。(4) 司法官退休后，享受国家规定的养老保险金和其他待遇。

从总体上看，我国只是初步搭建起司法官职业保障制度的框架，尚未建立真正意义上的司法官职业保障制度，因为现行有关司法官职业保障的规定与有关公务员的相关规定基本一致，其中专门针对司法官的特殊规定还很不完善。在实践中，我国对司法官的管理基本与行政机关的公务员相同，在身份保障和经济保障方面也不例外，在经济待遇上，司法官实际享受的待遇甚至还普遍低于行政机关的公务员，有关审判津贴和检察津贴的规定直到 2007 年 7 月《关于实行法官审判津贴的通知》、《关于实行检察官检察津贴的通知》发布时才开始予以执行落实。在此之前，有关司法官的特殊规定基本未执行。例如，《法官法》第 34 条和第 36 条的规定自该法颁布后直到 2007 年 7 月前就未执行过，有的地方甚至连法官的工资都不能按时发放。

司法官职业保障制度的缺失引发了一系列的问题：一是无法吸纳和留住优秀的人才，即使目前有很多人争相进入司法系统，但其中多数并不是冲着司法官的职业理想而去，而是谋求权力或就业压力大等因素所致，另外，近些年司法机关面临大量人才流失，许多优秀的法官和检察官脱离司法系统转行做了律师。二是现有的司法官缺乏职业化特征，不能很好地履行自己的职责，敷衍了事的现象严重。三是司法腐败屡禁不止。一些司法官工作繁忙而生活清贫，心理压力较大甚至失衡，往往抵御不住他人提供的物质等方面的诱惑而贪赃枉法。

（二）外国司法官职业保障制度的考察与启示

司法官职业保障制度是实现司法独立的前提条件。在厉行法治的进程中，现代法治国家普遍建立了比较完善的司法官职业保障制度，该制度包括身份保障、经济保障和特权保障等内容。从司法官的任职、待遇等方面保证其独立司法已成为西方法治国家司法制度的重要特点。

1. 身份保障

为了使司法官能够依照法律的规定处理案件，不必因担心自己的严格执法而招致被取消司法官资格的命运，现代法治国家普遍规定了司法官身份保障制度。

法官的身份保障主要体现在以下三个方面：（1）实行法官终身制。即使不是实行终身制的国家，也实行“不可更换制”，即法官一经任命，非经过法律程序，不得被随便更换，不得被免职或者调换工作。[①] 在英国，只要其行为端正，职位就受到法律的保护，只有在其违反正当行为原则并经上、下两院的一致通过，才能由国王（女王）予以免职。但是自有法律规定以来，还没有法官被免职过，所以也几乎没有人知道该怎样实施这一原则。[②] 在美国，联邦法官实行“良好行为终身制”。美国《宪法》第3条第1款规定：“最高法院与下级法院法官在忠于职守期间得终身任职，于规定期间享受报酬，其报酬于任职期间不得减少。”第2条第4款规定：“合众国总统、副总统及所有文职官员，被弹劾并判处叛国罪、贿赂罪或其他严重的刑事犯罪或轻罪时，应罢免其职务。”美国州法院法官一般实行任期制，任期从4至15年不等，有一些州也实行法官终身制。在德国，基本法规定法官是独立的，只服从法律；不得随意在其任职届满前将其撤职，或者停职，或者调职，或者命令其退休，除非根据法律并按照法律规定的程序作出司法裁决。在法国，宪法和法院组织法都规定法官实行终身制，法官在任期内，非因可弹劾之罪并经法定程序，不得被免职、撤换或强令退休。在日本，根据宪法和法律的规定，最高法院的法官在任期10年后，要交付国民审查，如未经多数国民投票罢免时，应继续留任；下级法院的法官任期为10年，并可以连任。（2）实行法官专职及中立制。法官不得兼职，包括不得兼任行政官员、议员、律师，不得从事其他营利性活动。法官只有不从事第二职业并在政治上保持中立，才能得以超然地和真正独立地依法行使职权。如《司法独立世界宣言》规定，法官不得在行政机关或立法机关任职，但其职务合并而非与司法独立妥协者不在此限；法官不得为政党之积极党员或在政党中任职；法官不得执行法律业务；法官应禁止商业活动，但偶然之个人投资或财产之拥有不在

① 赵小锁著：《中国法官制度构架：法官职业化建设若干问题》，人民法院出版社2003年版，第169页。

② 周道鸾主编：《外国法院组织与法官制度》，人民法院出版社2000年版，第145页。

此限。美国《法官职业道德准则》规定，法官不得在政府部门或有关委员会担任职务，除非这些职务有关法律、法律体系和司法管理的改善；除非自己参加竞选，否则法官不得在政治组织中任职，也不得从事政治活动；禁止法官在担任全职法官期间担任律师。日本《法院法》第 52 条规定：“法官在任期内，不得有下列行为：一、成为国会或地方公共团体的议会议员，积极从事政治运动；二、除最高法院有许可外的其他有报酬的职务；三、经营商业、从事其他以金钱利益为目的的业务活动。”（3）实行法官高龄退休制。在西方国家，法官退休年龄一般较大。在英国，1950 年开始，法官的任职年龄被限制在 75 岁以下。在美国，联邦法官实行终身制，实行自愿退休。法官退休以后，具有“资深法官”的地位，如果本人自愿，经批准，可以在除联邦最高法院以外的其他联邦法院继续担任法官职务，享有法官的一切权利和福利待遇。德国、法国则实行法官强制退休制度，规定首席法官 68 岁、其他法官 65 岁退休。在日本，最高法院法官和简易法院法官在年满 70 岁时退休，其他法官年满 65 岁退休，并且在退休以后还可以到简易法院任法官。

在检察官方面，尽管西方国家实行的管理制度有所不同，但基本上都建立了完善的身份保障制度。在英美法系国家，由于检察隶属于行政，检察官属于国家行政官员，对检察官的职业保障等同于其他行政官员。例如，在美国，除非法律明确规定，检察官不能被撤换或免职。在大陆法系国家，检察官的管理制度多与法官的管理制度相同或相似。例如，在日本，根据 1947 年颁布的《检察厅法》第 22 条和第 23 条的规定，检察总长年满 65 岁，其他检察官年满 63 岁时退休；在此之前，除非检察官因身心故障、职务上效率低下及其他原因不适宜执行职务，不得被免职。

2. 经济保障

西方学者认为，高薪不仅可以养廉，有利于遏止司法腐败，而且有利于吸引优秀人才进入司法官队伍，亦有利于司法官珍惜自己的职业。司法官的职业特点也决定了司法官必须杜绝以营利为目的。基于此，现代法治国家普遍注重提高司法官的待遇。

法官的经济保障主要体现在以下三方面：（1）实行高薪制。例如，在英国，法官属于高薪阶层，英国高级法官的工资高于政府大臣，大法官的年薪甚至高于首相，其他各级法官的年薪也相当可观。在美国，最高法院首席大法官的工资与副总统的工资相同，联邦法院法官的工资与国会议员、政府内阁官员的工资大体相同，州一级法院法官的工资虽然略低于联邦法官，但在美国也属于高薪阶层。在日本，法官的工资待遇标准较高，最高法院院长的薪金与内阁首相、国会两院议长的薪金相同。（2）实行工资收入不得减少的制度。例如，英国法官被任命后，任何机关不得对其报酬作出不利于其的变更。美国《宪法》第 3 条规定：“最高法院和低级法院的法官如行为端正，得继续任职，并应在规定期间内得到他们的服务报酬，该项报酬在他们继续任职期间不得减少。”法国《法官法》第 33 条规定，法官在任职期间，工资不得减额。日本更是规定即使因财政紧缩，对公务员减薪时，也不得对法官减薪。（3）实行优厚的保险福利制度。西方国家一般都规定，法官在退休以后，应获得优厚的退休金。

在检察官方面，尽管西方国家实行的管理制度有所不同，但基本上都建立了完善的经济保障制度。在英美法系国家，检察官的工资一般要高于其他行政官员，在大陆法系国家，检察官的工资多与法官的工资相同或略低。

3. 特权保障

由于法官与检察官的工作性质有所不同，特权保障制度主要是针对法官而设立的。为了确保法官在处理案件的过程中完全独立自主地进行，在法律许可的范围享有一定的处理案件的自由，西方国家一般都赋予法官等一些特权。这些特权主要是：（1）法官对其在执行司法审判职能过程中所实施的行为和发表的言论，享有不受指控或法律追究的特权；（2）法官对其在执行审判职能方面的有关事务，享有免予出庭作证义务的特权。其核心在于法官享有司法豁免权。① 但这种特权通常不是绝对的，须保持在合理限度内。如果法官在审判过程中有行为不检或其他触犯法律的行为，他们仍应承担相应的民事、刑事或行政责任。赋予法官司法豁免权是现代法治国家保护法官的重要措施。在英国，法官对于自己在进行司法活动中所做的和所说的任何事情享有完全豁免权，不论是否有恶意；即使是低级法院的法官越权，在民事诉讼中也享有豁免权。② 在美国，法官享有在履行司法职责时不负民事责任的绝对保护，法官不对其在行使司法职能的范围内所实施的行为承担责任。在德国，每个法官有权针对一项监督措施向纪律法院起诉，以判定其独立性是否受到侵害。除司法豁免权外，法官还享有两项特权：一是禁止对正在进行的审判加以评议的规则；二是禁止将正在被审理的案件或争端列入议会议程的规则。前一规则是要防止新闻媒介滥用新闻自由，对法官的审判活动任意评论或妄下结论，避免法官因受公众的影响和左右而无法保持其实质独立；后一规则在于防止法官的审判活动被立法机关干预。③

综上，我们可以发现，基于司法官职业保障制度对于保证司法独立的重要性的考量，现代法治国家均十分重视司法官职业保障制度的建设和完善，在制度的设计上充分考虑司法官的职业特点和司法工作的规律，特别是注意到司法官与行政官员的差异，有关司法官职业保障制度的规定非常明确、具体、完备，宪法性规定较多，为该制度的建设和运行提供了稳固保障。

（三）中国司法官职业保障制度的改革与完善

司法官职业保障制度属于实现司法独立的先行制度，对司法独立具有重要意义。

---

① 赵小锁著：《中国法官制度构架：法官职业化建设若干问题》，人民法院出版社 2003 年版，第 169 ~ 170 页。

② ［英］戴维 · M. 沃克著：《牛津法律大辞典》，北京社会与科技发展研究所译，光明日报出版社 1988 年版，第 482 页。

③ 章武生、张卫平等著：《司法现代化与民事诉讼制度的建构》，法律出版社 2000 年版，第 734 页。

针对我国现行司法官职业保障制度存在的问题，借鉴国外先进制度的内容及其建设经验，我国司法官职业保障制度的改革和完善需要注意以下几个问题：

1. 客观认识该制度在实现司法独立上的作用

司法官职业保障制度只是保证司法独立的诸多条件中的一个，受到其他条件的制约和限制。单纯改革和完善该制度并不能保证司法独立的实现，试图通过其来实现司法独立是不可取的。例如，有些学者提出所谓的职权保障问题，其实，司法官的职权保障并不属于司法官职业保障制度的内容，而是属于基本政治制度的内容，我们不可能通过司法官职业保障制度建设来实现应由基本政治制度所要解决的问题。司法官职业保障制度的改革和完善需要与其他条件的改革和完善结合起来。长期以来，司法官职业保障制度的建设和运行不理想，原因并非来自该制度本身，而是受到了其他条件的制约和限制。

2. 在制度设计和建设上充分考虑我国的国情

司法官职业保障制度的改革和完善需要充分考虑我国的基本政治制度、经济发展状况、司法官队伍的现状、公民的认可程度等因素或问题，而不能一味地去讲国外司法官职业保障制度的先进性，简单地去移植该制度，也不能把该制度的改革和完善设想得过于完美，否则只能是空中楼阁。前述因素或问题会对司法官职业保障制度的设计和建设产生非常重要的影响。例如，由于历史原因，我国当前的司法官队伍，无论在职业道德水平上，还是在职业能力和水平上，都存在很大的问题，对于这样的队伍，如果直接推行终身制和高薪制，姑且不论其他方面，首先就难以得到社会公众的认可。

3. 在落实现有规定的基础上稳步地予以改革和完善

司法官职业保障制度的改革和完善需要稳步和渐进地推行。首先，逐步完善和落实《法官法》和《检察官法》的相关规定，促进现有司法官队伍的职业化建设。例如，建立规范的司法官免职、辞退、处分程序，充分保障司法官的身份地位；完全兑现两部法律专门为司法官设定的工资和待遇，落实司法官定期增薪规定。其次，在提高司法官队伍职业素质的基础上，逐步引入国外先进制度。例如，在身份保障方面，先完善任期制，逐步建立不可更换制，然后再建立终身制；在今后一段时期内，对职业能力素养高的司法官，延长退休时间，逐步建立适合所有司法官的高龄退休制。在经济保障方面，先推行优薪制，[①] 最后再逐步建立高薪制。在特权保障方面，先建立司法官的民事司法豁免权制度，然后再逐步建立完整的司法豁免权制度。

① 陈海光：《中国法官制度研究》，中国政法大学2002年博士学位论文，第171~173页。

第十章 中国司法体制建设的领导与保障

司法体制建设是一项庞大的系统工程，涉及政治体制、财政体制、监督制度乃至律师制度、证据制度、诉讼程序制度等，范围非常广泛。而在如此广泛的范围中，由谁领导司法体制建设？如何保障司法体制建设？这是中国司法体制建设的关键。离开了正确的领导与有效的保障，中国司法体制建设就难以实现预期的目标。要实现中国司法体制建设的正确领导和有效保障，必须处理好三对关系：一是中国共产党领导与司法体制建设的关系；二是国家权力机关与司法体制建设的关系；三是国家行政机关与司法体制建设的关系。本章将对这三对关系进行研究与探讨。

一、党的领导与司法体制建设

（一）中国共产党领导司法体制建设的曲折历程

我国现行的人民司法体制是与中国共产党领导的新民主主义革命和社会主义事业相伴发展的。人民司法体制建设起源于中国共产党领导的土地革命时期的司法制度。土地革命时期（1926—1937），在党建立的革命根据地内，中华苏维埃共和国的司法体制主要效仿苏联的司法体制，并根据中国农村革命的具体情况，强调司法权力属于工农苏维埃，在实践中强调司法为革命服务，设计了不同于西方资产阶级法制的苏区司法体制。1931 年和 1932 年，中华苏维埃政府中央执行委员会先后颁发了《处理反革命案件和建立司法机关的暂行程序》、《军事裁判所暂行组织条例》和《裁判部暂行组织和裁判条例》，参照苏联司法经验，设计了苏区司法裁判部的模式，如人民审判员制度、巡回法庭制度等对以后司法制度有着重要影响的制度，并在司法与行政合一的基础上，由裁判部总揽司法行政工作和审判工作。由此，苏区司法基本搭建了共产党领导的，与国民党政权的司法根本对立的苏维埃司法体制框架的主体雏形。

抗日战争时期（1937—1945），以中国共产党《关于目前形势与党的任务的决议》和《抗日救国十大纲领》等文件为依据，人民司法体制建设进一步发展。1941 年，由中共中央政治局批准的《陕甘宁边区施政纲领》第 6 条规定："除司法系统及公安机关依法执行其职务外，任何机关、部队、团体不得对任何人加以逮捕、审问或处罚。”[①] 审判工作中创立了“马锡五审判方式”，人民调解制度也在这一时期进一步发展。

解放战争时期（1946—1949），各解放区围绕政权建设、土地改革和社会治安，在抗日民主政权司法体制的基础上，进一步加强司法体制建设。

新中国成立初期，在党的领导下，1949年9月中国人民政治协商会议第一届全体会议通过了《中央人民政府组织法》，根据该法，中央人民政府设立最高人民法院、最高人民检察署、公安部和司法部，分别行使国家的审判、检察、侦查和司法行政职权，司法从属于政府。1954年，在党的领导下，第一届全国人民代表大会召开，大会通过了新中国第一部《宪法》。根据《宪法》的规定，人民政府、人民法院、人民检察院分立，实行“一府两院”的新体制，规定了“人民法院独立进行审判，只服从法律”。与《宪法》同时通过的《人民法院组织法》和《人民检察院组织法》分别规定了“人民法院独立进行审判，只服从法律”，“地方各级人民检察院独立行使检察权，不受地方国家机关的干涉”。1956年中共八大政治报告强调“我们的一切国家机关都必须严格地遵守法律，而我们的公安机关、检察机关和法院，必须贯彻执行法制方面的分工负责和互相制约的制度”。至此，在党的领导下，我国司法体制的宪法根基得以确立，人民法院、人民检察院共同行使国家司法权的人民司法体制在《宪法》上确定下来。由此可见，我国新民主主义革命时期的司法体制建设因特殊的历史环境，始终强调司法服务于党领导的民主革命，司法体制建设也在党的直接领导下得以建立、发展。

1957年6月，中共中央决定成立财经、政法、外事、科学、文教各领导小组，各小组直接隶属于中共中央政治局和中央书记处。1957年9月，最高人民法院和司法部共同召开司法座谈会。会后，中共中央批转了最高人民法院、司法部党组的报告，报告规定：“全部审判活动，都必须坚决服从党委的领导和监督，党委有权过问一切案件，凡是党委规定审批范围的案件和与兄弟部门意见不一致的案件，都应当在审理后、宣判前，报请党委审批。任何借审判‘独立’，抗拒党委对具体案件审批的想法和做法都是错误的，必须坚决给予纠正。”[②] 1958年，中共中央和县级以上各级党委都开始设立政治法律委员会，由其负责制定关于司法工作的方针政策，协调公、检、法三机关的关系。司法机关要服从党对审判具体案件及其他方面的指示和监督，一切重要刑事案件判决都要由同级党委审批。1960年11月，中共中央批复中央政法小组关于中央政法机关精简机构和改变管理体制的报告之后，最高人民法院、最高人民检察院和公安部合署办公，并由公安部统一领导，这既破坏了司法独立原则，又否认了公、检、法分工负责和互相制约原则。1963年，在第一次全国刑事审判工作会议上，提出了司法审判“为生产服务、为阶级斗争服务”的指导

① 西南政法学院编：《中国新民主主义革命时期法制建设资料选编》第1册，第11页。

② 张晋藩主编：《中华人民共和国国史大辞典》，黑龙江人民出版社1992年版，第298页。

原则。此后，司法机关和司法工作向非专业化与群众化方向进一步发展，司法机关变成党委的一个工作部门，“依法办事”和“司法独立”的原则遭到破坏。“文化大革命”期间，司法独立的原则被当做反党言论受到批判，党与司法机关的关系处于不正常的状态。许多地方党委在应“具体过问人民法院的审判工作”的思想支配下，其负责人甚至直接决定定罪量刑，基本的审判程序和制度被当做资产阶级的东西遭到抛弃，党委成了司法具体业务的办事机构。[①] 党委经常以“党”的名义或“人民”的名义，而不以“法律”的名义进行审判，宪法和法律法规形同虚设。1975 年《宪法》颁布后，“通过党的政策或运动的统治”代替了“通过法律或程序的统治”。

“文化大革命”结束以后，在党的领导下，我国司法体制建设得以恢复，司法体制改革也得到党的重视并得以不断推进。1978 年，中共十一届三中全会公报明确指出：“检察机关和司法机关要保持应有的独立性；要忠实于法律和制度，忠实于人民利益，忠实于事实真相；要保证人民在自己的法律面前人人平等，不允许任何人有超越于法律之上的特权。”1979 年 9 月中共中央印发的《关于坚决保证刑法、刑事诉讼法切实实施的指示》明确要求，“今后，加强党对司法工作的领导，最重要的一条，就是切实保证法律的实施，充分发挥司法机关的作用，切实保证人民检察院独立行使检察权，人民法院独立行使审判权，使之不受其他行政机关、团体和个人的干涉。……党委与司法机关各有专责，不能互相代替，不应互相混淆。为此，中央决定取消各级党委审批案件的制度”。1982 年《宪法》明确规定：“人民法院依照法律规定独立行使审判权，不受行政机关、社会团体和个人的干涉。”“人民检察院依照法律规定独立行使检察权，不受行政机关、社会团体和个人的干涉。”中共十三大报告提出要按照党政分工的原则，理顺党组织和司法机关的关系，做到各司其职，要坚持党对司法工作的领导，并指出党对司法的领导主要是方针政策的领导。1982 年通过的中国共产党新党章第一次完整地规定了党的领导原则，即党的领导主要是政治、思想和组织的领导，党必须保证司法机关“独立负责地工作”。同年颁布的《中共中央关于加强政法工作的指示》也重申：“各级党委对政法工作的领导，主要是管方针、政策，管干部，管思想政治工作，监督所属政法机关模范地依照国家的宪法、法律和法令办事。”中共十五大确定了“依法治国，建设社会主义法治国家”的治国方略。2004 年，第九届全国人大第二次会议又把这一治国方略载入《宪法》。中共十五大报告还明确提出要“推进司法改革，从制度上保证司法机关依法独立公正地行使审判权和检察权”。中共十六大报告提出，“按照公正司法和严格执法的要求，完善司法机关的机构设置、职权划分和管理制度，进一步健全权责明确、相互配合、相互制约、高效运行的司法体制。从制度上保证审判机关和检察机关依法独立公正地行使审判权和检察权”。中共十七大报告提出，“深化司法体制改革，优化司法职权配置，规范司法行为，建设公正高效权威的社会主义司法

① 参见王人博等著：《法治论》，山东人民出版社 1989 年版，第 340 页。

制度，保证审判机关、检察机关依法独立公正地行使审判权、检察权”。

回顾中国共产党领导司法体制建设的曲折历程，可以发现，在1954年我国第一部《宪法》制定之前，特别是1949年新中国成立之前，中国革命的特定历史环境决定了人民司法体制建设与党的领导之间存在嵌入性的内在联系。在此期间，正是在党的直接领导下，初步建立起符合中国革命特点的人民司法体制，即使存在党直接领导司法甚至党的领导权与司法权没有清晰地予以区分的现象，那也是适应这一时期的中国国情的，并发挥了司法体制保障中国革命的功能。但是，在1954年以后，尽管《宪法》已经明确了我国的司法体制框架和结构，确立了司法机关独立行使司法权的原则，但是，在实践中并没有正确处理好党的领导与司法体制建设的关系，出现了党委审批案件、干预办案的现象，直至在“文化大革命”期间以党代法，党委直接办案，党与人民司法之间的正常关系遭到破坏，人民司法体制建设停滞不前。20世纪80年代以后，党在政治、经济、文化领域进行了拨乱反正，人民司法体制才得以恢复，并在党的领导下，开启了建设具有中国特色社会主义司法体制的新篇章，中国司法体制建设才回到正确轨道上来。

综观人民司法体制的发展史，可以发现，能否正确处理党的领导与司法机关之间的关系，直接关系人民司法体制的健康发展。而正确处理党的领导与司法机关的关系，关键是要分清并处理好两对关系：一是党的领导与司法体制建设之间的关系。在这一对关系的处理上，必须毫不动摇地坚持党对司法体制建设的领导，这是中国司法体制沿着正确方向发展的保证；二是党的领导与司法机关司法职权的行使之间的关系。在这一对关系的处理上，党的领导是要保障司法机关依法独立行使司法职权。党既不能自己代替司法机关行使司法职权，也不能干预、干涉司法机关行使司法职权。而且，党有责任通过自己领导的司法体制建设，完善司法制度，排除干扰司法机关独立行使司法职权的各种因素。人民司法体制发展的经验与教训表明，凡是正确区分并处理好这两对关系的，人民司法体制建设就能把握正确的发展方向并得以健康发展；凡是混淆这两对关系的，人民司法体制建设就走入歧途，党和人民就遭殃。

（二）中国司法体制建设必须坚持中国共产党的领导

一般而言，在西方发达国家，政党是在国家法治的制度框架内产生和发展起来的，在政党作为一种社会政治力量兴起的时候，西方国家已普遍确立了资产阶级法治和分权的政体，因而政党扮演的是现存政治秩序的适应者和完善者的角色。与西方发达国家不同，中国共产党是在领导中国人民为国家独立、民族解放和民主自由的长期艰难曲折的武装斗争和其他形式斗争的过程中成长起来的政党，没有共产党，就没有中国新民主主义革命的胜利，就没有新中国，也没有中国的社会主义事业。正是通过自己所追求和倡导的人类崇高理想的吸引力，通过自己提出的纲领路线所体现的人民意志与利益的引导力，通过广大党员为人民利益牺牲的精神感召力，中国共产党赢得了中国人民的信赖和支持，取得了中国革命和建设的领导权，也获得了执政的合法性与正当性。

中国共产党在国家政治生活中的地位、组织原则及活动原则是中国《宪法》明确规定的。“中国共产党在整个国家事务方面的领导地位已经得到宪法肯定，这种领导不只是理论的或观念形态的指引，更包括设置在各个组织和机构中的分支委员会的有形管理。”① 因此，“中国共产党的组织事实上已经成为了国家政权组织的一部分，而且是核心部分”。② 坚持党对建设中国特色社会主义事业的领导，是《宪法》确立的基本政治原则，而且，在实质上，中国社会的发展，也离不开共产党的领导。中国司法体制作为政治体制的有机组成部分，其建立、发展与改革同样离不开党的领导，因为，在中国国情下，“司法结构不仅存在着宪政上的规范地位，存在着与其他政府机关的关系；而且还存在着与中国共产党的正式的结构关系”。③ 历史经验证明，正是在党的领导下，中国建立了共和政体，建立了基本完善的社会主义法律体系，并在新的历史时期，提出了建设社会主义法治国家的奋斗目标。中国共产党党章明确规定：“党必须保证国家的立法、司法、行政机关，经济、文化组织和人民团体积极主动地、独立负责地、协调一致地工作。”

由上可见，中国司法体制建设必须坚持党的领导。没有党的领导就不能保证中国司法体制建设的社会主义方向。而且，没有党的领导，中国的司法体制建设就缺乏强大的推动力量和循序发展的保障条件。中国的国情决定了西方式的以民间自发性制度创新为主的社会演进型的司法体制发展模式，在中国因缺乏相应的内在动力和支撑条件，是不适合中国司法体制的。相反，中国共产党所具有的强大的社会组织能力和社会动员能力，中国共产党在中国的执政地位和领导力，决定了中国司法体制建设最大的本土资源是党的领导，也决定了中国共产党是推动中国司法体制建设进程所不可替代的核心力量。离开了中国共产党的领导，中国的司法体制建设就难以向前推进，这已经为历史与实践所证明。

（三）中国共产党对司法体制建设的领导及其改进

根据中国共产党党章的规定，“党的领导主要是政治、思想和组织的领导”。因此，中国共产党对司法体制建设的领导，也应当是在政治、思想和组织上的领导。具体方式上，首先，党把自己的政治主张通过立法程序转变为具有国家意志的法律，从而使中国司法体制建设沿着正确的方向发展。这是党实现对司法体制建设领导的主要途径。其次，党通过制定不同时期的司法体制建设的工作目标和任务，引导、指导司法制度的建立和完善，推进司法体制建设的进程。再次，向国家权力机关提名、推荐司法机关领导成员的候选人，由国家权力机关进行选举或任命。最后，监督司法机关中的党员遵守国家法律和党的纪律，督促他们在司法工作中严格依法办事，发挥先锋模范作用。

为实现对司法体制建设的领导，中国共产党通过自己的组织机构，领导并组织

① 贺卫方著：《司法的理念与制度》，中国政法大学出版社 1998 年版，第 44 页。

② 胡伟著：《政府过程》，浙江人民出版社 1998 年版，第 24 页。

③ 程作汝著：《司法改革与政治发展》，中国社会科学出版社 2001 年版，第 101 页。

司法体制建设。这些组织主要有三个层次：一是按行政区划设置的各级中国共产党的委员会；二是作为各级中国共产党委员会领导、管理政法工作的政法委员会；[①]三是设置在各级司法机关内部的党组织。因此，从总体上讲，共产党对司法体制建设的领导，是从法律依据、司法人员、组织机构、司法制度等方面，按照支持和保障司法机关依法独立行使职权，实现司法公正的目标设计和组织的。

经过不懈努力，中国特色的社会主义法律体系在21世纪的第一个十年得以建成。期间，随着改革开放的逐步深入，我国的司法体制改革也不断推进。然而，由于司法改革本身的自发性和分散性，整个司法改革进程缺乏统一的规划与布局，在改革方案的出台以及改革走向的宏观把握上明显存在理性不足的缺点，从而造成了司法改革进程中的诸多悖论。而司法改革中大量悖论的频繁出现，在具体的改革行为与宏观的改革话语之间产生了一种内在的紧张关系，进而动摇了改革本身的合法性基础。在这样的背景下，2003年4月，中共中央决定成立由中央直接领导的司法体制改革领导小组。该小组由中央政法委员会、全国人大内务司法委员会、政法各部门、国务院法制办及中央编制办的负责人组成，代表党中央全面领导司法体制改革工作。2004年底，中央司法体制改革领导小组形成了《中央司法体制改革领导小组关于司法体制和工作机制改革的初步意见》，提出了司法体制和工作机制改革10个方面35项的改革任务。2007年，根据党的十七大报告对司法体制改革的要求，提出了《中央政法委员会关于深化司法体制和工作机制改革若干问题的意见》，围绕优化司法职权配置、落实宽严相济刑事政策、加强政法队伍建设、加强政法经费保障4个方面，提出了60项改革任务。中央司法改革领导小组的成立，标志着主导中国司法改革进程的核心机构正式出现，一种全新的、自上而下的改革策略和模式最终确立，在我国司法史上具有里程碑意义。[②] 中央司法体制改革领导小组自2003年5月成立至2012年1月，已经召开了4次全体会议，召集了11次司法体制机制改革专题汇报会，对深入贯彻中共中央关于深化司法体制机制改革的决策部署，全面落实各项改革措施，起到了直接的领导与推动作用。在中央司法体制改革领导小组的领导下，“2008年底启动的新一轮司法改革确定60项改革任务，2009年完成

① 中国共产党党委的政法委员会的前身是1949年新中国成立初期设在人民政府中的政治法律委员会。1954年宪法确立人民代表大会领导下的“一府两院”体制后，我国的政权组织形式和司法体制发生了变化。1958年中共中央决定设立中共中央政治法律委员会，后改为中央政法小组，作为党委专门主管政法工作的职能部门，以加强党对政法工作的领导。1980年1月，中共中央发出《关于成立中央政法委员会的通知》，决定在各级党委设立政法委。1988年中共中央决定撤销中央政法委员会，成立中央政法领导小组，但大多数省级以下的党委政法委并没有撤销。1990年，中共中央决定重新恢复中央政法委员会。此后，各级党委政法委的职能和自身建设得到全面强化，并作为中国共产党在司法领域工作中的职能部门，领导着中国司法体制建设的发展。

② 万毅：《转折与展望：评中央成立司法改革领导小组》，载《法学》2003年第8期，第31页。

17项，2010年基本完成30项，至2011年年底60项改革任务绝大部分已经完成”。[①]实践证明，正是中国共产党的及时决策，使我国的司法体制建设从改革目的、目标等方面得以明确和清晰，保证了我国司法体制建设有计划、有步骤、有秩序地稳步推进。

但是，从国际方面来看，在经济全球化趋势下的社会主义与资本主义两种制度中，社会主义运动处于低潮，而资本主义在保持原有优势的基础上不断自我调整，并显示出较强的发展势头。这正反两面的事实对比，既模糊了人们对资本主义的认识，又动摇了许多人对社会主义的信念。尤其是资本主义的各种思潮涌现在人们面前，增加了人们分析鉴别的难度，给人们的思想造成了一定程度上的混乱。在法学界，一些学者在接触了西方学者的法学理论后，主张以西方司法理论为基础改革我国的司法制度，直接移植西方的司法体制，简单地提出在我国建立西方三权分立政体基础上的司法独立，甚至错误地认为司法独立与中国共产党的领导是对立的。不容否认，尽管西方法学理论及其司法制度有其合理性的一面，但这是在西方政体及其社会背景下发展起来并适应其国情的，虽然在一定程度上对我国的司法体制改革具有借鉴价值，但这种借鉴不是根本意义上的，特别是不能违背我国《宪法》规定的政体以及我国的国情进行简单移植，否则，必将使我国的司法体制改革走入歧途，从而影响中国共产党领导的社会主义法治建设事业。因此，必须清醒地认识到，我国的司法体制改革是社会主义司法体制的自我完善，我们强调的保障司法机关依法独立行使职权，并不是要不要中国共产党的领导的问题，而是如何改善中国共产党对司法体制建设的领导问题，是在党总揽司法全局的同时，如何避免干预司法，从而促进司法机关依法独立公正地行使职权。这就要求在坚持中国共产党领导司法体制建设的同时，改善中国共产党对司法工作的领导，这是中国共产党在领导我国社会转型期司法体制建设中面临的新任务。

另外，由于外部环境的深刻影响和我们的管理工作未能及时跟上，我国司法领域发生了比较严重的腐败现象。司法队伍中党员干部的腐败，不仅损坏了党的形象，也破坏了司法公正和司法权威。应该说，突出的司法腐败现象，反映了司法队伍中的部分党员干部的先进性已经丧失，这正说明，在社会转型期的新形势下，不仅需要坚持党的领导，更需要改善并加强党对司法队伍的领导，以保障司法队伍的纯洁性和先进性，从而促进司法公正，树立司法权威。这就需要党在领导司法体制建设的过程中认真考虑如何在制度上进一步加强对司法权力的监督和制约，建立科学合理的司法监督与制约机制。这也是我国司法体制改革过程中一个不可忽视的环节，也是党在领导司法工作中面临的严峻挑战。

鉴于我国社会主义事业建设的国际、国内环境，根据中国共产党领导司法体制建设的经验和教训，一方面，必须坚持中国共产党对司法体制建设的领导，从宏观

① 徐昕、卢荣荣、黄艳好：《中国司法改革年度报告（2011）》（简本），载求是理论网，http://www.qstheory.cn/llzx/201201/t20120115_134886.htm，2012年1月25日访问。

上、整体上把握我国社会主义司法体制的发展方向，有计划、有步骤地逐步推进符合中国国情的司法体制建设。当然，党在领导司法体制建设的方式方法上，可以通过立法机关的立法和司法机关的司法贯彻落实党对司法体制建设的纲领、方针和政策。另一方面，在司法机关的具体司法工作上，党必须尊重司法活动的规律，由司法机关自己独立从事司法工作，党的领导职责主要在于保障司法机关依法独立行使司法职权。根据《宪法》和《人民法院组织法》、《人民检察院组织法》、《地方各级人民代表大会和地方各级人民政府组织法》等法律的有关规定，并结合我国司法体制建设的实际情况，笔者认为，应当从以下几个方面采取措施，进一步加强和改善党对司法体制建设的领导。

1. 切实保障司法机关在坚持党的领导下依法独立行使职权

“各法院的党组织正是执政党在司法事务上的代理人。依照党章的规定，党组织的活动原则是民主集中制：少数服从多数，下级服从上级，全党服从中央。法院的主要事务由院内的党组织决定，而地方法院的党组织要接受地方党委的领导，地方党委要接受中共中央的领导，这是纪律与逻辑的共同要求。所以，无论是根据现行《宪法》，还是征之于目前的一般实践，我国的司法独立均不意味着独立于共产党的领导。”① 因此，我国司法机关依法独立行使职权不仅不能摆脱共产党领导，相反，为了司法体制的有效运行，需要作为执政党的中国共产党为司法机关依法独立行使职权提供政治上的保障，这也是共产党领导司法工作的重要责任。为此，一方面，党首先要保证自己不干预司法机关依法办案。因为，司法活动的专业性和程序性，使党无法具体指导司法机关办案，更不能代替司法机关办案。对此，邓小平同志曾明确指出：“党要管党内纪律的问题，法律范围内的问题应该由国家和政府管。党干预太多，不利于在全体人民中树立法制观念。这是一个党和政府的关系问题，是一个政治体制的问题。”② 实际上，从现实的角度看，实现党对司法体制建设的领导的最好衡量尺度是体现着党的意志和人民利益的法律是否得到了有效的实施。另一方面，共产党作为执政党，还必须引导在国家政治结构中的立法机关、行政机关不干涉司法机关依法独立行使职权。党有责任在领导国家政治体制改革的过程中，通过对政治体制的改革，支持司法机关人事制度和经费保障制度的改革，为司法机关依法独立行使职权提供有力保障。

2. 提高司法机关在共产党领导的政治体制内的地位

改革开放以来，我国政治生活中最重要的认识成果之一是理顺了执政党与法律的关系，并且提出了建设社会主义法治国家的目标。但是，在笔者看来，法律在中国政治生活中的地位仍然不够高，实际生活中权大于法的现象比比皆是。法律在国家治理中的这种地位，一定程度上与司法权在国家权力结构中的地位有关。在中国

---

① 贺卫方著：《司法的理念与制度》，中国政法大学出版社 1998 年版，第 44 页。

② 邓小平：《在全体人民中树立法制观念》，载《邓小平文献（第 3 卷）》，人民出版社 1993 年版，第 163 页。

共产党领导的政治体制中，行使国家最高行政权的国务院的首长是党的最高领导层（中共中央政治局常务委员会）的成员，而历任最高人民法院院长、最高人民检察院检察长不仅不是党的最高领导层的成员，甚至连中共中央政治局委员都不是；相应地，地方各级政府的首长都是地方党委的常委、副书记，而地方各级人民法院院长、人民检察院检察长都不是地方党委的常委。司法机关在我国政治体制中的这种地位，使得司法机关在遇到行政机关的干涉时，要想做到依法办事非常困难。因此，笔者建议，在中央，最高人民法院院长、最高人民检察院检察长至少应当进入中共中央政治局；在地方，地方各级人民法院院长、人民检察院检察长应当进入地方党委常务委员会。这样改革后，不仅提高了司法机关在党内的地位，而且加强了党对司法工作的领导，有利于保障司法机关在坚持党的领导的前提下，依法独立行使职权。

3. 改革地方各级党委政法委员会的主要领导人（书记）兼任公安机关主要负责人的体制

在我国许多地方，作为地方各级党委负责政法工作的政法委在设立后，逐步形成了其主要领导人（书记）兼任公安机关主要负责人的体制。笔者认为，随着依法治国基本方略的深入实施，这一体制应当改革，即县级以上地方各级党委应当由一名常委兼任政法委员会书记，且该名常委、政法委员会书记不兼任公安机关主要负责人。具体理由是：第一，由于地方各级公安机关对维护地方稳定、保一方平安负有重大责任，其主要负责人的工作任务极其繁重，因而由地方各级党委政法委员会书记兼任公安机关主要负责人，既不利于政法委员会对该地方的政法工作（包括治安保卫、国家安全、司法行政、侦查、审判、检察等）进行全面领导与协调，也可能使其精力分散，顾此失彼，从而使公安机关的治安保卫和刑事侦查工作受到严重影响。第二，根据《宪法》规定，我国在各级人民代表大会之下实行“一府两院”的体制，即各级人民政府、人民法院、人民检察院都由人民代表大会产生，对它负责，受它监督，因而“一府两院”的法律地位平等。而公安机关仅是人民政府的一个职能部门，其法律地位低于人民法院和人民检察院。显然，公安机关主要负责人兼任党委政法委员会的书记，就有权对法院院长和检察院检察长进行领导和指挥，这不仅与《宪法》确定的国家体制不相符合，使法院院长和检察院检察长处于尴尬的地位，而且有可能使行政权通过党的领导的名义干涉人民法院、人民检察院依法独立行使审判权和检察权，从而影响司法公正。第三，自中共中央政法委员会成立以来，担任书记的领导都不兼任公安部等政府部门的负责人。而在地方，现在也已经有一些省、自治区、直辖市、省辖市或县、市党委政法委员会的书记不再兼任公安机关的主要负责人（如山东省、浙江省、湖南省、海南省等）。因此，改革地方各级党委政法委员会的主要领导人（书记）兼任公安机关负责人的体制，不仅十分必要，而且完全可行，这不仅不会弱削党对政法工作的领导，反而有利于加强党对政法工作的领导，有利于保障司法机关依法独立行使职权，实现司法公正，提升司法权威，进而有利于建设公正、高效、权威的社会主义司法制度。

4. 各级党委及其政法委员会（包括其主要领导人）均应不再审批案件或干预案件的处理

1979年9月9日，中共中央发布《关于坚决保证刑法、刑事诉讼法切实实施的指示》，明确宣布取消党委审批案件的制度。这是我国社会主义法制建设的一个重要里程碑，对保障人民法院、人民检察院依法独立行使职权具有特别重要的意义。此后，虽然审批案件不再是各级党委的一项常规工作，党委会也不再讨论案件的处理问题，但时至今日，一些地方的党委书记、副书记或政法委书记通过打电话、批条子、当面指示等形式干涉案件处理的情况仍时有发生；在政法委员会的工作职责中，仍包括有“督促、推动大要案的查处工作，研究和协调有争议的重大、疑难案件”的内容。而且，在发生的错案中，经过政法委协调的亦占有一定比例。[①] 针对这种情况，笔者认为有必要采用制度化的办法予以解决。例如，在目前对地方各级法院、检察院实行中央垂直领导或直接管理还有困难的情况下，可以考虑对地方各级法院院长、副院长、审判委员会委员、庭长、副庭长、审判员和地方各级检察院检察长、副检察长、检察委员会委员、检察员，均由省级人民代表大会或其常务委员会选举或任命，以使他们既敢于也能够抵制同级党政领导对司法工作的干涉。

5. 加强党对司法人才的推荐工作，提高推荐在司法机关内起领导作用的人才的质量

选拔、推荐司法人才，特别是司法机关领导人才，是共产党领导司法的重要途径。这也是共产党长期以来坚持的“党管干部”的基本原则。但是，改革开放以来，每年都有为数不少的司法官员因腐败行为被追究法律责任，有些地方的法院甚至出现了腐败窝案；在司法腐败的范围上，从司法机关的领导到普通司法官员，从基层司法机关到最高司法机关都有令人触目惊心的案件发生。反观这些腐败现象和腐败的司法官员，特别是腐败的司法机关领导，基本在被党的组织部门或干部考察机构推选为领导人才之前，就已经存在腐败，甚至已经存在严重腐败，但是，这些腐败分子仍然被党的组织部门或干部考察机构作为优秀人才推荐给各级人大，再通过选举或任命担任司法机关的领导。因此，党的这种司法人才选拔和推荐机制需要改进。

具体而言，一方面，地方各级法院院长、检察院检察长的人选应当统一由省级党委或其干部考察机构考察、推荐，并由省级人大选举或任命，并且，这些被省级党委推荐的法院院长、检察院检察长人选应当具有司法工作经历和法律专业知识。因为，司法机关依法负责各类诉讼案件的侦查、审查起诉或审判，其检察、审判工作具有很强的专业性；法院院长、检察院检察长不仅负责法院、检察院的行政管理工作，而且要主持审判委员会、检察委员会会议讨论重大、复杂、疑难案件的处理。因此，笔者认为，省委或其组织部门向省级人大推荐的法院院长、检察院检察长候

---

① 例如，2010年5月曝光、令国人震惊的“赵作海纵火杀人被判死缓冤案”就是在当地政法委的协调下才最终形成的，这一深刻的教训，我们应当牢记和吸取。

选人应当具有司法工作经历和法律专业知识，以符合党对干部的“专业化”、“知识化”要求。这样，才能为司法机关依法正确处理各类案件、实现司法的公正和高效提供组织与人事保证。

另一方面，省级党委在初步确定地方各级人民法院院长、人民检察院检察长人选后，应当向社会公示，公开征求公众的意见，而且公开征求意见的时间应不少于30日。目前，在实践中公示征求意见的时间一般只有1个星期，这样的时间太短。同时，在向社会公示的同时，还可考虑增加向律师协会定向征求意见的程序，由随机抽选的执业律师对被推荐的人选进行具体的评价并提出意见。因为从发展的趋势看，司法人才基本上应当在司法领域选拔，律师作为司法领域的执业人员，对司法领域比较了解，对司法官的了解也相对较多，因此，也更有发言权。

二、国家权力机关与司法体制建设

（一）国家权力机关与司法体制建设的基本关系及其形成

根据我国《宪法》的规定，中华人民共和国的一切权力属于人民。人民行使国家权力的机关是各级人民代表大会。全国人民代表大会是最高国家权力机关，也是国家立法机关，它的常设机关是全国人民代表大会常务委员会。全国人民代表大会及其常务委员会行使国家立法权。省、直辖市的人民代表大会及其常务委员会，是地方国家权力机关，在不同宪法、法律、行政法规相抵触的前提下，可以制定地方性法规。《宪法》同时规定，各级人民代表大会都由民主选举产生，对人民负责，受人民监督。国家行政机关、审判机关、检察机关都由人民代表大会产生，对它负责，受它监督。“通常，人们把我国人民代表大会的职权概括为立法权、重大事项决定权、任免权和监督权。”① 就国家权力机关与司法体制建设的关系而言，作为国家权力机关的人民代表大会在国家权力构成与国家机构的组织上，通过立法组建了我国的司法体制，也就有责任保障并监督司法体制按其组建的目的有效运行，确保司法机关依法行使司法权；同时，作为由国家权力机关产生的司法机关，应当认真、负责地行使国家权力机关授予的司法权力，依法向国家权力机关报告工作，接受国家权力机关的监督。这就是中国国家权力机关与司法体制建设的基本关系。

我国国家权力机关与司法体制建设之间组建、监督与负责的关系，是在我国社会主义政治体制发展中逐步形成的。早在第二次国内革命战争时期的中央苏区，1931年11月7日召开的中华工农兵（苏维埃）第一次全国代表大会，是我国人民大表大会制度的发端。大会通过了《中华苏维埃宪法大纲》，规定全国工农兵苏维埃代表大会及其中央执行委员会，是最高政权机关，大会选举产生了临时中央政府人民委员会，负责处理日常政务，并对大会负责；同时组建了地方各级苏维埃代表大会及政府。抗日战争时期，根据抗战的需要，代表人民行使权力的是各级参议会，

① 蔡定剑著：《中国人民代表大会制度》，法律出版社1998年版，第327页。

1939年《陕甘宁边区各级参议会组织条例》规定："边区各级参议会为代表边区之各级民意机关"，"各级参议会之议员，由人民直接选举之"，边区参议会的职权是"选举边区政府主席、边区政府委员，及边区高等法院院长；监察及弹劾边区各级政府之政务委员"等。参议会有"督促及检查边区各级政府执行参议会决议案之事项"。各级政府和司法机关由参议会选举产生并对参议会负责。根据1946年4月颁布的《陕甘宁边区宪法原则》，参议会改为人民代表会议。《陕甘宁边区宪法草案》规定，人民代表会议常务委员会在会议休会期间，负有"向行政委员会及其所属各部门提出建议与质询"的权力。解放战争后期，人民代表会议改名为各级人民代表大会。新中国成立后，1949年的《中国人民政治协商会议共同纲领》规定"人民政府委员会向人民代表大会负责并报告工作"。1954年，我国第一部《宪法》通过。根据该《宪法》的规定，中华人民共和国全国人民代表大会是最高权力机关，是行使国家立法权的唯一机关，有监督宪法实施等职权。全国人民代表大会常务委员会有监督国务院、最高人民法院和最高人民检察院的工作，撤销国务院同宪法、法律和法令相抵触的决议与命令等职权。自此，人民代表大会作为立法机关和国家权力机关与我国司法体制建设的基本关系被确定下来。在国家权力机关监督司法上，除《宪法》、《人民法院组织法》、《人民检察院组织法》的规定外，1993年最高人民检察院颁布了《关于检察机关接受人民代表大会及其常务委员会监督若干问题的规定》，1998年最高人民法院颁布了《关于人民法院接受人民代表大会及其常务委员会监督的若干意见》，分别对人民检察院、人民法院接受人民代表大会及其常委会监督的有关事项也作了相关规定。2007年施行的《中华人民共和国各级人民代表大会常务委员会监督法》全面系统地规定了国家权力机关对司法机关进行监督的方式、方法和程序等。

应该说，在我国国家权力机关与司法体制建设的关系上，在1949年新中国成立前，权力机关主要是组建了司法体制的雏形，尽管权力机关对司法机关享有监督权，但实际上主要还是相互之间的支持与帮助。新中国成立后到20世纪80年代后期，国家权力机关通过立法基本建立了我国的司法体制，并开始监督司法机关的工作，但监督的形式主要停留在一年一度的听取工作报告上。从20世纪80年代后期开始，我国开始进行司法改革，国家权力机关通过立法活动在司法体制建设上发挥的作用越来越明显，国家权力机关监督司法机关的意识进一步加强，监督的方式方法也逐步多样化。理论界开始呼吁应由国家权力机关成立司法体制改革领导小组，统领我国的司法体制改革，对国家权力机关加强对司法机关的监督的要求也越来越强烈。总体看来，关注国家权力机关与司法体制建设之间关系的重点主要集中在两个方面：一是国家权力机关如何组织、建设司法体制；二是国家权力机关如何保障和监督司法机关依法独立行使司法职权。当然，这也是我国司法体制建设必须面对并解决的问题。

（二）国家权力机关通过立法完善司法体制

我国国家权力机关作为代表人民行使国家权力的机关，在中国共产党的领导下，担负着通过立法组建并完善体现党和人民意志的政治体制、经济体制和司法体制的重任。从20世纪80年代后期开始，我国司法体制在已经得到恢复的基础上开始改革，翻开了我国司法体制建设的新篇章。二十多年来的改革实践表明，司法体制改革离不开作为执政党的中国共产党的领导、组织和推动，也离不开国家权力机关通过立法活动对司法体制改革成果的确认。实际上，自司法改革开启以来，在国家层面上，国家权力机关已经修改了（有的已经多次修改）《宪法》、《人民法院组织法》、《人民检察院组织法》、《刑法》、《刑事诉讼法》、《民事诉讼法》，制定、修改了《行政诉讼法》、《法官法》、《检察官法》、《警察法》、《各级人民代表大会常务委员会监督法》等一系列关系我国司法体制建设的法律；地方国家权力机关也在宪法授权范围内，根据本地区的情况，制定了许多贯彻落实国家司法体制建设的地方性法规。正是通过国家权力机关的立法活动，使中国特色的社会主义司法体制的特点更加明确，结构更趋合理。2011年3月10日，全国人大常委会委员长吴邦国在第十一届全国人大四次会议第二次全体会议上宣布，中国特色社会主义法律体系已经形成。中国特色的社会主义法律体系的形成，同时意味着中国特色社会主义司法体制也已经建成，今后，我国司法体制建设的任务是进一步深化司法体制改革，进一步完善司法体制建设。很显然，我国司法体制建设的深化改革和进一步完善，依然需要国家权力机关一如既往地在立法上的支持和保障。

（三）国家权力机关对司法机关依法独立行使司法职权的监督与保障

基于国家权力机关代表人民行使权力的性质，其在国家机关体系中居于最高的地位，这也决定了国家权力机关与由其产生的司法机关的关系完全是单向的权力关系，国家权力机关拥有对司法机关的监督权，司法机关必须向国家权力机关报告自己的工作并接受其监督。

根据《宪法》的规定，全国人民代表大会常务委员会监督最高人民法院和最高人民检察院的工作，县级以上的地方各级人民代表大会常务委员会监督本级人民法院和人民检察院的工作；最高人民法院对全国人民代表大会和全国人民代表大会常务委员会负责，地方各级人民法院对产生它的国家权力机关负责；最高人民检察院对全国人民代表大会和全国人民代表大会常务委员会负责；地方各级人民检察院对产生它的国家权力机关和上级人民检察院负责。当然，国家权力机关对审判机关、检察机关的人事任免权，实际上也是对审判机关和检察机关的一种监督。“人大对法院的人事任免权直接而言是对法官的一种监督方式，整体而言是对法院行使审判权的监督。在选举和任命过程中，就要首先对相应的人选进行考核，这就是一个事前监督的环节；而掌握在国家权力机关手中的罢免权时时刻刻都是对法官行为的一种约束。”[①] 此外，根据《监督法》的规定，全国人大常务委员会对最高人民法院、最高人民检察院作出的属于审判、检察工作中具体应用法律的解释享有备案、审查、

---

① 强世功、罗玥：《“案件监督”还是“行为监督”——人大个案监督及其问题》，载蔡定剑主编：《监督与司法公正——研究与案例报告》，法律出版社2005年版，第149页。

撤销权。

因此，国家权力机关对司法机关的监督主要包括工作监督、人事监督和司法解释的违法审查权。当然，国家权力机关监督司法，也是民主政治的基本要求。“一个有效率的，被赋予统治权力的代议机构，应该不只是像国会那样，仅限于表达全国民众的意志，还应该领导民众最终实现其目的，做民众的代言人，并且做民众的眼睛，对政府的所作所为进行监督。”①

从实际情况看，国家权力机关对司法工作的监督在实践中是逐步加强的。“人大在监督方面就经历了这样一个发展过程：1980 年代忌讳讲监督，1980 年代末 1990 年代初羞羞答答讲监督；1990 年代中期以后理直气壮讲监督。”② 从现有的法律规定看，国家权力机关监督司法的范围主要是关系改革发展稳定大局和群众切身利益、社会普遍关注的重大问题，监督的方式主要有：听取和审议人民法院和人民检察院的专项工作报告，认为必要时，可以提出意见或作出决议；审查最高人民法院、最高人民检察院作出的具体应用法律的解释是否同宪法和法律相抵触，也可作出法律解释的议案并进行审议；对人民法院、人民检察院提出质询案；组织关于特定问题的调查委员会进行调查；依法罢免或撤销人民法院、人民检察院有关人员的职务；等等。监督原则包括坚持中国共产党的领导、集体监督、公开监督和依法监督。但是，“虽然司法机关由权力机关产生，对权力机关负责，受权力机关监督，既是明文规定的，又是合乎法理的；但人大监督权的进一步量化和落实则既缺乏具体有效的规则，在理论上也远不是那么清楚的。也就是说，在我国已经发展起来的人民代表大会制度中，授权机制：人民——人大——一府两院已发展得相当的完备；而授权后的监督机制和责任机制则存在着一定的欠缺”。③ 一方面，现行法律对国家权力机关监督司法的规定基本上是宏观性的，无论是工作监督、人事监督还是对司法解释的合法性审查，都欠缺规范性和实效性，人事监督还涉及与执政党党管干部原则之间关系的处理；另一方面，我国司法机关在实践中出台了大量的司法解释，但国家权力机关对司法解释进行富有实效的合法性审查并不常见；至于对司法机关的工作监督，实践中监督的方式和做法五花八门，《监督法》颁布前一直颇受争议的个案监督，在地方各级国家权力机关监督司法的实践中仍然常见且因过度介入个案而有干涉司法之嫌。而且，不少地方国家权力机关还喜好创新，如对司法机关的工作进行评议、人大代表旁听法院庭审甚至在法院裁判前提出处理意见、评议法官等。但是，从监督的社会效果和社会评价看，国家权力机关对司法的监督尚不令人满意。“一些地方失监、虚监、走过场现象严重，他们把人大看作‘橡皮图章’、‘表决机器’，即使监督，也是停留在建议、批评、意见等常规监督手段上，发现问

---

① ［美］伍德罗·威尔逊著：《国会政体》，商务印书馆 1986 年版，第 164 页。

② 蔡定剑：《人大宪法地位的逐步回归》，载 21 世纪网，http://www.21cbh.com/HTML/2003-3-6/8663.html，2010 年 8 月 6 日访问。

③ 程竹汝：《完善人大对司法机关的监督关系》，载《上海行政学院学报》2011 年第 3 期，第 33 页。

题、直抒己见的少，随声附和的多；切中要害的少，泛泛而谈的多；停留在表面的多，深挖内在本质的少，致使人大监督成为一种‘认认真真做形式、扎扎实实走过场’徒有虚名的摆设。”① 因此，国家权力机关并不是没有监督权，也不是对司法机关的工作没有进行监督，而是没有行使好、落实好监督权。

“从事物的性质来说，要防止滥用权力，即必须以权力约束权力。”② 资产阶级启蒙思想家提出的国家权力互相制约理论，是人类国家政权建设的共同财富，也是为当今世界普遍认同的共识。中华文化几千年的中央集权政治传统中缺乏近现代西方式的分权基础，但防止国家权力被滥用及以权力制约权力的理论和实践也是中国现代国家政治体制在国家权力设置上所关注的。我国国家权力机关与司法机关的关系中，国家权力机关既有监督司法机关依法正确履行国家司法权的职责，又有保障司法机关依法独立行使司法权的职责。正确处理这一关系的关键是监督适度性的把握。“权力机关的监督权与司法权的关系限度应以不对司法过程行使支配权为限。具体来说就是司法权应主导从立案到裁判执行的全过程，监督权影响这一过程的支点只能在这一过程起始之前和结束之后。这包括认真审议司法机关的工作报告和其他专题汇报；对司法解释的合宪性和合法性的审查；对司法官员的选择、任免、弹劾；以及质询、询问等。”③ 由此看来，在当前我国司法腐败比较严重、司法不公比较突出和司法公信力不高的情况下，亟待改革和加强国家权力机关的监督，以实现“以权力制约权力”，防止司法权的滥用和腐败。具体构想是：

1. 从宏观上改革国家权力机关监督司法的方式方法，创造国家权力机关监督的良好条件

首先，在监督方式上，坚持并强化间接监督。现行法律规定国家权力机关监督司法应当是间接的，这取决于司法权的相对独立性以及司法工作的程序性、专业性的特点。国家权力机关在监督司法的过程中，可以通过各种途径收集、核实有关司法工作是否合法、公正维护人民合法权益的信息和素材，当然也包括通过个案获得信息，甚至包括人大代表亲自旁听个案的法庭审判。但是，这种收集信息和素材的过程本身不应是监督，而是为监督所做的准备工作。然而，个案监督、旁听庭审并提出处理意见，就不是简单的收集素材和信息，而是直接介入司法程序，甚至干涉司法权的行使。这种做法是不符合间接监督要求的。“人类文明之所以普遍将权利的救济机制诉诸司法过程，是因为在那里发展起来的程序公正应该能‘证明’实体公正。司法过程在现实性上到处就是以相关程序的运行所表现出来的这样一个‘证明’过程，其间各种专业性和技术性的要素充斥其中。相比之下，权力机关的工作

---

① 严宝康：《人大监督形式的一大创新》，载《上海人大》2009年第11期，第40页。

② ［法］孟德斯鸠著：《论法的精神》（上册），张雁深译，商务印书馆1961年版，第154页。

③ 程竹汝：《完善人大对司法机关的监督关系》，载《上海行政学院学报》2011年第3期，第35页。

程序显然无法胜任这一需要。”① 因此，国家权力机关监督司法仍应坚持并强调间接监督，国家权力机关只能监督反映民意的法律是否得到执行，而不能自己既做代表民意的立法机关，又做执行民意的机关。更何况，司法实践证明，国家权力机关在运用反映民意的法律解决社会具体矛盾上，并不比司法机关更高明，也缺乏专业性和程序性的保障。所以，国家权力机关可以关注个案，但真正应当关注的是通过个案反映出来的普遍性问题，然后，通过监督，督促司法机关整改、解决，至于司法机关具体个案解决中存在的司法不公等现象，应当通过司法体制自身的监督机制来解决。

其次，在监督方法上，在现有检查、审议、评议、听取报告、人事任免等方法的基础上，应当加强调查研究，注意发现司法工作中存在的具有普遍性、全局性的问题。尽管国家权力机关可以通过听取司法机关的工作报告、接受民众的申诉控告等方法收集司法工作的信息，但是从实践看，无论是国家权力机关的常设机构，还是代表民意的人大代表，在日常工作中针对司法机关工作所开展的深入细致、扎扎实实的调查还是不够，能够看到的是国家权力机关工作机构组织的视察、参观、听取汇报较多，而真正针对某一问题进行深入跟踪调查、深挖原因的监督工作比较少见，而这恰恰是发现问题并进行有针对性监督的重要方法。这有待于国家权力机关工作机构和人大代表在今后的工作中进一步加强。

最后，创造有利于国家权力机关监督的良好条件。从法律上看，国家权力机关监督是上位的单向监督，效力最高。但众所周知，实践中国家权力机关自身在国家政治体制中的实际地位并不高，国家权力机关工作机构的领导多是从行政机关、司法机关领导岗位上退下来的老同志，因此，要增强国家权力机关监督司法的有效性，首先应当有一个使国家权力机关能够监督司法的良好条件，这既需要在法律上进一步完善，也需要在机制上予以加强。

2. 建立并落实具体的监督制度，使国家权力机关监督真正落到实处

首先，落实对法院院长、检察院检察长实行差额选举的规定。《地方各级人民代表大会和地方各级人民政府组织法》第 22 条规定，人民法院院长、人民检察院检察长的候选人数一般应多一人，进行差额选举。但长期以来，这一规定未得到执行，在各级人民代表大会选举人民法院院长、人民检察院检察长时，其候选人均只有一人，以致人大代表无从择优选择。为改变这种状况，全国人大常委会应当组织开展执法检查，提出具体的实施办法，以保证该条规定得到切实执行，进而有力地促进法院院长、检察院检察长从严管理法官、检察官队伍，维护司法的公正与廉洁。

其次，建立法院院长、检察院检察长的政治责任制度。根据《宪法》关于“国家行政机关、审判机关、检察机关由人民代表大会产生，对它负责，受它监督”的规定，我国实行“一府两院”主要领导人每年向人民代表大会作工作报告并由各代表团审议、全体大会进行表决的制度。虽然一直以来各级法院、检察院的工作报告

① 程竹汝著：《司法改革与政治发展》，中国社会科学出版社 2001 年版，第 325 页。

未获通过的情况极为罕见，但由于法律规定的缺失，因而当这种情况一旦出现势必造成无法可依和十分被动的局面。以下两个例子就是最好的说明：其一，在2001年2月14日闭幕的辽宁省沈阳市第十二届人大第四次会议上，当进行到对市中级人民法院工作报告决议表决时，电子屏幕上的投票结果让人大吃一惊：人大代表应到会509人，实到474人，赞成218人，反对162人，弃权82人，未按表决器9人。赞成票没有过半，市中级人民法院工作报告未获得通过。未通过的直接原因是，该中级人民法院的原副院长焦玫瑰和梁福全因涉嫌严重违法违纪被纪委立案审查。而在人大会开幕当天，该中级人民法院原院长贾永祥也被纪委找去核实问题。面对从未遇到过的新情况、新问题，沈阳市人大常委会主任张荣茂立即召开大会主席团紧急会议，主席团成员当场举手表决，作出了“责成市人大常委会对市中级人民法院报告继续审议，并将审议结果向下次人民代表大会报告”的决定。市中级人民法院根据人大代表提出的意见，认真进行了整改。2001年8月10日沈阳市第十二届人大第五次会议审议通过了中级人民法院整改情况和2001年工作安排的报告。[①] 其二，2007年1月24日，在湖南省衡阳市第十二届人大第五次会议上，衡阳市中级人民法院的工作报告没有获得通过，举手赞成该报告的代表只有174人，远不足应到代表511人的半数。[②] 2天后，衡阳市中级人民法院开始面向社会“开门整顿”，除公开有奖征集举报线索外，有关方面还巡查酒楼、茶馆124家，法庭10个，审查案件196件，查阅诉讼收费票据197份，共收集、查访到法官违法违纪线索12条，部分法官被清除出审判机关。3个月后，衡阳中级人民法院的“开门整顿”被人大代表评价为“态度端正，认识到位，措施过硬，效果明显”。2007年4月29日下午，衡阳市第十二届人民代表大会临时会议只用了15分钟，就以举手表决的方式，全票通过衡阳市中级人民法院的工作报告。但具有讽刺意味的是，2008年6月，衡阳市中级人民法院原院长罗安荣、原副院长欧福成与常宁市人民法院原院长刘江因涉嫌受贿罪，被检察机关立案侦查。2010年4月20日，罗安荣和其妻子唐中梅（衡阳市公安局法制办原副主任）、儿子罗贝尔（衡阳市检察院原干部）被湖南省怀化市中级人民法院一审以受贿罪、巨额财产来源不明罪，分别判处有期徒刑3至12年不等。[③] 从上述例子可以看出，两个中级人民法院的工作报告未获得通过，其主要原因是司法腐败问题；同时，对于报告未获通过后如何进行责任追究和工作整改，需要加以明确和规范。

为了切实加强人民代表大会及其常务委员会对法院、检察院工作的监督，有力地预防司法腐败的发生，维护司法的公正与廉洁，笔者认为，应当建立法院院长、

---

① 参见姜敏：《从否决到赞成——沈阳人大两次审议法院报告的来龙去脉》，载新华网，http://news.xinhuanet.com/news/20010810/774174.htm，2012年2月1日访问。

② 参见湘文：《衡阳市中院工作报告“未通过”始末》，载《人大建设》2007年第11期，第16～18页。

③ 参见刘希平、阮占江：《衡阳中院原院长一家3口落马　始于中院报告被人大否决》，载《法制日报》2010年4月29日，第2版。

检察院检察长的政治责任制度，即法院、检察院的工作报告在人大会上经表决未获通过的，法院院长、检察院检察长应当引咎辞职，并由人大常委会任命一名副院长、副检察长担任代理院长、代理检察长，主持法院、检察院的工作；法院、检察院应当全面开展整改工作（在整改过程中，人大常委会应当组织人大代表对法院、检察院的工作进行视察和检查），在一年后向下一次人大会议报告整改工作，由大会审议和表决。

最后，建立法官、检察官弹劾制度。面对不断滋生蔓延、日益严重的司法腐败，党和国家应当进一步强化对法官、检察官的制约与监督。如果任由司法腐败的泛滥与少数法官、检察官的恣意妄为，则不仅将严重践踏司法公正，而且严重损害法律的权威，动摇人民群众对国家法治的信心与信念。为此，其一，国家权力机关应当采取有力措施予以遏制与防治。其二，法官、检察官由国家权力机关任命，法官、检察官的权力由国家权力机关通过制定的法律而赋予；相应地，国家权力机关理当有权对法官、检察官的权力进行制约与监督，对于滥用权力、贪赃枉法的法官、检察官更应当予以弹劾与制裁，从而将“授权”与“制权”有机地结合起来。其三，建立法官、检察官弹劾制度，不仅可以将滥用权力、贪赃枉法的法官、检察官从司法队伍中清除出去，维护司法的廉洁性，而且必将产生巨大的威慑效应，有力地震慑腐败分子，有效防止司法腐败的发生。其四，国外许多国家建立法官或法官、检察官弹劾制度，对防治司法腐败、维护司法公正起到了十分重要的作用，其经验值得我们学习与借鉴。为此，笔者建议最高国家权力机关尽快启动《法官、检察官弹劾法》的制订工作。笔者认为，该法的主要内容应当包括立法的宗旨和原则、弹劾的机构、弹劾的范围、弹劾的程序（包括弹劾案件的受理、调查、听证、裁决以及被弹劾法官、检察官的陈述、申辩、申诉等）、弹劾的效力等。[①]

（四）司法机关对待国家权力机关监督的立场与态度

基于国家权力机关与司法机关的宪政关系，我国司法机关对国家权力机关的监督是坚定拥护、支持并付诸实践的。各级司法机关也切实采取了各种积极有效的措施来自觉、主动接受国家权力机关的监督。例如，福建省福州市马尾区人民法院把接受区人大监督作为追求司法公正的重要保障，正确处理监督与被监督的关系，主动拓展接受区人大监督的形式和途径，细化接受区人大监督的措施，多渠道畅通区人大监督机制，实现接受监督的“全方位、广覆盖、经常化”。具体措施和做法有：（1）认真报告法院工作情况。法院每年都认真负责地做好向区人民代表大会的工作报告和向人大常委会的专题工作报告。在每年召开的人民代表大会代表分组审议时，法院均派出各部门负责人深入各代表团，虚心听取区人大代表们审议法院工作报告的意见、建议和批评。对区人大代表提出的审议意见和建议案，及时加以整理，并落实到具体部门和个人，作出整改。（2）及时汇报法院日常工作情况。对于法院日常工作中的重要工作部署、重要工作情况、重大案件的审理和执行、工作中采取的

① 参见谭世贵等著：《中国法官制度研究》，法律出版社2009年版，第460页。

重大举措等，均主动向区人大常委会和有关专门委员会专题报告并听取意见；对工作中遇到的疑难问题加强请示，请求指导。2006 年至 2009 年，马尾法院共向区人大常委会报送简报 142 份，包含信息 237 条，便于区人大及时掌握和了解法院工作动态，从宏观上监督、理解和支持法院工作。(3) 主动邀请区人大对法官任职进行监督。马尾法院组织的多次中层副职领导职位竞争上岗，均邀请区人大常委会的领导和廉政监督员临场监考，对笔试、面试过程进行监督，以确保考试的公正性。(4) 认真办理区人大议案、建议和来信。实行信访案件集中接待制，及时、认真地办理区人大议案、政协提案及区人大代表建议及来信。对区人大交办的案件登记造册，对区人大常委会、区人大代表转办或关注的信访案件明确限定办理期限，并在办结后书面向区人大报告。2006 年至 2009 年共办结区人大批办、交办的案件 22 件。(5) 认真对待区人大视察、检查和评议。主动邀请区人大常委会领导和区人大代表到法院视察、检查指导工作。对区人大常委会及专门委员会组织的视察、检查活动，做到高度重视，积极汇报工作，安排好视察、检查的内容。对在视察、检查中区人大领导的指示和要求、区人大代表提出的意见和建议，虚心接受，努力改进。认真对待区人大评议法院工作，对区人大代表提出的评议意见，慎重对待，及时整改。2007 年至 2009 年，区人大代表视察马尾法院有 40 余人次。(6) 广泛征求代表意见。主动邀请区人大代表进行座谈，通报法院近期工作情况，虚心听取对法院工作的意见和建议；院领导还深入镇街走访区人大代表和人民群众，主动通报法院工作情况，面对面地进行交流，征求对法院工作的意见和建议。向区人大代表发放征求意见函，广泛吸纳社会各界人士的批评与建议，对收集到的宝贵意见和建议进行汇总、梳理，并认真进行整改。(7) 邀请代表旁听庭审。马尾法院每年都邀请区人大代表旁听庭审，并征求他们的意见和建议。2006 年至 2009 年，马尾法院共邀请区人大代表旁听案件庭审 42 人次。(8) 聘请代表担任廉政监督员。马尾法院除不定期邀请廉政监督员来法院视察工作外，还赋予廉政监督员对法官的纪律作风、廉洁自律等方面情况的监督权，一旦发现有违法违纪线索可立即通报法院监察室进行调查处理。平时通过召开座谈会、特邀听庭、互致信函、报送简报信息等多种方式，加强同廉政监督员的联系，认真听取意见和建议。对监督员提出的监督情况和意见、建议，及时交办、督办和反馈。①

窥一斑可见全豹，上述司法机关接受国家权力机关监督的实例在很大程度上可以说明，要落实国家权力对司法机关的监督，司法机关对监督的立场和态度也很重要。这体现了国家权力机关的宪政地位正逐渐获得认同，最起码是获得了司法机关较为一致的认同，这同时也是对《监督法》的贯彻执行，从而使我国的司法工作朝

① 参见周鋆：《马尾法院：主动接受人大监督　着力提升司法公信力》，载福州法院网，http://fzszy. chinacourt. org/public/detail. php? id =662，2012 年 1 月 28 日访问。应该说，在人民法院报、检察日报、法制日报、人民法院网、正义网等媒体上与上述马尾法院接受区人大监督相类似的司法机关接受国家权力机关监督的报道非常多，这一方面反映了国家权力机关监督司法机关的落实情况，另一方面也反映了司法机关接受国家权力机关监督的立场、态度和实际情况。

着“阳光下的司法”的理想状态不断迈进。所以，只要司法机关能正确理解中国特色社会主义司法体制的特点，对国家权力机关的监督持有正确的态度，不抵触、不应付，国家权力机关对司法的监督必将促进司法机关依法独立行使司法权，促进司法公正，推动社会主义司法体制建设。

三、行政机关与司法体制建设

国家行政机关与国家司法机关都属于国家机关，两者分别行使着国家的行政权和司法权，互不干涉。但行政机关与司法机关行使国家权力上的互不干涉并不排斥国家行政机关对司法体制建设的重要性，实际上，国家行政机关对司法体制建设的保障特别是对司法体制建设的经费保障，直接影响司法体制建设，影响司法体制功能的发挥和司法公正的实现。在此，笔者将以司法经费保障为视角，对国家行政机关与司法体制建设的关系进行探讨。

1949 年以后，我国财政保障体制是按照行政区域和事权来划分的，实行“分级管理，分级负责”的保障体制，司法权与行政权被作为同样的事权对待，对司法经费的保障总体上一直实行“分灶吃饭、分级负担、分级管理”的做法。当然，在司法经费的来源和保障的具体情形上，不同时期有所差别。

（一）我国行政机关对司法体制建设经费保障的具体做法及变革

1．司法经费由国家行政机关全额拨款保障时期（1949—1984）

自 1949 年新中国成立至 1984 年，我国计划经济体制的行政性使社会纠纷相对较少，即使有纠纷也主要以行政方式解决。司法体制的行政化非常明显，司法体制建设缓慢，特别是“文化大革命”期间，司法体制建设处于停顿状态。在长达 30 余年时间里，没有统一的诉讼费用征收规则，没有行政诉讼制度，民事诉讼当事人也无须为自己的诉讼支付费用，司法经费一直由同级国家行政机关提供，经费保障上也不存在是否充足、经费使用是否合理等方面的大问题。

2．司法经费由国家行政机关财政拨款与司法收入共同保障时期（1984 年以后）

20 世纪 80 年代初，上海、重庆、福建和山东等地的法院恢复诉讼费用征收。[①] 1984 年，最高人民法院依据 1982 年《民事诉讼法（试行）》颁布了第一个全国统一适用的《民事诉讼收费办法（试行）》，自此开始，当事人到法院打官司需要交纳费用有了规范性文件依据。我国司法经费保障中也开始出现诉讼费用、罚没等司法收入，各级国家行政机关和司法机关在司法经费管理、使用和保障上也必须处理司法收入。但具体如何处理司法收入，有不同的做法。1989 年，最高人民法院颁布了《人民法院诉讼收费办法》，1996 年财政部、最高人民法院联合印发的《人民法院诉讼费用暂行管理办法》施行。根据这两个规定，司法经费来源包括了行政机关财政拨款和司法收入，但由于国家和地方财力有限，行政机关财政部门主要负责保障司

① 参见《民事诉讼法参考资料（第 4 辑第 2 册）》，法律出版社 1981 年版，第 280～297 页。

法机关最基本的支出，司法机关的业务经费却主要依靠司法机关的司法收入解决。司法收入在很大程度上弥补了国家行政机关拨款的不足，解决了司法机关的办案经费问题，增强了司法机关的办案积极性。1999 年 10 月 1 日，财政部、最高人民法院联合发布《人民法院诉讼费用管理办法》，规定了各级人民法院依法收取的诉讼费用严格实行“收支两条线”管理，诉讼费用属于国家财政性资金，全额纳入财政专户，全额上缴各级行政机关财政部门，由财政部门扣除统筹后，再以“业务补助经费”拨给法院。2007 年 4 月 1 日国务院颁布的《诉讼费用交纳办法》进一步落实了诉讼费用“收支两条线”的制度，大幅度降低了诉讼费用收取标准，取消了法院对诉讼费的管理权，改由价格主管部门、财政部门按照收费管理的职责分工进行监督和管理，以避免法院在收费上存在的种种问题。诉讼费用“收支两条线”的进一步落实，改变了长期以来司法经费与司法收入挂钩的司法经费保障体制，但不少地方尤其是老少边穷地区和基层司法机关的司法经费更显不足。对此，中央和省级财政加大了转移支付的力度，对司法经费不足的地区下拨办案补助专款，对司法机关的基础设施建设核拨国债投资资金，使我国司法经费保障体制逐渐向以同级国家行政机关财政保障为中心的多元化保障体制发展。但随着时间的推移，尽管司法机关的收入与支出在形式上确实是“收支两条线”，但“收”与“支”仍然变相挂钩，司法收入仍是核定司法经费的重要依据，同级国家行政机关财政部门在安排年初经费预算时，“以收定支”、“收支挂钩”以及“差额预算”的现象仍普遍存在。[①] 一些地方对诉讼费用实行按比例返还，作为办案经费，甚至要求法院、法官每年必须完成一定数目的案件标的额的现象。[②] 同时，尽管中央和省级财政的转移支付对经费不足地区司法经费的保障起到了辅助作用，但由于转移支付也通过国家行政机关进行，一些财力紧张地区的国家行政机关没有确保专款专用，甚至截留上级财政转移支付的款项。

应该说，我国司法经费保障体制一直以来实行的这种由同级国家行政机关“分级管理、分级负责”体制，是 20 世纪 80 年代改革开放前当时我国计划经济体制和行政化的司法体制决定的。我国实行经济体制改革后，尽管仍然实行“分级管理、分级负责”司法经费保障体制，但司法经费的来源中出现了司法收入，并逐步将司法收入纳入同级行政机关财政部门统一预算、管理的制度，而且司法经费一直没有根据司法权的特殊性实行单独预算。随着我国社会的转型和司法体制改革的进一步

① 例如，某市财政部门在 2008 年的预算批复文件中写道，有预算外收入的单位实行收入进度与项目支出拨款挂钩的办法，收入预算不能完成的，要相应调减支出项目。在基层，特别是经济落后地区，因财力有限，财政将经费保障水平与诉讼费收入挂钩，根据收入情况增减法院预算的做法比较普遍，诉讼费被同级财政截留、调剂的现象仍然存在。参见湖北省高级人民法院课题组：《改革与完善人民法院经费保障体制的调研报告》，载《人民司法 · 应用》2009 年第 9 期，第 66 页。

② 王亦君、崔丽：《司法经费保障踏上破冰之旅》，载《中国青年报》2009 年 3 月 11 日，第 1 版。

深化，这种由国家行政机关“分级管理、分级负责”的司法经费保障体制已经无法适应我国社会追求司法公正的需求，其弊端也显露无遗。

（二）现行司法经费保障体制的弊端

通过上述对我国司法经费保障体制的回顾和分析，可以发现，我国司法经费的拨付、使用、管理一直由国家行政机关掌握。这种司法经费保障体制的弊端是：

第一，造成司法的地方化、行政化。因为司法经费由同级国家行政机关提供，司法权就受制于行政权，司法机关的“财权”由同级国家行政机关“把持”，使得司法难以“硬”起来，对决定司法经费有话语权的部门和个人，都可以对相应的司法机关及司法官指手画脚。这样，司法就很容易受到来自当地行政机关的干扰，形成司法地方保护主义。这正如汉米尔顿所指出的，“就人类天性之一般情况而言，对某人的生活有控制权，等于对其意志有控制权”。①

第二，导致司法经费的地区不平衡。由于我国幅员辽阔，各地区经济发展不平衡，不同地区的经济水平差异很大，因而由不同地区国家行政机关保障司法经费必然导致不同地区司法机关的经费保障状况差异也很大。在经济发达地区，由于财政收入充足，司法经费的保障状况相对较好；而在经济欠发达地区尤其是老少边穷地区，由于财政收入欠佳，司法经费保障不力，甚至连基本的司法经费也无法保障。即使在司法经费与司法收入挂钩的情况下，因为经济发达地区案件数量多，案件标的额大，司法收入也高；而经济欠发达地区则案件数量少、案件标的额小，司法收入也低。因此，司法经费仍然是贫富不均。这样，在经济欠发达地区，往往是基本的司法经费都不能保障，甚至连司法官的薪水也无法足额支付。结果是，同在中国做法官，但因所在地区不同，法官的薪水差距非常大，多的几千元甚至上万元，少的只有几百元，而且还常常不能足额、按时发放。至于办案经费、设备设施、办公用房的差距那就更大了。

第三，司法经费保障不足，影响了司法功能的发挥。一方面，司法经费保障标准和保障水平较低，而办案成本却随着社会经济的发展逐年上升，造成司法机关特别是基层司法机关的办案经费严重短缺；另一方面，因司法经费不足、司法官待遇差，经济欠发达地区的司法机关无法吸引优秀的司法人才，甚至连招收合格的司法人才都很困难，即使有优秀人才进入这些地区的司法机关，但由于司法经费严重不足，因而无法保证这些人才的基本生活水准，最后也只能眼睁睁地看着优秀人才流失。例如，河南省泌阳县 2008 年县财政给县法院的拨款是 120 万元，而法院一年的办案经费却是 200 万元。“这个缺口怎样补？除了办案经费的缺口，这两年按照中央指示加强基层法庭建设，但是有关经费是由省级财政转移支付的，到了地方财政这一级，需要配套资金，泌阳县级财政只是吃饭财政，配套资金根本无法到位，平均建一个基层法庭的经费缺口是 30 万元。这样算下来，泌阳法院去年的经费缺口在 200 万元以上。”“我们很多基层法院的领导最关心的不是把案件办好、维护公平正

① ［美］汉密尔顿等著：《联邦党人文集》，程逢如等译，商务印书馆 1980 年版，第 396 页。

义，而是全院所有人的吃喝拉撒，是怎样维持法院正常运转，怎样去和县长、市长、书记沟通，社会各界对于法院领导的评价取决于他们有没有能耐找来钱发奖金、盖大楼。”① 这样必然影响司法功能的正常发挥。

第四，“为钱办案”造成司法腐败，损害司法公正。司法机关因财政经费不足，就利用掌握的司法权去寻找经费。这样一来，出现“为钱办案”、选择性办案的现象也就不足为奇了。有的地方甚至出现以收缴的赃款赃物、罚没款来弥补办案经费的不足，以及以案谋利、滥用司法权等违法违纪现象，由此引发了司法腐败，严重影响司法公正。

（三）我国司法经费保障体制改革的进路

2008 年年底，以中共中央批准转发中央政法委《关于深化司法体制和工作机制改革若干问题的意见》为标志，新一轮司法改革拉开序幕。此次改革方案中加强政法经费保障无疑是最值得关注的内容之一。其基本思路是建立分类保障政策和公用经费正常增长机制，制定完善各类业务装备配备标准，规范基础设施建设的基本保障，以加大对中西部困难地区政法经费的支持力度，提高政法部门经费保障水平，保证政法部门依法履行职责的经费需要，促进司法公正。

我国社会正处于快速转型期，依法治国作为治国的基本方略已经写入《宪法》，中国共产党十五大、十六大、十七大的报告中明确把司法改革作为国家政治体制改革的重要内容，把建设公正、高效、权威的社会主义司法制度作为司法改革的目标，而要保障这一目标的实现，司法经费的保障至关重要。而随着经济的快速发展，我国国家财力已逐渐增强。国家财政部公布的数据显示，2009 年全国财政收入 68477 亿元，比 2008 年增长 11.7%；2010 年全国财政收入 83080 亿元，比 2009 年增长 21.3%；2011 全国财政收入 103740 亿元，比 2010 年增长 24.8%。可见我国的财政收入正处于稳定高速的增长期。尽管这样的财政收入还无法满足我国需要解决的众多问题，但是，从我国司法系统的年度财政负担上看，2006 年全国检察系统的全部财政支出大约 150 亿元，法院系统大约 200 亿元，一共不到 400 亿元，加上基本建设费用和适当增加工资福利，总量仍在财政可承受范围之内。② 当然，400 亿的司法经费支出是不足以支撑建设公正、高效、权威的社会主义司法制度的，但是，根据统计数据，至 2008 年年底，全国有基层法院 3300 多个，中级法院 300 多个，高级法院 31 个（除港澳台地区），若以平均一个法院一年办公经费 1000 万元计（实践中差距巨大，从数百万元到 8000 万元不等，难以统计），中央财政每年需增加开支

---

① 王亦君、崔丽：《司法经费保障踏上破冰之旅》，载《中国青年报》2009 年 3 月 11 日，第 1 版。

② 参见 2008 年 11 月 28 日中共中央批转的《中共中央政法委关于深化司法体制和工作机制改革若干问题的意见》。

400 亿元。[1] 而如果全国检察机关按对应数据计算，则全国法院、检察院的年度经费开支在 800 亿元左右。在笔者看来，即使是 800 亿元的年度司法经费支出及一定比例的年度增长，对总量和增幅已经渐强的我国财政来说，如果这样的司法经费支出，能够保障我国这样一个大国的司法系统正常运转，有效解决社会纠纷，化解社会矛盾，那么，与目前政府财政资金大量投入基础设施和其他领域随处能见的某一单个项目动辄就是几百亿元、上千亿元的投资比起来，其社会价值、经济价值是不言自明的。更何况，据专业人士粗略估测，我国仅法院的年诉讼费用收入可能已经达到 1000 亿元左右。[2] 由此，如果仅从司法经费的额度考虑，我国司法经费的保障应该是不成问题的，这说明，造成目前司法经费保障不足的主要问题出在现行的司法经费保障体制上。因此，改革现行的司法经费保障体制，是深化我国司法体制改革的必然。

联合国《关于司法机关独立的基本原则》第 7 条规定："向司法机关提供充足的资源，以使之得以适当地履行其职责，是每一会员国的义务。"从笔者考察的西方发达国家司法体制看，它们都将司法经费单独列入国家预算，由中央财政统一划拨，具体由国家行政机关落实对司法体制所需经费的保障。一般地，各级司法机关的经费开支都由中央财政负担，并以法律的形式确保司法机关经费的充足。通常的做法是由国家最高司法机关独立或与财政部门联合编制全国各级司法机关经费的总预算，然后由行政机关提交立法机关审议批准，立法机关对司法经费批准后，再由最高司法机关或中央司法行政部门根据预算在全国司法系统内部统一分配使用，如英国、日本、法国。而实行联邦制的国家如美国、德国，其司法经费由联邦政府和各州政府分别承担，但也实行司法经费预算独立制度。联邦系统的司法经费由最高司法机关独立或与行政机关联合编制预算，然后由立法机关审议，立法机关批准后，再由最高司法机关或联邦司法部根据预算在联邦司法系统内部统一分配使用。

因此，无论从司法规律、中国国情还是域外经验看，国家保障司法经费，实行司法经费独立预算，并由中央财政全额承担，既是我国司法经费保障体制的改革目标，也是司法体制改革整体性的要求。当然，考虑到司法改革的渐进性，我国司法经费保障体制改革可考虑分两步走：

第一步，先实行司法经费的省级统筹。即最高司法机关的经费由中央财政负担，地方的省级、地市级、县级司法机关的经费则全额由省级财政负担。地方司法经费由省级司法机关编制经费预算，经省级行政机关财政部门编入总预算后（但对司法预算经费不能改动），提交省级人民代表大会审议，批准后再由省级司法机关统一分配、使用和管理。考虑到地区财政的差异性，实行司法经费省级统筹后，为确保

① 参见陈欢：《基层法院经费或将纳入中央预算》，载《21 世纪经济报道》2008 年 12 月 5 日，第 5 版。

② 参见孙政华：《掀起法院诉讼费收入"盖头"》，载《法治周末》2011 年 4 月 27 日第 5 版。

这种司法经费保障体制能真正发挥作用，还应当落实以下三项制度：一是中央财政进一步加大对司法机关专项转移支付的力度，对贫困地区给予特别补助；二是地市级、县级两级财政应当按照一定比例向省级财政上缴财政收入；三是省、地市、县级司法机关依法取得的司法收入，应统一由省级财政管理。

第二步，全国的司法经费由中央财政统一支付，司法经费独立预算，并由最高司法机关统一管理。司法经费省级统筹运行一段时间后，待时机成熟时，全国司法经费由中央财政统一支付，最高司法机关根据每年的实际需要编制经费预算，经财政部编入财政总预算（但对司法经费预算不能改动），由全国人大审议批准后，中央财政统一拨付给最高司法机关，再由最高司法机关在司法系统内分配、使用和管理。

上述对司法经费保障体制改革的建议主要是实行司法经费的全国两级或统一独立预算，由省级财政或中央财政保障经费支出，然后由最高司法机关或省级司法机关统一分配、使用和管理。因此，在解决司法经费的独立预算后，还应在司法机关内建立统一分配、使用、管理司法经费的专门机构。在省级统筹的情况下，可以考虑成立一个省级司法官行政事务管理委员会，该委员会的职能之一是确定省级司法机关的经费分配、使用和管理。该委员会应由省级司法机关的院长或检察长担任主任，成员由省级司法机关的司法官、地市级司法机关的司法官、县级司法机关的司法官各三分之一组成。在该委员会确定司法经费的分配、使用方案后，由省级司法机关内的行政管理机构具体负责经费分配、使用的落实。实行全国司法经费统筹后，则设立全国司法官行政事务管理委员会，由其负责全国司法经费的分配、使用和管理。

余　论

在当今中国，各个领域发生的一切问题，几乎都可以归结为“体制”原因，司法领域发生的各种问题（如司法腐败问题、司法不公问题、司法权威不彰问题、执行难问题等）亦概莫能外。因此，在中国，研究体制问题兼具基础性与根本性，其意义不言而喻。

司法体制概念的提出至今不过十多年时间，而司法体制改革一词自首次出现在党的十六大报告上到现在只有十一年时间。其间，中共中央先后批转了《中央司法体制改革领导小组关于司法体制和工作机制改革的初步意见》（2004 年）、《中央政法委员会关于深化司法体制和工作机制改革若干问题的意见》（2008 年）。2007 年党的十七大报告明确要求“深化司法体制改革，优化司法职权配置，规范司法行为，建设公正高效权威的社会主义司法制度，保证审判机关、检察机关依法独立公正地行使审判权、检察权”。2012 年党的十八大报告再一次要求“进一步深化司法体制改革，坚持和完善中国特色社会主义司法制度，确保审判机关、检察机关依法独立公正行使审判权、检察权”。与决策者的全面改革部署和实务部门的深入改革实践相比，理论界对司法体制改革的研究较为冷清，相关的研究成果亦不多见。为此，笔者在 2007 年度国家社科基金重大招标项目《建设公正高效权威的社会主义司法制度研究》之下设立了《中国司法体制改革研究》的子课题，以期抛砖引玉，引起学界的密切关注和相关研究的深入开展。

司法体制涉及国家的政治体制与经济体制，是一个比较敏感的问题。同时，司法体制的概念与范围如何界定，司法体制内部如何协调，司法机关与执政党、国家权力机关、行政机关的关系如何处理，各项司法体制如何改革、完善才有利于建设公正、高效、权威的社会主义司法制度等，既具有复杂性，又极具挑战性。对此，笔者迎难而上，在近六年的时间里深入思考、反复讨论、数易其稿，终于完成了这一子课题的研究工作，并在以下几个方面取得了具有创新性的成果：

第一，司法体制是指司法机关的设置、领导或监督体制、职权划分和管理制度。我国的司法体制应当包括审判体制、检察体制、侦查体制、裁判执行体制和司法行政事务管理体制。司法体制是司法制度的核心内容，也是司法制度最重要的组成部分。我国当前的司法体制改革存在界限不够清晰、范围失之过宽的问题。

第二，在世界各国，因政治、经济、文化、传统和自然环境等因素的差异，形成了各具特色的司法体制。考察世界各主要国家的司法体制可以发现，司法体制受制于政治体制，司法权（司法审判权）是司法体制的核心，而司法独立是司法体制得以建立和发展的基本前提；合理的司法管理体制是司法独立的重要保障；司法体制的构建要符合本国的国情，司法体制改革应当考虑整体性、渐进性，重视微观改革；司法体制改革的重点逐步转向解决司法效率问题。

第三，深化司法体制改革，应当与我国社会主义初级阶段的现实要求相适应，充分考虑国内与国际两大因素（其中国内因素包括经济、政治、法治、社会、文化、法学教育等，国际因素包括加入 WTO、加入国际人权公约、国际司法改革等），以及这些因素对司法体制改革的影响方式、影响范围和影响程度，以全面建设公正、高效、权威的社会主义司法制度，进而充分保障在全社会实现公平和正义。

第四，我国司法改革的总体目标是“建设公正高效权威的社会主义司法制度”。在这一“总体目标”之下，作为司法改革重要组成部分的司法体制改革应当确立自己的特定目标。笔者认为，司法体制改革的特定目标应当包括：司法权的科学与合理配置、司法资源的优化配置、司法行为的规范与约束、司法腐败的预防与惩治等。

第五，我国审判体制改革应当有利于实现实体公正和程序正义，有利于增进司法廉洁和提高司法效率，重点解决审判体制行政化和审判机制地方化两大问题。为此，应当进一步深化法院审判方式改革和审判组织改革，并推进法院管理模式改革。其中，法院管理模式的改革主要应在以下三个方面作出努力：确立分权结构，避免司法机关行政化；为法官提供一系列职务保障；避免在司法体制中建立科层制度。

第六，我国检察体制改革的基本思路和方向不是扩张检察机关的职权，而是应当立足现有职权，在准确定位和解释《宪法》赋予检察机关的法律监督职能的基础上，切实转变检察监督的模式，将目前采行的外在式、事后型监督转变为参与式监督，同时调整和改革我国检察机关的领导体制、完善检察机关的内设机构，以确保其法律监督职能得到充分发挥。

第七，我国侦查体制改革应当遵循侦押职能分离、侦查权分立与制衡、侦查适度公开等原则，改革设想包括：将公安机关分散型的刑侦体制转变为集中型的刑侦体制，在公安机关系统内部建立起独立、统一的刑事侦查局，由公安部内设的刑事侦查总局实行垂直领导；赋予最高人民检察院反贪总局和反渎总局直接侦办重大贪腐案件的权力，将基层人民检察院的自侦部门并入地市州级人民检察院，以“集中兵力”进行“大兵团作战”，有效侦办贪渎案件；侦查程序应当确立司法审查原则，实行司法控制，以切实抑制侦查机关的违法行为。

第八，我国法院对裁判的执行包括刑事执行、民事执行与行政执行三个部分。一段时间以来，我国法院的民事、行政执行存在“执行难”和“执行乱”两大突出问题。在分析上述问题的原因和考察域外执行机构设置模式的基础上，笔者认为，从长远看，应当借鉴美国模式与瑞士模式，将执行机构从法院中分离出来，设置统一的执行机构，而统一执行机构的设置应当遵循独立性、统一性与行政性的原则。

第九，在我国，司法官是指法官和检察官，他们是法律职业共同体的重要组成部分。当前，司法改革正处于攻坚阶段，司法走精英化之路还是大众化之路，尚存争议。笔者认为，改革与完善司法官制度必须尊重司法的基本规律，不断加强司法官职业化建设，促进法律职业共同体的形成，建设高素质的司法官队伍，这是提升司法公信力、实现司法公正的必由之路。

第十，司法体制建设是一项庞大的系统工程。由谁领导司法体制建设和如何保障司法体制建设是我国司法体制建设的关键。离开了正确的领导与有效的保障，我国的司法体制建设将难以达到预期的目标。而要实现司法体制建设的正确领导和有效保障，必须处理好三对关系：一是中国共产党领导与司法体制建设的关系；二是国家权力机关与司法体制建设的关系；三是行政机关与司法体制建设的关系。

与经济体制改革和政治体制改革相类似，我国的司法体制改革同样具有渐进性、长期性和复杂性等显著特征。虽然因课题结项的关系，笔者对司法体制改革的研究暂告一个段落，但研究的任务远没有完成。笔者将在此基础上继续进行研究与探索，同时也期待学界有更多的同人参加到这项研究中来，一起为中国司法体制的改革、发展与完善出谋划策，提供智力支持。

本子课题的研究工作始终在课题首席专家卞建林教授的悉心指导下进行。子课题负责人谭世贵教授负责研究提纲的设计、讨论会的组织和全书的统稿，课题组成员参与了本课题的研究、讨论与撰稿工作。具体分工如下：谭世贵：绪论、第一章、第三章；王建林：第二章、第十章；张建伟：第四章、第五章；万毅：第六章、第七章；叶肖华：第八章、第九章。

本课题在研究过程中，复旦大学法学院谢佑平教授、中南财经政法大学姚莉教授、海南省人民检察院王泽专委、海口市中级人民法院黄胜春副院长、海南大学法学院副院长王琦教授、王洪宇教授等提出了许多宝贵的意见；中国政法大学诉讼法学研究院高伟佳教授、吴微教授、栗峥副教授和李晶博士为本子课题研究的开展和本书的出版做了大量的联络及会务工作；本书的出版得到中国人民公安大学出版社领导和编辑的大力支持和热忱帮助。在此向他们表示崇高的敬意和衷心的感谢！

《中国司法体制改革研究》课题组

二〇一三年七月十三日

作者简介

谭世贵 法学博士，教授，博士生导师，浙江工商大学法学院院长，浙江省人文社科重点研究基地——浙江工商大学诉讼法学研究中心主任，兼任中国刑事诉讼法学研究会副会长、浙江省高级人民法院咨询专家。代表性著作有：《中国司法改革研究》、《中国司法改革理论与制度创新》、《依法治国视野下的司法改革研究》、《司法改革的理论探索》、《司法独立问题研究》、《中国司法原理》、《中国司法制度》、《中国法官制度研究》、《法院管理模式研究》、《刑事诉讼原理与改革》等。

张建伟 法学博士，教授，博士生导师，清华大学法学院副院长。代表性论著有：《刑事司法体制原理》、《司法竞技主义——英美传统诉讼与中国庭审模式》、《刑事司法：多元价值与制度配置》、《证据法要义》、《法律皇帝的新衣》、《法律稻草人》、《从消极到积极的实质真实发现主义》（论文）、《认识相对主义与诉讼的竞技化》（论文）等。

万　毅 法学博士，教授，博士生导师，四川大学“985 工程”社会公正与公共危机控制研究创新基地——“司法公正与证据制度”研究方向学术带头人，四川大学检察制度研究中心常务副主任，兼任中国刑事诉讼法学研究会理事。代表性著作有：《微观刑事诉讼法学》、《实践中的刑事诉讼法——隐形刑事诉讼法研究》、《台湾地区检察制度研究》、《一个尚未完成的机关——底限正义视野下的检察制度》等。

王建林 法学硕士，硕士生导师，浙江工商大学法学院副教授，代表性论著有：《宪法的价值取向在刑诉法再修改中的承载与体现》（论文）、《媒体对司法的监督》（论文）、《司法能动的中国特色》（论文）、《论加强与改善党对司法的领导》（论文）、《刑事证据规则研究》（合著）等。

叶肖华 法学博士，硕士生导师，浙江工商大学法学院副教授，兼任中国政法大学法律实证研究中心研究员、浙江省法学会浙籍法学家研究会秘书长。代表性论著有：《处罚令程序的比较与借鉴》（论文）、《论刑事审判程序分流》（论文）、《刑事诉讼法再修改理性思考》（合著）等。